Das Zeugnisverweigerungsrecht der Angehörigen des Beschuldigten

Europäische Hochschulschriften
Publications Universitaires Européennes
European University Studies

Reihe II
Rechtswissenschaft

Série II Series II
Droit
Law

Bd./Vol. 4715

PETER LANG
Frankfurt am Main · Berlin · Bern · Bruxelles · New York · Oxford · Wien

Guðmundur Thorlacius Ragnarsson

Das Zeugnisverweigerungsrecht der Angehörigen des Beschuldigten

Der Katalog des § 52 StPO im Spiegel generalisierter Lösungen in den Strafprozessordnungen Islands, Norwegens und Dänemarks

PETER LANG
Internationaler Verlag der Wissenschaften

Bibliografische Information der Deutschen Nationalbibliothek
Die Deutsche Nationalbibliothek verzeichnet diese Publikation in der Deutschen Nationalbibliografie; detaillierte bibliografische Daten sind im Internet über <http://www.d-nb.de> abrufbar.

Zugl.: Münster, Univ., Diss., 2007

D 6
ISSN 0531-7312
ISBN 978-3-631-57314-3

www.peterlang.de

Vorwort

Die vorliegende Arbeit wurde der Rechtswissenschaftlichen Fakultät der Westfälischen Wilhelms-Universität in Münster im Wintersemester 2004 als Dissertation vorgelegt.

Betreuer der Arbeit war Frau Professorin Dr. Ursula Nelles, der ich auf diesem Wege für die vielfache Unterstützung sehr herzlich danken möchte. Herrn Professor Eiríkur Tómasson von der Universität Islands danke ich für die zügige Erstellung des Zweitgutachtens. Grossen Dank schulde ich auch Professor Vagn Greve von der Universität in Kopenhagen, der mir den Aufenthalt in Kopenhagen erleichterte während ich nach Quellenmaterial forschte. Wissenschaftlichen und studentischen Hilfskräften an der Rechtswissenschaftlichen Fakultät der Westfälischen Wilhelms-Universität will ich für die Deutschkorrektur danken.

Pollu will ich dafür danken dass Sie vertrauen in mir hatte. Meinem Freund Hjálmar will ich dafür danken mir Unterkunft zu gewähren während sich die Arbeit in der Schlussfase befand. Meiner Mutter und Schwester, Sigríður Thorlacius und Ragnhildur Ragnarsdóttir, will ich für den Beistand danken und dass Sie immer an mich gegblaubt haben.

Zuletzt will ich den Mädchen in meinem Leben Danken, Anný und Dagný.

Die Arbeit widme ich dem Andenken meiner verstorbenen Grosseltern, Guðmundur Árni Ólafsson Thorlacius und Helga Halldórsdóttir Thorlacius.

Formáli

Þessi ritgerð var lögð fyrir lagadeild Westfälische Wilhelms-Universität í Münster á vetrarönn 2004.

Umsjónarkona ritgerðarinnar var Dr. Ursula Nelles, prófessor. Henni vil ég þakka fyrir allan þann stuðning sem góður lærimeistari getur veitt. Eiríki Tómassyni, prófessor við lagadeild Háskóla Íslands, þakka ég fyrir að hafa afgreitt umsögn sína með svo skjótum og fagmannlegum hætti og Vagn Greve, prófessor við Háskólann í Kaupmannahöfn, fyrir að hafa stutt mig dyggilega með því að auðvelda mér dvöl í Kaupmannahöfn meðan á heimildarvinnu stóð. Einnig vil ég þakka starfsfólki við lagadeild Westfälische Wilhelms-Universität fyrir lestur á prófórk.

Mig langar til að þakka Pollu fyrir traustið sem hún sýndi mér. Hjálmari vini mínum fyrir að hafa skotið yfir mig skjólhúsi meðan á lokavinnslu ritgerðarinnar stóð. Móður minni og systur, Sigríði Thorlacius og Ragnhildi Ragnarsdóttur, fyrir stuðninginn og óbilandi trú á því sem ég var að gera allan tímann.

Að lokum langar mig til að þakka stelpunum í lífi mínu, Anný og Dagný.

Þessi ritgerð er tileinkuð minningu afa míns og ömmu, Guðmundar Árna Ólafssonar Thorlacius og Helgu Halldórsdóttur Thorlacius.

Inhaltsverzeichnis

Einleitung

Erster Teil

Die Verfassungsrechtlichen Grundlagen und Inhaltsbestimmung des Zeugnisverweigerungsrechts

Dritter Teil
Entwicklung des Zeugnisverweigerungsrechts für Angehörige des Beschuldigten und Reformvorschläge

Vierter Teil
Ausgestaltung des Zeugnisverweigerungsrechts in den nordischen Strafverfahrensgesetzen

Einleitung

§ 1. Gang der Darstellung

Das rechtsstaatliche materielle Strafrecht hat die Funktion, die elementaren Grundlagen eines gedeihlichen und friedlichen Zusammenlebens zu sichern. Es dient der Verwirklichung des Gemeinwohls und der Erhaltung des Rechtsfriedens im Rahmen der sozialen Ordnung.[1] Durch eine vermutete oder geschehene Straftat ist der Rechtsfrieden gestört. Die Strafprozessordnung ist ein Regelwerk zur dynamischen Verteidigung der Gemeinschaft gegen Rechtsbrecher und zur Bestätigung der Normen des ethischen Minimums. Darüber hinaus dient sie der rechtsstaatlichen Durchsetzung des materiellen Strafrechts.[2] Ziel des Strafprozesses ist die Verwirklichung des staatlichen Strafanspruches und somit die Schaffung von Rechtsfrieden durch Rechtssicherheit auf dem Wege des gewissenhaften Strebens nach Gerechtigkeit.[3]

Auf diesem Weg zur Gerechtigkeit – den staatlichen Gesetzen[4] und darüber hinaus den allgemeinen Gerechtigkeitsvorstellungen der Gemeinschaft[5] – ist Verfahrensgerechtigkeit[6] ebenso ein Aspekt des Strafprozesses. Im Verfahren muss eine an der Wahrheit ausgerichtete, Sachverhaltsaufklärung betrieben werden, welche die Grundlage für die Anwendung des positiven materiellen Rechts bietet, und schließlich muss die richtige Rechtsanwendung an diese Sachverhaltsaufklärung angeschlossen werden,[7] da eine materiell richtige Entscheidung eine Wahrheitsermittlung voraussetzt.

Die zentrale Funktion des Strafprozesses ist also die Ermittlung des wahren Sachverhalts – der materiellen Wahrheit[8] – und die Erforschung des wahren Geschehensablaufs, denn Gerechtigkeit ohne Wahrheit kann es nicht geben. Der Grad der Wahrheit im Strafprozess hängt jedoch von der Qualität des Verfahrens ab, das zur Verfügung gestellt wird, um den Sachverhalt zu klären.[9] Um diesem Bestreben gerecht zu werden, gilt im gesamten Strafverfahren die strafprozessuale Aufklärungspflicht. Daraus folgt ein Fortführen der Beweisaufnahme durch die Erhebung immer weiterer erkennbarer

---

1 BVerfGE 51, 324 (343).

2 Kleinknecht/Meyer-Goßner Einl. Rn 5.

3 Kleinknecht/Meyer-Goßner Einl. Rn 4 u. 18; LR-Rieß Einleitung Abschnitt B Rn 4 m.w.N. Obwohl das Ziel des Strafprozessrechts in Rechtsprechung und Literatur nicht einheitlich beurteilt wird, wird doch die Wiederherstellung des Rechtsfriedens als das vordringlichste Ziel gesehen; so Ranft, Strafprozeßrecht, S. 2. Lampe sagt, dass das Ziel die Herstellung von Rechtssicherheit durch Rechtskraft sei, vgl. Lampe, GA 1968, S. 48.

4 Nach richtiger herkömmlicher Strafprozesslehre erscheint so jeder einzelne Straftatbestand in seiner prozessualen Bedeutung als ein „Vergleichsmaßstab an Wahrheit"; Krauß, Das Prinzip der materiellen Wahrheit im Strafprozess, S. 423 m.w.N.

5 ein „Mehr an Recht", vgl. BVerfGE 34, 269 (287).

6 d.h. im strafprozessrechtlichen Sinn.

7 BVerfGE 34, 238 (248); 38, 105 (116).

8 BVerfGE 57, 250 (275); 63, 45 (61).

9 So zu Recht Volk, Diverse Wahrheiten, S. 411.

Beweise, bis sich eine verlässliche Grundlage für die abschließende Beweiswürdigung ergibt.[10]

Dem Gericht, der Staatsanwaltschaft und der Polizei obliegt die Pflicht zur Erforschung der Wahrheit und Aufklärung aller entscheidungserheblichen Tatsachen.[11] Darüber hinaus ist das Strafprozessrecht darauf angelegt den staatlichen Strafanspruch, der aus den Vorschriften des materiellen Strafrechts erwächst, festzustellen und durchzusetzen.[12] Dem Staat geht es jedoch nicht nur darum, strafbare Handlungen zu erforschen, vielmehr sollen die Ermittlungen der Staatsanwaltschaft sich auch auf die Umstände erstrecken, die für die Bestimmung der Rechtsfolgen der Tat von Bedeutung sind.[13] So haben die das Strafverfahren beherrschende Instruktionsmaxime, das Öffentlichkeits und das Legalitätsprinzip zur Folge, dass schon der Prozess selbst vor einer eventuellen Verurteilung wie kaum ein anderer Akt staatlicher Gewalt in das Leben der am Verfahren beteiligten Beschuldigten und Zeugen eingreifen kann.[14]

Die Beeinträchtigung von Bürgerrechten dient dazu, das Ziel des Strafverfahrens zu erreichen. Gemäß der umfassenden Sachverhaltsaufklärungspflicht hat Jedermann, welcher der deutschen Gerichtsbarkeit unterliegt, vor dem Richter und der Staatsanwaltschaft auf ordnungsgemäße Ladung zu erscheinen, wahrheitsgemäß auszusagen und seine Aussage ggf. zu beschwören. Nach allgemeiner Auffassung ist Zeuge im Sinne des Strafprozessrechts eine Person, die in einem Strafverfahren (Vorverfahren) von einem Strafverfolgungsorgan oder einem Richter zur Aussage über Wahrnehmungen[15] aufgefordert wird und nicht durch eine anderweitige Funktion im Prozess

---

[10] BGH StV 1996, 249 (249 f.).

[11] BVerfGE 57, 250 (275); §§ 244 II, 160, 163 StPO, vgl. Ranft, Strafprozeßrecht, S. 376.

[12] Ranft, Strafprozeßrecht, S. 2.

[13] § 160 III StPO. Die Rechtsfolgenumstände betreffen die Täterpersönlichkeit und bei schwereren Taten auch die Entwicklung der Persönlichkeit und die Umstände, die zu der Tat geführt haben. Was erforderlich ist, ergibt sich (insbesondere) aus §§ 46, 47 I, 48 I und § 56 I und II StGB. Nach diesen Vorschriften darf eine Strafe nur für eine auf innerer und äußerer Tatseite erwiesene Tat und grundsätzlich nur nach Erforschung und Würdigung der Persönlichkeit des Täters verhängt werden.

[14] Dieser Eingriff wird naturgemäß als umso unangenehmer empfunden, je mehr Umstände aus dem persönlichen Bereich der Beteiligten im Prozess aufgedeckt und erörtert werden. Die Erforschung des „Vorleben" und der „persönlichen und wirtschaftlichen Verhältnisse" des Beschuldigten (§ 46 StGB), mag von ihm als peinlicher empfunden werden als eine möglicherweise am Schluss des Verfahrens verhängte Sanktion; vgl. Klöhn, Intimsphäre, S. 2; noch peinlicher kann die Befragung über das private und intime Dasein der Person vor dem öffentlichen Gericht sein als wenn eine Befragung ausschließlich vor der Polizei oder der Staatsanwaltschaft stattfindet; vgl. Krauß, Der Schutz der Intimsphäre im Strafprozeß, S. 365 (366). Prägnant ist die Kennzeichnung des Strafverfahrens als „Eingriffsverfahren" durch Schünemann, JA 1982, 71.

[15] Grünwald will dies insoweit präziser formulieren, dass der Zeuge Aussagen darüber macht, dass er eine Erinnerung an vergangene Wahrnehmungen habe; Aussagen über gegenwärtige Wahrnehmungen oder über eine Beziehung zwischen einer gegenwärtigen Wahrnehmung und der Erinnerung an eine vergangene bezeichnet er als Randerscheinungen; Grünwald, Das Beweisrecht der Strafprozeßordnung, S. 13.

von der Zeugenstellung ausgeschlossen ist.[16] Das Gesetz erklärt niemanden von vornherein für zeugnisunfähig. Daher kann grundsätzlich jeder Mensch Zeuge sein, sofern er in der Lage ist, Tatsachen wahrzunehmen, diese in Erinnerung zu behalten und sie später wiederzugeben. Der Zeuge verfolgt kein selbständiges Ziel in dem gegen einen anderen gerichteten Verfahren, sondern seine Aufgabe beschränkt sich darauf, über von ihm wahrgenommene Tatsachen Auskunft zu geben.[17] Erscheint der Zeuge nicht und verletzt damit eine Pflicht, ist seine zwangsweise Vorführung zulässig (§ 51). Ferner kann zur Erzwingung des Zeugnisses angeordnet werden, den Zeugen in Beugehaft zu nehmen (§ 70 II). In diesem Falle ist *Dencker* zuzustimmen, dass der Zeuge lediglich ein „Objekt staatlichen Handelns", ein „Werkzeug", ein – notfalls durch Zwang gefügig gemachtes – Mittel der Verbrechensaufklärung ist.[18]

Diese Pflichten des Zeugen sind nach deutscher Rechtstradition allgemeine Staatsbürgerpflichten.[19] Der Zeugniszwang ist Ausdruck einer staatsbürgerlichen Verpflichtung im Interesse der Wahrheitserforschung im Strafverfahren und dient damit einer geordneten Rechtspflege. Ohne den Zeugniszwang wären die Ziele des Strafprozesses und damit auch die Ziele des materiellen Strafrechts nicht zu erreichen.[20] Des Öfteren kommt es im Strafverfahren vor, dass Zeugen Informationen bezüglich ihrer Angehörigen preisgeben müssen, auch wenn die Angehörigen den Status eines Prozesssubjekts innehaben. Der Strafprozessordnung ist grundsätzlich die Regel fremd, einem Zeugen ein Zeugnisverweigerungsrecht zu gewähren, wenn er Informationen bezüglich seines Angehörigen preisgeben muss. Beispielhaft wäre zu erwähnen, dass der Angehörige des Verletzten über dessen Mitschuld aussagen muss und dass derjenige, der zur Glaubwürdigkeit eines anderen Zeugen – seines Verwandten – in das Verfahren eingezogen wird, ebenfalls kein Recht hat sein Zeugnis zu verweigern.

Dennoch enthält die Rechtsordnung eine prozessuale Vorschrift, die bestimmten Angehörigen des Beschuldigten das Privileg erteilt, die Aussage ganz oder teilweise zu verweigern.[21] Die Vorschrift, die den Personenkreis der zeugnisverweigerungsberechtigten Angehörigen auf einzelne Angehörigkeitsverhältnisse beschränkt, knüpft in erster Linie an die förmlich geschlossene Ehe in fester und umfassender Gemeinschaft mit grundsätzlich lebenslanger Bindung und der Zielrichtung, Nachwuchs zu bekommen, an. Diese Vorschrift, die somit allgemein und ohne jegliche Einschränkung an

---

[16] Ranft, Strafprozeßrecht, S. 108. Über den Begriff des Zeugen und seine Abgrenzung zu anderen am Prozess beteiligten Personen, siehe Eisenberg, Beweisrecht der StPO, S. 358 ff. und Hauser, Der Zeugenbeweis im Strafprozeß, S. 35-53.

[17] BVerfGE 38, 105 (112).

[18] Dencker, Zur Zulässigkeit staatlich gesteuerter Deliktsbeteiligung, S. 447 (455).

[19] BVerfGE 49, 280 (284); BVerfG NJW 88, 897, 898; Kleinknecht sagt demgemäß richtigerweise das die StPO sie als bestehend voraussetzt, Kleinknecht/Meyer-Goßner Vor § 48 Rn 5 m.w.N.

[20] Vgl. Rogall-SKStPO Vor § 48 Rn 152.

[21] Darüber hinaus hat die streng katalogisierte Vorschrift der zeugnisverweigerungsberechtigten Angehörigen, bestimmende Wirkung auf die Vorschrift, die denjenigen Zeugen ein Auskunftsverweigerungsrecht auf einzelne Fragen erteilt, deren Beantwortung ihn selbst oder einen seiner Angehörigen der ein Zeugnisverweigerungsrecht wegen dieser Beziehungen genießt – in Gefahr bringen würde, wegen einer Straftat oder einer Ordnungswidrigkeit verfolgt zu werden.

das äußere Merkmal bestimmter familiärer Beziehungen anknüpft, besteht seit Inkrafttreten der Reichsstrafprozessordnung am 1. Oktober 1879 nahezu unverändert.[22] Die Ausweitung des Katalogs wird jedoch schon seit Inkrafttreten der Reichsstrafprozessordnung diskutiert. Schon im Jahre 1880 bedauerte Geyer in seinem Lehrbuch, dass Geschwisterkindern, Vormund und Mündel, Pflegeeltern und Pflegekindern das Zeugnisverweigerungsrecht nicht zugebilligt worden ist.[23] Bedenken gegen diesen Katalog im deutschen Recht hat auch *Beling* im Jahre 1903 erhoben. Für ihn sind verwandtschaftliche Beziehungen anscheinend „zufällige" Ereignisse, welche eine Aussageverweigerungsbefugnis nicht rechtfertigen. Zwar können verwandtschaftliche Beziehungen nicht so pauschal als „zufällige" und insoweit nicht schützenswerte Bande qualifiziet werden, dennoch scheint hinter *Belings* Äußerung der richtige Gedanke zu stecken. Die verschiedenen Verwandtschaftsverhältnisse scheinen im Alltag längst nicht immer eine derart enge und persönliche Bindung aufzuweisen, wie sie das Zeugnisverweigerungsrecht anscheinend schützen will. Andere Bindungen, die in der sozialen Realität den familienrechtlichen nicht selten vorgezogen werden, unterliegen jedoch nicht dem Schutz des Weigerungsrechts. In den Jahren, nachdem *Beling* seine Bedenken niederschrieb, haben sich die meisten Gelehrten in Reformvorschlägen für die Erweiterung des Enumerationsprinzips ausgesprochen. Von diesen unterscheidet sich ein Entwurf eines Arbeitskreises deutscher, österreichischer und schweizerischer Strafrechtslehrer, der „Alternativ-Entwurf Zeugnisverweigerungsrechte und Beschlagnahmefreiheit". Indem die Verfasser das „Zeugnisverweigerungsrecht aus persönlichen Gründen" durch ein „Zeugnisverweigerungsrecht wegen persönlicher Bindungen" ersetzen, wollen sie neuen Lebens und Partnerschaftsformen in rechtlicher Hinsicht Beachtung schenken. Ein Vorschlag des Arbeitskreises bezieht sich dementsprechend darauf, denjenigen, die mit dem Beschuldigten in ehe oder familienähnlicher oder sonst vergleichbarer enger Lebensgemeinschaft leben, ein Zeugnisverweigerungsrecht einzuräumen.

Es ist meines Erachtens von Interesse, dass in den nordischen Staaten Partner konventioneller wie auch nichtkonventioneller Lebensformen berechtigt sein sollten, von einem Zeugnisverweigerungsrecht Gebrauch machen zu dürfen. Die isländischen[24] und schwedischen[25] Strafverfahrensgesetze gründen die Verweigerung des Zeugnisses von Angehörigen auf einen Katalog, räumen jedoch den Gerichten die Befugnis ein, zusätzlich eine vergleichbare Beziehung zum Beschuldigten festzustellen und über die

[22] Zwei zivilrechtliche Gesetzesänderungen haben sich mittelbar über den Begriff der Verwandtschaft auf die Zeugnisverweigerungsberechtigten ausgewirkt: die anerkannte Verwandtschaft des Vaters und seines unehelichen Kindes und die Gleichstellung des adoptierten Kindes mit der rechtlichen Stellung eines ehelichen Kindes; näher Rengier, Zeugnisverweigerungsrechte, S. 112 m.w.N. Die einzige Gesetzesänderung hat § 52 das Gesetz zur Beendigung der Diskriminierung gleichgeschlechtlicher Gemeinschaften: Partnerschaften (Lebenspartnerschaftsgesetz LPartG) vom 16.2.2001 (BGBl. I 2001 S. 266) erfahren. Der Paragraph wurde um den Artikel 2a. ergänzt, der besagt, dass der Lebenspartner des Beschuldigten, auch wenn die Lebenspartnerschaft nicht mehr besteht, zur Verweigerung des Zeugnisses berechtigt ist.

[23] Geyer, Lehrbuch des gemeinen deutschen Strafprozeßrechts, S. 520.

[24] Isländisch: „Lög um meðferð opinberra mála", Nr. 19 vom 26. März 1991.

[25] Schwedisch: „Lag (1998:65) om Rättegångsbalken".

Berechtigung zur Verweigerung des Zeugnisses nach individueller Beurteilung zu entscheiden.[26] Die dänische Prozessordnung[27] enthält keinen Katalog, sondern gewährt denjenigen, die dem Beschuldigten nahe stehen, ein Zeugnisverweigerungsrecht.[28] Unter bestimmten Voraussetzungen kann das Weigerungsrecht jedoch relativiert werden. Das norwegische Strafverfahrensgesetz[29] hält i.d.R. am Katalogprinzip fest. Sie räumt jedoch denjenigen, die mit dem Beschuldigten in einer nichtehelichen Gemeinschaft leben, auch ein Zeugnisverweigerungsrecht ein.[30] Eine bindende Rechtsfolge bei unterlassener Belehrung gibt es in den nordischen Staaten nicht. Diese Auffassungen der nordischen Strafverfahrensgesetze sind nicht neu, sondern existieren schon seit Jahrzehnten. Unter Gesichtspunkt der Äußerung von *Beling* und neuen Reformvorschlägen, in denen der Kreis der Zeugnisverweigerungsberechtigten vor dem Hintergrund des sozialen Wandels neu austariert werden soll,[31] ist es meines Erachtens wichtig und lehrreich, sich die Frage zu stellen, ob die Ausgestaltung nordischer Vorschriften zum Zeugnisverweigerungsrecht von Angehörigen nicht einen Beitrag zur rechtspolitischen Diskussion über die Fortgestaltung des Zeugnisverweigerungsrechts aus persönlichen Gründen leisten und ein Vorbild für eine Umgestaltung des heutigen § 52 sein können. Zielsetzung dieser Arbeit ist, den Kreis der Zeugnisverweigerungsberechtigten vor dem Hintergrund des sozialen Wandels, neu auszutarieren. Berücksichtigt werden soll insbesondere die Regelung über die Zeugnisverweigerungsberechtigung in nordischen Staaten.

Die gebotene, umfassende Sachaufklärung, welche die Struktur des Strafprozesses fordert, wird durch das Zeugnisverweigerungsrecht eingeschränkt. Die Vorschrift knüpft ohne jegliche Einschränkung an das äußere Merkmal bestimmter familiärer Beziehungen an. Nach Auffassung des BGH hängt das Zeugnisverweigerungsrecht nicht davon ab, ob man die in concreto gegebene Möglichkeit zur Verweigerung der Aussage sowie Sinn und Bedeutung der Pflichtbefreiung versteht. Des Weiteren bezieht sich das Recht auf das gesamte historische Ereignis, das Gegenstand der angeklagten Tat ist.[32] Diese Einschränkung, welche die Wahrheitserforschung durch die Befreiung Angehöriger von der Zeugnispflicht erfährt,[33] ist ganz im Sinne eines anerkannten Grundsatzes des BGH. Dieser besagt, dass der Zweck, Straftaten aufzuklären und zu ahnden, zwar von überaus großer Bedeutung ist, aber nicht unter allen Umständen das überwiegende Interesse des Staates sein kann.[34] Für eine Einschränkung der Wahr-

[26] § 50 des isländischen Strafverfahrensgesetzes; Kap. 36 § 3 des schwedischen Strafverfahrensgesetzes.
[27] Dänisch: „Retsplejeloven" Nr. 905 vom 10. November 1992.
[28] § 171 I des dänischen Strafverfahrensgesetzes.
[29] Norwegisch: „Lov 22. mai 1981 nr. 25 om rettergangsmåten i straffesaker" Nr. 25 vom 22. Mai 1981.
[30] § 122 des norwegischen Strafverfahrensgesetzes.
[31] Baumann, AE-ZVR, S. 37.
[32] BGHSt NStZ 83, 564.
[33] Weitere verfahrensrechtliche Einschränkungen sind die Regeln des StrengBeweises, die Beweiserhebungs- und Beweisverwertungsverbote; Kröpil, JZ 1998, 135 (136).
[34] BGHSt 14, 358 (365); 19, 325 (329). Das BVerfG argumentiert auch in diese Richtung, vgl. BVerfGE 34, 238 (245). Somit ist anerkannt worden, dass der Wahrheitserforschung des Gerichts, der Staatsanwaltschaft und der Polizei Schranken gesetzt sind und so nicht jedes Mittel, das der Verwirklichung materieller Gerechtigkeit und Wahrheit dient, gerechtfertigt ist.

heitsforschung des Staates müssen jedoch offensichtlich gravierende, verfassungsrechtlich fundierte Gründe vorliegen. Welche Gründe den Staat dazu bewegt haben, sein Recht und seine Pflicht, Straftaten aufzuklären und zu ahnden, auf diese Weise zurückzustellen, wird ein erstes Anliegen dieser Arbeit sein. Für eine rechtspolitische Diskussion über das Weigerungsrecht ist es unumgänglich, die Intention – oder möglicherweise die verschiedenartigen Intentionen – des Weigerungsrechts auf ihre Tragfähigkeit hin zu untersuchen, und sogleich die verfassungsrechtlichen Grundlagen dieses Rechts zu ermitteln. Für eine mögliche Umgestaltung und Rechtsfortbildung ist so eine Untersuchung ohnehin unentbehrlich. Angesichts der Äußerung Belings, der neueren Reformvorschläge und der nordischen Vorschriften ist es meines Erachtens folgerichtig zu untersuchen, ob die manifesten Merkmale, die Ehe und Familie ausmachen, ausschließlich nur in diesen gelebt werden oder ob sie auch in anderen, persönlich engen Beziehungen vorkommen. Sollte sich herausstellen, dass ehe und familientypische Aspekte in anderen Beziehungsformen auftauchen, ist es folgerichtig zu untersuchen, in welchen zwischenmenschlichen Beziehungen sich diese Merkmale manifestieren. Diese Untersuchung wird ein zweiter Schwerpunkt meiner Arbeit sein.

Das Interesse jeder Staatsgewalt, verübte Verbrechen aufzudecken und die Täter zu bestrafen, ist kein neues, sondern von jeher Interesse jeder Obrigkeit. Mithin sind die ernsthaften Schwierigkeiten, die Angehörigenbeziehungen zwischen dem Beschuldigten und einem Zeugen für die Ermittlung der Wahrheit bilden, wohl bekannt. Die Versuche der Lösung des Problems belegen die Bedeutung, welche den einzelnen Angehörigen des Beschuldigten und darüber hinaus der Familie in einer Gesamtwertordnung zukam. Aus diesem Grund ist eine Auseinandersetzung mit der Entwicklung des Zeugnisverweigerungsrechts für Angehörige für diese Arbeit unentbehrlich, da auch nur so festgestellt werden kann, ob der ausgearbeitete Vorschlag in den vorhandenen Regulationsmechanismen haltbar ist. Die Entwicklung des Zeugnisverweigerungsrechts bis zum heuzigem Tag wird sodann in dieser Arbeit berücksichtigung finden. Meines Erachtens ist es auch ein notweniger Schritt in einer Arbeit, die einen Beitrag zur rechtspolitischen Diskussion über die Fortgestaltung des Zeugnisverweigerungsrechts aus persönlichen Gründen erbringen soll, die Tragfähigkeit der vorhandenen Reformvorschläge für die Erweiterung des Zeugnisverweigerungsrechts zu erforschen.

Wie hervorgehoben wurde, gibt es eventuell Vorbilder zu einer Neugestaltung des Zeugnisverwiegerunsgrechts für Angehörige in den Rechtsordnungen der nordischen Staaten. Diese müssen daher ausführlich ausgeführt werden. Im vierten Teil dieser Arbeit wird daher auf die Ausgestaltung des Weigerungsrechts in den nordischen Strafverfahrensgesetzen als mögliche Vorbilder für die deutsche Regelung eingegangen. Am Ende dieser Arbeit wird dann auf einen ausgearbeiteten Vorschlag eingegangen und untersucht, ob dieser den verfassungsrechtlichen Anforderungen, die an das Weigerungsrecht gestellt sind, nachkommen kann und zugleich rechtspolitisch legitim sowie in den vorhandenen Regulationsmechanismen haltbar ist.

Erster Teil

Die verfassungsrechtlichen Grundlagen und Inhaltsbestimmung des Zeugnisverweigerungsrechts

§ 2. Allgemeine Einleitung

Gemäß dem in § 52 geregelten Zeugnisverweigerungsrecht haben nur Angehörige des Beschuldigten, die als Zeugen vor einem Strafverfolgungsorgan oder einem Richter zur Aussage über Wahrnehmungen aufgefordert werden, das Recht, ihr Zeugnis zu verweigern.

§ 52 ist eine zwingende Verhaltenssteuerungsnorm; sie sagt der jeweiligen Vernehmungsperson was sie zu tun hat. Am Anfang einer Zeugenvernehmung ist die Identität des Zeugen festzustellen, um herauszufinden, ob er in einem Angehörigenverhältnis mit dem Beschuldigten steht. Darüber hinaus sollen sonstige Personenverwechslungen vermieden werden (§§ 68, 57).[35] Hat der Zeuge in einem Strafverfahren ein in § 52 beschriebenes Verhältnis zum Angeklagten, trifft die Vernehmungsperson eine umfassende Belehrungspflicht (§ 52 III). Sie muss dem Zeugen sein Recht in einer ihm verständlichen Form erklären. Ist die erforderliche Belehrung unterblieben, unterliegt die gleichwohl erwirkte Aussage einem Verwertungsverbot, sodass die Revision nach § 337 begründet ist.[36] Dem verweigerungsberechtigten Zeugen steht das Recht zu, seine Aussage ohne Einschränkungen verweigern zu dürfen. Für sein Ausübungsrecht ist der Bedeutungsgrund vollkommen bedeutungslos.[37]

Hierin liegt eines der Hauptprobleme des Weigerungsrechts. Durch die bedingungslose Gewährleistung des Zeugnisverweigerungsrechts für diesen Kreis von Angehörigen, kann der Berechtigte es rücksichtslos, bzw. in einer egoistischen Weise, für seine Zwecke in Anspruch nehmen. So kann er sowohl belastende wie auch entlastende Informationen zurückhalten.

---

[35] § 68 gilt für richterliche und über § 161a I für staatsanwaltliche Vernehmungen. Für die polizeiliche Vernehmung hat er jedoch weitgehend Richtliniencharakter; Kleinknecht/Meyer-Goßner § 161a Rn 23.

[36] Die ältere Literatur hat in ihren Überlegungen über den Sinn und Zweck von Verwertungsverboten, welche die Zeugnisverweigerungsrechte einschlossen, zwischen zwei Perspektiven unterschieden. Auf der einen Seite wurde betrachtet, ob auf die Verletzung eines Beweisverbotes ein Verwertungsverbot folgt, und auf der anderen, ob der Beweisverbotsverstoß eine Revision begründet oder nicht, da in der damals jungen Beweisverbotslehre unklar war, ob das eine dem anderen folgte oder nicht. Der Gedanke war, dass Verwertungsverbote eigenständige Normen sind und getrennt von der Frage der Revisibilität eines Verfahrensverstoßes behandelt werden müssten. Diese alte Aufteilung ist mittlerweile nicht mehr von Bedeutung, da zumindest bei den Zeugnisverweigerungsrechten für Angehörige inzwischen Einigkeit darüber herrscht, dass nach unterbliebener Belehrung des zeugnisverweigerungsberechtigten Angehörigen dessen Aussage unverwertbar ist und selbst die Revision nach § 337 begründet ist. Im folgenden wird deswegen nicht auf diesen Unterschied eingegangen; siehe hierzu näher bei Dencker, Verwertungsverbote, S. 16 ff.

[37] Z.B. eine von dem Zeugen befürchtete falsche Berichterstattung der Presse, vgl. BGHSt 30, 193 (196 f.).

Gerade weil die Regel so starr ist und der Grund für ihre Ausübung keine Rolle spielt, sind über die Jahrzehnte vielerlei unterschiedliche Intentionen aus der Regel hergeleitet worden. Von diesen ist kaum eine in der Literatur und Rechtsprechung unumstritten. Die meisten unterliegen einer scharfen Auseinandersetzung. Als lehrreiches Beispiel kann die ratio legis der Vorschrift nach Auffassung des geschichtlichen Gesetzgebers herangezogen werden. Dieser wollte „lieber auf ein Beweismittel ... verzichten, als einen nahen Angehörigen des Beschuldigten der Versuchung auszusetzen, zugunsten des letzteren einen Meineid zu leisten“.[38] Diese Aussage hat bis zum heutigen Tag eine unterschiedliche Interpretation gefunden und ist als Grundlage für die verschiedenartigsten Argumente gebraucht worden. Auch hat der Große Strafrechtssenat des BGH diese Debatte in nur zwei Urteilen mit viel Stoff versorgt. In beiden stand § 52 nicht direkt zur Diskussion, jedoch wurde die Vorschrift herangezogen, um andere Probleme, die zur Frage standen, zu lösen. Dies hat die Problematik jedoch eher verschärft als zu einer Lösung beizutragen. Einige Intentionen hat der Gerichtshof selber strikt abgelehnt, anderen hat er zugestimmt; widerrum andere hat die Literatur aus diesen Urteilen selber interpretiert. Diese auf den nächsten Seiten mehrfach angesprochenen Urteile sind BGHSt 11, 213 und BGHSt 12, 235.

Es empfiehlt sich mit Blick auf die Ziele dieser Arbeit mit der materiellen Wahrheitsfindung anzufangen, dem für das deutsche Strafverfahren schlechthin fundamentalen Grundsatz. Nach diesem Prinzip muss der Tatnachweis lückenlos und erschöpfend in der Hauptverhandlung eingeführt werden.[39]

§ 3. Schutz der materiellen Wahrheitsfindung

Es erscheint zunächst ein wenig eigenartig, dass das Zeugnisverweigerungsrecht für Angehörige die materielle Wahrheitsfindung schützen soll, da das zentrale Anliegen des Strafprozesses, den wahren Sachverhalt zu ermitteln, mit den Beschränkungen, die der Gebrauch des Weigerungsrechtes mit sich ziehen kann, nur begrenzt zu vereinbaren ist. Dies hat im Grunde zur Folge, dass das Weigerungsrecht der Wahrheitsfindung Schranken setzt.

Es ist jedoch ein alter Gedanke, dass das Weigerungsrecht für Angehörige die Wahrheitsfindung schütze. Dieser ist auf die Überzeugung zurückzuführen, dass Aussagen von Angehörigen des Beschuldigten, wegen ihrer Neigung zur Falschaussage zumindest fragwürdig, wenn nicht nutzlos sind und somit nichts zur Wahrheitsfindung beitragen.[40] Angehörige sind stets der Versuchung ausgesetzt, den Beschuldigten entgegen der Wahrheit entlasten zu wollen. So kann ihren Aussagen nur eine beschränkte Beweiskraft zukommen. Indem diese Zeugen nicht der Zeugnispflicht unterworfen werden, werde daher auch das Risiko eines unzuverlässigen Beweismittels verringert

[38] Hahn, Die gesamten Materialien, S. 106.
[39] Schünemann, StV 1993, 657 (658); Volk, Diverse Wahrheiten, S. 411.
[40] Für alle: Rengier, Zeugnisverweigerungsrechte, S. 63 ff.

und der Wahrheitsfindung somit gedient.[41] Gegner dieser Auffassung weisen auf das Prinzip der freien Beweiswürdigung (§ 261) mit der Begründung hin, dass dem Richter grundsätzlich alle Beweismittel offen stehen, und er nach deren Nutzung selbständig darüber zu beurteilen hat, welchen Wahrheitswert die hierdurch erlangten Informationen besitzen.[42]

Unter der Voraussetzung, dass die Wahrheitsfindung die ratio des Weigerungsrechts ist, könnte der Grund für die Gewährleistung des Zeugnisverweigerungsrechts im Rechtsstaatsprinzip[43] – und zwar in der Idee der Gerechtigkeit – und Art. 1 I GG zu suchen sein, die nach Feststellung des BVerfG[44] die verfassungsrechtlichen Grundlagen der Wahrheitsfindung im Strafprozess bilden.[45]

Das BVerfG hat wiederholt und nachdrücklich geltend gemacht, dass der Grundsatz der Rechtsstaatlichkeit, soweit er die Idee der Gerechtigkeit als wesentlichen Bestandteil enthält, auch die Aufrechterhaltung einer funktionstüchtigen Rechtspflege verlangt, ohne die Gerechtigkeit nicht verwirklicht werden kann.[46] Mehrmals hat das BVerfG deshalb die Bedürfnisse einer wirksamen Strafverfolgung anerkannt und das öffentliche Interesse an einer möglichst vollständigen und umfassenden Wahrheitsermittlung betont.[47]

Die Pflicht zur Erforschung der Wahrheit hat dem Gericht zufolge ihre Wurzeln im Rechtsstaatsprinzip,[48] das zu den tragenden Verfassungsprinzipien gehört. Der Entschluss des BVerfG den Grundsatz der Wahrheitsermittlung aus Art. 1 I GG herzuleiten, geht auf Überlegungen bezüglich des Rechts des Angeklagten auf ein faires, rechtsstaatliches Strafverfahren zurück. Das Bundesverfassungsgericht sieht es als Aufgabe des Strafprozesses an, den Strafanspruch des Staates in einem justizförmigen geordneten Verfahren durchzusetzen, um das Rechtsgut Einzelner und der Allgemeinheit zu schützen. Dadurch sollen die Grundrechte desjenigen, der vom Gewicht der Strafe bedroht wird, gesichert werden. Aus der Würde des Menschen als eigenverantwortlich handelnde Person wird das Prinzip abgeleitet, dass keine Strafe ohne Schuld verhängt werden darf. Daher ergibt sich für den Strafprozess von Verfassungswegen die Aufgabe, dieses Prinzip durch die Bereitstellung entsprechender verfahrensrechtlicher Vorkehrungen zu sichern. Das Bundesverfassungsgericht sieht es als Aufgabe des

---

[41] Niese, JZ 1953, 223 (gemeinsamer Zweck aller Verweigerungsgründe); Busch, JZ 1953, 703 f.; Gossrau, MDR 1958, 470; Eb. Schmidt, JZ 1958, 596 (599) (aus rechtshistorischen Gründen); Rengier, Zeugnisverweigerungsrechte, S. 11 u. 56 ff.; Roxin, Strafverfahrensrecht, § 26 Rn 14.
[42] Für alle: Amelung, Informationsbeherrschungsrechte, S. 14 f.
[43] BverfGE 33, 367 (383); 34, 238 (248); 36, 193 (203); 38, 105 (115 f.); 38, 312 (321); 39, 156 (163); 41, 246 (250); 44, 353 (374).
[44] BVerfGE 57, 250 (287).
[45] Bevor das BVerfG sich mit der Verfassungsgarantie der Wahrheitsfindung des Richters befasst hat, hatte Wilms sie aus Art. 92 GG abzuleiten versucht; vgl. Wilms, Zur Verfassungsgarantie richterlicher Wahrheitsfindung, S. 137 ff.
[46] BVerfGE 44, 353 (374); Hassemer, StV 1982, 275 (276).
[47] BVerfGE 44, 353 (374); BVerfG NJW 1998, 893 m.w.N.
[48] BVerfGE 77, 65 (77).

Strafprozesses an, den Strafanspruch des Staates, um des Rechtsgüterschutzes Einzelner und der Allgemeinheit willen, in einem justizförmig geordneten Verfahren durchzusetzen. Dadurch sollen die Grundrechte desjenigen, der vom Gewicht der Strafe bedroht wird, gesichert werden. Aus der Würde des Menschen als eigenverantwortlich handelnde Person wird das Prinzip abgeleitet, dass keine Strafe ohne Schuld verhängt werden darf.[49] Daher ergibt sich für den Strafprozess von Verfassungswegen die Aufgabe, dieses Prinzip durch die Bereitstellung entsprechender verfahrensrechtlicher Vorkehrungen zu sichern. Als zentrales Anliegen des Strafprozesses erweist sich daher die Ermittlung des wahren Sachverhalts. Ohne diesen kann das materielle Schuldprinzip nicht verwirklicht werden kann. Darüber hinaus bildet er die Grundlage eines gerechten Urteils.[50]

Die Handhabung aller Verfahrensvorschriften steht unter dem Grundsatz, die materielle Wahrheit zu erforschen.[51] Dem Ziel, die materielle Wahrheit zu erforschen ist somit nicht nur das Gericht, sondern gleichermaßen der Staatsanwalt verpflichtet.[52] Der Grundsatz, die materielle Wahrheit zu erforschen, schließt ein, dass das Gericht sich um den bestmöglichen Beweis zu bemühen hat.[53]

Sofern das Rechtsstaatsprinzip in seiner Ausformung der Gerechtigkeit und Art. 1 I GG als Begründung für die Gewährleistung des Zeugnisverweigerungsrechts in § 52 in Betracht gezogen werden sollen, wird in dieser Arbeit zunächst darauf eingegangen, ob das Zeugnisverweigerungsrecht der Wahrheitsfindung überhaupt einen Schutz gewährt.

Als erster hat sich *Beling* gegen die Rückführung des Zeugnisverweigerungsrechts auf den Ausschluss wahrheitsgefährdender Beweismittel gewandt.[54] Das Gesetz stempelt den Angehörigen des Beschuldigten nicht mehr (!) zu einem Zeugen, dessen Zeugnis nicht viel wert ist und deshalb unerhoben bleiben sollte. Es hebt vielmehr hervor, auch auf einwandfreie und unverdächtige Verwandtenzeugnisse schlechthin verzichten zu wollen, um dem nicht freiwillig aussagenden Zeugen peinvolle Erwägungen zu ersparen. Dagegen hat sich insbesondere *Eb. Schmidt* gewandt, der aus einer anderen historischen Betrachtungsweise erklärt, dass die heutigen Bestimmungen, genau wie die alten Bestimmungen des gemeinrechtlichen Prozesses, den Richter davor bewahren sollten, Zeugenaussagen von erfahrungsgemäß zweifelhaften Wahrheitsgehalt seinem Ur-

---

[49] Vgl. BVerfGE 20, 323 (331).
[50] BVerfGE 57, 250 (275); 63, 45 (61); BVerfG wistra 1987, 134.
[51] BGHSt 32, 115 (122).
[52] BVerfGE 63, 45 (63).
[53] BVerfGE 57, 250 (277).
[54] Beling, Beweisverbote, S. 10 ff. (16). So in der letzten Zeit auch Schütz, Die Verletzung des § 55 StPO als Revisionsgrund, S. 68; Hölscher, Das Auskunftsverweigerungsrecht, S. 185; Amelung, Informationsbeherrschungsrechte, S. 14 f.

teil zugrunde zu legen.[55] Das Mißtrauen gegen diese Zeugen lebt seiner Meinung nach in den neuen gesetzlichen Formen „selbstverständlich" fort.[56]

Rengier bringt noch weitere Argumente vor, die seines Erachtens belegen, dass das Weigerungsrecht die Wahrheitsfindung schützt.[57] Bei seinen Überlegungen zu der Gefahr, die von unbelehrten Angehörigen als Zeugen für die richterliche Wahrheitsfindung ausgehen, setzt er jedoch voraus – wie alle seine Befürworter – dass sie erfahrungsgemäß zu Falschaussagen neigen. Daher fürchtet er in erster Linie, dass das Gericht im Rahmen seiner Überzeugungsbildung diese Neigung zu falschen Aussagen dieser Zeugen nicht richtig erkennt oder gar nicht berücksichtigt. Des Weiteren fürchtet er, dass der Zeuge sich in Unkenntnis seines Verweigerungsrechts für aussagepflichtig hält und so zur Falschaussage hinreißen läßt.

Gegenüber der historischen Auffassung von *Eb. Schmidts* und *Rengier*,[58] ist nicht zu verleugnen, dass sich mit der Aufklärung des 19. Jahrhunderts und dem Übergang von den gemeinrechtlichen Beweisregeln zu der freien Beweiswürdigung eine klare Abkehr von dem Beweisrecht des Inquisitionsprozesses vollzogen hat und diese Abkehr einen Funktionswandel bedeutete.[59] Der Richter ist nicht an Beweisregeln, d.h. an gesetzliche Vorschriften über die Wirkung der Beweise, an Bestimmungen darüber, unter welchen Voraussetzungen eine Tatsache als bewiesen oder als nicht bewiesen anzusehen ist, gebunden.[60] Die freiwillige Aussage des zeugnisverweigerungsberechtigten Angehörigen wird trotz ihres denkbar geringen Wertes entgegengenommen. Dieser Grundsatz gilt für die Würdigung von Zeugenaussagen, gleichgültig ob der Zeuge vereidigt wurde oder nicht, wie für die Aussage des Angeklagten, selbst wenn diese mit den Zeugenangaben in Widerspruch stehen.[61] Das Prinzip der freien Beweiswürdigung legt dem Richter jedoch auf, im Einzelfall die Aussagekraft der zulässigerweise erhobenen Beweise sorgfältig zu überprüfen und zu würdigen.[62] Das Prinzip der materiellen Wahrheit – der „restlosen Wahrheitserforschung"[63] – ist dann am besten zu sichern, wenn dem Gericht diese Freiheit eingeräumt ist.[64]

---

[55] Eb. Schmidt, JZ 1958, 596 (599 ff.); ders. NJW 1968, 1209.
[56] Mit Eb. Schmidt übereinstimmend Niese, JZ 1953, 219 (223); Busch, JZ 1953, 703; als unmittelbar erforderlich sieht Klug das Verweigerungsrecht für Angehörige für die Wahrheitsfindung, Klug, Beweisverbote im Strafprozeß, S. F 35; Gossrau, MDR 1958, 468 (470); Michaelis, NJW 1969, 730; Rengier, Zeugnisverweigerungsrechte, S. 56 ff.; R. Hauser, Der Zeugenbeweis im Strafprozeß, S. 178.
[57] Rengier, Zeugnisverweigerungsrechte, S. 63 ff.
[58] Rengier ist zu dem der Meinung, dass die Geschichte keine eindeutige Antwort auf diese Frage geben kann; Rengier, Zeugnisverweigerungsrechte, S. 60.
[59] Zum Zeugenbeweis in der deutschen Strafprozessrechtsreform, siehe Koch, Der Zeugenbeweis in der deutschen Strafprozessrechtsreform des 19. Jahrhunderts, S. 245-263.
[60] So Schmidt, Richterliche Beweiswürdigung, S. 65.
[61] BGHSt 18, 238 (241).
[62] BVerfGE 57, 250 (277).
[63] Bohne, Richterliche Überzeugungsbildung, S. 7 f.
[64] Bohne, Richterliche Überzeugungsbildung, S. 7 f.; Hanack, JuS 1977, 727.

Wie energisch und zielbewusst die Schöpfer der Strafprozessordnung dabei gewesen sind, das Prinzip der freien Beweiswürdigung in seinen Bestandteilen zu sichern, ist daran zu erkennen, dass dem Richter selbst Kinder und geistesgestörte Zeugen nicht vorenthalten sind.[65] Der Richter ist dazu angehalten, diesen Schwierigkeiten Herr zu werden, und sich nicht von sonst noch vorhandenen irreführenden Überlegungen davon abhalten zu lassen, dem Prinzip zu folgen. Schon im älteren Schrifttum[66] wurde darauf aufmerksam gemacht, dass familiäre Beziehungen des Zeugen zum Beschuldigten im älteren Recht die Ausschließung vom Zeugenbeweis begründeten, im neueren dagegen nur eine eventuelle Verminderung der Beweiskraft der Aussage des Zeugen zur Folge haben. Die Beweiskraft der Aussage muss somit vorsichtig geprüft werden.

Ein weiteres Argument gegen den Wahrheitsfindungszweck des Weigerungsrechts ist die Vorschrift des § 68 IV, die es der Vernehmungsperson zur Pflicht macht, Zeugen erforderlichenfalls Fragen über solche Umstände vorzulegen, die ihre Glaubwürdigkeit in der vorliegenden Sache betreffen, insbesondere auch Fragen über ihre Beziehung zu dem Beschuldigten.[67] Die Klärung der Beziehung zum Beschuldigten dient vor allem der Entscheidung über die Weigerungsrechte nach §§ 52, 55 und der Entscheidung über die Frage der Vereidigung nach §§ 61 Nr. 2, 63.[68] Wie *Schöneborn*[69] richtig hervorhebt, ist § 68 die Bestimmung, welche die Voraussetzung einer verlässlichen Beweiswürdigung regelt, insofern sie dem Gericht aufgibt, überhaupt erst die Faktoren zu ergründen, die es befähigen, eine korrekte Beurteilung der Beweiskraft der Zeugenaussage vorzunehmen. Die Belehrungsregelung des § 52 III soll allein sicherstellen, dass dem Zeugen die rechtliche Befugnis aufgezeigt wird, die Aussage zu verweigern. Daher bedeutet eine unterlassene Belehrung, der keineswegs eine Verletzung der Fragepflicht nach § 68 vorausgegangen sein muss, keine Gefährdung der Wahrheitsfindung, sondern nur der Verstoß gegen § 68.[70]

Wie schwierig es ist, diese Umwandlung des gesamten Gedankengebäudes bezüglich des Überganges zu der freien Beweiswürdigung zu begreifen, sieht man auch an Urteilen des BGH, der seinen Standpunkt von einem Jahr auf das nächste änderte. In seinem Urteil vom 18. Oktober 1957,[71] führt er aus, dass das Weigerungsrecht zu erheblichen Erschwerungen der Strafverfolgung und zu ungerechtfertigten Freisprüchen führen könne. Weiter erklärt er, dass Grund für ein Weigerungsrecht von Verwandten die bei diesen besonders nahe liegende Gefahr unrichtiger Aussagen sei. Diese

[65] So auch Amelung, Informationsbeherrschungsrechte, S. 15.
[66] Glaser, Beiträge zur Lehre vom Beweis im Strafprozeß, S. 255.
[67] So auch Schöneborn, MDR 1974, S. 457.
[68] In der Praxis ist es üblich, jeden Zeugen nach den Beziehungen zu dem Beschuldigten zu fragen; Kleinknecht/Meyer-Goßner § 68 Rn 21 m.w.N.
[69] Schöneborn, MDR 1974, S. 457 f.
[70] Gegen die Begründung des Zeugnisverweigerungsrechts aus der Gefährdung der Wahrheitsfindung siehe auch Grünwald, JZ 1966, 489 (497).
[71] BGHSt 10, 393.

Äußerung kann nicht anders verstanden werden, als dass der BGH der Auffassung ist, dass das Zeugnisverweigerungsrecht die Wahrheitsfindung gefährden könne.

In seinem in vieler Hinsicht bemerkenswerten Beschluss vom 21. Januar 1958[72] führt der Große Senat für Strafsachen hingegen ausführlich aus, dass das Zeugnisverweigerungsrecht die Wahrheitsfindung nicht schütze, da die Wahrheitsermittlung nach § 261 im Wege der freien Beweiswürdigung geschehe, bei der die Zeugenaussagen auf ihre Tauglichkeit hin geprüft würden. Beweisregeln und Zeugenausschlüsse seien dem geltenden Strafverfahren fremd. Weiter führt das Gericht aus, dass der Gefahr, die Aussagen verdächtiger Zeugen für die Wahrheitsfindung bilden könnten, schon die Bestimmungen über die Nichtvereidigung verwandter Zeugen begegnen würden. Zudem fügt das Gericht hinzu, dass dem Misstrauen des Gesetzgebers gegen die Zeugen die beiden in §§ 52 und 55 plazierten Aussageverweigerungsrechte jedenfalls nicht ihre Entstehung verdanken.

Dem Ergebnis ist mit Sicherheit zuzustimmen. Es lohnt sich jedoch der Frage nachzugehen, was den BGH zu dieser Kehrtwendung veranlaßt hat. Die Unterstellung, dass das Weigerungsrecht nicht die Wahrheit schütze, hat der BGH in Verbindung mit der Entwicklung seiner Rechtskreistheorie ausgearbeitet.

Zu jener Zeit stand der Große Senat vor der Frage, ob ein Angeklagter seine Revision darauf stützen darf, dass ein Zeuge entgegen der Vorschrift des § 55 II nicht über sein Auskunftsverweigerungsrecht belehrt worden ist. Der Senat verneinte diese Frage. Zur Begründung wies der Senat in erster Linie darauf hin, dass nicht jeder irgendwie geartete Verfahrensverstoß mit der Revision zu rügen sei; es existiere eine „natürliche Abstufung der Verfahrensvorschriften“, die nach Maßgabe ihrer „Rechtskreisnähe“ zum Angeklagten einem umfassenden Revisionsrügerecht entgegenstünden.[73] Als weiteres Argument gegen ein umfassendes Rügerecht nennt der BGH die Schwierigkeiten des Revisionsgerichts, eine Verfahrensverletzung anhand des Protokolls festzustellen, da dieses nur die wesentlichen Förmlichkeiten beinhalte.[74]

Aus diesen Argumenten zieht der BGH die Schlussfolgerung, dass bei jeder Vorschrift geprüft werden müsse, ob ihre Verletzung den Rechtskreis des Beschwerdeführers wesentlich berühre, oder ob sie für ihn von untergeordneter oder von keiner Bedeutung sei. Bei dieser Untersuchung will der BGH vor allem den Rechtfertigungsgrund der Bestimmung und die Frage, in wessen Interesse er geschaffen ist, berücksichtigen.

---

[72] BGHSt 11, 213 [GSSt].

[73] Dieses Argument der Rangordnung der Verfahrensvorschriften zur Begründung eines auf den Rechtskreis des Angeklagten beschränktes Anfechtungsrecht ist in der Literatur zu Recht heftig kritisiert worden; siehe hier nur Dencker, StV 1995, 234 f.; Koriath, Über Beweisverbote im Strafprozeß, S. 63 ff.; Rengier, Zeugnisverweigerungsrechte, S. 295.

[74] Wie Rengier aufgezeigt hat, besteht dieses Problem immer; wieso es ein Argument für ein gerade auf den Rechtskreis des Angeklagten beschränktes Anfechtungsrecht hergeben soll, ist nicht nachvollziehbar; Rengier, Zeugnisverweigerungsrechte, S. 296.

Wäre der BGH zu dem Ergebnis gekommen, dass das Weigerungsrecht die Wahrheitsfindung schütze, wäre der Rechtskreis des Beschwerdeführers wesentlich verletzt und der BGH hätte ihm ein Revisionsrecht zukommen lassen müssen.[75] Mit der Entscheidung, dass weder § 52 noch § 55 zum Schutz der Wahrheitsfindung bestimmt sei, schafft der BGH lediglich ein Problem bei der Ausarbeitung seiner Rechtskreistheorie aus der Welt.

Daraus ist zu schließen, dass der BGH nicht durch eine Vorliebe für die Wahrheitsfindung zu diesem Ergebnis gekommen ist, sondern dass er vielmehr darauf abzielte, seine Rechtskreistheorie zu billigen.

In einem Anfrageverfahren des 1. Strafsenats vom 25.2.1991[76] bei den übrigen Strafsenaten, hatte der 1. Senat über die Frage zu entscheiden, ob einem Zeugen, dessen Angehöriger „lediglich" im Ermittlungsverfahren zeitweise Mitbeschuldigter des (jetzigen) Angeklagten war, der wegen Beteiligung an derselben Tat aber inzwischen rechtskräftig verurteilt war, nach § 52 I Nr. 3 ein Weigerungsrecht zustehen sollte. In seiner umfangreichen Argumentation beruft sich der Senat auf den Gesetzgeber und die historische Auslegung von *Eb. Schmidt* und äußert Zweifel an der Darlegung des Großen Senats von 1958, dass § 52 nicht dem Schutz der Wahrheitsfindung diene. In einem darauf folgenden Urteil[77] erwähnt der Senat den Gedanken vom Schutz der Wahrheitsfindung durch § 52 jedoch nicht.

Im Ergebnis ist festzuhalten, dass die freie Beweiswürdigung keine Freiheit zur Willkür zum Inhalt hat. Obwohl der Richter nicht an Beweisregeln gebunden ist, berechtigt ihn dies wiederum nicht, seine Überzeugungsbildung nach irrationalen Gesichtspunkten auszuüben.

Die Einführung des Grundsatzes der freien Beweiswürdigung bedeutete keine Abkehr von der Verpflichtung des Richters, ein auf Gründen und Regeln basierendes Urteil abzugeben. Vielmehr muss er eine rationale Tatsachengrundlage für sein Urteil schaffen. Der Richter muss eine von den gesetzlichen Beweistheorien unabhängige Würdigung der verwertbaren Beweise unter Zugrundelegung der Denkgesetze, der wissenschaftlichen Erkenntnisse und Erfahrungen vornehmen.[78]

---

[75] So auch Rengier, Zeugnisverweigerungsrechte, S. 57.
[76] Widmaier, NStZ 1992, 197.
[77] BGHSt 38, 96.
[78] Die Frage nach den inhaltlichen Anforderungen an die freie Beweiswürdigung, und das erforderliche Maß an Überzeugung für den Ausspruch der Verurteilung werden unterschiedlich beantwortet. Die Rechtsprechung vertritt weitgehend eine sogenannte subjektive Theorie, nach der ein nur möglicher Sachverhalt, der jedoch nicht eine bloße Vermutung sein darf, für den Tatrichter zweifelsfrei feststehen muss. Maßgeblich ist danach allein die persönliche, volle Überzeugung des Tatrichters. Zudem muss der Angeklagte vor Fehleinschätzungen des Richters bei der Überzeugungsbildung geschützt werden. Somit muss eine mindestens hohe objektive Wahrscheinlichkeit der Sachverhaltsannahmen des Tatgerichts mit der subjektiven Überzeugung der Richter einhergehen; BGH StV 1995, 453; Schmidt, Richterliche Beweiswürdigung, S. 247 ff.; Roxin, Strafverfahrensrecht, § 15 Rn 13 ff.

Der Schutz der Wahrheitsermittlung kann somit nicht die ratio des Zeugnisverweigerungsrechts Angehöriger nach § 52 sein und daher können das Rechtsstaatsprinzip und Art. 1 I GG in diesem Sinne nicht als die verfassungsrechtlichen Grundlagen des Zeugnisverweigerungsrechts herangezogen werden.

§ 4. Schutz aufgrund gegenseitigem Vertrauen und zwischenmenschlicher Kommunikation

Empfindungen wie Liebe und Vertrauen zwischen Menschen und die Fähigkeit, vertrauensvoll zu kommunizieren, sind die Basis, auf der nahe menschliche Beziehungen beruhen. Es darf durchaus angenommen werden, dass bei denjenigen, denen ein Weigerungsrecht nach heutigem Recht erteilt wird, solche Empfindungen bestehen, und dass diese charakteristischerweise der Grund dafür sind, dass diese Menschen von ihrem Weigerungsrecht Gebrauch machen. In diesem Kapitel wird in erster Linie die Hypothese behandelt, die den Grund für das Weigerungsrecht in dem Schutz des Vertrauensverhältnisses zwischen Zeugen und Beschuldigtem sieht. Als verfassungsrechtliche Grundlage wird hier stets auf Art. 2 I i.V.m. Art. 1 I GG verwiesen, durch welche höchstpersönliche Gespräche mit engsten Familienangehörigen geschützt sein sollen. In der Literatur sind jedoch auch Überlegungen erörtert worden, die auf dem Gedanken der verfassungsrechtlichen Schutzwürdigkeit der vertrauensvollen Kommunikation beruhen, diesen jedoch erweitert haben, und einen tiefgründigeren Schutzzweck gefunden haben wollen. Dieser sei, dass das Weigerungsrecht vorerst den nemo tenetur-Grundsatz schützt und darüberhinaus, dass das Recht den Zeugen vor einer Konfliktlage bewahren will. Darauf wird auch in diesem Kapitel eingegangen.

A. Das zwischenmenschliche Vertrauen

Der Gedanke, dass der Schutz eines Vertrauensverhältnis und der unbefangenen (innerfamiliären) Kommunikation der Grund für das Weigerungsrecht ist, ist in der einschlägigen Literatur durchaus nicht neu. Nach dieser Auffassung ist das vom Gesetzgeber erteilte Weigerungsrecht für Angehörige nicht die Basis für die Entstehung eines Vertrauensverhältnis, sondern das schon bestehende Vertrauensverhältnis ist der Grund für die Gewährung des Weigerungsrechts.

Die Beschaffenheit des Zeugnisverweigerungsrechts hat in der Diskussion über seinen Schutzzweck dazu geführt, dass die Literatur schon im Grundsatz zu unterschiedlichen Ergebnissen gekommen ist.[79] Hier ist auch auf einen Beschluss des BVerfG hinzuweisen, in dem das Gericht ausführt, dass das Weigerungsrecht ein Vertrauensverhältnis zwischen dem Beschuldigten und seinem Angehörigen schütze.[80]

---

[79] Dafür, dass § 52 die Unbefangenheit und Vertraulichkeit der Kommunikation innerhalb des familiären Vertrauensverhältnis schützt entscheidet sich Schmitt, Berücksichtigung der ZVR, S. 61 ff. (64); gegen eine Begründung des § 52 aufgrund des familiären Vertrauensverhältnisses entscheidet sich Bialek, Schutzzweck und Enumerationsprinzip, S. 70 ff.

[80] BVerfG StV 2000, 233 (234).

Diesem Beschluss lag folgender Sachverhalt zu Grunde: Das LG verurteilte die Angeklagten jeweils wegen Mordes in Tateinheit mit schwerem Raub zu lebenslanger Freiheitsstrafe. Nach den Feststellungen des LG waren zwei Vertrauensleute von der ermittelnden Polizeibehörde förmlich für den öffentlichen Dienst verpflichtet worden. Sie hatten monatelang im Umfeld der beiden des Mordes verdächtigen Angeklagten ermittelt und dabei das Vertrauen der Verlobten eines Angeklagten erworben. Diese äußerte sich eines Tages ungefragt gegenüber einem der Vertrauensleute zur Herkunft des Tatwerkzeugs aus dem Haushalt ihrer Familie. Sie erläuterte ihre Bemerkung auf Nachfrage durch den Vertrauensmann. Diese Informationen flossen durch die Vernehmung der Vertrauensleute als Zeugen in das gegen die Angeklagten ergangene Urteil des LG ein, obwohl die Verlobte als Zeugin in der HV die Aussage verweigert hatte. Im amtlichen Leitsatz des BVerfG heißt es: Das den Ermittlungsbehörden im Rahmen des den verpflichteten Vertrauenspersonen erteilten Auftrags zuzurechnende Verhalten der Vertrauensleute, die Verlobte eines Beschuldigten unter Missachtung ihres bestehenden Zeugnisverweigerungsrechts zu Angaben zu veranlassen, stellt sich nicht nur als eine rein passive Informationserlangung ohne Eingriffscharakter, sondern spätestens mit der Nachfrage bei der Zeugin als eine heimliche Befragung einer Aussageperson durch VPersonen und damit als eine Maßnahme dar, die jedenfalls ohne spezielle gesetzliche Ermächtigungsgrundlage nicht zulässig war. Die darin liegende Missachtung des Vertrauensverhältnisses zwischen einem Beschuldigten und seinen Angehörigen im Sinne des § 52 StPO enthalte einen Verstoß gegen das Prinzip eines fairen Verfahrens, da der in verschiedenen Vorschriften des Strafverfahrens garantierte Schutz eines Angehörigenverhältnisses in seinem Kernbestand zu den rechtsstaatlich unverzichtbaren Erfordernissen eines fairen Verfahrens zähle.

In diesem Kapitel bleibt daher zu untersuchen, ob das Weigerungsrecht das Vertrauen und die Aufrechterhaltung einer fördernden und verständnisvollen Kommunikation zwischen dem Beschuldigten und dem Zeugnisverweigerungsberechtigten schützt und in diesem Sinne höchstpersönliche Beziehungen vor einer Untergrabung bewahren will.

Vorab ist wieder hervorzuheben, dass es für das Ausübungsrecht des Zeugen ganz und gar bedeutungslos ist, was sein Beweggrund ist. Dem verweigerungsberechtigten Zeugen steht das Recht sein Zeugnis zu verweigern fortdauernd und ohne jegliche Einschränkung zu. Gerade deshalb sind die Gründe des Weigerungsrechts ein steter Streitgegenstand

In den Überlegungen zu dem Vertrauensverhältnis als Grund des Weigerungsrechts darf nicht übersehen werden, dass oft, wenn Familienmitglieder als Zeugen vernommen werden, sie Tatzeugen, Mitwisser oder selbst Opfer der Tat sind, für die ihr Angehöriger zur Verantwortung gezogen werden soll. In diesen Fällen kann oft nicht mehr von einem Vertrauensverhältnis zwischen den Personen gesprochen werden,[81] obwohl dies sicherlich nicht ganz auszuschließen ist. Handelt es sich um Fälle des sexuellen

[81] So zu Recht auch Bialek, Schutzzweck und Enumerationsprinzip, S. 70.

Missbrauchs von Kindern, in denen es sich in der Mehrzahl der Fälle bei den Tätern um Bekannte oder Verwandte des Opfers handelt,[82] können die Opfer durchaus ambivalente Gefühle haben. Aus der Praxis[83] geht hervor, dass besonders ein sexuell missbrauchtes Kind,[84] das sich regelmäßig in einer Situation permanenter Überforderung befindet,[85] möglicherweise den Täter nicht nur hasst, sondern ihn auch liebt und vielleicht die Hoffnung hat, dass es ihm wieder begegnen könne, ohne dass es missbraucht werde, obwohl die Erschütterung des Vertrauens in andere Menschen ein typisches Syndrom der Schädigung von Kindern nach sexuellem Missbrauch ist.[86] Bei der Klärung solch eines Tatvorwurfs steht dem Kind somit häufig ein Zeugnisverweigerungsrecht zu, das – wird hiervon Gebrauch gemacht – die Beweislage erheblichen Schwierigkeiten aussetzt.

Ob ein Angehöriger vertrauenswürdig und verschwiegen ist, ist ein Risiko, das der Beschuldigte trägt. Der angehörige Zeuge unterliegt keiner strafbewehrten Schweigepflicht und zum Schweigen kann der Beschuldigte ihn nicht zwingen, ebensowenig wie der Beschuldigte den Zeugen zwingen kann, auszusagen; ihn sozusagen von einer „Schweigepflicht aus familiären Gründen" zu entbinden. Diese Erkenntnisse, die in der Literatur herangezogen worden sind, um zu diskutieren, ob die Unbefangenheit und Vertraulichkeit der Kommunikation ein Schutzzweck des Weigerungsrechts ist, sind meines Erachtens unmaßgeblich. Wieder ist auf die Beschaffenheit des Weigerungsrechts abzustellen. Dieses ist von der höchstrichterlichen Rechtsprechung richtigerweise als ein höchsteigenes Recht eingestuft worden. Ob der Zeuge dieses Recht wahrnimmt oder auch nicht ist seine Entscheidung. Was ihn dazu bringt – welche Entscheidung er nun trifft – obliegt allein ihm. Es kann sein – und ist mit Blick auf den Personenkreis dem ein Weigerungsrecht zusteht durchaus anzunehmen – dass er es aus dem Grunde macht, dass er zu seinem Angehörigen, dem Beschuldigten oder auch anderen Angehörigen, eine vertrauensvolle Beziehung hat, die er mit einer wahrheits-

[82] Auch steigt mit dem Vertrauensgrad zwischen Täter und Opfer die Intensität des Tatgeschehens; Dölling, Sexueller Mißbrauch von Kindern, S. 23 m.w.N.

[83] Marquardt/Lossen, Sexuell mißbrauchte Kinder, S. 248; Dölling, Sexueller Mißbrauch von Kindern, S. 23 m.w.N.

[84] Unter den amtlich bekannt gewordenen Sexualstraftaten ist der sexuelle Missbrauch von Kindern das Delikt mit dem höchsten Anteil; Bundeskriminalamt (Hrsg.), Polizeiliche Kriminalstatistik 1997, S. 129.

[85] Die Beteiligung von Kindern als Opfer einer Straftat am Strafverfahren muss nicht notwendig negative emotionale Konsequenzen nach sich ziehen. Sie kann auch eine Entlastungs und Erledigungsfunktion haben; Busse/Volbert, Was belastet Kinder in Strafverfahren?, S. 212 m.w.N.

[86] Zu der Frage wie Vertrauen bei Kindern entsteht, weisen Soziologen darauf hin, dass die grundlegende Persönlichkeit im Säuglingsalter und später die grundlegende Einstellung zum Leben nicht durch eine absolute Quantität von Vertrauen beziehungsweise Misstrauen bestimmte werden, sondern durch die Bilanz aus diesen beiden Tendenzen. Tiefgreifende Erfahrungen, die Misstrauen oder Vertrauen erwecken, können eine Lebenseinstellung hervorrufen, die jener sehr ähnlich ist, die durch ein gemäßigtes Erleben von Vertrauen und Misstrauen geformt wurde. So kann eine geringe Basis des Vertrauens – wenn wenig Anlass für Misstrauen vorhanden ist – die gleiche grundlegende Sicherheit erzeugen wie eine Vielzahl Vertrauen schaffender Erfahrungen, die durch zahlreiche Anlässe zum Misstrauen aufgewogen werden; Eickelpasch, Familie in der Gesellschaft, S. 276 m.w.N.

gemäßen Aussage nicht zunichte machen will. Es kann auch sein, dass solch eine Beziehung zwischen dem Beschuldigten und dem Zeugen nie bestand, oder dass sie nicht mehr besteht. Diese Lage variiert je nach den Umständen des Einzelfalls.

Als Fazit kann festgehalten werden, dass der Schutz gegenseitigen Vertrauens und die Bewahrung zwischenmenschlicher Kommunikation oder Beziehungen, nicht der primäre Grund für die Erteilung eines Zeugnisverweigerungsrechts nach § 52 ist. Dieses bedeutet jedoch nicht, dass die Bewahrung zwischenmenschlicher Kommunikation trivial ist, sondern vielmehr, dass weiter und tiefer nach dem Sinn und Zweck des Verweigerungsrechts geforscht werden muss.

Jedoch haben einige Gelehrte im Schrifttum aus der Erkenntnis heraus, dass das Aufrechterhalten eines Vertrauensverhältnis und der Kommunikation zwischen Zeugen und Beschuldigtem (ein) Grund für das Weigerungsrecht sein kann, oder gerade *der* Grund für das Weigerungsrecht ist, dafür plädiert, dass das Zeugnisverweigerungsrecht andere Interessen schütze. Auf diese ist deshalb in dieser Arbeit einzugehen. Diese sind der nemo tenetur-Grundsatz und die Konfliktlage des verweigerungsberechtigten Zeugen.

B. Schutz des nemo tenetur-Grundsatzes

In seiner Arbeit zu den Beweisverboten im Strafprozess, untersucht *Petry* die Rechtsstellung des Beschuldigten in Bezug darauf, ob ein Beweisverbot ein Verwertungsverbot nach sich ziehe. In seinem Werk tritt er dafür ein, dass das Zeugnisverweigerungsrecht aus persönlichen Gründen den verfassungsrechtlich verankerten nemo tenetur-Grundsatz schütze.

Der Grund für *Petrys* Ansatz geht auf die Überlegung über die Bedürftigkeit eines jeden Menschen zurück, sein Dasein in einem durch Vertrauen, Verbundenheit und Zuneigung gebildeten intimen Kreis einer Familie zu führen, und sich in Krisensituationen mit diesem seinem nächsten Familienkreis aussprechen zu können. Der Kreis der Personen, die gegeneinander ein Zeugnisverweigerungsrecht besitzen, umfasse diejenigen, mit denen der Beschuldigte charakteristischerweise ein intensives (familiäres) Kontaktverhältnis hat und mit denen er sich aussprechen können müsse. Wenn diese Personen zur Aussage über die Kommunikation, welche mit dem Beschuldigten stattgefunden hat, gezwungen werden könnten, so bestünde Anlass zu der Befürchtung, dass der das Selbstbestimmungsrecht des Beschuldigten schützende nemo tenetur-Grundsatz beträchtlich ausgehöhlt werden könnte. Denn bedenke man, so *Petry*, dass der Beschuldigte seinerseits auf Grund des nemo tenetur-Grundsatzes zu keiner Aussage gezwungen werden könne, so könnten die so versperrten Beweise durch eine Ausnutzung des menschlichen Kommunikationsbedürfnisses auf dem Wege der Zeugenaussage doch wieder erlangt werden.

Es ist von *Petry* durchaus richtig erkannt worden, dass der Kommunikation und dem Vertrauensverhältnis unter Familienangehörigen eine besondere Bedeutung zukommt.[87] Zutreffend ist auch die Überlegung, dass die Strafverfolgungsorgane dieses schutzwürdige Vertrauensverhältnis für sich in Anspruch nehmen würden, wenn es das Recht des Angehörigen, sein Zeugnis zu verweigern, nicht gäbe. Die Unbefangenheit der menschlichen Kommunikation wäre gestört, wenn vertrauliche und nichtöffentliche Äußerungen, die zwischen Familienmitgliedern getätigt wurden, durch die öffentliche Gewalt in ein Strafverfahren gegen ein Familienmitglied hineingetragen werden könnten.

Petrys SelbstbezichtigungsKonzeption, wonach die Ausnutzung des Kommunikationsbedürfnisses unter Angehörigen einen mittelbaren Zwang zur Selbstbezichtigung bedeutet, ist jedoch auch – wie der Gedanke, dass der Schutz des Vertrauensverhältnis der Grund des Weigerungsrechts sei – der Problematik der Entlastung/Belastung unterworfen. *Petry* hat sicher vorrangig belastende Aussagen des angehörigen Zeugen im Auge. Er ist der Auffassung, dass diese allemal die Rechtsposition des Beschuldigten verschlechtern könnten, und soweit verdient er freilich ohne weiteres Zustimmung. Die durch das Fehlen des Weigerungsrechts erzwungene Aussage eines Angehörigen kann jedoch im Gegensatz dazu ebenso eine entlastende Angabe enthalten. Diese würde kaum die Selbstbezichtigungsfreiheit des Beschuldigten aushöhlen, sondern vorzugsweise seine Verteidigungsstellung verbessern und gegebenenfalls seine Unschuld bekräftigen. Auch wegen des bestehenden Zeugnisverweigerungsrechts ist *Petrys* Ansatz der, dass der Angehörige Zeuge von seinem Recht nur Gebrauch macht, wenn er über belastende Informationen verfügt. Er kann jedoch auch in diesem Fall über entlastende Informationen verfügen, die für einen positiven Ausgang des Strafverfahrens für den Beschuldigten von erheblicher Bedeutung sind, die er jedoch aus irgendeinem Grund nicht von sich geben will und so von seinem Weigerungsrecht Gebrauch macht. Somit könnte die Zeugnisverweigerung durch einen Angehörigen, der über entlastende Informationen verfügt, die Verteidigungsstellung des Beschuldigten verschlechtern, obwohl nicht gesagt werden kann, dass eine Aussage des Zeugen seine Selbstbezichtigungsfreiheit aushöhlen könnte.

Der Leitidee von *Petry*, dass die Selbstbezichtigungsfreiheit des Beschuldigten durch eine erzwungene, belastende Aussage eines zeugnisverweigerungsberechtigten angehörigen Zeugen dermaßen ausgehöhlt würde, dass man zu dem Ergebnis kommen müsse, dass das Verweigerungsrecht (auch) die Selbstbezichtigungsfreiheit des Beschuldigten schütze, verdient eine nähere Untersuchung.

Petrys Überlegung, dass die Wahrnehmung des Weigerungsrechts dem nemo tenetur-Grundsatz diene, bezieht sich auf die Konstellation, dass der Zeuge sein Recht zur Verweigerung des Zeugnisses wahrnimmt. Nimmt er es nicht wahr, ist es konsequenterweise der angehörige Zeuge, der die Verteidigungsstellung des Beschuldigten aufweicht, wenn er vor den Strafverfolgungsbehörden aussagt. Somit hängt aber die Durchbrechung der Selbstbezichtigungsfreiheit des Beschuldigten vom Willen seines

[87] Diesem Recht auf zwischenmenschliche Beziehungen spricht er zu Recht auch einen verfassungsrechtlichen Rang zu, indem er es im Persönlichkeitsrecht platziert; Petry, Beweisverbote, S. 47.

Angehörigen ab. Dieser Konflikt wäre dadurch zu lösen, die Entscheidung für die Ausübung des Weigerungsrechts beim Beschuldigten anzusiedeln und nicht beim angehörigen Zeugen. Er hätte somit die Entscheidung zu treffen, ob sein Angehöriger auszusagen hätte oder nicht. Die Gefahr, dass seine Selbstbezichtigungsfreiheit ausgehöhlt werde, d.h., dass die Aussage des Angehörigen belastend für ihn wäre, würde dann bei ihm liegen. Gegen diesen Einwand hat *Petry* ausgeführt, dass das Risiko über die Vertrauenswürdigkeit der Kontaktperson der Beschuldigte selbst trage; er habe einen Teil seiner Persönlichkeitssphäre in die Hand seines Angehörigen gelegt und damit die Entscheidung über die Offenbarung dieses Bereichs von seinem eigenen Willen unabhängig gemacht. Er müsse wissen ob er sich auf die Vertrauensperson verlassen könne.[88] Diese Argumentation muss jedoch als verfehlt angesehen werden. Für den Beschuldigten ist es unmöglich vorherzusagen wie selbst ein naher Angehöriger darauf reagiert, wenn der Beschuldigte sich ihm offenbart und sich zu seinen Taten bekennt. Auch ist es für den Beschuldigten – in der Regel einen juristischen Laien – völlig ausgeschlossen, von vornherein zu wissen, ob sich eine Zeugenaussage im Strafverfahren für ihn als belastend oder entlastend auswirken wird. Es ist darüber hinaus auch unbestritten, dass die Entscheidung des Angehörigen, sein Zeugnis im Strafverfahren zu verweigern, nur bei ihm liegt und sein Beweggrund für diese Entscheidung keine Rolle spielt.[89]

Die Annahme *Petrys*, dass der nemo tenetur-Grundsatz auf die soeben beschriebene Art und Weise als Begründung für die Gewährung des Rechts des angehörigen Zeugen, sein Zeugnis zu verweigern, herangezogen werden könne, ist nur auf ablehnende Kritik gestoßen. Diese geht jedoch oftmals von einem falschen Vertsändnis aus. So spricht *Schmitt*[90] – die auf der Argumentation von *Rengier*[91] aufbaut – von einer Erweiterung dieses Grundsatzes auf Situationen, in denen keinerlei rechtlicher Zwang auf den Beschuldigten ausgeübt wird. So etwas gibt Petry jedoch nicht zu verstehen; er meint lediglich, dass im Ergebnis auch der nemo tenetur-Grundsatz des Beschuldigten von der Existenz des Zeugnisverweigerungsrechts profitiert. Der nemo tenetur-Grundsatz sei mittelbar durch die Eigenart des Zeugnisverweigerungsrechts geschützt.

Im Folgenden wird untersucht, ob Petry zuzustimmen ist, und das Zeugnisverweigerungsrecht dem Schutz des Beschuldigten vor Selbstbezichtigung auch nur mittelbar dient. Ob dies anzunehmen ist, lässt sich anhand des Zwecks klären, der mit dem nemo tenetur-Grundsatz erreicht werden soll.

---

[88] Petry, Beweisverbote, S. 47 f.

[89] BGHSt 21, 303 (305); NJW 1980, 794; 1984, 136; Kleinknecht/Meyer-Goßner § 52 Rn 1; der Grund nicht aussagen zu wollen kann die Scheu vor einer öffentlichen Aussage sein, vgl. BGHSt 30, 193 (196 f.).

[90] Schmitt, Berücksichtigung der ZVR, S. 51 ff. (53).

[91] Zu einer völligen Ablehnung der Argumentation von Petry ist Rengier nicht bereit; er räumt ein, dass man von einer mittelbaren Stärkung der Verteidigungsstellung durch das Zeugnisverweigerungsrecht sprechen kann; Rengier, Zeugnisverweigerungsrechte, S. 11 f.

Umstritten ist zwar der konkrete Standort des Grundsatzes in der Verfassung, obgleich Einigkeit über die verfassungsrechtliche Verankerung des nemo tenetur-Grundsatzes herrscht.[92]

Zum Teil wird vertreten, dass der nemo tenetur-Grundsatz im verfassungsrechtlichen Rechtsstaatsprinzip (Art. 20 III GG) verankert ist, insbesondere in dessen rechtsstaatlichen Unterprinzip, dem Recht auf ein faires Verfahren.[93] So kommt dem Selbstbelastungsverbot der Charakter eines Justizgrundrechts zu, welches das verfahrensrechtliche Verhältnis des Bürgers gegenüber seinem Staat regelt.[94] Andere berufen sich unmittelbar auf die in Art. 1 I GG verankerte Würde des Menschen[95] oder auf Art. 2 I GG i.V.m. Art. 1 I GG[96] (und Art. 19 II GG[97]). Dabei wird der Grundsatz entweder zu den herkömmlichen Fallgruppen des allgemeinen Persönlichkeitsrechts gezählt, oder der Grundsatz wird als ein „neues", aus Art. 2 GG abgeleitetes Freiheitsrecht bezeichnet. So kommt dem Grundsatz die Bedeutung eines mit hohem Menschenwürdegehalt ausgestatteten Freiheitsgrundrechts zu.[98] Für einige Verfasser[99] ergibt sich die Freiheit vom Selbstbezichtigungszwang aus dem allgemeinen Persönlichkeitsrecht (Art. 2 I i.V.m. Art. 1 I GG) in der Umschreibung, die es durch die Rechtsprechung des BVerfG zum informationellen Selbstbestimmungsrecht gefunden hat.[100] Dem her-

---

[92] Mit einem „Füllhorn an Verfassungsgrundsätzen" hat das BVerfG nicht zu einer Klärung beigetragen. So nennt es die Handlungsfreiheit, das Persönlichkeitsrecht, die Menschenwürde bzw. den Leitgedanken der Achtung vor der Menschenwürde, das Rechtsstaatsprinzip bzw. die rechtsstaatliche Gesinnung, das Grundrecht auf ein faires Verfahren und bezeichnet den nemo tenetur-Grundsatz letzlich als einen lediglich anerkannten Grundsatz des Strafverfahrens; BVerfGE NStZ 1995, 555; so auch Verrel, NStZ 1997, 361 (364); Lorenz, JZ 1992, S. 1000 (1005 f.).

[93] So Schneider, Grund und Grenzen, S. 38 ff. (42); Paeffgen, Vorüberlegungen, S. 64 ff. und insb. 70-72; vgl. weitere Nachweise bei Nothelfer, Die Freiheit vom Selbstbezichtigungszwang, S. 11 in Fn 16 und Bosch, Aspekte des nemo-tenetur-Prinzips, S. 28 in Fn 18.

[94] Schneider, Grund und Grenzen, S. 38.

[95] Fundiert wird dies mit der Objektformel des BVerfG; jeder Zwang zum Geständnis würdigt den Menschen zum Objekt des Verfahrens herab, macht ihn unter Leugnung seiner Subjektstellung allein zum Mittel der Wahrheitsfindung und verstößt somit gegen die Menschenwürde; vgl. Bosch, Aspekte des nemo-tenetur-Prinzips, S. 37; BVerfGE 38, 105 (114 f.); 55, 144 (150); 56, 37 (42, 49); BGHSt 14, 358 (364 f.); Dreier, in: H. Dreier (Hrsg.), GG-Kommentar, Bd. 1, Art. 1 I Rn 81. Gegen Herleitung aus der Menschenwürde; Starck, in: v. Mangoldt/Klein/Starck Art. 1.

[96] BVerfGE 56, 37 (43); vgl. weitere Nachweise bei Bosch, Aspekte des nemo-tenetur-Prinzips, S. 28, Fn 19; Rogall, Der Beschuldigte als Beweismittel, S. 139; Eser, Selbstbezichtigung, S. 145; Günther, GA 1978, 193 (198 f.).

[97] Rogall, Der Beschuldigte als Beweismittel, S. 147; Weßlau, Vorfeldermittlungen, S. 211 m.w.N.

[98] Schneider, Grund und Grenzen, S. 38; Rogall, Der Beschuldigte als Beweismittel, S. 159 ff.

[99] Nothelfer, Die Freiheit vom Selbstbezichtigungszwang, S. 85; Keller, Provokation von Straftaten, S. 131 ff.

[100] Demgemäß umfasst es „(auch) die aus dem Gedanken der Selbstbestimmung folgende Befugnis des Einzelnen, grundsätzlich selbst zu entscheiden, wann und innerhalb welcher Grenzen persönliche Lebenssachverhalte offenbart werden"; BVerfGE 65, 1 (41 f.). Infolgedessen hat jeder Bürger ein Recht „grundsätzlich selbst über die Preisgabe und Verwendung seiner persönlichen Daten zu bestimmen". Dieses Recht ergibt sich aus Art. 2 I i.V.m. Art. 1 I GG und wird vom BVerfG als „Recht auf informationelle Selbstbestimmung" bezeichnet. Darüber hinaus gibt es unter den Bedingungen der automatisierten Datenverarbeitung kein „belangloses" Datum mehr: Jedes personenbezogene Datum

kömmlichen Gedanken nach stellt sich die Selbstbezichtigungsfreiheit des Beschuldigten somit als ein umfassendes, einen hohen Menschenwürdegehalt aufweisendes Persönlichkeitsrecht dar. Im neueren Schrifttum argumentieren eine immer größere Anzahl von Autoren wider dem klassischen Ansatz, dass der Zwang zur Selbstbezichtigung aus der Garantie der Menschenwürde folge, sei es, dass er nun auf dem Persönlichkeitsrecht ruhe oder auf dem Rechtsstaatsprinzip.[101] Es ist jedoch fraglich, ob die Bestimmung der verfassungsrechtlichen Grundlage des nemo tenetur-Grundsatzes von großer Bedeutung ist, denn sowohl Untersuchungen, die dem Grundsatz den Charakter eines Justizgrundrechts zukommen lassen wollen, wie auch andere, die dem Grundsatz die Bedeutung eines mit hohem Menschenwürdegehalt ausgestatteten Freiheitsgrundrechts zukommen lassen wollen, gestalten den tatsächlichen Schutzbereich des Grundsatzes grundlegend identisch.[102]

Tatsächlich wird in dieser Arbeit der Grundsatz ‚nemo tenetur se ipsum prodere' in der Interpretation, die er durch das Recht auf informationelle Selbstbestimmung erfahren hat, dem allgemeinen Persönlichkeitsrecht zugeordnet.[103] Somit wird der Grundsatz als Bestandteil des Rechts auf informationelle Selbstbestimmung begriffen. Soweit wird – wie auch von der höchstrichterlichen Rechtsprechung[104] – angenommen, dass die Entscheidung, sich selbst einer Straftat zu bezichtigen oder sie zu begehen, den Innenbereich der Person tangiert. Der Grundsatz ist eine besondere Ausformung dieses Rechts im Hinblick auf die den Rechtsinhaber besonders belastende Situation des Strafverfahrens. Er ist jedoch nicht mit dem Recht auf informationelle Selbstbestimmung identisch, denn der nemo tenetur-Grundsatz schützt eine Information lediglich, soweit sie durch willentliches Handeln des Betroffenen zu erheben ist.[105]

In der Literatur wird angenommen, dass der gesetzgeberische Gedanke hinter dem Schweigerecht[106] des Betroffenen derjenige war, ihn vor dem notstandsähnlichen Zwiespalt bewahren zu wollen, wider seinem natürlichen Selbsterhaltungstrieb das eigene Schicksal dem staatlichen Bestreben um Wahrheits und Gerechtigkeitsfindung

---

steht unter dem Schutz der Verfassung, losgelöst davon, ob es in sich eine sensible Information enthält oder nicht; BVerfGE 65, 1 (41 f.).

[101] Günther, GA 1978, 193 (198 f.).

[102] So die Folgerung von Rogall – der den Grundsatz in der Menschenwürdegarantie des Art. 1 I GG verankert – in einer Rezension zu der Arbeit von Hartmut Schneider, „Grund und Grenzen des strafrechtlichen Selbstbegünstigungsprinzips auf der Basis eines generalpräventivfunktionalen Schuldmodells" der den Grundsatz dem Charakter eines im Rechtsstaatsprinzip verankerten Justizgrundrechts zukommen lassen will; Rogall, StV 1996, 63 (64).

[103] Keller, Provokation von Straftaten, S. 129 ff.; Bosch, Aspekte des nemo-tenetur-Prinzips, S. 121. Diese zwei Wissenschaftler kommen auf unterschiedlichen Wegen zu diesem Ergebnis; Keller betrachtet den nemo tenetur-Grundsatz als eine besondere Ausformung des aus dem allgemeinen Persönlichkeitsrechts und der Garantie der Menschenwürde abgeleiteten Recht auf informationelle Selbstbestimmung; Bosch begründet ihn mit einer prozesszielorientierten Betrachtung der Funktion des nemo tenetur-Grundsatzes.

[104] BVerfGE 56, 37 (41 ff., 50); Keller, Provokation von Straftaten, S. 60.

[105] So zu Recht Keller, Provokation von Straftaten, S. 132.

[106] Vgl. §§ 115 III S.1, 136 I S. 2, 163 III S.2, 243 IV S. 1 StPO.

unterordnen zu müssen. Es trägt der besonderen psychischen Konfliktlage des Tatverdächtigen sowie dem Umstand Rechnung, dass mit der Befolgung einer Pflicht zur wahrheitsgemäßen Aussage häufig gravierende Nachteile für den betroffenen Bürger verbunden wären. Oft mangelt es an der notwendigen Selbstüberwindung, diese Nachteile selbst herbeizuführen.[107]

Der Grundsatz erspart dem Einzelnen entweder an seiner Bestrafung mitzuwirken, oder wegen Schweigens unter Druck gesetzt zu werden.[108] Der Grundsatz stellt sich als Selbstbelastungsfreiheit dar und bedeutet, dass der Betroffene in keiner Weise verpflichtet ist, an seiner eigenen Verurteilung mitzuwirken.[109] Darüber hinaus beinhaltet er nicht nur die Freiheit, keine belastenden Angaben machen zu müssen, sondern befreit generell davon, überhaupt Angaben machen zu müssen auch solche, die nicht belasten oder den Betroffenen sogar ausschließlich entlasten würden.[110] Verweigert der Einzelne in vollem Umfang die Aussage oder beschränkt er sich auf die Bestreitung seiner Täterschaft,[111] dürfen hieraus im Urteil keine für ihn nachteiligen Schlüsse gezogen werden.[112] Ansonsten wäre der Beschuldigte mittelbar dazu gezwungen, von seinem Recht keinen Gebrauch zu machen.[113] Ihm ist es als Prozesssubjekt freigestellt, ob und inwieweit er sich aktiv bei der Tataufklärung beteiligt[114] Er kann sich auch entscheiden, nicht aktiv mitzuwirken, was die Freiheit beinhaltet auszusagen oder zu schweigen.[115]

So wird der Grundsatz des Öfteren als Schweigerecht bezeichnet. Die staatlichen Verfolgungsorgane dürfen den Beschuldigten in seiner freien Entscheidung zwischen Reden und Schweigen nicht beeinflussen. Abgelehnt wird direkter Zwang sowie der auch nur mittelbare Druck auf den Beschuldigten. Daher ist der Beschuldigte darüber zu belehren, dass es ihm nach dem Gesetz freisteht, sich zu der Beschuldigung zu äußern oder nicht zur Sache auszusagen (§ 136 I 2).

---

[107] So Günther, GA 1978, 193 (194). Daher wird das Schweigerecht oft auf den Gedanken der Unzumutbarkeit zurückgeführt; so Roxin, Strafverfahrensrecht, § 15 Rn 24. Kritisch zur „Unzumutbarkeit", Bosch, Aspekte des nemo-tenetur-Prinzips, S. 35 ff., 121 ff. m.w.N.

[108] So zu Recht Keller, Provokation von Straftaten, S. 60.

[109] BGHSt 42, 139 (152) m.w.N; BVerfGE NJW 1993, 3315 (3316).

[110] Vgl. nur Nickl, Das Schweigen des Beschuldigten, S. 21 f.

[111] BGHSt 34, 326; siehe näher bei Roxin, Strafverfahrensrecht, § 15 Rn 24.

[112] BVerfGE NStZ 1995, 555; BGHSt 25, 365 (368); 32, 140 (144); 34, 324 (326); Kleinknecht/Meyer-Goßner § 261 Rn 16; Kühl, JuS 1986, 115 (118).

[113] Sagt der Beschuldigte zur Sache aus, macht er sich freiwillig zum Beweismittel und setzt sich damit der freien richterlichen Beweiswürdigung aus. Aus seinem „teilweise Schweigen", d.h. wenn er einzelne Tat oder Begleitumstände nicht vorbringt oder auf einzelne Fragen keine oder nur unvollständige Antworten gibt, darf der Richter nachteilige Schlüsse ziehen; BGHSt 20, 298 (300); Beulke, Strafprozeßrecht, Rn 495. Auch dürfen keine Entlastungsumstände unterstellt werden, die für das Beweisergebnis keinen Anhalt geben; Kleinknecht/Meyer-Goßner § 261 Rn 16 m.w.N.

[114] BGHSt 5, 332 (334).

[115] Nickl, Das Schweigen des Beschuldigten, S. 25.

Demgemäß ist der entscheidende Punkt für den nemo tenetur-Grundsatz nicht die Erhebung der vom Beschuldigten erzwungenen Informationen, sondern die Verwendung[116] von Informationen, welche die Strafverfolgungsbehörden durch unwillentliches Handeln des Beschuldigten erhoben haben. Wenn die Strafverfolgungsbehörden eine Information durch willentliches Handeln des Beschuldigten erhalten haben, dürfen sie diese verwenden. Nimmt der Beschuldigte jedoch sein Verweigerungsrecht wahr, dürfen die Strafverfolgungsbehörden versuchen, die Information anderswo zu erheben. Der nemo tenetur-Grundsatz gewährt dem Beschuldigten (lediglich) das Recht zu Schweigen, und die Zusicherung, dass die Behörden dieses Schweigen nicht gegen ihn verwenden dürfen.

Rogall[117] hat den Kerninhalt des nemo tenetur-Grundsatzes nach der hier vertretenen Auffassung wie folgt auf den Punkt gebracht: Der eigene Mund des Beschuldigten darf nicht gegen ihn sprechen. Den Strafverfolgungsbehörden wird durch den nemo tenetur-Grundsatz eine »Distanz«[118] zu der vom Beschuldigten beherrschten Information aufgezwungen, so dass die Möglichkeit des Staates, über den Beschuldigten Informationen einzuholen, begrenzt wird. Das informationelle Selbstbestimmungsrecht des Beschuldigten wird verstärkt.

Der nemo tenetur-Grundsatz gebietet es somit nicht, den Beschuldigten von jedem Risiko freizustellen, durch eigenes, freiverantwortetes Verhalten verwertbares, belastendes Material zu produzieren.[119] Nach dem hier vertretenen Ideengehalt des nemo tenetur-Grundsatzes ist es somit nicht verboten, vom Beschuldigten belastende Informationen ohne seine Aussagen oder sonstige willentliche Mitwirkung zu erheben.[120] Der nemo tenetur-Grundsatz schützt eine Information nur insoweit gegen den Zugriff des Staates, als sie durch willentliches Handeln des Beschuldigten zu erheben ist.[121] Dass der Beschuldigte sich gegenüber seinem Angehörigen zu den Straftaten bekennt, die ihm zu Last gelegt werden, und der Angehörige sodann vor den Strafverfolgungsbehörden nicht von seinem Zeugnisverweigerungsrecht Gebrauch macht,

---

[116] Keller, Provokation von Straftaten, S. 131 f.; zustimmend Rogall, StV 1996, S. 63 (64). Demgemäß ist die Erhebung von Informationen über eine Straftat durch Verpflichtung des Beschuldigten zur Aussage außerhalb des Strafverfahrens nicht zu beanstanden, wenn die Erhebung verhältnismäßig ist und sicher ist, dass die Information nicht im Strafverfahren gegen den Beschuldigten verwendet werden; So richtigerweise die Interpretation von Keller zu dem Gemeinschuldnerbeschluss des BVerfG, BVerfGE 56, 37 (51 f.); Keller, Provokation von Straftaten, S. 132.

[117] Rogall, StV 1996, 63 (64).

[118] Keller, Provokation von Straftaten, S. 134; Bosch, Aspekte des nemo-tenetur-Prinzips, S. 122.

[119] BGHSt NStZ 1994, 295, (296); Sternberg-Lieben, JURA 1995, 299 (309).

[120] Rogall, Der Beschuldigte als Beweismittel, S. 106; Keller, Provokation von Straftaten, S. 134.

[121] Keller, Provokation von Straftaten, S. 132 m.w.N. Völlig abzulehnen ist eine Abwägung des nemo tenetur-Grundsatzes mit den Pflichten des Staates zur effektiven Strafverfolgung, wie sie der BGH in seinem „Hörfallenfall“ (BGHSt 42, 139 (GSSt)) vornimmt. Dort hat der BGH sich dafür ausgesprochen, dass in den Fällen, in denen der nemo tenetur-Grundsatz nicht unmittelbar anwendbar ist und eine Verhältnismäßigkeitsabwägung nicht in Frage kommt, er auf solche Maßnahmen ausstrahlen kann, die ihn zwar nicht unmittelbar verletzen, aber einer Verletzung nahekommen. So kann ein Beinahe-Verstoß des Grundsatzes zu einer Abwägung mit den Pflichten des Rechtsstaates führen.

stellt somit keinen Verstoß gegen den nemo tenetur-Grundsatz dar. Dies bedeutet freilich nicht, dass die strafprozessuale Aufklärungspflicht unbeschränkt gilt. Vielmehr ist sie durch eine Reihe von Beweiserhebungs und Verwertungsverboten begrenzt. Es existiert kein Grundsatz in der Strafprozessordnung, dass die Wahrheit um jeden Preis erforscht werden muss.[122] So hat der BGH zufällig aufgenommene, im engsten Familienkreis unter Eheleuten geführte Gespräche dem Schutzbereich der Art. 2 I i.V.m. Art. 1 I GG zugeordnet und die Verwertung ohne jegliche Abwägung verboten.[123] Vielmehr ist somit daran festzuhalten, dass private Gespräche mit engsten Familienangehörigen vom Schutz des durch Art. 2 I i.V.m. Art. 1 I GG garantierten Kernbereich erfasst werden[124] – wozu auch *Petry* grundsätzlich zustimmt[125] – und damit von einer Verwertung schlechthin ausgeschlossen sind.

Gäbe es kein Zeugnisverweigerungsrecht und könnte die öffentliche Gewalt den Angehörigen des Beschuldigten dazu zwingen, an dessen Überführung mitzuwirken, wären die Mittel und Wege des Beschuldigten, seine Verteidigungsstrategie nach seinen Wünschen auszugestalten, ohne Zweifel beschränkt. Somit wäre die Ausgangsposition des Beschuldigten, der sich Gedanken darüber macht, ob er von seinem Schweigerecht Gebrauch machen soll oder nicht, verkompliziert. Er wäre gegebenenfalls dazu gezwungen, sein Recht nicht wahrzunehmen, um gegen erzwungene Aussagen seiner Angehörigen Stellung zu nehmen.[126] Auch wenn er in dieser Situation in der Hauptverhandlung die Tat leugnen würde, wäre dies nicht mehr bedeutsam, da das Gericht gegebenenfalls schon über Aussagen seiner nächsten Angehörigen verfügt. Trotzdem steht dem Beschuldigten sein Recht zu schweigen uneingeschränkt zu; es ist allenfalls sozusagen 'angeschlagen'.

Über dieses Verständnis vom Zweck des nemo tenetur-Grundsatzes hinaus werden ihm weitere Zwecke zugeschrieben. Durch den nemo tenetur-Grundsatz werden den Strafverfolgungsbehörden bei ihren Ermittlungen Schranken gesetzt. Das Interesse der Allgemeinheit an der Strafverfolgung wird durch höherrangige Werte begrenzt. Diese Werte sind nicht nur die des Beschuldigten; sein Empfinden, dass das ihn betreffende Verfahren ihm gegenüber gerecht ist, sondern darüber hinaus auch die der Allgemeinheit. Hiernach könnte man zu dem Ergebnis kommen – wie es in der Tat durchaus angenommen wird[127] – dass der Betroffene vor einer moralischen Korrumpierung bewahrt werden soll, so dass er seine Selbstachtung erhalten kann und ihm das Gefühl unausweichlicher moralischer Erniedrigung erspart werden soll. Dieser Unterstellung

---

[122] BGHSt 14, 358 (365).

[123] BGHSt 31, 296.

[124] Gornig, in: v. Mangoldt/Klein/Starck Art. 13 II Rn 113.

[125] Petry ist selber der Auffassung, dass das Recht auf zwischenmenschliche Beziehungen im Persönlichkeitsrecht wurzelt, und dass das Verweigerungsrecht zunächst dieses Recht auf zwischenmenschliche Beziehungen schütze; Petry, Beweisverbote, S. 47.

[126] Diese Stellung des Beschuldigten ist vergleichbar mit der, wenn aus seinem Recht, vollständig seine Aussage zu verweigern, negative Schlüsse gezogen werden. Dies ist dem Richter jedoch verboten.

[127] BVerfGE 56, 37 (41 ff. (44)); J. Kühl, Zur „Rasterfahndung" und „vorbeugenden Verbrechensbekämpfung", S. 149 m.w.N.

wird in der neueren Literatur mit überzeugenden Argumenten entgegengetreten. So hebt *Bosch*[128] in seiner ausführlichen Arbeit über den nemo tenetur-Grundsatz hervor, dass dieses Interesse im Strafverfahren nur wenig Beachtung findet.[129] Auch *Keller*[130] sieht den Zweck des nemo tenetur-Grundsatzes nicht darin, dass es dem Beschuldigten ein Erniedrigungsgefühl ersparen soll. Dem Zeugen ist – wie aus § 115 III zu entnehmen ist und wie auch die h.M. annimmt[131] – das Recht zugebilligt worden, über Informationen frei zu verfügen. Er kann diese durch seine willentliche Mitwirkung preisgeben oder auch schweigen. In aller Regel wird er nicht dazu beitragen, dass die Strafverfolgungsorgane in den Besitz belastender Informationen gelangen. Diesen ist es nach dem nemo tenetur-Grundsatz jedoch nicht verboten, solche belastenden Informationen über den Beschuldigten ohne seine Aussagen oder sonstige willentliche Mitwirkung zu erheben,[132] die herabwürdigend für den Beschuldigten sind oder ihn in irgendeiner Weise diskriminieren können. Folglich kann es nicht Zweck des Grundsatzes sein, dem Beschuldigten ein Erniedrigungsgefühl zu ersparen. Wie *Keller*[133] richtig bemerkt, ist der Grundsatz kein Sensibilitätsgebot.

Zusammenfassend darf gesagt werden, dass *Petry* durchaus richtig erkannt hat, dass nachdem ein Angehöriger gezwungen wurde, gegen den Beschuldigten auszusagen, mehr Druck auf dem Beschuldigten lastet, sein Recht nicht wahrzunehmen, und zu der Anklage Stellung zu nehmen. Entgegen der Auffassung *Petrys* muss jedoch beachtet werden, dass der Grundsatz keinen schrankenlosen Schutz gegen Selbstbezichtigung bietet.[134] Aus dem nemo tenetur-Grundsatz folgt nicht, dass es den staatlichen Behörden vorenthalten ist, menschliche Kontaktbedürfnisse auszunutzen. Jeder Einzelne muss die Eingriffe in seine Rechtsstellung hinnehmen, die im überwiegenden Allgemeininteresse oder zugunsten schutzwürdiger Belange Dritter vorgenommen werden.[135] *Petrys* These, dass durch die Wahrnehmung des Zeugnisverweigerungsrechts der nemo tenetur-Grundsatz geschützt werden soll, bezieht sich eben nur auf jene Konstellation, in der der Zeuge sein Recht zur Verweigerung des Zeugnisses wahrnimmt. Nimmt er es nicht wahr und sagt aus, ist es der Angehörige der den nemo tenetur-Grundsatz aufweicht; sodass die Verteidigung des Beschuldigten tangiert wird.

---

[128] Aspekte des nemo-tenetur-Prinzips aus verfassungsrechtlicher und strafprozessualer Sicht. Ein Beitrag zur funktionsorientierten Auslegung des Grundsatzes "nemo tenetur se ipsum accusare".

[129] Bosch betont, dass ein Zeuge auch bei drohender Bestrafung wegen einer Disziplinarrechtsverletzung zur Aussage verpflichtet ist und er muss anders als im Zivilprozeß auch ehrenrührige und vermögensschädigende Umstände offenbaren; Bosch, Aspekte des nemo-tenetur-Prinzips, S. 121 Fn 63.

[130] Keller, Provokation von Straftaten, S. 133 ff.

[131] Rogall, Der Beschuldigte als Beweismittel, S. 149 ff.; Rüping, JR 1974, 135 (137); Puppe, GA 1978, 289 (303) m.w.N.

[132] Rogall, Der Beschuldigte als Beweismittel, S. 106; zustimmend Keller, Provokation von Straftaten, S. 134.

[133] Auch um Scham des Beschuldigten oder andere Effekte in seinem Bewußtsein und Gefühlsleben kann es nicht gehen; Keller, Provokation von Straftaten, S. 134.

[134] BGHSt [GSSt] 42, 139 (152 f.); So auch Nothelfer, Die Freiheit vom Selbstbezichtigungszwang, S. 85 ff.

[135] So auch Nothelfer, Die Freiheit vom Selbstbezichtigungszwang, S. 85 mit Verweis auf BVerfGE 65, 1 (44); 56, 37 (49).

Insofern schützt das Weigerungsrecht die Selbstbezichtigungsfreiheit des Beschuldigten nicht (unmittelbar), jedoch kann von einem mittelbaren Schutz gesprochen werden eine Auffassung, die in der Literatur einige Zustimmung gefunden hat.[136]

Ein Fehlen des Zeugnisverweigerungsrechts kann die Kommunikationsfreiheit der Familienmitglieder aushöhlen und die zwischenmenschlichen Beziehungen, auf die auch der Beschuldigte in seiner Krisensituation angewiesen ist, zerstören. Der Raum, in dem sich der Beschuldigte seinen Angehörigen anvertrauen kann, wird durch Fehlen des Weigerungsrechts zerrüttet. So wird sich seine Verteidigungsposition verschlechtern. Der Raum, der ihm bleibt seine Verteidigungsposition nach seinem Belieben auszugestalten, ist kleiner geworden. Der Druck, an seiner Verteidigung doch mitzuwirken wird somit dadurch erhöht, dass ihm nahestehende Personen, sich zu seinen Ungunsten in dem Strafverfahren ausgesprochen haben.

Daraus ist folglich der Schluss zu ziehen, dass dem Beschuldigten nahezu keine andere Wahl bleibt, als an seiner Verteidigung mitzuwirken, obwohl er sich darauf vorher nicht eingelassen hätte. Seine Wahlmöglichkeit, die Einlassung zu verweigern, ist weiterhin vorhanden. Jedoch wird er durch eine erzwungene Aussage seiner Angehörigen mittelbar dazu gezwungen, sein Recht nicht geltend zu machen und auszusagen.

C. Schutz vor einer Konfliktlage

Grundsätzlich hat jeder, der der deutschen Gerichtsbarkeit unterliegt, vor dem Richter und der Staatsanwaltschaft auf ordnungsgemäße Ladung zu erscheinen, (wahrheitsgemäß) auszusagen und dieses bei richterlicher Vernehmung zu beschwören. Aufgrund dieser Sachverhaltsaufklärungspflicht wird jeder, der als Zeuge zu einer Vernehmung geladen wird, in eine außergewöhnliche Situation gebracht. So kann die Situation für den Zeugen eine beklemmende sein, weil zwischen ihm und dem Angeklagten bestimmte Beziehungen bestehen, etwa dann, wenn der Zeuge den Beschuldigten aus seinem Arbeitsumfeld kennt, oder ihn zu seinem weiteren Bekanntenkreis zählt. Häufig werden Familienangehörige des Beschuldigten, die ihren Alltag mit dem Beschuldigten verbringen oder verbracht haben, zur Vernehmung geladen; oftmals sind sie Augenzeugen oder auch Mitwisser. In den schlimmsten Fällen sind sie sogar selbst Opfer der in Frage kommenden strafbaren Handlung, etwa bei Sexualdelikten oder Körperverletzungen. Diese Personen stehen in einem besonderen Konflikt: Sie sind zugleich Angehörige des Beschuldigten und stehen daher von Natur aus in einem besonderen Verhältnis zum Beschuldigten als auch Zeugen in einem Strafverfahren, in dem sie einer Wahrheitspflicht unterliegen.[137]

---

[136] Rengier, Zeugnisverweigerungsrecht, S. 12; Eser, Selbstbezichtigung, S. 165; im Ergebnis wohl auch Petry, Beweisverbote, S. 47.

[137] Dies ergibt sich aus der Strafbarkeit wegen falscher Zeugenaussage vor dem Richter nach §§ 153 ff. StGB, gilt aber auch im übrigen, §§ 57 S. 1, 66 c I StPO. Eine Falschaussage vor dem Staatsanwalt kann ggf. unter dem Gesichtspunkt der Strafvereitelung, § 258 StGB, strafrechtlich geahndet werden; Beulke, Strafprozeßrecht, Rn 188; Roxin, Strafverfahrensrecht, § 26 Rn 12.

Wegen dieser Beziehung zum Beschuldigten und der Wahrheitspflicht könnte der Grund für die Gewährung eines Weigerungsrechts der sein, zumindest den Zeugen, der mit dem Beschuldigten ein nachweisbares familienrechtliches Verhältnis hat, vor einer ihm nicht zumutbaren Konfliktlage zwischen der jedem Zeugen auferlegten Wahrheitspflicht und seiner besonderen Beziehung zu seinen Verwandten zu bewahren. Der Zeuge gerät in einen Konflikt, in dem er die notwendige Entscheidung nicht mit seinem Gewissen vereinbaren kann. Dieser Schutzzweck basiert auf der Zuneigung und Liebe zwischen dem Zeugen und dem Beschuldigten, darauf, dass sie in einer festen persönlichen Beziehung stehen einem Vertrauensverhältnis.

Unter der Bedingung, dass der Grund für das Weigerungsrecht der ist, dass es einem Menschen nicht zumutbar ist, während einer Vernehmung gegen seinen Angehörigen auszusagen, könnte auch hier – wie im oben angesprochenen Schutz des Vertrauensverhältnis und dem Schutz des nemo tenetur-Grundsatzes – die verfassungsrechtliche Grundlage im vielfach angesprochenen Art. 2 I i.V.m. Art. 1 I GG zu suchen sein.

In der Literatur ist auch jüngst der Gedanke erörtert worden,[138] dass die verfassungsrechtliche Grundlage des Gewissenskonflikts im Rechtsstaatsprinzip[139] in Verbindung mit Art. 2 I GG und Art. 6 III MRK zu finden sei, aus dem das BVerfG das Gebot eines gerechten Verfahrens abgeleitet hat. Der Gedanke ist, dass der Zeuge zu einem bloßen Objekt der Wahrheitsermittlung gemacht werde, wenn er im Dienste einer absoluten Wahrheitsermittlung gegen die Menschen aussagen müsse, die mit seinem Leben eng verbunden seien. Derartiges sei einem Menschen jedoch nicht zumutbar und mit dem selbstverständlichen rechtsstaatlichen Grundsatz eines gerechten Verfahrens nicht vereinbar. Das Weigerungsrecht aus persönlichen Gründen sei demnach Ausdruck des Grundsatzes eines gerechten Verfahrens.

Diesen Gedanken hat auch kürzlich das BVerfG[140] aufgegriffen, als es sich dazu äußerte, dass die „Missachtung des Vertrauensverhältnisses zwischen einem Beschuldigten und seinen Angehörigen im Sinne des § 52 StPO ... einen Verstoß gegen das Prinzip eines fairen Verfahrens“ enthalte, „da der in verschiedenen Vorschriften des Strafverfahrensrechts garantierte Schutz eines Angehörigenverhältnisses (vgl. §§ 52 Abs. 1 und 3, 97 Abs. 1, 100 d Abs. 3 S. 3, 252 StPO) in seinem Kernbestand zu den rechtsstaatlich unverzichtbaren Erfordernissen eines fairen Verfahrens zählt.“

Die Frage, ob nun zur Begründung des Zeugnisverweigerungsrechts auf Art. 2 I i.V.m. Art. 1 I GG oder eher auf die verfassungsrechtliche Grundlage eines fairen Verfahrens zurückgegriffen werden kann, muss die Untersuchung vorangehen, ob der Schutz des Zeugen vor dieser Konfliktlage beim Weigerungsrecht Berücksichtigung findet.

---

[138] Bialek, Schutzzweck und Enumerationsprinzip, S. 93 f.
[139] Wie hier oben schon in Verbindung mit der Wahrheitsfindung.
[140] BVerfG StV 2000, 233 (234).

I. Konfliktsituation und be und entlastende Informationen

Zunächst einmal ist hervorzuheben, dass man sowohl in der Rechtsprechung[141] als auch der Literatur[142] auf die überwiegend übereinstimmende Auffassung stößt, dass das Weigerungsrecht eine Konfliktlage des angehörigen Zeugen berücksichtigt. Diese Überzeugung setzt die durchaus übliche Situation voraus, das die in § 52 genannten Personen zusammen mit dem Beschuldigten eine Gemeinschaft bilden, aus der sie Ermutigung und Zuspruch schöpfen können, und die ihnen Antrieb gibt. Den angehörigen Zeugen vor dieser, von der StPO vorausgesetzten[143], Zwangslage,[144] diesem Gewissenszwiespalt, zu schonen, könnte auch die Intentionen des geschichtlichen Gesetzgebers gewesen sein, der eher auf ein Beweismittel verzichten wollte, „als einen nahen Angehörigen des Beschuldigten der Versuchung auszusetzen, zugunsten des letzteren einen Meineid zu leisten".[145]

Nach allgemeiner Auffassung kann der angehörige Zeuge auf diese Zwangslage derart reagieren, dass er seiner Wahrheitspflicht nachkommt und den Beschuldigten – seinen Angehörigen – belastet und an seiner Verurteilung mitwirkt; die Unwahrheit sagt und sich so der Falschaussage schuldig macht, oder sich der Beugehaft unterwirft.[146]

Gegen diese allgemein vorherrschende Ansicht sind dennoch in der Literatur einige Bedenken vorgebracht worden, die hier in Betracht gezogen werden müssen.

Der Ausgangspunkt aller bisherigen Erklärungen für das Weigerungsrecht geht auf den Normalfall zurück, dass der angehörige Zeuge belastende Informationen aus dem Strafverfahren zurückhält. Auch wenn der Zweck des Zeugnisverweigerungsrechts der sein soll, dem angehörigen Zeugen den Konflikt zwischen Wahrheitspflicht und Verwandtenliebe zu ersparen, geht auch das auf den Gedanken zurück, dass der Zeuge so seine belastende Informationen aus dem Verfahren heraushalten kann. Eine scheinbar unüberwindbare Einwendung – auch gegen den Gedanken der „Konfliktersparung" – liefert jedoch der bekannte Umstand, dass der Angehörige auch entlastende Infor-

---

[141] RGSt 1, 207 (208); 12, 143 (145); 40, 46 (47); 62, 142 (143 f.); 68, 275 (277); BGHSt 2, 99 (104); 351 (354); 10, 77 (78), 393 (394); 11, 213 (216 f.); 12, 235 (239); 20, 384 (385); 22, 35 (36 f.); 25, 168 (170); 40, 211 (214).

[142] LR-Dahs § 52 Rn 1; Kleinknecht/Meyer-Goßner § 52 Rn 1; KK-Pelchen § 52 Rn 1; Ranft, Strafprozeßrecht, S. 118; Roxin, Strafverfahrensrecht, § 26 Rn 14; Schmitt, Berücksichtigung der ZVR, S. 45, jeweils m.w.N.

[143] Der BGH ist der Ansicht, dass die StPO, bei Gewährung des Zeugnisverweigerungsrechts für Angehörige die äußere Konfliktlage voraussetzt, wobei es nicht darauf ankommt, ob der Zeuge diese Zwangslage empfindet; BGHSt 12, 235 (239) [GSSt].

[144] Schmitt ist zuzustimmen, dass der z.T. vom BGH verwendete Begriff „Pflichtenwiderstreit", der auf der Zwangslage beruhe, entweder den Beschuldigten wahrheitsgemäß belasten oder die Unwahrheit sagen zu müssen, unpräzise ist; Schmitt, Berücksichtigung der ZVR, S. 45 Fn 2.

[145] Vgl. Hahn, Die gesamten Materialien, S. 106.

[146] Wird das Zeugnis ohne gesetzlichen Grund verweigert, so werden dem Zeugen die durch die Weigerung verursachten Kosten auferlegt. Zugleich wird gegen ihn ein Ordnungsgeld für den Fall, dass dieses nicht beigetrieben werden kann, Ordnungshaft festgesetzt; 70 I StPO.

mationen zurückhalten kann; selbst dann, wenn sich der beschuldigte Angehörige mit einer Aussage des Zeugen ausdrücklich einverstanden erklärt hat.[147]

Der hier besprochene Sinn der Regelung, dem Zeugen den Konflikt zwischen Wahrheitspflicht und Verwandtenliebe zu ersparen, macht somit keinen Sinn mehr, wenn der angehörige Zeuge seine entlastende Kenntnisse, auch gegen den Wunsch des Beschuldigten, aus dem Strafverfahren zurückhalten kann. Solch ein Handeln des Zeugen kann nicht durch Zuneigung und Verbundenheit zu dem mit ihm verwandten Angeklagten erklärt werden. Folglich handelt er nicht aus Verwandtenliebe, die für diesen Sinn der Regelung jedoch ausschlaggebend ist.[148]

Dass das Weigerungsrecht untauglich ist diesem Zweck nachzukommen, geht auf die Überlegung von *Grünwald* zurück, der auf die übergeordnete Rechtsprechung zu § 157 StGB hinweist und im Grunde das Problem der entlastenden und belastenden Informationen in einer bestimmten Ausprägung behandelt. Auf dies wird im Folgenden eingegangen.

II. Anwendung des § 157 StGB in Fällen eines vorhandenen Zeugnisverweigerungsrechts

1. Einleitung

Einen für den Sinn und Zweck des Zeugnisverweigerungsrechts fruchtbaren Ansatz brachte *Grünwald*[149] in die Verhandlungen des 46. Deutschen Juristentages im Jahre 1966 ein. Er folgt der herrschenden Auffassung, dass das Zeugnisverweigerungsrecht eine Konfliktlage des angehörigen Zeugen berücksichtigt; er ist gleichwohl der Meinung, dass es diesem Sinn nicht gerecht wird. Für ihn folgt diese Erkenntnis aus § 157 StGB.

Die auf die Aussagedelikte beschränkte Vorschrift des § 157 StGB bestimmt, dass ein sich wegen Meineids oder uneidlicher Falschaussage schuldig machender Zeuge[150] fakultativ milder oder überhaupt nicht zu bestrafen ist, sofern er die Unwahrheit gesagt hat, um von einem Angehörigen die Gefahr abzuwenden, bestraft zu werden.

---

[147] So zu Recht auch Weigend, Gutachten, S. 71.

[148] Auf diese Problematik scheint Bialek nicht einzugehen, als sie erklärt, dass niemand gezwungen sein soll, aktiv oder passiv zur Überführung seines Angehörigen beizutragen; Bialek, Schutzzweck und Enumerationsprinzip, S. 93.

[149] Grünwald, Sitzungsbericht der Verhandlungen der strafrechtlichen Abteilung, S. F 151.

[150] Bei der Vernehmung von Zeugen unterliegen auch die Angaben zur Person (§ 68) der Wahrheitspflicht und werden von der Eidesleistung mit umfasst (vgl. §§ 66c ff.); so Wessels/Hettinger, Strafrecht BT/1 Rn 756; auch in Betracht kommen die hier nicht weiter interessierenden Sachverständigen; so Schneider, Grund und Grenzen, S. 226; Lackner/Kühl § 157 Rn 1; Wessels/Hettinger, Strafrecht BT/1 Rn 740. Zur Unanwendbarkeit des § 157 StGB bei Selbstbegünstigungsaktivitäten des Beschuldigten, siehe Schneider, Grund und Grenzen, S. 228 m.w.N.

Grünwald führt an, dass der angehörige Zeuge während der Vernehmung in eine Situation gebracht wird, in der er entweder den Beschuldigten belasten muss – sei es durch eine Aussage, sei es durch ihre Verweigerung – oder die Unwahrheit sagen muss. *Grünwald* argumentiert in dieser Weise, obwohl er sich zu der Judikatur bekennt, dass der Richter aus der Zeugnisverweigerung keine Schlüsse ziehen darf.[151] Nur so ist die Regelung des Eidesnotstandes seiner Ansicht nach erklärbar. § 157 StGB sei nur sinnvoll, da das Zeugnisverweigerungsrecht die Konfliktsituation des Zeugen nicht wirklich behebe.

Für *Grünwald* folgt der Umstand, dass das Weigerungsrecht die Konfliktlage nicht behebt, eindeutig aus der ständigen Rechtsprechung,[152] die seit jeher dem Zeugnisverweigerungsrecht jede Relevanz für die Handhabung der Strafmilderung nach § 157 StGB abgesprochen und eine Milderung auch dann zugelassen habe, wenn der Zeuge durch seinen Gebrauch die Zwangslage hätte vermeiden können. So hat der BGH anerkannt, dass, unabhängig von der objektiven Möglichkeit die beschworene Falschaussage zu vermeiden, der § 157 StGB allein auf ein bestimmtes Handlungsmotiv Rücksicht nimmt.[153] Anders gewendet: In seiner Argumentation geht *Grünwald* davon aus, dass der angehörige Zeuge sich während einer Vernehmung in einer Konfliktlage zwischen Verwandtenliebe und Wahrheitspflicht befinde. Um den Zeugen vor dieser Konfliktlage zu bewahren, stünde ihm rechtlich ein Weigerungsrecht aus § 52 zu, das (abstrakt) die Konfliktlage des Zeugen aufheben sollte. Jedoch gerade weil die Rechtsprechung § 157 StGB so auslege, dass seine Anwendung nicht ausgeschlossen sei, obwohl der Täter die Aussage hätte verweigern können, sieht *Grünwald* bestätigt, dass aus diesem Umstand die Folgerung gelesen werden müsse, dass das Zeugnisverweigerungsrecht seiner Aufgabe, die Konfliktlage aufzuheben, nicht gewachsen sei. Würde das Vorhandensein des Zeugnisverweigerungsrechts die Anwendung des § 157 StGB ausschließen, würde das für *Grünwald* heißen, dass die Folgerung gezogen werden müsste, dass das Zeugnisverweigerungsrecht in § 52 die Konfliktlage tatsächlich aufhebt. Würde der Zeuge in dieser Fallkonstellation das ihm zustehende Weigerungsrecht nicht nutzen, sondern vor Gericht lügen, dürfte es – konsequenterweise – nicht zugelassen werden, dass ihm durch § 157 StGB eine Milderung oder sogar ein Absehen von der Strafe zugute kommt.

Rückhalt erhält die Rechtsprechung zur Unbedeutsamkeit des Zeugnisverweigerungsrechts für die Handhabung der Strafmilderung nach § 157 StGB, wenn man bedenkt, dass sich die Angehörigenbegriffe des materiellen Strafrechts und des Prozeßrechts

[151] Es war erst am 2. April 1968, zwei Jahre nach dem Grünwald seine Meinung im Deutschen Juristentag äußerte, dass der 5. Strafsenat anerkannte, dass die Tatsache der Zeugnisverweigerung nicht gegen den Angeklagten verwertet werden darf.; BGHSt 22, 113; nun auch BGH JZ 1981, 104. Aus diesem Grunde argumentierte Lenckner, dass der § 157 I StGB nur historisch erklärbar sei.

[152] RGSt 59, 61 (62); BGHSt 1, 22 (28); MDR 1977, 460; StV 1995, 249 f.; Bergmann, Die Milderung der Strafe, S. 88; Kühl will die Milderung in diesen Fällen nicht notwendig ausschließen, meint aber, dass das Weigerungsrecht in der Ermessensentscheidung über deren Gewährung relevant ist; Lackner/Kühl § 157 Rn 1; so auch Sch/Schr/Lenckner § 157 Rn 1.

[153] BGHSt StV 1995, 249 f.

nicht vollständig decken. Würde das bloße Vorhandensein des Weigerungsrechts die Anwendung des § 157 StGB ausschließen, müsste man zu dem Schluss kommen, dass § 157 StGB de facto nur Pflegeeltern und Pflegekinder umfasse. Über die Sinnlosigkeit dieser Judikatur hat sich schon früher *Bemmann* geäußert.[154] *Bemmann* fühlt sich durch diese Tatsache darin bestätigt, dass

§ 157 StGB auch zugunsten des Zeugen, dem ein Weigerungsrecht zusteht, anzuwenden sein müsse. Um eine unverständliche Praxis zu vermeiden, sei seiner Meinung nach der § 157 StGB somit auch dann anwendbar, wenn dem angehörigen Zeugen das Zeugnisverweigerungsrecht zusehe, er es jedoch nicht für sich in Anspruch nehme.

Die Rechtsprechung, die dem Weigerungsrecht jede Relevanz für die Handhabung der Strafmilderung nach § 157 StGB abgesprochen hat, unterliegt in der neueren Literatur jedoch erheblichen Bedenken. Im Folgenden wird hier somit auf diese Kritik eingegangen und untersucht, wie diese das Weigerungsrecht, das de jure dem Zeugen einen Ausweg aus seiner Zwangslage bietet, in Zusammenhang mit § 157 StGB zu betrachten ist, d.h. ob dem Weigerungsrecht eine Bedeutung bei der Handhabung des § 157 StGB zukommen soll. Sollte diese Untersuchung zu dem Ergebnis führen, dass dem Vorhandensein des Weigerungsrechts keine Bedeutung bei der Anwendung von § 157 StGB zukommt, müsste *Grünwald* Recht gegeben werden, obwohl aus der Weigerung keine Schlüsse gezogen werden dürfen.

2. Relevanz des Zeugnisverweigerungsrechts für eine Strafmilderung oder ein Absehen von einer Strafe nach § 157 StGB

Den Sinn von § 157 StGB sieht die vorherrschende Meinung darin, die Härte des Aussagezwanges abzumildern, den das Prozessrecht in gewissen Fällen vorsieht;[155] so wird der § 157 StGB im Zusammenhang mit dem Prozessrecht gesehen. Es handelt sich um eine aus der personalen Beschränkung der Strafmilderungsmöglichkeit abgeleitete Privilegierung der notstandsähnlichen[156] psychischen Zwangslage des Zeugen, weil er diesem Zwang – dieser vorgezeichneten prozessualen Konfliktsituation – unterliegt.[157] Die strafzumessungsrechtliche Besserstellung kommt somit nur dann zur

[154] Bemmann, Zur Anwendbarkeit des § 157 StGB, S. 485 (487 f.).

[155] Lackner/Kühl § 157 Rn 1 m.w.N. Es kommt auch nicht darauf an, ob mit der Falschaussage die Gefahr, überhaupt bestraft zu werden, abgewendet werden soll oder ob es dem Aussagenden lediglich darum geht, eine mildere Bestrafung zu erreichen; so Wessels/Hettinger, Strafrecht BT/1 Rn 762; Lackner/Kühl § 157 Rn 2, jeweils m.w.N. Dem Wortlaut des § 157 StGB nach kommt er nicht nur dem Zeugen zugute, der durch eine wahrheitsgemäße Aussage seinen Angehörigen belastet – so dass dieser sich ein Strafverfahren zuzieht – sondern auch demjenigen, der lediglich durch eine falsche Aussage den Angehörigen zu entlasten sucht.

[156] Nur notstandsähnlich ist diese Lage, weil sie den Anforderungen des entschuldigenden Notstands gemäß § 35 StGB nicht genügt; so Bergmann, Die Milderung der Strafe, S. 81; Maurach/Schroeder/Maiwald sprechen demgemäß von einer erweiterten Berufung auf Notstand; Strafrecht, BT/2, § 75 VII Rn 103.

[157] BGHSt 1, 22 (28); 7, 2 (5); 29, 298 (299); Sch/Schr/Lenckner § 157 Rn 1; Lackner/Kühl § 157 Rn 1; Wessels/Hettinger, Strafrecht BT/1 Rn 740; Schneider, Grund und Grenzen, S. 227 m.w.N.

Geltung, wenn die Angabe der Wahrheit die Gefahr der Bestrafung hervorgerufen oder zumindest vergrößert hätte.[158] Diese Situation liegt beim Zeugen i.d.R. dann vor, wenn er durch eine wahrheitsgemäße Aussage einen Angehörigen belasten würde.[159] Tragender Grund für die Privilegierung ist somit nicht eine Unrechtsminderung, sondern einzig und allein die durch die Konfliktlage verursachte spezifische Motivationsverengung des Zeugen, der er dann ausgesetzt ist, wenn er in Erfüllung seiner prozessualen Pflichten einen Angehörigen einer Straftat bezichtigen und zu seiner Überführung beitragen müsste.

Ob das Weigerungsrecht irrelevant ist, hängt von den Gefahren ab,[160] die dem Zeugen drohen, der von seinem Weigerungsrecht Gebrauch machen will. Im Folgenden soll auf diese Gefahren eingegangen und erläutert werden, wie haltbar die Argumente für diese Auslegung sind.

3. Gefahren die dem verweigerungsberechtigten Zeugen drohen

Zur Inanspruchnahme des Zeugnisverweigerungsrechts kann das Gericht verlangen, dass dieses glaubhaft gemacht wird (§ 56). Gegenstand einer Glaubhaftmachung – d.h. einer Wahrscheinlichmachung und nicht eines Beweises – sind die zur Zeugnisverweigerung berechtigenden Tatsachen. Hieraus wird zum einen geschlussfolgert, dass die Glaubhaftmachung der Voraussetzungen für das Verweigerungsrecht durch den angehörigen Zeugen auf eine Bezichtigung hinauslaufen kann.[161] So böte es keinen sicheren Ausweg aus der Zwangslage.

Dem ist jedoch entgegenzuhalten, dass im Falle des Zeugnisverweigerungsrechts lediglich die Angehörigeneigenschaft glaubhaft gemacht werden muss, was in der

---

[158] BGHSt 1, 22 (28); Lackner/Kühl § 157 Rn 6; die Selbstbegünstigungsabsicht des Täters wird nach dieser engeren Ansicht von § 157 StGB nicht privilegiert; Bergmann, Die Milderung der Strafe, S. 84. Hat der Zeuge hingegen die Möglichkeit die Wahrheit zu sagen, ohne seinen Angehörigen zu belasten, sagt er aber dennoch falsch aus, um die Strafvereitelungschancen zu steigern, so ist § 157 StGB nicht einschlägig; Schneider, Grund und Grenzen, S. 227 m.w.N.

[159] Bergmann, Die Milderung der Strafe, S. 87. Somit ist nicht das objektive Vorhandensein der Gefahr, sondern das Vorstellungsbild des Täters maßgebend; BGHSt [GSSt] 8, 301 (317 f.); Bergmann, Die Milderung der Strafe, S. 82; Lackner/Kühl § 157 Rn 7; Wessels/Hettinger, Strafrecht BT/1 Rn 762 jeweils m.w.N. Ebenso konsequent ist es, dass § 157 I StGB nur Strafmilderung gewährt, auf einen Schuldvorwurf mit seinen Folgen aber nicht verzichtet; so Frisch, Strafrahmen, § 3 II 2a; Bergmann, Die Milderung der Strafe, S. 82. Die strafzumessungsrechtliche Besserstellung kommt nur dann zur Geltung, wenn die Gefahr aus der Offenbarung der Wahrheit erwächst; der Täter unter dem Druck steht, einen Angehörigen zu bezichtigen; BGHSt 1, 22 (28); Schneider, Grund und Grenzen, S. 227; Lackner/Kühl § 157 Rn 6; Wessels/Hettinger, Strafrecht BT/1 Rn 762, jeweils m.w.N. Bei Tatsachenzweifeln am Vorliegen der Absicht gilt der Grundsatz in dubio pro reo; BGH NJW 1988, 2391; Wessels/Hettinger, Strafrecht BT/1 Rn 762; Lackner/Kühl § 157 Rn 2 m.w.N.

[160] Wegen der bis zum 26.5.1943 als obligatorische Milderung ausgestalteten Regelung in § 157 I (R)StGB, war das Reichsgericht von vornherein gehindert, die Vermeidbarkeit der Zwangslage außerhalb des Wortlauts der Norm zu berücksichtigen; so zu Recht Bergmann, Die Milderung der Strafe, S. 88, mit Verweis auf RGSt 59, 61 (62).

[161] So auch Bergmann, Die Milderung der Strafe, S. 89.

Regel gefahrlos ist.[162] Die Glaubhaftmachung gemäß § 56 kann somit nicht als ein gefahrbegründendes Moment eingestuft werden. Wenn die Frage, ob der Zeuge mit dem Beschuldigten verwandt ist, Gegenstand der Vernehmung zur Sache ist,[163] darf der Zeuge, der sich auf sein Zeugnisverweigerungsrecht beruft, jedoch nicht veranlasst werden, das Verwandtschaftsverhältnis näher glaubhaft zu machen.[164]

Zum anderen droht dem Zeugen die Gefahr, dass aus der Tatsache seiner berechtigten Weigerung nachteilige Schlüsse gezogen werden.[165] Es gilt jedoch als überwiegend anerkannter Rechtsgrundsatz, dass das berechtigte Schweigen des Zeugen aufgrund des Zeugnisverweigerungsrechts nach § 52 nicht als Indiz zu Lasten des beschuldigten Angehörigen verwertet werden darf;[166] dies gilt auch sonst unabhängig von seinem sonstigen Aussageverhalten[167] und selbst in den Fällen wenn der Zeuge ausdrücklich erklärt, dass er den Angeklagten nicht belasten wolle[168] und daraufhin von seinem Recht Gebrauch macht.

Grund für diese herrschende Ansicht ist, dass der Beweggrund des Zeugen, nicht aussagen zu wollen, nicht auf einen bestimmten Grund zurückzuführen ist, nämlich, dass er bei wahrheitsgemäßen Angaben seinen Angehörigen zu belasten fürchtet. Der Zeuge kann sowohl belastende wie auch entlastende Informationen zurückhalten wollen. Hielten es die Rechtsprechung und Literatur für zulässig, aus der berechtigten Zeugnisverweigerung, Schlüsse zum Nachteil des Angeklagten zu ziehen, würde der Zeuge mit den Gebrauch seines Rechts doch eventuell zu dessen Verurteilung beitragen. Somit sähe er sich dann unter Umständen doch gezwungen auszusagen, obwohl § 52 ihn vor dieser Konfliktlage schützen wollte. Die Verwertung der Zeugnisverweigerung würde somit dem Sinn und Zweck des Zeugnisverweigerungsrechts zuwiderlaufen, wenn der Zeuge mit der Verwertung der Tatsache seiner Verweigerung zu Lasten seines Angehörigen rechnen müsste, obwohl ihm § 52 diese Bedrängnis ersparen wollte.[169] Der Zeuge muss sich völlig frei – ohne jeglichen psychologischen Zwang – für oder gegen eine Aussage entscheiden können. Dies ist nicht denkbar, wenn der Zeuge befürchten muss, dass seine Zeugnisverweigerung möglicherweise gegen eine

---

[162] LR-Dahs § 56 Rn 4; KK-Senge § 56 Rn 3; Kleinknecht/Meyer-Goßner § 56 Rn 2.
[163] Diese sind §§ 173, 174 I Nr. 3 StGB; Bergmann, Die Milderung der Strafe, S. 89.
[164] RG HRR 1928, Nr, 494; LR-Dahs § 56 Rn 4; KK-Senge § 56 Rn 4.
[165] Bergmann, Die Milderung der Strafe, S. 89 mit Verweis auf OGHSt 2, 161 (164).
[166] BGHSt 22, 113 (114); 32, 140 (141 f.); 34, 324 (327); NStZ 1987, 182 (183); StV 1985, 485 (486); 1991, 450 (451); 1992, 97; KK-Pelchen § 52 Rn 45; KMR-Paulus Vor 48 Rn 93; Kleinknecht/Meyer-Goßner § 261 Rn 20; LR-Dahs § 52 Rn 42.
[167] Das Verbot Schlüsse aus der befugten Zeugnisverweigerung zu ziehen, gilt auch für den Fall, dass ein Angehöriger nach anfänglicher Zeugnisverweigerung später doch noch aussagt und nunmehr zu prüfen ist, ob seine den Angeklagten entlastenden Angaben glaubhaft sind; BGH NStZ 1985, 87; Kleinknecht/Meyer-Goßner § 261 Rn 20; KK-Engelhardt § 261 Rn 42.
[168] Kleinknecht/Meyer-Goßner § 261 Rn 20 m.w.N.
[169] Bergmann, Die Milderung der Strafe, S. 91; R. Hauser, Der Zeugenbeweis im Strafprozeß, S. 159.

ihm nahestehende Person als Beweis benutzt wird. Ihm wäre somit seine Entscheidungsfreiheit genommen und er würde dazu gedrängt, dennoch auszusagen.[170]

Somit ist festzuhalten, dass die Zeugnisverweigerung eines Angehörigen nicht gegen den Angeklagten verwertet werden darf, denn der Zeuge soll von seinem Recht frei und unbefangen Gebrauch machen können. Dies kann er nicht, wenn er damit rechnen muss, dass das Gericht seine Aussageverweigerung gegen den Angeklagten verwertet.

Aus der Tatsache, dass den Gefahren vorgebeugt werden soll, die dem Zeugen drohen, wenn er von seinem Verweigerungsrecht Gebrauch machen will, zieht *Bergmann*[171] den Schluss, dass unter den Umständen, dass der Zeuge sein Weigerungsrecht kennt und er um die Unverwertbarkeit seiner Weigerung weiß, das Weigerungsrecht einen ungefährlichen Ausweg aus der Zwangslage biete, in der sich der angehörige Zeuge befindet. Sagt er in diesem Bewußtsein die Unwahrheit, so ist *Bergmann* der Ansicht, dass eine Milderung der Strafe nach § 157 StGB regelmäßig unangebracht sei.

Diese Auffassung stimmt mit einem obiter dictum des OLG Düsseldorf überein, das eine Strafmilderung nach § 157 StGB dann versagen will, wenn der Täter die Aussageverweigerung als ungefährlichen Ausweg aus seiner durch die Aussagepflicht begründeten Zwangslage erkannt hat.[172] In diesen Fällen will das Gericht die Strafmilderung nicht erst im Rahmen der Ausübung des tatrichterlichen Ermessens versagen, sondern sie schon tatbestandlich ausschließen. In einer Anmerkung zu diesem Beschluss weißt *Heusel*[173] zu Recht darauf hin, dass der Anwendungsbereich des § 157 StGB gegenüber der herrschenden Praxis erheblich eingeengt werde, da die eindringliche Belehrung über das Zeugnisverweigerungsrecht nach § 52 (§ 383 ZPO) grundsätzlich einen „als ungefährlich zu erkennenden Ausweg aus der Zwangslage" biete. Trotz dieser Erkenntnis spricht er sich nicht gegen dieses Verständnis der Regelung aus, sondern begrüßt es als eine „Rückkehr zu dogmatischer Folgerichtigkeit".

Auf derselben Linie wie *Bergmann* bewegt sich auch *Schneider*, welcher der Auffassung ist, dass Zeugen in der Regel von einer belastenden Wirkung des Schweigens ausgingen, und dass so – trotz objektiver Ungefährlichkeit – eine subjektiv empfundene Zwangslage fortbestehe.[174] Überdies ist er der Ansicht, dass die Gerichte den zumeist nicht rechtskundig beratenen Zeugen durch Vorenthalten von Rechtsauskünften

---

[170] Bergmann, Die Milderung der Strafe, S. 91; LR-Dahs § 52 Rn 42 m.w.N. Dadurch, dass die berechtigte Zeugnisverweigerung nicht zu Lasten des beschuldigten Angehörigen verwertet werden darf, ist nach Meinung Eb. Schmidts auch dem Umstand entgegegewirkt, dass sich die Gefahr von Falschaussagen beträchtlich erhöhen könnte; Eb. Schmidt, Nachtrag, Vorbemerkung zu §§ 52-56 Rn 20.
[171] Bergmann, Die Milderung der Strafe, S. 91.
[172] OLG Düsseldorf, Beschl. v. 27.8.1990 – 2Ss 267/90 – 54/90 III; JR 1991, 520 (520 f.).
[173] Heusel wirft die Frage auf, ob das Gericht nicht die Auffassung vom Zweck der Regelung aufgegeben hätte, und in Anlehnung zu § 258 V, VI StGB die Selbst und Angehörigenbegünstigung akzeptiert hätte, da die Zwangslage des Täters auf beide Tatbestände dieselbe sein dürfte; Heusel, JR 1991, 521 (522).
[174] Schneider, Grund und Grenzen, S. 231 ff.

planvoll partiell im Ungewissen beließen, um dadurch eine verstärkte Berufung auf die §§ 52 ff. zu unterlaufen. Obwohl ein derartiges Vorgehen von Rechts wegen nicht zu beanstanden sei, sei diese Belehrungspraxis vor dem Hintergrund eines weit verstandenen Gebots zum fairen Umgang mit Zeugen an sich unbefriedigend. Dennoch befürwortet er diese Praxis, da der Staat dieser prozessualen Zumutung an den Zeugen in materiellstrafrechtlicher Hinsicht Rechnung trage, indem er über § 157 StGB Möglichkeiten zur Strafmilderung gewähre und somit auf die Durchsetzung der staatlichen Strafberechtigung fakultativ verzichte.[175] Die Anwendbarkeit des § 157 StGB werde nur in den Fällen gesperrt, in denen der Zeuge entweder durch gerichtliche Zusatzinformationen oder aber durch Dritte Kenntnis von der beweisrechtlichen Unverwertbarkeit seiner Weigerung erlange und damit auch subjektiv keinen Zwang zu Selbstbelastung empfinde. Sei sich der Zeuge hingegen nicht über die objektive Ungefährlichkeit der ihm zur Verfügung stehenden Verhaltensalternativen im Klaren, so bleibe § 157 StGB eingedenk der legitimerweise unzulänglichen gerichtlichen Rechtsfolgenbelehrung im Zusammenwirken mit dem regelmäßig zu vermutenden Fortbestehen einer subjektiven Zwangslage grundsätzlich anwendbar.

4. Auffassung Grünwalds und wie seine Kritik zu verstehen ist

Grünwald widersetzt sich nicht der Auslegung des § 157 StGB, dass das berechtigte Schweigen des Zeugen nach § 52 nicht als Indiz zu Lasten des beschuldigten Angehörigen verwertet werden dürfe. Im Gegenteil, er hebt dies in der Erläuterung seiner These besonders hervor. Diese These ist nur mit einer genaueren Analyse der Personengruppe, der ein Zeugnisverweigerungsrecht nach § 52 zusteht, zu verstehen.

Bei Vergegenwärtigung des betroffenen Personenkreises, nämlich der Familie, wird die These von Grünwald klar und fassbar; dem entgegen muss der Gedankengang von *Bergmann* und *Schneider* eindeutig als wirklichkeitsfremd eingestuft werden. Ihre Überlegungen passen nicht auf Angehörige des Beschuldigten.

Diese zeugnisverweigerungsberechtigten Angehörigen sind i.d.R. diejenigen, mit denen der Beschuldigte sein Leben teilt. Dieser Umstand endet nicht an dem Tag, an dem der Angehörige als Zeuge vernommen wird, sondern diese Situation ist auch weiterhin in irgendeiner Form beständig. Die familiäre Sphäre bildet einen Ort, an den man sich zurückziehen kann, wo Meinungen offen, ohne Furcht vor Zurückweisung und Folgen diskutiert werden können und wo die einzelnen Mitglieder einander beistehen. Eine Person, die so ein intensives und intimes Zusammenleben mit dem Beschuldigten geführt hat, verfügt zweifelsfrei über sowohl entlastende als auch belastende Informationen über den Beschuldigten, wie alle seine Familienmitglieder.

[175] Mit Verweis auf BGHSt NStZ 1986, 162, in welcher der BGH den Gedanken über solch ein „Sonderopfer“ in Verbindung mit dem staatlichen Lockspitzeleinsatz ins Spiel brachte, gibt Schneider seiner Theorie zusätzlichen Boden; Schneider, Grund und Grenzen, Fn 45, S. 233.

Für einen derartigen Zeugen ist die Regelung, dass der Richter eine berechtigte Zeugnisverweigerung nach § 52 nicht zu Lasten des beschuldigten Angehörigen verwerten darf und die Erwägung, dass das Weigerungsrecht dem Angehörigen einen ungefährlichen Ausweg aus seiner Zwangslage bietet, wenig hilfreich. Nimmt er sein Recht wahr und verweigert in vollem Umfang die Aussage nach § 52, verliert er die Fähigkeit in dem Verfahren als Beweisperson vernommen zu werden. Seine Aussage ist kein zulässiges Beweismittel mehr.[176] Dies schließt jedoch ebenfalls aus, dass er seine entlastenden Informationen in das Verfahren einbringen kann. Verzichtet er hingegen in vollem Umfang auf sein Weigerungsrecht, kann er dem Gericht seine entlastende Bekundung mitteilen. Seine belastenden Informationen, auf die das Gericht ebensoviel Anspruch hat, muss er allerdings in gleicher Weise schildern. Der Zeuge darf nicht, wenn er sich zur Aussage bereit erklärt, wahrheitswidrig aussagen, er wisse von nichts,[177] und wesentliche Tatsachen darf er nicht verschweigen.[178]

Entscheidet sich der angehörige Zeuge für einen Verzicht auf sein Zeugnisverweigerungsrecht, macht jedoch nur Angaben, die für die Tatfrage ohne Bedeutung sind, und beruft sich im Übrigen auf sein Zeugnisverweigerungsrecht, dürfen hieraus keine Schlüsse gegen den Angeklagten gezogen werden.[179] Anders verhält es sich, wenn der Zeuge seine entlastenden Informationen, also gerade die, die für seinen beschuldigten Angehörigen günstig sind, in das Verfahren einbringt, indem er lediglich teilweise Angaben zu Tatfragen macht und zu anderen Tatfragen schweigt. Unter diesen Umständen darf das Gericht – notwendigerweise – im Rahmen der freien Beweiswürdigung Schlussfolgerungen aus der Verweigerung der Antwort auf einzelne tatbezogene Fragen ziehen.[180]

Einem angehörigen Zeugen kann neben dem Zeugnisverweigerungsrecht ein Auskunftsverweigerungsrecht nach § 55 zustehen.[181] Dies kann schon am Anfang der Vernehmung offensichtlich sein, oder sich erst im Verlauf der Vernehmung herausstellen.

---

[176] RGSt 41, 32 f.; KK-Senge § 52 Rn 43; Kleinknecht/Meyer-Goßner § 52 Rn 23; LR-Dahs § 52 Rn 39 m.w.N.

[177] KMR-Paulus Vor 48 Rn 84; LR-Dahs § 52 Rn 23.

[178] KK-Senge § 52 Rn 2; LR-Dahs § 52 Rn 23. Eine zum Gegenstand der Vernehmung gehörige, für die Entscheidung erhebliche Tatsache, darf der Zeuge auch dann nicht verschweigen, wenn er nicht ausdrücklich danach gefragt wird. Er hat von sich aus alles anzugeben, was er als für die Entscheidung wesentliche erkennt. Handelt es sich dabei um eine Tatsache, die ihn berechtigt die Aussage zu verweigern, so kann er dies tun; BGHSt 7, 127 (128).

[179] BGHSt JR 1981, 432 f.

[180] LR-Dahs § 52 Rn 43; Kleinknecht/Meyer-Goßner § 261 Rn 21; Petry, Beweisverbote, S. 49; A.a. Kühl, JuS 1986, 115 (121); Schneider, JURA 1990, 572.

[181] BGHSt StV 1983, 353; NStZ 1988, 561 (562); Die beiden Rechte können nicht denselben Erfolg erreichen, da sie auf wesentlich von einander abweichenden gesetzgeberischen Gründen beruhen; BGHSt 11, 213 (218); 17, 245 (246 f.); Schlüchter-SKStPO § 252 Rn 19. Die Zeugnis und Auskunftsverweigerungsrechte bestehen nebeneinander; BGH NStZ 1988, 561(562); KK-Senge § 55 Rn 11 m.w.N. Aus BGH NStZ 1988, 561 wird gefolgert, dass die Verweigerungsrechte auch dann nebeneinander bestehen, wenn nicht dem Zeugen selber, sondern einem Angehörigen des Zeugen eine strafrechtliche Verfolgung droht.

Nach der Vernehmung zur Person (§ 68), wobei sich herausstellt, ob der Zeuge ein Angehörigenverhältnis zu dem Beschuldigten hat, folgt gegebenenfalls die Belehrung nach § 52. Stellt sich erst im Laufe der Vernehmung heraus, dass der Zeuge ein Zeugnisverweigerungsrecht hat, muss sie sofort nachgeholt werden.[182] Die Belehrung nach § 55 folgt hingegen erst, wenn der Vernehmungsperson Anhaltspunkte für das Vorliegen ihrer Voraussetzungen erkennbar werden.[183] Bestehen diese schon am Anfang der Vernehmung, muss eine Belehrung nach § 55 folgen.[184] Bezüglich dieser Situation wird in der Literatur vertreten, dass der Zeuge sofort nach dieser umfangreichen Belehrung erklären muss, von welchem der ihm zustehenden Weigerungsrechte er Gebrauch machen will.[185] So könne der Zeuge von seinem Weigerungsrecht nach § 52, nach § 55, oder von keinem der beiden Gebrauch machen. Dies ist jedoch nicht folgerichtig. Ist der Beschuldigte ein Angehöriger des Zeugen und der Zeuge äußert sich zunächst zu bestimmten Tatfragen, beantwortet später jedoch einzelne Fragen nicht oder verweigert sein Zeugnis sogar ganz, ist dies als ein Widerruf i.S. des § 52 III S. 2 einzustufen. Der Widerruf hat zur Folge, dass die Vernehmung nicht weitergeführt und ein Beugemittel (§ 70) nicht angewendet werden darf. Die Aussage, die der Zeuge bis zum Widerruf gemacht hat, bleibt jedoch verwertbar. Aus dem Widerruf der Aussagebereitschaft dürfen ebenso wie aus der Aussageverweigerung von vornherein keine für den Angeklagten nachteiligen Schlüsse gezogen werden.[186]

Wäre die vorläufige Aussagebereitschaft zu bestimmten Tatfragen und die spätere Verweigerung eines solchen Zeugen, dem ein Zeugnisverweigerungsrecht und ein Aussageverweigerungsrecht zusteht, als eine Auskunftsverweigerung einzustufen, könnten aus dieser Schlüsse zum Nachteil des Angeklagten gezogen werden.[187] Dies wäre jedoch nicht mit der Tatsache vereinbar, dass der Zeuge ein Angehöriger des Beschuldigten ist, und dass der Umstand, dass ein solcher nicht zu dem Beweisthema aussagt, nicht gegen den Angeklagten verwertet werden darf. Hieraus folgt jedoch auch, dass – wenn der Angehörige des Zeugen der Beschuldigte ist – der Zeuge erklären muss, von welchem Recht er Gebrauch macht. In dieser Situation hat das Zeugnisverweigerungsrecht Prävalenz.[188]

---

[182] Die bisherige Aussage ist nicht verwertbar; KK-Senge § 52 Rn 39 m.w.N.

[183] KK-Senge § 55 Rn 17 mit Verweis auf BGHSt 22.11.1956, 4 StR 424/56; wegen einer seiner Ansicht nach verfehlten Konstruktion und für eine Neugestaltung des § 55 plädiert Geerds, Auskunftsverweigerungsrecht oder Schweigebefugnis?, S. 180 ff.

[184] Allerdings mag es besondere Verfahrenslagen geben, in denen es die dem Gericht obliegende Aufklärungspflicht ausnahmsweise gebieten kann, bei gleichzeitigem Bestehen der Rechte aus § 52 und § 55 die Belehrung zunächst auf § 52 zu beschränken und die weitere Belehrung nach § 55 bis zu der Entschließung des Zeugen über die Ausübung seines Zeugnisverweigerungsrechts zurückzustellen; BGHSt NStZ 1988, 561 (562).

[185] KK-Senge § 55 Rn 11.

[186] KK- Senge § 52 Rn 42.

[187] BGHSt 38, 302 (304); BGHSt StV 1984, 233; KK-Senge § 55 Rn 16; Kleinknecht/Meyer-Goßner § 261 Rn 20; LR-Dahs § 55 Rn 21; a.A. Geerds, Auskunftsverweigerungsrecht oder Schweigebefugnis?, S. 180.

[188] So zu Recht LR-Dahs § 55 Rn 3.

Um diese Situation zu vermeiden, bleibt dem angehörigen Zeugen oftmals nur, vor dem Gericht zu lügen. Es ist durchaus nachvollziehbar unter welchem Druck ein Angehöriger des Beschuldigten während einer Vernehmung steht. Ungeachtet seiner Kenntnis, dass ihm durch § 52 ein umfassendes Zeugnisverweigerungsrecht zusteht, und dass seine Weigerung unverwertbar ist, bietet das Weigerungsrecht keinen „ungefährlichen" Ausweg aus seiner Zwangslage. Dem Zeugnisverweigerungsrecht muss, wie auch die Rechtsprechung mit Recht anerkannt hat, jede Relevanz für die Handhabung der Strafmilderung nach § 157 StGB abgesprochen, und eine Milderung zugelassen werden.

Ein zweiter Grund der Überzeugung von *Grünwald* beizupflichten liegt in der Tatsache, dass ein Zeuge nur im Ausnahmefall im Vorhinein davon Kenntnis hat, dass seine Zeugnisverweigerung bei der Beweiswürdigung unverwertbar ist. Während einer Vernehmung wird er in der Regel auch nicht davon unterrichtet. Ob dieser jetzt intuitiv von einer belastenden Wirkung seines Schweigens ausgeht, ist unmöglich zu sagen. Manche Zeugen werden es sicherlich für möglich halten – selbst wenn sie belehrt worden sind – dass ihr Schweigen sich als belastend für den Angeklagten auswirken könnte. Somit würde eine subjektiv empfundene Zwangslage des Zeugen fortbestehen. Andere würden dies – obwohl sie nicht belehrt worden sind – jedoch von Anfang an für unmöglich halten, da ihnen das Verweigerungsrecht gesetzlich zusteht. Diese würden sich dann keine weiteren Gedanken über eine mögliche Auswirkung ihres Schweigens auf das weitere Verfahren für den Angeklagten machen. Dem Zeugen eine Milderung nach § 157 StGB lediglich in den Fällen zuzugestehen, wenn er durch gerichtliche Zusatzinformationen oder durch eine Informationserteilung Dritter; kurz, wenn er auf irgendeinem Weg Kenntnis von der Unverwertbarkeit seiner Weigerung erlangt hat, erweist sich als nicht überzeugend. Ein Zeuge der lediglich gesetzlich belehrt worden ist, dass ihm als angehörigen Zeugen ein Weigerungsrecht zusteht, und nicht darüber, dass seine Zeugnisverweigerung unverwertbar ist, kann trotzdem zu dem Mittel greifen vor dem Gericht zu lügen, um seinen angehörigen Beschuldigten besserzustellen. Wenn er nun selber wegen Falschaussage angeklagt wird, und das Gericht nicht darauf zurückgreifen kann, dass das frühere Gericht ihn auf die Unverwertbarkeit seiner Zeugnisverweigerung hingewiesen hat – was i.d.R. der Fall sein wird – wird der jetzige Angeklagte und frühere Zeuge mit Sicherheit nicht bejahen, dass er sich darüber im Klaren war, dass seine Verweigerung unverwertbar war. Wenn kein Geständnis vorliegt, ist es nur durch das Hauptverhandlungsprotokoll nachzuweisen, ob der Zeuge über diese Regelung belehrt wurde oder nicht. Da die Gerichte i.d.R. den nicht rechtskundig beratenen Zeugen durch Vorenthalten von Rechtsauskünften planvoll im Ungewissen belassen, um dadurch eine verstärkte Berufung auf die §§ 52 zu unterlaufen,[189] wird dies nie eintreten.

Ein dritter Grund dafür, dass diese Interpretation des Grundsatzes als zu weit empfunden werden muss, rekurriert sich aus dem Umstand, dass, obwohl die berechtigte Zeugnisverweigerung nach § 52 nicht zu Lasten des beschuldigten Ange-

[189] So Bergmann, Die Milderung der Strafe, S. 96; Schneider, Grund und Grenzen, S. 232.

hörigen verwertet werden darf, nichts darüber gesagt ist, ob der Zeuge von irgendeiner psychischen Zwangslage befreit ist, oder nicht. Dass die Rechtsprechung sich dafür ausgesprochen hat, dass die berechtigte Zeugnisverweigerung nach § 52 nicht zu Lasten des beschuldigten Angehörigen verwertet werden darf, drückt lediglich aus, dass der Zeuge von seinem Recht frei und unbefangen Gebrauch machen soll. Der BGH hat in seiner Begründung zu diesem Grundsatz gesagt, dass wenn der angehörige Zeuge damit rechnen muss, dass das Gericht seine Zeugnisverweigerung verwertet, dieser von seinem Recht nicht frei und unbefangen Gebrauch machen kann. Diese Freiheit darf bei ihm ebensowenig beeinträchtigt werden wie bei einem Beschuldigten oder Angeklagten, der keine Angaben zur Sache machen will.[190] Wenn der Zeuge somit von diesem Recht Gebrauch macht, kann das Gericht keine Schlüsse daraus ziehen; weder für noch gegen den Angeklagten. Diese Rechtsprechung besagt jedoch nichts darüber, ob der Zeuge sich jemals in einer Zwangslage befand, oder ob er diese nun überwunden hat. Aus ihr darüber hinaus die Konsequenz zu ziehen, dass das Zeugnisverweigerungsrecht dem Zeugen einen ungefährlichen Ausweg aus seiner Zwangslage bietet, und dass die Milderung der Strafe nach § 157 StGB somit regelmäßig unangebracht ist,[191] ist damit fehl am Platze.

Dass die Absicht, die Gefahr einer Bestrafung von sich oder seinen Angehörigen abzuwenden, der einzige oder der Hauptbeweggrund für die falsche Aussage war, setzt § 157 StGB nicht voraus.[192] Zudem nimmt die Vorschrift unabhängig von der objektiven Möglichkeit, eine beschworene Falschaussage zu vermeiden, allein auf ein bestimmtes Handlungsmotiv Rücksicht. Das Vorhandensein eines Aussagenotstandes wegen der Möglichkeit einer Auskunftsverweigerung zu verneinen, ist somit rechtsfehlerhaft.[193]

Der Grund hierfür ist erstens, dass der Beweggrund des angehörigen Zeugen für seine Entscheidung, nicht aussagen zu wollen, sehr mannigfach sein kann[194] und somit eine Ermittlung seiner Motive tatsächlich ausgeschlossen ist; denn auch mit dem reinsten Gewissen kann der Zeuge die Aussage verweigern.[195] Gegen die Verwertung der Zeugnisverweigerung spricht auch der mögliche innerfamiliäre Vorwurf, der Zeuge habe mit seiner Verweigerung zu der Verurteilung des Familienmitglieds beigetragen. Dies könnte zur schwerwiegenden innerfamiliären Konflikten führen.

Über den Grund für seine Entscheidung das Zeugnis zu verweigern braucht er keine Auskunft zu geben;[196] er ist gänzlich irrelevant.[197] Der angehörige Zeuge muss auch

---

[190] BGHSt 22, 113.
[191] So z.B. Bergmann, Die Milderung der Strafe, S. 91 m.w.N.
[192] BGH 2, 379 (380); BGH StV 1995, 249 (250); Wessels/Hettinger, Strafrecht BT/1 Rn 761 m.w.N. Lackner/Kühl § 157 Rn 8 m.w.N.
[193] BGH StV 1995, 250.
[194] Siehe nur R. Hauser, Der Zeugenbeweis im Strafprozeß, S. 160.
[195] So schon Bennecke/Beling, Lehrbuch, S. 351 Anm. 60.
[196] BGH NJW 1980, 794; BGH JR 1981, 432, BGH StV 1983, 353; BGH NJW 1984, 136; Kleinknecht/Meyer-Goßner § 52 Rn 16; LR-Dahs § 52 Rn 24.

nicht erklären, ob er die Aussage zugunsten oder zuungunsten des Beschuldigten verweigert.[198] Der Richter darf ihn nach seinen Beweggründen nicht fragen.[199] Stellt ein Prozessbeteiligter solch eine Frage, ist sie als ungeeignet zurückzuweisen.[200]

5. Andere Angehörige des Zeugen

Ferner muss darauf hingewiesen werden, dass das Zeugnisverweigerungsrecht nur gegenüber dem bereits beschuldigten Angehörigen besteht. Besteht Verdacht, dass sich noch weitere Angehörige des Zeugen einer strafbaren Handlung schuldig gemacht haben, der Verdacht sich jedoch noch nicht zu einem hinreichenden Tatverdacht verdichtet hat, so dass gegen sie schon ein Ermittlungsverfahren eingeleitet worden ist[201] oder die Staatsanwaltschaft Maßnahmen gegen sie ergriffen hat, die erkennbar darauf abzielen, gegen sie wegen einer Straftat vorzugehen,[202] so hat der zu vernehmende Angehörige gegenüber ihnen (lediglich) ein Auskunftsverweigerungsrecht nach § 55. Nur in diesem Fall hat § 55 hinsichtlich der Angehörigen selbständige Bedeutung.[203] Obwohl die Tatsache des Schweigens nicht in diesem Strafverfahren in die Beweisverwertung einfließt, könnte der Zeuge durch sein Schweigen der jeweiligen Vernehmungsperson genug Anlaß geben um Ermittlungen gegen seinen bisher unverdächtigen Angehörigen aufzunehmen.

In diesem Zusammenhang muss darauf hingewiesen werden, dass die Aussagepflicht des Zeugen, ungeachtet etwaiger Fragen des Vernehmenden,[204] ihre Grenzen an dem erkennbaren Aussagegegenstand findet; dem Beweisthema. Unter diesem Gesichtspunkt bietet das Auskunftsverweigerungsrecht nach § 55 auch keinen Ausweg aus einer Zwangslage, in der sich der Angehörige Zeuge befindet. Darüber hinaus ist auf die Feststellung Wert zu legen, dass ein Zeuge, der sein Auskunftsverweigerungsrecht nach § 55 geltend macht, die Tatsachen, auf die er sein Recht stützt, auf Verlangen glaubhaft zu machen hat. Gegenstand der Glaubhaftmachung ist die Tatsache, auf die der Zeuge die Verweigerung des Zeugnisses stützt. Wenn die Beantwortung der Frage offensichtlich nicht geeignet sein kann, die Gefahr der Verfolgung seines Angehörigen wegen einer strafbaren Tat herbeizuführen, darf der Richter ohne Weiteres auf die Auskunft bestehen.[205] Diese Pflicht findet aber dort ihre Grenze, wo sich der Zeuge bereits durch die Angabe solcher Tatsachen der Gefahr eigener Verfolgung aussetzen

---

[197] So kann der Grund nicht aussagen zu wollen auf die Scheu vor einer öffentlichen Aussage gestützt werden, vgl. BGHSt 30, 193 (196 f.).

[198] StV 1982, 64 (65); Kleinknecht/Meyer-Goßner § 52 Rn 16; LR-Dahs § 52 Rn 24.

[199] BGHSt 6, 279 (280); BGH NStZ 1989, 440; BGHSt StV 1983, 353; Kohlhaas, JR 1955, 43 f.; Proskauer NJW 1953, 49 (50); Kleinknecht/Meyer-Goßner § 52 Rn 16; LR-Dahs § 52 Rn 24. Geschieht das trotzdem, so dürfen die Erklärungen des Zeugen weder protokolliert noch berücksichtigt werden; vgl. BGH 6, 279 (280).

[200] RGSt JW 1930, 926; LR-Dahs § 52 Rn 24.

[201] RGSt 27, 312 (314 f.).

[202] BGHSt NJW 1997, 1591.

[203] LR-Dahs § 55 Rn 3.

[204] Geerds, Auskunftsverweigerungsrecht oder Schweigebefugnis?, S. 173 f.

[205] LR-Dahs § 56 Rn 5.

könnte. Von ihm darf nicht verlangt werden, dass er Tatsachen glaubhaft macht, die auf eine Offenbarung einer Straftat oder darauf hinauslaufen, dass er Beweismittel gegen seine Angehörigen schafft, nur um die in § 70 vorgesehenen Zwangsmittel von sich abzuwenden.

Die Anwendbarkeit von § 157 StGB entfällt nicht, wenn ein Zeuge die Auskunft gemäß § 55 verweigern kann. Auch die Belehrung über das Auskunftsverweigerungsrecht schließt die Anwendung nicht aus, weil auf Verlangen die Gründe der Auskunftsverweigerung anzugeben sind und sich der Zeuge dann gleichfalls in einer Zwangslage befindet. Nicht anders verhält es sich, wenn der Zeuge auf Veranlassung des Angeklagten erscheint oder sich selbst zur Vernehmung angeboten hat, da damit im Augenblick der Vernehmung gleichwohl die vom Gesetz vorausgesetzte Zwangslage besteht.[206]

III. Fazit

Aus den zuvor gefundenen Erkenntnissen folgt evident, dass das Zeugnisverweigerungsrecht seinem bisher von Literatur und Rechtsprechung als höchstrangig empfundenen Schutzzweck, dem Schutz des Zeugen vor seiner inneren Konfliktlage, nicht nachkommen kann, wenn der Zeuge entlastende Kenntnisse zurückhält. In dieser Situation wird es de facto unsinnig.

Grünwald ist in dem Punkt zuzustimmen, dass Menschen, die eine intime Beziehung mit dem Beschuldigten (gehabt) haben, sowohl über ent wie belastende Informationen verfügen. Aus diesem Grunde hilft die Regelung, welche besagt, dass aus dem Schweigen des Zeugen keine nachteiligen Schlüsse gezogen werden dürfen, dem angehörigen Zeugen nicht wirklich weiter. Einem angehörigen Zeugen, dem in einem Strafverfahren ein Zeugnisverweigerungsrecht zusteht, der jedoch von seinem Recht keinen Gebrauch macht, hat somit – wegen seiner außergewöhnlichen[207] Situation als Angehöriger des Beschuldigten – einen rechtmäßigen Anspruch auf eine Milderung nach § 157 StGB.

Nach der hier vertretenen Meinung sollte § 157 StGB in diesen Fällen jedoch nicht uneingeschränkt zur Anwendung kommen, sondern ein Unterschied zwischen unwahren entlastenden und belastenden Informationen, die der angehörige Zeuge in das Verfahren hineinbringt, gemacht werden. Der § 157 StGB kommt dem angehörigen Zeugen nur dann zugute, wenn er sich eines Meineids oder einer falschen uneidlichen Aussage schuldig gemacht hat; wenn er sich also dazu entschieden hat, vor Gericht zu lügen anstatt von dem Verweigerungsrecht Gebrauch zu machen. Lügt der Zeuge, indem er unwahre entlastende Informationen zugunsten des Beschuldigten in das Verfahren hin-

---

[206] So OLG Düsseldorf, Beschl. v. 16.2.1993, StV 1993, 423, m.w.N.

[207] D.h. außergewöhnlich gegenüber anderen Zeugen die der Wahrheitspflicht unterliegen; es ist jedoch nicht außergewöhnlich, dass Familienmitglieder in solch einer engen Beziehung zu einander stehen.

einbringt, besteht kein Zweifel hinsichtlich seiner notstandsähnlichen psychischen Zwangslage. Daher muss ihm der § 157 StGB zustehen, obwohl ihm das Zeugnisverweigerungsrecht zustand. Dies ist eine Selbstverständlichkeit, die aus der Auswahl der Personen folgt, denen das Verweigerungsrecht zusteht. Lügt der Zeuge hingegen, indem er unwahre belastende Informationen zuungunsten des Beschuldigten in das Verfahren hineinbringt, kann nicht eingesehen werden, dass er in irgendeiner Form in einer Zwangslage gesteckt hat, die sich später durch § 157 StGB zu seinen Gunsten auswirken sollte. In diesen Fällen handelt es sich lediglich um eine Form der persönlichen Vergeltung, auf der man durch die Anwendung von § 157 StGB keine Rücksicht nehmen sollte.

Als Schlussfolgerung bleibt somit festzuhalten, dass dem Ansatz von Grünwald, dass das Zeugnisverweigerungsrecht in § 52 die Konfliktlage generell nicht behebe, nicht gefolgt werden kann, weil dem angehörigen Zeugen in gewissen Fällen der Aussagenotstand in § 157 StGB zugute kommt. Vielmehr *kann* das Verweigerungsrecht die Konfliktsituation des Zeugen beheben, wenn er lediglich über belastende Informationen verfügt und sich deswegen seines Rechtes bedient. In gewissen Fällen kann das Zeugnisverweigerungsrecht eine Konfliktsituation des Zeugen zwischen einer Wahrheitspflicht und der Verbundenheit mit seinen Angehörigen auflösen. Weil dies jedoch nicht immer zutreffen kann, muss der § 157 StGB dem Zeugen auch zugute kommen. In diesen Fällen kann somit § 157 StGB die Konfliktsituation *auch* auflösen.

Die Unterstellung, dass die Konfliktsituation in der eingewurzelten „Verständigung" die dogmatische Grundlage des Zeugnisverweigerungsrechts bildet, vermag, mit Blick auf entlastende und belastende Informationen von Seiten des Zeugen, nicht zu überzeugen. In der Literatur ist die Überzeugung vorhanden, dass der Schutz des Zeugen vor einem möglichen Gewissenskonflikt, der aus seiner festen persönlichen Beziehung zum Beschuldigten entsteht, als einzige Schutzzweckbestimmung den Sinn und Zweck des § 52 überzeugend zu erklären vermag. Daraus könnte der Schluss gezogen werden, dass die Konfliktsituation, in der sich der Zeuge befindet, nicht lediglich den Konflikt zwischen Wahrheitspflicht und Verwandtenliebe umfasst, sondern weiter verstanden werden soll. Dies setzt dann voraus, dass der Zeuge sich *auch* in einer Konfliktsituation befindet, wenn er über entlastende Tatsachen verfügt, die seinen Angehörigen vor einer Überführung bewahren würden.

Die Auffassung, dass es der Zweck des Zeugnisverweigerungsrechts ist, den Zeugen vor einer Konfliktsituation zwischen der Wahrheitspflicht und Verwandtenliebe zu schützen, scheint somit den allgemein anerkannten Sinn der Regelung wiederzugeben. Wenn auf Konstellationen aufmerksam gemacht wird, die zeigen, dass dieser Sinn keinesfalls ausreicht, um das Zeugnisverweigerungsrecht zu erlären, wird immer darauf hingewiesen, dass dies „Nebenwirkungen" des Zeugnisverweigerungsrechts sind, die der Gesetzgeber in Kauf genommen hat.[208] Meines Erachtens könnten jedoch ge-

---

[208] Nicht ganz zufrieden scheint der BGH zu sein wenn er ausführt: „Dass Zeugnisverweigerungsrechte im Einzelfall nicht aus den Gründen, die gestegeberisches Motiv für ihre Gewährung gewesen

nau all diese Nebenwirkungen darauf hindeuten, dass der Sinn der Regelung auf einer anderen Ebene zu suchen und zu finden ist. Dazu muss man sich jedoch von dem Gedanken einer „Konfliktsituation“ entfernen, sich von ihm lösen und versuchen ihn auszudehnen oder zu erweitern, da offensichtlich ist, dass der Begriff all die Verstrickungen und Empfindungen des Zeugen nur eingeschränkt und nicht ausreichend zu umschreiben vermag. Im nächsten Kapitel wird der Versuch unternommen, dies zu tun.

§ 5. Schutz der Entschließungsfreiheit des angehörigen Zeugen

A. Einleitung

Die Antwort auf die Frage, wie das Recht des angehörigen Zeugen begriffen werden muss, ergibt sich aus der außergewöhnlichen Konstellation; der Nähe des Beschuldigten und des Zeugen und dem Stand des angehörigen Zeugen *als* Zeugen im Strafverfahren. Ohne das Vorhandensein des Rechts des Zeugen, sein Zeugnis zu verweigern, ergibt sich eine Situation, die dem Zeugen – wegen seiner Nähe zum Beschuldigten; welche Form diese auch immer hat oder seit Bekanntwerden der Ermittlungen angenommen hat; ob sie nun gut oder von schlechten Gefühlen geprägt ist – als Individuum nicht gerecht wird. Existiert keine in § 52 aufgezählte Beziehung zwischen dem Beschuldigten und dem Zeugen, unterliegt der Zeuge der Wahrheitspflicht, die durch Beugemittel erzwungen werden kann. Der angehörige Zeuge hingegen, dem ein Verweigerungsrecht zusteht, kann durch dieses seine zukünftige Beziehung zu dem Beschuldigten auf seine Art und Weise gestalten. Als Beispiel wird hier genannt: nach langjähriger Ehe wird die Ehefrau Zeugin der Unzucht des Ehemanns mit dem gemeinsamen Kind. Welche Position die Ehefrau in einem anhängigen Strafverfahren einnimmt, ist ihr überlassen. Ob sie zur Überführung ihres Ehemanns durch ihre Aussage vor Gericht beiträgt, oder ob sie dieses „kleine Fehlverhalten“ des Ehemanns akzeptiert, und von ihrem Verweigerungsrecht Gebrauch macht, steht zu ihrer Entscheidung. Es ist ihr Recht, sich so zu verhalten, wie sie es für richtig hält. Als ein weiteres Beispiel kann genannt werden: Das Kind, das Opfer eines sexuellen Missbrauchs seitens des Vaters geworden ist, kann von seinem Zeugnisverweigerungsrecht Gebrauch machen, obgleich die Tat, durch eine andere Person, z.B. die Mutter, gegen den Willen des Kindes angezeigt wurde. Durch die Billigung eines Zeugnisverweigerungsrechts hat der Gesetzgeber den Angehörigen zugemutet, einer außergewöhnlichen Situation Herr zu werden. Er hat ihnen übertragen, wie sie mit dieser Situation fertig werden. Dem angehörigen Zeugen wird als Menschen zugemutet, diese Verstrickung auf seine beliebige Art zu verarbeiten.

Wegen der Nähe, in welcher die Menschen, denen durch § 52 ein Verweigerungsrecht zusteht, typischerweise zu den Beschuldigten stehen, können solche emotionalen Empfindungen und Gefühlsbewegungen wie Zuneigung, Anhänglichkeit und Herzlichkeit auf ihre Entscheidung, wie sie sich verhalten wollen, einwirken; ebenso können Angst

---

sind (vgl. BGHSt 12, 235, 239), ausgeübt werden, hat der Gesetzgeber in Kauf genommen.“; BGHSt 30, 193 (196).

und Rache ihr Handeln bestimmen. Wie der Zeuge sich entscheidet und wie er diese Verstrickung löst, welche Empfindungen, Ansichten, Erlebnisse und Gefühle dabei auf ihn einwirken, welche Wirkungen Vertrauensverhältnisse auf ihn haben, oder wie er seine bisherigen Vertrauensverhältnisse würdigt und er nach alledem zu einen Entschluss kommt, ist seine Sache. In dieser Arbeit wird deshalb der Begriff „Entschließungsfreiheit“[209] aufgegriffen.

B. Schutz der Entschließungsfreiheit

Mit diesem Begriff soll zum Ausdruck kommen, dass die Situation, die im Gesetz Berücksichtigung findet, so geartet ist, wie sie sich aus einer bestimmten Konstellation ergibt. Diese Situation geprägt durch sich unter bestimmten Umständen ergebenden Interessen. Wie sich der Zeuge unter diesen Umständen verhält, ist ihm im Grunde völlig freigestellt. Der Zeuge könnte sich in einer wie hier oben beschriebenen typischen Konfliktsituation befinden und darauf mit dem Gebrauch seines Verweigerungsrechts reagieren; er könnte sich auch überhaupt nicht mit solchen Empfindungen auseinander setzen und sich so völlig frei entscheiden, wie er reagieren will. Das Recht des Zeugen, sein Zeugnis zu verweigern, steht somit allein in seinem Interesse.

Das Zeugnisverweigerungsrecht schützt somit die Entschließungsfreiheit des angehörigen Zeugen. Gemeint ist die Freiheit, wie er mit seinen am nächsten Stehenden, seinen Angehörigen, mit jenen er auch in Zukunft sein Leben teilt, umgehen will; wie er seine Beziehungen zu Menschen gestalten will mit denen er sein Leben teilt, die jedoch ihr Verhalten vor Gericht zu verantworten haben. Das Recht ist eine Ausgestaltung seiner Freiheit, sich so darzustellen, wie er es will und verantworten möchte; gegenüber wem er in dieser Verantwortung steht oder stehen möchte, ist ebenso seine Sache. Hier ist hervorzuheben, dass der Begriff deutlich von dem Begriff zu unterscheiden ist, mit dem jene Sphäre der menschlichen Existenz beschrieben wird, die durch die intime, vertraute und erotische Bezugnahme auf andere Menschen gekennzeichnet ist, und gelegentliche mit dem Begriff »Privatheitsform« umschrieben wird.[210] Wie hervorgehoben worden ist, wird mit diesem Begriff die Sphäre zweier Menschen umschrieben, die durch Bezugnahme füreinander gekennzeichnet ist. Das Zeugnisverweigerungsrecht schützt nicht diese Sphäre zweier Menschen, sondern schützt jene Sphäre des Einzelnen, in der er seine intimen, vertrauten und erotischen Empfindungen, Ansichten und Gefühle zu anderen Menschen gestaltet.

Auch aus der Feststellung des BGH,[211] dass das Weigerungsrecht des angehörigen Zeugen dessen höchstpersönliches Recht sei, und dass kein Prozessbeteiligter eine prozessuale Möglichkeit hätte, von dem Zeugnisverweigerungsberechtigten ein be-

---

[209] Der Begriff ist auch einmal vom BGH aufgegriffen worden; BGHSt 9, 195 (197).

[210] Nach Köster, Moderne Privatheitsformen, S. 19.

[211] BGHSt 21, 303 (305); auch schon RGSt 48, 269 (270); Kleinknecht/Meyer-Goßner § 52 Rn 14; KK-Pelchen § 52 Rn 2.

stimmtes Verhalten zu verlangen, ist zu entnehmen, dass das Verweigerungsrecht eine Gewissensfrage des Zeugen sein soll, die von ihm persönlich entschieden werden muss. Die Folgen des Gebrauchmachens oder des Verzichts auf dieses Recht hat immer der angehörige Zeuge zu tragen. Wie auch immer der Zeuge sich nun entscheidet, ob er aussagt oder nicht, und ob es nun be oder entlastende Tatsachen sind, die er zurückhält oder durch seine Aussage in das Verfahren hineinbringt, wird vom Gesetzgeber ihm überlassen. Damit soll er vor der Situation bewahrt werden, dass er eventuell sein ganzes Leben lang mit einer mehr oder minder bedrückenden Empfindung leben muss; mit einer Entscheidung, die nicht die seine war, jedoch großes Gewicht für und erhebliche Wirkung auf sein ganzes Leben haben kann. Es ist unbestreitbar, dass es nicht auszuschließen ist, dass der Zeuge nie mit seiner Entscheidung fertig wird, egal wie er sich nun entscheidet. Die Entscheidung wird jedoch ihm überlassen, welchen Standpunkt er gegenüber seinen beschuldigten Angehörigen – und darüber hinaus gegenüber der Familie, der Gesellschaft – innehaben möchte.

Diese Überlegungen gehen auch mit dem Gedanken einher, dass für die Menschen, die zwar die Fähigkeit besitzen, als Beweispersonen zu dienen, nicht jedoch die Bedeutung und Tragweite des Verweigerungsrechts erfassen können, ein Vertreter in dieser Angelegenheit zu bestellen ist.

Ob ein Minderjähriger die erforderliche Verstandesreife hat, oder ob Menschen, die an einer psychischen Krankheit oder einer geistigen oder seelischen Behinderung leiden, die Bedeutung des Zeugnisverweigerungsrechts erfassen können und die Fähigkeit haben, als Beweispersonen zu dienen, muss der Tatrichter prüfen und entscheiden.[212] Kommt er zu dem Ergebnis, dass dies nicht der Fall ist, sagt das Gesetz, dass ein Vertreter hinzugezogen werden muss, der entscheiden soll, ob die Mitwirkung an der Aufklärung einer etwaigen Straftat des Angehörigen oder die Interessen des Minderjährigen/Betreuten und die Bindung zwischen ihm und dem Angehörigen einen höheren Stellenwert hat. Wenn die Person, welche die erforderliche Reife nicht besitzt, nicht aussagen will, ist dies hinzunehmen. Eine andere Regelung kommt überhaupt nicht in Frage; wenn ein verweigerungsberechtigter Zeuge nicht aussagen will, kann nichts und niemand ihn dazu zwingen.

Wenn eine Person, welche die erforderliche Reife nicht besitzt, jedoch aussagen will, kommt es zum Einsatz des gesetzlichen Vertreters, der seine Zustimmung geben muss. Ist die Person nach einer Aufklärung über die tatsächlichen Folgen, die ihre Aussage haben kann – nämlich, dass der Täter ins Gefängnis gehen muss und nicht nur einfach getadelt wird – aussagebereit, liegt es in der Hand des gesetzlichen Vertreters oder Verfahrenspflegers, seine Aussagegenehmigung zu geben. Gemäß empirischen Untersuchungen scheinen Kinder bereit und in der Lage zu sein, Belastungen im Sinne von anforderungsbezogenen Anstrengungen zu ertragen, wenn ihnen deren Notwendigkeit hinreichend einsichtig gemacht wird, und sie als Subjekt mit spezifischen Bedürfnis-

[212] BGHSt 13, 394 (397); 14, 159 (160).

sen akzeptiert werden.[213] In dieser Situation muss der Vertreter ohne Bedenken seine Entscheidung im Lichte der weiteren seelischen Entwicklung des Kindes treffen. Ein gesetzlicher Vertreter hat jedoch, wie alle anderen, keine Vorstellung oder Kenntnis davon, was das Kind empfinden mag. Er kann sich eventuell in die Rolle eines in dieser Situation befindlichen Kind hineinversetzen; dessen Empfindung und seelische Regungen kann er jedoch nie empfinden.

Wenn der gesetzliche Vertreter nun der Aussage zustimmt – was in der Regel der Fall sein wird, wenn das Kind es so will[214] – kann es dazu führen, dass der angehörige Beschuldigte zu einer Strafe verurteilt wird. Ist der Vertreter hingegen der Meinung, dass das Kind, trotz seines Willen nicht aussagen sollte, kann es dazu führen, dass der angehörige Beschuldigte nicht verurteilt wird.

Diese unerläßliche Zustimmung hat nichts mit der Entschließungsfreiheit des Menschen zu tun, ob er nun aussagen will oder nicht und aus welchem Grund er dies nun tun will; sein „höchstpersönliches Recht“ wird nicht ausgehöhlt. Von den Minderjährigen oder Betreuten wird kein bestimmtes Verhalten verlangt; es steht weiterhin in ihrem Ermessen, ob sie aussagen wollen oder nicht. Die besondere Schutzbedürftigkeit von kindlichen Zeugen, die als Opfer einer Straftat im Rahmen eines Ermittlungs und Strafverfahrens als Zeugen vernommen werden, ergibt sich vor allem aus ihrem Entwicklungsstand; sie verfügen über weniger Wissen, Ausdrucksmöglichkeiten und soziale Kompetenz sowie insgesamt über weniger Bewältigungsstrategien als Erwachsene.[215]

Der Auffassung des BGH,[216] dass in dem Fall, in dem der gesetzliche Vertreter alleine bestimmen könnte, ob der Zeuge aussagen soll, er die Folgen, die ein Verzicht auf das Verweigerungsrecht auf den Minderjährigen oder Betreuten haben kann, in aller Regel kaum verantworten könnte, ist zuzustimmen. Die Auffassung, dass der gesetzliche Vertreter in vollem Umfange an die Stelle des Minderjährigen oder Betreuten trete, würde nach Überzeugung des Gerichts bedeuten, dass er durch die Erklärung, auf das Verweigerungsrecht zu verzichten, für seinen Schützling einen Aussagezwang begründen würde, den das Gesetz gerade nicht will. So entspricht diesem Schutzgedanken, den gesetzlichen Vertreter in der Weise einzuschalten, dass er lediglich darüber zu entscheiden hat, ob er einer Aussage seines Schützlings zustimmt oder nicht. Verweigert er die Zustimmung, so darf der Minderjährige oder Betreute nicht vernommen

[213] So der Schluss bei Busse/Volbert, Was belastet Kinder im Strafverfahren?, S. 211.

[214] Hier ist auch zu beachten, dass der BGH zu Recht festgestellt hat, dass zu begreifen, welches Ausmaß ein Verzicht auf das Untersuchungsverweigerungsrecht haben kann, schwerer einzusehen ist als das Ausmaß, das der Verzicht auf das Zeugnisverweigerungsrecht haben kann. Die „Schwelle“ der Verstandesreife setzt der BGH beim Untersuchungsverweigerungsrecht nach § 81 c niedriger als beim Zeugnisverweigerungsrecht. Das Gericht setzt somit fest, dass einer Beweisperson regelmäßig das Erkenntnisvermögen für eine Maßnahme nach § 81 c fehle; bei § 52 ist es erheblich leichter; BGHSt 12, 235 [GSSt].

[215] Busse/Volbert, Was belastet Kinder im Strafverfahren?, S. 211 m.w.N.

[216] BGHSt 21, 303 (306).

werden. Stimmt er einer Aussage zu, so bleibt es dem Schützling immer überlassen, auszusagen oder nicht. Hierüber muss der Minderjährige/Betreute belehrt werden. Dass er wegen mangelnder Verstandesreife die Bedeutung des Verweigerungsrechts nicht zu erfassen vermag, macht diese Belehrung nicht überflüssig, denn er könnte fälschlicherweise glauben, die Zustimmung des gesetzlichen Vertreters zur Aussage verpflichte ihn auch dazu. Die gesetzlichen Vertreter sind ebenso über das Zeugnisverweigerungsrecht zu belehren.

Als Schlussfolgerung kann somit festgehalten werden, dass egal zu welcher Überzeugung der Angehörige nach diesem Gedankenvorgang kommt, dieser Prozess zur Identitätsfindung die Denkfreiheit als Voraussetzung für die Gewissensfreiheit in vollem Umfange und ohne thematische Einschränkung schrankenlos gewährleistet. Dieser geschützte Kernbereich ist für die Persönlichkeitsentfaltung unerläßlich, weil der Einzelne die Möglichkeit braucht, in Konfliktsituationen wie dieser in Ruhe und ohne Beeinflussung sein Verhalten zu überdenken, Pläne für seine persönliche Entwicklung zu schmieden, und so seine Identität zu finden, um sie als Konzept jeder Selbstdarstellung zugrunde legen zu können.[217]

Das Verweigerungsrecht schützt nicht wechselseitige Empfindungen. Es schützt die Entschließungsfreiheit eines jeweiligen Menschen, selbst zu entscheiden wie er seine menschlichen Beziehungen zu Angehörigen gestalten will. Voraussetzung dessen, dass das Verweigerungsrecht die Entschließungsfreiheit des Zeugen schützt, ist somit nicht, dass der Beschuldigte dieselben Empfindungen gegenüber dem Zeugen hat wie der Zeuge gegenüber dem Beschuldigten. Gegenüber dem Beschuldigten kann der Zeuge derartige Empfindungen haben, so dass die Freiheit die das Verweigerungsrecht schützt, eingeschränkt werden würde, wenn dem Zeugen dieses Recht nicht zustehen würde. Für die Entscheidung, ob dem Zeugen in diesem Fall das Weigerungsrecht zustehen soll, ist es irrelevant, ob der Beschuldigte dieselben Empfindungen gegenüber dem Zeugen aufweisst. Wenn gefordert wird, dass der Beschuldigte dieselben Empfindungen gegenüber dem Zeugen aufweisst wie der Zeuge gegenüber dem Beschuldigten, wird das Recht des Zeugen ausgehöhlt. Das Weigerungsrecht des Zeugen ist eine Ausgestaltung seiner Freiheit, sich so darzustellen, wie er es will und verantworten möchte.

Auch die Tatsache, dass dem angehörigen Zeugen ein Eidesverweigerungsrecht zusteht, belegt meines Erachtens dass das Zeugnisverweigerungsrecht die Entschließungsfreiheit schützt. Nach § 59 unterliegt grundsätzlich jeder Zeuge der Pflicht zur Beeidigung seiner Aussage. Dem angehörigen Zeugen steht jedoch gemäß § 63 ein Eidesverweigerungsrecht zu, über das er belehrt werden muss, wenn das Gericht den Zeugen gemäß § 61 vereidigen will.[218] Dieses Recht steht nur Angehörigen im Um-

---

[217] So Rohlf, Privatsphäre, S. 226 mit zahlreichen Nachweisen.

[218] Wenn das Gericht gemäß § 61 von der Vereidigung absehen will, muss es den Zeugen auch nicht über sein Eidesverweigerungsrecht das ihm gemäß § 63 zusteht belehren, denn eine Belehrung über das Recht zur Weigerung des Zeugeneids ist nur dann zu erteilen, wenn die Beeidigung angeordnet wird; RG 46, 114 (116).

fang ihres Weigerungsrechts zu.[219] Das Zeugnisverweigerungsrecht setzt sich somit im Eidesverweigerungsrecht nach § 63 fort;[220] es handelt sich um eine Verlängerung des Zeugnisverweigerungsrechts, da es den Angehörigen erspart bleiben soll, eine Aussage unter Eideszwang machen zu müssen. Wenn der Zeuge nun aussagt, und das Gericht dem – eventuell erkennbar unglaubwürdigen – Zeugen den Eid abverlangt, kann der Zeuge dem Gericht dies verweigern. Der Zeuge entscheidet somit nicht nur darüber, ob und wie er aussagt, sondern auch darüber, ob er dem Verlangen des Gerichts nachkommt und seine Aussage beeidet. Dies kann nur als eine Fortsetzung der Entschließungsfreiheit des angehörigen Zeugen, sein Zeugnis zu verweigern, angesehen werden.[221]

Nachdem herausgearbeitet worden ist, dass der Schutz der Entschließungsfreiheit des Zeugen der Grund für das Zeugnisverweigerungsrecht ist, wird als nächstes der Versuch unternommen, die verfassungsrechtliche Grundlage des Weigerungsrechts zu finden. Diese könnte – wieder – im Rechtsstaatsprinzip, nun aber in Verbindung mit Art. 2 I GG und Art. 6 III MRK zu finden sein, aus dem das BVerfG das Gebot eines fairen Verfahrens[222] abgeleitet hat.

C. Der fair trial-Grundsatz als verfassungsrechtliche Grundlage der Entschließungsfreiheit zur Ausübung des Zeugnisverweigerungsrechts

Wie oben bereits angesprochen, hat sich jüngst das BVerfG[223] dahingehend ausgesprochen, dass die Missachtung des Vertrauensverhältnisses zwischen einem Beschuldigten und seinen Angehörigen im Sinne des § 52 einen Verstoß gegen das Prinzip eines fairen Verfahrens enthält. Der in verschiedenen Vorschriften des Strafverfahrens garantierte Schutz eines Angehörigenverhältnisses zähle in seinem Kernbestand zu den rechtsstaatlich unverzichtbaren Erfordernissen eines fairen Verfahrens.

Wie in dieser Arbeit schon erörtert worden ist,[224] ist der Schutz gegenseitigen Vertrauens und die Bewahrung zwischenmenschlicher Kommunikation oder Beziehungen nicht der einschlägige Grund für die Erteilung eines Verweigerungsrechts nach § 52. Vielmehr schützt es die Entschließungsfreiheit des angehörigen Zeugen. Die verfassungsrechtliche Grundlage, auf welche die Gewährleistung des Weigerungsrechts zurückzuführen ist, könnte jedoch das Prinzip eines fairen Verfahrens sein. Dem soll im Folgenden nachgegangen werden.

---

[219] Kleinknecht/Meyer-Goßner § 63 Rn 1; KK-Pelchen § 63 Rn 1.
[220] Rogall-SKStPO Vor § 48 Rn 150 und § 63 Rn 1 m.w.N.
[221] So auch Rogall-SKStPO § 63 Rn 1, „Entscheidungsfreiheit".
[222] BVerfGE 56, 37 (45); Wiederholt leitet das BVerfG den Grundsatz eines fairen Verfahrens aus diesen Elementen her; zusätzlich wird das jeweils prozessual betroffene Grundrecht herangezogen; Stern, Allgemeine Lehren der Grundrechte, § 75 II, γ).
[223] BVerfG StV 2000, 233.
[224] Siehe Kapitel § 4. A.

Wie oben schon dargelegt worden ist, ist auch *Bialek*[225] der Auffassung, dass das Weigerungsrecht Ausdruck des Grundsatzes eines fairen Verfahrens sei. Sie kommt jedoch in ihrer kritischen Untersuchung zu dem Schutzzweck des Weigerungsrechts – anders als diese Arbeit – zu dem Ergebnis, dass dem Weigerungsrecht der Gedanke zugrunde liege, dass niemand gezwungen oder ihm zugemutet werden solle, aktiv zur Überführung seines Angehörigen beizutragen. Ihr Ergebnis formuliert sie folgendermaßen: der Zeuge solle von dem ihn belastenden Konflikt freigestellt werden, in Erfüllung seiner strafprozessualen Mitwirkungspflicht zum Beweismittel in dem gegen den ihm persönlich verbundenen Beschuldigten oder Angeklagten gerichteten Verfahren zu werden. Sie stellt auch darauf ab, dass der Zeuge vor einem möglichen Gewissenkonflikt geschützt werden solle, der aus seiner festen persönlichen Beziehung zum Beschuldigten entstehe; jedoch scheint auch sie sich nicht von dem Gedanken der Überführung und dem belastenden Konflikt freimachen zu können. Dem ungeachtet wird in dieser Arbeit auf ihre Auffassung eingegangen, ob das Zeugnisverweigerungsrecht aus persönlichen Gründen Ausdruck des Grundsatzes eines fairen Verfahrens ist; eine Auffassung die neu und einzigartig in der strafprozessualen Literatur ist.

In ihrer Untersuchung zu der verfassungsrechtlichen Grundlage des vor einer belastenden Konfliktlage schützenden Zeugnisverweigerungsrechts, zieht *Bialek* den Gemeinschuldnerbeschluss[226] des BVerfG heran. In diesem Beschluss wurde im Auskunftsverweigerungsrecht des Zeugen, d.h. wenn dieser sich durch eine Aussage der Gefahr aussetzen würde, strafrechtlich verfolgt zu werden, ein selbstverständlicher rechtsstaatlicher Grundsatz eines fairen Verfahrens gesehen, der die Persönlichkeit des Zeugen davor bewahre, von anderen Verfahrensbeteiligten als bloßes Objekt der Wahrheitsermittlung verwendet zu werden. *Bialek* meint, dass auch der angehörige Zeuge, im Dienste einer absoluten Wahrheitsermittlung, ein bloßes Objekt der Wahrheitsermittlung werden würde, wenn er gegen die Menschen aussagen müsste, die mit seinem Leben auf das Engste verbunden sind.[227] Ohne nähere Ausführung schließt sie, dass das Zeugnisverweigerungsrecht ebenfalls Ausdruck des Grundsatzes eines fairen Verfahrens ist, der seine verfassungsrechtlichen Wurzeln im Rechtsstaatsprinzip (Art. 20 III GG), im Grundrecht auf Freiheit der Person und Menschenwürde (Art. 2 I GG) und Art. 6 III der Europäischen Menschenrechtskonvention hat.

Dem in der Literatur vorgebrachten Gedanken ist ohne Zweifel zuzustimmen, dass es nicht fair ist, dass der angehörige Zeuge im Dienste der Wahrheitsermittlung gegen die Menschen aussagen muss, mit denen er am engsten verbunden ist. Daher scheint es auf den ersten Blick durchaus richtig und geeignet, den Grundsatz des fairen Verfahrens als Grund für das Weigerungsrecht heranzuziehen. Vorab müssen jedoch Elemente des Grundsatzes analysiert werden, bevor behauptet werden kann, dass das Zeugnisver-

---

[225] Bialek, Schutzzweck und Enumerationsprinzip, S. 93 f.
[226] BVerfGE 56, 37. Das Gericht spricht dem Zeugen allerdings ein »Zeugnisverweigerungsrecht« zu; evident ist jedoch, dass es sich um das Auskunftsverweigerungsrecht aus § 55 handelt; so schon Steiner, Das Fairnessprinzip im Strafprozeß, S. 57.
[227] Bialek, Schutzzweck und Enumerationsprinzip, S. 94.

weigerungsrecht aus persönlichen Gründen im Grundsatz des »fair trial« eine dogmatische Grundlage findet.

I. Elemente des fair trial-Grundsatzes

Eine Grundlage könnte das Rechtsstaatsprinzip sein, das als Fundament des fair trial-Grundsatzes herangezogen wird. Es wird als „Leitbild des Grundgesetzes" und als sein elementares Prinzip bezeichnet.[228] *Bialek*[229] verankert es verfassungsrechtlich lediglich in Art. 20 III GG, allerdings ohne nähere Erläuterung. Dem kann nicht zugestimmt werden, obwohl das Rechtsstaatsprinzip in Literatur und Rechtsprechung wohl vorwiegend hier lokalisiert wird.[230] Art. 20 III GG enthält zwar *ein* zentrales Element des Rechtsstaatsgedanken, es ist jedoch „offensichtlich",[231] dass der Wortlaut, der die Verfassungsbindung der Gesetzgebung und die Bindung der vollziehenden Gewalt und der Rechtsprechung an Gesetz und Recht vorsieht, nur einen Teilaspekt der dem Rechtsstaatsprinzip zugeordneten Norminhalte anspricht. Daraus ergeben sich keine praktischen Konsequenzen und Einschränkungen. Das BVerfG hat das Rechtsstaatsprinzip eindeutig als einen umfassenden Grundsatz anerkannt.[232]

Das BVerfG[233] sieht im Rechtsstaatsprinzip ein in der Verfassung nur zum Teil ausgeformtes Prinzip, das über die Gebote der Voraussehbarkeit, der Rechtssicherheit und der materiellen Richtigkeit oder Gerechtigkeit hinaus keine in allen Einzelheiten bestimmten Gebote oder Verbote von Verfassungsrang enthalte und das der Konkretisierung je nach den sachlichen Gegebenheiten bedürfe. So hat sich eine jede verfassungsrechtliche Bestimmung an einer konkreten Ausgestaltung zu orientieren, die das Rechtsstaatsprinzip in der Verfassung gefunden hat. Diese sind jedoch, wegen der Vielfalt möglicher Inhalte nur behutsam zu konkretisieren.[234]

Wenngleich die genaue verfassungsrechtliche Grundlage des allgemeinen Rechtsstaatsprinzips noch streitig ist,[235] wird in dieser Arbeit davon ausgegangen, dass das

---

[228] BVerfGE 20, 323 (331); Herzog, in: Maunz/Dürig Art. 20 Abschnitt VII Rn 3 f., 30 ff.; Dörr, Faires Verfahren, S. 141; Tettinger, Fairness und Waffengleichheit, S. 7; Kretschmer, Verbot der reformatio in peius, S. 69; Maurer, Staatsrecht, § 8 Rn 1; Stern, Das Staatsrecht der Bundesrepublik Deutschland I, S. 781, spricht vom Strukturprinzip.

[229] Bialek, Schutzzweck und Enumerationsprinzip, S. 93 f.

[230] Kunig, Das Rechtsstaatsprinzip, S. 76 f.

[231] So Kunig, Das Rechtsstaatsprinzip, S. 77; Maurer, Staatsrecht, § 8 Rn 4.

[232] Maurer, Staatsrecht, § 8 Rn 4.

[233] BVerfGE 7, 89 (92 f.); siehe auch 2, 380 (403); 57, 250 (275); BVerfG NJW 1983, 1043 f.

[234] So zu Recht Kretschmer, Verbot der reformatio in peius, S. 69.

[235] So zu Recht Maurer, Staatsrecht, § 8 Rn 4. Er meint, dass die herrschende Lehre sich der Auffassung angeschlossen hat, dass eine Zusammenschau der Bestimmungen des Art. 20 III GG über die Bindung der Einzelgewalten und der Art. 1 III, 19 IV, 28 I 1 GG, sowie die Gesamtkonzeption der Verfassung die Grundlage des Rechtsstaatsprinzips bilden. Diesen Weg ist das BVerfG auch in einem früheren Urteil gegangen (BVerfGE 2, 380 (403)). Kretschmer, Verbot der reformatio in peius, S. 69, meint hingegen, dass überwiegend Art. 28 I 1, 20 I GG als Verankerung und Herleitungssatz für das Rechtsstaatsprinzip genannt werden.

Rechtstaatsprinzip in Art. 28 I 1 i.V.m. Art. 20 I GG verfassungsrechtlich verankert ist.[236]

Die Verfassung enthält eine Reihe von prozessualen Grundrechten, die das Rechtsstaatsprinzip zum Ausdruck bringen und entfalten. Über diese speziellen Gewährleistungen hinaus enthält das Rechtsstaatsprinzip nach h.M. eine eigenständige Bedeutung. Es kommt im konkreten Fall unmittelbar zur Anwendung und wirkt dann konstitutiv, wo es um den Ausdruck des Allgemeinen und des Systematischen geht.[237] In dieser Weise hat das BVerfG den Grundsatz des fairen Verfahrens entwickelt. Einigkeit besteht darüber, den Grundsatz aus dem Rechtsstaatsprinzip herzuleiten und ihn so als ein Element des objektiven Verfassungsrechts anzuerkennen. Ob er jedoch die Bedeutung eines Prozessgrundrechts hat, ist umstritten. Diese Meinung vertreten das BVerfG und ihm folgend *Bialek*, indem sie den Grundsatz aus dem Rechtsstaatsprinzip und Art. 2 I GG ableiten. Dem ist zu Recht in der Literatur entgegengehalten worden, dass eine Verletzung des Rechtsstaatsprinzips mit der Verfassungsbeschwerde nicht ohne weiteres geltend gemacht werden könne, und dass eine grundrechtliche Absicherung des Grundsatzes auf ein faires Verfahren nicht allein mit dem Hinweis auf Art. 2 I GG erreicht werden könne. Eine Verletzung des objektiven Verfassungsrechts kann nur durch eine Beeinträchtigung eines Grundrechts oder einer grundrechtsähnlichen Position geltend gemacht werden. *Dörr* und *Kretschmer* ist somit zuzustimmen, dass eine Verfassungsbeschwerde sich nicht allein auf eine Verletzung des Grundsatzes eines fairen Verfahrens als Element des objektiven Verfassungsrecht stützen lässt.[238] Voraussetzung der Geltendmachung einer Verletzung objektiven Verfassungsrechts im Rahmen des Art. 2 I GG ist ein Eingriff in die allgemeine Handlungsfreiheit. Wegen der Subsidiarität der allgemeinen Gewährleistung des Art. 2 I GG, ist die grundrechtliche Überprüfung an dieser speziellen Grundrechtsnorm anzusetzen. Aus Art. 2 II 2 geht hervor, dass die Freiheit der Person unverletzlich ist. Durch die Verhängung einer Strafe erfolgt ein Eingriff in dieses Recht auf Freiheit. Anknüpfungspunkt für eine grundrechtliche Überprüfung ist demnach Art. 2 II 2 GG.[239]

Das Rechtsstaatsprinzip knüpft somit an vorhandene Rechtsgrundsätze an und ist offen für neue Entwicklungen. Grundsätze, die Bestandteile des Rechtsstaatsprinzips sind, sind anhand einer Gesamtschau der Verfassung zu ermitteln.[240]

Nach ständiger Rechtsprechung des BVerfG[241] sichert der Grundsatz des fairen Verfahrens dem Beschuldigten den erforderlichen Bestand an aktiven verfahrensrechtli-

---

[236] BVerfGE 63, 343 (353); E. SchmidtAßmann, HdbStR I, § 24 Rn 9 mit zahlreichen N.; v. Mangoldt/Klein/Starck Art. 20 Anm. IV.

[237] Maurer, Staatsrecht, § 8 Rn 3; E. SchmidtAßmann, HdbStR I, § 24 Rn 9; Kretschmer, Verbot der reformatio in peius, S. 70.

[238] Dörr, Faires Verfahren, S. 143 ff.; Kretschmer, Verbot der reformatio in peius, S. 70 ff.

[239] Dörr, Faires Verfahren, S. 145; Kretschmer, Verbot der reformatio in peius, S. 70 f.

[240] Dörr, Faires Verfahren, S. 142.

[241] BVerfGE 46, 202 (210); 57, 250 (275); BVerfG NJW 1983, 1043; BGHSt 36, 305 (309); Tettinger, Fairneß und Waffengleichheit, S. 23.

chen Befugnissen, damit er zur Wahrung seiner Rechte auf den Gang und das Ergebnis des Strafverfahrens Einfluß nehmen kann. Aus Art. 6 MRK lassen sich mehrere Elemente des Grundsatzes eines fairen Verfahrens herausarbeiten. Auch hat die höchstrichterliche Rechtsprechung einzelne Fallgruppen aus diesem Grundsatz herauskristallisiert.[242] So gewährt das Gebot des fairen Verfahrens einen strafprozessualen Vertrauensschutz; in ihm wird ein Prinzip der Waffengleichheit gesehen; es verpflichtet die Gerichte Fürsorge zu leisten; es steht der bewussten Verletzung des Prozessrechts entgegen und schließlich wird in einer überlangen Verfahrensdauer ein Verstoß gegen den Grundsatz eines fairen Verfahrens gesehen.

Der Zeuge darf ungeachtet seiner prozessualen Funktion als Beweismittel nicht zum bloßen Objekt eines Verfahrens gemacht werden.[243] Sein Persönlichkeitsbereich ist durch Art. 2 I i.V.m. Art. 1 I GG grundrechtlich geschützt.[244] Setzt eine wahrheitsgemäße Beantwortung einzelner Fragen den Zeugen selber oder einen seiner Angehörigen im Sinne des § 52 I der Gefahr strafrechtlicher oder ordnungswidrigkeitenrechtlicher Verfolgung aus, so steht dem Zeugen hinsichtlich dieser einzelnen Punkte ein Auskunftsverweigerungsrecht nach § 55 zu. Die Gefahr strafrechtlicher oder ordnungswidrigkeitsrechtlicher Verfolgung muss sich bereits zu einem Anfangsverdacht im Sinne des § 152 II verdichtet haben.[245] Es müssen also konkrete tatsächliche Anhaltspunkte dafür vorliegen, dass die Staatsanwaltschaft wegen einer Straftat oder Ordnungswidrigkeit einschreiten kann. Das BVerfG[246] hat in dem Auskunftsverweigerungsrecht des Zeugen – in den Fällen, in denen sich der Zeuge durch eine wahrheitsgemäße Beantwortung einzelner Fragen selbst in die Gefahr bringen würde, wegen einer Straftat oder einer Ordnungswidrigkeit verfolgt zu werden – den selbstverständlichen rechtsstaatlichen Grundsatz eines fairen Verfahrens gesehen. Die Persönlichkeit des Zeugen solle davor bewahrt werden, von anderen Verfahrensbeteiligten als bloßes Objekt der Wahrheitsermittlung verwendet zu werden. Dem ist auch ohne weiteres zuzustimmen, da das Auskunftsverweigerungsrecht in diesem Sinne die Aussagefreiheit des Beschuldigten ergänzt.[247] Ein Zeuge der bei einer Vernehmung solche Fragen beantworten müsste, die ihn selber strafrechtlich belasten würden, ist in demselben Zwiespalt wie eine Person, die schon die Position eines Beschuldigten im Sinne von § 136 eingenommen hat, und die demnach das Recht hat zu schweigen.[248] So hat der nemo tenetur-Grundsatz, der zu den Elementen des fairen Verfahrens in Sinne von Art. 6 I MRK zählt,[249] in § 55 I für den Zeugen Ausdruck gefunden.

---

[242] Siehe zum diesem: Geppert, JURA 1992, 597 (599 ff.); Roxin, Strafverfahrensrecht, § 12 Rn 11 ff.
[243] BVerfGE 38, 105 (114); Granderath, MDR 1983, 797 (798); Rogall-SKStPO Vor § 48 Rn 67 und Vor § 133 Rn 100 ff.
[244] BVerfGE 27, 1 (6); Granderath, MDR 1983, 797 (798).
[245] BGHSt StV 1994, 524 (525); Ranft, Strafprozeßrecht, S. 116 m.w.N.
[246] BVerfGE 56, 37 (45).
[247] BVerfGE 38, 105 (113); BVerfG NStZ 1985, 277; Kleinknecht/Meyer-Goßner § 55 Rn 1 m.w.N.
[248] Bei einer Beschuldigtenvernehmung muss der Beschuldigte über seine Aussagefreiheit belehrt werden. Dies stellt klar, dass niemand verpflichtet ist, gegen sich selbst auszusagen; BGHSt 14, 358 (364); Kleinknecht/Meyer-Goßner § 136 Rn 7 m.w.N.
[249] Kleinknecht/Meyer-Goßner Einl Rn 9a; Art. 6 Rn 5 MRK.

Früh hat das BVerfG[250] sich dafür ausgesprochen, dass die Lage des Zeugen, der sich in Erfüllung seiner allgemeinen staatsbürgerlichen Zeugenpflichten der Gefahr eigener Verfolgung aussetzt, enge Bezüge zu der Situation des Beschuldigten aufweist. Die Problematik seiner Aussage sei keine prinzipiell andere als die der Einlassung des Beschuldigten. Obwohl er formal als Zeuge vernommen wird, sei seine Lage doch sehr viel eher der eines Beschuldigten vergleichbar, der bereits als solcher definiert sei und nur der drohenden Sanktion näher stehe. Materiell werde der Zeuge in sich vor allem einen potentiellen Beschuldigten sehen. Dementsprechend sei das Auskunftsverweigerungsrecht des § 55 I lediglich ein Ausfluß des allgemeinen, für den Beschuldigten in §§ 136, 163a, 243 und entsprechenden Vorschriften als selbstverständlich vorausgesetzten rechtsstaatlichen Grundsatzes, dass niemand gezwungen werden könne, gegen sich selbst auszusagen. Aufgrund dieser zustimmungswürdigen Aussage des BVerfG zum Auskunftsverweigerungsrecht, könnte man eventuell zu der Ansicht gelangen, dass auch dann, wenn der Zeuge gegen die Menschen aussagen müsste, die mit seinem Leben auf das Engste verbunden sind, gegen den Grundsatz eines fairen Verfahrens verstoßen würde, da auch er im Dienste einer absoluten Wahrheitsermittlung, zu einem bloßen Objekt der Wahrheitsermittlung werden würde. Zu diesem Ergebnis könnte man in erster Linie kommen, wenn man herausfinden würde, dass die Ratio des Zeugnisverweigerungsrechts und des Auskunftsverweigerungsrechts ein und dieselbe ist, oder, dass sie eine andere ist, die jedoch zu dem gleichen Ergebnis führt. Diesen Fragen muss im Folgenden nachgegangen werden.

II. Sind das Zeugnisverweigerungsrecht und das Auskunftsverweigerungsrecht auf denselben Grundgedanken zurückzuführen?

Wenn sich ein Zeuge während einer Vernehmung durch seine Aussage der Gefahr aussetzt, strafrechtlich verfolgt zu werden, sieht das BVerfG ihn zu einem bloßen Objekt der Wahrheitsermittlung herabgewürdigt. Dies ist aus seiner Sicht, der zuzustimmen ist, mit Blick auf den Grundsatz eines fairen Verfahrens nicht hinnehmbar. Aus diesem Grund steht dem Zeugen ein Auskunftsverweigerungsrecht gemäß § 55 zu, in dem der nemo tenetur-Grundsatz Ausdruck gefunden hat. Um zu dem Ergebnis zu kommen, dass der Grundsatz des fairen Verfahrens die dogmatische Grundlage des Zeugnisverweigerungsrechts aus persönlichen Gründen bildet, könnte man meinen, dass der angehörige Zeuge, der im Dienste einer absoluten Wahrheitsermittlung gegen die Menschen aussagen muss, die mit seinem Leben auf das Engste verbunden sind, ebenfalls zu einem bloßen Objekt der Wahrheitsermittlung wird. Denkbar ist somit, dass die drohende Selbstbezichtigung und die drohende Angehörigenbezichtigung im Grunde gleichwertige Zwangslagen sind, und dass der Zeuge sich daher auf den nemo tenetur-Grundsatz berufen kann, nicht nur wenn ihm, sondern auch wenn seinem Angehörigen die Strafverfolgung wegen der Aussage droht. Ob sich die Selbst und Angehörigenbezichtigung unter dem Aspekt der Konfliktlage im Wesentlichen gleichstehen, ist in der Literatur umstritten.

---

[250] BVerfGE 38, 105 (122 f.).

Hauptbefürworter dessen, dass die Verstrickungen die das Auskunfts und Zeugnisverweigerungsrecht berücksichtigen, ein und dieselben seien, und – darüber hinaus – diese auch mit der Lage eines Beschuldigten vergleichbar seien, ist *Rogall*, der in seiner Untersuchung zu dem nemo tenetur-Grundsatz unter anderem der Frage nachgeht, ob sich jemand auf den Grundsatz berufen könne, wenn nicht ihm selber, sondern seinen Angehörigen die Gefahr der Strafverfolgung drohe.[251] Nach *Rogalls* Meinung hängt diese Frage davon ab, ob der Sinn und Zweck des Grundsatzes auch in dieser Hinsicht Berücksichtigung finden muss.

Rogall ist der Auffassung, dass die Lage des Beschuldigten und die eines gefährdeten Zeugen identisch seien. So wie der Beschuldigte nicht ein Beweismittel gegen sich selbst zu sein brauche, solle auch der gefährdete Zeuge davor geschützt werden, sich der Strafverfolgung auszuliefern und ein Zeugnis wider sich selbst zu leisten.[252] Dies ist auch allgemeine Überzeugung. So hat das BVerfG erklärt, dass der Schutz vor Selbstbezichtigung in § 136 I S. 2 für den Beschuldigten[253] und in § 55 I für den Zeugen Ausdruck gefunden habe.[254]

Nach *Rogalls* Auffassung beruht der nemo tenetur-Grundsatz als Persönlichkeitsrecht auf dem Gedanken der unzumutbaren inneren Konfliktlage, entweder sich selbst zu belasten oder eine Strafe für verweigertes Tätigwerden im Strafprozess in Kauf zu nehmen. *Rogall* platziert den nemo tenetur-Grundsatz verfassungsrechtlich im unantastbaren Kernbereich des Art. 2 I GG,[255] denn ohne die Selbstbezichtigungsfreiheit würden der Beschuldigte und der gefährdete Zeuge, unter Verstoß gegen den naturrechtlichen Gedanken des Selbstschutzes und gegen die psychologischen Gesetzmäßigkeiten des Selbsterhaltungstriebes, zur Selbstüberführung gezwungen werden. Er ist auch der Auffassung, dass der Zeuge, dem ein Weigerungsrecht aus dem Grund zustehe, dass sein Angehöriger als Beschuldigter vor Gericht stehe, in einer vergleichbaren Konfliktlage sei, und dass es auch eine Persönlichkeitsverletzung darstelle, wenn man den Einzelnen zwingen wollte, seinen Angehörigen der Strafverfolgung auszuliefern. Wann der Zwang zur Angehörigenbelastung den „unantastbaren Bereich" des Persönlichkeitsrechts berühre, könne sich nur aus der Betrachtung des Einzelfalles ergeben. Er meint, dass je näher und je enger die verwandtschaftliche Beziehung sei, desto eher werde das Recht, einen Angehörigen nicht belasten zu müssen, den Vorrang beanspruchen. *Rogall* ist der Ansicht, dass der Sinn des § 52 darin liege, den nahen Ange-

[251] Rogall, Der Beschuldigte als Beweismittel, S. 150 ff. (bes. 153); ders. in: JZ 1996, 944 (950 f.); ders. -SKStPO Vor § 133 Rn 153 m.w.N.; wohl in Anlehnung an Petry, Beweisverbote, S. 37 (45 ff.).

[252] Rogall, Der Beschuldigte als Beweismittel, S. 62 m.w.N.

[253] Für den Beschuldigten hat die Selbstbezichtungsfreiheit ihren Ausdruck in Art. 14 III lit. g des Internationalen Paktes über staatsbürgerliche und politische Rechte vom 19.12.1966 gefunden, der von der BRD mit Gesetz vom 15.11.1973 ratifiziert wurde und mit Einschränkungen am 23.3.1976 in Kraft trat; BGBl. II 1973 S. 1533; der nemo tenetur-Grundsatz dürfte für den Beschuldigten auch aus dem von Art. 6 I S. 1 MRK garantierten Anspruch auf ein faires Verfahren folgen; LR-Gollwitzer MRK Art. 6, Art. 14 IPBPR Rn 248 m.w.N.

[254] BVerfGE 55, 144 (150).

[255] So wollte Rogall der weitgehenden Entwertung des nemo tenetur-Grundsatzes entgegenkommen.

hörigen den Konflikt zwischen Wahrheitspflicht und Verwandtenliebe zu ersparen, und dass der Bereich des § 52 unter dem Schutz des Persönlichkeitsrechts aus Art. 2 I i.V.m. Art. 1 I GG stehe. Die Tatsache, dass der Zeuge durch das Weigerungsrecht nicht zur Aussage gegen seinen Verwandten gezwungen werden dürfe, habe zur Konsequenz, dass er innerlich frei werde, nicht in die Gefahr des Falscheides gerate und auch angemessen den Familienfrieden wahren könne. Hieraus schließt Rogall, dass der nemo tenetur-Grundsatz auch den Angehörigen schütze.

Faßt man die Position *Rogalls* zusammen, so stellt er fest, dass die innere Konfliktlage, welcher der Zeuge ohne sein Weigerungsrecht zwischen Wahrheitspflicht und Verwandtenliebe ausgesetzt sei, auch in den unantastbaren Kernbereich des Art. 2 I i.V.m. Art. 1 I GG falle, genau wie der Konflikt, dem der Beschuldigte und der gefährdete Zeuge ausgesetzt sei. Der Sinn und Zweck des nemo tenetur-Grundsatzes greife auch auf die Situation des Zeugen, da eine Pflicht, die in § 52 aufgezählten Angehörigen belasten zu müssen, dem Zeugen als Mensch nicht zugemutet werden könne. Ansonsten wäre er einer unerträglichen Konfliktlage ausgesetzt, die der des Beschuldigten vergleichbar sei, und die ihn in seinem Grundrecht aus Art. 2 I i.V.m. Art. 1 I GG in dessen unantastbaren Kernbereich verletzen würde.

Der Konflikt des Zeugen, die Interessen, die ihm in dieser Situation durch den Kopf gehen, seien somit vergleichbar mit dem Komflikt, dem der Beschuldigte ausgesetzt sei; die drohende Selbstbezichtigung und die drohende Angehörigenbezichtigung seien somit vergleichbare Zwangslagen. Diese würden in den unantastbaren Kernbereich des Art. 2 I i.V.m. Art. 1 I GG fallen und einer Abwägung unzugänglich sein. Somit schütze der nemo tenetur-Grundsatz den angehörigen Zeugen durch das in § 52 plazierte Weigerungsrecht; d.h., dass der Zeuge sich auf den nemo tenetur-Grundsatz berufen könne, wenn nicht nur ihm, sondern auch wenn seinem Angehörigen, durch seine Aussagen die Strafverfolgung drohe. Es spiele nämlich keine Rolle, ob der Angehörige bereits Beschuldigter sei oder dies zu werden drohe.[256]

Der Ansicht, dass die drohende Selbstbezichtigung und die drohende Angehörigenbezichtigung gleichwertige Zwangslagen sind, ist *Rengier*[257] beigetreten. Er hebt auch hervor, dass das Gesetz nicht zwischen den Konfliktsituationen unterscheide; es schützt den Beschuldigten (§ 136 I S. 2) und potentiell Beschuldigten (§ 55 I 1. Alt.) ebenso wie den Angehörigen bei erfolgter (§ 52) oder drohender (§ 55 I 2. Alt.) Beschuldigung.

Dagegen, dass die Verstrickung in der sich der angehörige Zeuge, der Beschuldigte, sowie der gefährdete Zeuge befinden, dem unantastbaren Kernbereich des Art. 2 I GG zuzuordnen ist, ist nichts einzuwenden.[258] Dies bedeutet jedoch noch nicht, dass diese

---

[256] So Rogall-SKStPO Vor § 133 Rn 153.

[257] Rengier, JR 1982, 477 (478).

[258] Wie zuvor wird in dieser Arbeit der Grundsatz »nemo tenetur se ipsum prodere« dem allgemeinen Persönlichkeitsrecht zugeordnet in der Interpretation, die er durch das Recht auf informationelle Selbstbestimmung erfahren hat. Demgemäß ist der entscheidende Punkt für den nemo tenetur-Grund-

Verstrickungen auf denselben Grundgedanken zurückzuführen sind. *Geerds*[259] hat schon früh hervorgehoben – wie auch Rengier wie oben dargestellt hervorhebt – dass der Gesetzgeber in § 55 zwei ganz verschiedene Fallgruppen im Hinblick auf eine äußerlich gleichförmige prozessuale Situation zusammengeklammert habe. Einmal könne der Zeuge die Auskunft verweigern, weil er einen nahen Angehörigen der Gefahr aussetzen würde, wegen einer Straftat oder einer Ordnungswidrigkeit verfolgt zu werden. Dem stehe die Lage des Zeugen in denjenigen Fällen gegenüber, in denen er sich selbst durch die Auskunft der Gefahr aussetze, strafrechtlich belangt zu werden. Insofern ist *Geerds* zuzustimmen. Wenn *Geerds* nun erklärt, dass es sich im erstgenannten Fall um dieselbe Situation handele, die § 52 regele,[260] ist ihm nicht zuzustimmen. Das in § 55 platzierte Auskunftsverweigerungsrecht besagt ganz klar, dass der Zeuge die Auskunft auf solche Fragen verweigern kann, deren Beantwortung einen der in § 52 I bezeichneten Angehörigen in die Gefahr bringen würde, wegen einer Straftat oder Ordnungswidrigkeit verfolgt zu werden. Er kann somit „lediglich" die Auskunft auf eine Frage verweigern, wenn die wahrheitsgemäße Beantwortung der Frage seinen Angehörigen der Gefahr einer Strafverfolgung aussetzen würde. Im Gegensatz dazu kann gemäß § 52 ein angehöriger Zeuge aus welchem Grund auch immer sein Zeugnis verweigern; § 52 ist nicht – wie in dieser Arbeit auch mehrfach hervorgehoben worden ist – spezifisch auf die Gefahr einer Strafverfolgung bezogen. Das Zeugnisverweigerungsrecht und das Auskunftsverweigerungsrecht des Zeugen bezüglich dieser Situation sind somit nicht auf denselben Grundgedanken zurückzuführen.[261] Das Auskunftsverweigerungsrecht schützt in diesem Falle den Zeugen davor, durch eine Aussage seinen Angehörigen strafrechtlich belasten zu müssen; das Zeugnisverweigerungsrecht schützt jedoch ein darüber hinausreichendes, im Einzelfall auch von einer vergleichbaren Konfliktsituation unabhängiges Interesse des Zeugen.

In der Literatur sind auch weitere Einwände gegen die Auffassung von *Rogall* hervorgebracht worden, denen zuzustimmen ist. Es wird befürchtet,[262] dass eine derartige Ausdehnung des nemo tenetur-Grundsatzes wie *Rogall* sie vorsieht, d.h. dass sich der nichtbeschuldigte Angehörige auf diesen Grundsatz stützen kann, wenn nicht ihm sondern seinem beschuldigten Angehörigen die Strafverfolgung droht, zu einer gefährlichen Aufweichung des Grundsatzes führen könnte. Durch diese erweiterte Interpretation des Grundsatzes wird keinerlei rechtlicher Zwang auf den Beschuldigten ausgeübt, sondern nur auf den Zeugen. Der Grundsatz verliert somit an klaren Konturen und er

---

satz nicht die Erhebung der vom Beschuldigten erzwungenen Informationen, sondern die Verwendung dieser Informationen; Keller, Provokation von Straftaten, S. 131 f.; zustimmend Rogall, StV 1996, S. 63 (64). Demgemäß ist die Erhebung von Informationen über eine Straftat durch Verpflichtung des Beschuldigten zur Aussage außerhalb des Strafverfahrens nicht zu beanstanden, wenn die Erhebung verhältnismäßig ist und sicher ist, dass die Informationen nicht im Strafverfahren gegen den Beschuldigten verwendet werden; So richtig die Interpretation von Keller zu dem Gemeinschuldnerbeschluss des BVerfG, BVerfGE 56, 37 (51 f.); Keller, Provokation von Straftaten, S. 132.

[259] Geerds, Auskunftsverweigerungsrecht oder Schweigebefugnis?, S. 185. Geerds hat indes großen Zweifel an der Konstruktion des Auskunftsverweigerungsrechts nach § 55.

[260] Geerds, Auskunftsverweigerungsrecht oder Schweigebefugnis?, S. 185 m.w.N.

[261] So auch Kühl, JuS 1986, 115 (117 f.).

[262] Schmitt, Berücksichtigung der ZVR, S. 53 m.w.N.

wird eher in jedem Einzelfall in der ganzen Abwägung mit Strafverfolgungsinteressen zugänglich.

Es darf jedoch befürchtet werden, dass der BGH den Weg der Aufweichung des nemo tenetur-Grundsatzes schon gegangen ist. Dieser erweiterte den nemo tenetur-Grundsatz[263] im sogenannten „Hörfallenfall“,[264] in dem die Polizei einen des schweren Raubes Verdächtigen durch eine Privatperson in einem scheinbar unverfänglichen in arabisch geführten Telefongespräch über die Tat aushorchen und einen Dolmetscher mithören ließ.

Bei seinem Versuch, dem Einsatz von Privatpersonen zur Aufklärung von Straftaten durch heimliches Ausforschen rechtsstaatliche Grenzen zu setzen,[265] kommt der BGH zu dem Ergebnis, dass das Vorgehen der Ermittlungsbehörden einem Verstoß gegen den verfassungsrechtlich geschützten nemo tenetur-Grundsatz nahekommen könne. Das Gericht führt weiter aus, dass das nicht von vornherein zur Unzulässigkeit des Vorgehens der Ermittlungsbehörden führe, aber aus der Nähe zum Grundsatz könnten sich Bedenken ergeben, wenn die Ermittlungsbehörden den Beschuldigten in der zur Prüfung gestellten Weise verdeckt zur Äußerung veranließen. Ob das Recht des Beschuldigten verletzt worden ist, entscheidet der BGH durch eine „Abwägung mit der ebenfalls im Verfassungsrang stehenden, mit dem notwendigen Schutz des Gemeinwesens und seiner Bürger begründeten Pflicht des Rechtsstaates zur effektiven Strafverfolgung“. Dieser Auftrag überwiege, „wenn es sich bei der den Gegenstand der Verfolgung bildenden Tat um eine Straftat von erheblicher Bedeutung handelt und wenn der Einsatz anderer Ermittlungsmethoden ... erheblich weniger erfolgversprechend oder wesentlich erschwert wäre“. Aus dieser Formulierung des BGH ist zu entnehmen, dass eine Verletzung der aus dem nemo tenetur-Grundsatz abgeleiteten staatlichen Pflichten zu einem Verwertungsverbot führt. Eine Abwägung mit den Pflichten des Staates zur effektiven Strafverfolgung findet dann überhaupt nicht statt. Dies erscheint etwas eigenartig, wenn schon ein „BeinaheVerstoß“ gegen den Grundsatz zu einer Abwägung mit den Pflichten des Rechtsstaates führen kann. Somit nimmt der BGH die Abwägung außerhalb des nemo tenetur-Grundsatzes vor. In den Fällen , in denen der nemo tenetur-Grundsatz somit nicht unmittelbar anwendbar ist und eine Verhältnismäßigkeitsabwägung nicht in Frage kommt, kann er auf solche Maßnahmen ausstrahlen, die ihn zwar nicht unmittelbar verletzen, aber einer Verletzung nahekommen. Wie der mittelbare Anwendungsbereich des nemo tenetur-Grundsatz zu bestimmen ist, soll sich aus einer Abwägung mit den Pflichten des Rechtsstaates ergeben.

Somit ergibt sich, dass der BGH den nemo tenetur-Grundsatz auf weitere Anwendungsbereiche erweitert. In dem „Hörfallenfall“ besteht kein rechtlicher Zwang gegen-

---

[263] So zu Recht Schlehofer, GA 1999, S. 357 (358).
[264] BGHSt 42, 139 (GSSt).
[265] BGHSt 42, 139 (156 f.) (GSSt).

über dem Beschuldigten. Er ist sich nicht bewusst dass man ihn aushorcht, sondern redet unvoreingenommen über seine Straftaten.

Obwohl die Zeugnis und Auskunftsverweigerungsrechte somit nicht auf denselben Grundgedanken zurückzuführen sind, schließt das jedoch noch nicht aus, dass das Zeugnisverweigerungsrecht Ausdruck des Grundsatzes eines fairen Verfahrens sein kann. Zur Klärung der Frage, ob dies der Fall sein kann, müssen prägende Elemente, die das Gebot des fairen Verfahrens gewähren, beachtet und dahingehend untersucht werden, ob sie dem angehörigen Zeugen in seiner Situation einen Schutz gewähren.

III. Ist das Zeugnisverweigerungsrecht auf den Grundsatz eines fairen Verfahrens zurückzuführen?

Das Recht auf ein faires, rechtsstaatliches Verfahren gewährleistet das Rechtsstaatsprinzip i.V.m. dem allgemeinen Freiheitsrecht nach Art. 2 I GG.[266] Als Anspruch sichert der Grundsatz des fairen Verfahrens vorerst dem Beschuldigten den erforderlichen Bestand an aktiven verfahrensrechtlichen Befugnissen, damit er zur Wahrung seiner Rechte auf den Gang und das Ergebnis des Verfahrens Einfluss nehmen kann.[267] Als tragendes Prinzip besagt der Grundsatz, dass der Beschuldigte nicht zu einem Objekt des Verfahrens herabgewürdigt werden darf.[268] Dabei legt die Rechtsprechung – in Übereinstimmung mit der Literatur[269] – Wert auf Zurückhaltung in der Appellation an den Grundsatz. So hat das BVerfG[270] ausgeführt, dass das Recht auf ein faires Verfahren keine in allen Einzelheiten bestimmten Gebote und Verbote enthalte; es bedürfe daher der Konkretisierung je nach den sachlichen Gegebenheiten. Weiter wird ausgeführt:

> „Bei der Weite und Unbestimmtheit des Rechtsstaatsprinzips ist dabei mit Behutsamkeit vorzugehen; denn es ist grundsätzlich Sache des Gesetzgebers, zwischen möglichen Alternativen bei der normativen Konkretisierung eines Verfassungsgrundsatzes zu wählen. Erst wenn sich bei der Berücksichtigung aller Umstände und nicht zuletzt der im Rechtsstaatsprinzip selbst angelegten Gegenläufigkeiten unzweideutig ergibt, daß rechtsstaatlich unverzichtbare Erfordernisse nicht mehr gewahrt sind, können aus diesem selbst konkrete Folgerungen für die Ausgestaltung des Strafverfahrens im Rahmen der vom Gesetzgeber gewählten Grundstrukturen des Verfahrens gezogen werden."

In § 55 I 1. Alt. wird der selbstverständliche rechtsstaatliche Grundsatz eines fairen Verfahrens erblickt, der den Menschen davor bewahren soll, als bloßes Objekt der Wahrheitsfindung verwendet zu werden.[271] Dem ist auch zuzustimmen. Im Falle des §

---

[266] BVerfGE 26, 66 (71); 38, 105 (111); 40, 95 (99); 46, 325 (334 f.); 49, 220 (225); 51, 150 (156); 52, 131 (145); 57, 250 (274 ff.); 59, 128 (164); 63, 380 (390); 64, 135 (145 ff.); 66, 313 (318).
[267] BVerfGE 46, 202 (210); 57, 250 (275); BVerfG NJW 1983, 1043; BGHSt 36, 305 (309); Tettinger, Fairneß und Waffengleichheit, S. 23; Kretschmer, Verbot der reformatio in peius, S. 71.
[268] Tettinger, Fairneß und Waffengleichheit, S. 23; Kretschmer, Verbot der reformatio in peius, S. 71.
[269] Tettinger, Fairneß und Waffengleichheit, S. 62 ff.
[270] BVerfGE 57, 250 (275 f.).
[271] BVerfGE 56, 37 (45); 38, 105 (111 ff.); BGHSt 17, 245 (246); Tettinger, Fairneß und Waffengleichheit, S. 62 ff.

55 I 2. Alt., d.h. wenn der Zeuge seine in § 52 aufgezählten Angehörigen einer Straftat oder einer Ordnungswidrigkeit bezichtigen müsste, würde der Zeuge zu einem Objekt herabgewürdigt werden. Auch wenn der angehörige Zeuge in einer Konfliktlage zwischen Wahrheitspflicht und Verwandtenliebe aussagen müsste, ist dies nicht zu verneinen, und soweit wird der Literatur auch zugestimmt.

Es hat sich jedoch in der Untersuchung im Rahmen dieser Arbeit herausgestellt, dass die Vermeidung der Konfliktlage zwischen Wahrheitspflicht und Verwandtenliebe nicht die Ratio des Zeugnisverweigerungsrechts ist. Vielmehr wird durch das Weigerungsrecht dem Zeugen als Menschen zugemutet, diese Verstrickung auf seine beliebige Art und Weise zu lösen. So kann es durchaus sein, dass der angehörige Zeuge zu einem Objekt herabgewürdigt wird, wenn er in einem Strafverfahren gegen die Menschen, die mit ihm am engsten verbunden sind, nicht selber bestimmen kann, welche Position er gegenüber ihnen einnehmen will und – was eine größere Rolle spielt – gegenüber sich selber einnehmen will. Steht der angehörige Zeuge unter der Wahrheitspflicht, hat er dazu keine Gelegenheit. Sagt er die Wahrheit, indem er belastende Informationen in das Strafverfahren einbringt, die er jedoch nicht in das Verfahren einbringen wollte, oder entlastet er den Beschuldigten, obwohl er ihm in dieser Weise nie helfen wollte, wird er zweifellos als ein Objekt der Wahrheitsermittlung des Staates behandelt. Dies ist jedoch nicht unbedingt immer der Fall. Der angehörige Zeuge kann damit einverstanden sein, seine be oder entlastenden Informationen in das Verfahren einzubringen und so seinen beschuldigten Angehörigen zu schaden oder zu helfen. Es kann unter keinen Umständen als unfair bezeichnet werden, wenn der angehörige Zeuge seine belastenden Informationen in das Verfahren hereinbringen will, und er dies auch tut. Somit scheint es, dass man auch die Entschließungsfreiheit nur unvollständig und somit nur in einer unbefriedigender Weise als einen Ausdruck des Grundsatzes eines fairen Verfahrens bezeichnen kann.

Als Fazit bleibt somit festzuhalten, dass, wenn man der herkömmlichen Auffassung folgt, nach der das Zeugnisverweigerungsrecht lediglich eine Konfliktlage des Zeugen zwischen Wahrheitspflicht und Verwandtenliebe aufheben soll, die dogmatische verfassungsrechtliche Grundlage im Grundsatz des fairen Verfahrens zu suchen sein könnte. Geht man jedoch darüber hinaus, und erblickt in diesem Recht, dass dem Zeugen freigestellt wird, wie er Herr dieser Situation wird, ist eindeutig, dass der Grundsatz auf ein faires Verfahren die Ratio des Zeugnisverweigerungsrechts nicht eindeutig zu erklären vermag.

Diese Gedanken führen uns nun zu der Überlegung, ob der Grund für die Gewährleistung des Verweigerungsrechts nicht auf das in Art. 2 I i.V.m. Art. 1 I GG verankerte allgemeine Persönlichkeitsrecht zurückzuführen sein könnte.

D. Das allgemeine Persönlichkeitsrecht als verfassungsrechtliche Grundlage der Entschließungsfreiheit zur Ausübung des Zeugnisverweigerungsrechts

I. Einleitung

In seiner Schrift über Studien zur Legitimation des Grundgesetzes hat *Brugger*[272] drei Merkmale herausgearbeitet, die solche Entscheidungen ausmachen, mit denen es „ein Kreuz" ist; eine Entscheidung die sich nicht von selbst versteht, die verzwickt ist, die einem vielleicht Qualen bereitet: Es handelt sich erstens um Entscheidungen mit weitreichenden und identitätsbestimmenden Konsequenzen. Zweitens weisen die relevanten Überlegungen in unterschiedliche Richtungen. Drittens ist die Verwirklichung der Entscheidung oft mit Anstrengung verbunden, ohne dass Anstrengung allein den Erfolg sichert, weil dieser i.d.R. auch von den Umständen und dem Verhalten anderer Personen abhängt. Jede Entscheidung in einer schwierigen Situation gründet implizit oder explizit, bewusst oder unbewusst auf Überlegungen, die aus unterschiedlichen Polen entstammen. Bildhaft einprägsam hat *Brugger*[273] dies so beschrieben:

„Wir sind mit unserer persönlichen Geschichte und Entwicklung konfrontiert, an deren Geradlinigkeit oder Konsistenz wir i.d.R. ein starkes Interesse haben. Gleichzeitig muß die Entscheidung so ausfallen, daß sie für das weitere Leben durchführbar und sinnvoll erscheint. Ob das der Fall ist, wird immer auch durch die Berücksichtigung unserer faktisch gegebenen Bedürfnislage mit beeinflußt. Zwei weitere Pole die unsere Entscheidung beeinflussen, bestimmen, was auf die Motivation von Menschen Einfluß nimmt; wodurch der Mensch bestimmt wird. Dies sind Ideale und Werte einerseits, die uns signalisieren, was für uns erstrebenswert und für andere akzeptabel ist und Antriebe, empirische Grundbedürfnisse andererseits, etwa unser Egoismus. Daß, wofür wir als Menschen stehen, verdichtet sich in diesen Handlungsalternativen, in ihnen schält sich das „Ich" heraus, die Gestalt, die wir selbst wie auch andere an uns als Individualität und Persönlichkeit wahrnehmen."

Weiter führt er aus, dass wir in jeder Entscheidungssituation die Gestalt, an der wir uns als Vorbild orientieren, entwerfen müssen. Solche identitätsbestimmenden und charakterformenden Entscheidungen hätten eine besondere Bedeutung für die Stiftung von Individualität, Identität und Authentizität. Wer wir seien, wie wir uns selbst verstünden und wie die Umwelt uns wahrnehme, hänge eng mit dem zusammen, welche Gestalt wir uns aus dem Bündel an Informationen und Wertungen entwürfen, und im Laufe des Lebens – mehr oder weniger gut – verwirklichen würden.[274] Eben diese Verwirklichung, wie der angehörige Zeuge sein Leben gegenüber seinen beschuldigten Angehörigen jetzt und für die Zukunft gestalten will – und darüber hinaus mit seinen sonstigen Verwandten; die ja der selben Auffassung gegenüber ihrem beschuldigten Angehörigen sein können oder auch nicht – würde dem angehörigen Zeugen genommen, wenn ihm das Recht zur Verweigerung des Zeugnisses nicht zustünde. Eine Begrenzung der staatlichen Ermittlungs und Aufklärungspflicht könnte sich deshalb ergeben, weil die Entscheidung des Zeugen, ob er sein Recht ausübt oder nicht, und wenn ja, wie er sich entscheidet auszusagen, den Innenbereich der Person betrifft. Durch das

[272] Brugger, Liberalismus, Pluralismus, Kommunitarismus, S. 23.
[273] Brugger, Liberalismus, Pluralismus, Kommunitarismus, S. 25 ff.
[274] Brugger, Liberalismus, Pluralismus, Kommunitarismus, S. 29 m.w.N.

nicht Vorhandensein des Zeugnisverweigerungsrechts könnte das allgemeine Persönlichkeitsrecht, dessen Abwehrfunktion im Ansatz gegenüber jedermann geltend gemacht werden kann und das den Innenbereich der Person schützt, tangiert sein. So scheint ein Eingriff in die Privatsphäre gegeben zu sein, da durch das Fehlen des Zeugnisverweigerungsrechts der Staat beeinflusst, wie der Zeuge seine Identität zukünftig gestalten kann, und darüber hinaus, ob und wie sich die künftige Beziehung zwischen dem Zeugen und seinem beschuldigten Angehörigen in der Zukunft entwickeln kann. Dass die Abwehrfunktion des allgemeinen Persönlichkeitsrechts auch von den Menschen geltend gemacht werden kann, welche die Bedeutung und Tragweite des Zeugnisverweigerungsrechts nicht erfassen können und für welche ein gesetzlicher Vertreter einzuschalten ist, wird darauf gestützt, dass das staatliche Recht die Persönlichkeit unter Umständen auch dann schützt, wenn der Einzelne von deren Existenz keine Ahnung hat oder haben kann.

Hier wird nicht daran gezweifelt, dass es für viele, wenn nicht alle Menschen, die als Zeugen vor Gericht erscheinen und aussagen müssen, einer großen inneren Überwindung bedarf, diesen Schritt voll und ganz zu gehen, der den Innenbereich ihrer Person tangieren wird. Es scheint sich jedoch aus der Nähe, die gewisse Menschen zueinander haben zu rechtfertigen, diese von dieser Entscheidung zu entlasten.

Jedoch nicht nur auf diese Weise scheint das allgemeine Persönlichkeitsrecht tangiert zu sein. Informationen die den Strafverfolgungsinteressen des Staates dienen, betreffen den Beschuldigten. Die Informationen die der angehörige Zeuge den Strafverfolgungsbehörden preisgeben soll, sind in ihrer Beschaffenheit jedoch nicht nur auf den Beschuldigten bezogen. Gerade wegen der Nähe dieser Menschen sind die Informationen hier im besonderen Maße auf den Zeugen bezogen. Die Informationen, die er preisgeben soll, sind zugleich auch personenbezogene Informationen des Zeugen. Damit scheinen auch die Merkmale eines Eingriffs in das vom BVerfG aus dem allgemeinen Persönlichkeitsrecht entwickelten Recht auf informationelle Selbstbestimmung gegeben zu sein, dessen Bedeutung im Kernpunkt in der Begrenzung der Verwendung von Informationen liegt.

Nach Auffassung des BVerfG[275] ist es Aufgabe des allgemeinen Persönlichkeitsrechts, im Sinne des obersten Konstitutionsprinzips, die Würde des Menschen, die engere persönliche Lebenssphäre und die Erhaltung ihrer Grundbedingungen zu gewährleisten, die sich durch die traditionellen konkreten Freiheitsgarantien nicht abschließend erfassen lassen. Gerät diese Gewährleistung in Konflikt mit dem sich aus dem Rechtsstaatsprinzip ergebenden Auftrag wirksamer Strafverfolgung, dann lautet die sich stellende Frage, ob ein Eingriff in das Grundrecht bei Abwägung aller positiven und negativen Vorzugstendenzen, die sich dem Fall entnehmen lassen, dem Verhältnismäßigkeitsgrundsatz nicht widerspricht. Je stärker sich ein Eingriff in die Privatheit der »Intim« oder »Geheimsphäre« nähert, um so höherer Rechtfertigung durch ein »überwiegendes Interesse der Allgemeinheit« bedarf er; je stärker der »Innenraum« tangiert

---

[275] BVerfGE 54, 148 (153); Herdegen, Bemerkungen, S. 112 m.w.N.

ist, um so mehr ist das eingreifende Handeln der Rationalitätskontrolle ausgesetzt.[276] Unantastbar ist lediglich die »engste Eigensphäre«, die menschliche Würde, auf welche die Person um ihrer selbst willen Anspruch hat.[277]

Hiermit ist festzuhalten: Dadurch, dass einem Menschen das Recht genommen wird, sich auf eine ihm beliebige Weise gegenüber einem Menschen, zu dem er eine feste, intime Beziehung hat, zu entfalten, könnte die vom allgemeinen Persönlichkeitsrecht geschützte Selbstentfaltung des Menschen tangiert sein. In zweiter Linie könnte die Privatsphäre des Menschen, auch eine vom allgemeinen Persönlichkeitsrecht geschützte Rechtsposition, tangiert sein, indem der Zeuge personenbezogene Informationen preisgeben muss. Diesen Überlegungen muss im Folgenden nachgegangen werden.

II. Schutz der Entschließungsfreiheit durch das allgemeine Persönlichkeitsrecht

1. Die Sphärentheorie und Schutz der Entschließungsfreiheit

a) Elemente der Sphärentheorie

Wie oben schon erläutert wurde, ist es Aufgabe des allgemeinen Persönlichkeitsrechts, im Sinne des obersten Konstitutionsprinzips, der Würde des Menschen, die engere persönliche Lebenssphäre und die Erhaltung ihrer Grundbedingungen zu gewährleisten, die sich durch die traditionellen konkreten Freiheitsgarantien nicht abschließend erfassen lassen.[278] Die Reichweite des allgemeinen Persönlichkeitsrechts hat das BVerfG unterschiedlich bestimmt, was darauf zurückzuführen ist, dass das Recht unterschiedlich begründet wird.[279] Hier wird zuerst die bekannte Sphärentheorie[280] erläutert, wonach das Privatleben des Einzelnen in drei Bereiche verschiedener Schutzintensität gegliedert ist.[281] Nach dieser ist die Privatsphäre Produkt sozialer Verhältnisse. Die Person ist auf die Gemeinschaft bezogen, weshalb auch Beeinträchtigungen des Persönlichkeitsrechts in Grenzen hinzunehmen sind.[282] Der Ausgangswert der Konzeption ist somit ein Mensch, der völlig frei von allen Bindungen und Beeinträchtigungen ist.[283] Ins Zentrum der Konzeption des allgemeinen Persönlichkeitsrechts ist die aus sozialen Zusammenhängen isolierte Person gestellt. Auch der BGH[284] berücksichtigt in seiner

[276] Mückenberger, KJ 1984, 1 (5).
[277] BVerfGE 34, 238 (249 f.); So auch Herdegen, Bemerkungen, S. 112.
[278] BVerfGE 54, 148 (153).
[279] Keller, Provokation von Straftaten, S. 65.
[280] Für das Privatrecht schon längst als richterliche Rechtsschöpfung anerkannt; Stern, Allgemeine Lehren der Grundrechte, § 66 II 3 c); BGHZ 13, 334 (338); 24, 72 (76); 26, 349 (354); 27, 284 (285); 30, 7 (9); 50, 133 (143); siehe auch w.N. bei Palandt/Thomas § 823 Rn 175 ff.
[281] Rupert Scholz ist der Meinung, dass es vier Schutzbereiche gibt, da er die Intimsphäre nicht mit dem absolut geschützten Kernbereich identifiziert; Scholz, AÖR 1975, 265 ff.
[282] BVerfGE 27, 1 (7); 56, 37 (49); BGHSt 14, 358 (361); Keller, Provokation von Straftaten, S. 67.
[283] Keller, Provokation von Straftaten, S. 68.
[284] BGHSt 14, 358 (364 f.); 19, 325 (326 f.); 31, 296 (299 f.); Keller, Provokation von Straftaten, S. 67.

Rechtsprechung in Strafsachen beim Schutz der Persönlichkeit die Methode ihrer Beeinträchtigung, d.h. das soziale Verhältnis der Beteiligten.

Den Kern des Grundrechts auf Achtung der Privatsphäre bildet der absolut geschützte Kernbereich,[285] der jeglichem staatlichen Eingriff entzogen ist. In diesem Kernbereich kann sich die Persönlichkeit des Einzelnen frei und ohne Begrenzung durch staatliche Regelungen entfalten. Das BVerfG sieht den Kernbereich als den Raum, in dem der Einzelne in Ruhe gelassen wird, und der die Voraussetzung für die Herausbildung einer eigenen Identität bildet.[286] Eingriffe in diese Sphäre finden nach einer Abwägung nach Maßgabe des Verhältnismäßigkeitsgrundsatzes nicht statt.[287] Dies folgt einerseits aus der Garantie des Wesensgehalts der Grundrechte (Art. 19 II GG), zum anderen leitet es sich daraus ab, dass der Kern der Persönlichkeit durch die unantastbare Würde des Menschen geschützt wird.[288] Bisher hat das BVerfG jedoch keinen Sachverhalt dem Kernbereich zugeordnet.[289] Der Bundesgerichtshof für Strafsachen hat den Schutz des unantastbaren Kernbereichs ebenso ausdrücklich festgestellt.[290] Seit der wohlbekannten Elfes-Entscheidung[291] aus dem Jahre 1957, in der das BVerfG sich zum ersten Mal dazu äußerte, dass ein letzter unantastbarer Bereich menschlicher Freiheit besteht, welcher der Einwirkung der öffentlichen Gewalt entzogen ist, ist dieser Ansatz zügig ausgebaut worden. Um diesen Kern herum legt sich ein Bereich, den das BVerfG häufig als Privatsphäre bezeichnet und die sich von dem Kernbereich durch den Sozialbezug unterscheiden soll. Auch in der Privatsphäre ist der Einzelne in seiner privaten Entfaltung frei, jedoch darf der Staat bei überwiegenden Gemeinwohlinteressen und unter strikter Wahrung des Verhältnismäßigkeitsgebots ausnahmsweise regelnd und beschränkend eingreifen.[292] Jedermann muss als gemeinschaftsbezogener und gemeinschaftsgebundener Bürger solche Maßnahmen hinnehmen. Es besteht also nur ein relativer Schutz. *Rohlf* meint, dass innerhalb dieser Sphäre die ehe und familienrechtlichen Beziehungen stattfänden.[293] Schließlich ist die Literatur der Meinung, dass noch ein indirekt angesprochener Bezirk offensichtlich existiert, in dem die Persönlichkeitsentfaltung nicht mehr als private Lebensgestaltung besonders geschützt ist. Da dieser Bereich nicht bezeichnet ist, lässt sich nur vermuten, dass es sich hier um die Teilnahme am öffentlichen Leben handelt.[294]

Die Abgrenzung der nicht geschützten Öffentlichkeitssphäre von der geschützten Privatsphäre ist nicht eindeutig. Nach Meinungen in der Literatur ist der nicht geschützte Öffentlichkeitsbereich dadurch gekennzeichnet, dass zu dieser Sphäre die

---

[285] Rohlf, Privatsphäre, S. 70 ff, 192 ff.; Starck, in: v. Mangoldt/Klein/Starck Art. 2 I Rn 83.
[286] BVerfGE 6, 41; 6, 389 (433); 27, 1 (6); 33, 367 (377); Rohlf, Privatsphäre, S. 123.
[287] BVerfGE 34, 238 (245).
[288] BVerfGE 80, 367 (373 f.).
[289] Rohlf, Privatsphäre, S. 87.
[290] BGHSt 29, 244 (249); 31, 296 (299); Gössel JZ 1984, 361 (362).
[291] BVerfGE 6, 32 (40 f.).
[292] BVerfGE 27, 344 (351); 32, 373 (379); 35, 35 (39); 44, 353 (373).
[293] So Rohlf, Privatsphäre, S. 90.
[294] Rohlf, Privatsphäre, S. 76; Laber, Die Verwertbarkeit von Tagebuchaufzeichnungen, S. 25.

Allgemeinheit Zutritt hat.[295] Ob das BVerfG dieser Ansicht folgt oder nicht, ist schwer zu sagen. In der Literatur hat man Urteile des BVerfG einerseits so verstanden, dass die Öffentlichkeit vom öffentlichen Interesse her zu interpretieren sei. Zu stellen sei sich die Frage, ob die Öffentlichkeit ein Interesse an der Information hat, d.h. geht sie jedermann an, so gehört sie zur Öffentlichkeitssphäre, sonst nicht.[296] In anderen Entscheidungen jedoch entsteht der Eindruck, dass Öffentlichkeit als Allgemeinzugänglichkeit zu verstehen sei.[297]

Die Abgrenzung der nur relativ geschützten Privatsphäre von dem absolut geschützten Kernbereich wird in der Literatur als eindeutig angesehen.[298] Als Abgrenzungskriterium wird der Kontakt des Individuums nach außen, bzw. der Sozialbezug des Verhaltens genannt. Bei jeder kommunikativen Beziehung zu einem anderen Menschen ist der Kernbereich verlassen, gleich ob es sich um ein Gespräch, einen Brief, selbst intimste Beziehungen zwischen zwei Menschen oder eine andere Form der verbalen oder nonverbalen Kommunikation handelt. Zu dem Kernbereich gehören also nur diejenigen Lebensäußerungen, die keinen „Sozialbezug" aufweisen. Wenn eine Handlung den persönlichen Bereich eines anderen Menschen berührt, wird diese dem Recht zugänglich, so dass der Staat eingreifen kann. Dieser Auffassung ist das BVerfG jedoch nicht immer treu geblieben.[299] Mehr dazu später.

b) Der absolut geschützte Kernbereich und die Entschließungsfreiheit

1) Abgrenzung des absolut geschützten Kernbereichs und Maßstab einer Verletzung

Das BVerfG hat in seiner Rechtsprechung Art. 2 I i.V.m. Art. 1 I GG als verfassungsrechtlichen Anknüpfungspunkt für die Gewährleistung des Schutzes des Kernbereichs herangezogen,[300] da in den einzelnen Grundrechten der Verfassung nur ein lückenhafter Schutz zu finden ist.[301]

Art. 1 I GG fungiert i.d.S. als objektivrechtliche Leitlinie und nicht als subjektives Recht.[302] Er ist somit die richtungsweisende Wertentscheidung, die Achtung der Menschenwürde so weit wie möglich zu verwirklichen. Unantastbar ist nur der Kernbereich der Menschenwürde. Soweit das allgemeine Persönlichkeitsrecht darüber hinausgehend dem Verfassungsziel dient, die Menschenwürde so weit wie möglich zu achten, ist es unter Wahrung der Verhältnismäßigkeit und des Übermaßverbotes ein-

---

[295] Rohlf, Privatsphäre, S. 78.
[296] So Rohlf, Privatsphäre, S. 30 und 78 zu BVerfGE 35, 202 (220f.)
[297] So Rohlf, Privatsphäre, S. 78 zu BVerfGE 34, 238 (246).
[298] Rohlf, Privatsphäre, S. 78 und Klöhn, Intimsphäre, S. 18-20.
[299] Kapitel § 5 D II 1 c).
[300] BVerfGE 27, 344 (350 f.); 32, 373, (379); 34, 238 (245 f.).
[301] Klöhn, Intimsphäre, S. 46 f. Eine ausführliche Übersicht über den Schutz des Kernbereichs durch Spezialgrundrechte und die Lückenhaftigkeit des Schutzes bietet Rohlf, Privatsphäre, S. 135-191 und Dalakouras, Intimsphäre, S. 61-80.
[302] BVerfGE 27, 344 (350); 90, 263 (270); besonders 34, 238 (245), st. Rspr.

schränkbar.[303] So unterscheidet sich das allgemeine Persönlichkeitsrecht von Art. 1 I GG als Grundrecht durch seine grundsätzliche Einschränkbarkeit.[304] Für Art. 2 I GG wurde anerkannt, dass er einen »wertlückenschließenden Inhalt«[305] hat, u.a. in dem Sinne, dass die Menschenwürde als absolut oberster Rechtswert zu verwirklichen sei.[306] So unterscheidet sich das allgemeine Persönlichkeitsrecht von Art. 2 I GG dadurch, dass die Schrankentrias in Art. 2 I GG nicht anwendbar sind.[307]

Mehrmals haben das BVerfG und Vertreter der Literatur versucht, den absolut geschützten Kernbereich in rechtlicher Hinsicht zu begreifen.[308] Das BVerfG[309] hat dazu ausgeführt, der Einzelne bedürfe für die freie und selbstverantwortliche Entfaltung seiner Persönlichkeit eines Innenraums, in dem er sich selbst besitzt und in den er sich zurückziehen kann, zu dem die Umwelt keinen Zutritt hat, in dem man in Ruhe gelassen wird und ein Recht auf Einsamkeit genießt.[310] Dieser Bereich ist der Einwirkung der öffentlichen Gewalt entzogen. Dort darf auch ein Eingriff nach Maßgabe des Verhältnismäßigkeitsgrundsatzes nicht stattfinden.[311]

Der Schutz des Kernbereichs in der heutigen Form durch Gesetzesnormen – *der staatlich anerkannte Bereich menschlicher Freiheit*[312] – wird erst seit wenigen Jahrzehnten gewährleistet, obwohl schon in antiken Kulturen Geheimhaltungspflichten von Ärzten, Priestern und Philosophen nachzuweisen sind.[313] Diese genossen jedoch nur ethischen Schutz. Auch in Deutschland wurde die Gewährleistung eines verstärkten Schutzes des Kernbereichs bis in die jüngere Vergangenheit nicht als notwendig anerkannt, da strafrechtliche Vorschriften zum Schutz der Ehre bis vor dem 2. Weltkrieg als ausreichend angesehen wurden.[314]

Dalakouras[315] weist darauf hin, dass ein Raum des FürsichSeins – angesichts der komplizierten und vielfältigen zwischenmenschlichen Beziehungen in einer computerorientierten Leistungsgesellschaft – heutzutage für die Erhaltung der sozialen Kontaktfähigkeit und für eine gesunde Persönlichkeitsentwicklung notwendiger erscheine als früher. Dieses Streben des modernen Menschen nach Abstandnehmen ist jedoch

---

303 Maunz/Zippelius, Deutsches Staatsrecht, S. 173.

304 Jarass, NJW 1989, 857 (859 f.).

305 Der Inhalt lässt sich nicht endgültig, sondern nur durch typische Beispiele festlegen; vgl. Dürig, in: Maunz/Dürig GG Art. 2 Rn 33 ff.

306 Dürig, in: Maunz/Dürig GG Art. 2 Rn 33.

307 Grundlegend BVerfGE 34, 238 (246). Auch wird nicht die Schranke des Art. 2 II S. 2 GG auf das allgemeine Persönlichkeitsrecht angewendet; so zu Recht Jarass, NJW 1989, 857 (861).

308 Vgl. nur die Übersicht bei Klöhn, Intimsphäre, S. 821.

309 BVerfGE 27, 1 (6).

310 Der Kernbereich ist so als „Bezirk der Alleinseins" beschrieben worden; Dalakouras, Intimsphäre, S. 51.

311 BVerfGE 6, 32 (41); 27, 344 (351); 34, 238 (245); 54, 143 (146); 80, 367 (373).

312 Zitiert nach Dalakouras, Intimsphäre, S. 19.

313 Zum Schutz der Intimsphäre im Laufe der Zeit siehe Dalakouras, Intimsphäre, S. 25-33.

314 Dalakouras, Intimsphäre, S. 30 Fn 22.

315 Dalakouras, Intimsphäre, S. 20 ff. (30).

keineswegs kennzeichnend für ihn. Vielmehr zeigen ethnologische Studien, dass Menschen aller Kulturkreise danach streben, eine unberührbare Eigensphäre aufzubauen und zu erhalten. Der moderne Kernbereich kann jedoch als ein Produkt der bürgerlichen Gesellschaft betrachtet werden; ein Resultat des Fortschreitens der technischen Möglichkeiten ohne Rücksicht auf den Menschen sowie die veränderten Verhältnisse in der Gesellschaft; eine Reaktion auf die Gefährdung des Privatlebens durch die moderne Technik.

Das BVerfG hat in keiner Entscheidung eine Verletzung des absolut geschützten Kernbereichs festgestellt. Der BGH hingegen, hat in seiner Raumgesprächs-Entscheidung[316] das zwischen Ehegatten stattgefundene Gespräch dem unantastbaren Bereich der privaten Lebensgestaltung zugeordnet, der unter dem absoluten Schutz des Grundrechts aus Art. 2 I i.V.m. Art. 1 I GG steht und auf den die öffentliche Gewalt daher nicht einwirken darf.

Aufgrund dieser Entscheidung wird nun der Versuch unternommen, herauszuarbeiten, was als Maßstab einer Verletzung des unantastbaren Kernbereichs angesehen werden könnte.

In der Raumgesprächs-Entscheidung des BGH[317] lieferte eine im Einklang mit dem Gesetz stehende Telefonüberwachung nicht nur Telefongespräche, sondern auch Unterhaltungen, die in dem Raum geführt wurden, in dem das Telefon stand, weil der Hörer nach einem Telefongespräch oft nicht richtig aufgelegt wurde. Die Aufnahmen wurden sodann nicht beendet, sondern die Gespräche, die in dem Zimmer stattfanden, aufgezeichnet. In einem dieser Gespräche zog der Ehemann die Bilanz aus seinen bisherigen Heroingeschäften. Das Tatgericht verwertete die Tonbandaufnahme dieses Gesprächs und berücksichtigte bei der Urteilsfindung den aus der Aufnahme gewonnenen Beweisstoff. Der BGH hielt das für rechtsfehlerhaft, denn die Aufzeichnung berühre den unantastbaren Bereich der privaten Lebensgestaltung, der unter dem absoluten Schutz des Grundrechts aus Art. 2 I i.V.m. Art. 1 I GG stehe und auf den daher die öffentliche Gewalt nicht einwirken dürfe. Weiter führt das Gericht aus:

> „In der Wertordnung der Verfassung ist die Menschenwürde der oberste Wert. Wie alle Bestimmungen der Verfassung beherrscht dieses Bekenntnis zur Würde des Menschen auch Artikel 2 Abs. 1 GG. Sie verdient gegenüber aller staatlichen Gewalt Achtung und Schutz. Ferner darf nach Artikel 19 Abs. 2 GG das Grundrecht aus Artikel 2 Abs. 1 GG nicht in seinem Wesensgehalt angetastet werden. Selbst überwiegende Interessen der Allgemeinheit können einen Eingriff in den geschützten Kernbereich privater Lebensgestaltung nicht rechtfertigen; deshalb scheidet bei ihm eine Abwägung nach Maßgabe des Verhältnismäßigkeitsprinzips aus."

Die Unterhaltung zwischen den Eheleuten in der ehelichen Wohnung rechnet der BGH dem unantastbaren Bereich zu. Seiner Meinung nach lässt es sich nicht mit der Menschenwürde vereinbaren, wenn der Staat das Recht für sich in Anspruch nehmen

---

[316] BGHSt 31, 296 (299 f.).
[317] BGHSt 31, 296.

könnte, die im engsten Familienkreis geführten Gespräche zu kontrollieren. Das Gericht führt aus:

„Wenn man die Zulässigkeit einer derart weitgehenden Überwachung anerkennen wollte, so wäre nicht einzusehen, warum sie auf die Fälle des Mithörens durch Telefoneinrichtungen beschränkt sein sollte, sondern müßte auch beim Einsatz von typischen Abhörgeräten statthaft sein. Damit würde aber kein Raum innerhalb des privaten Lebensbereichs übrigbleiben, wo Ehepartner sicher sein könnten, daß ihre Gespräche nicht überwacht werden. Die Möglichkeit, Empfindungen, Gefühle, Ansichten oder Eindrücke von Erlebnissen zum Ausdruck zu bringen, ohne der Angst ausgesetzt zu sein, daß staatliche Behörden die Unterhaltung überwachen, wäre dann unerträglich behindert. Auch für den sonstigen vertrauensvollen Gedankenaustausch zwischen den Ehepartnern würde das zutreffen. Dies würde eine schwere Beeinträchtigung der menschlichen Würde bedeuten. Ferner würde den Betroffenen durch eine solche Maßnahme aber auch weitgehend der „Innenraum" verweigert, der ihnen um der freien und der selbstverantwortlichen Entfaltung ihrer Persönlichkeit willen verbleiben sollte."[318]

Der Einzelne muss die Möglichkeit haben, seine Empfindungen, Gefühle, Ansichten oder Eindrücke von Erlebnissen mit den Menschen, die mit ihm am engsten verbunden sind, zu besprechen und zu verarbeiten. Dies ist für einen jeden ein unerläßlicher Vorgang auf dem nie endenden Weg zur Identitätsfindung. Es ist somit der Prozess zur Identitätsfindung, der den Kernbereich des allgemeinen Persönlichkeitsrechts ausmacht. Wird dieser Prozess beeinträchtigt, ist der Kernbereich verletzt.

Dieser Kernbereich ist für die Persönlichkeitsentfaltung unerlässlich, weil der Einzelne die Möglichkeit braucht, in Ruhe und ohne Beeinflussung sein Verhalten zu überdenken, Pläne für seine persönliche Entwicklung zu schmieden und so seine Identität zu finden, um sie als Konzept jeder Selbstdarstellung zugrunde legen zu können.[319] Es besteht ein „Innenraum" in dem der Mensch „sich selbst besitzt"[320] und „in den er sich zurückziehen kann, zu dem die Umwelt keinen Zutritt hat, in dem man in Ruhe gelassen wird und ein Recht auf Einsamkeit genießt".[321] Zu diesem absolut geschützten und eingriffsfreien Kernbereich gehören nicht konkrete Informationen oder bestimmte Ansichten, sowie politische und andere Überzeugungen. Vielmehr schützt das forum internum die Freiheit, bzw. den zur Identitätsfindung führenden Prozess innerhalb dieses Bereiches; Denkvorgänge die dem weltlichen Raum angehören.[322] Dies will *Dalakouras* zu Recht am ehesten zu beobachten wissen am Beispiel des Art. 4 I GG, der das forum internum schrankenlos gewährleistet. Dort werden nicht konkrete Glaubens oder Gewissensüberzeugungen unter Schutz gestellt, sondern primär die Freiheit und der Prozess, die Glaubensbezeugung frei und autonom zu gewinnen und Glaubenskonflikte zu lösen.

---

[318] BGHSt 31, 296 (300).

[319] So richtig Rohlf, Privatsphäre, S. 226 m.w.N. Rohlf spricht in diesem Zusammenhang über die Intimsphäre, mit der er den Kernbereich meint.

[320] So Starck, in: v. Mangoldt/Klein/Starck Art. 2 I Rn 84 Fn 258.

[321] So BVerfGE 27, 1 (6).

[322] So zu Recht Dalakouras, Intimsphäre, S. 87 f.; Evers, Privatsphäre, S. 58. Dalakouras platziert jedoch den Kernbereich im Rahmen des Art. 2 I GG, und zieht Art. 1 I GG nicht heran, wie das BVerfG es macht und dessen Ansicht in dieser Arbeit gefolgt wird.

Da dieser Kernbereich grundsätzlich erst mit der Aufnahme der Kommunikation endet, gehören auch die Manifestationen des absolut geschützten Kernbereichs, z.B. Selbstgespräche und tagebuchartige Aufzeichnungen, die der Identitätsfindung dienen und die erkennbar keinen Kundgabezweck haben, und somit keinen Sozialbezug aufweisen, zum absolut geschützten Kernbereich.[323,324]

Nach der hier vertretenen Auffassung gehören somit nicht konkrete Informationen oder bestimmte Ansichten zu dem Kernbereich, also Ausprägungen der Individualität des Menschen oder alle Eigenschaften die den Menschen zu einer unverwechselbaren Persönlichkeit machen, sondern der zur Identitätsfindung führende Prozess. Wird dieser beeinträchtigt, handelt es sich um eine Verletzung des absolut geschützten Kernbereichs.

Durch das Zeugnisverweigerungsrecht wird dem Zeugen die Gelegenheit gegeben, seine Position gegenüber dem Beschuldigten zu überdenken und sich zu entscheiden, wie er sein künftiges Leben mit ihm und darüber hinaus mit der Familie gestalten will. Nach der hier vertretenen Ansicht gehört die durch das Zeugnisverweigerungsrecht geschützte Entschließungsfreiheit zu dem absolut geschützten Kernbereich des allgemeinen Persönlichkeitsrechts. Es unterliegt seiner Entschließungsfreiheit, für welchen Ausweg aus dieser Verstrickung sich der Zeuge entscheidet, welche Empfindungen, Ansichten, Erlebnisse und Gefühle dabei auf ihn einwirken. Diese stellt nichts weiter dar, als einen Prozess zur Identitätsfindung, der zu dem von der Menschenwürde verlangten privaten Bereich des Einzelnen gehört. Dies ist der Bereich, in den der Zeuge sich ungestört zurückziehen kann, in dem er in Ruhe gelassen und vor Zudringlichkeiten geschützt wird; in dem er auch nicht jedes Wort auf die Goldwaage zu legen braucht.[325]

Der Begriff der Menschenwürde in Art. 1 I GG steht in der Kontinuität der philosophischen Überlieferung und ist zugleich unmittelbare Reaktion auf die Zeit der nationalsozialistischen Diktatur.[326] Die Menschenwürdegarantie ist eine Minimalgarantie, die den Menschen davor schützten soll, dass er durch den Staat oder durch seine Mitbürger zum bloßen Objekt herabgewürdigt wird.[327]

---

[323] So richtig Evers, Privatsphäre, S. 58; Rohlf, Privatsphäre, S. 227; Dalakouras, Intimsphäre, S. 88. Ob die Aufnahme der Kommunikation als Abgrenzungskriterium und äußerliches Merkmal festgestellt werden kann, ohne dass in den geschützten Bereich eingegriffen werden muss (so Rohlf, Privatsphäre, S. 227; Dalakouras, Intimsphäre, S. 88), oder dass die Schutzwürdigkeit erst festgestellt werden kann, wenn sie bereits verletzt ist (so Evers, Privatsphäre, S. 43; ders. JZ 1965, 665), soll hier außer Acht gelassen werden.

[324] Der hier so beschriebene Kernbereich entspricht dem im materiellen Strafrecht definierten rechtsfreien Raum, der nur für die den Tatbeständen vorgelagerten Bereiche der Gesellschaft, die einer rechtlichen Regelung von vornherein nicht zugänglich sind, existiert; Roxin, Strafrecht AT, § 14 IV Rn 27.

[325] Maunz/Zippelius, Deutsches Staatsrecht, S. 172 m.w.N.

[326] Starck, in: v. Mangoldt/Klein/Starck Art. 1 I Rn 16 m.w.N.

[327] BVerfGE 27, 1 (6); 45, 187 (228); 87, 209 (228).

Brugger formuliert dies so, dass die Würde, von der in Art. 1 GG gesprochen wird, eine mit dem Menschenstatus – und nicht mehr – verbundene Würde ist.[328] Eine solche Würde – wie es auch in der Objektformel zu Ausdruck kommt – kann nur an Merkmale anknüpfen, die den Menschen gegenüber der unbelebten Natur und dem Tier auszeichnen. Als solche unterscheidenden Charakteristika fungieren insbesondere: Die Sprach und Argumentationsfähigkeit, die Möglichkeit der Orientierung des Handelns an Vorstellungen von Gut und Böse, gerecht und ungerecht, sowie die Möglichkeit und Notwendigkeit der Identitätsfindung und Persönlichkeitsformung. *Brugger* fast dies zusammen als des Menschen Freiheit zur Persönlichkeitsentfaltung im faktischen oder auch normativ qualifiziertem Sinne als vernünftige, verantwortliche Persönlichkeitsentfaltung. Der Schwerpunkt liegt auf der Möglichkeit eines jeden Menschen zur faktischen oder sittlichen Selbstbestimmung, die in aller Regel mit dem Menschsein an sich gegeben ist. Dies ist eine ununterscheidbare Würde, die an dem Personcharakter aller Menschen ansetzt. Von der Potentialität der Selbstbestimmung zu der Aktualisierung und Darstellung werden die Menschen jedoch unterscheidbar, indem sie Individualität und Identität bilden. Dies ist jedoch kein Widerspruch, sondern Ausdruck der Tatsache, dass Achtung und Respekt, die mit der Berufung auf Menschenwürde eingefordert werden, an zwei unterschiedlichen Tatbeständen ansetzen können, (1) dem allgemeinen Personsein aller Menschen, das in der Anlage zur faktischen und sittlichen Selbstbestimmung liegt, sowie (2) der Herausbildung einer individuellen Persönlichkeit, die Resultat gelungener Selbstverwirklichung ist. Wie auch *Benda*[329] ausgeführt hat, ist das zur menschlichen Existenz gehörende Lebensgefühl in den Schutz des Art. 1 I GG einbezogen. In der modernen industriellen Massengesellschaft, ist der Wunsch in Ruhe gelassen zu werden, aus physiologischen und psychologischen Gründen unmittelbare und ganz greifbare Existenzvoraussetzung. Niemand kann heute, angesichts der ständigen Anforderungen, die Beruf und Freizeit an ihn stellen, sein Leben menschenwürdig gestalten, wenn ihm nicht die Chance verbleibt, sich in sich selbst zurückzuziehen zu können. Dieser absolut geschützte und daher eingriffsfreie Kernbereich ist für die Persönlichkeitsentfaltung unerlässlich, weil der Einzelne die Möglichkeit braucht, in Konfliktsituationen wie dieser in Ruhe und ohne Beeinflussung sein Verhalten zu überdenken, Pläne für seine persönliche Entwicklung zu schmieden und so seine Identität zu finden um sie als Konzept jeder Selbstdarstellung zugrunde legen zu können.[330] Diese Auffassung geht nicht an den Bedürfnissen unserer Zeit vorbei, sondern trägt ihnen gerade Rechnung. Das Bedürfnis nach Ruhe und Abgeschiedenheit, nach der Freiheit sich zurückziehen zu können, wird umso stärker werden, je mehr die öffentlichen Angelegenheiten Sache des einzelnen Bürgers werden.[331]

---

[328] Brugger, Liberalismus, Pluralismus, Kommunitarismus, S. 399 f.
[329] Benda, Privatsphäre und „Persönlichkeitsprofil“, S. 32.
[330] So Rohlf, Privatsphäre, S. 226 mit zahlreichen N.
[331] Benda, Privatsphäre und „Persönlichkeitsprofil“, S. 32.

Menschenwürde bedeutet Selbstbestimmung auf der Grundlage des Eigenwertes eines jeden Menschen. Diesem Menschenbild entspricht es, dem einzelnen Menschen Würde zuzumessen und diese rechtlich zu gewährleisten.

Aus Art. 1 I GG besteht für den Staat ein Eingriffsverbot in dem Sinne, dass er mit seinen Maßnahmen und Regelungen die Menschenwürde nicht verletzen darf.[332] Das Recht ist so auszugestalten, dass Würdeverletzungen bei Ausführung von Normen ausgeschlossen sind. Die Handlungsermächtigungen der Träger der öffentlichen Gewalt müssen so gefasst werden, dass die Würde der der Staatsgewalt unterworfenen Bürger unangetastet bleibt.[333] Dementsprechend haben die Gerichte in ihrer Rechtsprechung zu § 55 seit langem das Recht des Zeugen, etwaige eigene Verfehlungen geheimzuhalten, als ein Persönlichkeitsrecht anerkannt.[334] Das BVerfG[335] hat hervorgehoben, dass dieses Recht des Zeugen, in dem Konflikt zwischen Aussage und Wahrheitspflicht und der Gefahr eigener Belastung bestimmte Angaben zu verweigern, von der Achtung vor seiner menschlichen Würde geprägt sei, die sich darin mit den rechtsstaatlichen Grundsätzen der Unschuldsvermutung und der Einlassungsfreiheit verbinde.

Als Fazit bleibt hier festzuhalten, dass durch das Zeugnisverweigerungsrecht die Menschenwürde des angehörigen Zeugen dadurch bewahrt wird, dass dem Zeugen die Entschließungsfreiheit gewahrt wird. Dem angehörigen Zeugen muss es selbst überlassen bleiben, wie er sich entscheidet, auf die Beschuldigung seines Angehörigen zu reagieren.[336] Wird auf irgendeine Art versucht, diesen Gedankenvorgang des Zeugen, in einer ihm nicht bewussten Weise zu beeinflussen, oder ihn mit sonstigen Mitteln oder Methoden auszuforschen, stellt sich dies als ein Eingriff in seinen absolut geschützten Kernbereich dar. Mit dem nicht Vorhandensein des Rechts des Angehörigen das Zeugnis zu verweigern, so dass er dieser Ansicht nach seiner Entschließungsfreiheit nicht nachkommen kann, ist das Aufrechterhalten der Würde des Menschen auf solch eine Weise beeinträchtigt, die ihm als Menschen nicht zugemutet werden kann.

2) Aufzeichnungen intimer Art

Dieser zur Identitätsfindung gehörende Prozeß findet nun nicht derart statt, dass sich der Zeuge selbst Gedanken macht. Manche Menschen schreiben ihre Gedanken nieder

---

332 Starck, in: v. Mangoldt/Klein/Starck Art. 1 I Rn 35 und 38; Jarass/Pieroth Art. 1 Rn 6; Dreier, in: H. Dreier (Hrsg.), GG-Kommentar, Bd. 1, Art. 1 I Rn 77.

333 So richtig Starck, in: v. Mangoldt/Klein/Starck Art. 1 I Rn 35.

334 BVerfGE 38, 105 (114); BGHSt 1, 39 (40); 10, 186 (190); 11, 213 (216); 17, 245 (246).

335 BVerfGE 38, 105 (114 f.).

336 Unter dem Vorbehalt, dass der Schutzzweck des Weigerungsrechts des angehörigen Zeugen der ist, den Zeugen vor einer Konfliktlage zu bewahren, hat Kühne schon darauf hingewiesen, dass das Zeugnisverweigerungsrecht die Menschenwürde bewahre, indem dem Zeugen die Zwangslage erspart werden soll, wegen einer Aussagepflicht entweder einen nahen Angehörigen belasten zu müssen, oder aber staatliche Repressionen wegen einer pflichtwidrigen Verweigerung der Aussage bzw. wegen eines Verstoßes gegen die Vorschriften zum Schutze wahrheitsgemäßer Aussagen (§§ 153 ff. StGB) dulden zu müssen; Kühne, Strafprozessuale Beweisverbote und Art. 1 I Grundgesetz, S. 64 f.

oder sprechen sie auf ein Tonband. Durch derartige Aufzeichnungen machen sie ihre Gedanken zugleich anderen zugänglich. Grundsätzlich unterliegen auch solche Aufzeichnungen Angehöriger uneingeschränkt der Beschlagnahme. Die in § 97 I Nr. 1 statuierte Einschränkung der Beschlagnahme erstreckt sich lediglich auf schriftliche Mitteilungen zwischen dem Beschuldigten und den Personen, die nach § 52 das Zeugnis verweigern dürfen.

Mit der Verwertbarkeit intimer Aufzeichnungen verschiedener Art haben die übergeordneten Gerichte sich schon lange befasst. Diese beziehen sich fast ausschließlich auf Aufzeichnungen der Beschuldigten selber, wobei in der letzten Zeit auch die Verwertbarkeit von Aufzeichnungen der zeugnisverweigerungsberechtigten Angehörigen zur Entscheidung stand. In diesen Entscheidungen haben die Gerichte über die jeweiligen Entscheidungen hinaus, allgemeine Leitlinien und Maßstäbe entwickelt, auf die hier näher eingegangen werden soll.

Seit der ersten Tagebuch-Entscheidung des BGH – die in der Zeit vor der Entwicklung der Sphärentheorie durch das BVerfG entschieden wurde – ist allgemein anerkannt, dass intime Aufzeichnungen den grundrechtlichen Schutz der Art. 2 I i.V.m. Art. 1 I GG genießen.[337] Wenn die Aufzeichnungen dem Schutz der Art. 2 I i.V.m. Art. 1 I GG unterfallen, sind sie also durch das Recht auf Achtung der Privat und Intimsphäre geschützt. Somit kommt ein unmittelbar aus der Verfassung abzuleitendes Verwertungsverbot in Betracht.[338] Das aus Art. 2 I i.V.m. Art. 1 I GG folgende allgemeine Persönlichkeitsrecht ist allerdings nicht vorbehaltlos gewährleistet. Soweit nicht in den unantastbaren Bereich privater Lebensgestaltung eingegriffen wird, hat der Einzelne die Einschränkungen hinzunehmen, die im überwiegenden Allgemeininteresse oder im Hinblick auf grundrechtlich geschützte Interessen Dritter unter strikter Wahrung der Verhältnismäßigkeit vorgenommen werden.[339] Folgerichtig muss erst eine Abwägung vorgenommen werden, ob die Aufzeichnung dem unantastbaren Kenbereich unterfällt oder nicht. Erst nach dieser Abwägung hat das Gericht eine zweite Abwägung unter strikter Wahrung des Verhältnismäßigkeitsgrundsatzes vorzunehmen. Aufzeichnungen die der Zeugnisverweigerungsberechtigte auf dem Weg zu seiner Entscheidung bezüglich seines beschuldigten Angehörigen schriftlich festgehalten hat, gehören ebenso wie die Gedankenvorgänge selber zu seinem allertiefsten Bereich. Zu einer Abwägung mit Strafverfolgungsinteressen des Staates kann es gar nicht kommen.

So erkannte auch der BGH in seiner ersten Tagebuch-Entscheidung[340] an, dass es jedermann freistehen muss, Aufzeichnungen intimer Art – seien es Meinungen, Gefühle, Ansichten, Erlebnisse oder Erfahrungen – beliebig für sich festzuhalten ohne den Argwohn und die Befürchtung, dass solche Aufzeichnungen unbefugterweise verwertet werden. Diese Aufzeichnungen sind auch regelmäßig von vornherein nicht zur

---

[337] BGHSt 19, 325 (331); 34, 397 (399); Schmidt, JURA 1993, 591 (591) m.w.N.
[338] BVerfGE 80, 367 (373 f.).
[339] BVerfGE 96, 56 (61) m.w.N.
[340] BGHSt 19, 325.

Kenntnis anderer bestimmt. Müsste ihr Verfasser befürchten, dass sie gegen seinen Willen gelesen und gar benutzt werden, so könnte dies die freie Entfaltung seiner Persönlichkeit erheblich behindern. Der BGH nennt eine ganze Reihe schutzwürdiger Interessen, die der Einzelne an der Führung von Tagebüchern haben kann, so z.B. dass jemand durch längere Beobachtung eigener oder fremder Empfindungen, Erlebnisse, Eigenarten und Reaktionen allmählich eigene Vervollkommnung anstreben möchte, oder dass jemand durch derartige schriftliche Niederlegungen oder Ergüsse zur Auseinandersetzung mit sich selbst oder zur Lösung innerer Spannungen gelangen will, besonders wenn er Gelegenheit zur vertrauten Aussprache nicht hat oder nicht sucht. Die in diesem Fall intimen Tagebuchaufzeichnungen über eine sexuelle Beziehung wurden als Ausfluss der Persönlichkeit des Verfassers bewertet und als solche von der Verwertung ausgeschlossen. Der BGH bewertete die Verwertung der intimen Tagebuchaufzeichnungen als einen Verstoß gegen das Grundrecht auf freie Entfaltung der Persönlichkeit und die Menschenwürde. Bei der Abwägung zwischen Persönlichkeitsrecht und Strafverfolgungsinteresse sei nicht vom allgemeinen Deliktsvorwurf auszugehen, sondern von dem im Einzelfall in Betracht kommenden Tatunrecht. Das Gericht führte zum Schluss aus, dass ein Verwertungsverbot auch nur dann berechtigt sei, soweit es sich um Äußerungen handelt, die ihrem Inhalt nach als Ausfluss der Persönlichkeit des Verfassers in Betracht kämmen.[341]

In einer weiteren Entscheidung, in der sich der BGH mit »tagebuchähnlichen Aufzeichnungen« befasste, wurde der Angeklagte wegen Mordes an einer Frau zu lebenslanger Freiheitsstrafe verurteilt.

Zwischen dieser zweiten und der ersten Tagebuch-Entscheidung hatte das BVerfG in seiner Tonband-Entscheidung[342] mit dankenswerter Klarheit hervorgehoben, dass eine Verwertung von heimlichen Tonbandaufnahmen schlechthin ausgeschlossen sei, wenn sie den unantastbaren Kernbereich der Persönlichkeit und damit die Menschenwürde verletzen würde. Das Gericht leitete das Verwertungsverbot aus dem Art. 2 I i.V.m. Art. 1 I GG ab und unterschied danach, ob der Inhalt der Aufzeichnung dem absolut geschützten Kernbereich zuzurechnen ist oder nicht. Aufzeichnungen, die dem Kernbereich zugehören, sind grundsätzlich nicht verwertbar. In den Fällen, in denen eine Verwertung nicht in den Kernbereich eingreift, sondern nur in den Bereich privater Lebensgestaltung, wird zwischen den Belangen einer funktionstüchtigen Strafrechtspflege und dem Persönlichkeitsschutz des Beschuldigten nach Art. 2 I i.V.m. Art. 1 I GG abgewogen. Bei äußerst schweren Delikten ist eine Verwertung deshalb zulässig. Diesen Beschluss wandte der BGH nun in seiner zweiten Tagebuch-Entscheidung an.

---

[341] Hofmann, JuS 1992, 587 (592). Der Kritik, welche die »Verfallstheorie« des BGH dass Aufzeichnungen eines Straftäters über seine Verbrechen und Opfer ungeschütztes Beweismaterial sind, da sie Manifestationen des Persönlichkeitsverfalls, nicht aber der geschützten Persönlichkeitsentfaltung sind eingefahren hat, kann nur zugestimmt werden; vgl. Sax, JZ 1965, S. 1 (2); Laber, Die Verwertbarkeit von Tagebuchaufzeichnungen, S. 12 f. m.w.N.

[342] BVerfGE 34, 238 (245 f.) und später in seiner Tagebuch-Entscheidung, BVerfGE 80, 367 (373).

In dem dieser Entscheidung zugrunde liegenden Sachverhalt litt der Angeklagte darunter, keinen Kontakt zu Frauen zu finden. Er nahm sich dieses Problem in tagebuchähnlichen Aufzeichnungen an, die im Zuge der Ermittlungen gegen ihn, in seinem Zimmer im Hause seiner Eltern sichergestellt wurden. Das LG sah davon ab, die Tagebuchaufzeichnungen zu verlesen. Es beschloss jedoch, zwei Sachverständige als Zeugen zu der Frage zu vernehmen, ob und in welchem Umfang sich der Angeklagte ihnen gegenüber zu den Aufzeichnungen geäußert hat und ob er über die mögliche Unverwertbarkeit der Aufzeichnungen belehrt wurde. Aufgrund der Vernehmung eines der Sachverständigen hat das Gericht festgestellt, dass dieser die Aufzeichnungen bei seinen Untersuchungen teilweise inhaltlich mit dem Angeklagten erörtert hat; weder der Sachverständige noch der Angeklagte hätten sich Gedanken über die Verwertbarkeit gemacht. Den Inhalt der Erörterungen und die diesem zugrunde liegenden drei Notizen hat das LG durch die zeugenschaftliche Vernehmung des Sachverständigen in die HV eingeführt. Es hat sich mit ihnen sowohl bei der Prüfung der Täterschaft des Angeklagten als auch bei der Erörterung der Frage seiner Schuldfähigkeit auseinandergesetzt und die Auffassung vertreten, dass die Tat auf einen außergewöhnlichen, außerhalb normaler Kategorien denkenden und empfindenden Menschen hindeute; der Angeklagte sei ein solcher Mensch; das habe er treffender als jeder Sachverständige in seinen tagebuchartigen Aufzeichnungen beschrieben. Seine von den Sachverständigen auch unter Verwertung der Tagebuchaufzeichnungen diagnostizierte „neurotisch gestörte Persönlichkeitsentwicklung“ habe das Ausmaß einer „schweren seelischen Abartigkeit erreicht“.

Der BGH[343] billigte die mittelbare Verwertung der Aufzeichnungen; es betrachtete diese nicht als solche, die zum unantastbaren Kernbereich des Menschen gehöre. Es sprach sich dafür aus, dass die Verfassung nicht nur dem Persönlichkeitsschutz, sondern auch einer funktionstüchtigen Rechtspflege besondere Bedeutung zumesse. Die gebotene Abwägung zwischen dem Individual und dem Allgemeininteresse führe hier, wo es um die Aufklärung einer der schwersten Straftaten gehe, die das Strafgesetzbuch kenne, zur Zulässigkeit der Verwertung der Tagebuchaufzeichnungen. Das BVerfG[344] erklärte den Kernbereich der Persönlichkeit durch eine Verwertung nicht für berührt. Es meinte, dass eine solche Zuordnung schon deshalb in Frage zu stellen sei, weil der Beschwerdeführer seine Gedanken schriftlich niedergelegt hatte. Er habe sie damit aus dem von ihm beherrschbaren Innenbereich entlassen und der Gefahr eines Zugriffs preisgegeben. Jedenfalls aber haben die Aufzeichnungen einen Inhalt, der über die Rechtssphäre ihres Verfassers hinausweist und Belange der Allgemeinheit nachhaltig berührt.

Die Entscheidungen beider Gerichte blieben zu Recht nicht ohne Kritik. Der BGH nahm keine Stellung dazu, ob die intimen Aufzeichnungen nicht bereits den unantastbaren Kernbereich des Rechts auf private Lebensgestaltung zuzuordnen wären, sondern lenkte sein Augenmerk unmittelbar auf die gebotene Abwägung zwischen den

---

[343] BGHSt 34, 397.
[344] BVerfGE 80, 367.

Persönlichkeitsrechten einerseits und den Belangen der Strafrechtspflege andererseits, ohne zuvor eine Verletzung des Kernbereichs in Erwägung gezogen und sich damit auseinandergesetzt zu haben.[345] Mit einer Verfassungsbeschwerde machte der Beschwerdeführer geltend, dass die Verwertung seiner Aufzeichnungen gegen Art. 2 I i.V.m. Art. 1 I GG verstoße, weil sie dem absolut geschützten Kernbereich der Privatsphäre angehörten, in den unter keinen Umständen eingegriffen werden dürfe. Das BVerfG schaltete zu Recht der Abwägung widerstreitender Interessen am Schutz der Privatsphäre einerseits und an einer effektiven Strafverfolgung andererseits die Prüfung vor, ob der Kenbereich des Art. 2 I i.V.m. Art. 1 I GG nicht verletzt sei. Dabei nahm das Gericht sowohl formale als auch inhaltliche Komponenten in den Blick. Als erstes meinte das BVerfG, dass es zunächst darauf ankomme, ob der Betroffene einen Lebenssachverhalt geheimhalten wolle oder nicht, denn dort, wo der Betroffene auf Geheimhaltung selbst keinen Wert lege, sei der Kernbereich schon wegen dieses Umstandes in aller Regel nicht berührt. Auf den Willen des Betroffenen komme es jedoch nicht allein an. Auch müsse untersucht werden, ob der Sachverhalt nach seinem Inhalt höchstpersönlichen Charakters sei, und in welcher Art und Intensität er aus sich heraus die Sphäre anderer oder die Belange der Gemeinschaft berühre. Diesem ist auch vom hier vertretenen Ansatz zuzustimmen. Die Möglichkeit und Notwendigkeit der Identitätsfindung und Persönlichkeitsformung macht diese Komponente unerlässlich. Weiter führte das BVerfG aus, dass Aufzeichnungen, die etwa Angaben über die Planung bevorstehender oder Berichte über begangene Straftaten enthalten, in einem unmittelbaren Bezug zu konkreten strafbaren Handlungen stehen und dem unantastbaren Bereich privater Lebensgestaltung nicht angehören.

Enttäuschend ist jedoch wie das BVerfG, nachdem es diese Leitsätze festgelegt hat, seine Prüfung vornahm. Es beschloss vorab, dass die Aufzeichnung nicht dem absolut geschützten Bereich persönlicher Lebensgestaltung angehöre, da dies bereits deshalb in Frage gestellt sei, weil der Beschwerdeführer seine Gedanken schriftlich niedergelegt hat und somit aus dem von ihm beherrschbaren Innenbereich entlassen und der Gefahr eines Zugriffs preisgegeben habe. Ohne dies weiter auszuführen, fügte der Senat hinzu, dass die Aufzeichnungen jedenfalls einen Inhalt hätten, der über die Rechtssphäre ihres Verfassers hinausweise und Belange der Allgemeinheit nachhaltig berühre. Zwar befassten sie sich nicht mit der konkreten Planung oder mit der Schilderung der hier in Rede stehenden Straftat. Mit dieser Straftat sei aber der in den Niederschriften reflektierte Vorgang in einer Weise verknüpft, dass die Aufzeichnungen selbst nicht jeglichem staatlichen Zugriff entzogen sein könnten.[346]

So billigten zuerst der BGH und dann das BVerfG, dass intime schriftliche Aufzeichnungen, in denen ein Mordverdächtiger sich ohne konkreten Tatbezug mit seinen inneren Konflikten und seiner Neigung zur Begehung einer Gewalttat auseinandersetzte, in einem gegen ihn gerichteten Strafverfahren verwertet wurden. Hier wird nicht näher

[345] Dies blieb nicht ohne Kritik in der Literatur, vgl. nur Plagemann, NStZ 1987, 570; Geppert, JR 1988, 471 (473).
[346] BVerfGE 80, 367 (376 f.).

auf die heftige Kritik eingegangen, die diese Rechtsprechung erfahren hat, ihr ist zuzustimmen.[347] Vielmehr sei auf die Begründung der unterliegenden Richter aufmerksam gemacht. Sie wollten zu Recht, dass diese Aufzeichnungen zu den absolut geschützten Bereich privater Lebensgestaltung zu zählen sind. Deshalb mussten sie dem staatlichen Zugriff entzogen bleiben, soweit dieser über die – für ihre persönlichkeitsrechtliche Qualifizierung erforderliche – erste Sichtung hinausging.[348]

So weit aus dem Beschluss des BVerfG der Schluss gezogen wird, dass die Verwertung von Tagebüchern – gleich welchen Inhalt sie haben – nunmehr problemlos ist, kann dem nicht zugestimmt werden.[349] Auch die obergerichtliche Rechtsprechung hat den Beschluss des BVerfG nicht so verstanden. Am ehesten ist dies an der dritten Tagebuch-Entscheidung[350] des BGH zu sehen. In dieser, in der dem Angeklagten die geheimdienstliche Agententätigkeit vorgeworfen wurde, hatte der Ermittlungsrichter des BGH es mit Tagebüchern zu tun, die alle eine vor fremden Augen und Ohren geschützte Reflexion des Angeklagten über seine Person in Form des schriftlich fixierten Selbstgespräches enthielten. Unter anderem waren dies verarbeitenswert erscheinende Erlebnisse für den Angeklagten, seine Empfindungen, Einschätzungen und Ansichten, seine Gefühle zu anderen Menschen, u.a. auch die Entwicklung der Beziehung zu seiner späteren Ehefrau, die Aufarbeitung familiärer und beruflicher Probleme und Erkrankungen. Der Senat bewertete den Schutz dieser verschlossen aufbewahrten Niederschriften mit ihrem Inhalt höchstpersönlichen Charakters vor staatlichem Zugriff und vor einer Auswertung durch Strafverfolgungsorgane zur Verwendung im Strafverfahren höher als die Erkenntnisse, die sich für die dem Angeschuldigten vorgeworfene Straftat aus dessen Notizen ergaben. Es standen drei Zeugen zur Verfügung und somit war der BGH der Überzeugung, dass er sich nicht dazu zu äußern bräuchte, ob die im Wortsinn als Tagebücher anzusehenden Aufzeichnungen dem absolut geschützten Bereich privater Lebensgestaltung – dessen Kernbereich – zuzurechnen sind, denn ihre Verwertung im Strafverfahren sei jedenfalls nicht durch ein überwiegendes Interesse der Allgemeinheit, nicht durch „die unabweisbaren Bedürfnisse einer wirksamen Strafverfolgung und Verbrechensbekämpfung“ gerechtfertigt. Die gebotene Abwägung zwischen dem allgemeinen Persönlichkeitsrecht einerseits und den Belangen

[347] Scharfe Kritik z.B. von Wolter, StV 1990, 175 (177 f.); Schmidt, JURA 1993, 591 (593 f.); Plagemann, NStZ 1987, 570; Geppert, JR 1988, 471 (473); Roxin, Strafverfahrensrecht, § 24 Rn 42 m.w.N. Zu den abstrahierenden Leitlinien, die der Senat formuliert, meint Berkemann, dass sie erkennbar unzureichend sind, um zu einer gesicherten fachgerichtlichen Anwendung hinführen zu können. Seiner Meinung nach muss der Kernbereich vielleicht doch eher von innen heraus, also vom Personhaften her bestimmt werden, um der Gefahr, die Menschenwürde durch ein strafrechtliches Schuldprinzip zu instrumentalisieren, wirksam begegnen zu können. Weiter führt er zu Recht aus, dass die Uneinigkeit der Richter des weiteren zeige, dass die Leitfunktion des BVerfG gegenüber der Fachgerichtsbarkeit unerfüllt bleibt. Sie kann mit dem Hinweis des Senats, den Erfordernissen einer wirksamen Strafrechtspflege sei das Schutzgebot des Art. 2 I GG als Korrektiv entgegenzuhalten, wenig anfangen, wenn selbst der Senat eine Lösung im konkreten Fall nicht zu finden vermag; Berkemann, JR 1990, 226 (227).

[348] Siehe BVerfGE 80, 367 (380382).

[349] So aber wohl Bosch, Aspekte des nemo-tenetur-Prinzips, S. 120 f.

[350] BGHSt NStZ 1994, 350.

der Strafrechtspflege andererseits führe zur Unverwertbarkeit der Tagebücher und damit zur Aufhebung der Beschlagnahmeanordnung.

Hier schloss der BGH es somit nicht aus, dass die intimen Tagebücher dem Kernbereich zugehörten; er musste sich aber damit nicht befassen, da sie schon unter Abwägung mit Strafverfolgungsinteressen als nicht verwertbar galten. Hier wäre es zu begrüßen gewesen, und der BGH hätte eine sehr gute Gelegenheit gehabt, klare Leitlinien vorzuschreiben und die Frage zu beantworten, welche Aufzeichnungen zum Kernbereich gehören und welche nicht.

Es sind jedoch nicht nur Tagebuchaufzeichnungen von Beschuldigten, welche die Gerichte beschäftigt haben. Das LG Saarbrücken[351] hatte mit der Verwertung von Tagebuchaufzeichnungen eines zeugnisverweigerungsberechtigten Angehörigen des Beschuldigten zu tun. Gegen den Beschuldigten wurde wegen des Verdachts auf Verstoß gegen das BtMG ermittelt.

Aufgrund eines polizeilichen Vermerks, dass der Beschuldigte zwar anderweitig polizeilich gemeldet sei, er sich aber tatsächlich in der Wohnung seiner Freundin aufhalte, wurde auch ihr gegenüber die Durchsuchung der Wohnung und anderer Räume und der ihr gehörenden Sachen mit der Begründung angeordnet, es sei zu vermuten, dass die Maßnahme zur Auffindung von Beweismitteln führen werde. Bei der Durchsuchung ihrer Wohnung stellte sich heraus, dass sie neuerdings mit dem Beschuldigten verheiratet war und es sich bei der Wohnung um die gemeinsame eheliche Wohnung handelte. Hier wurden neun Tagebücher gefunden, eindeutig der Frau zugeordnet, die gegen ihren ausdrücklichen Widerspruch polizeilich beschlagnahmt wurden. Die Beschlagnahme wurde richterlich bestätigt. Gegen die Bestätigung legte die Frau Beschwerde ein.

Das LG Saarbrücken entschied, dass die Beschlagnahme der neun Tagebücher insgesamt nicht rechtens war. In dieser Entscheidung stützte sich das LG auf zwei Gründe: In erster Linie beruhte die Beschlagnahme auf einer unzulässigen Durchsuchung; darüber hinaus verletze sie das Grundrecht der Frau auf freie Entfaltung der Persönlichkeit – Art. 2 I GG – und die aller staatlichen Gewalt obliegende Verpflichtung, die Würde des Menschen zu achten – Art. 1 I GG – im Kernbereich der Intimsphäre. Zu der Verletzung des Kernbereichs sagte das Gericht, dass die beschlagnahmten Tagebücher dem allerintimsten Bereich der Ehefrau angehören. Nach ihrem ganzen Inhalt erscheinen sie nicht als Gedächtnishilfen, sondern als Mittel innerer Daseinsbewältigung, als schriftliche Selbstgespräche, als Mittel der Bewußtmachung und Rechenschaftslegung vor sich selbst, nicht zur Kenntnisnahme irgendeines anderen Menschen bestimmt, eher als Ersatz für einen Menschen, dem gegenüber die Ehefrau „ihr Herz hätte ausschütten können". Das Gericht sieht die erste Tagebuch-Entscheidung durch die Raumgesprächs-Entscheidung des BGH als überholt, bei der noch eine Abwägung zwischen Persönlichkeitsrecht und Strafverfolgungsinteresse vorgenommen wurde.

[351] LG Saarbrücken, Beschluss v. 4.1.1988 5 Qs 149/87, in: StV 1988, 480.

Eine solche musste in diesem Fall also nicht erfolgen. Die Aufzeichnungen sind damit unantastbar.

Doch das Gericht macht hier nicht Halt, sondern nimmt nun Stellung zu der Problematik bezüglich der uneingeschränkten Beschlagnahme solcher Aufzeichnungen durch § 97 I Nr. 1. Eintragungen in die Tagebücher, die nach der Eheschließung stattgefunden haben, verletzen nach Ansicht des Gerichts auch das grundgesetzliche Persönlichkeitsrecht des Beschuldigten. Dieses verlangt, zugunsten des Beschuldigten, eine Erweiterung des Katalogs der im Gewahrsam von Zeugnisverweigerungsberechtigten beschlagnahmefreien Gegenstände, wie er in § 97 enthalten ist, um die intimen Aufzeichnungen des Ehegatten des Beschuldigten aus der Zeit der Ehe.

Es meint, dass sich schon aus dem § 97 innewohnenden Gesetzeszweck eine entsprechende Gesetzeslücke ergäbe, denn § 97 diene dem Schutz der Persönlichkeitssphäre des Beschuldigten insoweit, als sie sich in persönlichen Beziehungen entfalte. Um seinen Ausführungen Halt zu schaffen, greift das LG auf Rechtsprechung des BVerfG zur Beschlagnahme der Karteikarte des Arztes.[352] Dazu hat das BVerfG ausgeführt, dass § 97 im Einklang mit dem durch Art. 2 I i.V.m. Art. 1 I GG verbürgten Schutz der Privatsphäre des Einzelnen auszulegen sei; Achtung verdiene hier der Wille des Einzelnen, so höchstpersönliche Dinge wie die Beurteilung seines Gesundheitszustandes durch einen Arzt vor fremdem Einblick zu bewahren; wer sich in ärztliche Behandlung begebe, müsse und dürfe erwarten, dass alles, was der Arzt im Rahmen seiner Berufsausübung erfahre, geheim bleibe. Nur so könne zwischen Patient und Arzt jenes Vertrauen entstehen, das zu den Grundvoraussetzungen ärztlichen Wirkens zähle.

Aus diesen Überlegungen zieht das LG den richtigen Schluss, dass intime Aufzeichnungen des Ehegatten, die sich in dessen Gewahrsam befinden, erst Recht nicht beschlagnahmt werden dürfen, wenn nach § 97 schon schriftliche Mitteilungen zwischen dem Beschuldigten und den Menschen, die nach § 52 das Zeugnis verweigern dürfen, nicht der Beschlagnahme unterliegen, wenn sie im Gewahrsam der Zeugnisverweigerungsberechtigten sind. Das Gericht untermauert seine Meinung, indem es richtig ausführt, dass das Vertrauen, das zu den Grundvoraussetzungen der Persönlichkeitsentfaltung in einer Ehe gehört, nur aufkommen kann, wenn jeder Ehepartner erwarten darf, dass auch die intimen Tagebuchaufzeichnungen des anderen, soweit sie ihn betreffen, geheim bleiben. Bei der Beschlagnahme derartiger Aufzeichnungen des Ehegatten eines Beschuldigten ist nicht nur – wie bei den ärztlichen Karteikarten – die Privatsphäre des Beschuldigten verletzt, sondern seine unantastbare Intimsphäre.

Wenn nun Eintragungen in ein Tagebuch sowohl persönlichen Charakter haben als auch sonstige Informationen – die den Strafverfolgungsbehörden von Nutzen sein können – enthalten, kann es nahezu unmöglich sein, diese Aufzeichnungen auseinanderzuhalten. Es muss unmissverständlich festgehalten werden, dass Aufzeichnun-

---

[352] BVerfGE 32, 373.

gen, die persönliche Überlegungen sind und mit einem Selbstgespräch gleichzusetzen sind, dem Kernbereich zugehören, obwohl dort Themen angesprochen werden, welche die Strafverfolgungsbehörden interessieren können. Auf der anderen Seite dürfen jedoch Aufzeichnungen, die nichts mit einer Identitätsfindung zu tun haben, sondern lediglich reine Daten oder Fakten sind, nicht dem Kernbereich zugeordnet und den Strafverfolgungsbehörden nicht vorenthalten werden, sondern müssen immer unter strikter Wahrung des Verhältnismäßigkeitsprinzips zugänglich sein. Ist es jedoch unmöglich, diese zwei Funktionen auseinanderzuhalten, sind die Aufzeichnungen als Tagebücher zu behandeln und den Strafverfolgungsbehörden entzogen.[353]

Als Fazit bleibt somit festzuhalten: Hat der Zeuge seine Gedanken bezüglich seines beschuldigten Angehörigen auf irgendeine Weise freigesetzt, sodass sie anderen Menschen zugänglich werden und diese Gedanken eindeutig sein Mittel zur inneren Daseinsbewältigung und der Bewußtmachung und Rechenschaftslegung gegenüber sich selbst und seiner Umwelt darstellen, dürfen diese erst gar nicht erhoben werden. Geschieht dies dennoch, muss der Fehler auf einer späteren Stufe, der Beweisverwertung, korrigiert werden.

Es ist nun so, dass der Mensch auf seinem nie endenden Weg zur Identitätsfindung und Persönlichkeitsformung andere Menschen braucht. Zu diesem Zweck sucht er sich den oder die Menschen aus, zu dem oder denen er besonderes Vertrauen hat. Auch unser Zeuge ist so ein Mensch. In seiner Freiheit, ob er nun aussagen soll oder nicht, ist er als ein solcher auf andere Menschen angewiesen. Somit sucht er das Gespräch – womöglich – mit dem Beschuldigten und anderen Menschen, die sein Vertrauen genießen. Durch den Meinungsaustausch mit diesen Menschen können seine Gedanken anderen Menschen, denen sie nicht bestimmt waren, dennoch zugänglich werden. Dieses Problem wird im nächsten Kapitel behandelt.

Die Frage, ob § 52 einen Schutz des Kernbereichs gewährleistet oder nicht, ist ansonsten in der Literatur strittig. Die Wissenschaftler die sich damit auseinandergesetzt haben, gehen jedoch von einem anderen Grund für das Zeugnisverweigerungsrecht aus als es in dieser Arbeit getan wird. Die Ansichten werden kurz erläutert.

Rogall, betrachtet das Zeugnisverweigerungsrecht als Ausdruck des (subjektiven) Persönlichkeitsrechts des Zeugen, Angehörige nicht belasten zu müssen, als eine Ausformung des nemo tenetur-Grundsatzes.[354] Mit dieser Auffassung steht er fast gänzlich alleine da. Auch ist er der Meinung, dass das Recht der Zeugnisverweigerung dem Zeugen wegen einer Gefährdung seines absolut geschützten Kernbereichs[355] nicht zustehe.[356] § 52 sehe derartiges nicht vor. Er meint, dass nur das Recht des Zeugen, Verfehlungen geheimzuhalten, die sich als Straftaten oder Ordnungswidrigkeiten darstell-

---

[353] So auch OLG Schleswig, Beschluss v. 11.10.1999 2 Ws 345/99, in: NStZ 2000, 112.

[354] Rogall-SKStPO Vor § 48 Rn 141 m.w.N.

[355] Rogall spricht von der „personellen und sachlichen Geheimsphäre" und stellt wohl auf den Geheimhaltungswillen eine Subjektive Abgrenzung des Zeugen ab; Rogall-SKStPO Vor § 48 Rn 94.

[356] Rogall-SKStPO Vor § 48 Rn 94.

en, in § 55 durch Gewährung eines Auskunftsverweigerungsrechts anerkannt werde. Ein Zeugnisverweigerungsrecht stehe dem Zeugen bei Leibes oder Lebensgefahr nach geltendem Recht auch nicht zu, obwohl anerkannt werde, dass die Erfüllung der Zeugenpflichten nicht verlangt werden könne, wenn dem Zeugen oder einer ihm nahestehenden Person durch die Vernehmung Lebensgefahr drohe.[357] Hingegen meint er, dass in § 384 Nr. 2, 3 ZPO ein Zeugnisverweigerungsrecht auch in Bezug auf solche Fragen bestehe, deren Beantwortung dem Zeugen zur Unehre gereichen oder zur Offenbarung eines Kunst oder Gewerbegeheimnisses führen würde.[358] *Rogall* schließt daraus, dass die öffentliche Strafverfolgungsinteressen höher bewertet werden, als die Individualinteressen an der Geheimhaltung sensibler Informationen. Dem kann offensichtlich nicht zugestimmt werden. *Rogall* scheint zu verkennen, dass dem verweigerungsberechtigten Zeugen das Recht, sein Zeugnis zu verweigern, fortdauernd und ohne jegliches wenn und aber zusteht, und dass es für sein Ausübungsrecht vollkommen bedeutungslos ist, was sein Beweggrund ist.[359] Ist die Angehörigenbeziehung vorhanden, steht dem Zeugen das Recht, sein Zeugnis zu verweigern, zu. Der Zeuge kann von seinem Recht – wenn es ihm so recht ist und wie bereits mehrmals in dieser Arbeit angesprochen worden ist – aus ganz anderen Gründen Gebrauch machen, als es vom historischen Gesetzgeber eventuell gedacht worden ist.

Rengier[360] vertritt die Auffassung, dass § 52 den Schutz der Privatsphäre bezweckt. § 52 sieht er als eine nähere Ausgestaltung des verfassungsrechtlich garantierten Rechts auf die Privatsphäre des Zeugen. Er weist darauf hin, dass es in § 52 um den Schutz der Familienbande, um die Sicherung des sozialen Familienfriedens und die Erhaltung eines gesunden Familieklimas gehe.[361] Wenn also die Vorschrift den sozial erwünschten, freien und offenen Kontakt unter Angehörigen fördern soll, nimmt das Gesetz offenbar auf das familiäre Vertrauensverhältnis Rücksicht. *Rengier* meint, dass mit der Anerkennung dieses Schutzzwecks stets auch die Einsicht einhergehen müsse, dass sich typischerweise im familiären Bereich die Privatsphäre manifestiere.[362] § 52 sei die materielle Basis, auf der sich das Vertrauensverhältnis unter Angehörigen entfalten könne.[363] *Klöhn* erweitert diesen Gedanken und meint, dass ein Zeuge,der vernommen werde, um die im familiären Bereich verborgenen Tatsachen ans Licht zu bringen, das Vertrauen in die gegenseitige Verschwiegenheit einerseits zerstören könne. Solches Vorgehen erweise sich aber andererseits als Ausforschung verborgener Tatsachen der Privatsphäre. Wenn § 52 diese Tatsachen für durch Angehörigenvernehmung unaus-

---

[357] Rogall-SKStPO Vor § 48 Rn 72 f. und 94.

[358] Vgl. Rogall-SKStPO Vor § 48 Rn 94.

[359] Z.B. eine von dem Zeugen befürchtete falsche Berichterstattung der Presse, vgl. BGHSt 30, 193 (196 f.).

[360] Rengier, Zeugnisverweigerungsrechte, S. 11.

[361] Rengier, Zeugnisverweigerungsrechte, S. 8.

[362] Klöhn, Intimsphäre, S. 151.

[363] Rengier, Zeugnisverweigerungsrechte, S. 11. Dass § 52 StPO den Schutz der Privatsphäre bezweckt, verdeutlicht zudem die - anerkanntermaßen den § 52 StPO ergänzende – Beschlagnahmeregelung des § 97 I Nr. 1 StPO, die schriftliche Mitteilungen zwischen dem Beschuldigen und seinen Angehörigen private Briefe meist grundsätzlich für beschlagnahmefrei erklärt; vgl. Rengier, Zeugnisverweigerungsrechte, S. 11 m.w.N.

forschbar erkläre, schütze er insoweit einen Teilbereich des absolut geschützten Kernbereichs. § 52 schützt insoweit den Kernbereich des Persönlichkeitsrechts des verweigerungsberechtigten Zeugen, da der Zeuge ohne § 52 zur Offenbarung auch ihn selbst betreffender, im familiären Bereich verborgener Tatsachen gezwungen wäre.[364] Mehr hierzu im nächsten Kapitel.

c) Der Bereich privater Lebensgestaltung und die Entschließungsfreiheit

Als Abgrenzungskriterium zwischen dem absolut geschützten Kernbereich und dem Bereich privater Lebensgestaltung, in den der Staat unter strikter Anwendung des Verhältnismäßigkeitsgrundsatzes eindringen kann, hat sich die Literatur und übergeordnete Rechtsprechung lange Zeit des Sozialbezuges bedient. Der absolut geschützte und eingriffsfreie Kernbereich wäre somit schon mit der Aufnahme der Kommunikation beendet. Dieses Abgrenzungskriterium ist als äußerliches Merkmal grundsätzlich auch leicht festzustellen.

Wie oben schon erörtert worden ist, ist die Auffassung des BVerfG zur Grenzziehung zwischen Kernbereich und dem Bereich privater Lebensgestaltung, früher oft unverständlich gewesen. Es schien nämlich möglich zu sein, auch Handlungen mit Sozialbezug – wie bspw. ein Gespräch – zum unantastbaren Bereich des Kernbereichs zu rechnen, wenn nur die Beziehung zum Gesprächspartner oder auch nur der Gesprächsinhalt dem „Höchstpersönlichen" zuzurechnen wäre, z.B. die „familienrechtliche Beziehung". Demgemäß werden in der Homosexualität-Entscheidung[365] Vorgänge, die sich in Kommunikation mit anderen vollziehen, lediglich als eine Richtlinie gesehen, die Ausnahmen, insbesondere im Hinblick auf „familienrechtliche Beziehungen" durchaus zulässt, so dass diese zu dem Kernbereich zu zählen sind.[366] Es ist nicht verwunderlich, dass die Literatur[367] zu dem Schluss gekommen ist, dass es möglich ist, Handlungen mit Sozialbezug – wie ein Gespräch – zum unantastbaren Kernbereich zu rechnen, wenn nur die Beziehung zum Gesprächspartner oder auch nur der Gesprächsinhalt bzw. die ausgetauschte (oder verlangte[368]) Information dem „Höchstpersönlichen" zuzurechnen ist. Das BVerfG hat jedoch auch Entscheidungen gefällt, in denen eine sehr enge Begrenzung des unantastbaren Kernbereichs vorzufinden ist. In der Lebach-Entscheidung[369] soll der eingriffsfreie Kernbereich schon verlassen sein, wenn der Einzelne durch sein Sein oder Verhalten auf andere einwirkt und dadurch die persönliche Sphäre von Mitmenschen oder Belange des Gemeinschaftslebens berührt. Mit diesen Äußerungen wird der Schutz im Grunde auf nichts reduziert, da, wie in der

[364] Klöhn weist auch darauf hin, dass es eine Entbindung des Zeugen von seinem Schweigerecht durch den Beschuldigten nicht gibt, selbst wenn der Beschuldigte sich auf den Zeugen beruft, weil er ein dringendes Interesse an dessen Aussage hat; Klöhn, Intimsphäre, S. 152 m.w.N.
[365] BVerfGE 6, 389 (433).
[366] Unartikuliert auch in BVerfGE 27, 1.
[367] Rohlf, Privatsphäre, S. 80; Dalakouras, Intimsphäre, S. 52.
[368] So Rohlf, Privatsphäre, S. 80.
[369] BVerfGE 35, 202 (220).

Literatur[370] richtig erkannt, jemand allein durch seine Existenz schon in die persönliche Sphäre eines Mitmenschen hineinwirken kann.

Bei diesen Entscheidungen zu dem, was zum unantastbaren Kernbereich zu zählen ist und welche vertraulichen Vorgänge zwischen Menschen grundsätzlich von solch intimer Natur sind, ist es jedoch nicht geblieben. Beide, das BVerfG und der BGH, haben hierzu Leitlinien aufgestellt, die meines Erachtens für diese Arbeit von ausschlaggebender Bedeutung sind. Aus ihnen ist meiner Ansicht nach zu schließen, dass Binnenräume, die von Menschen geschaffen worden sind, um ihre Identität durch Kommunikation zu gestalten, nicht durch eine Offenbarung zu Strafverfolgung aufgebrochen werden dürfen. Haben z.B. zwei Menschen sich als Paar zusammengeschlossen, bilden sie zugleich einen Raum, in dem intimste Gedankenaustausche stattfinden, in dem sie den Stand ihrer Beziehung besprechen, Krisen bewältigen, kurz: Ein Raum in dem intimste Gefühle, Wünsche und Neigungen offenbart werden.[371]

In diesem Sinne führte das BVerfG in seiner der Tagebuch-Entscheidung[372] vorbildlich aus, dass schon die Berührung mit der Persönlichkeitssphäre eines anderen Menschen einer Handlung oder Information eine soziale Bedeutung verleiht, die sie rechtlicher Regelung zugänglich macht. Gleichwohl können aber Vorgänge, die sich in Kommunikation mit anderen vollziehen, hoheitlichem Eingriff schlechthin entzogen sein. Der Mensch als Person, auch im Kern seiner Persönlichkeit, existiert notwendig in sozialen Bezügen. Die Zuordnung eines Sachverhalts zum unantastbaren Bereich privater Lebensgestaltung oder zu jenem Bereich des privaten Lebens, der unter bestimmten Voraussetzungen dem staatlichen Zugriff offen steht, hängt daher nicht vom Bestehen einer sozialen Bedeutung ab, sondern von ihrerArt und Intensität. Dies lässt sich nicht abstrakt beschreiben; es kann befriedigend nur unter Berücksichtigung der Besonderheiten des Einzelfalls beantwortet werden.

Wenn der zur Identitätsfindung führende Prozess in Bezug auf den Einzelnen unbedingt auch in der Kommunikation mit seinen Nächsten stattfindet, stellt sich hier die Frage, wo die Grenze zwischen dem absolut geschützten Kernbereich und dem Bereich privater Lebensgestaltung liegt; ob die Kommunikation mit anderen auch zum absolut geschützten Kernbereich zu zählen ist.

In dieser Hinsicht ist die oben angesprochene Raumgesprächs-Entscheidung[373] nicht ganz ohne Kritik geblieben. *Herdegen*[374] macht die Bemerkung, dass die Verlautbarungen eines Heroin-Dealers über seine kriminellen Geschäfte ihren außerordentlich starken „Sozialbezug“ auch dann nicht verlieren, wenn sie im Rahmen eines Gesprächs unter Eheleuten gemacht werden und, wenn sie sich in bloßer Bilanzierung erschöpfen, nicht Ausdruck des Bedürfnisses nach seelischer Entlastung durch Aus-

---

[370] Dalakouras, Intimsphäre, S. 52 m.w.N.
[371] BVerfGE 27, 344 (350 f.); 89, 69 (82 f.); 96, 56 (61).
[372] BVerfGE 80, 367 (374).
[373] BGHSt 31, 296.
[374] Herdegen, Bemerkungen, S. 113.

sprache sind. Hierzu muss jedoch bemerkt werden, dass das BVerfG das, was es an dieser Stelle wohl meinte, in den Entscheidungen zum Briefverkehr eines Häftlings mit seinen Familienmitgliedern und anderen Personen seines Vertrauens sinnvoller zum Ausdruck gebracht hat.

In dem ersten hier zu behandelten Beschluss erläuterte das Gericht,[375] dass in der ehelichen Privatsphäre ein Muss auf freie Meinungsäußerung bestehe. Ein Untersuchungsgefangener habe unter dem ersten Eindruck seiner Verurteilung in besonderem Maße das Bedürfnis, sich dem Ehepartner gegenüber frei und offen über das gegen ihn anhängige Verfahren auszusprechen und ihm die Dinge aus seiner Sicht zu schildern. In mehreren Entscheidungen präzisierte das Gericht seine Ansicht weiter und nahm dazu Stellung, was diese Sphäre zwischen dem Inhaftierten und Menschen seines Vertrauens ausmache. Einer der letzten Entscheidungen[376] lag folgender Sachverhalt zugrunde: ein Brief der Schwester des Inhaftierten, der beleidigende Äußerungen über die Bediensteten der Justizvollzugsanstalt beinhaltete wurde abgefangen, gegen die Schwester Strafantrag wegen Beleidigung gestellt und sie daraufhin verurteilt. Das BVerfG zog ergänzend zu Art. 5 I GG den Art. 2 I i.V.m. Art. 1 I GG heran, da es sich um eine Äußerung in der von Art. 2 I i.V.m. Art. 1 I GG geschützten Privatsphäre handele. Das Gericht führte aus, dass durch das allgemeine Persönlichkeitsrecht eine Sphäre begründet worden sei, die gegen Wahrnehmung abgeschirmt ist. Art. 2 I GG gewährleiste die freie Entfaltung der Persönlichkeit. Zu den Bedingungen der Persönlichkeitsentfaltung gehöre es, dass der Einzelne einen Raum besitzt, in dem er unbeobachtet sich selbst überlassen ist oder mit Personen seines besonderen Vertrauens ohne Rücksicht auf gesellschaftliche Verhaltenserwartungen und ohne Furcht vor staatlichen Sanktionen verkehren kann. Aus der Bedeutung einer solchen Rückzugsmöglichkeit für die Persönlichkeitsentfaltung folge, dass der Schutz des Art. 2 I i.V.m. Art. 1 I GG auch die Privatsphäre umfasse. Vom Schutz der Privatsphäre werde auch die vertrauliche Kommunikation umfasst. Gerade bei Äußerungen gegenüber Familienmitgliedern und Vertrauenspersonen stehe häufig weniger der Aspekt der Meinungskundgabe und die damit angestrebte Einwirkung auf die Meinungsbildung Dritter, als vielmehr der Aspekt der Selbstentfaltung im Vordergrund. Nur unter den Bedingungen besonderer Vertraulichkeit sei dem Einzelnen ein rückhaltloser Ausdruck seiner Emotionen, die Offenbarung geheimer Wünsche oder Ängste, die freimütige Kundgabe des eigenen Urteils über Verhältnisse und Personen oder eine entlastende Selbstdarstellung möglich. Unter solchen Umständen könnte es auch zu Äußerungsinhalten oder formen kommen, die sich der Einzelne gegenüber Außenstehenden oder in der Öffentlichkeit nicht gestatten würde. Gleichwohl würden sie als Ausdruck der Persönlichkeit und als Bedingungen ihrer Entfaltung den Schutz des Grundrechts verdienen. Die vertrauliche Kommunikation erschöpfe sich aber nicht in solchen auf Selbstentfaltung gerichteten Äußerungen. Äußerungen in der Privatsphäre oder im engsten Familienkreis würden nicht nur dazu dienen, dem eigenen Empfinden unverstellt Ausdruck zu geben oder ein Ventil für seinen Unmut zu finden. Sie könnten auch auf Familienmitglieder oder

[375] BVerfGE 35, 35 (39 f.).
[376] BVerfGE 90, 255.

andere Vertraute bezogen sein und diesen in einer Persönlichkeitskrise oder Existenzbedrohung Hilfe bieten oder Erleichterung verschaffen und so zur seelischen Stabilisierung oder gesellschaftlichen Integrationsfähigkeit beitragen. Auch unter solchen Umständen könnte es zu Äußerungsinhalten oder Äußerungsformen kommen, die in Normalsituationen vermieden würden, aber ebenfalls den grundrechtlichen Schutz des Art. 2 I i.V.m. Art. 1 I GG verdienen.

Weiter führt das BVerfG aus, dass der Schutz der Vertrauenssphäre nicht dann verloren geht, wenn sich der Staat Kenntnis von vertraulich gemachten Äußerungen verschafft.

Das gilt auch für die Briefkontrolle bei Strafgefangenen nach §§ 29 III, 31 StVollzG. Allerdings ist die Überwachung zum Schutz anderer bedeutsamer Rechtsgüter verfassungsrechtlich grundsätzlich zulässig. Sie soll Gefahren für das Vollzugsziel und die Sicherheit und Ordnung der Anstalt abwehren, sowie die Vertuschung begangener und die Begehung neuer Straftaten verhindern. Es ist auch unvermeidlich, dass der Vollzugsbeamte bei Gelegenheit einer solchen Kontrolle Kenntnis vom gesamten Inhalt des überprüften Schriftstücks erlangt.

Außerdem ist das BVerfG der Auffassung, dass die Kenntnisnahme von der Äußerung nichts an deren Zugehörigkeit zu der grundrechtlich geschützten Privatsphäre ändert. Durch die Kontrollbefugnis kann diese zwar rechtmäßig durchbrochen, nicht aber in eine öffentliche Sphäre umdefiniert werden. Vielmehr wirkt sich der Grundrechtsschutz gerade darin aus, dass der vertrauliche Charakter der Mitteilung trotz der staatlichen Überwachung gewahrt bleibt. Er entfällt folglich nicht schon deswegen, weil der Verfasser von der Briefkontrolle weiß. Etwas anderes gilt nur, wenn der sich Äußernde selber die Vertraulichkeit aufhebt, so dass die Gelegenheit für Dritte, seine Äußerungen wahrzunehmen, ihm zuzurechnen ist und nicht erst durch den staatlichen Eingriff geschaffen wird. Das kann etwa dann der Fall sein, wenn der sich Äußernde die nötige Vorsicht gegen Kenntnisnahme Dritter außer Acht lässt oder Übermittlungswege wählt, die der Überwachung unterliegen, obwohl er ohne weiteres auch unüberwacht Kontakt aufnehmen könnte. Erst recht ist es der Fall, wenn eine Mitteilung an Vertrauenspersonen nur genutzt wird, um den Briefkontrolleur oder durch ihn Dritte zu treffen. Dazu bedarf es dann aber der Feststellung tatsächlicher Umstände, die diese Annahme rechtfertigen können. Der Kreis der möglichen Vertauenspersonen ist nicht auf Ehegatten oder Eltern beschränkt. Gerade die Ausführungen in BVerfGE 57, 170 (178) (auch 35, 35; 42, 234) zeigen, dass von der Funktion des Persönlichkeitsschutzes her, die Übertragung auf ähnliche, enge Vertrauensverhältnisse geboten ist.

Menschen kommunizieren jedoch nicht nur durch Briefverkehr miteinander. Das BverfG hat sich auch über das Recht am nichtöffentlich gesprochenen Wort Gedanken gemacht und einige Grundlinien klargestellt. In der zuvor erwähnten Tonband-Entscheidung[377] des BVerfG wurde ein privat aufgenommenes Tonband über die Zahlung

[377] BVerfGE 34, 238.

von Schwarzgeld an die Polizei übergegeben. Mit dessen Verwertung war der Beschuldigte nicht einverstanden. Das BVerfG stellte fest, dass Art. 2 I i.V.m. Art. 1 I GG Rechtspositionen schützt, die für die Entfaltung der Persönlichkeit notwendig sind. Dazu gehört das Recht am nichtöffentlich gesprochenen Wort, über das der Sprecher das Verfügungsrecht hat.

Deshalb dürfe grundsätzlich jedermann selbst und allein bestimmen, wer sein Wort aufnehmen soll, sowie ob und vor wem seine auf einen Tonträger aufgenommenen Stimme wieder abgespielt werden dürfe.[378] Die Unbefangenheit der menschlichen Kommunikation werde gestört, müsste ein jeder mit dem Bewusstsein leben, dass jedes seiner Worte, eine vielleicht unbedachte oder unbeherrschte Äußerung, eine bloß vorläufige Stellungnahme im Rahmen eines sich entfaltenden Gesprächs oder eine nur aus einer besonderen Situation heraus verständliche Formulierung bei anderer Gelegenheit und in anderem Zusammenhang hervorgeholt werden könnte, um mit ihrem Inhalt, Ausdruck oder Klang gegen ihn zu zeugen. Private Gespräche müssten ohne den Argwohn und die Befürchtung, dass deren heimliche Aufnahme ohne die Einwilligung des Sprechenden oder gar gegen dessen erklärten Willen verwertet werde, geführt werden können.[379]

Dieses Recht entspricht dem Brief und Fernmeldegeheimnis in Art. 10 GG und ist nur dann, wenn das Gespräch in der eigenen Wohnung stattfindet, durch das besondere Grundrecht des Art. 13 GG vor staatlichem Eingriff geschützt.[380] Da das nichtöffentlich gesprochene Wort nicht unter dem absoluten Schutz der Grundrechte aus Art. 2 I i.V.m. Art. 1 I GG steht, darf dessen Schutz unter strikter Wahrung des Verhältnismäßigkeitsgrundsatzes eingeschränkt werden, soweit nicht der unantastbare Kernbereich angetastet wird. Die Unterscheidung zwischen Tonbandaufnahmen, die den schlechthin unantastbaren Kernbereich berühren, und solchen, die in den unter bestimmten Voraussetzungen dem staatlichen Zugriff offenstehenden Bereich der privaten Lebensgestaltung gehören, kann nur von Fall zu Fall unter Berücksichtigung seiner Besonderheiten getroffen werden. Dabei kommt es entscheidend darauf an, ob ein Eingriff bei einer Abwägung, die alle Umstände des Einzelfalles in Betracht zieht, dem Verhältnismäßigkeitsgrundsatz entspricht.[381] Äußerungen, die nicht unter dem Schutz von Art. 2 I i.V.m. Art. 1 I GG stehen, sind solche, die nicht zur Integrität der menschlichen Privatsphäre gehören, wie i.d.R. geschäftliche Mitteilungen, telefonische Bestellungen u.s.w. Diese dürfen elektronisch aufgezeichnet werden, da der objektive Gehalt des Gesagten i.d.R. in keinem persönlichkeitsrelevanten Zusammenhang zu der sprechenden Person steht.[382]

---

[378] BGHZ 27, 284 (286 ff.); OLG Celle, NJW 1965, 1677 (1678); OLG Düsseldorf, NJW 1966, 214; Starck, in: v. Mangoldt/Klein/Starck Art. 2 I Rn 88.
[379] BVerfGE 34, 238 (246 f.).
[380] Starck, in: v. Mangoldt/Klein/Starck Art. 2 I Rn 88. Hierzu näher in § 5 E.
[381] BVerfG 34, 238 (249 f.); Laber, Die Verwertbarkeit von Tagebuchaufzeichnungen, S. 27; Starck, in: v. Mangoldt/Klein/Starck Art. 2 I Rn 88.
[382] BVerfG 34, 238 (247); Starck, in: v. Mangoldt/Klein/Starck Art. 2 I Rn 88.

Aus diesen Entscheidungen darf der Schluss gezogen werden, dass *worüber* und *wie* der Dialog geführt worden ist den Unterschied ausmacht, ob das Gespräch zwischen Partnern einer Intimbeziehung zum Bereich des absolut geschützten Kernbereichs zu zählen ist, oder zum Bereich der privaten Lebensgestaltung, so dass eine Verwertung unter Beachtung des Verhältnismäßigkeitsprinzips nicht ausgeschlossen/möglich ist. Sprechen die Partner über intime Themen, und das Gespräch ist auch dadurch gekennzeichnet, dass es Außenstehenden vorenthalten werden soll, ist schon die Erhebung von vornherein unzulässig. Sollte eine Erhebung des Gesprächs jedoch stattgefunden haben, ist eine Verwertung dessen Inhalts ausgeschlossen. Es hängt somit vom Grad der Intimität des Aufgezeichneten ab – sei es eine schriftliche Niederschrift oder ein Gespräch – ob es zu dem absolut geschützten Kernbereich gezählt werden soll oder nur zur relativ geschützten Privatsphäre,[383] und ob daraufhin dessen Verwertbarkeit zuzustimmen ist oder nicht. Findet jedoch ein intimer Gedankenaustausch auf der Straße oder an einem anderen der Öffentlichkeit zugänglichen Ort statt, weist das i.d.R. darauf hin, dass die Betroffenen keinen Wert auf die Geheimhaltung des Sachverhaltes legen. Es scheint auch sachgerecht, dieses den Betroffenen aufzuerlegen, d.h. dass sie sich bewusst sind, wo sie sich befinden, und dass andere Menschen ihnen zuhören könnten, wenn sie intime Sachverhalte besprechen. Auf den Ort darf jedoch nicht aller Wert gelegt werden. Sind die Betroffenen der Meinung, dass sie alleine und ungestört sind, obwohl sie sich an einem Ort befinden, welcher der Öffentlichkeit zugänglich ist, z.B. beim Spaziergang im Wald, darf daraus nicht sofort der Schluss gezogen werden, dass sie keinen Wert auf Geheimhaltung legen. Es kommt somit auf die Besonderheiten eines jeden Falls an.

Auch lässt es sich nicht daraus, mit wem das Gespräch geführt wird, schließen, ob der Sachverhalt verwertbar ist oder nicht. Der Mensch sucht ein emotionales Band, eine Nähe, eine stabile Neigung und Kontakt zu anderen Menschen. Er hat ein grundlegendes Bedürfnis nach Geborgenheit, Kontakt und Liebe, die er nicht nur, aber besonders in Stress und Belastungssituationen, insbesondere im Zusammenhang mit negativen Emotionen wie Angst, Furcht und Kummer nötig hat. Ob der angehörige Zeuge sich mit dem Beschuldigten oder anderen Familienmitgliedern unterhält, oder zu Menschen greift, zu denen er eine Freundschaft aufgebaut hat, ist irrelevant. Bedeutsam für den Zeugen ist nur, dass er Vertrauen zu der Person hat. Hier ist besonders hervorzuheben, dass das Zeugnisverweigerungsrecht für Angehörige nicht die Basis für die Entstehung eines Vertrauensverhältnisses schafft – wie z.B. das Zeugnisverweigerungsrecht für Suchtberater (§ 53 I 3b) – sondern das schon bestehende Vertrauensverhältnis ist die Grundlage für das Bestehen des Zeugnisverweigerungsrechts. Ein Gedankenaustausch, der mit Mitgliedern der Familie oder Freunden stattfinden, und der erkennbar intim gehalten werden soll, ist dem absolut geschützten Kernbereich zuzuordnen und von der Erhebung und Verwertung im Strafverfahren ausgeschlossen. Die Grenze der unterschiedlich geschützten Sphären wird somit dadurch bestimmt, mit wem und wo man über was spricht.

---

[383] So im Ergebnis auch KK-Pfeiffer Einleitung Rn 121.

Wäre dem Staat gestattet, Gespräche zwischen dem Zeugnisverweigerungsberechtigten und Personen seines Vertrauens im Strafverfahren zu verwerten, würde der Staat beeinflussen, ob und wie sich die künftigen Beziehungen zwischen dem Zeugen und dem Beschuldigten und seinen weiteren Vertrauenspersonen entwickeln können. Der Staat würde darauf einwirken, wie eine bisher aufrechterhaltene intime Beziehung weiterhin zu gestalten ist. Solch eine Beeinträchtigung kann nicht hingenommen werden.

Als Fazit bleibt hier festzuhalten: Die „Kommunikation", also die intimen Aufzeichnungen, die intimen Aufzeichnungen, das „Selbstgespräch", sind somit gänzlich von einer Verwertung ausgeschlossen, wenn der Charakter und die Bedeutung des Inhalts der (Tagebuch)[384] Aufzeichnung die Intimität aufweist, die unter den verfassungsrechtlich geschützten Kernbereich fällt. Doch nicht nur dieses Medium ist für viele Menschen das notwendige Mittel der Selbsterkenntnis und Selbststabilisierung, das geeignet ist dem Kernbereich des Menschen zu unterliegen. Der zur Identitätsfindung führende Prozess konstituiert sich zugleich in einer inneren und in einer sozialen Sphäre. Der zur Identitätsfindung führende Prozess findet sowohl bei dem Einzelnen statt, in seiner Sphäre, in die er sich zurückziehen kann, als auch in Kommunikation mit Menschen, die mit ihm aufs Engste verbunden sind. Demgemäß ist der Sozialbezug nicht der Schlussakt bezüglich dessen, was die Intimität ausmacht, vielmehr können intime Gedankenaustausche mit Menschen, zu denen der Zeuge eine besondere Vertrauensbeziehung hat, zu dem unantastbaren Kernbereich gehören.

In dieser Arbeit bleibt somit festzuhalten, dass es gleichgültig ist, wie dieser Prozess stattfindet. Ob dieser Prozess nun beim Einzelnen allein und ohne jeden Kontakt zu seinen Nächsten abläuft, so dass er lediglich „im Kopf" des Einzelnen stattfindet, oder ob man bei sich zuhause Selbstgespräche führt, seine Gedanken schriftlich niederlegt oder ein Tagebuch führt, oder aber auf der Basis vorhandener intimer Beziehungen seine Empfindungen bespricht um sich zu orientieren, ist nach der hier vertretenen Meinung gleichgültig.[385]

---

[384] Das kann nicht davon abhängen ob der Beschuldigte diese Aufzeichnung als „Tagebuch" bezeichnet oder nicht.

[385] Schon einmal hat das BVerfG anerkannt, dass aus dem in Art. 2 I i.V.m. Art. 1 I GG geschützten Bereich der privaten Lebensgestaltung des Einzelnen, insbesondere seiner Intimsphäre, eine Begrenzung der Zeugnispflicht „im Einzelfall ausnahmsweise und unter ganz besonders strengen Voraussetzungen" vorgenommen werden kann (BVerfGE 33, 367). Diese Entscheidung bezog sich auf § 53 der nach Ansicht des Gerichts lediglich eine generalisierende Aussage darüber enthalte, bei welchen Berufen der Schutz des Vertrauensverhältnisses das Allgemeininteresse an der Aufklärung von Straftaten überwiege. Dem Richter sei es nicht verwehrt, den Schutz der Persönlichkeitssphäre im konkreten Fall ausnahmsweise stärker zu berücksichtigen, als dies dem an typischen Fallgruppen orientiertem Gesetzgeber möglich ist (BVerfGE 33, 367 (374 f.)). „Eine solche Einschränkung des Zeugniszwangs im Hinblick auf Art. 2 I i.V.m. Art. 1 I GG kann jeweils nur als Ergebnis einer vom Richter vorzunehmenden, konkreten und fallorientierten Abwägung zwischen den Belangen der Strafrechtspflege und den Geheimhaltungsinteressen des Einzelnen festgestellt werden, wobei insbesondere unter dem Gesichtspunkt des Verhältnismäßigkeitsgebots alle Umstände des Falles in die Prüfung einzubeziehen sind. Dazu gehören z.B. Art und Schwere der in Rede stehenden Straftat, die Höhe der Straferwartung, das

Im Folgenden bleibt zu untersuchen, ob eine von dem allgemeinen Persönlichkeitsrecht geschützte Rechtsposition, die Privatsphäre eines Menschen, tangiert sein könnte, indem der Zeuge personenbezogene Informationen preisgeben muss.

2. Das Recht auf informationelle Selbstbestimmung und Schutz der Entschließungsfreiheit

a) Elemente des Rechts auf informationelle Selbstbestimmung

In seiner Volkszählungs-Entscheidung[386] führte das BVerfG das Recht auf informationelle Selbstbestimmung ein. Dieses Recht ist kein neues Grundrecht, sondern es

---

Vorhandensein anderer Aufklärungsmöglichkeiten, die Bedeutung des Beweisthemas für die Beurteilung der Tat, Schuld oder Strafmaßfrage und die Intensität des durch die Zeugenvernehmung bewirkten Eingriffs in die Privatsphäre des Betroffenen. Nur äußerst selten etwa bei der Verfolgung bloßer Bagatelldelikte oder Ordnungswidrigkeiten von geringer Bedeutung wird danach der Richter Veranlassung haben, eine verfassungsrechtliche Begrenzung des Zeugniszwangs außerhalb der verfahrensrechtlichen Normen des einfachen Rechts überhaupt in Betracht zu ziehen." (BVerfGE 33, 367 (375)). Seit diesem Urteil hat sich das BVerfG viermal wieder mit der Frage der Erweiterung des Weigerungsrechts aus der Verfassung befasst; BVerfGE 38, 312; 44, 353; BVerfG NStZ 1988, 418; NJW 1996, 1587. Zu der Rechtsprechung der Strafgerichte siehe Baier JR 1999, 495 (497). Das BVerfG hat zu der Frage, ob ein Zeugnisverweigerungsrecht von Verfassungs wegen besteht, stets angeordnet, dass der Verhältnismäßigkeitsgrundsatz anzuwenden ist. Mittel zur Verwirklichung der Verhältnismäßigkeit des Eingriffs soll die auf den Einzelfall bezogene Abwägung sein (so auch Baier JR 1999, 495 (498)). Auf der einen Seite werden Art und Schwere der Straftat als maßgebende Kriterien aufgeführt, auf der anderen die Bedeutung des Grundrechts sowie die Intensität des Grundrechtseingriffs. Als Richtlinie wird aufgeführt, dass nur selten, etwa bei der Verfolgung von Ordnungswidrigkeiten von geringer Bedeutung oder Bagatelldelikten, eine Einschränkung der Zeugnispflicht möglich ist. Baier betont, dass das BVerfG diesen letzten Aspekt nicht mehr aufgenommen hat, wobei er jedoch nicht den Schluss ziehen will, dass man dies als eine Abkehr von der früheren Rechtsprechung verstehen soll (Baier JR 1999, 495 (498)). Im Falle des Zeugnisverweigerungsrechts für Angehörige findet jedoch keine solche Abwägung statt. Der Prozess zur Identitätsfindung, der den absolut geschützten Kernbereich des Persönlichkeitsrechts ausmacht, kann keiner Abwägung unterstellt werden. Besteht zwischen dem Zeugen und dem Beschuldigten solch eine intime Beziehung, dass durch die Auferlegung der Zeugnispflicht der Zeuge in seinem Recht durch Art. 2 I i.V.m. Art. 1 I GG verletzt wird, steht ihm das Recht zu, sein Zeugnis zu verweigern. Für die Prüfung der Frage, ob einer Person, die nicht Ehegatte des Beschuldigten ist, oder mit ihm in gerader Linie verwandt oder verschwägert ist, oder Geschwister des Beschuldigten ist, ein Zeugnisverweigerungsrecht zusteht, kann der Verhältnismäßigkeitsgrundsatz keine Anwendung finden. Die h.M. (Rengier, Zeugnisverweigerungsrechte, S. 107-110 und 112; Klöhn, Intimsphäre, S. 159 ff.; Rogall-SKStPO Vor § 48 Rn 94; Hanack JR 1980, 435 f.; Baier, JR 1999, 495 f.) kritisiert die Rechtsprechung mit dem Argument, dass so ein Zeugnisverweigerungsrecht weder von der Verfassung zwingend gefordert werde, noch mit der Systematik der Vorschriften über den Zeugenbeweis in Einklang stehe. Die Absicht des in §§ 53 und 52 gewählten Enumerationsprinzips sei u.a. Zeugnisverweigerungsrechte von Einzelpersonen in Einzelfällen auszuschließen (Rengier, Zeugnisverweigerungsrechte, S. 107.). Eine eingeräumte „Einzelfallaussageverweigerungsbefugnis" durchbreche dieses Prinzip. Es ist sicherlich dogmatisch schwerlich nachvollziehbar, eine enumerative Aufzählung durch einen Rückgriff auf die verfassungsrechtlichen Anforderungen an ihren Inhalt zu erweitern (so auch Kühne mit Bezug auf die Rechtsprechung des BVerfG zu § 53; Kühne, JuS 1973, 685 (687).).

[386] BVerfGE 65, 1.

handelt sich um eine Weiterentwicklung der Rechtsprechung zu Art. 2 I i.V.m. Art. 1 I GG,[387] wobei das Gericht in vieler Hinsicht der Kritik an der Sphärentheorie folgte, diese jedoch nicht aufgab.[388] Im Rahmen der informationellen Selbstbestimmung soll das Interesse an dem absolut geschützten Kernbereich auch gegenüber dem Staat zu berücksichtigen sein.

Das Gericht meinte, dass – wie es schon in seiner Rechtsprechung angedeutet hat[389] – das allgemeine Persönlichkeitsrecht die Befugnis des Einzelnen umfasse, grundsätzlich selbst zu entscheiden, wann und innerhalb welcher Grenzen persönliche Lebenssachverhalte offenbart werden. Dieses Recht bedürfe aber unter den heutigen und künftigen Bedingungen der automatischen Datenverarbeitung in besonderem Maße des Schutzes.[390] Die erforderliche Schutzverstärkung führe im Folgenden zu einer vertiefenden Anerkennung des Rechts auf informationelle Selbstbestimmung im Sinne der Befugnis des Einzelnen, grundsätzlich selbst über die Preisgabe und Verwendung seiner persönlichen Daten zu bestimmen.[391]

Das Recht auf informationelle Selbstbestimmung ist die Befugnis des Einzelnen, grundsätzlich selbst zu entscheiden, inwieweit und gegenüber wem er persönliche Lebenssachverhalte offenbart.[392] Demnach hat der Einzelne das Bestimmungsrecht über die Individualinformation,[393] woraus sich von selbst das Recht ergibt, den Inhalt der Information und den Kommunikationspartner zu bestimmen. Somit wird unter dem Recht auf informationelle Selbstbestimmung die Befugnis des Einzelnen verstanden, selbst zu entscheiden, ob, in welchem Umfang und zu welchem Zweck Informationen, die etwas über seine Person aussagen, erhoben und verwendet werden dürfen. Erfasst wird jede Form des Umgangs mit Informationen, jede Information und jede Form der Datenverarbeitung.[394]

Das Neuartige und Entscheidende an dieser Entscheidung des BverfG, dem Gewicht beizumessen ist, ist die Verwendungsmöglichkeit der Information; das Recht auf informationelle Selbstbestimmung ist somit nicht informationsorientiert. Das Gericht führt an jener Stelle selber dazu aus:

„Wieweit Informationen sensibel sind, kann hiernach nicht allein davon abhängen, ob sie intime Vorgänge betreffen. Vielmehr bedarf es zur Feststellung der persönlichkeitsrechtlichen Bedeutung eines Datums der Kenntnis seines Verwendungszusammenhangs: Erst wenn Klarheit darüber besteht, zu

---

387 Keller, Provokation von Straftaten, S. 74; Kunig, JURA 1993, S. 595 (596 f.); Riepl, Informationelle Selbstbestimmung im Strafverfahren, S. 6 m.w.N.
388 Keller, Provokation von Straftaten, S. 77.
389 BVerfGE 65, 1 (42); die Ableitung des Rechts auf informationelle Selbstbestimmung aus der vorangegangenen Rechtsprechung zum grundrechtlichen Schutz des allgemeinen Persönlichkeitsrechts vermag Kunig nicht überzeugen; Kunig, JURA 1993, S. 595 (596).
390 BVerfGE 65, 1 (42).
391 BVerfGE 65, 1 Leitsatz 1; Höfelmann, Das Grundrecht auf informationelle Selbstbestimmung, S. 51.
392 BVerfGE 65, 1 (42). Seitdem st. Rspr., zuletzt BVerfGE 96, 56, (61).
393 Und zwar nur diese, so zu Recht Vogelgesang, Grundrecht, S. 25.
394 Vogelgesang, Grundrecht, S. 24 ff.

welchem Zweck Angaben verlangt werden und welche Verknüpfungs und Verwendungsmöglichkeiten bestehen, läßt sich die Frage einer zulässigen Beschränkung des Rechts auf informationelle Selbstbestimmung beantworten."[395]

Das Recht auf informationelle Selbstbestimmung ist – wie sonstige Freiheitsgrundrechte auch – nicht schrankenlos gewährleistet.[396] Schranken des Rechts ergeben sich daraus, dass der Einzelne eine sich innerhalb der sozialen Gemeinschaft entfaltende, auf Kommunikation angewiesene Persönlichkeit ist. Informationen, auch soweit sie personenbezogen sind, stellen ein Abbild sozialer Realität dar, das nicht ausschließlich dem Betroffenen allein zugeordnet werden kann. Das Grundgesetz habe die Spannung zwischen Individuum und Gemeinschaft im Sinne einer Gemeinschaftsgebundenheit und bezogenheit der Person entschieden.[397]

Beschränkungen, die für den Gesetzgeber gelten, wenn er dem Grundrechtsgebrauch Schranken zieht, ergeben sich aus den verfassungsmäßigen, insbesondere aus den auf dem Rechtsstaatsprinzip basierenden Schranken. In der Volkszählungs-Entscheidung selbst verweist das BVerfG auf den Grundsatz der Verhältnismäßigkeit als solch eine Schranke der staatlichen Einwirkung auf die informationelle Selbstbestimmung.[398] Dies ist darauf zurückzuführen, dass die den Prozess der Informationserhebung und Informationsverarbeitung bestimmende Abgrenzung zwischen Individual und Gemeinschaftsinteressen nicht von der Verfassung selbst vollzogen ist.[399] Der Grundsatz der Verhältnismäßigkeit verlangt im einzelnen, dass der vom Staat verfolgte Zweck als solcher verfolgt werden darf und dass das vom Staat eingesetzte Mittel als solches eingesetzt werden darf, wenn der Einsatz des Mittels zur Erreichung des Zwecks geeignet ist und der Einsatz des Mittels zur Erreichung des Zwecks notwendig (erforderlich) ist.[400] Die Bewältigung dieser Aufgabe ist dem Gesetzgeber zugewiesen,[401] wobei ihm nur die in der Verfassung, besonders in den Grundrechten bestimmten Zwecke und Mittel als solche ge und verboten sind; ihm bleibt eine Vielzahl verfassungslegitimer Zwecke und Mittel.[402] Der Gesetzgeber hat Regelungen über Informationserhebungsverbote im Strafverfahren zu entwickeln, die insoweit geeignet sind, dass das Risiko einer Entwertung materieller Grundrechtspositionen nicht entsteht.[403]

---

395 BVerfGE 65, 1 (45).
396 BVerfGE 65, 1 (43 f.).
397 BVerfGE 65, 1 (44). Aus diesem folgerte Keller, dass das Recht mehr und in besonderer Weise Beschränkungen ausgesetzt ist; für ihn scheint es schon im Ansatz nur als ein quasi verdünntes subjektives Recht; Keller, Provokation von Straftaten, S. 78.
398 BVerfGE 65, 1 (54 f.).
399 Riepl, Informationelle Selbstbestimmung im Strafverfahren, S. 18 m.w.N.
400 Pieroth/Schlink, Grundrechte, S. 65 ff.
401 BVerfGE 63, 266 (288).
402 Pieroth/Schlink, Grundrechte, S. 66.
403 BVerfGE 65, 1 (48).

Im Mittelpunkt aller Bemühungen, den bei einer stärkeren Verwendung der EDV durch den Staat befürchteten Gefahren zu begegnen, steht der Versuch, einen dem Einzelnen gewährleisteten, dem Zugriff des Staates entzogenen Bereich abzugrenzen.[404] Als Grundlage und als ein Ziel des Rechts auf informationelle Selbstbestimmung nennt das Gericht die Erhaltung der Entscheidungsfreiheit. Sie ist nach Meinung des Gerichts eine elementare Grundbedingung eines auf Handlungs und Mitwirkungsfähigkeit seiner Bürger begründeten freiheitlichen demokratischen Gemeinwesens.[405] Das Gericht sieht das Recht in erster Linie dann berührt, wenn der Einzelne nicht mit hinreichender Sicherheit überschauen kann, welche ihn betreffenden Informationen anderen bekannt sind; denn wenn er das Wissen möglicher Kommunikationspartner nicht abzuschätzen vermag, kann er in seiner Freiheit, aus eigener Entscheidung zu planen und zu entscheiden, wesentlich gehemmt werden.[406]

b) Das Recht auf informationelle Selbstbestimmung und die Entschließungsfreiheit

Bei ihrer prozessualen Wahrheitserforschung greifen die Strafverfolgungsbehörden in das Recht auf informationelle Selbstbestimmung verschiedener Personen ein. Dabei muss im Auge behalten werden, dass der Staat bei dieser Tätigkeit nicht an Informationen bezüglich des Zeugen interessiert ist, sondern bezüglich seines beschuldigten Angehörigen, über die jedoch der Zeuge verfügen könnte. An wahrheitsgemäßen Aussagen der Menschen, mit denen der Beschuldigte sein Leben teilt oder bisher geteilt hat, sind die Behörden vor allem interessiert, da sie wegen ihrer Nähe zu dem Beschuldigten über belastende Informationen verfügen könnten, die für die Aufklärung der dem Beschuldigten zur Last gelegten Straftat von besonderer Bedeutung sind. Von dem Beschuldigten selbst wird nichts zu erfahren sein, da diesem ein Schweigerecht zusteht und er sich nicht selbst belasten wird. Diese Menschen sind nicht selten Augenzeugen der Straftat oder sogar Opfer der in Frage kommenden strafbaren Handlung. Jegliche Informationen, über die sie verfügen, können somit zur Überführung des Beschuldigten beitragen.

Die strafprozessuale Aufklärungspflicht gilt nicht unbeschränkt, da sie durch eine Anzahl von Rechtsnormen eingegrenzt ist. Diese sogenannten Beweisverbote[407] untergliedern sich zunächst nach h.M. in Beweiserhebungs und Beweisverwertungsverbote. Ein Beweiserhebungsverbot ist das Beweismittelverbot, welches sagt, dass bei der Beweiserhebung bestimmte Beweismittel nicht verwendet werden dürfen. Ein gesetzlich normiertes Beweiserhebungsverbot ist das Zeugnisverweigerungsrecht. Dieses Recht steht dem angehörigen Zeugen im Wege seiner Entschießungsfreiheit zu. Hat ein Mensch solch eine Nähe zum Beschuldigten wie es der angehörige Zeuge hat, offen-

---

[404] Benda, Privatsphäre und „Persönlichkeitsprofil", S. 28.

[405] Vogelgesang, Grundrecht auf informationelle Selbstbestimmung?, S. 53 m.w.N.

[406] BVerfG 65, 1 (43).

[407] Anerkannte Beweisverbote leiten sich aus ausdrücklichen Bestimmungen der Strafprozessordnung, aus dem Grundgesetz und aus ungeschriebenem Recht ab. Eine einheitliche Terminologie hat sich noch nicht durchgesetzt und ohne Zweifel ist die Beweisverbotslehre eines der am wenigsten bewältigten Themen des deutschen Strafprozessrechts.

bart er bei einer Zeugenaussage immer auch seine persönlichen Lebenssachverhalte, wenn er Informationen bezüglich des Beschuldigten preisgeben muss. Wegen der Nähe des Zeugen und des Beschuldigten kommt die Frage gar nicht auf, ob das Recht auf informationelle Selbstbestimmung auch das Recht umfasst, Informationen bezüglich seiner Angehörigen nicht preisgeben zu müssen. Dies sind – wegen der Nähe der Menschen – seine eigenen personenbezogenen Informationen, die er bei einer Vernehmung preisgeben müsste.

Mit dem Zwang zur Aussage muss der Zeuge sowohl belastende wie entlastende Informationen preisgeben. Der Beschuldigte ist vor allem daran interessiert, dass er freigesprochen wird, oder zumindest „gut" davon kommt. Jede entlastende Information, die in das Verfahren hereingebracht wird, wird er somit begrüßen. Muss der Zeuge jedoch auch seine belastenden Informationen preisgeben, wird der Beschuldigte wohl nicht sehr begeistert sein. Dies sind jedoch allesamt Informationen, die den Beschuldigten selbst betreffen. Das Zeugnisverweigerungsrecht schützt demnach ohne Zweifel mittelbar das Recht auf informationelle Selbstbestimmung eines beschuldigten Angehörigen.[408] In erster Linie schützt jedoch das Verweigerungsrecht die Befugnis des Zeugen, selbst darüber zu bestimmen, inwieweit und gegenüber wem er seine persönliche Lebenssachverhalte offenbaren will. Informationen, die der Zeuge durch seine Aussage preisgibt, sind – obwohl sie sich auf seinen Angehörigen, den Beschuldigten, beziehen – immer seine Lebenssachverhalte; es sind Abschnitte aus seinem Leben, die er offenbart; durch die Aussage gibt er Anteil an seinem Leben. Das Zeugnisverweigerungsrecht ist somit Ausdruck seines Rechts auf informationelle Selbstbestimmung.

III. Fazit

Die Entscheidung des Zeugen, ob er sein Recht wahrnimmt oder nicht, und wenn ja, wie er sich entscheidet auszusagen, betrifft den Innenbereich der Person. Deshalb könnte das allgemeine Persönlichkeitsrecht, welches den Innenbereich der Person schützt, tangiert sein.

Tangiert könnte das allgemeine Persönlichkeitsrecht des Zeugen auch auf eine andere Weise sein. Ansichten reifen und entwickeln sich auch durch die Kommunikation des Zeugen mit Menschen, zu denen er Vertrauen hat oder auch nicht. Die Kommunikation mit anderen Menschen – welche Menschen dies nun sind – ist ein Mittel zur inneren Daseinsbewältigung und Selbststabilisierung, und ist somit auch Teil des Kernbereichs des allgemeinen Persönlichkeitsrechts. Handlungen mit Sozialbezug – wie bspw. ein Gespräch – sind zum unantastbaren Kernbereich zu rechnen, wenn nur die Beziehung zum Gesprächspartner oder auch nur der Gesprächsinhalt dem „Höchst-

---

[408] So schon Riepl, Informationelle Selbstbestimmung im Strafverfahren, S. 179.

persönlichen" zuzurechnen ist, z.B. die „familienrechtliche Beziehung".[409] In der Literatur werden Zweifel geäußert, ob Beziehungen wie Ehe, Familie und Freundschaft nicht doch dem Kernbereich angehören.[410] Vorgänge, die sich in Kommunikation mit anderen vollziehen, können deshalb dem Zugriff des Gesetzgebers entzogen sein.[411]

Weiter könnte das allgemeine Persönlichkeitsrecht tangiert sein, indem der Zeuge personenbezogene Informationen preisgeben muss, welche die Strafverfolgungsbehörden jedoch interessieren, da sie auch Informationen bezüglich des Beschuldigten sein können. So gesehen ist das allgemeine Persönlichkeitsrecht in der Interpretation, die es durch das Recht auf informationelle Selbstbestimmung erfahren hat, tangiert.

Wenn intime Gespräche zwischen einander nahestehenden Personen in einer Wohnung geführt werden, muss das Grundrecht der Unverletzlichkeit der Wohnung, das in engem Zusammenhang mit dem verfassungsrechtlichen Gebot unbedingter Achtung der Privatsphäre des Bürgers steht,[412] beachtet werden.[413] Dem wird im nächsten Kapitel nachgegangen.

E. Unverletzlichkeit der Wohnung

Ziel des Grundrechts ist es, der räumlichen Privatsphäre einen umfassenden Schutz zu garantieren und die Wohnung als Mittelpunkt freier Entfaltung der Persönlichkeit zu schützen.[414] Art. 13 GG schützt die Familienwohnung, die private Sphäre der Familie und die intimen Beziehungen ihrer Mitglieder; in Art. 13 GG wird daher eine Verstärkung des Art. 6 I GG gesehen.[415] Soweit es um die Erhebung von Informationen in oder aus der Wohnung geht, ist Art. 13 gegenüber den sonst in Art. 2 I i.V.m. Art. 1 I GG garantierten Privatsphärenschutz und dem Grundrecht auf informationelle Selbstbestimmung aus Art. 2 I i.V.m. Art. 1 I GG spezieller.[416] Der Schutzbereich des Grundrechts erstreckt sich auf die privaten Räume, in denen der Einzelne sich selbst besitzt, in die er sich zurückziehen kann, zu denen die Umwelt keinen Zutritt hat, in denen man in Ruhe gelassen wird und ein Recht auf Einsamkeit genießt.[417] Das verfassungsrechtliche Schrifttum erklärt, dass die Garantie der Unverletzlichkeit der Wohnung, mit Blick auf die Menschenwürde und im Interesse der Entfaltung der Persönlichkeit, einen „elementaren Lebensraum" sichere, auf den der Einzelne zur Be-

---

[409] BVerfGE 6, 389, in der dieses Kriterium nur als eine Richtlinie angesehen wird, die Ausnahmen im Hinblick auf „familienrechtliche Beziehungen" zulässt; vgl. Rohlf, Privatsphäre, S. 79. Vgl. auch BVerfGE 27,1.
[410] Zweifel: Dalakouras, Intimsphäre, S. 51 m.w.N.
[411] Laber, Die Verwertbarkeit von Tagebuchaufzeichnungen, S. 27.
[412] Pieroth/Schlink, Grundrechte, S. 215.
[413] BVerfGE 32, 54 (73); 51, 97 (107); 75, 302 (328); Gornig, in: v. Mangoldt/Klein/Starck Art. 13 I Rn 1.
[414] BVerfGE 18, 121 (131 f.); 89, 1 (9, 12); Gornig, in: v. Mangoldt/Klein/Starck Art. 13 I Rn 1.
[415] Rohlf, Privatsphäre, S. 154, 173 f.; Gornig, in: v. Mangoldt/Klein/Starck Art. 13 I Rn 52, jeweils m.w.N.
[416] BVerfGE 51, 97 (105); Gornig, in: v. Mangoldt/Klein/Starck Art. 13 I Rn 53.
[417] BVerfGE 27, 1 (6).

friedigung elementarer Lebensbedürfnisse sowie zur Freiheitssicherung und Entfaltung seiner Persönlichkeit angewiesen ist.[418]

Das Schutzgut von Art. 13 I GG kann durch verschiedene Vorkehrungen, wie z.B. in oder außerhalb der Wohnung installierte Ton oder Bildaufzeichnungsgeräte, beeinträchtigt werden. Sie alle ermöglichen ein Eindringen in den räumlichen Individualbereich, ohne den Nutzungsberechtigten der Wohnung darauf aufmerksam zu machen.[419] Aufgrund der Änderung, die Art. 13 GG im Jahre 1998 erfahren hat, können Wohnungen eines prinzipiell unbegrenzten Kreises unbeteiligter Personen abgehört werden und folgerichtig nicht nur Gespräche des Beschuldigten, sondern auch alle anderen Gespräche, die in den belauschten Wohnungen geführt werden.[420]

Höchstpersönliche Gespräche mit engsten Familienangehörigen werden vom Schutz der durch Art. 2 I i.V.m. Art. 1 I GG garantierten Intimsphäre erfasst.[421] Zwar ist die Grenze des absolut geschützten Bereichs privater Lebensführung nicht abstrakt bestimmbar, weil insbesondere die Schutzwürdigkeit von Räumlichkeiten von ihrer konkreten Nutzung bestimmt wird, doch dürfen Abhörmaßnahmen um so weniger erfolgen, je größer die Wahrscheinlichkeit ist, dass mit ihnen zutiefst private und deshalb absolut geschützte Gespräche erfasst würden (die zudem gerade wegen ihres rein privaten Inhalts für die Strafverfolgungsbehörden uninteressant wären). Sind solche Maßnahmen – irrtümlich – doch einmal getroffen worden, so müssen die dabei gefertigten Aufzeichnungen unverzüglich gelöscht werden.

Wie zuvor schon festgestellt worden ist, bewahrt das Zeugnisverweigerungsrecht die Entschließungsfreiheit des angehörigen Zeugen. Aus der Struktur des Verweigerungsrechts ist jedoch evident, dass die Personen, denen das Recht zusteht, aus persönlichen Gründen ihr Zeugnis in einem Strafverfahren zu verweigern, in der Regel zusammen ihr Leben führen und eine Familie bilden. Wegen der Beschränkung des Personenkreises der zeugnisverweigerungsberechtigten Angehörigen auf rechtlich formalisierte Angehörigkeitsverhältnisse, ist mancher schnell zu dem Ergebnis gekommen, dass das Verweigerungsrecht gewährleistet wird, weil es die Familie schützen soll. Der Grund für die Gewährleistung des Schutzes ist dabei auf die Verpflichtung des Staates aus Art. 6 I GG zurückzuführen, aus dem hervorgeht, dass der Staat die Ehe und Familie 'in einer besonderen Weise' schützen soll. Als Nächstes wird daher untersucht, ob das Zeugnisverweigerungsrecht dem Schutz der Familie dient.

---

418 Gornig, in: v. Mangoldt/Klein/Starck Art. 13 I Rn 1 m.w.N.
419 Gornig, in: v. Mangoldt/Klein/Starck Art. 13 I Rn 44.
420 Gornig, in: v. Mangoldt/Klein/Starck Art. 13 I Rn 107.
421 Zum folgenden: BT-Drucksache, 13/9660, Bericht des Rechtsausschusses, 15.1.1998, S. 4; Gornig, in: v. Mangoldt/Klein/Starck Art. 13 I Rn 113.

F. Schutz von Ehe und Familie

I. Schutz der Institutionen Ehe und Familie

Was so einige Autoren unter dem Gedanken „Schutz der Familie“ verstehen, ist nicht immer eindeutig. Einige Gelehrte[422] haben dieses Schutzgut vorbildlich unter unterschiedlichen Gesichtspunkten betrachtet; erstens, dass man die Familie im Ganzen vor Belastungsproben schützen muss; zweitens, dass die Ehe und Familie um ihrer selbst willen als Institution geschützt werden müssen und schließlich, dass auf ein familiäres Vertrauensverhältnis Rücksicht genommen werden muss. In diesem Kapitel wird sich diese Arbeit mit den zwei zuerst genannten Zwecken auseinandersetzen.

Die Vorstellung, dass das Verweigerungsrecht die Familie schütze, ist durchaus nicht neu. Schon in ihren ersten Abhandlungen auf diesem Rechtsgebiet vertrat die Literatur diese Meinung. Eine Reihe von älteren Verfassern vertrat sogar die Auffassung, dass der Schutz der Familie der einzige oder jedenfalls der wesentliche Grund für die Befreiung von der Zeugenpflicht ist. Einige waren der Ansicht, dass er nur einer von mehreren Gründen ist.

Mittermaier, der vorrangig den Zweck der Verweigerungsrechte darin sah, Nachteile für den Zeugen zu berücksichtigen, als den Schutz des Zeugen selbst, fügt dem jedoch zu, dass der Zeuge in einem „innigen Verhältnis mit dem Angeklagten steht“, so dass „daher der Zwang zum Zeugnisse wirklich die Verletzung der zarten von der Natur geknüpften Bande enthalten würde.“[423] Das verwandtschaftliche Verhältnis, welches zwischen dem Zeugen und Angeklagten besteht, will er somit auch als ein geschütztes Gut des Verweigerungsrechts sehen. Auch in seiner Abhandlung aus dem Jahre 1888 sah *Muskat* die Schonung der Familie, in „welche durch eine belastende Aussage des zu ihr gehörigen Zeugen leicht ein ihr Glück untergrabender Zwiespalt hineingetragen werden könnte“, als mitbestimmend für das Ablehnungsrecht.[424] *Von Wach* ging in seiner Abhandlung über das Recht der Zeugnisverweigerung aus dem Jahre 1905 soweit, die „Bande der Familie“ als den einzigen richtigen Grund für die Zeugnisverweigerung anzusehen, und nicht die im gegebenen Fall nachweisbare innere Solidarität des Zeugen und Beschuldigten, die Pietät, Dankbarkeit, Liebe und Freundschaft.[425] Er hob es besonders hervor, dass es „wider der Natur und unser sittliches Gefühl [ist], den nahen Angehörigen zur Ausfrage und zum Schwur gegen den Beschuldigten zu zwingen. Der Staat würde damit sein eigenes unantastbares Fundament, die heiligen Bande der Familie lockern, ja zerstören und ein Dilemma schaffen, das unser sittliches Gefühl verletzt.“ *Meuthien* wies ein halbes Jahrhundert später zutreffend darauf hin, dass bei einer Pflicht zu einer wahrheitsgemäßen Zeugnisaussage, auch die Familie des Zeugen und Beschuldigten, Spannungen ausgesetzt werden kann.[426] Unter Familienmitgliedern

[422] Rengier, Zeugnisverweigerungsrechte, S. 8 ff.; Fels, Der privilegierende Einfluß, S. 101.
[423] Mittermaier, Die Lehre vom Beweise, S. 308 ff. (310).
[424] Muskat, Das Zeugnis vom Hörensagen, S. 297.
[425] Von Wach, Das Recht der Zeugnisverweigerung, S. 6.
[426] Meuthien, ZVR der Angehörigen, S. 21.

können Vorwürfe über Inhalt und Form der Aussage, sowie über die Tatsache der Zeugnisablegung selbst, die das Familienmitglied durch das Erdulden von Zwangsmaßnahmen zur Erzwingung des Zeugnisses hätte umgehen können, nicht ausbleiben und ihr Zusammenleben unerträglich machen. Unter dieser Annahme erklärt *Meuthien*, neben dem Gefühlswiderstreit des Zeugen selbst, den Schutz der Familie als einen nicht minder schwerwiegenden Grund für die Befreiung der Angehörigen von der Aussagepflicht.

Auch in der neueren Literatur – teilweise mit Hinweis auf die Rechtsprechung des BGH, dass der Zeuge den Konflikt nicht subjektiv zu empfinden brauche[427] – wird betont, dass durch das Verweigerungsrecht die Familie im Ganzen geschützt werden soll. *Rengier* unterscheidet – neben der prozessrechtlichen – zwischen einer vorprozessualen und einer nachprozessualen Schutzrichtung des Zeugnisverweigerungsrechts.[428] Die vorprozessuale Schutzrichtung des § 52 schützt die Familie als Ausspracheforum und Zentrum unbefangener Kommunikation; in seiner nachprozessualen Auswirkung soll das Verweigerungsrecht vermeiden, dass die Familie internen Belastungsproben ausgesetzt ist, die unvermeidbar sind, wenn der Angeklagte später Vorwürfe über Inhalt und Form der Zeugenaussagen seiner Angehörigen in die Familie hineinträgt. Es geht um den Schutz der offenen Aussprache und damit um die Erhaltung eines gesunden Familienklimas.[429]

Nach Ansicht der Literatur, die diesen Gedanken hervorgebracht hat, ist der signifikanteste Gedanke hinter dem Schutz der Familie durch das Weigerungsrecht der Schutz der Familie um ihrer sozialen Funktion willen. Die Familie ist demnach der Ort, an dem Eltern und Kinder, aber auch darüber hinaus weitere Verwandte durch Zuspruch und Ermutigung ihre Fähigkeit zu verantwortlichem Leben in der Gemeinschaft festigen. Das wissenschaftliche Schrifttum, das sich zu diesem umfassenden Familienschutzzweck bekennt, hat immer wieder auf zwei Beschlüsse des Großen Senats für Strafsachen zurückgegriffen – BGHSt 11, 213 und 12, 235 – um ihre These zu bekräftigen. Ansonsten hat der BGH und vor ihm das Reichsgericht in seinen Urteilen immer wieder abweichende Schutzzwecke angeführt. Mal ist der Schutz der Familie, einschließlich dem Schutz vor der Konfliktlage,[430] mit Hinweis auf die Beschlüsse des großen Senats zu einem übergeordneten Schutzzweck ernannt worden, mal sind Urteile gefällt worden, die eindeutig darauf hinweisen, dass dem BGH in Bezug zum Zeugnisverweigerungsrecht ein Schutz der Familie fremd ist.

Um beurteilen zu können, warum der Große Senat diesen Schutzzweck in seinen Beschlüssen angesprochen hat und welche Stellung er zu ihm eingenommen hat, werden diese zuerst kurz analysiert. Dies ist nötig um herauszufinden, welches Ziel der BGH mit seiner widersprüchlichen Rechtsprechung zu erreichen versucht; ob er der Auffas-

---

[427] Rengier, Zeugnisverweigerungsrechte, S. 8 mit Hinweis auf BGHSt 12, 235 (239); 14, 159 (161).
[428] Rengier, Zeugnisverweigerungsrechte, S. 8 f.
[429] Rengier, Zeugnisverweigerungsrechte, S. 8 f.; Schmitt, Berücksichtigung der ZVR, S. 49 f.; Baier, Ergänzung der §§ 52 ff., S. 54 f., jedoch mit Bedenken.
[430] Zu diesem Schutzzweck, siehe Kapitel § 4 C.

sung ist, dass das Weigerungsrecht die Familie schützt und gegebenenfalls aus welchem Grund. Anschließend wird sich die Arbeit mit zwei Verfahrenskonstellationen zum Zeugnisverweigerungsrecht auseinandersetzen, bei denen die Rechtsprechung und herrschende Meinung in der Literatur übereinstimmen, und die belegen, dass der Schutz der Familiensphäre nicht absolut ist.

Zuerst wird jedoch dargestellt welche Position die Rechtsprechung zu diesem Thema eingenommen hat.

1. Ist nach Ansicht der Rechtsprechung die Familie dem Schutzbereich des § 52 zuzuordnen?

Meines Erachtens hat das Reichsgericht nie die Familie für ein Schutzgut des § 51 RStPO [§ 52 StPO] erklärt. Dass das Gericht diesem Gedanken jedoch nicht abgeneigt war, kann unter Umständen aus seinen Urteilen entnommen werden.

Es erwähnt jedoch, dass durch das erteilte Zeugnisverweigerungsrecht für Angehörige, deutlich der gesetzgeberische Gedanke erkennbar werde, Rücksicht auf diejenigen natürlichen Beziehungen zu nehmen, die durch die Blutsgemeinschaft und die durch Eingehung einer Ehe vermittelte Gemeinschaft, sowie durch Verlöbnis, zustande gekommen sind.[431] Der Kollision von Rechtspflichten mit diesen natürlichen Pflichten oder Interessen werde durch das Weigerungsrecht Rechnung getragen, so dass bei Vorliegen der bezeichneten nahen Beziehungen das – unbedingte – Strafverfolgungsrecht des Staates gegenüber der durch das Bestehen des Angehörigkeitsverhältnisses gebotenen Rücksicht zurücktreten müsse. Weiter hebt es hervor, dass die Zwangslage des Zeugen, auf die das Gesetz in § 51 RStPO Rücksicht nimmt, für jeden bestehe, „der als Zeuge auf der einen Seite verpflichtet ist, unter seinem Eide die Wahrheit zu sagen, auf der anderen Seite aber befürchten muß, durch Bekenntnis der vollen Wahrheit einen seiner Angehörigen zu schädigen, mag nun dieser Angehörige am Prozesse selbst als Partei beteiligt sein oder nicht“.[432] Dass die Zwangslage somit nicht nur gegenüber dem Beschuldigten besteht, sondern auch gegenüber anderen Angehörigen die nicht an diesem Prozess beteiligt sind, gibt Anlass zu der Behauptung, dass die Familie nach Ansicht des Reichsgerichts ein Schutzgut des § 51 RStPO ist.

Wie oben schon geschildert worden ist, hat der BGH über die Jahre kontroverse Urteile bezüglich des Schutzes der familiären Beziehungen gefällt. Der Grund für die Anerkennung in seinem ausführlichsten Urteil ist höchst bedenklich und löste heftige Auseinanderstetzungen darüber aus, ob § 52 die familiären Beziehungen schütze oder nicht.

Bis zum Beschluss des Großen Senats vom 21. Januar 1958 hatte sich das Gericht – wie das Reichsgericht – schon öfter dafür ausgesprochen, dass das Weigerungsrecht

---

[431] RGSt 10, 117 (118); 14, 187 (188).
[432] RGSt 12, 143 (145); 14, 7 (8); 31, 142 (143); 40, 46 (47).

auf Beziehungen der Zeugen zum Angeklagten beruhe und lediglich auf die mögliche innere Belastung des Zeugen Rücksicht nehme. Dementsprechend führte es wiederholt aus, dass „nur der mögliche Widerstreit der Pflichten in der Person des Zeugen den Gesetzgeber veranlaßt hat, das öffentliche Bedürfnis an der Aufklärung eines möglicherweise strafbaren Sachverhaltes zurücktreten zu lassen ...",[433] und erwähnte niemals ausdrücklich die Familie als Schutzgut des § 52.

Lohnend ist es deshalb zu untersuchen, was den BGH letzten Endes dazu bewogen hat, das familiäre Beziehungsverhältnis als Schutzgut des Weigerungsrechts wahrzunehmen.

a) Genese der Rechtskreistheorie

Die Annahme, dass das Weigerungsrecht zusätzlich den Familienfrieden wahre, hat der BGH – wie den Schutz der Wahrheitsfindung – in Verbindung mit seiner Rechtskreistheorie entwickelt.[434]

Für seine Untersuchung zum möglichen Revisionsrecht des Angeklagten, weil ein Zeuge entgegen der Vorschrift des § 55 II nicht über sein Auskunftsverweigerungsrecht belehrt wurde, zieht der BGH § 52 heran und stellt fest, dass beide Aussageverweigerungsrechte auf zum Teil wesentlich von einander abweichenden gesetzgeberischen Gründen beruhen. Den zwingenden Vorschriften sei gemeinsam, dass sie nicht zum Schutz der Wahrheitsfindung bestimmt sind,[435] und dass sie dem Zeugen die obengenannte Zwangslage ersparen sollen. Die „abweichenden gesetzgeberischen Gründe" seien, dass das Zeugnisverweigerungsrecht des § 52 der schonenden Rücksicht auf die Familienbande entspringe, jedoch das Auskunftsverweigerungsrecht des § 55 ausschließlich auf der Achtung vor der Persönlichkeit des Zeugen beruhe.

Mit diesem Argument begründet der BGH, dass der Rechtskreis des Angeklagten mit der Nichtbelehrung des Verweigerungsberechtigten Zeugen unmittelbar berührt werde, der so befugt sei, sie mit der Revision zu rügen. Der Rechtskreis des Angeklagten sei jedoch durch den Konflikt des Zeugen beim Auskunftsverweigerungsrecht „nicht so berührt", dass den Angeklagten wegen unterbliebener Belehrung des Zeugen ein Rügerecht zugestanden werden könne.

Aus dieser Argumentation lässt sich schließen, dass der BGH es als notwendig ansieht, den „Schutz der Familie des Angeklagten" als ein Zweck des Zeugnisverweigerungsrechts für Angehörige in § 52 zu qualifizieren, um seine Rechtskreistheorie zu billigen. Es war somit nicht die Präferenz des Gerichts für das Schutzgut „Wahrung der Familie", die im Vordergrund stand, sondern der Gedanke, dem Angeklagten kein Revisionsrecht bezüglich § 55 zu erteilen.

---

433 BGHSt 1, 373 (374); 2, 99 (104); 3, 149 (152); 4, 217 f.; 7, 194 (196); 9, 37 (38 f.); 10, 77 (78).
434 BGHSt 11, 213.
435 Siehe dazu in Kapitel § 3.

b) Empfindung der Konfliktlage – Ungenügende Verstandesreife

Der zweite Beschluss, aus dem die Literatur herausinterpretieren will, dass die Familie Schutzgut des Zeugnisverweigerungsrechts ist, ist der Beschluss des Großen Senats für Strafsachen aus dem Jahre 1958.[436] In diesem stand der BGH vor der Frage, wie der Einsatz eines gesetzlichen Vertreters oder Verfahrenspflegers zu regeln sei, wenn ein Nichtbeschuldigter – in diesem Falle ein unmündiges Kind – nach § 81 c II S. 3 i.V.m. I S. 2 a.F. das Untersuchungsverweigerungsrecht zusteht, es jedoch nach Ansicht des Gerichts nicht die zum Verständnis dieses Rechts erforderliche geistige Reife besitzt. Der BGH kam zu dem Ergebnis, dass Beweispersonen, welche die zum Verständnis ihres Weigerungsrechts nach § 81 c erforderliche geistige Reife nicht besitzen, zu Beweiszwecken körperlich nur untersucht werden dürften, wenn ihr gesetzlicher Vertreter einwillige. Ihm stehe die Entscheidung über das Weigerungsrecht in jeder Richtung zu. Er dürfe den Eingriff ablehnen oder aber auch zustimmen.

Um zu dieser Schlussfolgerung zu kommen, stellte der BGH fest, dass § 81 c II ein Gegenstück zum § 52 sei. Danach prüfte er, von welchen Voraussetzungen § 52 das Weigerungsrecht abhängig macht. Er kam zu dem Schluss, dass § 52 dem „Pflichtenwiderstreit“, entweder den Beschuldigten wahrheitsgemäß zu belasten oder die Unwahrheit auszusagen, Rechnung trage. Dieses brachte für das Gericht jedoch einige Probleme mit sich. Ein minderjähriges Kind, das infolge mangelnder Einsichtsfähigkeit gar keine Zwangslage empfindet – wie in diesem zu bewältigenden Fall – muss konsequent keinen Konflikt lösen.[437] Der BGH hielt zur Lösung dieses Problems fest, dass ein allgemeines Interesse daran bestehe, dass der an sich aussagepflichtige Zeuge ohne seine bewusste Zustimmung nicht zur Aussage gegen einen Angehörigen gezwungen werden könne. § 52 setze deshalb nur die äußere Konfliktlage voraus, in welche die familiären Beziehungen den Zeugen stellen. Ob er diesen Widerstreit empfinde und ob er sich durch ihn zur Weigerung veranlasst sehe, sei bedeutungslos; ihm stehe das Recht ausnahmslos zu. Seit diesem Urteil wird in jedem Kommentar zu § 52 auf diese Worte hingewiesen.[438] Die Literatur hat diese Aussage aufgegriffen und interpretiert sie so, dass durch § 52 die Familie vor internen Belastungsproben geschützt werden solle, die unvermeidbar seien, wenn der Angeklagte später Vorwürfe über Inhalt und Form der Zeugenaussagen seiner Angehörigen in die Familie hineintrage.[439]

Mit diesem Beschluss formulierte der BGH die Regel, dass der gesetzliche Vertreter, als Vertreter im Willen, die Entscheidung bezüglich des Untersuchungsverweigerungsrechts zu treffen hat. Die Gesetzgebung hat diese Rechtsprechung zu § 81 c a.F. in die Neufassung des § 81 c III S. 2 übernommen und die Entscheidung allein dem gesetz-

[436] BGHSt 12, 235 [GSSt].
[437] Weber, MDR 1962, 169; Petry, Beweisverbote, S. 48 Fn 59.
[438] Kleinknecht/Meyer-Goßner § 52 Rn 1; LR-Dahs § 52 Rn 1; Pfeifer § 52 Rn 1; Lemke § 52 Rn 4; Eisenberg, Beweisrecht der StPO, S. 434.
[439] Statt aller Rengier, Zeugnisverweigerungsrechte, S. 8 m.w.N.

lichen Vertreter überlassen.[440] Hinsichtlich des Weigerungsrechts ist die Regelung jedoch eine andere geworden. Ist der Weigerungsberechtigte noch minderjährig und vermag er wegen mangelnder Verstandesreife, einer psychischen Krankheit oder einer geistigen, bzw. seelischen Behinderung die Bedeutung des Weigerungsrechts nicht hinreichend zu erfassen, darf er nur dann vernommen werden, wenn er zur Aussage bereit ist und auch sein gesetzlicher Vertreter oder der Verfahrenspfleger der Vernehmung zustimmt.[441] Gleiches gilt für Betreute, die durch eine psychische Krankheit oder eine geistige oder seelische Behinderung die Bedeutung des Weigerungsrechts nicht erfassen können. Gemäß der Rechtsordnung und Rechtsprechung ist somit in diesen Fällen, neben der eigenen Aussagebereitschaft des Zeugen, die Zustimmung des gesetzlichen Vertreters einzuholen. Erklärt der Zeuge, dass er nicht aussagen wolle, so bleibt es dabei. Durch die Zustimmung des gesetzlichen Vertreters wird der Zeuge nicht gezwungen, entgegen seinem Willen auszusagen. Diese Gestaltung der Regelung ist auch die einzig mögliche. Der Auffassung, dass diese pragmatische Erkenntnis des Gerichts, dass ein wohlmöglich vorhandener Konflikt nur objektiv vorzuliegen, nicht subjektiv empfunden zu werden braucht, darauf hindeutet, dass das Weigerungsrecht mehr als nur einen „Pflichtenwiderstreit" des Zeugen schützen will, und dass das Gericht die Familie als ein Schutzgut des Weigerungsrechts sieht,[442] kann nicht zugestimmt werden. Zur Begründung muss zwischen der Verweigerung und der Aussagebereitschaft minderjähriger Person unterschieden werden.

Eine Person, die zum Verständnis dieses Rechts die erforderliche geistige Reife nicht besitzt und nicht aussagen will, kann alleine über Informationen verfügen, die ihren Angehörigen entlasten würde. Mit ihrem Schweigen trägt sie dazu bei, dass er zu einer Strafe verurteilt wird. Auch ist die Situation denkbar, dass die jeweilige Person schweigt, wobei sie über belastende Informationen gegenüber einem beschuldigten Angehörigen verfügt. Damit kann sie dazu beitragen, dass der Täter wegen mangelnder Beweise nicht zu einer Strafe verurteilt wird. Dass das Weigerungsrecht der Institution Familie in diesen Fällen keinen umfassenden Schutz gewähren kann, ist somit offensichtlich. Wie in dieser Arbeit schon hervorgehoben worden ist,[443] kommt es zum Einsatz des gesetzlichen Vertreters, wenn die Person, welche die erforderliche Reife nicht besitzt, aussagen will. Dieser muss seine Zustimmung geben. Ist die Person nach einer Aufklärung über die tatsächlichen Folgen, die ihre Aussage haben kann, aussagebereit, liegt es in der Hand des gesetzlichen Vertreters oder Verfahrenspflegers seine Aussagegenehmigung zu geben. In dieser Situation muss der Vertreter ohne Bedenken seine Entscheidung im Lichte der weiteren seelischen Entwicklung des Kindes treffen. Wenn er nun der Aussage zustimmt – was in der Regel der Fall sein wird, wenn das Kind es so will – kann das dazu führen, dass der angehörige Beschuldigte zu einer Strafe verurteilt wird. Wenn der Vertreter hingegen der Meinung ist, dass das Kind

[440] Erstes Gesetz zur Reform des Strafverfahrensrecht vom 9. Dezember 1974, BGBl. I 1974 S. 3393 (3533).

[441] Dabei ist der Zeuge über sein Verweigerungsrecht und der Vertreter über sein Recht zur Verweigerung der Zustimmung zu belehren.

[442] So die Vorgehensweise bei Rengier, Zeugnisverweigerungsrechte, S. 8.

[443] Siehe Kapitel § 5 B.

trotz seines Willens nicht aussagen sollte, kann es dazu führen, dass der angehörige Beschuldigte nicht verurteilt wird. Hier wird noch einmal klar, wie schwierig es ist, (nur) auf einen Schutz der Familie abstellen zu wollen, denn wie immer auch der Vertreter entscheidet, er muss seine Entscheidung allein im Interesse der betroffenen Person ausüben. Aus der Objektivierung der Konfliktlage des Zeugen zu schließen, dass somit das Weigerungsrecht die Familie schütze, ist somit nicht folgerichtig. Wie der Vertreter sich auch entscheiden wird, die Familie wird Leiden davon tragen.

Aus dem Gesagten ist somit zu schließen, dass durch die Aussage des BGH, dass eine Konfliktlage objektiv vorliegt, und dass es ohne Bedeutung ist, ob der Zeuge diese empfindet oder auch nicht, nicht die Schlussfolgerung gezogen werden kann, dass die Familie durch das Zeugnisverweigerungsrecht geschützt ist.

Zu diesem Schluss ist auch der BGH in einem späteren Urteil[444] gekommen, in dem er eine Niederschrift über die kriminalpolizeiliche Vernehmung der – inzwischen verstorbenen – Schwägerin des Angeklagten zur Urteilsfindung verwertete, obwohl der Schwägerin als Schwester der Ehefrau des Angeklagten ein Verweigerungsrecht gemäß § 52 I Nr. 3 zustand, von dem sie möglicherweise in der Hauptverhandlung Gebrauch gemacht hätte. Zu diesem Beschluss kam der BGH, obwohl er sich in diesem Urteil dazu bekannte, dass ein allgemeines Interesse daran bestehe, dass der an sich aussagepflichtige Zeuge ohne seine bewusste Zustimmung nicht zur Aussage gegen einen Angehörigen gezwungen wird. Der BGH meinte, dass in dem Fall, dass der Zeuge in der Zeit zwischen seiner nichtrichterlichen Vernehmung und der Hauptverhandlung verstorben ist, die Rücksicht auf dieses Interesse der Allgemeinheit entfallen sei.[445] Sollte der BGH mit dieser Aussage gemeint haben, dass er einen Schutz der Familie angestrebe, hätte der BGH in diesem Fall folgerichtig die Niederschrift zur Urteilsfindung nicht verwerten dürfen.[446]

Im Zusammenhang mit dem Zeugnisverweigerungsrecht und dessen denkbarer Schutzwirkung auf die Familie, hat der BGH auch auf weiteren Gebieten widersprüchliche Urteile gefällt, indem er sich erst dafür ausgesprochen hat, dass das Weigerungsrecht einen Schutz der Familie anstrebe, dieses später jedoch wieder aufgegeben hat. Dieser Richtungswechsel in der Rechtsprechung fand erstens bezüglich der Problematik statt, ob die Niederschrift über eine frühere Vernehmung eines gemäß § 52 weigerungsberechtigten Zeugen in der Hauptverhandlung verlesen werden darf, wenn dieser nicht in der Hauptverhandlung anwesend ist, sei es weil er verstorben ist oder weil sein Aufenthalt nicht ermittelt werden kann, in zweiter Linie bezüglich der Wirkung des Weigerungsrechts gegenüber Mitbeschuldigten des Angehörigen. Diese beiden Verfahrenskonstellationen sind in der Literatur überwiegend durchaus auf Zustimmung gestoßen. Im Folgenden wird auf diese Relativierung der Wirkungsweise des Weigerungsrechts näher eingegangen.

---

[444] BGH 5 StR 513/65 v. 8.2.1966.
[445] Siehe auch 1 StR 264/85 v. 16.7.1985.
[446] Mehr zu diesem Urteil in Kapitel § 5 F I 2 a).

2. Relative Wirkung des Zeugnisverweigerungsrechts

a) Anwesenheit in der Hauptverhandlung

In dem diesbezüglich ersten Urteil vom 8. Januar 1965 war der 2. Senat des BGH der Auffassung, dass eine Niederschrift über eine richterliche Vernehmung eines früheren Mitbeschuldigten nicht in der Hauptverhandlung verlesen werden dürfe, da er das Zeugnis nach § 52 I Nr. 2 und die Auskunft nach § 55 hätte verweigern können.[447] Darauf aber wurde er bei der Vernehmung als Beschuldigter nicht hingewiesen. Dem Urteil lag folgender Sachverhalt zugrunde:

W wurde vom LG wegen gemeinschaftlichen fortgesetzten Diebstahls im Rückfall zu einer Zuchthausstrafe von zwei Jahren verurteilt. In der Hauptverhandlung wurde die Niederschrift über die richterliche Vernehmung des früheren Mitbeschuldigten E verlesen. E wurde der Mittäterschaft an dem Diebstahl gemeinsam mit W und T – der früheren Ehefrau des E – verdächtigt; am 15. August 1960 wurde er durch das Amtsgericht als Beschuldigter vernommen. Diese Niederschrift wurde in der Hauptverhandlung verlesen, weil der Zeuge unerreichbar war. Das Verfahren gegen E wurde durch Beschluss des LG am 10. Dezember 1960 von dem Verfahren gegen den Beschwerdeführer und die weitere Mitangeklagte T getrennt und gemäß § 205 vorläufig eingestellt, da E flüchtig war. Dadurch war E aus dem Verfahren gegen den Beschwerdeführer ausgeschieden. Für dieses Verfahren kam er nunmehr nicht mehr als Beschuldigter, sondern als Zeuge in Betracht. Infolgedessen war die Verlesung der damaligen Aussage nur zulässig, wenn und soweit diese auch als Zeugenaussage verlesen werden durfte. Das war nicht der Fall, denn E hätte sein Zeugnis gemäß § 52 I Nr. 2 verweigern dürfen, war aber über dieses Recht naturgemäß nicht belehrt worden.[448] Dem steht nicht entgegen, dass T zur Zeit der Hauptverhandlung am 10. März 1964 bereits durch weitere Abtrennung aus dem Verfahren gegen den Beschwerdeführer ausgeschieden und wegen derselben Tat rechtskräftig verurteilt war. Das Weigerungsrecht ist bei einheitlichem strafrechtlichen Vorwurf nicht teilbar und wirkt sich deshalb auch zugunsten der übrigen Mitbeschuldigten aus. Ob das Zeugnis zugunsten eines Mitbeschuldigten, der nicht Angehöriger des Zeugen ist, nur dann verweigert werden kann, wenn mindestens einmal ein einheitlich zusammenhängendes Verfahren gegen den Angehörigen und den Mitbeschuldigten bestanden hat, oder ob es genügt, wenn beide in verschiedenen Verfahren beschuldigt wurden oder werden, kann hier dahingestellt bleiben; denn T war in dem gegen den Beschwerdeführer anhängigen Verfahren Beschuldigter. Da das LG die Aussage des Zeugen E bei der Beweiswürdigung mitherangezogen hat, kann das Urteil keinen Bestand haben.

Mit dieser Auffassung des BGH wird dem mitangeklagten W ein Schutz durch § 55 gewährleistet. Aus dieser Stellungnahme ist auch zu schließen, dass der Ehefrau von E, T, durch § 52 nicht weniger zusteht als das, was das Gericht W als sein gutes Recht zugeschrieben hat. Dieser Rechtsprechung – die der Familie einen optimalen Schutz gewährleistet – trat ohne weiteres das LG Hamburg am 15. April 1965 bei, indem es eine Niederschrift über die kriminalpolizeiliche Vernehmung der – inzwischen ver-

---

[447] BGH 2 StR 386/64 v. 8.1.1965.

[448] Nach BGHSt 20, 384 soll es nicht genügen, dass der frühere Mitbeschuldigte bei seiner Vernehmung als Beschuldigter nach § 136 usw. belehrt worden ist, weil für ihn als Beschuldigten keine gesetzliche Wahrheitspflicht bestanden habe. Dies gilt auch für eine frühere richterliche Vernehmung, weil der Richter den Beschuldigten nicht nach § 52 belehren konnte; ebenso BGH MDR 1966, 161 (162); BayObLG, NJW 1978, 387; BGH GA 1979, 144 (145); OLG Koblenz NJW 1983, 2342 (2343); BGH StV 1988, 185; BGH NStZ 1997, 351 (353).

storbenen – Schwägerin des Angeklagten nicht zur Urteilsfindung verwertete, weil der Schwägerin als Schwester der Ehefrau des Angeklagten ein Zeugnisverweigerungsrecht gemäß § 52 I Nr. 3 zustand, von dem sie möglicherweise in der Hauptverhandlung Gebrauch gemacht hätte. Auf die Revision der Staatsanwaltschaft hob der 5. Senat des BGH dieses Urteil jedoch auf und änderte diese Rechtsprechung.[449] Der Senat trat der schriftlichen Stellungnahme der Bundesanwaltschaft wie folgt bei:

„Der in der Gegenäußerung des Angeklagten von SC vertretenen Standpunkt, daß die Verfahrensrüge nach § 339 unzulässig sei, ist haltlos, denn keine der vorgenannten Verfahrensvorschriften [§§ 244 II, 252 i.V.m. § 52 I Nr. 3, 261] ist eine lediglich zugunsten des Angeklagten gegebene Rechtsnorm.

Ausweislich der Sitzungsniederschrift ist in der Hauptverhandlung auf Antrag des Sitzungsvertreters der Staatsanwaltschaft die Niederschrift über die kriminalpolizeiliche Vernehmung der – inzwischen verstorbenen – Schwägerin des Angeklagten von SC, A, gemäß § 251 II verlesen worden. Wie das LG in den Urteilsgründen ausführt, hat es jedoch gemeint, das verlesene Vernehmungsprotokoll zur Urteilsfindung nicht verwerten zu dürfen, weil A, als Schwester der Ehefrau des Angeklagten ein Zeugnisverweigerungsrecht gemäß § 52 I Nr. 3 zustand, von dem sie möglicherweise ... in der Hauptverhandlung Gebrauch gemacht hätte. Damit hat das LG rechtsirrig zum Vorteil des Angeklagten von SC ein Beweisverbot angenommen, das in Wahrheit nicht bestand.

Das Schwägerschaftsverhältnis der A und ihr sich daraus ergebendes Weigerungsrecht hätten die Verwertung der verlesenen Niederschrift über ihre polizeiliche Vernehmung nur dann hindern können, wenn sie zur Zeit der Hauptverhandlung noch gelebt hätte. Das ergibt sich aus dem Wortlaut und Sinn der §§ 52 und 252. Das Weigerungsrecht des § 52 trägt der für den Zeugen entstehenden Zwangslage Rechnung, entweder den mit ihm verwandten bzw. verschwägerten Beschuldigten belasten oder die Unwahrheit aussagen zu müssen. Außerdem besteht auch ein allgemeines Interesse daran, daß der an sich aussagepflichtige Zeuge ohne seine bewußte Zustimmung nicht zur Aussage gegen einen Angehörigen gezwungen wird (BGHSt 12, 235, 239). Es mag dahinstehen, ob aus diesen Gründen die Niederschrift über die nichtrichterliche Vernehmung eines mit dem Angeklagten verwandten oder verschwägerten Zeugen, der vor der Vernehmung nicht über sein Zeugnisverweigerungsrecht belehrt worden ist, auch im Rahmen des § 251 II nicht verwertet werden darf, sofern er lediglich in absehbarer Zeit gerichtlich nicht vernommen werden kann. Jedenfalls besteht zu einem solchen Verwertungsverbot dann kein Anlaß mehr, wenn, wie hier A, der Zeuge in der Zeit zwischen seiner nichtrichterlichen Vernehmung und der Hauptverhandlung verstorben ist. In diesem Falle entfällt die Rücksichtnahme auf die angeführten Belange des Zeugen und der Allgemeinheit, weil sein Angehörigenverhältnis zum Angeklagten ihn nicht mehr in den Pflichtenwiderstreit, den das Gesetz ihm ersparen will, führen kann."

Das frühere Urteil vom Jahr davor geriet somit schnell in Vergessenheit; jedenfalls wurde es in diesem abweichenden Urteil nicht einmal mehr erwähnt. Diese Kehrtwendung der Rechtsprechung fand trotz ständig wachsender Kritik Bestätigung in einem Urteil des 4. Senats des BGH,[450] das diesen Erwägungen des 5. Senats beitrat. In diesem zweiten Fall wurde in der Hauptverhandlung des LG Bochum die Niederschrift über die polizeiliche Vernehmung der inzwischen verstorbenen Großmutter des Angeklagten, Frau P, gemäß § 251 II verlesen. Aus der Niederschrift ergibt sich nicht, dass Frau P vor ihrer Vernehmung über ihr Zeugnisverweigerungsrecht aus § 52 I Nr. 3 belehrt wurde. Die Rüge einer Verletzung der §§ 251 II, 163 a V i.V.m. § 52 II sah der

[449] BGH 5 StR 513/65 v. 8.2.1966.
[450] BGHSt 22, 35.

Senat als unbegründet, hob die Rechtsprechung des 5. Senats hervor und fügte dem hinzu, dass die „berechtigte Forderung der Allgemeinheit nach wahrheitsgemäßer Aufklärung von Straftaten, die der Bestimmung des § 251 II zugrunde liegt, ... nicht weiter zurückzutreten [braucht], als es die schutzwürdigen Interessen des zur Zeugnisverweigerung berechtigten Zeugen verlangen. Es könnte sein, daß Frau P, wenn sie vorschriftsmäßig belehrt worden wäre, damals von ihrem Zeugnisverweigerungsrecht Gebrauch gemacht hätte. Nachdem sie verstorben ist, kommt es jedoch darauf nicht mehr an. Daraus, daß bei ihr ein Pflichtenwiderstreit vorhanden gewesen und gegen die Belehrungspflicht verstoßen worden ist, kann der Angeklagte für sich keine Rechte herleiten.“ In zwei weiteren Urteilen bekräftigte der BGH seine Auffassung zu dieser Problematik.[451]

In einer Reihe von Urteilen in den Siebziger und Achtziger Jahren, nahm der BGH Abschied von seiner bisherigen Rechtsprechung und schwenkte ganz auf die oben dargestellte Linie ein, die er seitdem nicht mehr verlassen hat. Sie wurde vom Gericht im Grundsätzlichen nie in Frage gestellt; vielmehr hat der BGH sich darauf beschränkt, deutlicher als bisher die Grenzen zu ziehen, in denen die Verlesung möglich ist.

Auf derselben Linie argumentierte das Reichsgericht[452] schon im Jahre 1883 in dem Fall, dass der Zeuge in der Zeit zwischen der Aussage vor der Hauptverhandlung und der Hauptverhandlung selber, ohne die nachträgliche Aussageverweigerung erklärt zu haben, geisteskrank geworden war. In diesem Fall, entschied das Gericht, bestehe kein Verwertungsverbot.

Das Gericht entschied, dass die Vorschrift des § 251 RStPO [§ 252 StPO] der Verlesung und Verwertung der Aussage eines Mitbeschuldigten in der Hauptverhandlung nicht entgegenstehe, insbesondere wenn er in dieser nicht erschienen sei. Für sein Urteil argumentiert das Gericht u.a. mit § 251 [§ 252] i.V.m. § 51 RStPO [§ 52 StPO] und kommt zu der Schlussfolgerung, dass „[d]er § 251 [252 StPO] ... nur dann anwendbar [ist], wenn der Zeuge in der Hauptverhandlung von seinem Zeugnisverweigerungsrecht Gebrauch macht; er muß also in der Hauptverhandlung anwesend sein. Ist er nicht anwesend, etwa weil er nach seiner Vernehmung im Vorverfahren in Geisteskrankheit verfiel ... so widerstreitet die Verlesung seiner früheren Aussage nach § 250 I ... keiner gezeßlichen Vorschrift; es kommt dann überhaupt nicht in Frage, ob er von seinem Zeugnisverweigerungsrechte, welches er bei seiner früheren Vernehmung nicht ausgeübt hat, nachträglich in der Hauptverhandlung noch Gebrauch machen will oder nicht.“

Den Zweck des Weigerungsrechts sieht das Reichsgericht ausschließlich in der Umgehung der Konfliktlage des zeugnisverweigerungsberechtigten Zeugen, und nicht darin, dass dieser Konflikt sich auf die Familie auswirken könne.

---

451 BGHSt 25, 176; 27, 139.
452 RGSt 9, 88 (91).

Der jedoch rechtmäßig zum Ausdruck gebrachte Wille, das Zeugnis zu verweigern, gilt auch über den Tod hinaus.[453] Dies folgert die Rechtsprechung aus der Menschenwürdegarantie. Danach ist die Verlesung der Niederschrift über die polizeiliche Vernehmung eines Verstorbenen, der nach der polizeilichen Vernehmung und vor seinem Tod von seinem Zeugnisverweigerungsrecht Gebrauch gemacht hat, verboten.

b) Wirkung des § 52 gegenüber Mitbeschuldigten des Angehörigen

Schließlich wird hier auf eine Konstellation eingegangen, die trotz einer Relativierung der Wirkung des Schutzgedankens des Weigerungsrechts überwiegend Zustimmung in der Literatur gefunden hat.

Sind in einem einheitlichen Strafverfahren mehrere Personen beschuldigt und steht ein Zeuge zu einem von ihnen in einem Angehörigenverhältnis nach § 52, taucht die Frage auf, unter welchen Voraussetzungen das Zeugnisverweigerungsrecht des Angehörigen eines der Beschuldigten auch gegenüber einem nichtangehörigen Mitbeschuldigten Wirkung entfaltet. Da in demselben Verfahren gegen mehrere Beschuldigte ein Zeuge nur einheitlich aussagen kann, so dass sich seine Zeugnisverweigerung notwendigerweise einheitlich für und gegen alle Beschuldigte auswirkt – zwangsläufig auch auf seinen an derselben Tat beteiligten verwandten Beschuldigten – ist er zur Verweigerung des Zeugnisses hinsichtlich aller Beschuldigten berechtigt, sofern der Sachverhalt, zu dem er aussagen soll, auch seinen Angehörigen betrifft.[454] Der Zeuge soll davor bewahrt werden, zugleich über seinen Verwandten aussagen zu müssen. Begründet wird dies mit den dem Weigerungsrecht zugrundeliegenden Überlegungen, dass niemand in die widernatürliche Zwangslage gebracht werden soll, entgegen seinen durch Verwandtschaft begründeten Interessen und Gefühlen nachteilige Aussagen abzulegen, und dass das Weigerungsrecht dem Schutz der Familie in einer umfassenden Weise diene.

Zur Wirkung des Weigerungsrechts gegenüber den nichtangehörigen Mitbeschuldigten nach einer Verfahrenstrennung galt von Entstehung der Reichsstrafprozessordnung bis vor wenigen Jahren grundsätzlich nichts anderes. In einer ersten Auseinandersetzung mit dieser Thematik[455] las das Gericht aus dem Umstand, dass gemäß § 51 Nr. 2 und 3 RStPO das Weigerungsrecht unabhängig vom aktuellen Bestand der Ehe oder der Schwägerschaft ist, den Willen des Gesetzgebers ab, dass die Berechtigten auch nach dem Wegfall des Grundes für die Befreiung von der Zeugnispflicht weiterhin weigerungsberechtigt sein sollten. Gleichgültig sei, ob die Ehe oder die Schwägerschaft weggefallen oder ob der Angehörige bereits rechtskräftig verurteilt worden sei. Das Gericht sah es als evident an, dass das Gesetz mit dieser Regelung selbstverständlich niemanden in die widernatürliche Zwangslage bringen wolle, gegen sich selbst als Angeklagten oder entgegen seinen, durch bestehende wie bestandene Ehe, sowie durch

---

[453] OLG Celle, NJW 1968, 418; Starck, in: v. Mangoldt/Klein/Starck Art. 1 I Rn 66.
[454] BGHSt StV 1988, 89; st. Rspr.
[455] RGSt 1, 207. Diese Rechtsprechung hat der BGH übernommen und weiter ausgearbeitet.

Verwandtschaft oder Schwägerschaft begründeten, Interessen und Gefühlen nachteilige Aussagen abzulegen. Dies führt naturgemäß zu einer sehr weitreichenden Wirkung des Zeugnisverweigerungsrechts gegenüber nichtangehörigen Mitbeschuldigten.

Materiell wurde lediglich ein einheitlicher strafrechtlicher Vorwurf gegen die Beschuldigten gefordert. Dieser ist nicht vorhanden, wenn die Aussage des Angehörigen keine Beziehung zum Vorwurf gegen seinen angehörigen Beschuldigten enthält und dessen Verwertung die Urteilsfindung nicht beeinflussen kann. Formell wurde verlangt, dass in irgendeinem Verfahrensstadium eine prozessuale Gemeinsamkeit zwischen den Beschuldigten bestanden haben muss. Hierfür ist eine förmliche Verbindungsentscheidung der Staatsanwaltschaft erforderlich. Lag diese vor, wurde das Fortwirken des Weigerungsrechts nach Trennung der Verfahren stets unabhängig von dem Grund der Verfahrenstrennung bejaht.[456]

Durch diesen Umfang des Weigerungsrechts zeichnet sich ein optimaler Schutz der Familie ab. Der Zeuge verliert nicht sein Recht zu schweigen, sondern das Weigerungsrecht wirkt fort, obwohl sein Angehöriger zum Beispiel schon aufgrund eines Geständnisses verurteilt oder rechtskräftig freigesprochen worden ist und aus dem Verfahren ausgeschieden ist. Einzelheiten die den vormals beschuldigten Angehörigen betreffen und möglicherweise belegen, dass er sich dennoch einer rechtswidrigen Tat schuldig gemacht hat oder seine Mitwirkung an einer rechtswidrigen Tat von einem größeren Umfang war als den Strafverfolgungsbehörden zuvor bekannt war, muss der Zeuge somit nicht offenbaren. Es war somit auch in den Fällen, wenn der Beschuldigte endgültig aus dem Verfahren ausgeschieden war, so, dass die Regel ausnahmslos galt.

Durch BGHSt 38, 96 wurde diese Rechtsprechung grundlegend eingeschränkt und beschlossen, dass durch den endgültigen Abschluss des Verfahrens durch eine rechtskräftige Verurteilung[457] des angehörigen Beschuldigten, das Zeugnisverweigerungsrecht seines Angehörigen ende. Bei einer derartigen Umgestaltung müsste an und für sich der Schutz der familiären Beziehungen durch das Weigerungsrecht, der bis zum diesem Punkt ein weiterer Grund für die bisherige Rechtsprechung gewesen war, dem Zeugen dieses umfassende Weigerungsrecht zu erteilen, verneint werden; denn obwohl der angehörige Beschuldigte schon aus dem Verfahren ausgeschieden war, bestand die Gefahr, dass durch die Aussage der Zeuge nachteilige Aussagen gegenüber seinen Angehörigen ablegen müsste und so der familiäre Frieden in erheblicher Weise gefährdet wäre. Der BGH vermeidet jedoch eine solche Entwertung des Schutzgedankens.

---

[456] Es genügt, dass zwischen dem Angehörigen des Zeugen und dem anderen, zu dessen Gunsten das Zeugnisverweigerungsrecht wirken soll, in irgendeinem Stadium des Verfahrens prozessuale Gemeinsamkeit in dem Sinne bestanden hat, dass sie in Bezug auf das gleiche historische Ereignis nach prozessrechtlicher Betrachtung förmlich Mitbeschuldigte gewesen sind; vgl. 1. Anfrage des 1. Strafsenats vom 25.2.1991 beim 2., 3., 4. und 5. Strafsenat; NStZ 1992, 195 (197 – Dokumentation: Widmaier); BGHSt 34, 215 (216) m.w.N; BGHSt NStZ 82, 389; BGHSt 34, 29; vgl. auch: Butenuth, Absolute oder relative Wirkung, S. 22 ff. (bes. 25 ff., 36 f.); Roxin, Strafverfahrensrecht, § 26 Rn 16.

[457] Der amtliche Leitsatz spricht jedoch vom rechtskräftigen Abschluss des Verfahrens gegen den angehörigen Beschuldigten.

Er trägt vorerst den hier zuvor erwähnten Gedanken vor, dass die Strafprozessordnung kein allgemeines Recht gewähre, das Zeugnis zu verweigern, wenn es um Angehörige gehe, und dass somit der Schutz der familiären Verhältnisse nicht absolut sei. Auch führt er aus, dass der Schutz, den das Weigerungsrecht anstrebe, nicht den Nichtangehörigen betreffe; für ihn stellt es sich lediglich als Reflex dar. Der BGH stellt nun den nichtangehörigen Mitbeschuldigten in den Mittelpunkt und erläutert, dass er davor geschützt werden müsse, dass diese Rechte aus völlig anderen Personenbeziehungen, die auf ihn lediglich als Reflex wirken würden, störend in sein eigenes Verfahren eingreifen würden;[458] der Einfluss, der als Reflex von dem einen auf das andere Verfahren einwirke, solle nicht über das gebotene Maß ausgedehnt werden.[459] Beim BGH findet somit eine Abwägung statt, zwischen dem Ziel des Schutzes der familiären Verhältnisse einerseits und dem Erfordernis, das Verfahren des nichtangehörigen Mitbeschuldigten so eigenständig wie möglich zu führen und Einwirkungen von außen so weit wie möglich fernzuhalten, andererseits.[460] Unter dem Gedanken des Schutzes des nichtangehörigen Beschuldigten formuliert der BGH, dass das Weigerungsrecht lediglich bei Aussagen in einem Verfahren Anwendung finden sollte, das sich im Aussagezeitpunkt auch noch gegen den Angehörigen richte. Nach einer rechtskräftigen Verurteilung des angehörigen Beschuldigten sei das „Band" zwischen dem jetzigen Beschuldigten und dem Zeugen so schwach geworden, dass es den empfindlichen Eingriff, den die Zeugnisverweigerung in das noch anhängigen Verfahren des Beschuldigten bedeute, nicht mehr rechtfertige.

Mit dieser akrobatischen Argumentation hat der BGH einen Weg gefunden, auf dem er sich mit dem in der früheren Rechtsprechung hervorgehobenen Schutz der Familie nicht mehr zu kümmern braucht; so gesehen bohren die Richter das Brett an der dünnsten Stelle um zu ihrem Ziel zu gelangen.[461]

Der BGH ist einen dogmatisch einwandfreien Weg gegangen, um die bisherige Rechtsprechung in bestimmten Fallgruppen aufzugeben. Bei dieser Neuorientierung wählt der BGH einen Anknüpfungspunkt mit dem der Impuls des durch die frühere Rechtsprechung schon immer hervorgehobenen Schutzgutes des Weigerungsrechts, der Schutz der Familie, schlicht umgangen wird. Jedoch kann der BGH, erst mit einer Relativierung des Schutzes der familiären Verhältnisse durch die Strafprozessordnung und abschließend mit einem schlichten Ignorieren des Schutzzwecksgedankens in

---

458 BGHSt 38, 96 (101). So richtig die Einordnung von Butenuth, Absolute oder relative Wirkung, S. 81 f.

459 BGHSt 38, 96 (99).

460 Ein Teil der wissenschaftlichen Diskussion meint, dass eine Abwägung zwischen dem Wahrheitsermittlungsinteresse mit dem Schutz der familiären Verhältnisse stattfindet; Roxin, Strafverfahrensrecht, § 26 Rn 16; Gollwitzer, JR 1993, 216. Zwar äußert der 1. Strafsenat in seiner Anfrage vom 25.2.1991 beim 2., 3., 4. und 5. Strafsenat (NStZ 1992, 197) Zweifel daran, dass das Zeugnisverweigerungsrecht nicht dem Schutz der Wahrheitsfindung diene. Dieser Gedanke wird in der Urteilsbegründung jedoch nicht weiter verfolgt.

461 Durch zwei weitere Urteile erweiterte der BGH diese Neuorientierung und entschied, dass das Weigerungsrecht auch mit dem Tode (BGHSt NStZ 92, 291) und dem rechtskräftigen Freispruch (BGHSt NStZ 93, 500) des angehörigen Beschuldigten erlösche.

seiner Abwägung, zu keiner akzeptablen Lösung kommen. Die Abwägung der Interessen, die der BGH vornimmt, sind nicht die Interessen, die miteinander abgewogen werden müssten. Die „störenden Einwirkungen", vor denen der BGH das Verfahren gegen den nichtangehörigen Beschuldigten beschützen will – die durch das Weigerungsrecht geschützten Belange des Zeugen – sind durch das Vorrücken des nichtangeklagten Mitbeschuldigten in den Mittelpunkt nicht ihr gebotenes Gewicht zugemessen worden.[462] Letztlich spricht diese neue Rechtsprechung der Familie jenen hervorragenden Schutz ab, den sie zuvor in dieser Konstellation genossen hat.

3. Zwischenergebnis

Im Strafverfahren ist der Schutz der Familie wahrlich von überragender Bedeutung. Zum Zweck individueller, privater Entwicklung und Entfaltung eines jeden Individuums und darüber hinaus um ihrer sozialen Funktion willen, der Bewahrung der Gemeinschaft, muss die Familie vor Belastungen geschützt werden. Die Befürworter der Auffassung, dass das Zeugnisverweigerungsrecht der „Familie" oder einer »Familiensphäre« einen umfassenden Schutz gewährleiste, und dass der bezweckte Schutz dieser Beziehungen durch Art. 6 I GG Verfassungsrang erhalten habe,[463] wiesen stets auf dieselben Beschlüsse des Großen Senats für Strafsachen hin.[464] Aus der Untersuchung dieser Beschlüsse ist jedoch der Schluss zu ziehen, dass der BGH den Schutzzweck „Familie" gelegentlich hervorhebt, um sein jeweiliges Ziel zu erreichen. Auch hat sich gezeigt, dass die Folgerung, welche die Literatur aus der Objektivierung der Konfliktlage gezogen hat, die angeblich zum Ausdruck bringen sollte, dass das Weigerungsrecht die Familie schütze, nicht richtig gewesen ist. Auch hat dieser – bei weitem nicht abschließende – Überblick über die – auch innerhalb derselben Verfahrenskonstellationen – immer wieder abweichende Rechtsprechung des BGH gezeigt, dass diesem Schutzgut der »Familiensphäre« durch das Gericht beliebige Bedeutung beigemessen wird, um die verschiedenartigsten Ziele zu erreichen.

Aus dieser Rechtsprechung und der Tatsache, dass das Weigerungsrecht in seiner Beschaffenheit der »Familie« als solche keinen umfassenden Schutz gewähren kann, da in jeder Situation beliebige Konstellationen denkbar sind, die aufzeigen, dass die »Familiensphäre« erheblich leiden kann, kann der Schutz der »Familie« oder »Familiensphäre« somit lediglich in manchen Konstellationen als Reflex in Erscheinung treten.

Aus diesen Feststellungen bleibt somit als Schlussfolgerung festzuhalten, dass der Gesetzgeber mit dem Weigerungsrecht nicht die „Familie" oder eine „Familiensphäre" als solche unter Schutz stellen wollte, sondern unmissverständlich Beziehungen

---

[462] Wie auch Dahs/Langkeit in einer scharfen Kritik an dem Urteil gezeigt haben; StV 1992, 492 (494 f.),

[463] Siehe hier nur Dahs/Langkeit StV 1992, 492 (495) und Rengier, Zeugnisverweigerungsrechte, S. 9 m.w.N. Die Autoren unterstellen, dass es sich dabei um einen konkretisierten Gedanken des Verfassungsgesetzgebers handelt, die Ehe und Familie 'in einer besonderen Weise' zu schützen.

[464] BGHSt 11, 213; 12, 235; oder Urteile die in ihrer Argumentation auf diese Beschlüsse hinweisen, BGHSt 14, 159; 38, 96.

zwischen bestimmten Personen geschützt sehen wollte, in denen sich die Sorge um das seelische und geistige Wohl der Verwandten in entsprechenden Fürsorgehandlungen vorrangig und typischerweise äußert. Folgerichtig hat er einem großen Teil der Menschen, die wir als »Familie« verstehen, dieses Recht zugesprochen. Es darf einfach als voreilig beschrieben werden, aus dieser Tatsache sofort darauf zu schließen, dass das Weigerungsrecht die »Familie« oder eine »Familiensphäre« schütze.

Wie zuvor schon festgestellt worden ist, strebt das Zeugnisverweigerungsrecht nicht in erster Linie einen Schutz der »Familie« als solche an, sondern die Entschließungsfreiheit des angehörigen Zeugen. Aus der Struktur des Weigerungsrechts ist jedoch evident, dass einem Teil der Menschen, denen der Gesetzgeber untereinander das Weigerungsrecht durch § 52 erteilt hat, auch ein besonderer Schutz durch Art. 6 I GG zusteht. In einer Arbeit, die u.a. die verfassungsrechtlichen Grundlagen des Zeugnisverweigerungsrechts untersucht und einen Beitrag zur Neugestaltung des Zeugnisverweigerungsrechts für Angehörige leisten will, ist es meines Erachtens notwendig, die Konturen des Art. 6 I GG aufzuzeigen, denn sollte sich herausstellen, dass einer irgendwie gearteten personalen familiären Beziehung ein Schutz durch Art. 6 I GG gewährt wird, die auch von § 52 umfasst ist, könnte Art. 6 I GG zusätzlich zu Art. 2 I i.V.m. Art. 1 I GG, als Grund für das jeweilige Recht, das Zeugnis zu verweigern, herangezogen werden. Angesichts des unterschiedlichen Aufbaus der zwei Vorschriften, wobei Art. 6 I GG im Gegensatz zu dem Weigerungsrecht in § 52 lediglich die Begriffe „Ehe“ und „Familie“ beinhaltet, ist von vornherein einleuchtend, dass der Kreis der Personen denen die Strafprozessordnung ein Weigerungsrecht aus persönlichen Gründen zuspricht, größer ist, als der Kreis von Menschen, die nach herkömmlicher Ansicht durch Art. 6 I GG einen verfassungsrechtlichen Schutz genießen. Zum Beispiel kann der weigerungsberechtigte Verlobte nicht in den Kreis des Art. 6 I GG eingeordnet werden. Auch weist das Institut der Ehe im strafprozessrechtlichen Sinne andere Konturen auf als dasselbe Institut im verfassungsrechtlichen Sinn.

II. Die Ausgestaltung der Begriffe Ehe und Familie im Sinne von Art. 6 I GG

1. Einleitung

Art. 6 I GG enthält sowohl eine Institutsgarantie als auch ein Grundrecht als Abwehrrecht und insgesamt darüber hinaus eine wertentscheidende Grundrechtsnorm für das gesamte Ehe und Familie betreffende Recht.[465] Hier handelt es sich um drei selbständige, wenn auch ineinander übergehende Funktionen.[466]

Aus der institutionellen Ausprägung der Schutzpflicht folgt für den Staat die Verpflichtung, Grundstrukturen des überkommenen Bildes der Ehe und Familie, die der

[465] BVerfGE 6, 71 ff.; 24, 135; 31, 67; 51, 396; 55, 126; 61, 25; 62, 329; 68, 267; 76, 1, 41, 49; 80, 81 (92 f.); BVerwGE 91, 130 (133); Leibholz/Rinck/Hesselberger, GG Art. 6, Rn 1; Jarass/Pieroth Art. 6, Rn 2; Robbers, in: v. Mangoldt/Klein/Starck Art. 6 Rn 8.

[466] BVerfGE 76, 1 (41); Kingreen, Verfassungsrechtliche Stellung, S. 111.

Verfassung zugrunde liegt, vor schleichender Auszehrung zu bewahren;[467] ein bestimmter Ordnungskern der Ehe und Familie soll unantastbar bleiben.[468] Die Institutsgarantie hat einen festigenden Effekt,[469] indem sie dem das Ehe und Familienrecht ausgestalteden Gesetzgeber bestimmte äußere Grenzen setzt und die Ehe damit vor einer wesensmäßigen Umgestaltung schützt. Als solche genießen die familienrechtlichen Beziehungen in § 52 nicht den Schutz des Art. 6 I GG, denn eine Aussagepflicht stellt die Familie als öffentliche Einrichtung in ihrem Bestand nicht in Frage.[470] Aus diesem Grund wird im Folgenden vorerst auf Art. 6 I GG als Grundrecht und als wertentscheidende Grundrechtsnorm Bezug genommen werden. Aus Art. 6 I GG als Grundrecht kann der Einzelne ein Abwehrrecht gegen störende und schädigende Eingriffe des Staates in seine Privatsphäre von Ehe und Familie und seine Freiheit herleiten.[471] Als Grundrecht ist es Ausdruck eines besonderen Schutzes privater Lebensräume eines jeden Menschen in denen er sich frei von staatlichen Einflüssen entfalten und entwickeln kann;[472] als wertentscheidende Grundsatznorm stellt Art. 6 I GG Ehe und Familie als die Keimzelle jeder menschlicher Gemeinschaft, deren Bedeutung mit keiner anderen menschlichen Bindung verglichen werden kann, für den gesamten Bereich des Ehe und Familie betreffenden privaten und öffentlichen Rechts unter den besonderen Schutz der staatlichen Ordnung.[473] Aus Art. 6 I GG folgt somit, dass bei der Auslegung und Anwendung des einfachen Rechts die verbindliche Wertentscheidung des Art. 6 I GG zugunsten der Familie und des familiären Friedens in die Betrachtung einzubeziehen ist.[474]

Das BVerfG geht davon aus, dass, obwohl die Verfassung im Wortlaut der Ehe und Familie seinen Schutz zuwendet, der persönliche Schutzbereich des Art. 6 I GG jedenfalls auch die von einem Akt der öffentlichen Gewalt betroffenen Ehepartner und

---

467 BVerfGE 6, 55 (72); 62, 323 (329); 76, 1 (49); 80, 81 (92); Robbers, in: v. Mangoldt/Klein/Starck Art. 6 Rn 10; Maunz, in: Maunz/Dürig GG Art. 6 Rn 17c; Kingreen, Verfassungsrechtliche Stellung, S. 84; Merten, Eheliche und nichteheliche Lebensgemeinschaften, S. 618, jeweils m.w.N.

468 BVerfGE 10, 59 (66 f.); 31, 58 (69); 53, 224 (245); Kingreen, Verfassungsrechtliche Stellung, S. 84.

469 Kingreen meint, dass die Institutgarantie somit einen besonderen Bezug zum subjektiven Recht aufweise; Kingreen, Verfassungsrechtliche Stellung, S. 85; Friauf, NJW 1986, 2595 (2600); dagegen Maunz, in: Maunz/Dürig GG Art. 6 Rn 1.

470 Bialek, Schutzzweck und Enumerationsprinzip, S. 66 mit Verweis auf Jacobs zur Garantenpflicht, 29. Abschnitt, Rn 63 ff. 66.

471 BVerfGE 6, 386 (388); PirsonBK Art. 6 Rn 89, 92; Pieroth/Schlink, Grundrechte, S. 155; Kingreen, Verfassungsrechtliche Stellung, S.80.

472 Gusy, JA 1986, 183; Kingreen, Verfassungsrechtliche Stellung, S. 81.

473 BVerfGE 6, 55 (71).

474 BVerfG 22, 93 (98); Dahs/Langkeit StV 1992, 492 (495). Aus der Rechtsprechung in BVerfGE 42, 95 (101) zu Art. 6 I GG als wertentscheidende Grundsatznorm, dürfte der Grundsatz interpretiert werden, dass es Aufgabe des Staates ist – in seiner Funktion der Strafverfolgung – Maßnahmen vorzunehmen, um die notwendige Kommunikation zwischen dem Beschuldigten (im weitesten Begriff des Verfolgten) und seinen Angehörigen nicht zu beeinträchtigen und dazu beizutragen, dass sie einander nicht tiefgreifend entfremdet werden. Aufgabe des Staates ist es somit, in Erfüllung seiner verfassungsrechtlichen Pflicht, für die Erhaltung von Ehe und Familie zu sorgen, solche nachteiligen Einflüsse im Rahmen des Möglichen und Zumutbaren, aber auch unter angemessener Beachtung der Belange der Allgemeinheit zu begrenzen.

Familienangehörigen erfasse.[475] Art. 6 I GG schütze Ehe und Familie nicht nur im Interesse der individuellen Freiheit der Ehepartner und Familienangehörigen, sondern ebenso um der Freiheit des Einzelnen in der gelebten Gemeinschaft und um des Erhalts dieser Gemeinschaft willen, wie die Bezeichnung »Ehe« und »Familie« in der Vorschrift des Art. 6 I GG deutlich mache. Die Familiengemeinschaft, nicht die einzelnen Familienangehörigen in ihrer Individualität würden geschützt. Dieser Schutz zugunsten der Gemeinschaft erfasse alle ihre Mitglieder, auch wenn die jeweilige Maßnahme der öffentlichen Gewalt nur an ein einzelnes Mitglied adressiert sei. Denn es gebe im Hinblick auf Ehepartner und Familienangehörige nur eine einheitliche Ehe oder Familie.[476]

Da in der gelebten Gemeinschaft Ehe und Familie viele Konturen aufzeigen, definiert die Verfassung diese Begriffe nicht, sondern setzt sie als bestehend voraus,[477] wobei die Institutionen in der Ausgestaltung gewährleistet sind, die den heute herrschenden Anschauungen entspricht, wie sie in der konsequent beibehaltenen gesetzlichen Regelung maßgeblichen Ausdruck gefunden haben.[478] Es liegt somit in der Aufgabe des Staates die eine oder andere reale Form des Zusammenlebens für schutzwürdig zu erklären und so das Funktionieren eines geordneten Gemeinschaftslebens, das heißt der Bewahrung der sozialen Funktion zu bewahren. Der Schutz gilt deshalb den sozialen Phänomenen der Ehe und Familie in ihrer konkreten rechtlichen Ausgestaltung unter Berücksichtigung ihres ständigen Wandels.[479]

Überwiegend wird davon ausgegangen, dass Art. 6 I GG der Ehe und Familie als Erscheinungsformen des Soziallebens, eine Bestandssicherung unter Berücksichtigung des ständigen Wandels beider Institutionen zukommen lassen will.[480] Diese bestimmten Einrichtungen, Ehe und Familie, die lediglich „an geläufige Elemente des überkommenen Gemeinschaftsleben anknüpfen“,[481] sollen somit vom Staat erhalten, bewahrt und geschützt werden, weil sie sich als relevante Faktoren des Gemeinschaftslebens und als Anknüpfungspunkte für eine Ordnung des Gemeinschaftslebens erwiesen haben. Die Grundrechtsnorm schützt Ehe und Familie als einen geschlossenen, gegen den Staat abgeschirmten und die Vielfalt rechtsstaatlicher Freiheit stützenden Autonomie und Lebensbereich.[482] Dessen Wirkung erstreckt sich auf alle Bereiche des privaten wie öffentlichen Rechts.[483] Aus jener der Gewährleistung innewohnenden

[475] BVerfGE 76, 1 (44); Das Gebot des Schutzes ist seinem Wesen nach nur auf natürliche Personen anwendbar und nur sie können unmittelbar aus Art. 6 I GG ein subjektives Recht herleiten, BVerfGE 13, 290 (297).
[476] BVerfGE 76, 1 (44 f.); 78, 38 (49).
[477] BVerfGE 10, 59 (66); 53, 224 (245); 62, 323 (330).
[478] BVerfGE 15, 328 (332); 53, 224 (245); Robbers, in: v. Mangoldt/Klein/Starck Art. 6 Rn 7 m.w.N; Friauf, NJW 1986, 2595 (2600).
[479] Robbers, in: v. Mangoldt/Klein/Starck Art. 6 Rn 7.
[480] PirsonBK Art. 6 Rn 3; Robbers, in: v. Mangoldt/Klein/Starck Art. 6 Rn 8.
[481] BVerfGE 10, 59 (66); BVerfGE 31, 58 (69); 36, 146 (163); 62, 323 (330); PirsonBK Art. 6 Rn 6.
[482] BVerwGE 91, 130 (134); Robbers, in: v. Mangoldt/Klein/Starck Art. 6 Rn 8; Jarass/Pieroth Art. 6 Rn 1.
[483] BVerwGE 91, 130 (134).

Schutzpflicht ergibt sich positiv die Aufgabe für den Staat, Ehe und Familie vor Beeinträchtigungen durch andere Kräfte zu bewahren.[484]

Neben der Erhaltung der sozialen Funktion von Ehe und Familie weist Art. 6 I GG einen subjektivrechtlichen Grundrechtscharakter auf. Der Staat hat die Schutzgüter Ehe und Familie zu fördern, Störungen und Schädigungen von ihnen abzuwehren und vor allem soll er auf eigene störende Eingriffe verzichten. Der in Art. 6 I GG verortete besondere Schutz der staatlichen Ordnung für Ehe und Familie umfasst unter anderem das Verbot für den Staat, selbst diese Schutzgüter zu schädigen oder sonst zu beeinträchtigen.[485] Art. 6 I GG ist bei der Auslegung und Anwendung des einfachen Rechts zu beachten,[486] wobei das einfache Recht nicht in einer Weise angewendet und ausgelegt werden darf, die geeignet ist, den Bestand der Familie zu beeinträchtigen.

Die Einrichtungen Ehe und Familie in Art. 6 I GG bezeichnen personale Beziehungen;[487] Art. 6 I GG schafft typisierte Vertrauensbereiche, und da Art. 6 I GG die Konturen eines Grundrechts und einer wertentscheidenden Grundsatznorm aufweist, sind Eingriffe nur unter strengen Voraussetzungen gestattet.

2. Der Ehegatte und die Ehe im Sinne von § 52 I Nr. 2 und ihr verfassungsrechtlicher Schutz

Aus der untrennbaren Verbindung von Art. 6 I GG mit der Institutsgarantie, die notwendig eine rechtliche Ordnung verlangt, folgt das Art. 6 I GG gesetzliche Regelungen über die Form der Eheschließung und ihre sachlichen Voraussetzungen bedingt. Art. 6 I GG bedarf daher einer allgemeinen familienrechtlichen Regelung, welche diejenige Lebensgemeinschaft zwischen Frau und Mann, die als Ehe den Schutz der Verfassung genießt, rechtlich definiert und abgrenzt. Eine derartige Regelung muss die wesentlichen, das Institut der Ehe bestimmenden Merkmale beachten, die sich daraus ergeben, dass Art. 6 I GG an vorgefundene, überkommene Lebensformen anknüpft.[488] Infolgedessen sind deren Strukturprinzipien nach zutreffender Rechtsprechung des BVerfG der Verfügungsgewalt des Gesetzgebers entzogen.[489] Die Ehe ist ein öffentliches Rechtsverhältnis in dem Sinne, dass die Tatsache der Eheschließung für die Allgemeinheit erkennbar ist, die Eheschließung selbst unter amtlicher Mitwirkung erfolgt und der Bestand der Ehe amtlich registriert wird.[490] Voraussetzung für den verfassungsrechtlichen Schutz einer Lebensgemeinschaft als Ehe ist die Eheschließung in

---

[484] Robbers, in: v. Mangoldt/Klein/Starck Art. 6 Rn 10; Maunz, in: Maunz/Dürig GG Art. 6 Rn 17c.
[485] BVerfGE 6, 55 (76).
[486] BVerfGE 22, 93 (98).
[487] Der Schutz dieser ist nicht lediglich eine nachrangige Folgerung aus einer objektivrechtlichen Institution, sondern ihr gleichrangig; Robbers, in: v. Mangoldt/Klein/Starck Art. 6 Rn 12; Friauf, NJW 1986, 2595 (2600); Lecheler, DVBl 1986, 905 (906).
[488] BVerfGE 10, 59 (66); BVerfGE 31, 58 (69); 36, 146 (163); 62, 323 (330).
[489] Zu Recht Merten, Eheliche und nichteheliche Lebensgemeinschaften, S. 622.
[490] BVerfGE 62, 323 (330) m.w.N.

der vom staatlichen Gesetzgeber vorgeschriebenen Form.[491] Diese ist in §§ 13101320 BGB aufgezeichnet. Zu einer Eheschließung nach deutschen Recht führen nur die wechselseitigen, übereinstimmenden, persönlichen und gleichzeitigen Erklärungen von Mann und Frau vor einem Standesbeamten, die Ehe miteinander eingehen zu wollen (§ 1310 I 1 BGB). Die Rechtsfolge dieser Willenserklärungen ist die Ehe: das Recht und die Pflicht, als Ehegatten zusammenzuleben. Eine Ehe, die diese Voraussetzungen erfüllt (hat), genießt den Schutz von Art. 6 I GG. Nichteheliche und eheähnliche Lebensgemeinschaften sind keine Ehen im verfassungsrechtlichen Sinne.[492] Auch fallen gleichgeschlechtliche Lebensgemeinschaften nicht unter den Begriff der Ehe in Art. 6 I GG.[493]

Auch Ehen, die im Ausland geschlossen worden sind, unterliegen dem Schutzbereich von Art. 6 I GG, da er nicht auf Deutsche beschränkt ist und das Grundrecht einen für alle Menschen bedeutsamen Bereich der persönlichen Lebensgestaltung betrifft.[494] Der Schutzbereich des Art. 6 I GG umfasst eheliche Lebensgemeinschaften unabhängig davon, wo und nach Maßgabe welcher Rechtsordnung sie begründet wurden und ob die Rechtswirkungen des ehelichen Bandes nach deutschem oder ausländischem Recht zu beurteilen sind.[495] Normen des deutschen Kollisionsrecht über die Anerkennung ausländischer Entscheidungen, durch die oder aufgrund derer solche Lebensgemeinschaften Einzelner begründet oder aufgelöst werden, sind lediglich als Anhaltspunkte heranzuziehen.[496] Somit fallen eheliche Lebensgemeinschaften, die der Vorstellung des GG von Ehe fremd sind, ohne weiteres nicht unter den Schutzbereich des Art. 6 I GG. Als Beispiel hierfür nennt das BVerfG die Mehrehe, die nach Maßgabe ausländischen Rechts eingegangen wurde.[497] Die Scheinehe ist verfassungsrechtlich verständlicherweise auch nicht durch Art. 6 I GG geschützt.[498]

Der personale und soziale Sinn der Ehe im Sinne der Verfassung – die Verbindung eines Mannes und einer Frau – begründet ihre grundsätzliche Unauflöslichkeit.[499] Eine aufgelöste Ehe unterfällt jedoch nicht mehr Art. 6 I GG;[500] hingegen obliegt der Schutz

---

[491] E. M. v. Münch, in: von Münch/Kunig GG I Art. 6 Rn 5. Die von Kirchen und anderen Religionsgemeinschaften begründete Ehe ist gegenwärtig somit nicht von dem Schutz des Art. 6 I GG umfasst; Maunz, in: Maunz/Dürig GG Art. 6 Rn 15 c.
[492] Robbers, in: v. Mangoldt/Klein/Starck Art. 6 Rn 43 m.w.N.
[493] So die h.M. der obergerichtlicher Rechtsprechung und Literatur, Robbers, in: v. Mangoldt/Klein/Starck Art. 6 Rn 45 m.w.N.
[494] BVerfGE 31, 58 (67).
[495] BVerfGE 76, 1 (41).
[496] BVerfGE 76, 1 (41).
[497] BVerfGE 76, 1 (42).
[498] BVerwGE 65, 174 (180); BVerfGE 76, 1 ff.; E. M. v. Münch, in: von Münch/Kunig, GG I, Art. 6 Rn 14; Robbers, in: v. Mangoldt/Klein/Starck Art. 6 Rn 118 m.w.N.
[499] BVerfGE 10, 59 (66); 31, 58 (82); Robbers, in: v. Mangoldt/Klein/Starck Art. 6 Rn 38; PirsonBK Art. 6 Rn 11 ff., jeweils m.w.N. Die Ehe ist auf Lebenszeit angelegt: § 1353 BGB.
[500] Schmitt-Kammler, in: Sachs GG Art. 6 Rn 5 m.w.N.

der Ehe der staatlichen Ordnung auch über ihr Scheitern hinaus, sowohl im Blick auf die konkrete Ehe als auch auf das Institut der Ehe als solchem.[501]

Das BVerfG hat Art. 6 I GG wiederholt auch in solchen Fällen als Prüfungsmaßstab angewandt, in denen es um den Schutz von Ehegatten ging, deren Ehe beendet worden war.[502] In diesen Fällen hat das BVerfG nachdrücklich bemerkt, dass über das förmliche Ende einer Ehe hinaus eine fortwirkende personale Verantwortung der Ehegatten füreinander bestehe.[503] Aus dieser Verantwortung ergibt sich, dass nicht nur die bestehende Ehe, sondern auch die Folgewirkungen einer geschiedenen Ehe durch Art. 6 I GG geschützt werden.[504] Hier ist hervorzuheben, dass, wenn eine Ehe durch Scheidung aufgelöst wird, und ein Kind während der Ehe entstanden ist, die Eltern auch gegenüber diesem eine fortbestehende Verantwortung haben.

Das BVerfG hat „hinkenden Ehen", d.h. die nach ausländischem Recht gültig geschlossene, nach deutschem Recht jedoch ungültige Ehe eines Deutschen mit einem ausländischen Partner, grundsätzlich für schutzwürdig gemäß Art. 6 I GG erklärt. Hierbei hat es auf die in § 1310 BGB vorgesehene Mitwirkung eines Standesbeamten als Voraussetzung für eine wirksame Eheschließung verzichtet, und vorweg lediglich die Willensübereinstimmung der Verlobten, miteinander die Ehe eingehen zu wollen, hervorgehoben. Somit haben Partner, die bei Abschluss einer „hinkenden Ehe" ihre Verbindung als dauernde Gemeinschaft beabsichtigen und versprechen, insoweit die Voraussetzungen für eine Ehe erfüllt.[505] Ehen zwischen Deutschen und Ausländern die nach fremdländischem Recht geschlossen werden, können über Art. 13 EGBGB nach deutschem Recht als Nichtehen beurteilt werden.[506]

Ist die Ehe nach § 1310 III BGB geheilt, rückt sie aus dem Status der Nichtehe in die Form einer gültigen, und zwar von dem Zeitpunkt an, zu dem der Standesbeamte handelte. Solch eine geheilte Ehe steht somit unter dem Schutz von Art. 6 I GG. Auch die „Ehe", welche die zehn Jahres Frist noch nicht erreicht hat, steht meines Erachtens unter dem Schutz des Art. 6 I GG.

Dies ergibt sich daraus, dass vom verfassungsrechtlichen Begriff der Ehe auch solche Ehen erfasst sind, die an bestimmten formalen Mängeln leiden, die sogenannten hinkenden Ehen. Die nach ausländischem Recht gültig geschlossene, nach deutschem Recht jedoch ungültige Ehe eines Deutschem mit einem ausländischen Partner ist jedenfalls dann als gültig anzusehen, wenn die Partner lange Zeit in der Überzeugung

---

[501] BVerfGE 66, 84 (93); Robbers, in: v. Mangoldt/Klein/Starck Art. 6 Rn 68 m.w.N.
[502] BVerfGE 62, 323 (339).
[503] BVerfGE 71, 364 (385).
[504] Zu denen gehören zunächst die Unterhaltsregelungen; BVerfGE 66, 84 (93).
[505] BVerfGE 62, 323 (331), in Zusammenhang mit Anspruch auf Versorgung (Witwenrente) nach dem Tode eines Partners.
[506] Art. 13 I EGBGB regelt daher das auf die materiellen Eheschließungsvoraussetzungen anwendbare Recht und über Art. 11 I EGBGB auch für das auf die Form einer Auslandseheschließung anwendbare Recht; so Voit, Heilung, S. 48.

der Gültigkeit der Ehe gelebt haben und an ihr festhalten wollen.[507] Daraus ergibt sich erst recht (argumentum a forteriori, a majore ad minus), dass die hinkende Ehe, in der die Partner gemäß § 1310 III BGB erklärt haben, die Ehe miteinander eingehen zu wollen und die Amtshandlung einen Standesbeamten stattgefunden hat, unter Schutz von Art. 6 I GG steht.[508] Fraglich ist jedoch ob die Ehe, die nicht nur nach deutschem Recht, sondern auch nach ausländischem Recht ungültig ist und nach § 1310 III GG geheilt werden kann, verfassungsrechtlichen Schutz genießt. Dies muss jedoch auch bejaht werden, denn nachdem die Partner ihre Erklärung abgegeben haben und die Amtshandlung des Standesbeamten stattgefunden hat, fällt auch solch eine Ehe, die ihren Weg zur Heilung nach deutschem Recht aufgenommen hat, unter Schutz von Art. 6 I GG.

Fazit: Das durch Art. 6 I GG besonders geschützte soziale Phänomen Ehe kennzeichnet das BVerfG materiell als die Vereinigung eines Mannes und einer Frau zu einer umfassenden, grundsätzlich unauflösbaren Lebensgemeinschaft,[509] wobei der Verfassung das Bild der „verweltlichten“ bürgerlichrechtlichen Ehe zugrunde liegt,[510] so dass die Verfassung sich nicht an überkommene religiöse oder kirchliche Regeln anlehnt.[511]

Das Schutzgut der Verfassung knüpft an die Ausgestaltung der Ehe an, wie sie den herrschenden, in der gesetzlichen Regelung maßgebend zum Ausdruck gelangten Anschauungen entspricht[512]. Welche diese sind, belegen die für die Verfassung wesentlichen Funktionen der Ehe.[513] Die Literatur verweist zur Beschreibung dieser Funktionen auf die in der Ehe angelegte umfassende „Lebenshilfe“;[514] einer Selbstverpflichtung des Willens zu gegenseitiger Anerkennung, Achtung und Sorge der Partner füreinander.[515] Eine vollständige Umschreibung aller Wesensmerkmale der Ehe gibt das BVerfG freilich nicht; dennoch gehören zu den Merkmalen des verfassungsrechtlichen Schutzgutes Ehe die das BVerfG herausgearbeitet hat, die Einehe,[516] die Verschiedengeschlechtlichkeit der Partner,[517] ihre Lebensgemeinschaft, die auf Lebenszeit

---

[507] BVerfGE 62, 323 (329); Robbers, in: v. Mangoldt/Klein/Starck Art. 6 Rn 49.

[508] Sturm erachtet die Regel des 1310 III BGB als viel zu starr und unvereinbar mit dem Schutz, den Partner, die sich verheiratet wähnen, im Hinblick auf Art. 6 I GG erwarten dürfen; Sturm, Zum neuen § 1310 III BGB, in: FS für Rolland, S. 373 (378).

[509] BVerfGE 10, 59 (66); 49, 286 (399); 53, 224 (245); 62, 323 (330); BGHZ 30, 1 (4); Maunz, in: Maunz/Dürig GG Art. 6 Rn 17; Gernhuber, Lehrbuch des Familienrechts, S, 37 ff.

[510] BVerfGE 31, 58 (83); 36, 146 (163); 53, 224 (245).

[511] Kleffmann, Ehe und andere Lebensgemeinschaften, S. 52; Schlüter, Familienrecht, § 2 Rn 11.

[512] BVerfGE 31, 58 (82 f.).

[513] Robbers, in: v. Mangoldt/Klein/Starck Art. 6 Rn 32.

[514] PirsonBK Art. 6 I Rn 27, 5 f., 109; Robbers, in: v. Mangoldt/Klein/Starck Art. 6 Rn 33.

[515] Robbers, in: v. Mangoldt/Klein/Starck Art. 6 Rn 33 m.w.N.

[516] BVerfGE 29, 166 (176); 31, 58 (67); 62, 323 (330).

[517] BVerfGE 10, 59 (66); 29, 166 (176); 36, 146 (162); 49, 286 (300); 53, 224 (245); 62, 323 (330); BVerfG FamRZ 1993, 1419 (1419); NJW 1993, 3058 (3958).

angelegte Dauerhaftigkeit der Beziehung[518] und die rechtliche Fixierung dieser Beziehungen.[519]

Gleichgeschlechtliche oder polygame Verbindungen entsprechen nicht dem Bild der Verfassung. Die Mehrehe widerspricht deutscher Rechtstradition, so dass der deutsche Gesetzgeber vom Prinzip der Einehe nicht abgehen darf.[520]

3. Die Familie

Über die Ehegatten hinaus sind auch diejenigen, die mit dem Beschuldigten in gerader Linie und in der Seitenlinie bis zum dritten Grad verwandt sind oder waren, zeugnisverweigerungsberechtigt. Somit gehören Geschwister, Kinder und Enkelkinder, Eltern und Großeltern u.s.w., zu dem Kreis derjenigen Angehörigen, die der Gesetzgeber als so herausragend betrachtet, dass er ihnen ein Weigerungsrecht erteilt hat. Für nichteheliche Kinder bestehen keine Besonderheiten. Durch § 1754 BGB erlangt das adoptierte Kind die rechtliche Stellung eines ehelichen Kindes des oder der Adoptierenden. Somit zählt für die das Weigerungsrecht bestimmende Verwandtschaft nicht die leibliche Abstammung, sondern die gesetzlich fingierte Ehelichkeit des Kindes. Das adoptierte minderjährige Kind hat daher ein Weigerungsrecht gegenüber dem oder der Adoptierenden und deren Verwandten in demselben Umfang wie eheliche Kinder. Soweit das adoptierte Kind die rechtliche Stellung eines ehelichen Kindes allein des oder der Adoptierenden, nicht auch dessen Ehegatten erlangt, ist es mit dem Ehegatten des Adoptierenden verschwägert, es sei denn, dass der Adoptierte schon volljährig war.[521] Ein durch ein früheres Verwandtschaftsverhältnis begründetes Zeugnisverweigerungsrecht bleibt bestehen; die Aufhebung der Adoption hat auf das einmal begründete Verweigerungsrecht keine Auswirkung.[522]

Gegenüber den bisherigen Verwandten behalten die als Kind Adoptierten trotz der in § 1755 I S. 1 BGB bestimmten Auflösung des Verwandtschaftsverhältnisses das Zeugnisverweigerungsrecht. Gleiches gilt für die Abkömmlinge der Adoptierten, die bereits bei der Begründung des Adoptivverhältnis geboren waren.[523] Die später geborenen Abkömmlinge waren mit den früheren Verwandten des als Kind adoptierten niemals verwandt; für sie besteht daher insoweit kein Zeugnisverweigerungsrecht.

---

[518] BVerfGE 10, 59 (66); 31, 58 (82); 49, 286 (300); 53, 224 (245); 55, 134 (142); 62, 323 (330); 66, 84 (94).

[519] BVerfGE 29, 166 (176); 56, 363 (386); 62, 323 (330 f.); 66, 84 (94).

[520] Deshalb verbietet es der ordre public (Art. 6 EGBGB), dass eine Mehrehe vor einem deutschen Standesbeamten geschlossen wird, selbst wenn sie bei der Eheschließung von Ausländern, nach ausländischem Recht zulässig ist, oder dass ein deutsches Gericht zur Herstellung einer polygamen ehelichen Lebensgemeinschaft verurteilt, so zu Recht Merten, Eheliche und nichteheliche Lebensgemeinschaften, S. 622 mit Verweis auf BVerwGE 71, 228 (230).

[521] Lemke § 52 Rn 18.

[522] Lemke § 52 Rn 19.

[523] Eisenberg, Beweisrecht der StPO, S. 436.

In den Sonderfällen des § 1755 II BGB (Adoption des nichtehelichen Kindes eines Ehegatten durch den anderen Ehegatten – Stiefkindadoption), § 1756 I BGB (Verwandtschaft oder Schwägerschaft zwischen Adoptierenden und Kind) und § 1756 II BGB (Adoption des ehelichen Kindes des Ehegatten, dessen frühere Ehe durch Tod aufgelöst ist, durch den anderen Ehegatten) tritt das Erlöschen des Verwandtschaftsverhältnisses nur im Verhältnis zu einem Teil der Verwandten ein. In diesem Umfang haben auch die Abkömmlinge des als Kind Adoptierten gegenüber dessen Verwandten das Zeugnisverweigerungsrecht. Dies alles gilt entsprechend für das Zeugnisverweigerungsrecht der bisherigen Verwandten des als Kind Adoptierten und ihrer Abkömmlinge in einem gegen diese Person gerichteten Strafverfahren.[524]

Ein volljähriger Adoptierter ist nur hinsichtlich des oder der Adoptierenden selbst zeugnisverweigerungsberechtigt (§§ 1767 II BGB), nicht jedoch gegen deren Verwandte, da sich die Wirkungen der Adoption auf diese Personen nicht erstrecken (§ 1770 II S. 2 BGB), es sei denn, das Vormundschaftsgericht regelt diese Frage anders (§ 1772 BGB). Entsprechendes gilt für das Zeugnisverweigerungsrecht der Adoptierenden und ihrer Verwandten im Verfahren gegen das adoptierte Kind. Das Zeugnisverweigerungsrecht bleibt nach Aufhebung des Adoptivverhältnisses bestehen.[525]

Bei nichtehelichen Lebensgemeinschaften mit Kindern stellt zwar die Gesamtheit der Personen keine Familie dar, doch bildet das uneheliche Kind sowohl mit seiner Mutter als auch mit seinem Vater eine TorsoFamilie, was zu dem merkwürdigen[526] Ergebnis führt, dass statt einer „Normal" Familie, zwei TorsoFamilien vorhanden sind.

Die wohl herrschende Meinung der Literatur spricht Pflegeeltern und Pflegekindern kein Zeugnisverweigerungsrecht zu.[527]

Eisenberg[528] will ihnen jedoch dann ein Verweigerungsrecht erteilen, wenn eine Vernehmung in den von Art. 2 I i.V.m. Art. 1 I GG geschützten Bereich der privaten Lebensführung einzugreifen droht. Die grundsätzliche Versagung ist seiner Meinung nach auch systematisch abzulehnen, da Pflegeverhältnisse in § 11 I Nr. 1b StGB den natürlichen Eltern unter dem Angehörigenbegriff gleichgestellt werden und der Gesetzgeber in § 157 I StGB den Aussagenotstand bei Falschaussage zugunsten Pflegschaftsangehöriger durch die Möglichkeit der Milderung bzw. des Absehens von Strafe ebenso anerkannt hat, wie für die gemäß § 52 explizit Zeugnisverweigerungsberechtigten.[529]

---

[524] LR-Dahs § 52 Rn 15.

[525] LR-Dahs § 52 Rn 14; Eisenberg, Beweisrecht der StPO, S. 436; Kleinknecht/Meyer-Goßner § 52 Rn 8.

[526] So Merten, Eheliche und nichteheliche Lebensgemeinschaften, S. 621.

[527] Kleinknecht/Meyer-Goßner § 52 Rn 9; Lemke § 52 Rn 19; LR-Dahs § 52 Rn 16, jeweils m.w.N.

[528] Eisenberg, Beweisrecht der StPO, S. 436.

[529] Zu diesem Problem ist in dieser Arbeit generell in Kapitel § 4 c II Stellung genommen worden.

Die Vorschrift ist nicht auf die moderne Kleinfamilie, die Gemeinschaft von Eltern mit ihren Kindern beschränkt. Die Familieneinheit, der durch § 52 ein Zeugnisverweigerungsrecht erteilt worden ist, ist die „Großfamilie“ von Beschuldigten und Zeugen im Ganzen.

Die familiäre Lebensgemeinschaft, die unter den verfassungsrechtlichen Schutz von Art. 6 I GG fällt, ist im Kern lediglich die Gemeinschaft von verheirateten Eltern und ihren minderjährigen Kindern, in der den Eltern vor allem Rechte und Pflichten zur Pflege und Erziehung der Kinder erwachsen.[530] Tatsächlich wird grundsätzlich auch jede andere von der staatlichen Rechtsordnung anerkannte Gemeinschaft von Eltern und Kindern geschützt. Zu den Kindern gehören dabei auch Stiefkinder, Adoptivkinder und Pflegekinder.[531] Die ledige Mutter mit ihrem Kind wird auch vom BVerfG als Familie gerechnet.[532] Im Grunde schützt die Verfassung jede von der staatlichen Rechtsordnung anerkannte Gemeinschaft von Eltern und Kindern.[533] Bloße Wohngemeinschaften, die gesamte verwandtschaftliche Abstammung oder die Generationen-Großfamilie, wie sie in § 52 zu Ausdruck kommt, ist nicht von Art. 6 I GG umfasst, sondern lediglich die in der Hausgemeinschaft geeinte engere Familie.[534] Das Zusammenleben eines Großvaters mit seinem Enkel ist hiervon nicht erfasst.[535] Die Beziehung eines nichtehelichen Kindes zu seinem Vater wird als Familie vom BVerfG anerkannt.[536] Dieser Schutz der Familie steht selbständig neben dem der Ehe.[537] Weder der Gesetzgeber noch die Rechtsprechung sind gehindert, diesen Familienbegriff zu erweitern und daraus Folgerungen herzuleiten. Ein solch weiterer Familienbegriff unterfällt jedoch nicht dem Schutzbereich des Art. 6 I GG.[538]

Eine Mindermeinung sieht für diese Beschränkung keinen Grund und will, dass der Begriff der Familie die „Sozialverwandtschaft“, d.h. die tatsächliche Lebensgemeinschaft auf der Basis des Verwandtschaftsprinzips, umfasst. Durch die Erweiterung finde die Vielfalt der modernen Lebensformen Ausdruck und gestattete die Ausdehnung auf diejenigen Teile der „Großfamilie“, die in einer tatsächlichen Lebensgemeinschaft mit der „Kleinfamilie“ leben, z.B. die Großeltern.[539]

---

[530] BVerfGE 10, 59 (66); 48, 327 (339); Robbers, in: v. Mangoldt/Klein/Starck Art. 6 Rn 77 m.w.N.
[531] BVerfGE 80, 81 (90); Robbers, in: v. Mangoldt/Klein/Starck Art. 6 Rn 77; Siehe Übersicht bei Schmitt-Kammler in: Sachs GG Art. 6 Rn 16 m.w.N.
[532] BVerfGE 18, 97 (106).
[533] BVerfGE 80, 81 (90).
[534] BVerfGE 48, 327 (339); a.A. Jarass/Pieroth § 6 Rn 4.
[535] BVerfGE 39, 316 (326).
[536] BVerfGE 45, 327 (339); der Vater ist auch grundsätzlich Träger des Elternrechts, BVerfGE 92, 158 (176 ff.).
[537] BVerfGE 79, 203 (211).
[538] BVerfGE JZ 1982, 244 (245).
[539] Richter, in: AK-GG Art. 6 Rn 15a; Jarass/Pieroth Art. 6 Rn 4; Pieroth/Schlink, Grundrechte, S. 157 f.

Die von der Verfassung geschützte Kleinfamilie besitzt die größte Gewähr für die Erfüllung der Familienfunktion[540] und wird als Lebens und Erziehungsgemeinschaft erfasst. Sie bietet allen ihren Mitgliedern eine Grundlage für ihre leibliche und seelische Entwicklung, an erster Stelle jedoch den Kindern. Das BVerfG[541] hat nachdrücklich die seelische Stabilisierung auch erwachsener Familienmitglieder durch die Familie, ihre Bedeutung in Krisensituationen der Persönlichkeit, ihre Funktion der Gewährleistung eines von öffentlicher Kontrolle freien Raumes für eine entlastende Selbstdarstellung und ihr darin begründeter Beitrag zur sozialen Integration als anerkannte Schutzzwecke festgestellt. Die Familie sei der Ort, der den erwachsenen Familienmitgliedern den Raum für Ermutigung und Zuspruch biete, und die Fähigkeit zu verantwortlichem Leben in der Gemeinschaft festige.[542]

Somit festigt die Familie die Fähigkeit zu verantwortlichem Leben in der Gemeinschaft. Dementsprechend ist die Familie der Ort, welcher der auf Dialog angelegten geistigen Natur des Menschen entspricht.[543] Wegen der späteren Selbstständigkeit der Kinder entwickelt sich die Familie zur Lebensgemeinschaft und dann zur bloßen Begegnungsgemeinschaft mit nur gelegentlichem Umgang der Familienangehörigen miteinander.[544]

Genauso wie bei der Ehe umfasst der Schutzbereich des Art. 6 I GG familiäre Lebensgemeinschaften unabhängig davon, wo und nach Maßgabe welcher Rechtsordnung sie begründet wurden und ob die Rechtswirkungen des familiären Bandes nach deutschem oder ausländischem Recht zu beurteilen ist.[545] Somit unterfallen nach ausländischem Recht bestehende Lebensgemeinschaften nicht notwendig dem Schutz von Art. 6 I GG. Entscheidend ist die verwandtschaftlich begründete Beistands und Begegnungsgemeinschaft.[546]

Fazit: Die Institutionen von Ehe und Familie sind nach ständiger Rechtsprechung des BVerfG[547] nicht abstrakt, sondern in der Ausgestaltung gewährleistet, die den jeweils herrschenden Anschauungen entspricht, wie sie in der konsequent beibehaltenen gesetzlichen Regelung maßgeblichen Ausdruck gefunden haben. Der Schutz gilt deshalb den sozialen Phänomenen Ehe und Familie in ihrer konkreten rechtlichen Ausgestaltung unter Berücksichtigung des ständigen Wandels beider.[548]

---

540 Schmitt-Kammler, in: Sachs GG Art. 6 Rn 16 mit Verweis auf BVerfGE 25, 167 (196); BVerfGE 56, 363 (384).
541 BVerfGE 57, 170 (178).
542 BVerfGE 57, 170 (178); 80, 81 (91).
543 BVerfGE 57, 170 (178); 76, 1 (51); 80, 81 (90 f.).
544 BVerfGE 57, 170 (178); 76, 1 (51); 80, 81 (90).
545 BVerfGE 76, 1 (41); 62, 323 (330).
546 Robbers, in: v. Mangoldt/Klein/Starck Art. 6 Rn 81.
547 BVerfGE 15, 328 (332); 53, 224 (245); Robbers, in: v. Mangoldt/Klein/Starck Art. 6 Rn 7 m.w.N.
548 Robbers, in: v. Mangoldt/Klein/Starck Art. 6 Rn 7.

Das Wohl des Staates ist unumstritten sehr an den Bestand der Familie als der bedeutendsten Form des sozialen Zusammenlebens geknüpft; so sehr, dass die Allgemeinheit diese Institution vor erzwungenen Selbstschädigungen geschützt sehen möchte.[549] Dieses Allgemeininteresse geht gemäß *Rengier* weit über das letztlich in jeder Verfahrensvorschrift beinhaltete Gemeinschaftsinteresse an einem rechtsstaatlich geordneten und gerechten Verfahren hinaus. [550] Er meint zutreffend, dass sich die in § 52 liegende Rücksichtnahme auf die Familie damit erklären lasse, dass das Wohl des Staates und der Bestand der Familie miteinander eng verknüpft seien. Zusammenfassend kann ihm und der überkommenen Ansicht nur zugestimmt werden, dass die Familie zum Zweck individueller, privater Entwicklung und Entfaltung, zugleich aber auch um ihrer sozialen Funktion, der Bewahrung der Gemeinschaft,[551] willen geschützt werden muss.

G. Zusammenfassung

Zusammenfassend bleibt zunächst festzuhalten, dass es ein Ergebnis dieser Untersuchung ist, dass die Auffassung, das Zeugnisverweigerungsrecht diene dem Schutz der materiellen Wahrheitsfindung, verkennt, dass nach der Abkehr von dem Beweisrecht die Wahrheitsermittlung nach § 261 im Wege der freien Beweiswürdigung geschieht. Sie ist somit abzulehnen. Ein zweites Ergebnis dieser Untersuchung ist, dass der Schutz von gegenseitigem Vertrauen und zwischenmenschlicher Kommunikation nicht der einschlägige Grund für das Zeugnisverweigerungsrecht ist. Auch der Ansatz, dass der nemo tenetur-Grundsatz unmittelbar vom Weigerungsrecht des Zeugen geschützt ist, ist abzulehnen, sondern es kann, entsprechend dem Ideengehalt des nemo tenetur-Grundsatzes, lediglich von einem mittelbarem Schutz gesprochen werden.

In den vorstehenden Überlegungen ist herausgearbeitet worden, dass der Grund für das Zeugnisverweigerungsrecht der ist, die Entschließungsfreiheit des Zeugen zu schützen. Es schützt seine Freiheit zu entscheiden, wie er seine menschlichen Beziehungen zu seinen Angehörigen gestalten will; in Konfliktsituationen wie im Alltag. Es schützt jene Sphäre des Einzelnen, in der er seine intimen, vertrauten und erotischen Empfindungen zu anderen Menschen gestaltet. Die verfassungsrechtliche Grundlage des Weigerungsrechts ist auf zwei Wegen im allgemeinen Persönlichkeitsrechts zu finden. Einmal durch die vom allgemeinen Persönlichkeitsrecht geschützte Selbstentfaltung des Menschen und zum zweiten durch das Recht auf informationelle Selbstbestimmung.

Auch ist oben darauf hingewiesen worden, dass das Grundrecht der Unverletzlichkeit der Wohnung, dass in engem Zusammenhang mit dem verfassungsrechtlichen Gebot unbedingter Achtung der Privatsphäre des Bürgers steht, beachtet werden muss, wenn

[549] Besonders in der älteren Literatur wurde das „Allgemeininteresse" als eigenständiger Schutzzweck des Zeugnisverweigerungsrechts hervorgehoben.
[550] Rengier, Zeugnisverweigerungsrechte, S. 73.
[551] Robbers, in: v. Mangoldt/Klein/Starck Art. 6 Rn 85 m.w.N.

intime Gespräche zwischen einander nahestehender Personen in einer Wohnung geführt werden.

In dieser Arbeit ist auch darauf hingewiesen worden, dass das Zeugnisverweigerungsrecht nicht dem Schutz der Familie oder „Familiensphäre“ als solcher dient, so dass die Gewährleistung des Schutzes auf die Verpflichtung des Staates aus Art. 6 I GG zurück zu führen ist. Aus der Ausführung zu den Konturen von Art. 6 I GG ist hingegen klargestellt worden, dass für einige bestimmte Beziehungen, zusätzlich zu Art. 2 I i.V.m. Art. 1 I GG, Art. 6 I GG als Grundlage für das Weigerungsrecht herangezogen werden kann.

In diesem ersten Teil der Arbeit ist der Grund des Zeugnisverweigerungsrechts wiederholt auf grundrechtgeschütztes Gewissenkonflikt, gegenseitiges Vertrauen und Kommunikation zwischen Familienangehörigen zurückgeführt worden. Auch der ermittelte Grund des Zeugnisverweigerungsrechts beruht auf der Nähe des Zeugen zu den Beschuldigten.

Konstitutiv werden intime persönliche Beziehungen und enge emotionale Bindungen als zentrale Elemente von Ehe und Familie hervorgehoben. Die Möglichkeit, einem anderen zu vertrauen, sich zu offenbaren, auch einmal von angesonnenen Rollen zurückzutreten und der Versuch des Einzelnen, sich selbst zu artikulieren, all diese Aspekte werden zumindest idealtypisch als die wichtigsten Elemente von Ehe und Familie interpretiert. Gemeinsam mit allen Familientheorien ist, dass sie mit Ehe und Familie die Vorstellung verbinden, dass in diesem privaten Raum persönliche Gefühle ohne öffentliche Kontrolle gelebt werden können.[552] Der Grund dafür, warum die engen persönlichen Beziehungen in den meisten Familientheorien mit Familie verknüpft werden, liegt nach Ansicht *Bertrams* darin, dass es, um solche persönlichen Gefühle zu entwickeln und sich anderen zu offenbaren, nicht nur eines spontan entstandenen Vertrauens bedarf, sondern in der Regel eines längeren Zeitraums, bis sich eine solche Vertrautheit einstellt.[553]

Der Aufbau persönlicher Beziehungen und Gefühle setzt also eine bestimmte Konstanz von Beziehungen zu anderen voraus. Neben diesen persönlichen Gefühlen und eng damit verbunden ist die private persönliche Kommunikation. Ungeschützt eigene Probleme zu artikulieren, sich dem anderen gegenüber als unfertig darzustellen, aus der eigenen angesonnenen gesellschaftlichen Rolle herauszutreten, eigene Niederlagen mit anderen zu besprechen, in solchen Gesprächen Unterstützung von anderen erwarten zu können, ohne dass diese daran beteiligt sind, kann der Einzelne nur erwarten, wenn er in einer Beziehung lebt, die von wechselseitigem Vertrauen, Reziprozität und einer gewissen Dauer gekennzeichnet ist. Es ist daher nicht verwunderlich, dass auch dieser Aspekt privater Lebensführung in der Regel mit dem Leben in Ehe und Familie assoziiert wird. Insbesondere gilt das für die Generationsverhältnisse, weil Kinder im

[552] So Bertram, Die Sicherheit privater Beziehungen, S. 95 m.w.N.
[553] Bertram, Die Sicherheit privater Beziehungen, S. 95.

Verlauf ihrer Sozialisation existentiell auf solche Bedingungen angewiesen sind, um überhaupt zu kompetenten Erwachsenen werden zu können.[554]

Ein notweniger Schritt in einer Arbeit, die einen Beitrag zur rechtspolitischen Diskussion über die Fortgestaltung des Zeugnisverweigerungsrecht aus persönlichen Gründen erbringen soll, ist, zu erforschen, ob die manifesten Merkmale, die Ehe und Familie ausmachen, ausschließlich in diesen oder auch in anderen engen persönlichen Beziehungen gelebt werden (können). Als erstes wird ermittelt, welche Bedeutung die traditionelle Ehe und Familie für den Einzelnen in unserer Gesellschaft innehat und wie der Einzelne des Weiteren seine privaten sozialen Beziehungen organisiert, z.B. ob andere Privatheitsformen an die Stelle von Ehe und Familie getreten sind. Im Folgenden wird in dieser Arbeit mit dem Begriff »Privatheitsform« jene Sphäre der menschlichen Existenz beschrieben, die durch die intime, vertraute und erotische Bezugnahme auf andere Menschen gekennzeichnet ist.[555] Sollte die nachfolgende Untersuchung ergeben, dass Funktionen, die Ehe und Familie innegehabt haben, an Bedeutung verloren haben, andere Privatheitsformen an ihre Stelle getreten sind und der Einzelne die zuvor erwähnten familientypischen Aspekte in diesen anderen Privatheitsformen lebt, ist das ein Anzeichen dafür, dass § 52 eine Neugestaltung nötig hat.

[554] Bertram, Die Sicherheit privater Beziehungen, S. 95.
[555] Nach Köster, Moderne Privatheitsformen, S. 19.

Zweiter Teil

Konventionelle und Nichtkonventionelle Lebensformen

§ 6. Bedeutungserosion der traditionellen Ehe und Kernfamilie

A. Einleitung

Vor etwa drei Jahrzehnten war die Kernfamilie normativ und faktisch die einzige Privatheitsform, die allgemein akzeptiert wurde.[556] In den letzten drei Jahrzehnten jedoch ist in unserer Gesellschaft die Bereitschaft, normativ und faktisch andere Privatheitsformen als die traditionelle Ehe und Familie zu akzeptieren, zunehmend gewachsen. Abweichende Formen wurden zuvor in irgendeiner Form informell sanktioniert; moralisch bis hin zur strafrechtlichen Sanktion für homosexuelle Partnerschaften. Auch unverheiratetes Zusammenleben galt bis zur Abschaffung des Kuppeleiparagraphen 1972 als sittenwidrig und strafbar.[557] Erscheinungsformen vor, nach und außerehelicher Lebens, Liebes und Haushaltskonstellationen sind heutzutage vielfältig und werden in dieser Vielfalt auch überwiegend akzeptiert, zumindest aber toleriert.[558] Es hat eine Bedeutungserosion der Ehe und Familie in der Gesellschaft stattgefunden.

Eingelagert in den Strukturwandel der Gesellschaft erhält der Wandel der privaten Lebensführung seine Dynamik vor allem dadurch, dass die Zahl derer wächst, die niemals in ihrem Leben eine Kernfamilie gründen, und dass sich die Dauer der Lebenszeit verkürzt, welche die Menschen in einer Kernfamilie verbringen. Der Rückgang der Prävalenz der Kernfamilie und der Rückgang der Permanenz kernfamiliärer Phasen im Lebensverlauf sind die Folge sinkender Heiratsneigung und zunehmender Verbreitung lebenslanger Kinderlosigkeit. Zur gleichen Zeit hat auch ein bedeutungsvoller Wandel des Charakters der Kleinfamilie stattgefunden, wie gestiegene Scheidungsziffern und gestiegene Zahlen freiwillig kinderloser Ehen zeigen.[559] Jahr für Jahr steigen die Ehescheidungsquoten und auch die Geburtenquote ist seit 1964 kontinuierlich gefallen. Diese Durchschnittwerte ergeben sich vor allem durch den Rückgang der Mehrkinder-Familien, aber auch durch den Anstieg an kinderlosen Ehen. Gegen die rückläufige Eheschließungszahl ist ein wahrhaft sprunghafter Anstieg an unverheiratet zusammenlebenden Paargemeinschaften zu verzeichnen. All diese familienstatistischen Trends sind seit den 60er Jahren in allen europäischen Staaten zu finden.[560] Zwar ist die Kernfamilie, d.h. die Haushaltsgemeinschaft eines Ehepaares mit mindestens einem Kind, trotz dieser Entwicklungen noch die häufigste Privatheitsform in Deutschland, aber es

---

556 Köster, Moderne Privatheitsformen, S. 10, 20 f. m.w.N.

557 Schneider/Rosenkranz/Limmer, Nichtkonventionelle Lebensformen, S. 67.

558 Köster, Moderne Privatheitsformen, S. 10; zustimmend: Grziwotz, Nichteheliche Lebensgemeinschaft, § 2 Rn 13 m.w.N.

559 Köster, Moderne Privatheitsformen, S. 10.

560 Nave-Herz, Bedeutungswandel von Ehe und Familie, S. 19 f. m.w.N. Lenz meint, dass die Veränderungen im Bindungsverhalten in den westeuropäischen Ländern im Kontext gesamtgesellschaftlicher Entwicklungen stehen; Lenz, Soziologie der Zweierbeziehung, S. 16 m.w.N.

ist offenkundig, dass Alternativen zur und Variationen der Kernfamilie im Lebensverlauf eine größere Verbreitung und einen Bedeutungszuwachs erfahren haben. Solche Privatheitsformen jenseits der Kernfamilie werden häufig als alternative oder als nichtkonventionelle Lebensformen bezeichnet.[561]

Viele der sogenannten nichtkonventionellen Lebensformen sind strukturell betrachtet nicht neu. Neu sind die Entstehungskontexte und die gesellschaftliche Akzeptanz dieser Formen. Früher handelte es sich um Formen, die infolge ökonomischer und sozialer Umstände häufig als Notlösung entstanden und gesellschaftlich mehr oder weniger toleriert oder sanktioniert wurden. Aus letzter Zeit dürfen als Beispiel die Onkelehen und Rentenkonkubinate der 50er Jahre genannt werden.[562] Heute entstehen diese Lebensformen häufiger infolge einer bedingt freien Wahl und sie werden, zumindest normativ, gegenüber anderen Lebensformen nicht oder nicht mehr wie früher diskriminiert.[563]

Der Trend zu nichtkonventionellen Lebensformen setzt die ökonomische Unabhängigkeit der Frau vom Mann voraus und hängt zusammen mit dem normativen und ökonomischen Bedeutungsverlust der Ehe. Ansonsten ist er eng an veränderte Werte und Lebensstile gekoppelt. Die Verbreitung nichtkonventioneller Lebensformen ist darüber hinaus auch Folge des Wandels der Sozialstruktur und ihrer sozialen Milieus.[564] Für *Schneider*[565] sind nichtkonventionelle Lebensformen in erster Linie Optimierungsversuche im Kontext der Lebensumstände und der Lebensorientierungen, Versuche, die häufig Variationen der konventionellen Familie darstellen. Variiert wird hinsichtlich des Familienstandes, der Elternschaft, des biographischen Timings und der Dauer von Lebensformen. Nicht variiert wird bis heute bezüglich der Partnerschaft.

Infolge dieser Optimierungsversuche hat die Ehe massive Einbußen als eine kulturelle Selbstverständlichkeit[566] hinnehmen müssen und tritt nun in Konkurrenz zu inzwischen weitgehend gesellschaftlich akzeptierten nichtkonventionellen Lebensformen. Sie hat sich lediglich zu einer Option unter anderen entwickelt,[567] wobei sich im Zuge dieser Entwicklung Lebensformen jenseits der Kernfamilie erheblich verbreitet ha-

---

[561] Schneider/Rosenkranz/Limmer, Nichtkonventionelle Lebensformen, S. 7 f.; Lauterbach, Familie und private Lebensformen, S. 241 f.

[562] Schneider/Rosenkranz/Limmer, Nichtkonventionelle Lebensformen, S. 12; Schneider, Nichtkonventionelle Lebensformen, S. 19.

[563] Schneider/Rosenkranz/Limmer, Nichtkonventionelle Lebensformen, S. 12 m.w.N.

[564] Schneider, Nichtkonventionelle Lebensformen, S. 20.

[565] Schneider, Nichtkonventionelle Lebensformen, S. 20.

[566] In den 50er und 60er Jahren dieses Jahrhunderts wurden Rekordmarken bis zu 95% erreicht. Zu jener Zeit konnte man mit Fug und Recht von der Ehe als kultureller Selbstverständlichkeit sprechen; Lenz, Soziologie der Zweierbeziehung, S. 14; Schneider/Rosenkranz/Limmer, Nichtkonventionelle Lebensformen, S. 17 f.

[567] Schlemmer, Partnerschaftliche und familiale Konstellationen junger Erwachsener, S. 33; Köster, Moderne Privatheitsformen, S. 25.

ben.[568] Der Entscheidungsprozess zur Eheschließung folgt immer weniger sozial vorgezeichneten und verbindlichen Mustern, wie sie in der bürgerlichen Ehe und Familienordnung stark vorprogrammiert waren. Auch der Gründung einer nichtehelichen Lebensgemeinschaft geht keine rationale Entscheidung voran, sondern sie ist die schlichte Konsequenz der bisherigen Beziehung. Die Phase der nichtehelichen Lebensgemeinschaft verlängert den Entscheidungsprozess und wird in der Retrospektive als Testphase gesehen.[569] Mit diesen Tatsachen vor Auge kommt alsbald die Frage auf, wie es zu diesem Wandel in der Sozialstruktur kam.

B. Alternative Privatheitsformen als Surrogat der Ehe

Allein aufgrund der Verbreitung nichtehelicher Lebensgemeinschaften wird davon ausgegangen, dass von den nach 1954 geborenen Deutschen höchstens 15% niemals in einer nichtkonventionellen Lebensform leben werden.[570] Diese beobachtete Ausbreitung steht unmittelbar im Zusammenhang mit einigen grundlegenden Veränderungen in der gesellschaftlichen Makrostruktur: es sind der Wandel des Geschlechterverhältnisses, die erhöhte Bildungsbeteiligung, der allgemeine Wertewandel und Umschichtungen in der Sozialstruktur und ihrer sozialen Milieus.[571] Seit den 70er Jahren ist in allen westlichen Industrieländern die Heiratshäufigkeit stark rückläufig. In soziologischen Einschätzungen wird damit gerechnet, dass sich der Anteil der dauerhaft Ledigen in den westlichen Industrieländern zwischen einem Fünftel und einem Drittel einpendeln wird.[572] Somit hat die Ehe in weiten Teilen der Gesellschaft erhebliche kulturelle Legitimationseinbußen durchgemacht. Aus Liebe folgt heutzutage nicht mehr bindend und motivational zwingend eine Heirat und Ehe; vielmehr ist es zu einer Entkoppelung von Liebe und Ehe gekommen. Für ein Paar stehen unterschiedliche Beziehungsformen offen, in denen das gemeinsame sexuelle Erleben erlangbar ist. Wer liebt, muss noch lange nicht auch heiraten. Selbst wenn geheiratet wird, lassen sich die Paare zunehmend Zeit bei ihrer Entscheidung, ob aus ihrer Liebe eine Ehe werden soll.

So hat die Ehe stark an Symbolwert verloren; der Schritt zur Ehe ist nicht länger selbstverständlich, sondern er wird hochgradig begründungsbedürftig. Vielfach wird in der Literatur darauf hingewiesen, dass westdeutsche Paare den Schritt zur Ehe in der Gegenwart erst dann machen, wenn ein Kind erwartet oder gewünscht wird, obwohl

[568] Schneider/Rosenkranz/Limmer, Nichtkonventionelle Lebensformen, S. 17 f.; Schneider, Nichtkonventionelle Lebensformen, S. 23.

[569] Matthias-Bleck, ZfF 1996, 67 m.w.N.

[570] Schneider/Rosenkranz/Limmer, Nichtkonventionelle Lebensformen, S. 25.

[571] So haben Milieus, die auch schon in der Vergangenheit die Chance zur Lebensführung jenseits der traditionellen Normalbiographie beinhalteten, an Verbreitung enorm zugenommen, während traditionelle Milieus, die ihren Mitgliedern auch heute noch wenig Spielräume offenlassen, geschrumpft sind; Schneider/Rosenkranz/Limmer, Nichtkonventionelle Lebensformen, S. 18 f.

[572] Lenz, Soziologie der Zweierbeziehung, S. 15 m.w.N.

dies nicht das einzige aktuell vorkommende Heiratsmuster ist.[573] Die nichteheliche Lebensgemeinschaft bedeutet deshalb im Regelfall keine generelle Entscheidung gegen Kinder, sondern lediglich eine aktuelle, meist beruflich oder altersmäßig bedingte.[574] Ob man verheiratet ist oder nicht, darin wird kein wesentlicher Unterschied gesehen. Dennoch wäre es wohl unzutreffend, aus diesen Wandlungstendenzen das Ende der Ehe ableiten zu wollen. Aus der Tatsache, dass über 80% aller Deutschen bis zu ihrem 40. Lebensjahr mindestens einmal in ihrem Leben die Ehe eingehen, scheint nicht zu belegen, dass die Ehe ein Auslaufmodell ist. Das System Ehe scheint auch den Eheschließenden in vielfältiger Hinsicht eine höhere bedürfnisbefriedigende Wirkung als andere Lebensformen zu versprechen.[575] Auch weiterhin wird die große Mehrheit der heiratsfähigen Personen heiraten, aber die Ehe hat ihre Monopolstellung auf emotionale Belange hin, als die einzige, legitime Form der Geschlechterbeziehung verloren, die ihr im Zuge des Industrialisierungsprozesses zugewachsen war.[576] Aus diesem ist auch gefolgert worden, dass sich die nichteheliche Lebensgemeinschaft weder als moderner EheErsatz noch als einfaches Durchgangsstadium einheitlich charakterisieren lässt.[577] Vielmehr existieren verschiedene Konzeptionen und Verlaufsmuster. Die Vorteile, (zumindest zunächst) nicht zu heiraten, werden im wesentlichen darin gesehen, dass (noch) keine umfangreichen Verpflichtungen eingegangen werden und eine Trennung einfacher sei, dass größere Handlungsspielräume bestünden, dass die fehlende Institutionalisierung für die Freiwilligkeit der Beziehung stehe und damit die Bemühungen um den Partner wachgehalten würden, oder dass Frauen höhere Eigenständigkeit und Durchsetzungsfähigkeit bewahrten. Nichteheliches Zusammenleben steht daher im Kontext neuer Gestaltungsanforderungen für Beziehungen. So hat auch die Kernfamilie ihre Monopolstellung eingebüßt, was zu einer „Normalität der Vielfalt“ der privaten Lebensführung geführt hat.[578]

Ehe und Kinderkriegen wird von der jungen Generation hinausgeschoben, z.T. sogar über das 30igste Lebensjahr hinaus, oder sie entscheidet sich ganz gegen Kinder. Die Leitbilder, an denen sich die junge Generation orientiert, liegen in Gleichheitsidealen, die sie in neuen Partnerschaftsformen leben und die insbesondere für die Frau Selbständigkeit und ökonomische Unabhängigkeit versprechen. Das Streben nach persönlicher ökonomischer Unabhängigkeit bedingt zugleich mehr Zeit und Aufwand für Ausbildung und berufliche Absicherung als dies die traditionell ausgerichtete Elterngeneration aufbringen musste. Die Familienbildung tritt infolgedessen in Relation zu

---

[573] Für die alten Bundesländer zeigt sich, dass mehr als 80% der unverheiratet zusammenlebenden Paare durch die Geburt eines Kindes die Partnerschaft durch eine Eheschließung institutionalisierten; Lauterbach, Familie und private Lebensformen, S. 248. Auf die Frage nach dem Grund zu Eheschließung wird, so führte allen voran Nave-Herz aus, wird (vor allem) angegeben, dass ein Kind erwartet oder gewünscht wird, bzw. legitimiert werden soll. Nave-Herz, Bedeutungswandel von Ehe und Familie, S. 22; dies., Die Hochzeit, S. 43 f.

[574] So auch Grziwotz, Nichteheliche Lebensgemeinschaft, § 2 Rn 13.

[575] Matthias-Bleck, ZfF 1996, 58 m.w.N.

[576] Lenz, Soziologie der Zweierbeziehung, S. 16; Nave-Herz, Die Hochzeit, S. 43, jeweils m.w.N.

[577] Rupp, Nichteheliche oder eheähnliche Gemeinschaft?, S. 36 f.

[578] Schneider, Nichteheliche Lebensformen, S. 12.

Ausbildung und Beruf.[579] *Schlemmer*[580] meint, dass die junge Generation auf ökonomische Unsicherheiten nicht mit einer prinzipiellen Tendenz zur „Absicherung in der Ehe" reagiert, sondern individuelle Lösungswege sucht, die umgekehrt eine Abkehr von Ehe und Familie bedeutet. Neue Lebensformen werden nicht nur erprobt, sondern bestimmen mehrheitlich und ideologisch weitreichend die sozialen Beziehungen in der gesamten Lebensphase der Jugend und des jungen Erwachsenen.

Die Bedeutungserosion der Ehe betrifft nicht das Eingehen von festen Paarbeziehungen.[581] Vom Rückgang der Heiratsneigung profitieren in erster Linie nichteheliche Lebensgemeinschaften – eine Phase, die mittlerweile mehr als 80% der Eheschließenden durchleben – und living-apart-together-Beziehungen,[582] wobei der Wandel der partnerschaftlichen Lebensformen nahezu zu einer Unübersichtlichkeit gesellschaftlicher Verhältnisse geführt hat.[583] Nur wenige praktizieren dies als befristete Alternative zur Ehe oder im Sinn einer Ehe auf Probe. Für die meisten ist es eine kaum noch hinterfragte Selbstverständlichkeit, Teil einer neuen Normalität. Moderne private Lebensführung bedeutet jedoch nicht, dass alles möglich ist. Aus der Vielzahl von Lebensformen kann nicht auf einen Anstieg von Wahlmöglichkeiten geschlossen werden. Entscheidungsrestriktionen bestehen weiterhin und bilden sich teilweise neu. Oftmals entstehen Lebensformen geradezu zwangsläufig im Kontext struktureller Gegebenheiten oder Notwendigkeiten, bzw. living-apart-together-Beziehungen. Die herausragende Behandlung einer Lebensform kann somit mit normativen Vorstellungen im Zusammenhang mit der historischen Entwicklung erklärt werden.[584]

Statistische Angaben belegen, dass sowohl unter Verheirateten als auch unter Nichtverheirateten die Überzeugung von der Notwendigkeit der Ehe stark zurückgegangen ist. *Grziwotz*[585] sieht den Grund hierfür im dem Verschwinden zweier traditioneller Eheschließungsgründe: sowohl das Bedürfnis nach sexuellen Beziehungen als auch der Wunsch, das Elternhaus zu verlassen und einen eigenen Hausstand zu gründen. Diese Befürfnisse können problemlos außerhalb des institutionellen Rahmens der Ehe befriedigt werden. Wenn man Sex vor der Ehe haben kann, wenn man das Elternhaus verlassen kann, ohne heiraten zu müssen, wenn man als unverheiratetes Paar eine Wohnung findet, dann gibt es immer weniger Gründe für eine frühe Heirat, ohne deswegen auf das verzichten zu müssen, was die Ehe verspricht. Nichteheliches Zusammenleben bildet in diesen Fällen keine Alternative zur Ehe. Man lebt nicht zusammen, statt zu heiraten, sondern bevor man heiratet. Die gesellschaftliche Voraussetzung erhalten andersartige Paarbeziehungen durch den Wandel der Sexualmoral,

579 Schlemmer, Partnerschaftliche und familiale Konstellationen junger Erwachsener, S. 33.
580 Schlemmer, Partnerschaftliche und familiale Konstellationen junger Erwachsener, S. 34.
581 Lenz, Soziologie der Zweierbeziehung, S. 22 m.w.N.
582 Eine living-apart-together-Beziehung ist eine Lebensform, in der nichteheliche Partner, ohne einen gemeinsamen Haushalt zu führen, leben, siehe näher in § 8 B.
583 Siehe nur den Literaturüberblick bei Köster, Moderne Privatheitsformen, Fn 4 S. 19.
584 Vaskovics, Nichteheliche Lebensgemeinschaften, S. 24.
585 Grziwotz, Nichteheliche Lebensgemeinschaft, § 2 Rn 12 m.w.N.

der seit den 70er Jahren zu einer Lockerung rigider Sittenregeln geführt hat. Anders als früher werden Paarbeziehungen auch außerhalb der Ehe akzeptiert. Der gesellschaftlichen Lockerung der Sexualmoral entspricht die Möglichkeit zur individuellen Definition einer nichtehelichen Beziehung als Partnerbeziehung. Emotionalität und Sexualität sind heute nicht mehr exklusiv der Ehe vorbehaltene Beziehungscharakteristika. Emotionelle sexuelle Beziehungen bedürfen heute keiner öffentlich bekundeten Legitimation durch eine Eheschließung mehr, und die materiellen Bedingungen, bzw. die Verfügbarkeit von Wohnraum, ermöglichen heute eine frühzeitigere Selbständigkeit. Die Offenheit und zugleich Bestimmtheit in der Definition von Partnerschaft – durch subjektive Entscheidung ohne institutionelle Setzung – wäre noch vor den 70iger Jahren moralisch geahndet worden. Die mit der Auflösung von gesellschaftlichen Regeln, Konventionen und Rollen einhergehende Individualisierung und Pluralisierung der Lebensformen erweitert den Bereich dessen, was als „normal" Anerkennung findet. Durch die „Deinstitutionalisierung" von Partnerschaft und in Folge dessen durch das Anwachsen der Zahl von nichtehelichen Paaren kommt es zu einem Prozess der Auflösung der „exklusiven Monopolstellung" der Ehe.[586]

C. Alternative Privatheitsformen als Surrogat der traditionellen Kernfamilie

Die Kernfamilie – eine aus einem Paar und ihren Kindern bestehende und in einer gemeinsamen Wohnung zusammenlebende Familie – hat immer existiert; die gleichen Funktionen hat sie jedoch nicht immer erfüllt; auch die Regulierung der Beziehungen zwischen den Geschlechtern und den Generationen ist nicht immer dieselbe gewesen.[587] Beim Wandel der Familie will *Schneider*[588] vier Entwicklungslinien erkannt haben: erstens haben sich die äußeren Strukturmerkmale von Privatheitsformen gewandelt, die auf dem Rückgang von Familien mit mehr als zwei Kindern und auf dem fast völligen Verschwinden erweiterter Familienhaushalte, d.h. Haushalte mit Personen, die nicht zur Kernfamilie gehören, beruht; zweitens haben sich die Binnenstrukturen der Familie in Richtung einer wachsenden Emanzipation von Frauen und Kindern verändert; wesentlich verändert haben sich vor allem die Arbeitsteilung zwischen den Geschlechtern, der Altersabstand der Partner und der Generationsabstand;[589] drittens hat die normative Verbindlichkeit der Institution der Ehe abgenommen und viertens hat sich der Verlauf der Familienentwicklungsprozesse gewandelt; nämlich die Platzierung der Privatheitsform im Lebensverlauf. Die Gründung und Aufrechterhaltung bestimmter Privatheitsformen wird für bestimmte Lebensphasen als normal, für andere Lebensphasen tendenziell als abweichend definiert. So hat sich der Vorrang und die Dauer kernfamiliärer Privatheitsformen im Lebensverlauf zugunsten nichtkonventioneller Privatheitsformen deutlich reduziert.[590] Auch können schließlich die Entstehungs-

---

[586] Schlemmer, „Living apart together", S. 364 m.w.N.

[587] Singly, Die Familie der Moderne, S. 11.

[588] Schneider, Nichtkonventionelle Lebensformen, S. 20 f.

[589] So können größere Abweichungen von Standardmustern zu einer verminderten sozialen Akzeptanz führen; Schneider/Rosenkranz/Limmer, Nichtkonventionelle Lebensformen, S. 10.

[590] Lauterbach, Familie und private Lebensformen, S. 242. Nicht gewandelt haben sich die an Ehe und Familie herangetragenen subjektiven Erwartungen und die ungebrochene hohe Bedeutung, die Ehe

zusammenhänge von Privatheitsformen für deren soziale Bewertung eine Rolle spielen.

Heute existieren Familien, in denen die Einheit genetischer und sozialer Elternschaft auseinander gefallen ist; sogenannte fragmentierte Elternschaften; d.h. ein oder beide Elternteile sind nicht genetisch mit dem Kind verwandt. Zu den historisch bekannten Formen zählen Stief, Adoptiv und Pflegefamilien.[591] Bei Stieffamilien handelt es sich um Familien, in denen ein Elternteil nicht leiblich mit dem Kind verwandt ist. Die überwiegende Anzahl der Stieffamilien entsteht durch Scheidung mit anschließender Wiederheirat.

Pflegefamilien unterscheiden sich von Adoptivfamilien insofern, als das Sorge und Verfügungsrecht über das Pflegekind bei der Herkunftsfamilie verbleibt und oft vom Jugendamt wahrgenommen wird. Das Pflegeverhältnis kann also jederzeit wieder aufgehoben werden. Es existieren verschiedene Formen der Pflegeverhältnisse; die verbreitetsten sind Tagespflege und Vollzeitpflegeverhältnisse. Im Falle der Vollzeitpflege hat die Pflegefamilie die zumindest vorübergehende Funktion, familienersetzende Erziehungshilfe zu leisten, so dass man hier von einer gewissen Dauerhaftigkeit der Familienkonstellation ausgehen kann.[592] Im Unterschied zu Adoptionsverhältnissen kann der Kontakt zwischen dem Kind und seinen leiblichen Eltern auch während des Pflegeverhältnisses aufrecht erhalten bleiben.

Die Anzahl von Pflegeverhältnissen hatte 1980 den Höchstwert von rund 69 Tausend erreicht. Zwischen 1980 und 1990 ging die Zahl um die Hälfte zurück. Seit 1990 ist ein stetiger Anstieg der Verbreitung von Kindern und Jugendlichen in Pflegefamilien auf rund 56 Tausend im Jahr 1994 zu verzeichnen. Als durchschnittliche Aufenthaltsdauer eines Pflegekindes in einer Vollzeitpflegefamilie wurde für 1993 in rund 20% der Fälle eine Dauer von weniger als sechs Monaten ermittelt. Rund 50% der Pflegeverhältnisse bestehen bis zu fünf Jahren und in ca. 30% der Fälle bleibt das Pflegekind länger als fünf Jahre in einer Pflegefamilie.[593]

Auch existieren sogenannte „Inseminationsfamilien", d.h. ein Paar, deren Nachwuchs mit einer Samen oder einer Eispende künstlich gezeugt wurde. Mit diesem Verfahren wird die in Deutschland greifende Regelung, die leiblichsoziale Einheit der Elternschaft zu schützen, durchbrochen; das Kind ist nur mit einem Elternteil leiblich ver-

---

und Familie in den Lebensplänen der Jugendlichen und jungen erwachsenen einnimmt; Schneider, Nichtkonventionelle Lebensformen, S. 21.

[591] Im Zuge der Entwicklung neuer reproduktionstechnologischer Behandlungsverfahren sind im Verlauf unseres Jahrhunderts weitere Formen fragmentierter Elternschaften entstanden. In Kontext dieser Arbeit spielen sie jedoch keine Rolle. Zur Geschichte verschiedener Formen fragmentierter Elternschaft, siehe Schneider/Rosenkranz/Limmer, Nichtkonventionelle Lebensformen, S. 131 ff. m.w.N.

[592] Schneider/Rosenkranz/Limmer, Nichtkonventionelle Lebensformen, S. 141 mit Verweis auf Henning, Claudia: Adoption – Problem oder pädagogische Chance?, Frankfurt a/M 1994, S. 72.

[593] Schneider/Rosenkranz/Limmer, Nichtkonventionelle Lebensformen, S. 141 f., m.w.N.

wandt. Die Anzahl der Inseminationskinder in der BRD wurde 1996 auf 29 Tausend geschätzt.

D. Schlußfolgerung – Der Wandel in der privaten Lebensführung in der Zukunft

Es ist ein Ergebnis dieser Untersuchung, dass die traditionelle Ehe und Familie an Bedeutung verloren haben. Die »Familie« ist nicht ein unveränderlicher, anthropologisch bedingter Grundsachverhalt menschlichen Zusammenlebens, sondern ein Spiegelbild der gesellschaftlichen und wirtschaftlichen Verhältnisse einer jeden Epoche. Familie ist grundlegend geprägt durch den historischen und gesellschaftlichen Zusammenhang, in dem Familie existiert. So kann das »Haus« als typische vorindustrielle Lebensform nicht mit der Familie – weder im Sinne der modernen Kleinfamilie noch eines größeren Verwandtschaftsverbandes wie in Stammesgesellschaften – gleichgesetzt werden.[594] Das klare Vorherrschen eines Familienbildes wird öfters festzustellen sein; seine Exklusivität dagegen nie.[595] Es ist ein Charakteristikum der Familie und Konsequenz der Tatsache, dass es vom Individuum in seiner Privatsphäre bestimmt wird, was Familie ist und wer sich ihr zugehörig fühlt.

Familie ist somit eine geschichtlich geprägte, wandelbare Sozialform, deren Wandel sich im Kontext gesellschaftlicher Veränderungen vollzieht.[596] Sie ist keine isolierte Form sozialer Organisation, die sich konstant (Vater, Mutter und Kinder) und unbeeinflußt von ökonomischen, politischen, sozialen und geistigen Entwicklungen erhält. In unserer Gesellschaft jedoch, hat sich die Familie wesentlich zu einer kinderorientierten Lebensform gewandelt, gefestigt durch die gestiegene Bedeutung des Normkomplexes „verantwortete Elternschaft".[597] Die traditionelle Familie verschwindet damit nicht unbedingt, aber sie wird das Monopol, das sie lange Zeit besaß, wohl verlieren. Ihre quantitative Bedeutung nimmt ab, neue Beziehungsmuster kommen auf und breiten sich aus, die nicht auf Alleinleben zielen, eher auf Verbindungen anderer Art. Es entstehen Zwischen und Nebenformen, Vorformen und Nachformen; die Konturen der „postfamiliären Familie". Das gesellschaftliche Teilsystem „Familie" hat sich somit zu

---

594 Eickelpasch, Familie in der Gesellschaft, S. 149; Schneider/Rosenkranz/Limmer, Nichtkonventionelle Lebensformen, S. 9; Krause, Historischer Wandel der Familienformen, S. 67 m.w.N.

595 Schmid, Die Familie in Art. 6 GG, S. 129.

596 So die Schlußfolgerung von Krause, Historischer Wandel der Familienformen, S. 67 f. Siehe auch zum folgenden. Auch der BGH hat sich zu dem Wandel der Lebensverhältnisse geäußert. In einem Urteil zum Pflichtteil im Erbrecht ging er davon aus, dass sich die für den Gesetzgeber im Zeitalter der Entstehung des BGB maßgebenden Lebensverhältnisse heute grundlegend verändert haben. Die Sozialstruktur hat sich verändert, Ehescheidungen, Zweit und Drittehen sind nicht ungewöhnlich, Ehefrauen sind berufstätig, eheliche und nichteheliche Kinder gleichgestellt; BGH MDR 1997, 741 (741 f.).

597 Lauterbach, Familie und private Lebensformen, S. 249 f. m.w.N. In der Tatsache, dass der Anteil außerehelicher Geburten in den skandinavischen Ländern heute die 50 % Grenze überschreitet, und er in Frankreich und Großbritannien 33 % erreicht hat, sieht Laslett folgerichtig eine Ablehnung der Familie als Grundprinzip der Gesellschaft durch eine beachtliche Minderheit der Bevölkerung, die die Möglichkeit eines strukturellen normativen Wandels zum Ausdruck bringt; Laslett, Die Europäische Familie der Gegenwart, S. 49.

einem Teilsystem der „privaten Lebensformen" entwickelt, wovon die Familie eine mögliche ist; allerdings eine bedeutsame.[598]

Zusammenfassend kann über die Ehe gesagt werden, dass sie deutlich stabiler als die nichtehelichen Beziehungen ist, aber auch ihre Stabilität hat deutlich abgenommen. Selbst dann, wenn man geheiratet hat, ist mittlerweile die Wahrscheinlichkeit hoch, dass sich die geheiratete Person dennoch nur als ein/e Lebensabschnittspartner/in erweisen wird. Inzwischen wird davon ausgegangen, dass in der alten BRD fast jede dritte Ehe vor dem Scheidungsgericht endet.[599] In den skandinavischen Ländern ist dieser Anteil noch höher.[600] Ein Teil der Geschiedenen heiratet ein weiteres Mal. Jedoch auch die nachehelichen Lebensgemeinschaften, wie auch living-apart-together-Beziehungen, stellen für Geschiedene eine attraktive Alternative dar. In Schweden hat das unverheiratete Zusammenleben eine „zweite Ehe" schon deutlich in den Hintergrund gedrängt, wobei eine ähnliche Tendenz sich auch für die BRD abzeichnet.[601]

Bezüglich der Frage, wie der Wandel von Lebensformen in Zukunft weitergehen wird, behaupten Familiensoziologen,[602] dass Lebensformen immer häufiger nicht auf Dauer, sondern angepasst an die jeweilige Lebenssituation begründet und aufrechterhalten werden. Diese Entwicklung gilt ganz besonders für zahlreiche nichtkonventionelle Formen, während die Lebensform Ehe mit Kindern auch in Zukunft auf Dauer angelegt sein wird und in den meisten Fällen auch dauerhaft Bestand haben wird. Ein Wandel der Lebensform muss nicht notwendig auch mit einem Wechsel des Partners verbunden sein. Ehe und Familie werden weiter an funktionaler Bedeutung einbüßen. Damit verlieren strukturelle Zwänge, die in der Vergangenheit gerade auch in der BRD die Entscheidungen zu Eheschließung und zur Elternschaft erheblich beeinflusst haben, an Relevanz.

Der Wandel der privaten Lebensführung erfolgt schubweise im Rahmen langer Entwicklungszyklen. Ein Wandlungsschub hat im Zeitraum zwischen 1970 und 1985 stattgefunden. Seitdem ist die Situation durch relative Stabilität auf verändertem Niveau gekennzeichnet. Der angesprochene Wandlungsschub ist neben veränderten gesellschaftlichen Strukturbedingungen vor allem durch ein weit verbreitetes Aufschieben der Familiengründung mitbedingt. Die Familiengründung findet heute, soweit sie erfolgt, im Durchschnitt mehrere Jahre später statt als noch vor einem Vierteljahrhundert. Dadurch hat sich eine Lebensphase ausdifferenziert, die zwischen Auszug aus dem Elternhaus und Familiengründung platziert ist und zunehmend einen eigenständigen Charakter erhält. *Lauterbach* meint, dass diese Wandelungstendenzen als eine neue Stufe in der Entwicklung moderner Gesellschaften gesehen werden kann;[603]

598 Lauterbach, Familie und private Lebensformen, S. 251 m.w.N.
599 Von dem Eheschließungsjahr 1950 wurde nur jede zehnte Ehe geschieden; Lenz, Soziologie der Zweierbeziehung, S. 22 m.w.N.
600 Lenz, Soziologie der Zweierbeziehung, S. 22 m.w.N.
601 Lenz, Soziologie der Zweierbeziehung, S. 22.
602 Schneider/Rosenkranz/Limmer, Nichtkonventionelle Lebensformen, S. 203 ff.
603 Lauterbach, Familie und private Lebensformen, S. 242 m.w.N.

es findet eine Differenzierung der Lebensformen innerhalb des Lebenslaufs, in Anpassung an neue gesellschaftliche Rahmenbedingungen statt. Ein großer Teil der nichtkonventionellen Lebensformen wird in dieser Phase gelebt. Vielfalt und Kurzlebigkeit von Lebensformen bleibt auf das Lebensalter zwischen 20 und 35 Jahren konzentriert. Danach besteht verbreitet das Bemühen in eine möglichst stabile Lebensform einzutreten. An eine verbreitet länger währende Phase flexibler Offenheit schließt sich eine insgesamt kürzer werdende Phase der Familienentwicklung an, die im Allgemeinen durch relative Stabilität gekennzeichnet ist.[604]

Familiensoziologen[605] sind zu der Erkenntnis gekommen, dass sich in der Zukunft mehrere Muster von Lebensformen ausdifferenzieren werden; ein Kernbestand von Formen und Verläufen der privaten Lebensführung, in dem Menschen ähnlich dem traditionellen Muster Familie leben, wird erhalten bleiben. Vieles spricht dafür, dass es hier keine oder nur sehr wenige Brüche im Prozess der Familienentwicklung geben wird. Partnerschafts und Elternschaftsbiographie bleiben hier eng und dauerhaft miteinander verknüpft, und Ehe und Haushaltsgemeinschaft gehören dabei ebenso selbstverständlich zum Lebensentwurf wie Elternschaft. Daneben werden sich explizit auf dauerhafte Kinderlosigkeit ausgerichtete Formen der privaten Lebensführung etablieren. Eine dieser Formen wird die kinderlose, stabile Zweierbeziehung mit oder ohne Eheschließung sein. Dominieren werden hier aber Verläufe, die durch häufigere Wechsel der Lebensformen mit und ohne Partner gekennzeichnet sind. Jenseits dieser Modi wird sich die Vielfalt von Lebensformen und Lebensweisen weiter ausdifferenzieren; dabei ist zu bedenken, dass dies in erster Linie für die Verbindung von gleichgeschlechtlicher Partnerschaft und staatlicher Anerkennung gelten wird, wenn auch nicht unbedingt in Form der Ehe. Ebenfalls rechnen Soziologen damit, dass sich für Personen in Lebensformen jenseits heterosexueller Dyaden, z.B. für lesbische Paare, im Rahmen der europäischen Integration die sozial legitimierte Möglichkeit zur artifiziell erzeugter Elternschaft eröffnen wird und das sich neue Formen gemeinsamer Elternschaft jenseits weiter bestehender Partnerschaften entwickeln werden, also Modelle gemeinsamer bzw. einvernehmlich geteilter Sorge und Erziehung. Sehr wahrscheinlich werden sich gewisse Muster und Regelmäßigkeiten der privaten Lebensführung nicht auflösen. Angesichts zunehmender Ambivalenzen und Unsicherheiten ist eher damit zu rechnen, dass viele Menschen ein Privatleben in flexiblen und gestaltungsoffenen Strukturen anstreben; Strukturen, die auch eine gewisse Sicherheit und Orientierung bieten.

Es wird eine weitergehende Ausbreitung von Lebensformen jenseits der traditionellen Familie stattfinden, die aber nicht von einer fortschreitenden Auflösung von Standards und Normalitäten begleitet wird. Standards werden sich weiterhin wandeln, vermutlich rascher als in der Vergangenheit, aber nicht verschwinden. Anstelle des einstigen Normalfalls „Ehe und Elternschaft“ wird nach Auffassung von Familiensoziologen eine Palette von einigen Standardmustern treten, die sich grundsätzlich nur danach un-

[604] Schneider/Rosenkranz/Limmer, Nichtkonventionelle Lebensformen, S. 206.
[605] Zum folgenden: Schneider/Rosenkranz/Limmer, Nichtkonventionelle Lebensformen, S. 206 f.

terscheiden, welche Rolle Partnerschaft, Elternschaft und Trennungsereignisse einnehmen. Privatheitsformen werden immer seltener mit Langzeitperspektive eingegangen, sondern zunehmend gekoppelt an die Dauer einer bestimmten Lebensphase. Lebensphasen gehen damit zunehmend einher mit typischen Privatheitsformen. Mit der Herausbildung moderner Muster des Lebensverlaufs bilden sich typische Abfolgen von Privatheitsformen, die häufig als Übergangsphasen konzipiert sind und subjektiv selten als gezielte und dauerhafte Alternative zu konventionellen Formen gelebt werden. Diese Abfolgen sind unter anderem dadurch charakterisiert, dass heute mehr Privatheitsformen aneinandergereiht sind, die vor, nach oder anstelle der vormals dominierenden Kernfamilie plaziert sind. Auch haben einige Lebensformen, die im Sinne einer bewussten Alternative zur traditionellen Lebensführung gelebt werden, eine gewisse Verbreitung gefunden.[606]

Mit dem Ergebnis der vorangegangenen Untersuchung im Auge, taucht nun die Frage auf, mit wem der Einzelne am engsten verbunden ist; welche Menschen es sind, mit denen er in den verschiedensten Phasen des Lebens seine Empfindungen, Gefühle, Ansichten oder Eindrücke bespricht und verarbeitet; welche Menschen es sind, mit denen er intime, vertraute und erotische Empfindungen teilt. Es muss der Frage nachgegangen werden, ob diese Elemente, die idealtypisch mit der Ehe und Familie verbunden sind, nur dort gelebt werden können. Wenn dies so wäre, würde das auch bedeuten, dass das, was den Grund für das Zeugnisverweigerungsrecht aus persönlichen Gründen ausmacht, nur in der traditionellen Ehe und Familie vorzufinden ist. Dies würde somit gegen eine Erweiterung des § 52 auf nichtkonventionelle Lebensgemeinschaften sprechen.

Das Zeugnisverweigerungsrecht steht einem fest umrissenen Kreis von Menschen zu. Diese Arbeit soll einen Beitrag zur rechtspolitischen Diskussion über die Fortgestaltung des Zeugnisverweigerungsrechts von Angehörigen leisten. Um den Kreis der Angehörigen zu bestimmen ist es nötig zu untersuchen, in welchen zwischenmenschlichen Beziehungen intime, vertraute und erotische Empfindungen ausgelebt werden und in welchen Beziehungen der Einzelne intime und persönliche Gespräche führt, in denen und durch die jene Sphäre entsteht, in der sich Intimität entwickeln kann, und in welcher der Einzelne seine intimen, vertrauten und erotischen Empfindungen zu anderen Menschen gestaltet.

[606] Diese sind vorerst die gewollt kinderlose Ehe, das gewollte und auf Dauer angelegte partnerlose Alleinleben, das Zusammenleben gleichgeschlechtlicher Partner mit und ohne Kinder und die living-apart-together-Beziehungen; Schneider/Rosenkranz/Limmer, Nichtkonventionelle Lebensformen, S. 27; Schneider, Nichtkonventionelle Lebensformen, S. 21.

§ 7. Beziehungsmuster des Einzelnen

A. Privatheitsformen, in denen Sicherheit im privaten Bereich ausgelebt wird

Im Rahmen der privaten Lebensführung wird im Bereich der Soziologie der Lebensformen und der Lebensführung,[607] prinzipiell zwischen fünf Arten privater sozialer Beziehungen unterschieden: partnerschaftliche Beziehungen, Eltern-Kind-Beziehungen, Verwandtschaftsbeziehungen, Freundschaftsbeziehungen und „social support“ Beziehungen. Solche Beziehungen sind zum Teil gesellschaftlich institutionalisiert, wie etwa im Fall der Eltern-Kind-Beziehung oder der Ehegattenbeziehung, zum Teil existieren keine entsprechenden Institutionalisierungen, etwa im Fall von Freundschaftsbeziehungen. In allen Fällen basieren solche Beziehungen auf dem Ergebnis subjektiver Definitionsprozesse. Konstituierendes Merkmal dieser Beziehungen ist, dass eine wechselseitige Bestätigung des Status, z.B. Freund oder Partner, vorliegt. Die verschiedenen Beziehungsarten sind zumeist von unterschiedlicher subjektiver Signifikanz. Die höchste subjektive Signifikanz haben Eltern-Kind-Beziehungen und Partnerbeziehungen. An ihrer Stelle können, besonders wenn solche Beziehungen nicht bestehen, andere Beziehungsarten, bzw. Freundschaften, treten.

Zunächst einmal muss darauf hingewiesen werden, dass es in Zeiten einer geringen Lebenserwartung von Eltern und Kindern kaum möglich war, stabile und verläßliche private Beziehungen aufzubauen. Die Konstanz von privaten Beziehungen, selbst über ein Jahr hinweg, war kaum möglich, weil etwa ein Kind oder die Mutter im Kindbett starb, ein älterer Bruder oder eine Schwester starben oder die verwitwete Schwester in den Haushalt aufgenommen werden musste, um sie in ihrem Lebensunterhalt zu unterstützen. Stabile soziale Beziehungen, die über Jahre und Jahrzehnte dauern, waren nach übereinstimmender Auffassung der Familienhistoriker eher die Ausnahme als die Regel.[608]

B. Soziale Beziehungen

Nicht verwunderlich ist, dass von den Verheirateten auf die Frage nach Interaktions und Kommunikationspartnern 60% die eigenen Kinder und 30% den Ehepartner nannten. Bei den Geschiedenen werden fast ebenso oft die Kinder genannt wie bei den Verheirateten; hier wird der Ehepartner durch Freund oder Freundin ersetzt. Die übrigen Beziehungsmuster unterscheiden sich zwischen den Verheirateten und den Geschiedenen nicht bis auf die Ausnahme, dass bei den Bekannten von den Geschiedenen eine größere Zahl genannt wird. Dementsprechend führen Scheidungen zu einer Lösung vom Ehepartner, aber die Beziehungen zu den eigenen Kindern und der Herkunftsfamilie bleiben bestehen. Ähnliches zeigt sich auch für die Verwitweten, da

---

[607] Schneider/Rosenkranz/Limmer, Nichtkonventionelle Lebensformen, S. 13 f.

[608] Die Möglichkeit, sein Leben zu Ende zu leben, stellt sogar eine völlig neue Herausforderung an die gegenwärtige Gesellschaft dar, weil soziale Beziehungen heute für einen Zeitraum aufgebaut und auch durchgehalten werden können, der noch vor 100 Jahren undenkbar war; Bertram, Die Sicherheit privater Beziehungen, S. 92 f.

auch dort das durch den Tod des Partners entstandene Kommunikations und Interaktionsdefizit durch die nachwachsende Generation, durch Freunde, Enkel und Schwiegerkinder kompensiert wird.

Aus der geringen Variation der Kommunikationsstrukturen zwischen den Verheirateten, Geschiedenen und Verwitweten zeigt sich, dass die sozialen Beziehungen des Einzelnen im Familienverband nicht notwendigerweise zerreißen, wenn die Ehe durch Scheidung oder Tod beendet wird. In diesen Fällen erweisen sich die sozialen Beziehungen zu den eigenen Geschwistern, Eltern und Enkeln und bei den Verwitweten auch zu den Schwiegerkindern als stabil.

Die Gruppe der Ledigen weist jedoch ein deutlich anderes Beziehungsmuster auf. Da sie kaum Kinder haben, organisieren sie ihre sozialen Beziehungen im Wesentlichen um Freunde, die Eltern, die Geschwister, den Partner und Bekannte. Aufgrund der großen Bedeutung der Eltern und der Geschwister ist jedoch auch dieses Beziehungsmuster deutlich familienorientiert.

Bertram zieht aus diesen Ergebnissen wohl zu Recht die Folgerung, dass der Familienstand nicht nur die Entscheidung des Einzelnen dokumentiere, welche gesellschaftlich normierte Lebensform er für sich persönlich wählt, sondern er scheint auch eine ganz erhebliche Bedeutung für den Aufbau und die Struktur der eigenen sozialen Beziehungsmuster zu haben.[609] Entscheidet sich der Einzelne im Verlaufe des Lebens zu heiraten, dann entstehen Beziehungsmuster, insbesondere auch durch Kinder, die dazu führen, dass alle späteren sozialen Netze davon erheblich bestimmt werden. Das durch die Heirat begonnene soziale Beziehungsmuster wird im Verlaufe des Lebens auch durch die Scheidung oder durch die Verwitwung lediglich in Bezug auf den Partner bzw. die Partnerin wirklich ernsthaft beeinträchtigt, während die anderen Beziehungsmuster offenkundig bestehen bleiben. Zwischen den Verheirateten, Verwitweten und Geschiedenen ist hier kein deutlicher Unterschied zu erkennen. Bleibt der Einzelne jedoch ledig, tritt ein ganz anderes Beziehungsmuster im Lebensverlauf auf.

Wie aus dem schon Gesagten entnommen werden kann, werden Kinder[610] häufiger als Interaktions und Kommunikationspartner genannt als jede andere Gruppe. Eltern bauen zu ihren Kindern, in der eigenen subjektiven Wahrnehmung, lebenslange Beziehungen auf, die für sie dann auch ein Leben lang verbindlich Familie bedeuten.[611] Selbst der Partner, sei es der Ehepartner oder der Lebensgefährte, hat im Lebensverlauf nicht diese überragende Bedeutung, wie aus der Sicht des Einzelnen, die eigenen Kinder. Daher kann der Folgerung nur zugestimmt werden,[612] dass nach der

[609] Bertram, Die Sicherheit privater Beziehungen, S. 99.
[610] Natürlich unter der Voraussetzung, dass sie es als Interaktions und Kommunikationspartner gibt und davon ausgegangen werden kann, dass sie entsprechende kommunikative Fähigkeiten entwickelt haben, also bei einem Lebensalter von etwa 40 Jahren der Eltern; Bertram, Die Sicherheit privater Beziehungen, S. 101.
[611] Bertram, Die Sicherheit privater Beziehungen, S. 118.
[612] Bertram, Die Sicherheit privater Beziehungen, S. 101.

Wahrnehmung des Einzelnen die Kinder für die eigene Beziehungsstruktur eine geradezu überragende Bedeutung haben. Weder der Partner noch die Eltern oder Geschwister beeinflussen im Lebensverlauf die Beziehungsmuster der Befragten in dem Ausmaß, wie dies Kinder tun. Bei den jüngsten Befragten dominieren Freunde und Eltern das Beziehungsmuster. Wie der Einfluss der Eltern sinkt, steigt wiederum der Umfang der Beziehungen mit den Kindern, nicht aber mit Freunden oder anderen Verwandten, Bekannten oder Arbeitskollegen. Die Abnahme der Beziehungen zu den Eltern wird im Verlauf des Lebens durch die Beziehung zu den Kindern ersetzt.

Wenn man den Lebensverlauf derjenigen mit Kindern mit denjenigen ohne Kinder vergleicht, stellt sich heraus, dass bei den 40 jährigen und älteren Personen mit Kindern, 40% der Menschen, mit denen sie eine Beziehung haben, die eigenen Kinder sind. Freunde oder Bekannte spielen in dem Beziehungsmuster verheirateter gegenüber den Kindern und den Ehepartnern so gut wie überhaupt keine Rolle. Im höheren Lebensalter treten dann zunehmend auch die Enkel und Schwiegerkinder in Erscheinung und bestimmen gemeinsam mit den Kindern und Partnern das Beziehungsnetz. Beziehungen im familiären Kontext werden nicht brüchig, sondern werden zunehmend entlang der Generationenbeziehungen organisiert. Bei jüngeren Menschen sind die Kinder, die Partner und die Eltern die wichtigsten Interaktionspartner, im höheren Lebensalter werden die Eltern zunehmend durch Enkel und Schwiegerkinder ersetzt. Nicht verwandte Personen spielen bei den Interaktionsbeziehungen verheirateter lediglich eine untergeordnete Rolle.

Die Beziehungsmuster lediger Menschen zeigen demgegenüber – und dies ist hier für unsere Arbeit von einer hervorragenden Bedeutung – als dominante Gruppe die Freunde, die von frühester Jugend bis in das hohe Alter mit etwas mehr als 30% die wichtigste Beziehungsgruppe sind. Daneben spielen aber nicht Bekannte, Nachbarn, Studien oder Arbeitskollegen die zentrale Rolle, sondern im jüngeren Lebensalter die eigenen Eltern, die später nach ihrem Tod zunehmend durch andere Verwandte, vor allem Geschwister, ersetzt werden. Dies erklärt auch, warum bei den Ledigen die Zahl der genannten Personen im höheren Lebensalter im Gegensatz zu den Verheirateten so deutlich abnimmt. Mit dem Sterben der eigenen Eltern, der Geschwister und sonstiger Verwandter aus der gleichen Altersgruppe verbleiben immer weniger Personen, zu denen der Einzelne vertraute Beziehungen aufrechterhalten kann. Des Weiteren geht *Bertram* davon aus, dass im höheren Lebensalter die Fähigkeit, neue Beziehungen in der gleichen Intensität einzugehen wie in der Kindheit und Jugend bis zu mittleren Lebensalter sinke.[613]

Gemäß dieser Studie spielen erstaunlicherweise Partner in den Beziehungsmustern der Ledigen im Lebensverlauf nur eine ganz untergeordnete Rolle und werden in keiner Altersgruppe häufiger genannt als die Eltern oder die Geschwister.[614] Somit ist zu Recht der Schluss zu ziehen, dass der Einzelne, auch wenn er keine eigene Familie

---

613 Bertram, Die Sicherheit privater Beziehungen, S. 104.

614 Bertram, Die Sicherheit privater Beziehungen, S. 103 f.

gründet, neben den Freunden weiterhin ganz eindeutig zur eigenen Herkunftsfamilie hin orientiert ist. Im Unterschied zu den Verheirateten haben die eigenen Eltern eine viel höhere Bedeutung im Beziehungsmuster der Ledigen als bei den Verheirateten. Darüber hinaus spielen allerdings, anders als bei den Verheirateten, die Geschwister und andere Verwandte eine stärkere Rolle im Beziehungsgefüge der Ledigen.

C. Gefühlsneigung und persönliche Gespräche

Gemäß der Untersuchung der einzelnen familienbezogenen Aktivitäten wie dem persönlichen Gespräch und der Gefühlsneigung zu anderen Personen, zeigen Verheiratete vor allem Gefühle gegenüber dem Partner und mit zunehmendem Lebensalter daneben gegenüber den Kindern. Eltern, Geschwister und Freunde treten gegenüber den gefühlsmäßigen Bindungen, die Verheiratete gegenüber ihren Kindern und Partnern empfinden, weit zurück. Im höheren Lebensalter gewinnen zunehmend auch die Enkel an Bedeutung. Sie nehmen laut *Bertram* quasi die Position der inzwischen verstorbenen eigenen Eltern ein.[615] Bei den persönlichen Gesprächen bleiben die Partner der Verheirateten in allen Altersgruppen die wichtigsten Vertrauten, wobei hier im Lebensverlauf aber auch die Kinder in dem Maße an Bedeutung gewinnen, wie die Eltern aus dem Leben heraustreten. So werden die Kinder sowohl im Bereich der Gefühle wie im Bereich der persönlichen Gespräche im Verlauf des Lebens für die Verheirateten immer wichtiger.

Im Vergleich zu den Verheirateten nennen die jüngeren Ledigen vor allen Dingen die eigenen Eltern als die Interaktionspartner, mit denen sie persönliche enge Gefühle verbinden, während der Partner, die Freunde und die Geschwister sehr viel seltener genannt werden. Bei den älteren Ledigen treten an die Stelle der Eltern zunehmend die eigenen Geschwister und sonstige Verwandte, die zusammen in mehr als 60% der Fälle genannt werden, wenn es darum geht, die Personen zu benennen, mit denen man enge persönliche Gefühle aufrechterhält. Die Freunde, mit etwas mehr als 20%, spielen demgegenüber ebenso wie Bekannte eine eher untergeordnete Rolle. Partner spielen bei diesen älteren Ledigen im persönlichen Bereich überhaupt keine Rolle. Dies zeigt sich auch bei den persönlichen Gesprächen, bei denen lediglich im jüngeren Lebensalter neben den Eltern und den Freunden, die Partner noch vor den Geschwistern genannt werden, die aber dann bei den älteren Altersgruppen so gut wie überhaupt keine Rolle spielen. Vielmehr treten auch hier nach dem Tod der Eltern die Geschwister und sonstige Verwandte an die Stelle der Eltern.

Sowohl bei den Gefühlen als auch bei den persönlichen Gesprächen zeigt sich bei den Ledigen sehr deutlich, dass sie sehr lange für ihre Orientierunge in der Herkunftsfamilie verbleiben, weil für sie die Eltern sehr viel wichtiger als Interaktions und Kommunikationspartner sind als für die Verheirateten. Für diese gilt auch hier empirisch die These der Familiensoziologie, dass die Gründung einer eigenen Familie mit der Reorientierung der eigenen Beziehungsstruktur einhergeht, die sich nun fast aus-

[615] Bertram, Die Sicherheit privater Beziehungen, S. 105 f.

schließlich auf die eigene, neu gegründete, Familie mit dem Partner und den Kindern konzentriert. Diese enge Einbettung der eigenen Beziehungen in einen vertikalen Generationenzusammenhang, wie ihn die Verheirateten zeigen, können die Ledigen schon deswegen nicht zeigen, weil sie in der Regel weder dauerhafte Partnerschaften eingehen noch im gleichen Umfang wie die Verheirateten, Kinder haben. Die geringere Partnerbindung und die weitgehende Kinderlosigkeit führen dazu, weiterhin mit der Herkunftsfamilie und der eigenen Generation Beziehungen zu pflegen, ohne Bezüge zur nächsten Generation zu entwickeln.

Bei den Geschiedenen und Verwitweten zeigen sich bei den persönlichen Gesprächen wie aber auch bei den Gefühlen ganz ähnliche Muster wie bei den Verheirateten, wenn auch mit einigen leicht nachvollziehbaren signifikanten Unterschieden. Sowohl die Verwitweten als auch die Geschiedenen nennen in allen Altersgruppen zu 40 bis 50% die eigenen Kinder als Personen mit engen persönlichen Bindungen und Gefühlen. Bei den Geschiedenen sind neben einem Partner vor allem noch die Eltern von Bedeutung, allerdings über alle Altersgruppen hinweg jeweils mit maximal 10 bis 15%. Demgegenüber spielen bei den Verwitweten auch sonstige Verwandte eine bedeutende Rolle, besonders im höheren Alter. Die Dominanz der Kinder zeigt sich auch bei den Verwitweten in allen Altersgruppen, wenn es um das Besprechen persönlicher Dinge geht. Hier nennen, ähnlich wie die Ledigen, vor allem die jüngeren Geschiedenen Eltern, Freunde und auch Partner, mit denen sie Persönliches besprechen.

Die enge Verknüpfung von familienbezogenen Aktivitäten mit dem Partner und den Kindern bei den Verheirateten, beziehungsweise mit den Kindern, Enkeln und Schwiegerkindern bei den Verwitweten und Geschiedenen stützt noch einmal die These, dass die Kommunikations und Interaktionsstrukturen in unserer heutigen Gesellschaft in einem engen Generationenverbund vertikal gegliedert sind. Horizontale Verwandtschaftsbeziehungen im Bereich von Familie sind eigentlich nur für die Ledigen relevant. *Bertram* meint folglich, dass die Sicherheit der eigenen sozialen Beziehungen im Lebensverlauf ganz erheblich von der nachwachsenden Generation und nicht von der eigenen Generation geprägt werde. Dadurch werden die Thesen relativiert, die steigende Scheidungsziffern als Indikator für die zunehmende Unsicherheit der Sozialbeziehungen in unserer Gesellschaft ansehen. Wenn soziale Beziehungen im Bereich der Familie so stark auf die nachwachsende Generation aufbauen, dann ist der Verlust des Partners bei Scheidung oder Tod zwar für den Einzelnen als dramatischer Übergang in eine andere und neue Lebenssituation zu werten, doch bedeutet das nicht notwendigerweise die Auflösung aller eigenen Beziehungsmuster, weil diese weiterhin über die eigenen Kinder oder auch die Enkel im Wesentlichen bestehen bleiben. Die Dominanz der Kinder in den Beziehungsnetzen kann, zumindest teilweise, den Ausfall des Partners im Bereich der persönlichen Beziehungen kompensieren. Ausgenommen sind hier die Ledigen, die sich einem solchen generativen Beziehungsmuster entziehen.

Für die geschiedenen Frauen ergibt sich fast das gleiche Verlaufsmuster wie für die verheirateten Frauen. Bei sehr kleinen Kindern entfallen praktisch die Möglichkeiten, mit den eigenen Kindern Persönliches zu besprechen, jedoch sind von Anfang an die gefühlsmäßigen Bindungen stark ausgeprägt. Mit zunehmenden Lebensalter der Kinder werden diese als persönliche Gesprächspartner für die geschiedenen Frauen immer wichtiger; in der höchsten Altersgruppe werden sie in der Hälfte aller Fälle als persönliche Gesprächspartner genannt. Die gefühlsmäßige Bindung besteht weitgehend unabhängig vom Lebensalter der Kinder über das ganze Leben auf einem gleichmäßig hohen Niveau. Auch bei den Männern, die im Scheidungsfall in der Regel auf das Zusammenleben mit ihren Kindern verzichten, bleibt für einen recht großen Teil, vor allem im höheren Alter, eine enge gefühlsmäßige Bindung zu den eigenen Kindern bestehen. Und gerade die Möglichkeit zum persönlichen Gespräch wird auch hier besonders genannt. Auch für Männer sind Kinder im höheren Alter die wichtigsten Gesprächspartner, wenn es um persönliche Dinge geht.

In den vorherrschenden westlichen Gesellschaften scheinen erwachsene Geschwister keine vorgeschriebene Rolle im Leben des jeweils anderen zu spielen. Es lassen sich jedoch einige Tendenzen erkennen. Aufgrund ihres egalitären Charakters weist die Geschwisterbeziehung eine gewisse Ähnlichkeit zur Freundschaft auf, obwohl sie in anderen Aspekten einer Eltern-Kind Beziehung näher kommt. So ist z.B. Verpflichtung ein wesentlich stärkeres Motiv, den Kontakt zu erhalten, und gemeinsame soziale Aktivitäten sind seltener als in Freundschaften. Zumindest im frühen Erwachsenenalter unterscheiden sich Geschwisterbeziehungen von Freundschaften darin, dass über weniger persönlich bedeutsame Themen gesprochen wird, der Kontakt häufiger symbolisch als direkt stattfindet, Unterstützung unter Geschwistern mehr instrumentell und weniger emotional geleistet wird und affektive Nähe sowie die Übereinstimmung in Wertfragen deutlich geringer ausgeprägt ist.[616]

Die Bindung zwischen Geschwistern weist jedoch auch Merkmale auf, die weder auf Freundschaften noch auf generationsübergreifende Beziehungen innerhalb der Familie zutreffen. Zum ersten ist sie bemerkenswert dauerhaft; sie ist die am längsten währende menschliche Beziehung, die den größten Teil der Lebensspanne jedes Beteiligten umfasst. Innerhalb der Herkunftsfamilie ist sie die Beziehung mit dem ausgeprägtesten egalitären Charakter, und – abgesehen von sehr alten Freunden – ist sie die einzige Beziehung zwischen Altersgenossen mit gemeinsamer Vergangenheit. Ein beinahe universelles „verdecktes“ Merkmal liegt darin, dass man sich an Geschwister in Krisenzeiten wenden kann. Als weiteres Charakteristikum ist zu nennen, dass der Kontakt zu den Geschwistern fast immer zumindest um seiner selbst willen aufrechterhalten wird, das heißt „um in Kontakt zu bleiben“, sei es direkt oder durch andere Familienmitglieder.[617]

Scheidungsraten als Ausdruck der vorgeblich geringeren Verbindlichkeit einer lebenslangen ehelichen Beziehung signalisieren möglicherweise auf gesamtgesellschaftlicher Ebene einen Bedeutungswandel von Ehe und Familie. Aus der Perspektive des Ein-

---

[616] Bedford, Geschwisterbeziehungen im Erwachsenenalter, S. 121 f. m.w.N.
[617] Bedford, Geschwisterbeziehungen im Erwachsenenalter, S. 124.

zelnen sagt aber der Status „geschieden“ oder „nicht geschieden“ allenfalls etwas über die Bedeutung des Partners aus, nichts aber darüber, wie die generativen Beziehungen zu den Kindern gestaltet werden.

D. Schlussfolgerung

Trotz aller individueller Gestaltungsfreiheiten und der Vielfalt der Formen menschlichen Zusammenlebens, bleiben nach Überzeugung der Wissenschaftler in aller Regel zwei Grundprinzipien untangiert. Das sind die Fixierung auf Zweierpartnerschaften und die enge und exklusive Bedeutung der Eltern-Kind-Beziehung. Lebensformen, die nicht auf diesen Grundprinzipien ruhen, finden sich ausgesprochen selten.[618] Grundlage jeder Lebensform sind und bleiben demnach private soziale Beziehungen; eben Privatheitsformen. Eine private soziale Beziehung ist die Art und Weise, in der eine Person im Rahmen ihrer privaten Lebensführung, also jenseits ihres öffentlichen und geschäftlichen Lebens, auf eine andere in intimer, vertrauter und erotischer Weise Bezug nimmt.

Nicht der gesellschaftlich vorgegebene Familienstand und die damit verbundenen institutionellen Vorstellungen von Ehe und Familie prägen gegenwärtig und in Zukunft vermutlich noch mehr die Beziehungen von Menschen im privaten Bereich, sondern die Kinder, die von allen Befragten im Durchschnitt am häufigsten genannt werden. Die Sicherheit privater Beziehungen, so die These, ist also nicht an den gesellschaftlich vorgegebenen institutionellen Rahmen des Familienstandes geknüpft, sondern aus der Sicht des Einzelnen an die höchst persönlichen Beziehungen zwischen den Generationen. Die zunehmend geringere Verbindlichkeit gesellschaftlicher Werte und Normen, die wachsende Zahl von Optionen im Lebensverlauf, unterschiedliche Lebenspläne zu realisieren, wird von Seiten des Einzelnen nicht damit beantwortet, das persönliche Leben und sein eigenes Beziehungsgefüge in gleicher Weise beliebig und offen zu organisieren.

Genauso wie es wenig plausibel ist, von Strukturdaten der amtlichen Statistik auf den Aufbau individueller Beziehungsgefüge des Einzelnen in der Gesellschaft zu schließen, ist es auch wenig plausibel, die von der amtlichen Statistik vorgegebene Definition der Familie als „Haushaltsfamilie“ unter einer beziehungstheoretischen Perspektive aufrechtzuerhalten. Denn wenn es auch auf gesamtgesellschaftlicher Ebene stimmt, dass es heute mehr EinPersonenHaushalte und Alleinlebende gibt als vor 20 oder 25 Jahren, muss das nicht bedeuten, dass der Familienbegriff der amtlichen Statistik, der am Haushalt orientiert ist, auf der subjektiven Ebene des einzelnen Akteurs sich in gleicher Weise wieder findet. Das gilt sowohl für moderne Lebensformen wie das „living-apart-together“, wie auch für das Beziehungsgefüge von Personen im Lebensverlauf.

---

[618] So Schneider/Rosenkranz/Limmer, Nichtkonventionelle Lebensformen, S. 27.

In seiner Analyse der erhobenen Daten kommt *Bertram* zu dem Ergebnis, dass Beziehungsnetze, die Menschen im Lebensverlauf entwickeln, nicht beliebig aufgebaut werden, sondern einer ganz systematischen Variation im Lebensverlauf folgen.[619] Die Gründung und Entwicklung der eigenen Familie und das Zusammenwohnen mit den Kindern und dem Lebenspartner prägen das eigene Beziehungsnetz bis etwa zur Mitte des Lebens, bis die Kinder das Elternhaus verlassen. Bis zu diesem Zeitpunkt spielen sich die Beziehungen zwischen den genannten und den befragten Personen im Wesentlichen im gemeinsamen Haushalt ab. Während die Haushaltsbeziehungen danach deutlich zurückgehen, bleiben die Familienbeziehungen auf einem sehr hohen Niveau erhalten und steigen zum Lebensende sogar wieder leicht an.

Wie aus den vorangehenden Ausführungen zu entnehmen ist, werden Elemente, die idealtypisch mit Ehe und Familie verbunden sind und die dazu führen, dass jene Sphäre entsteht, in der sich Intimität entwickelt und der Einzelne seine Empfindungen zu dem Partner gestaltet, nicht nur in der idealtypischen Ehe und Familie gelebt. Ob sich in einer Beziehung oder durch eine Beziehung Intimität entwickeln kann, hängt davon ab, inwieweit es dem Einzelnen gelingt, in seinem privaten Bereich Beziehungen mit anderen Menschen aufzubauen, die als befriedigend erlebt werden und, aus Sicht des Einzelnen, verlässlich und auf eine gewisse Dauer hin angelegt sind. Sicherheit im privaten Bereich gibt es nur dann, wenn man persönlich weiß, an wen man sich in Notfällen wendet, mit wem man seine Freizeit gestalten oder aber mit wem man sich persönlich und vertraut unterhalten kann. Diese private Sicherheit hängt von einer Vielzahl von Faktoren ab.

Bei aller Vielfalt im Detail besteht ein Prinzip ungebrochen fort: die Ausrichtung auf dyadische Partnerschaften. Eine weitergehende Singularisierung der Gesellschaft wird es nicht geben, vielmehr ist die Ausrichtung auf partnerschaftliche Lebensformen in den Lebensplänen der meisten Menschen fest verankert.

Der Wandel von Lebensformen und Lebensführung ist Teil des gesellschaftlichen Modernisierungsprozesses und wohl nur in diesem Zusammenhang erklärbar. Lebensformen entwickeln und verbreiten sich in bestimmten Epochen nicht zufällig, sondern in Wechselwirkung mit dem Wandel der Gesellschaft, und das gleiche gilt für die Entstehung von Verlaufsmustern der privaten Lebensführung.[620] Nach einer Betrachtung der jüngsten Entwicklungen und Gestaltungen der privaten Lebensführung ist der Wandel von Lebensformen und privater Lebensführung durch eine zunehmende Flexibilität der Formen der privaten Lebensführung bei rückläufiger gesellschaftlicher Steuerung gekennzeichnet. Traditionelle Formen und Verläufe der Lebensführung haben an Bedeutung verloren, obwohl Ehe und Familie einen sehr hohen Stellenwert in den Lebensplänen der meisten Menschen einnehmen. An die Stelle relativ stabiler Strukturen und vorgegebener Muster ist eine große Zahl neuer, weitgehend gleichberechtigter Muster getreten.

---

[619] Bertram, Die Sicherheit privater Beziehungen, S. 116.
[620] Schneider/Rosenkranz/Limmer, Nichtkonventionelle Lebensformen, S. 16 f.

Wie oben festgestellt worden ist, entstehen in Zweierbeziehungen emotionale Bindungen mit einer Stärke, die alle andere Bindungen, ausgenommen der Eltern-Kind-Beziehung, übersteigt. Es ergibt sich die Frage, welche diese Zweierbeziehungen sind, die neben der Ehe in unserer Gesellschaft vorzufinden sind und in denen emotionale Bindungen mit einer vergleichbaren Stärke entstehen können. Auf den folgenden Seiten wird summarisch auf diese nichtkonventionellen Privatheitsformen eingegangen, denn in einer Arbeit, die einen Beitrag zur rechtspolitischen Diskussion über die Fortgestaltung des Kreises der zeugnisverweigerungsberechtigten Angehörigen leisten will, ist diese zu identifizieren ein notwendiger Schritt. Eine dieser Privatheitsformen ist in § 52 aufgenommen worden, die Lebenspartnerschaft gleichgeschlechtlicher Partnerschaften, die übrigen jedoch nicht.

§ 8. Nichtkonventionelle Privatheitsformen

A. Die nichteheliche Lebensgemeinschaft[621]

Nichteheliche Lebensgemeinschaften – d.h. heterosexuelle Beziehungen zweier Menschen, die in einem gemeinsamen Haushalt zusammenleben[622] – sind an sich kein junges Phänomen. Es hat sie zu allen Zeiten in den verschiedensten Formen und Ausprägungen gegeben, von der diskriminierten Randerscheinung bis zur akzeptierten „Ehe minderen Rechts“.[623]

1997 lebten 8% der unter 35Jährigen, jedoch nur noch 3,3% der bis 55Jährigen in einer nichtehelichen Lebensgemeinschaft. Ab dem 55. Lebensjahr sinkt die Quote auf 1,5%.[624] Untersuchungen haben feststellen können, dass die nichteheliche Lebensge-

---

[621] Terminologisch wird in dieser Arbeit der Begriff „nichteheliche Lebensgemeinschaft“ benutzt; das Adjektiv „eheähnlich“, wie es vom BVerfG benutzt wird, geht von einer Vergleichbarkeit im Tatsächlichen aus und suggeriert eine Gleichheit in der Rechtsfolge. Dagegen stellt das Adjektiv „nichtehelich“ auf das entscheidende Kriterium ab. Übergeordnete Gerichte sind dieser begrifflichen Eingrenzung gefolgt und haben sie als für die Rechtspraxis in einer die gebotene Rechtssicherheit gewährleistenden Weise als handhabbar bezeichnet. Das BVerfG hat jedoch zu einer nach „Sinti-Art“ geschlossenen Ehe entschieden, dass sich eine Gleichstellung mit der Ehe im Rahmen der betreffenden Vorschriften bereits aus Gründen der Praktikabilität verbiete, da die Tatsache der Eheschließung nicht unter amtlicher Mitwirkung erfolgt sei und ihr Bestand zusätzlich nicht amtlich registriert werde. BVerfG NJW 1993, 3316 (3317); Grziwotz, Nichteheliche Lebensgemeinschaft, § 3 Rn 11.

[622] Diese Definition ist weithin üblich; nach Lenz, Soziologie der Zweierbeziehung, S. 17 m.w.N.; Vaskovics, Nichteheliche Lebensgemeinschaften, S. 22, bilden ledige, heterosexuelle Partner, die zusammenwohnen, eine intime Beziehung zueinander haben und sich selbst als nichteheliche Lebensgemeinschaft begreifen, eine nichteheliche Lebensgemeinschaft.

[623] Grziwotz, Nichteheliche Lebensgemeinschaft, § 2 Rn 1 m.w.N.; Eine kurze Entwicklung der nichtehelichen Lebensgemeinschaften in einer historischen Perspektive präsentiert Vaskovics, in: Nichteheliche Lebensgemeinschaften, S. 12 ff. m.w.N.

[624] Die Neigung, diese Lebensform zu wählen, hat sich auch in den mittleren und höheren Altersklassen erhöht bzw. für Frauen zwischen 35 und 55 Jahren von 0,5% auf 3,1% doch es bleibt festzuhalten, dass dies eine Lebensform junger Menschen ist; Vaskovics, Nichteheliche Lebensgemeinschaften, S. 18 m.w.N.; Schneider/Rosenkranz/Limmer, Nichtkonventionelle Lebensformen, S. 75 f.; Über

meinschaft in der BRD keine familiäre Lebensform ist, denn dort lebte 1992 nur bei 19% der nichtehelichen Lebensgemeinschaften (mindestens) ein minderjähriges Kind im Haushalt. Der Anteil von nichtehelichen Lebensgemeinschaften mit Kind hat sich in den vergangenen zehn Jahren jedoch verdoppelt. Bei den Kindern handelt es sich dabei meist um Kinder aus früheren Beziehungen. Im Jahre 1983 hatten lediglich 5% der Menschen, die in einer nichtehelichen Lebensgemeinschaft lebten, gemeinsame Kinder. 1997 bildete von den Lebensgemeinschaften mit ledigen Partnern nur jede zehnte eine Familie, während es bei anderen Paaren – wo mindestens ein Partner bereits eine Ehe hinter sich hat – um die 30% waren. Obwohl somit die Zahl der nichtehelichen Lebensgemeinschaften zunimmt, trifft man eher selten auf gemeinsame Kinder.[625]

Im Vergleich mit den skandinavischen Staaten läuft der Trend in der Bundesrepublik zu den nichtehelichen Lebensgemeinschaften eher gemäßigt, denn dort fanden nichteheliche Lebensgemeinschaften deutlich schneller eine bislang auch erheblich weitere Verbreitung. In Schweden lebten 1975 schon 30% der jungen Frauen im Alter von 20 bis 24 in nichtehelichen Lebensgemeinschaften – 1981 waren es bereits 44%. In Dänemark war dieser Anteil 1997 auf 45% gestiegen. Dieses sind im Vergleich zur BRD, in der der Vergleichswert 1982 bei 7% lag, sehr hohe Zahlen. Die Unterschiede zeigen sich auch aus anderer Perspektive: Lebten in Dänemark 1991 rund 20%, in Schweden 1990 rund 18% aller Paare ohne Trauschein zusammen,[626] so erscheint der Wert für die alte Bundesrepublik niedrig; er betrug 1992 lediglich 6%. Einschließlich der neuen Bundesländer gab es in der Mitte der 90er Jahre in Deutschland schätzungsweise mehr als 1,7 Millionen Haushalte mit nichtehelichen Lebensgemeinschaften.[627] Es sind vor allem die Jüngeren, die unverheiratet zusammenleben. Der Anteil der nichtehelichen Lebensgemeinschaften liegt in der Altersgruppe der 18 bis 25Jährigen bei den Frauen bei 10,9%, bei den Männern bei 6%; in der Altersgruppe der 26 bis 35Jährigen bei 8,8% bzw. 9,5%.[628] Deutlich wird weiterhin, dass in Schweden z.B. nichteheliches Zusammenleben generell über alle Altersklassen verteilt häufiger vorkommt, wenngleich in Deutschland die Anteile mit zunehmendem Alter deutlich sinken. Für Schweden ergibt sich bei Frauen unter 25 Jahren eine Quote von rund 32%, die bei Frauen ab 40 Jahren auf ein Zehntel absinkt, in der Bundesrepublik liegen die entsprechenden Anteile bei 12% bzw. 3%. Im Vergleich zu den skandinavischen Ländern nehmen sich die deutschen Zahlen demnach eher gering aus. Die Bundesrepublik erlebt eine weni-

---

60jährige leben deutlich weniger in nichtkonventionellen Lebensformen, so Schneider, Nichtkonventionelle Lebensformen, S. 22.

625 Vaskovics, Nichteheliche Lebensgemeinschaften, S. 18 m.w.N.

626 Lenz, Soziologie der Zweierbeziehung, S. 17; Vaskovics, Nichteheliche Lebensgemeinschaften, S. 16; Schneider/Rosenkranz/Limmer, Nichtkonventionelle Lebensformen, S. 74, jeweils m.w.N.

627 Schneider/Rosenkranz/Limmer, Nichtkonventionelle Lebensformen, S. 74 f. Grziwotz spricht davon, dass über 1,5 Millionen Paare nichtehelichen Formen des Zusammenlebens bevorzugen, wobei in fast jeder dritten dieser Partnerschaften Kinder aufgezogen werden; Grziwotz, Nichteheliche Lebensgemeinschaft, § 2 Rn 5 m.w.N.

628 Lenz, Soziologie der Zweierbeziehung, S. 17 m.w.N.

ger rasche und umfassende Verbreitung nichtehelicher Lebensgemeinschaften und rangiert in dieser Hinsicht in Europa auf „mittlerem Niveau“.[629]

Eine für diese Arbeit besonders wertvolle Untersuchung ergab eindeutig, dass sich die nichteheliche Lebensgemeinschaft vor allem bei jungen Menschen stark verbreitet hat.[630] Die Studie, die im Jahre 1997 veröffentlicht wurde, zeigt, dass fast alle jungen Paare vor der Ehe schon zusammen leben. Auch wenn am Anfang von nichtehelichen Lebensgemeinschaften keineswegs immer schon konkrete oder mögliche Heiratsabsichten stehen, lässt sich feststellen, dass mittlerweile die erhebliche Mehrzahl junger Ehen aus nichtehelichen Lebensgemeinschaften hervorgeht.[631] In der BRD trifft dies für 80% der jungen, noch kinderlosen Ehepaare zu.[632] Sie lebten schon im Durchschnitt zwei Jahre vor der Eheschließung zusammen. *Lenz* ist darin zuzustimmen, dass nichteheliche Lebensgemeinschaften, egal ob sie in eine Ehe münden oder nicht, vor allem deutlich machen, dass die (relativ) festen Beziehungen – unabhängig von einer Ehe oder im Vorfeld einer solchen einen starken Bedeutungszuwachs erfahren haben.[633] Der überproportionale Anstieg und der hohe Anteil jüngerer Paare unter den nichtehelichen Lebensgemeinschaften ist somit nicht verwunderlich. Von rund 350.000 vormals ledigen Eheschließenden lebten 1996 85% bis 90% schon vorher zusammen. Somit stellen diese Paare bereits rund ein Drittel der Lebensgemeinschaften. Zudem sind es nicht spezielle Bevölkerungsgruppen – zum Beispiel Studenten – bei denen diese Lebensform Verbreitung findet, sondern sie ist grundsätzlich für alle jungen Menschen attraktiv und findet zugleich ein hohes Maß an gesellschaftlicher Akzeptanz.

In dieser Untersuchung wurden auch junge Ehepaare als Vergleichsgruppe einbezogen. Es zeigte sich das Partner einer nichtehelichen Lebensgemeinschaft der Elternschaft (noch) nicht so nahe wie junge Ehepaare standen, was auch in einer geringeren Familienorientierung zum Ausdruck kam. Unter den jungen Menschen in einer nichtehelichen Lebensgemeinschaft gab es auch eine Gruppe, die sich in ihren Einstellungen und Orientierungen kaum von jungen Ehepaaren unterschied. Liebe, Geborgenheit, Zusammengehörigkeit, meist auch Treue waren die Erwartungen, die unverheiratete Paare sowie junge Ehepaare an ihre Beziehung stellen. Man sucht in der Partnerschaft Anerkennung, wünscht verstanden und akzeptiert zu werden, wozu eine gute

---

[629] Vaskovics, Nichteheliche Lebensgemeinschaften, S. 16 f. m.w.N. Obwohl diese Vergleiche immer mit methodischen Problemen behaftet sind, geben sie eine annähernde Vorstellung.

[630] Die Studie begleitet 900 Paare, die zu Untersuchungsbeginn in einer nichteheliche Lebensgemeinschaft lebten, über einen Zeitraum von sechs Jahren. Gleichzeitig mit der Untersuchung der nichteheliche Lebensgemeinschaften wurde eine Längsschnittstudie bei 1.500 jungen Ehepaaren durchgeführt. Die erste Erhebung startete im Herbst 1988, die folgenden Befragungen fanden jeweils im Herbst 1990, 1992 und 1994 statt. Siehe die Zusammenfassung und Ergebnisse bei Vaskovics, Nichteheliche Lebensgemeinschaften, S. 251 ff.

[631] Für Schweden und Dänemark trifft dies inzwischen nahezu für jede neugegründete Ehe zu.

[632] Vaskovics, Nichteheliche Lebensgemeinschaften, S. 18 f.; Lenz, Soziologie der Zweierbeziehung, S. 18; Schneider/Rosenkranz/Limmer, Nichtkonventionelle Lebensformen, S. 17 und 88, jeweils m.w.N.

[633] Lenz, Soziologie der Zweierbeziehung, S. 18.

Kommunikation wichtig erscheint.[634] Für diese Paare war die weitere Lebensplanung damals schon ziemlich klar: sie führten zu diesem Zeitpunkt eine Ehe auf Probe, wollten aber bald heiraten und dann Kinder bekommen. Prinzipiell sahen die Partner einer nichtehelichen Lebensgemeinschaft einer Eheschließung sowie einem eigenen Kind bzw. eigenen Kindern positiv entgegen. Oft – besonders wenn sie schon längere Zeit unverheiratet zusammenlebten – fehlte einfach ein triftiger Grund zu heiraten.[635] Für viele stellte die (angestrebte) Elternschaft einen solchen Anlass dar. Nichteheliche Lebensgemeinschaften, in denen die Partner zusammenleben, weisen nicht eine ehefeindliche Charakteristik auf. So lehnen nur wenige die Ehe grundsätzlich ab oder befürchten eine gravierende Einschränkung ihrer Freiheit durch die Heirat. Sie sehen vielmehr in ihrer derzeitigen Lebenssituation keinen Grund zu heiraten, was die Möglichkeit einer späteren Entscheidung für die Ehe beinhaltet. In mancher Hinsicht ähneln Menschen in diesen nichtehelichen Lebensgemeinschaften stark den Verheirateten; so betonen sie den Pflichtcharakter von Intimbeziehungen. Sie sehen zwar einen geringeren Loyalitätsvorsprung der Ehe gegenüber nichtehelichen Lebensgemeinschaften als Verheiratete, jedoch äußern sie eher eine hohe Stabilitätserwartung an die nichteheliche Lebensgemeinschaft, als dass sie die Stabilität der Ehe in Zweifel ziehen. Bei ihnen treten kaum noch Veränderungen nach der Eheschließung auf, außer dass sich eventuell der Nachnahme ändert. Die Eheschließung ist in diesem Sinne ein „Ritus ohne Übergang".[636] Unterschiede zeigen sich hinsichtlich der häuslichen Aufgabenteilung, da sie ihre Verantwortlichkeiten deutlich weniger geschlechtsspezifisch verteilen.

Für diese Arbeit sind die Gründe für das Führen nichtehelicher Lebensgemeinschaften von großer Bedeutung, daher wird nun näher auf diese eingegangen. Es ist dargelegt worden, dass sich nichteheliche Lebensgemeinschaften und eheliche Partnerschaften im Grunde sehr ähneln: zwei Menschen gehen eine gewöhnlich auf Liebe und erotische Anziehung beruhende intime Beziehung ein, die mit der Erwartung der Exklusivität der Sexualbeziehung verknüpft ist. Die nichteheliche Lebensgemeinschaft ist nicht unbedingt auf die lebenslange Dauer hin ausgelegt, doch dürfte in den seltensten Fällen das Ende der Beziehung schon zu ihrem Beginn in Sicht sein, sonst verbliebe das Verhältnis eben nur ein „Verhältnis".[637] Untersuchungen zeigen, dass die Menschen, welche die Entscheidung getroffen haben, in einer nichtehelichen Gemeinschaft zu leben, nicht eher „partnerorientiert" als „kinderorientiert" sind, oder dass diese Menschen antitraditioneller sind als andere, sondern dass das Fehlen wichtiger Gründe für die Heirat ausschlaggebend für sie ist. Die Entscheidung für die Ehe bedarf mit ihrem vielfach verpflichtenden Charakter der Überschreitung einer deutlich ausgeprägten Schwelle, während sich auf die leichter revidierbare nichteheliche Lebensgemeinschaft mit geringerer Vorsicht eingelassen werden kann. Bei den getrennt lebenden nichtehe-

---

[634] Rupp, Nichteheliche und eheähnliche Gemeinschaften?, S. 40.

[635] Nach einer Repräsentativerhebung des EMNID-Instituts aus dem Jahre 1983 standen insgesamt 71% der Befragten einer Eheschließung positiv gegenüber. Bei 33% bestehe sogar eine Heiratsabsicht. Nur 9% lehne die Ehe grundsätzlich ab; Grziwotz, Nichteheliche Lebensgemeinschaft, § 2 Rn 10 m.w.N.

[636] Nave-Herz, Die Hochzeit, S. 42.

[637] Köster, Moderne Privatheitsformen, S. 62.

lichen Lebensgemeinschaften wünschen sich lediglich 14% diesen Lebensstil zur Bewahrung ihrer Unabhängigkeit; diese Menschen weisen auch deutlich weniger Aufgeschlossenheit gegenüber einer verpflichtenderen Partnerschaftsform auf. Bei dieser Gruppe von Menschen ist der meistgenannte Grund gegen eine gemeinsame Haushaltsführung, dass sich die Partner dann besser verstehen, wenn sie sich nicht ständig sehen.
In der Untersuchung zu der Motivation für die Entscheidung die Ehe einzugehen zeigte sich, dass objektive Bedingungen wie die Integration im Beruf und finanzielle Sicherheit in ihrer Kombination den Weg in die Ehe ebnen und für viele auch Voraussetzung ist; doch die Erfüllung führt nicht zwangsläufig zur Heirat, sondern begünstigt lediglich die Entscheidung. Die subjektive Sicht der Ehe und die Heiratsmotive bieten einen weiteren Aufschluss, warum der Weg oft in die Ehe führt; die Ergebnisse zur Eheschließungsmotivation zeigten, dass die meisten Paare mit Blick auf eine Familiengründung heiraten, aber selten infolge rationalabwägender Entscheidungen, sondern meist auf der Basis bestimmter Grundhaltungen, die recht traditioneller Natur sind und die subjektive Sicht der Ehe und die Heiratsmotive vorbestimmen, weshalb die Lebensentwürfe Ehe und Familie einschließen. Die nichteheliche Lebensgemeinschaft stellt keine Konkurrenzform zur Ehe und Familie dar; diese Paare sind überwiegend keine Gegner von Ehe und Familie, sondern Ehe und Familie haben für sie eine andere Qualität als ihre jetzige, nichteheliche Partnergemeinschaft. Beiden Formen wird die gleiche spezialisierte Leistung zugeschrieben: die Spezialisierung auf emotionale Bedürfnislagen. Sie unterscheiden sich aber im Gründungsanlass: Denn die partnerbezogene Emotionalität wird immer stärker zum Anlass der Gründung einer nichtehelichen Haushaltsgemeinschaft, die emotionale kinderorientierte Partnerbeziehung erst führt zur Eheschließung. Damit scheint der Prozess der funktionalen Spezialisierung von Ehe und Familie also weiter fortzuschreiten.[638] Es gibt unter den Lebensgemeinschaften einige mit eher traditionelleren Vorstellungen, für die eine Heirat selbstverständlich ist und die Ehe nicht in Konkurrenz, sondern in Ergänzung zur nichtehelichen Lebensgemeinschaft steht.[639]

Die Studie ergab weiter, dass die nichteheliche Lebensgemeinschaft nur selten als eine bewusste Alternative gewählt wurde,[640] sondern ein Drittel der Paare in einer nichtehelichen Lebensgemeinschaft wollten schon bald heiraten. Sechs Jahre später waren 87% aus dieser Gruppe tatsächlich verheiratet und zwar häufig in mehr oder weniger enger Verbindung mit einer Familiengründung. Von großem Interesse ist, dass die Ehe sich auch als dominantes Muster des Partnerschaftsverlaufs herausstellte. Mehr als die Hälfte hat die Lebensgemeinschaft legitimiert und fast ein Viertel trennte sich, so dass am Ende der Untersuchung nur noch knapp jedes fünfte Paar unverheiratet zusammenlebte.[641]

---

[638] Nave-Herz, Bedeutungswandel von Ehe und Familie, S. 22 m.w.N.
[639] Vaskovics, Nichteheliche Lebensgemeinschaften, S. 214 ff.
[640] So auch Rupp, Nichteheliche oder eheähnliche Gemeinschaften?, S. 42; Lauterbach, Familie und private Lebensformen, S. 245.
[641] Vaskovics, Nichteheliche Lebensgemeinschaften, S. 76 f.

Von Interesse ist, dass es sich schon in der Ausgangsuntersuchung andeutete, wie die Partnerschaften sich entwickeln würden; dass der Weg in eine Ehe oder auch Trennung sich schon vorgezeichnet hatte. Ausgeprägte religiöse Einstellungen, starke Normkonformität und ein hoher Stellenwert von Familie zeigten den Übergang in die Ehe an.[642] Demgegenüber erhöhten Scheidungserfahrungen in der Kindheit und berufliche Präferenzen das Trennungsrisiko der nichtehelichen Lebensgemeinschaft. Geringe Familienorientierung kristallisiert sich damit als stabiles Merkmal langfristiger nichtehelicher Lebensgemeinschaften aus. Wichtig für eine Verehelichung der Lebensgemeinschaft ist das Vorhandensein einer gesicherten wirtschaftlichen und damit auch beruflichen Basis. Auch stellte sich heraus, dass eine tragfähige Beziehung – die subjektive Zufriedenheit mit der Beziehung – zwar die Bedingung, aber meist noch nicht Grund genug für eine Heirat ist. Doch auf der Basis familienfreundlicher Einstellungen – oft in Verbindung mit einem mehr oder weniger aktuellen Kinderwunsch – wird eine Klärung der Perspektiven vollzogen. Die Vorstellungen zum Kinderwunsch zum Zeitpunkt des Untersuchungsbeginns beeinflussten maßgeblich den weiteren Partnerschaftsverlauf. Der Kinderwunsch korreliert positiv mit der Heiratsabsicht und hängt weniger von der derzeitigen Beziehungsdefinition ab. Die Eheschließungen erfolgten zum größten Teil planmäßig; das heißt vor dem Hintergrund früher geäußerter Heiratsabsichten. Der Verbleib in der nichtehelichen Lebensgemeinschaft oder das Scheitern der Beziehung stellt sich bei konkreten Heiratswünschen dagegen seltener ein.[643]

Nichteheliche Lebensgemeinschaften tragen ein nicht unerhebliches Risiko des Scheiterns. Nach einer sechsjährigen Studie, lebte fast jedes dritte Paar nicht mehr zusammen. Aus einer Gegenüberstellung mit jungen Ehepaaren, von denen sich nur 8% in dieser Zeit trennten, ergibt sich, dass scheinbar unterschiedliche Trennungsrisiken bestehen. Die Gründe, die für die Auflösung der Partnerschaft angegeben wurden, ähnelten sich stark. Kommunikationsprobleme, Auseinanderleben oder fehlende Übereinstimmung dominieren in beiden Gruppen. Mangelnde emotionale Gratifikation scheint somit die Basis für Beziehungsprobleme zu bilden, auf Grund derer eine Trennung angeraten erscheint. Jedoch kommen die Soziologen zu dem Ergebnis, dass wenngleich nichteheliche Lebensgemeinschaften ihre Beziehungen häufiger in Frage stellen und auch tatsächlich lösen, dieser Vergleich nicht zu dem Schluss führe, dass dies ein Hinweis darauf sei, dass sie es auch leichtfertiger tun. Nichteheliche Lebensgemeinschaften besitzen demnach weniger Stabilität, aber die Motive dafür, eine Beziehung zu lösen, scheinen unabhängig von der Formalisierung denselben Kriterien zu folgen.[644]

In den sechs Jahren, die diese Studie andauerte, wurden drei Viertel der Partnerschaften, die nicht aufgelöst wurden, in die Ehe überführt, so dass mehr als vier Fünftel aller

---

642 Kindheitserfahrungen spielen in Bezug auf eine glückliche Kindheit und der Vorbildlichkeit der Ehe der Eltern eine Rolle; beide finden sich deutlich am häufigsten bei Heiratskandidaten; so Rupp, Nichteheliche oder eheähnliche Gemeinschaften?, S. 44.

643 Vaskovics, Nichteheliche Lebensgemeinschaften, S. 106 f.; Rupp, Nichteheliche oder eheähnliche Gemeinschaften?, S. 41 ff.

644 Rupp, Nichteheliche oder eheähnliche Gemeinschaften?, S. 48 f.

Ehepaare vorher eine Phase nichtehelicher Lebensgemeinschaft durchliefen. Bei einer Gegenüberstellung der Paare, die in der Studie den Schritt von der nichtehelichen Lebensgemeinschaft in die Ehe machten, mit den langlebigen nichtehelichen Lebensgemeinschaften zeigte sich, dass lediglich zu Themen, die Elternschaft und Familie betreffen, sehr unterschiedliche Ansichten bestanden. Die Trennungslinie zwischen den beiden Gruppen verläuft wiederum im Wesentlichen entlang der Familienorientierung. Obwohl ein Gutteil der im Endstadium der Untersuchung noch Unverheirateten den Wunsch äußerten, die Lebensgemeinschaft in eine Ehe zu überführen, sammelten sich in der Gruppe „Dauernichteheliche Lebensgemeinschaft" mit zunehmender Zeit jene, die andere Pläne und Ziele für ihr weiteres Leben hatten als Ehe und Familie.[645] Von Interesse ist, dass im Zuge einer Eheschließung, im weiteren sozialen Umfeld eine Prioritätenverschiebung einsetzt, die sich wiederum durch die Elternschaft verstärkt. Während im Freundes und Bekanntenkreis „Abstriche" vorgenommen werden, gewinnt die Verwandtschaft etwas mehr an Bedeutung. Diese Veränderungen werden hauptsächlich von Ehefrauen und jungen Müttern vollzogen. Bei den Männern herrscht, unabhängig vom Familienstand, weitgehend Konstanz. Diejenigen, die in einer langlebigen nichteheliche Lebensgemeinschaft leben und nicht heiratswillig sind, zeigten charakteristische Merkmale auf: ein überdurchschnittliches hohes Lebensalter, ein hohes Bildungsniveau mit hohen Berufsqualifikationen, eine kritische Sicht der Partnerschaft, teils verbunden mit Zweifeln ihrer Tragfähigkeit,[646] geringe familiäre und religiöse Ambitionen und eine „Kinderfeindlichkeit" und/oder „Ehefeindlichkeit". Diese Lebensgemeinschaften bezeichnen die Bearbeiter der Untersuchung als die „Alternative zur Ehe". Diese langlebigen nichtehelichen Lebensgemeinschaften, die 10% der Paare ausmachten, ob sie nun heiratswillig waren oder nicht, prognostizierten zu 96%, dass sie in den kommenden Jahren zumindest sicher noch mit demselben Partner zusammenleben würden.[647]

Die freien Lebensgemeinschaften bilden also keineswegs eine homogene Gruppierung. Vielmehr unterscheiden sie sich ganz erheblich in der Art und Dauer des Zusammenlebens, in Motiven und Zielen.[648] *Die* nichteheliche Lebensgemeinschaft gibt es nicht. Es handelt sich um eine Gruppe mit hoher Fluktuation, da ein Teil der Zusammenlebenden sich wieder trennt und andererseits relativ viele nach ein bis zweijährigem Zusammenleben heiraten. Dies sind variantenreiche und dynamische Privatheitsformen. So ist es nicht verwunderlich, dass man in der Literatur über die nichteheliche Lebensgemeinschaft zu unterschiedlichen Ergebnissen hinsichtlich der Frage gekommen ist, ob sie als eheähnlich eingestuft werden können oder auch nicht.[649]

---

645 Vaskovics, Nichteheliche Lebensgemeinschaften, S. 113.

646 So auch Rupp, Nichteheliche oder eheähnliche Gemeinschaften?, S. 40 f.

647 Vaskovics, Nichteheliche Lebensgemeinschaften, S. 173 und 178 ff.; Rupp, Nichteheliche oder eheähnliche Gemeinschaften?, S. 42.

648 Grziwotz, Nichteheliche Lebensgemeinschaft, § 2 Rn 1 m.w.N.

649 Siehe hierzu Eickelpasch, Familie in der Gesellschaft, S. 280 m.w.N., der zu dem Ergebnis kommt, dass es sich häufig nicht um eine auf Dauer angelegte eheähnliche Lebensform handelt, sondern um relativ instabile, gewissermaßen „bis auf weiteres" eingegangene Verbindungen, die sich in der Zukunftsperspektive und in der Gestaltung der Beziehung erheblich von Ehen unterscheiden; Köster,

B. Die living-apart-together-Beziehung[650]

Eine living-apart-together-Beziehung ist eine Lebensform, in der nichteheliche Partner, ohne einen gemeinsamen Haushalt zu führen, leben.[651] Es wird damit ein Paar beschrieben, das nicht nach der Norm der traditionellen Ehe lebt aber auch nicht in einer nichtehelichen Lebensgemeinschaft zusammenlebt, sich aber selbst als Paar begreift.

Die Deinstitutionalisierung von Partnerschaft ist zwar Voraussetzung für das living-apart-together, doch das weitere Analysekriterium, die getrennten Haushalte, ergeben sich nicht notgedrungen daraus. Das living-apart-together widerspricht dem gängigen gesellschaftlichen Verständnis von Partnerschaft und Familie, das hierunter begreift, zusammen zu wohnen, zusammen zu leben und gemeinsam zu wirtschaften. So sieht das Scheidungsrecht das Getrenntleben als Indikator für die Zerrüttung der Ehe an, wobei die Trennung der Lebenssphäre durch getrenntes Haushalten konstitutiv für das living-apart-together ist.[652]

Diese Lebensform stellt als Partnerschaftsform eine Auflösung familiärer Rollentypen dar, da die Frau nicht mehr bloß Hausfrau ist, sondern aufgrund ihrer eigenständigen Haushaltsführung auch erwerbstätig ist, und der Mann sich neben seiner Erwerbsarbeit um seinen eigenen Haushalt selbst zu kümmern hat.

Voraussetzung für die Zuordnung zu der „living-apart-together" Beziehung ist, dass die Beziehungspersonen – eine gewisse Zeit nachdem sie sich kennen lernten – zwei eigenständige Haushalte aufweisen. Diese Beziehungsform existiert unabhängig vom Familienstand. Die Trennung von Tisch und Bett verweist bei diesen Paaren nicht auf das Ende der Beziehung. Das Paar versteht sich selbst als Paar und gibt sich in seiner Selbstdarstellung nach außen auch als solches zu erkennen. Sie findet sich zwar häufiger unter Ledigen, aber auch unter Personen, die – geschieden oder nicht – eine Ehe „hinter" sich haben. Auch Ehepaare können in zwei Haushalten leben. Gemäß Untersuchungen lebten 1994 9,5% der Bundesbürger/innen im Alter zwischen 18 und 80 Jahren in einer living-apart-together-Beziehung; in Westdeutschland betrug der Anteil 10,9%, in Ostdeutschland 6,3%.[653] In den alten Bundesländern ist diese Beziehungsform damit verbreiteter als die nichteheliche Lebensgemeinschaft.[654]

Moderne Privatheitsformen, S. 127, der zu dem Ergebnis kommt, dass nichteheliche Lebensgemeinschaften in denen die Menschen zusammenleben, als überwiegend eheähnlich zu charakterisieren sind; Rupp, Nichteheliche oder eheliche Gemeinschaften?, S. 50 f., der meint, dass Paare, die in einer nichtehelichen Lebensgemeinschaft auf Dauer leben, nicht mit eheähnlichen Verhältnissen gleichgesetzt werden können.

650 Das wohl berühmteste Paar das diese Partnerschaftsform auslebte waren Jean Paul Sartre und Simone de Beauvoir, die von 1929 bis zum Tod von Sartre dauerte; Schlemmer, „Living apart together", S. 367 m.w.N.

651 Schlemmer, „Living apart together", S. 363 f.

652 Schlemmer, „Living apart together", S. 364 m.w.N.

653 Schneider/Rosenkranz/Limmer, Nichtkonventionelle Lebensformen, S. 52 ff.; Lenz, Soziologie der Zweierbeziehung, S. 18 f. jeweils m.w.N.

654 Schlemmer, „Living apart together", S. 368; Lenz, Soziologie der Zweierbeziehung, S. 19 m.w.N.

Es sind hauptsächlich junge Menschen, die diese Partnerschaftsform pflegen. In Westdeutschland beträgt der Anteil der 18 bis 35Jährigen, die diese Beziehungsform vorziehen, fast 75% in Ostdeutschland ist der Anteil 54%.[655] Diese Beziehungsform ist durchschnittlich kinderarm: nur 22% der Befragten dieser Lebensform haben Kinder, wobei die jungen Menschen überwiegend kinderlos sind, die älteren hingegen – bis zu 80% – Kinder haben.

Wissenschaftler gehen davon aus, dass die living-apart-together-Beziehungen, selbst wenn sie sich als stabil erweisen, nur zeitlich befristet bestehen, durchschnittlich 2,7 Jahre.[656] Sie existieren solange bis die Beziehung eine Intensität gewonnen hat, die dazu führt, dass man zusammenzieht, oder bis es (wieder) möglich wird, die beruflichen Ambitionen beider Seiten in einer Stadt zu vereinen.[657] In vielen Fällen geht eine living-apart-together-Beziehung, besonders bei der jüngeren Generation, zu einem späteren Zeitpunkt in eine nichteheliche Lebensgemeinschaft oder auch in eine Ehe über. Dennoch lassen sich living-apart-together-Beziehungen nicht insgesamt auf eine bloße Vorphase von nichtehelichen Lebensgemeinschaften beschränken, mithin auf eine Wartephase, bis man zusammenzieht. Sie entsprechen nicht der juristisch verankerten Verlobung.[658] Mit zunehmendem Alter kann diese Beziehungsform mit getrennten Haushalten nämlich durchaus für eine relativ lange Dauer fortbestehen. Da die living-apart-together-Beziehung weit über das durchschnittliche Heiratsalter hinaus gelebt wird, bestehen Soziologen darauf, sie – trotz ihrer kurzen Dauer – als alternative Lebensform zur Ehe zu werten.[659] Gemäß demoskopischen Untersuchungen besteht jede dritte living-apart-together-Beziehung schon seit mehr als drei Jahren, jede zehnte gar schon seit mehr als sieben Jahren.[660]

Für die Frage, mit wem Partner einer living-apart-together-Beziehung die Dinge besprechen, die ihnen persönlich wichtig sind, spielt der Partner keine überragende Rolle. Die Partnerschaften dienen eher dazu die Freizeit miteinander zu verbringen, als Gespräche zu führen. In den Alltag wird der Partner vor allem in der mittleren Generation miteinbezogen – die sich somit am ehesten im Sinne traditioneller sozialer Beziehungsmuster von Partnerschaften verhält – aber nicht in der jüngsten Generation, die diesen Bereich mit Eltern, bzw. anderen Verwandten abdeckt. Für die junge Generation ist die alleinige Konzentration auf den Partner kein vorrangiges Bestreben bei der Pflege sozialer Kontakte. Der Partner ist nur ein – wenn auch sehr bedeutsamer – Teil davon. Living-apart-togetherPartner der jüngeren Generation nennen eine Vielfalt von Gesprächspartnern, wobei vor allem die Eltern, Geschwister und Freunde wichtig sind. Auch die ältere Generation favorisiert die Kinder und Verwandte als Gesprächs-

---

[655] Schlemmer, „Living apart together", S. 371.
[656] Dagegen bestehen die nichtehelichen Lebensgemeinschaften im Schnitt 4,5 Jahre und die Ehepaare 17,6 Jahre; so Schlemmer, „Living apart together", S. 379.
[657] Schlemmer, „Living apart together", S. 379 f.
[658] So zu Recht Schlemmer, „Living apart together", S. 379.
[659] Schlemmer, „Living apart together", S. 381.
[660] Lenz, Soziologie der Zweierbeziehung, S. 18 f.; Schneider/Rosenkranz/Limmer, Nichtkonventionelle Lebensformen, S. 52 ff., jeweils m.w.N.

partner. Nur die mittlere Generation konzentriert sich stärker auf den Partner; er ist der meist genannte Gesprächspartner. Diese Generation folgt damit dem allgemeinen Muster, das in der jungen Generation bei Verfestigung einer Partnerschaft durch Zusammenzug und Heirat sowie nach Geburt von Kindern festzustellen ist und oben schon hervorgehoben wurde: Konzentration auf den Partner und Rückzug aus anderen Kontaktbereichen, insbesondere dem Freundeskreis.[661]

Zu wem Partner einer living-apart-together-Beziehung eine sehr enge gefühlsmäßige Bindung haben, zeigen Untersuchungen auf. Gefühle wurden in der jungen Generation noch auf viele Personen aufgeteilt, selbst wenn der Partner die emotionale Priorität eingeräumt bekommt. Eltern, Geschwister und Verwandte nehmen den Großteil der jungen Gefühlswelt in der Lebensform des living-apart-together ein. Die mittlere Generation konzentriert sich am stärksten auf Partner und Kinder. Eltern, andere Verwandte und Freunde werden vergleichsweise zurückhaltend mit Gefühlen bedacht. In der ältesten Generation gilt die emotionale Zurückhaltung eher dem Partner, während Kinder und andere Verwandte aber auch noch Freunde das emotionale Spektrum ausfüllen.[662]

In der jungen Generation wird die soziale Integration über eine Vielfalt von Personen angestrebt. Die Partnerschaft findet in der Freizeit statt, der Alltag bleibt weitestgehend ausgeblendet. Die mittlere Generation ist in ihrem Sozialverhalten traditionell partnerorientiert, doch trotzdem offen für Gespräche mit und Gefühle zu Freunden und Verwandten. Die älteste Generation meistert ihr Alltagsleben in dieser Lebensform durch die Pflege sehr mannigfacher Kontakte zu Verwandten und Freunden und durch den Kontakt zum Partner im Alltag.[663]

Living-apart-together-Beziehungen weisen untereinander deutliche Unterschiede auf: neben dem Vorhandensein zweier „gleichwertiger“ Wohnungen kommt es häufig auch vor, dass eine der beiden Wohnungen die gemeinsame Hauptwohnung ist und die andere Wohnung nur für einen Zeitraum der berufsbedingten Abwesenheit genutzt wird. Letzteres ist bei „Pendler-Ehen“ der Normalfall. In die Kategorie der living-apart-together-Beziehungen fallen auch die „Nebenbeziehungen“; das heißt langwierig Beziehungen, die ein anders gebundener, meist verheirateter Mann zu seiner Geliebten oder eine anders gebundene, meist verheiratete Frau zu ihrem Geliebten hat und die (meist) vor dem bzw. der Beziehungspartner/in verborgen werden.[664]

Selbst wenn die feste Beziehung über mehrere Jahre besteht und verschiedene Formausprägungen – eine Phase des Getrenntlebens in zwei Wohnungen und ein nichteheliches Zusammenleben – einschließt, besteht natürlich keine Garantie, dass sich diese Beziehung als lebenslange erweisen wird. Gemäß der Untersuchung lebt nur ca. die

[661] Schlemmer, „Living apart together“, S. 390.
[662] Schlemmer, „Living apart together“, S. 391.
[663] Schlemmer, „Living apart together“, S. 394.
[664] Lenz, Soziologie der Zweierbeziehung, S. 20; Schneider/Rosenkranz/Limmer, Nichtkonventionelle Lebensformen, S. 47 f.

Hälfte der Befragten mit dem Partner am gleichen Ort, wodurch die Stabilität der Partnerschaft gefährdet wird. Trennung und der Aufbau einer neuen Beziehung werden zu sich wiederholenden Erfahrungen im individuellen Lebenslauf.[665]

C. Die gleichgeschlechtliche Partnerschaft

In Deutschland bekennen sich eineinhalb Millionen Menschen im Alter von 18 bis 59 Jahren zur Homosexualität. Der Anteil homosexueller Männer in Deutschland im Alter von 18 bis 59 Jahren wird auf etwa 4% geschätzt. Der entsprechende Anteil von Frauen in derselben Altersgruppe liegt bei rund 2%.[666] Im Jahre 2000 lebten mindestens 47.000 gleichgeschlechtliche Paare in der Bundesrepublik Deutschland zusammen.[667]

Gleichgeschlechtliche Paare scheinen einen ganz anderen Charakter aufzuzeigen als verschiedengeschlechtliche Paare. In einer aus dem Jahre 1993 stammenden Befragung geben 45% der befragten west und 43% der ostdeutschen männlichen Homosexuellen an, in einer Partnerschaft zu leben, die seit mehr als einem Jahr besteht. Etwa weitere 10% berichten, dass sie seit weniger als einem Jahr einen festen Partner haben.[668] Die durchschnittliche Dauer der Partnerschaft liegt bei rund neun Jahren. Der Anteil langjähriger fester Beziehungen steigt, wie bei Heterosexuellen, mit zunehmendem Alter an.[669] Im Vergleich mit heterosexuellen Partnerschaften zeigen sich jedoch wesentliche Unterschiede. So leben gleichgeschlechtlichmännliche Paare relativ häufig Beziehungen, die sexuelle Kontakte außerhalb der Partnerschaft nicht ausschließen. In der Befragung beschreiben 32% der west und 34% der ostdeutschen homosexuellen Männer, dass sie in einer polygamen Beziehung leben. Als (eher) monogam erklären 23% der West und 21% der Ostdeutschen ihre Beziehung.[670] Demzufolge ist die Schlussfolgerung gezogen worden, dass die Exklusivitätsnorm bei männlichen homosexuellen Paaren weniger strikt gehandhabt wird.[671] Daraus ist jedoch nicht zu folgern, dass die Exklusivitätsnorm als ein Maßstab der Treue empfunden wird, vielmehr gilt die emotionale Verlässlichkeit als Maßstab der Treue.[672] Dieses von der heterosexuellen Norm abweichende Beziehungsmuster darf nicht als Defizit verstanden werden, sondern als spezifische Fähigkeit. So stellt *Dannecker* nach einer sexualwissenschaftlichen Studie zu Sexualverhalten und Lebensstil homosexueller Männer fest, dass bei einer Mehrheit von homosexuellen Männern von zwei gleichzeitig vorhandenen Objektbeziehungsmodalitäten gesprochen werden muss. „Da gibt es einerseits das flüchtige, relativ zufällige Sexualobjekt, das vor allem dazu geeignet sein muss, rasche sexuelle Befriedigung zu verschaffen. Andererseits gibt es das hoch spezifische und

---

[665] Lenz, Soziologie der Zweierbeziehung, S. 21.
[666] Schneider/Rosenkranz/Limmer, Nichtkonventionelle Lebensformen, S. 98 m.w.N.
[667] BVerfG, 1 BvF 1/01 vom 17.7.2002; Eggen, Gleichgeschlechtliche Lebensgemeinschaften, S. 579 ff.
[668] Rund 44% der schwulen Männer hatten zum Befragungszeitpunkt keinen festen Partner; Schneider/Rosenkranz/Limmer, Nichtkonventionelle Lebensformen, S. 99 m.w.N.
[669] Schneider/Rosenkranz/Limmer, Nichtkonventionelle Lebensformen, S. 99 m.w.N.
[670] So Schneider/Rosenkranz/Limmer, Nichtkonventionelle Lebensformen, S. 100 f. m.w.N.
[671] Lenz, Soziologie der Zweierbeziehung, S. 47 m.w.N.
[672] Schneider/Rosenkranz/Limmer, Nichtkonventionelle Lebensformen, S. 101 m.w.N.

einzigartige Objekt „fester Freund“, an das sich dauerhafte sexuelle und zärtliche Interessen heften.“[673]

Aus Studien zu gleichgeschlechtlichen Lebensformen von Frauen geht hervor, dass 54%, bzw. 58% der homosexuellen Frauen in einer festen Partnerschaft leben. Homosexuelle Frauen wohnen häufiger mit ihrer Partnerin zusammen als homosexuelle Männer und ledige heterosexuelle Frauen mit ihren Partnern.[674] Auch sind familiäre Lebensformen bei gleichgeschlechtlichweiblichen Paaren relativ häufig. So wird geschätzt, dass jede dritte homosexuelle Frau ein oder mehrere Kinder hat. Diese stammen meist aus einer vorangegangenen heterosexuellen Partnerschaft. Im Unterschied zu homosexuellen Männern leben homosexuelle Frauen zumeist in einer monogamen Beziehung, wobei ein zentrales Merkmal ihrer Partnerschaften ein hohes Ausmaß von Nähe und Verbundenheit ist.[675]

Nach einer Studie aus dem Jahre 2000 unterscheiden sich gleichgeschlechtliche Paare in ihrer Erwartung an die Partnerschaft, deren Dauerhaftigkeit, ihre gegenseitige Unterstützungsbereitschaft und an das Einstehen füreinander nicht wesentlich von denen verschiedengeschlechtlicher Paare. Mehr als die Hälfte der in gleichgeschlechtlichen Lebensgemeinschaften lebenden Befragten äußerten den Wunsch, in einer rechtsverbindlichen Partnerschaft zu leben.[676] Durch das Gesetz zur Beendigung der Diskriminierung gleichgeschlechtlicher Gemeinschaften: Lebenspartnerschaften vom 16. Februar 2001[677], ist diesem Wunsch auch nachgekommen worden und ein Rechtsinstitut geschaffen worden, das sich weitgehend an die Ehe anpasst. Mehr dazu später.[678]

D. Die Freundschaft

Ein anderer wichtiger Typus persönlicher Beziehungen ist die der Freundschaft.[679] Als Unterscheidungsmerkmal dient das Vorhandensein bzw. Fehlen von Sexualität. Die Praxis sexueller Interaktion ist für eine Zweierbeziehung konstitutiv, während Freundschaften keine Sexualität aufweisen.[680] Um die Freundschaft von anderen Beziehungen

---

673 Dannecker, Homosexuelle Männer und AIDS, S. 121 f.

674 Die Beziehungsdauer von lesbischen Frauen, die älter als 29 Jahre sind, unterscheiden sich nicht von der der heterosexuellen Frauen; Schneider/Rosenkranz/Limmer, Nichtkonventionelle Lebensformen, S. 101 m.w.N.

675 Schneider/Rosenkranz/Limmer, Nichtkonventionelle Lebensformen, S. 102 f. m.w.N.

676 BVerfG, 1 BvF 1/01 vom 17.7.2002; Buba/Vaskovics, Benachteiligung gleichgeschlechtlich orientierter Personen und Paare, S. 75 ff., 117 ff.

677 BGBl. I 2001 S. 266.

678 Siehe § 18 B III 3 c).

679 Köhler, Freundschaft, S. 235; die Geschichte der Freundschaft ist hauptsächlich eine Geschichte der Männerfreundschaft. Die Fähigkeit zur Freundschaft wurde Frauen im antiken Griechenland, aber auch noch im letzten Jahrhundert, z.B. von Friedrich Nietzsche, gänzlich abgesprochen; so Auhagen, Freundschaft unter Erwachsenen, S. 4, mit mehr zur Geschichte der Freundschaft.

680 Dies schließt Übergänge jedoch nicht aus. So z.B. wenn aus einer Freundschaft u.a. durch das Hinzukommen sexuellen Austausches eine Zweierbeziehung entsteht, oder aus einer gescheiterten Zweierbeziehung eine Freundschaft erwächst; Lenz, Soziologie der Zweierbeziehung, S. 47.

abzugrenzen werden folgende Merkmale genannt: die Freiwilligkeit der Interdependenz, die Variationsbreite bezüglich der Anzahl und Art der jeweils angestrebten Ziele und die sozialemotionale Ausrichtung, d.h. dass die Interaktion zwischen Freunden eher ein Selbstzweck als instrumentales Mittel zu anderen Zwecken ist, und dass es durch die Erwartung von Intimität getragen wird. Diese Intimität mag bis zum Gefühl der Unersetzbarkeit des anderen reichen, aber auch weniger enge Beziehungen zwischen Freunden werden durch ein gewisses Ausmaß einer positiven affektiven Bindung zusammengehalten.[681]

Im Unterschied zu Freundschaften zeichnet sich – in unserem Kulturkreis – eine Zweierbeziehung durch einen hohen Anspruch auf Exklusivität aus; man kann gleichzeitig nur einen Ehemann oder festen Partner bzw. eine Ehefrau oder feste Partnerin haben.[682] Freundschaften besitzen meist ebenfalls eine dyadische Struktur, aber es ist durchaus möglich, parallel mit mehr als einer Person befreundet zu sein, ohne dass dies die Qualität der jeweiligen Freundschaften beeinträchtigt.

Eine Definition zur Freundschaft hat *Auhagen*[683] entwickelt. Laut ihr ist Freundschaft eine dyadische, persönliche, informelle Sozialbeziehung. Die beiden daran beteiligten Menschen werden als Freundinnen oder Freunde bezeichnet. Die Existenz der Freundschaft beruht auf Gegenseitigkeit. Die Freundschaft besitzt für jede(n) der Freundinnen/Freunde einen Wert, welcher unterschiedlich starkes Gewicht haben und aus verschiedenen inhaltlichen Elementen zusammengesetzt sein kann. Freundschaft wird zudem durch folgende weitere Kriterien charakterisiert: Freiwilligkeit – bezüglich der Wahl, der Gestaltung und des Fortbestands der Beziehung; zeitliche Ausdehnung – Freundschaft beinhaltet einen Vergangenheits und einen Zukunftsaspekt; positiver Charakter – unabdingbarer Bestandteil von Freundschaft ist das subjektive Erleben des Positiven; keine Sexualität im engeren Sinne.

Im Unterschied zu den Freundschaften wird in den zuvor behandelten Zweierbeziehungen eine ungleich höhere Erwartung an emotionale Verbundenheit, Vertrautheit und auch an die Bereitschaft der wechselseitigen Unterstützung anzutreffen sein.[684] Eine Freundschaft erlaubt viel stärker, Distanz zu wahren, als eine Zweierbeziehung. Schließlich scheinen Freundschaften in aller Regel – zumindest jenseits einer noch von Zweierbeziehungen weitgehend freien frühen Jugendphase – partiellen Charakter zu haben; sie sind im Unterschied zu Zweierbeziehungen, die einen umfassenden Anspruch auf die Person des/der Anderen erheben, auf Teilbereiche beschränkt. Wie

---

681 So Köhler, Freundschaft, S. 239 f.

682 Damit ist nicht ausgeschlossen, dass ein „sexuelles Abenteuer“ vorkommt oder gar eine Nebenbeziehung entsteht. Dass dies vielfach verheimlicht wird, oder auch die hohe Belastung, die sich aus ihrem Bekannt werden für die Beziehung ergibt, sind jedoch eindrucksvolle Belege für den vorhandenen hohen Exklusivitätsanspruch; Lenz, Soziologie der Zweierbeziehung, S. 47.

683 Auhagen, Freundschaft unter Erwachsenen, S. 5.

684 Lenz, Soziologie der Zweierbeziehung, S. 47 m.w.N.

Auhagen[685] es auch ausdrückt, ist Freundschaft ein gutes zwischenmenschliches Miteinander auf der Basis der Freiwilligkeit. Nicht mehr und nicht weniger.

E. Zusammenfassung

Wie aus den vorangehenden Ausführungen zu entnehmen ist, werden Elemente, die idealtypisch mit Ehe und Familie verbunden sind und die dazu führen, dass jene Spähre entsteht, in der Intimität sich entwickelt und der Einzelne seine Empfindungen zu dem Partner gestaltet, nicht nur in der idealtypischen Ehe und Familie gelebt. In und durch welche Beziehungen sich Intimität entwickeln kann hängt davon ab, inwieweit es dem Einzelnen gelingt, in seinem privaten Bereich Beziehungen mit anderen Menschen aufzubauen, die als befriedigend erlebt werden und, aus Sicht des Einzelnen, verlässlich und auf eine gewisse Dauer hin angelegt sind.

Bedenkt man, welche Bestimmungsmerkmale eine persönliche Beziehung ausmachen, wird greifbar, dass sie durch die personelle Unersetzlichkeit strukturbildend geprägt ist. Sie zeichnet sich durch Kontinuität und relative Dauer aus.[686] Weiter ist eine persönliche Beziehung gekennzeichnet durch das Vorhandensein eines „persönlichen Wissens", das heißt, Wissen über die andere Person („sie ist launisch und leicht zu begeistern") und Wissen über die Beziehung („ich habe eine Vorstellung darüber, was ich von ihr zu erwarten habe; wie wir mit unserer Beziehung umzugehen haben"). *Lenz* zeigt, dass die fortgesetzte Kontinuität einer Beziehung nicht nur das vorhandene Wissen mehrt, sondern auch, dass zwischen den Beziehungspersonen eine emotionale fundierte gegenseitige Bindung entsteht.[687] Die Beziehungspersonen „stehen einander nahe", „sorgen" oder „freuen" sich um/füreinander oder leiden miteinander. Auch wenn für eine „freiwillige" Fortsetzung positive Emotionen (Liebe, Zuneigung, Vertrauen) besonders wichtig erscheinen, können negative Emotionen (Haß[688], Rachegefühl, Eifersucht) parallel auftreten und vorübergehen, oder auch längerfristig dominant werden.

Persönliches Wissen und emotionale Bindung tragen gemeinsam dazu bei, dass eine persönliche Beziehung von der Einzigartigkeit und Unersetzbarkeit der daran beteiligten Personen getragen wird. Eine persönliche Beziehung ist von den Personen nicht abtrennbar. Das Wissen und die Emotionen sind an eine bestimmte Person gebunden und müssen in einer neuen Beziehung neu geschaffen werden. Die mit einem Beziehungswechsel einhergehenden Veränderungen der eigenen Person verweisen auf eine besonders ausgeprägte gegenseitige Abhängigkeit hin, die eine persönliche Beziehung

---

[685] Auhagen, Freundschaft unter Erwachsenen, S. 16.

[686] Dabei ist es nicht der „Glaube" dass eine Beziehung „ewig währt", sondern das pragmatische Motiv, dass diese Beziehung, so wie sie ist, auf absehbare Zeit sich fortsetzt; so Lenz, Soziologie der Zweierbeziehung, S. 39 m.w.N.

[687] Lenz, Soziologie der Zweierbeziehung, S. 40 f. m.w.N.

[688] So hat auch das Reichsgericht sehr früh anerkannt, dass „[e]in etwa verbliebener Haß … vom Gesetze nirgends als Hinderungsgrund für die Verpflichtung, die Wahrheit zu sagen, anerkannt [wird].„; RGSt 31, 142 (143).

auszeichnet. Das Vorhandensein des persönlichen Wissens und auch die emotionale Bindung erleichtern in einem hohen Maße das MiteinanderinKontakttreten. Man „weiß“, mit wem man es zu tun hat, man „weiß“ was man voneinander erwarten kann und darauf kann man die eigenen Verhaltensweisen vorab einstellen. Je enger die Beziehung ist, desto stärker ist die Möglichkeit, so zu sein, wie man „ist“. Kontakthäufigkeit, Informalität und Breite werden durch persönliches Wissen voneinander und durch die vorhandene Emotionalität möglich und tragen zugleich wiederum dazu bei, dass das Wissen wächst und die emotionale Bindung gestärkt wird.

In jeder Gesellschaft gibt es kulturelle Standards, soziale Normen, gesellschaftliche Konventionen und milieuspezifische Erwartungen, welche die generelle Zulässigkeit beziehungsweise Unzulässigkeit und den Grad sozialer Akzeptanz von Formen partnerschaftlichen Zusammenlebens regeln.[689] Dies galt in der Vergangenheit und es gilt heute. Variabel ist nicht die Existenz kultureller Standards, sondern der Grad ihrer Institutionalisierung, das Ausmaß sozialer Kontrolle, der Umfang sozialer Sanktionsmöglichkeiten und der Raum für zulässige Variationen. Partnerschaft bedeutet eine längerfristige Bindung zwischen zwei Personen, die sich für ein gemeinsames Leben entscheiden. Das Ausmaß der Gemeinsamkeit ist individuell unterschiedlich. An einem Pol stehen Ehepaare, die sich Wohnung und Besitz teilen. Am anderen Pol lassen sich unverheiratete Paare einordnen, die nicht zusammenziehen, obwohl sie viele gemeinsame Aktivitäten planen. Im Zwischenbereich lassen sich z.B. Partnerschaften einordnen, in denen die Partner an unterschiedlichen Orten berufstätig sind und nur die Wochenenden und den Urlaub gemeinsam verbringen.[690] Die Pluralität der Formen, die heute akzeptiert werden, ist einfach gewöhnungsbedürftig.

Kennzeichnend für moderne Gesellschaften ist die Abnahme der Verbindlichkeit vermeintlich überkommener traditionell verpflichtender Normen. Die Gründe für das Verbleiben im Ledigenstatus haben weniger mit einer „Krise“ der Ehe, sondern mit einer abnehmenden normativen Verbindlichkeit der Ehe zu tun. Begleitet wird dieser Wandel durch strukturelle Barrieren und ökonomische Bedingungen. Mit der Abnahme der normativen Verbindlichkeit der Ehe und dem Rückgang von Ehe und Familie – die immer idealtypisch als der Raum angesehen worden ist, in dem sich Intimbeziehungen zwischen ihren Mitgliedern am besten entfallen – geraten Intimbeziehungen jedoch nicht in eine Krise, sondern die Menschen finden andere funktionale Äquivalente, die an ihre Stelle treten. Die Ehe wird meines Erachtens jedoch immer als ein hoch emotional besetztes Symbol für Liebe, Geborgenheit und Familienleben gesehen, in der sich die Privatsphäre für die meisten Erwachsenen in unserer Gesellschaft aufbaut. Das Zusammenleben der Partner ist jedoch nicht mehr ausschließlich an die Institution Ehe gebunden, sondern andere Formen der Partnerschaft haben sich zunehmend verbreitet.

---

[689] Schneider/Rosenkranz/Limmer, Nichtkonventionelle Lebensformen, S. 9, 16 f.
[690] Bierhoff, Liebe, S. 218.

Von all diesen Beziehungsvarianten, die der Mensch durchlebt, wird angenommen,[691] dass man sich niemanden – ausgenommen der eigenen Kindern als Ausdruck und Fortsetzung des emotionalen Bandes – näher zu fühlen scheint als der Beziehungspartnerin oder dem Beziehungspartner.

In Zweierbeziehungen entstehen emotionale Bindungen mit einer Stärke, die alle anderen Bindungen, auch die zu den eigenen Eltern und Geschwistern, übersteigen. Die Zweierbeziehung – und mit ihr die Eigenfamilie – stellt die primäre Gefühlsgemeinschaft dar, die Priorität vor allen Vergemeinschaftungsformen besitzt. Kein anderes Handlungsfeld scheint so reich an Emotionen zu sein wie die Zweierbeziehung. Die Norm der affektiven Neutralität, die über viele Lebensbereiche ausgebreitet ist, erhebt für Zweierbeziehungen keine Geltungsansprüche. Nirgends scheint die Palette vorkommender Emotionen so verbreitet zu sein wie in Zweierbeziehungen. Glück, Freude und Zufriedenheit können in Beziehungen ebenso vorkommen wie Gefühle des Hasses, der Enttäuschung, des Ärgers und der Angst. *Lenz* nennt auch die Gefühle der Verlegenheit, der Schuld und der Scham. Jedoch scheint kein anderes Gefühl so eng mit Paarbeziehungen assoziiert zu sein wie das der Liebe. Durch die Liebe wird das weitgehend einmalige emotionale Band zwischen den Beziehungspersonen geschaffen, und die Liebe formt maßgeblich den besonderen „Gehalt" dieser Form von persönlichen Beziehungen.[692] Sie setzt sich ihre Grenzen selbst, und zwar im konkreten Fall und nur für sich selbst.[693]

Der Personenkreis, der zur Verweigerung des Zeugnisses berechtigt ist, knüpft in erster Linie an die förmlich geschlossene Ehe in fester umfassender Gemeinschaft mit grundsätzlich lebenslanger Bindung mit der Zielrichtung, Nachwuchs zu bekommen, an. Die Beschränkung des Personenkreises der zeugnisverweigerungsberechtigten Angehörigen auf legale Angehörigkeitsverhältnisse ist seit Inkrafttreten der Reichsstrafprozessordnung nahezu unverändert, obwohl die Ausweitung des Katalogs schon seit diesem Zeitpunkt diskutiert wird. Wegen der steigenden Pluralität der Zweierbeziehungen ist besonders in den letzten Jahren die Forderung nach einer Umwandlung des Zeugnisverweigerungsrechts immer lauter geworden.

In einer Arbeit, die sich mit dem Zeugnisverweigerungsrecht aus persönlichen Gründen befasst und einen Beitrag zur rechtspolitischen Diskussion über die Fortgestaltung des Kreises der zeugnisverweigerungsberechtigten Angehörigen leisten will, ist eine Besprechung und Auseinandersetzung mit den vorhandenen Vorschlägen für die Erweiterung des Zeugnisverweigerungsrechts unumgänglich.

Im Folgenden wird jedoch vorerst die Entwicklung des Zeugnisverweigerungsrechts für Angehörige des Beschuldigten beschrieben. Dies ist für diese Arbeit nicht außer Acht zu lassen, da nur so festgestellt werden kann, ob der ausgearbeitete Vorschlag in

---

[691] Lenz, Soziologie der Zweierbeziehung, S. 255 ff. mit zahlreichen w.N.
[692] Lenz, Soziologie der Zweierbeziehung, S. 256 m.w.N.
[693] Grziwotz, Nichteheliche Lebensgemeinschaft, § 1 Rn 43 m.w.N.

den vorhandenen Regulationsmechanismen haltbar ist. Im Anschluss daran wird auf Reformvorschläge zum Kreis der zeugnisverweigerungsberechtigten Angehörigen eingegangen.

Dritter Teil

Entwicklung des Zeugnisverweigerungsrechts für Angehörige des Beschuldigten und Reformvorschläge

§ 9. Entwicklung des Zeugnisverweigerungsrechts für Angehörige des Beschuldigten

Bei der Beschreibung der Entwicklung des Verweigerungsrechts für Angehörige, ist es notwendig, mit der Entwicklung des Zeugenbeweises anzufangen, denn nur so werden die widersprüchlichen Prinzipien anschaulich, mit denen man sich bei dem Zeugnisverweigerungsrecht auseinandersetzen muss.

A. Die Entwicklung des Zeugenbeweises in der Entstehungsphase hoheitlicher Herrschaftsmacht

In der Zeit vor der Entstehung einer hoheitlichen Macht war für Vorschriften über Tatzeugen in dem Interesse, begangene Straftaten aufzuklären, um so dem Frieden entgegenzukommen, kein Raum. Bis zur Übernahme des römischen Rechts im 14. Jahrhundert war der Zeugenbeweis im heutigen Sinne somit von keinerlei Bedeutung. Ziel des Beweises für den Angeklagten im germanischen Recht war, falls er sich für unschuldig erklärte, seine Ehre wieder herzustellen, da seine Persönlichkeit im Streit befangen war. Die Beweislast lag so auf dem Angeklagten, sich von dem Klagevorwurf zu reinigen.[694] Das Hauptbeweismittel des germanischen Rechtsgangs war der Reinigungseid des Beklagten. Er setzte sich und sein Hab und Gut für die Wahrheit des Eides ein, und im Falle eines Meineides sollte ihn eine Naturgewalt vernichten. In schwereren Fällen konnte der Beklagte zur Unterstützung seines Eides 3 bis 72 Eidshelfer heranziehen, um den Klageangriff abzuwehren. Die Eidshelfer schworen nicht über das Beweisthema und brauchten daher über den streitigen Sachverhalt keine Kundschaft zu haben. Sie hatten so mit dem heutigen Begriff des Zeugen nichts zu tun, sondern bestätigten dem Beklagten Glaubwürdigkeit und unantastbare Mannheiligkeit und setzten sich so für seine Gesamtpersönlichkeit ein.[695] Der Zeuge war also kein Tatzeuge sondern Glaubwürdigkeitszeuge. Die Aussage des Zeugen musste sich streng an das Beweisthema halten und konnte nicht frei gewürdigt werden. Somit hatte er lediglich formalen Charakter.[696]

Es galt als moralisch bindende Pflicht, die Eidshilfe zu leisten, deren Erfüllung jedoch ganz in Ermessen der Eidshilfer lag. Ein Eidshelfer konnte nur ein Sippengenosse, Verwandter oder Hausgenosse des Schwörenden sein, jedoch durfte es sich nicht um eine fremde oder ehrlose Person handeln.[697] Als Eidesunfähige galten auch Frauen und Unfreie. Für sie kam ein subsidiäres Beweismittel – das Gottesurteil – in Betracht. Es

694 Rüping, Strafrechtsgeschichte, S. 10; Mitteis, Rechtsgeschichte, S. 46; Gmür, Rechtsgeschichte, S. 22 f.

695 Schmidt, Einführung, S. 40; Mitteis, Rechtsgeschichte, S. 47; Gmür, Rechtsgeschichte, S. 22.

696 Mitteis, Rechtsgeschichte, S. 48.

697 Karitzky, Geschichte der ZVR, S. 13.

beruhte auf der ursprünglich magischen, später von der Kirche geläuterten Auffassung, die Gottheit kenne die Wahrheit und lasse sich durch bestimmte rituelle Anfragen zu einer Entscheidung herausfordern. In besonders schwerwiegenden Fällen wurde verlangt, dass sich der Angeklagte zum Beweis seiner Unschuld einem Gottesurteil (Ordal) unterziehe.[698] Mit diesen formalen Beweismitteln lies sich die Glaubwürdigkeit erhärten.

Dieses Beweisverfahren, das in unseren Augen so primitiv erscheint, kann nach Meinung *Zieglers* unter Umständen mit der Übersichtlichkeit der damaligen Lebensverhältnisse und den lebendigen magischsakralen Vorstellungen erklärt werden.[699] Er weist darauf hin, dass dieses Beweisverfahren sich auf das Wissen der Tatnächsten stütze und geht davon aus, dass der Eid wegen der lebendigen Furcht vor der Selbstverfluchung und der regelmäßig drohenden Aufdeckung des Falscheids durch Nachbarn etc. mit dann drohender Folge des Zweikampfs ein geeignetes Mittel war, von diesen Tatnächsten die Wahrheit zu erfahren.

Mit Beginn des Zeitalters der Entstehung von Staat und Herrschaft – aus welchen Gründen dies auch immer geschieht[700] – galt die Konzeption der privatrechtlichen Auffassung der Straftaten und das System der Kompositionsstrafen als zweifellos vorherrschend. Die öffentliche Strafe war jedoch auch präsent, wenn sie auch nur sekundäres Recht war. Mit der Christianisierung und der Straffung der königlichen Gerichtsbarkeit[701] setzte sich jedoch der Gedanke durch, dass die Ahndung strafbarer Handlungen nicht der Privatinitiative der Verletzten und deren Sippengenossen zu überlassen sei.[702] Dem Herrscher konnte es nicht gleichgültig sein, ob eine Missetat verfolgt wurde oder nicht. Herrscher sahen in Konflikten, die Privatstrafen nach sich zogen, ihre und elementare Belange der Gemeinschaft gefährdet. Die ersten Königsgesetze – die von einer strengen Bestrafung, der Verschärfung der strafrechtlichen Verantwortlichkeit mit zunehmender Anwendung der Todes und Leibesstrafen und schließlich dem Kampf gegen die Sippenrache und Fehde bestimmt waren[703] – hoben das öffentlich-rechtliche Element hervor, und drängten allmählich die alten Mechanismen zur Konfliktregelung in die Rolle eines subsidiären Rechts.[704] Durch Tötungsdelikte, Zauberei, schwere Tabubrüche und Beleidigungen des Häuptlings, welche die ersten

[698] Gmür, Rechtsgeschichte, S. 22; Mitteis, Rechtsgeschichte, S. 47.

[699] So Ziegler, Zweckmäßigkeitstendenzen, S. 3 f.

[700] Wie Staaten und Herrschaft entstanden und das Recht sich entwickelte, siehe Wesel, Geschichte des Rechts, S. 55 ff. m.w.N.

[701] Im Zeitalter der sogenannten Frankischen Zeit (ca. 500-888).

[702] Schmidt, Einführung, S. 44.

[703] Die strengen Strafen haben einen general und individualpräventiven Charakter, die die Bevölkerung von der Tatbegehung Abschrecken soll. Klementowski glaubt auch den Gedanken der Vergeltung und der Besserung in Normen des Landfriedensrechts gefunden zu haben; Klementowski, Entstehung der Grundsätze der strafrechtlichen Verantwortlichkeit, S. 217 (241 f.).

[704] Klementowski, Entstehung der Grundsätze der strafrechtlichen Verantwortlichkeit, S. 217 (218). Die Verschärfung des Strafrechts ist wohl eine Auswirkung der wirtschaftlichen Interessen der Herrscher; so Klementowski, Entstehung der Grundsätze der strafrechtlichen Verantwortlichkeit, S. 242 u. 245 f.

Delikte der ersten Staaten bilden, waren nicht mehr individuelle Rechte verletzt, sondern die allgemeine Ordnung. Für Delikte, die der Staat nicht an sich zog, blieben die Mechanismen von Verwandtschaftsgruppen jedoch bis zu der Zeit, als die Entwicklung für das Recht abgeschlossen war und es nicht mehr nur eine Ordnungs und Gerechtigkeitsfunktion hatte, sondern auch Herrschaftsfunktion und schließlich Herrschaftskontrollfunktion, erhalten.[705]

Im Rahmen der Entstehung von Konfliktregelungsmechanismen der Herrschaft und der darauf folgenden Auflösung der deutschen Stämme, bemühten sich die Landesfürsten für ihr Territorium im Wege der Gesetzgebung, Landrecht zu schaffen, das für die Landesbewohner maßgebend wurde. Freie Städte setzten sich im gleichen Maße Stadtrechte. Ziel des deutschen Landfriedens und Städterechts war die Ausdehnung derjenigen Delikte, die die Bewahrung der Ordnung und öffentlichen Sicherheit dienten; die Bewahrung des inneren Friedens.[706] Infolgedessen wurde die Strafverfolgung im zunehmenden Grade als Aufgabe der Öffentlichkeit gesehen.

Die Festigung der königlichen Gewalt führte zum Ausbau der Herrschaft des Richters über das Verfahren und auch dazu, dass nun nicht mehr allein die private Klage das Strafverfahren einleitete.[707] Die Verhandlung vor dem Gericht war in erster Linie Sache der Parteien. Es veränderte sich lediglich die Ladung des Beklagten,[708] die früher durch den Kläger in einem außergerichtlichen Formalakt erfolgte, jedoch nun amtlich – durch Antrag des Klägers – von seitens des Gerichts erfolgen konnte.[709] Der Beweis lag grundsätzlich bei dem Beklagten, wobei der Kläger ihm u.a. ein Zeugenangebot verlegen konnte. So wurde der Beweis durch den Zeugen immer häufiger zugelassen. Es fand ein Verhör statt, in dem die Glaubwürdigkeit des Zeugen erforscht wurde; der nicht gescholtene Zeugeneid hatte jedoch immer noch formale Beweiskraft.[710]

So entwickelte sich im mittelalterlichen deutschen Reich das öffentliche Strafrecht, dass das alte Bußensystem zurückdrängte, ohne es jedoch völlig zu beseitigen. Die öffentliche Strafverfolgung entwickelte ein öffentliches Strafrecht und vor allem ein neues Strafprozessrecht, dessen Beweisverfahren jedoch durch die Inquisition – ein Prozess der formlos die Wahrheit suchte – vollständig umgestaltet wurde.[711]

---

[705] Noch zu Beginn des Römischen Rechtes waren Delikte eine Verletzung von privaten Rechten; so Wesel, Geschichte des Rechts, S. 167 m.w.N.

[706] Die öffentliche Ordnung hat in dieser Epoche jedoch mit einer schwachen Verwaltung und Rechtspflege zu kämpfen. So konnte neben dem Gericht die Fehde und die außergerichtliche Strafrechtspflege weiterhin existieren; Klementowski, Entstehung der Grundsätze der strafrechtlichen Verantwortlichkeit, S. 217 (219) m.w.N.

[707] Ziegler, Zweckmäßigkeitstendenzen, S. 4; Mitteis, Rechtsgeschichte, S. 101.

[708] Schmidt, Einführung, S. 41.

[709] Mitteis, Rechtsgeschichte, S. 101.

[710] Mitteis, Rechtsgeschichte, S. 102; Gmür, Rechtsgeschichte, S. 23.

[711] Mitteis, Rechtsgeschichte, S. 111 ff.; Auch das Deliktsrecht verändert sich. Einen Teil seiner Tatbestände gibt es an das Strafrecht ab und bei denen, die Teil des Privatrechts bleiben, entwickelt sich die Privatstrafe zum Schadensersatz. So verliert das alte Bußensystem an Bedeutung; so Wesel, Geschichte des Rechts, S. 329.

Der Inquisitionsprozess, der sich neben dem germanischen Rechtsgang entwickelte und nicht der Versöhnung und Entschädigung des Verletzten diente, sondern den staatlichen Zwecken der Friedenswahrung, entwickelte sich dort, wo das Versagen der alten Verbrechensbekämpfung am deutlichsten war;[712] nämlich bei den schwersten Delikten und gegenüber den Feinden der erstarkenden sozialen Verbände.

Eine bemerkenswerte Entwicklung des Inquisitionsverfahrens war die Verschiebung der Beweislast auf den Kläger. Mit Abbau des Parteienstreits wurde allmählich der Zeuge, der einen Sachverhalt vom Sehen her kannte oder wenigstens von ihm gehört hatte, immer häufiger zugelassen und diente dem Kläger zum Beweis der Schuld des Angeklagten. Auch konnte ein Zeuge die Schuld des Klägers insgesamt bezeugen. Der Zeugenbeweis wurde nicht länger einseitig, durch das formale Verfahren unmittelbar mit Bezug auf Schuld oder Unschuld geführt, sondern mit rationalen Erkenntnismitteln durch den Richter (inquisitio) bezüglich des in der Vergangenheit liegenden Sachverhalts zwecks Feststellung der materiellen Wahrheit.[713] Zur Verurteilung des Angeklagten war die Aussage zweier vollgültiger Augenzeugen notwendig oder das Geständnis. Im Vorverfahren, in dem die Ermittlungen heimlich stattfanden, und welches den Schwerpunkt des Inquisitionsprozesses darstellte und den endlichen Rechtstag entwertete, fanden Zeugenvernehmungen statt. So wandelte sich der Eidhelfer langsam zum Zeugen um,[714] wobei man jedoch mit dieser Art von Beweisführung nicht ganz aus dem formal geprägten Gedanken herauskam.

In seiner Forschung nach der Wahrheit und zur Überführung des Verfolgten (des Inquisitus), benutzte die Obrigkeit schon im 13. Jahrhundert[715] die Folter (cruciatibus) zur Gewinnung des Geständnisses, das den höchsten Grad der Offenkundigheit verkörperte. Die Folter wurde weder hinsichtlich ihrer Voraussetzungen noch ihrer Durchführung in irgendeiner Weise gesetzlich beschränkt. Da das Geständnis als Krone der Beweismittel galt und von jedem Gefolterten am Ende ein Geständnis erwartet werden konnte, waren Regeln über einen Zeugniszwang oder eine Befreiung von ihr überflüssig.[716] Nach spanischem Vorbild wurde der Satz aufgestellt, dass jeder zum Zeugnis gezwungen werden konnte, wenn die Wahrheit nicht anders ermittelt werden könne.[717]

---

[712] So Ziegler, Zweckmäßigkeitstendenzen, S. 7.

[713] Schmidt, Einführung, S. 78 ff.; 86 f.; Mitteis, Rechtsgeschichte, S. 111. Voraussetzung dieses Wandels ist die neue Denkform des rationalen Schlusses von der Beweismittelwirkung auf die materielle Überzeugung; so zu Recht Ziegler, Zweckmäßigkeitstendenzen, S. 7.

[714] Schmidt, Einführung, S. 78 ff.; Mitteis, Rechtsgeschichte, S. 308.

[715] Gemäß Weitzel wird schon im 6. Jahrhundert die Folter bei den Merowingern angewendet, um Geständnisse und die Benennung von Mittätern zu erlangen; Weitzel, Strafe und Strafverfahren in der Merowingerzeit, S. 66 (100 f.).

[716] Karitzky, Geschichte der ZVR, S. 14; Schmidt, Einführung, S. 91 f.; Mitteis, Rechtsgeschichte, S. 307 u. 404.

[717] Hierbei berief man sich zu Unrecht auf zwei Vorschriften des kanonischen Rechts; so Meuthien, ZVR der Angehörigen, S. 14 m.w.N.

Ziegler[718] führt die Entwicklung des Beweisverfahrens in diesen Umbruchszeiten auf das Schwinden der allgemeinen Glaubwürdigkeit des Bürgers und der Kontrolle durch die Nachbarn in überschaubaren Lebensverhältnissen und die damit zugleich notwendiger werdende allgemeine Verbrechensbekämpfung zurück, für die das alte Verfahren ungenügend geworden war.

B. Die Wiederentdeckung des römischen Rechtsgedankens

Zu der Zeit der großen Völkerwanderung rückte die alte Kultur der Römer sowie das große Werk des Kaisers Justiniani immer mehr in den Hintergrund. Ein Teil – die Digesta – wurde von den italienischen Rechtsgelehrten und Praktikern kurz vor dem Jahr 1100 wieder aufgegriffen. Hier spielte die Universität in Bologna eine große Rolle.[719]

Die Römer gestalteten die Rechtsordnung zu einer selbständigen Wissenschaft, wie wir sie jetzt kennen. Deren größtes Monument waren die Kodifikationen Justinians, die in den Jahren 529-534 erschaffen wurden.[720] Sie enthielten vier Teile, von denen der Codex[721] und die Digesta[722] eine Reihe von Regeln bezüglich Zeugen anführten, die es dem Richter – bei seiner freien Beweiswürdigung[723] – erleichtern sollten, zu einer richtigen Entscheidung zu kommen. Eine allgemeine Zeugnispflicht war im römischen Strafverfahren anerkannt, jedoch bestand in der älteren Zeit kein Zeugnis oder Aussagezwang. Dies änderte sich in der späteren Kaiserzeit, wobei die Respektierung von Bürgerfreiheiten und die Scheu vor dem Eingriff in die Persönlichkeit und Freiheit des Bürgers, von den Römern durch einen umfangreichen Katalog von Zeugenbefreiungen dennoch verwirklicht wurde.[724] Zeugen[725] mussten benannt und vernommen werden und schließlich ihr Zeugnis vereidigen, wobei Verhaftung und Geld-

---

[718] Ziegler, Zweckmäßigkeitstendenzen, S. 6 f.

[719] Líndal, Þekking Íslendinga, S. 244 m.w.N.

[720] Líndal, Þekking Íslendinga, S. 243-244.

[721] Der Codex enthält Verordnungen des Keisers. Der Codex der speziell die Regelung des Zeugenbeweises betrifft ist Cod. Just. 4, 20 de testibus. Siehe näher bei Líndal, Þekking Íslendinga, S. 244 m.w.N; Karitzky, Geschichte der ZVR, S. 10.

[722] Auch Pandecta genannt. Es enthält Meinungen und Aufsätze ehrenwerter Juristen. Die Digesta die speziell die Regelung des Zeugenbeweises betrifft ist Dig. 22,5 de testibus. Siehe näher bei Líndal, Þekking Íslendinga, S. 244 m.w.N; Karitzky, Geschichte der ZVR, S. 10.

[723] Wie im modernen Strafprozess, gründete sich der Richterspruch auf die richterliche Überzeugung, die nur durch Beweismittel hervorgerufen werden konnte; Meuthien, ZVR der Angehörigen, S. 5.

[724] Karitzky, Geschichte der ZVR, S. 11 f.; Meuthien, ZVR der Angehörigen, S. 6 f., jeweils m.w.N.

[725] Diese waren Beweiszeugen die vor Gericht ihr Wissen von einer streitigen Tatsache offenlegten. Eine andere Art von Zeugen waren Solennitätszeugen, die zur Errichtung eines Rechtsgeschäfts hinzugezogen wurden, um diesem durch ihre Gegenwart die gesetzlich vorgeschriebene Form und durch ihr Zeugnis Glauben zu verschaffen; Meuthien, ZVR der Angehörigen, S. 5. Die Bezeichnung ‚Zeugen' meint im Folgenden nur Beweiszeugen.

bußen als Zwangsmittel angewandt wurden.[726] Bei der untersten sozialen Schicht, den Sklaven, wurde der Eid durch die Folter ersetzt.[727]

Zeugen, die dem Angeklagten in irgendeiner Weise nahe standen, wurde entweder keine Zeugnisfähigkeit – und die damit verbundene Zeugnispflicht – anerkannt, oder der Richter wurde ermahnt, diese Personen nicht zum Zeugnis aufzufordern oder dazu zu zwingen.

Zu den Zeugnisunfähigen zählten die nächsten Angehörigen. Demgemäß wurden Aussagen von Kindern und Eltern gegenseitig – und darüber hinaus all derjenigen, die mit dem Angeklagten in gerader Linie verwandt waren – nicht zugelassen, auch wenn sie es selbst wünschten. Darüber hinaus besaßen alle Nachkommen, auch wenn sie nicht mehr unter der väterlichen Gewalt standen, keine Zeugnisfähigkeit.[728] Fehlende Zeugnisfähigkeit, galt sowohl für belastende als auch für entlastende Aussagen.[729]

Bei anderen Verwandten wurde der Richter in Form von Ratschlägen aufgefordert, sie nicht zum Zeugnis aufzufordern oder sie gar dazu zu zwingen. Die erzwungene Aussage eines nahen Verwandten verstieß gegen die römische Anschauung von Anstand und gegen die guten Sitten und war für die römische Auffassung der „familia" ganz unerträglich.[730] Körperliche Folterungen an Freien waren ganz ausgeschlossen; das entsprach der Respektierung des Rechts und bürgerlicher Freiheit des Mannes.[731] Ob das Zeugnis einen belastenden oder entlastenden Charakter besaß, hatte keine Bedeutung.[732] Obwohl dies nur Ratschläge an den Richter waren, bedeutete dies praktisch ein Wahlrecht des zum Zeugnis Aufgeforderten.[733] Dieses Recht besaßen u.a. die Verwandten in der Seitenlinie bis zum 6. Grad bürgerlicher Berechnung. Den Seitenverwandten waren die nach heutigem Recht im ersten Grad in gerader Linie Verschwägerten gleichgestellt. Auch den Ehegatten und den Verlobten stand dieses Weigerungsrecht zu. Die gleiche Regelung ergab sich ebenso für die Adoptivverwandten.[734].

---

[726] Karitzky, Geschichte der ZVR, S. 12 Fn 18 m.w.N.

[727] Meuthien, ZVR der Angehörigen, S. 6 Fn 12. Die Folter findet im römischen Recht ihre Grundlage. Unter Tiberius wird sie zuerst angewandt; so Mommsen, Römisches Strafrecht, S. 406-407; Rüping, Strafrechtsgeschichte, S. 48.

[728] Meuthien, ZVR der Angehörigen, S. 8; Karitzky, Geschichte der ZVR, S. 10 ff., jeweils m.w.N.

[729] Meuthien, ZVR der Angehörigen, S. 9 m.w.N.

[730] Karitzky, Geschichte der ZVR, S. 11 m.w.N. Zwangsmittel wie Verhaftung und Geldbußen waren jedoch bekannt; so Mommsen, Römisches Strafrecht, S. 405 m.w.N.

[731] Mommsen, Römisches Strafrecht, S. 406 f.; Rüping, Strafrechtsgeschichte, S. 48. Näher zum Zeugen im römischen Strafverfahren, siehe Meuthien, ZVR der Angehörigen, S. 5 ff.; bes. die Stellung der Angehörigen, S. 7 ff. m.w.N.

[732] Meuthien, ZVR der Angehörigen, S. 10; Karitzky, Geschichte der ZVR, S. 11, jeweils m.w.N.

[733] Karitzky, Geschichte der ZVR, S. 12 m.w.N.

[734] Meuthien, ZVR der Angehörigen, S. 10 f. m.w.N. Die Ehefrau galt nach dem älteren römischen Recht als zeugnisunfähig; nach dem späteren Recht besaß sie ein Aussageverweigerungsrecht; Meuthien, ZVR der Angehörigen S. 11 m.w.N.

Alle diese Regeln[735] waren jedoch nicht ausnahmslos, da solche Aussagen bei Prozessen, die für das Interesse des Staates besonders wichtig waren, zugelassen wurdem.

Für den Grund dieser Ausnahmeregeln, sowohl derjenigen die von vornherein bestimmte Personen als Beweismittel ausschlossen, und derjenigen, die einigen Personen ein Zeugnisverweigerungsrecht erteilten, ist man sich im Schrifttum nicht einig. Als Begründung für die Ausschließung nennen die Digesten selber die Unglaubwürdigkeit der Zeugen. Einige Gelehrte begründen den Ausschluss der nächsten Verwandten mit der mangelnden Beweiskraft ihrer Aussagen.[736] Die Vorschriften über die Privilegierungen gewisser Personen, die einem Zeugnisverweigerungsrecht gleichkamen, beachteten die römischen Anschauungen von Anstand und guten Sitten. Im Übrigen wäre ein erzwungenes Zeugnis für die römische Auffassung der „familia“ ganz unerträglich.[737]

In der Zeit der Wiederentdeckung wurden die römischen Regelungen der Beweisvorschriften von Lehre und Praxis ausführlich behandelt und in diese aufgenommen und angewendet. Eine allgemeine Verpflichtung zur Zeugenaussage wurde anerkannt. Feinde des Angeklagten, seine Verwandten und Hausgenossen, die »socii criminis«, die Minderjährigen unter 20 Jahren, Frauen, Blinde, Taube und Vorbestrafte waren vom Zeugnis ausgeschlossen. Der Grund waren die Zweifel an der Wahrheitstreue der Aussage; deshalb wurde dem Richter untersagt, den Zeugen zu vernehmen oder die Aussage zu verwerten. Ausnahmen von der Zeugenausschließung waren jedoch bekannt. In den Fällen, in denen die weltliche oder geistliche Obrigkeit ein starkes Interesse an der Aufdeckung des Verbrechens hatte, oder es an einer genügenden Anzahl vollgültiger Zeugen[738] fehlte, wurden diese Zeugen zugelassen. Zwangsmittel, die aus Geldstrafen und – in Ausnahmefällen – der Folter, durften gegen sie angewendet werden. Letzteres sollte jedoch nur angewendet werden, falls sich der Zeuge bei seiner Aussage widersprach, oder er angab, dass seine Aussage unerheblich wäre, er durch die Aussage anderer jedoch überführt wurde.[739]

Von diesen Regelungen abgesehen besaßen Verwandte, Hausgenossen und Freigelassene des mutmaßlichen Täters einzigartige Sonderprivilegierungen in einigen Vorschriften der mittelalterlichen Rechtsgelehrten. Sie sollten nicht verhört werden, und, falls sie denndoch vernommen wurden, lieferte ihre Aussagen nicht einmal ein Indiz für die Folterung des Verdächtigen. Diesen Personen sollte dann auch der Zwang erspart bleiben.[740] Die frühere Privilegierung des römischen Rechts fand in seiner Wiederentdeckung hier zum Teil seine Wiedergeburt.

---

[735] Seien es entweder Hinweise an den Richter oder „Beweisverbote“ mit anhängendem Verwertungsverbot gewesen; so die Überlegungen von Karitzky, Geschichte der ZVR, S. 10.
[736] Karitzky, Geschichte der ZVR, S. 10; Meuthien, ZVR der Angehörigen, S. 12, jeweils m.w.N.
[737] Karitzky, Geschichte der ZVR, S, 11; Meuthien, ZVR der Angehörigen, S. 12 m.w.N.
[738] Die übereinstimmende Aussage von zwei Zeugen erbrachte einen ‚vollen Beweis‘. Einer lieferte nur ein ‚Indiz‘ zur Tortur des Verdächtigen; so Karitzky, Geschichte der ZVR, S. 16 m.w.N.
[739] Karitzky, Geschichte der ZVR, S. 16.
[740] Karitzky, Geschichte der ZVR, S. 17 m.w.N.

Karitzky[741] betont richtigerweise nachdrücklich, dass der alte Gedanke der Zeugenprivilegierung nicht in die Prozessregelung des Mittelalters hineinpasst. Diese auch wohl nur in minder wichtigen Fällen geübte Nachsicht wurde nicht in Fällen der Majestätsverbrechen oder der Häresie vollzogen. Somit ist richtigerweise der Grund auf den Verzicht des Zeugniszwangs gegenstandslos, denn der Zwang ist in den Fällen sinnlos, in denen die erzwungene Aussage nicht einmal als Indiz verwendet werden kann. Somit kann von einer Privilegierung gewisser Zeugen, sich von der Vernehmung zu entziehen, nicht gesprochen werden, da es im Ermessen jedes Inquisitio lag, sie zu umgehen, sobald ein besonders starkes Interesse an der Aufdeckung eines Falles bestand.

Die Lehre der italienischen Rechtsgelehrten bezüglich des Zeugenbeweises und der Problematik der Beziehungen zwischen dem mutmaßlichen Täter und dem Zeugen, fand sich in germanischen Gesetzen erst in der Wormser Reformation aus dem Jahre 1498 wieder.[742] Eine Einteilung von Zeugen in glaubwürdige und unglaubwürdige Zeugen wurde vorgenommen, wobei die Aussage von zwei tauglichen Zeugen zu einer Folterung des Beklagten und gar zu seiner Verurteilung ausreichte. Zeugen, bei denen auf eine Vernehmung möglichst verzichtet werden sollte, und denen der Richter keine Glaubwürdigkeit schenken sollte, waren Verwandte, sowie Ehrlose, Ehebrecher, Dirnen, Frauen und Personen unter 20 Jahren. Von einem absoluten Zeugenausschluss, wie er in den Vorschriften des römischen Rechts zu finden war – oder gar einem Zeugnisverweigerungsrecht für Verwandte des Beklagten – war in der Gesetzgebung dieser Zeit jedoch kein Platz. So wurde nur in zwei Fällen von der Zeugenausschließung der Verwandten abgesehen; nämlich wenn der Beklagte mit dem Zeugnis seines Angehörigen einverstanden war, und wenn der Angehörige das letzte und vielleicht einzige Beweismittel war. Individuelle Interessen, waren jederzeit hinter Interessen der Allgemeinheit zu stellen und so konnte der entgegengesetzte Wille Angehöriger, gegeneinander auszusagen, das Verhör nicht verhindern.[743]

Auch in der (Bambergischen) Halsgerichtsordnung für das Fürstbistum Bamberg von 1507 (Constitutio Criminalis Bambergensis) und in der Peinlichen Gerichtsordnung Kaiser Karls V. von 1532 (Constitutio Criminalis Carolina[744]) war von einer Zeugenausschließung keine Rede. Der Richter wurde gelegentlich davor gewarnt, bestimmte Zeugen als Beweismittel zu benutzen, da ihre Aussage unzuverlässig wäre.[745] Ebenso wurde in der Literatur des 17. Jahrhunderts Angehörigen und Verwandten kein Recht zur Zeugnisverweigerung erteilt. Verwandte, Jugendliche, Wahnsinnige, Taube,

---

[741] Karitzky, Geschichte der ZVR, S. 17 f.

[742] Karitzky, Geschichte der ZVR, S. 19. Zu dieser Zeit befasste sich die Lehre mit dem Schutz vor einer voreiligen Bestrafung Unschuldiger und der Idee der Gerechtigkeit; Karitzky, Geschichte der ZVR, S. 14; Schmidt, Einführung, S. 112.

[743] Karitzky, Geschichte der ZVR, S. 18 ff.

[744] Die Bambergische Halsgerichtsordnung wurde wegen ihrer allgemein anerkannten Vortrefflichkeit die Vorlage der Carolina, die zum Vorbild zahlreicher Landesgesetze wurde und in der Praxis den Rang eines wirklichen Reichsgesetzes erreichte; Rüping, Strafrechtsgeschichte, S. 41; Gmür, Rechtsgeschichte, S. 89.

[745] Karitzky, Geschichte der ZVR, S. 21.

Stumme, Blinde, Vorbestrafte, Schlechtbeleumundete, Bestochene und Teilnehmer des Verbrechens waren gelegentlich als Personen von mangelhafter Glaubwürdigkeit angesehen, und daher ausgeschlossen.[746] Auch weitere Vorschriften in deutschen Gesetzen des 16. und 17. Jahrhunderts ließen untaugliche – d.h. verwandte – Zeugen weiterhin in den Fällen zu, in denen es an einwandfreien Zeugen fehlte.[747]

C. Das Zeitalter der Aufklärung

Obwohl schon im 14. Jahrhundert in den so genannten »Magdeburger Fragen« und der »Blume des Sachsenspiegels« ernste Kritik an der Folter geübt wurde, war es erst der Rationalismus und die Humanisierungstendenz der Aufklärung, die zu der Beseitigung der Folter führte.[748] Das Beweisrecht des Inquisitionsprozesses wurde jedoch nicht an diese neuen Gedanken angepasst, so dass bei den Gerichten Unklarheit bestand.[749]

Zum einen führten die Ideen der Aufklärung dazu, dass die durch die Folter erpressten Geständnisse von angezeigten Verfolgten langsam[750] abgeschafft wurden. Falls der Verfolgte jetzt selbst bei dringendem Verdacht das Geständnis verweigerte, seine Folterung zum Geständnis ausgeschlossen war und zwei vollgültige Zeugen nicht vorhanden waren – was in der Tat die Regel war – konnten Angehörige des Beklagten, die bisher als untauglich in den Gesetzen beschrieben worden waren und in der Praxis nicht zu einer Aussage zugelassen worden waren, ohne Einschränkung zum informatorischen Verhör zugelassen werden, um das Vorliegen eines Verbrechens festzustellen und den Verfolgten zu überführen. Mit Zwangsmitteln in Form von Haft und auch Folter wurden so Angehörige gezwungen auszusagen, wenn der Verdacht bestand, dass sie etwas verheimlichten. Angehörige beherrschten erfahrungsgemäß Informationen über den Verdächtigen und waren so geeignet, dem Richter die Festnahme und Folterung des Verdächtigten zu rechtfertigen. Im späteren eigentlichen Beweisverfahren wurden sie jedoch, wie zuvor, als untauglich angesehen und als solche behandelt.

In dieser Zeit wurde auch begonnen, die nicht völlig glaubwürdigen Zeugen in Kategorien aufzuteilen. Es wurden Kategorien der „völlig unfähigen“ Zeugen und Zeugen, die nur als verdächtigt angesehen wurden, aufgestellt. Der Ursache der Unzuverlässigkeit von diesen Zeugen wurde somit mehr Achtung geschenkt.[751] Der Kreis der völlig

---

[746] Karitzky, Geschichte der ZVR, S. 24.
[747] Karitzky, Geschichte der ZVR, S. 29.
[748] So schaffte Friedrich der Große am 3. Juni 1740, am vierten Tag seiner Regierung, die Folter fast endgültig ab; endgültig im Jahre 1754; so Schmidt, Einführung, S. 268 f.; Wesel, Geschichte, S. 393.
[749] Schmidt, Einführung, S. 271.
[750] Der preußische Staat war führend in Abschaffung der Folter. Bis 1754 war sie jedoch zugelassen in "kriminalitäten gegen die Obrigkeit", Landesverrat und „großen Mordthaten, wo viele Menschen ums Leben gebracht oder viele Delinquenten, deren Connexion heraus zu bringen nöthig, impliciret sin“. In diesen Ausnahmefällen wurde sie jedoch nicht benutzt; ausführlich bei Schmidt, Einfürhung, S. 269 ff.
[751] Diese Kategorisierung war jedoch sehr verwirrend; so Karitzky, Geschichte der ZVR, S. 32 m.w.N.

unfähigen Zeugen wurde somit kleiner und die Zahl derjenigen Zeugen, die dem Richter zu Verfügung stand, größer.

In der »Neuen Peinlichen HalsGerichtsOrdnung« Josephs I. von 1707 und anderen Gesetzeswerken des 18. Jahrhunderts wurde der Zeuge weiterhin als Mittel der richterlichen Beweisführung betrachtet und nach seiner Tauglichkeit zu diesem Zweck beurteilt. Weiterhin gab es Kategorien von untauglichen und verdächtigen Zeugen. Ein Angehöriger des Beklagten, der dem Richter bei seiner Wahrheitsfindung weiterhelfen konnte, war zur Aussage verpflichtet und im Notfall wurde er mit Hilfe von Zwangsmitteln zur Aussage gezwungen. Dies war jedoch nur der Fall, nachdem der Richter eine Belehrung einer höheren Instanz eingeholt hatte, die so die Verantwortung dafür trug, dass im Einzelfall eine Person zur Wahrheitsfindung herangezogen werden konnte, deren bekannte Unzuverlässigkeit im Normalfall ihren Ausschluss vom Strafprozess erforderte.[752]

Die »Hannoversche Criminalinstruktion« von 1736 enthielt zum größten Teil ähnliche Zeugenregelungen wie andere Werke des Jahrhunderts, brachte jedoch als einziges Gesetzeswerk des 18. Jahrhunderts im Bezug auf Verwandte eine neue Regelung, die auf eine Art Privilegierung im Bezug auf die Stellung des Angehöriger hindeutete. So konnten Angehörige des Beschuldigten nicht dazu gezwungen werden, gegen ihren Willen ihr Zeugnis gegen den Beschuldigten abzulegen. Diese Regel galt jedoch nicht ohne Einschränkung, denn in Zweifelsfällen konnte eine Belehrung von der höherrangigen Juztizkanzlei eingebracht werden. Mit dieser Regel wurde Wert darauf gelegt, dass Angehörige wegen ihrer persönlichen Zwangslage in der Regel von einer Vernehmung verschont bleiben sollten.[753]

Die »Preußische Kriminalordnung« vom 11. Dezember 1805 klassifizierte Verwandte weiterhin als verdächtige Zeugen, die jedoch zur näheren Aufklärung der Sache vernommen werden konnten.[754] Zeugen waren jedoch nicht verpflichtet indiskrete oder unsachliche Fragen zu beantworten, die mit dem Gegenstand der Vernehmung nicht in Verbindung standen. Die persönliche Konfliktlage von Verwanden war nicht besonders hervorgehoben und berechtigte nicht zu einer Zeugnisverweigerung.[755]

Die Abschaffung der gesetzlichen Beweistheorie konnte sich in der Literatur in der ersten Hälfte des 19. Jahrhunderts nicht durchsetzen, in der sie als Schutz gegen richterliche Willkür angesehen wurde.[756] Da man dem Richter möglichst alle Beweismittel zugänglich machen wollte, versuchte das Schrifttum, statt einer sinnwidrigen und als

---

[752] Karitzky, Geschichte der ZVR, S. 37.
[753] Karitzky, Geschichte der ZVR, S. 39 f.
[754] § 357 der Preußischen Kriminalordnung. Geistliche, Beamte und Zeugen die in ihrer Kunst oder in ihrem Gewerbe einen Schaden erleiden würden, sind jedoch von der Zeugnispflicht befreit; Karitzky, Geschichte der ZVR, S. 46 f.
[755] Karitzky, Geschichte der ZVR, S. 47.
[756] Mittermaier, Die Lehre vom Beweise, S. 89.

willkürlich empfundenen Aufzählung von ausgeschlossenen[757] und verdächtigen Zeugen, bestimmte Unterscheidungsmerkmale herauszuarbeiten.[758] Somit wurde zwischen Personen die mangels der dafür nötigen Eigenschaften nicht beobachten konnten – untauglichen Zeugen – und Personen, die aufgrund besonderer Verhältnisse nicht die Wahrheit sagen wollten, differenziert.[759] *Mittermaier*[760] beschränkte die Auswahl untüchtiger Zeugen in erster Linie auf Kinder;[761] Wahnsinnige, Blödsinnige und Rasende, wenn sie sich zur Zeit der Zeugnisablegung oder zur Zeit des Vorfalls, über welchen sie aussagen sollten, in einem dieser Zustände befanden; diejenigen die nicht den erforderlichen Sinn besaßen, oder denen die Möglichkeit fehlte, ihre Beobachtungen durch Worte oder Schrift unzweifelhaft auszudrücken; darüber hinaus Zeugen in eigener Sache, ausgenommen das Opfer; bestochene Zeugen; alle bürgerlich Toten, d.h. diejenigen, deren Rechtsfähigkeit entzogen worden war; und schließlich diejenigen, die eine „ehrlos machende Strafe"[762] erlitten hatten oder sich in Untersuchungshaft befanden. Die zwei Letztgenannten will *Mittermaier*[763] jedoch nicht ohne Ausnahme als unfähig beschreiben, da es Verbrechen gibt, die nie als „Produkte eines verdorbenen Herzens zu betrachten sind und daher den Richter nicht berechtigen, dem Sträfling alle Moralität abzusprechen, wobei man selbst verkennen würde, daß auch der Verurteilte sich bessern kann."

Im Schrifttum wurden unter Berufung auf die Vorschriften des römischen Rechts, die Eltern des Beschuldigten, seine Kinder und sein Ehegatte entweder als völlig untaugliche Zeugen empfunden,[764] oder als verdächtige Zeugen eingestuft.[765] Die entferntere Verwandtschaft wurde hingegen nur zu den verdächtigen Zeugen gezählt.[766] Die Einstufung der nahen Verwandten als untaugliche Zeugen und der damit verbundene völlige Ausschluss aus dem Verfahren wurde weiterhin mit ihrer Unglaubwürdigkeit begründet. So werden sowohl für den Angeklagten günstige wie auch ungünstige Aussagen als nicht vertrauenswürdig eingestuft. Seine Einstufung der nahen Verwandten als „nur" verdächtige Zeugen, begründet *Mittermaier* mit dem Hinweis auf die ersten deutschen Gesetzgebungen,[767] die einem Zeugen ein Verweigerungsrecht bezüglich seiner nächsten Verwandten erteilten. Von einem Zeugen, der die Befugnis

[757] Diese werden als untüchtig beschrieben. Diese Zeugen können nie eine Aussage liefern, auf welche der Richter verurteilen darf. Falls er sie jedoch vernimmt, so geschieht dies im Sinne der Praxis nur zur Information; so Mittermaier, Die Lehre vom Beweise, S. 314 m.w.N.
[758] Mittermaier, Die Lehre vom Beweise, S. 315 f.; Karitzky, Geschichte der ZVR, S. 49.
[759] Karitzky, Geschichte der ZVR, S. 50 m.w.N.
[760] Mittermaier, Die Lehre vom Beweise, S. 315 f.
[761] Er will jedoch Kinder, die das Alter der Eidesmündigkeit noch nicht erreicht haben und nicht beeidigt werden dürfen, zu den verdächtigen Zeugen zählen; Mittermaier, Die Lehre vom Beweise, S. 317.
[762] Das sind diejenigen die wegen Verleumdung, falschen Zeugnisses oder Meineids verurteilt sind; so Baier. Gesetzbuch Art. 178 Nr. 6.
[763] Mittermaier, Die Lehre vom Beweise, S. 322.
[764] Karitzky, Geschichte der ZVR, S. 50 m.w.N.
[765] Mittermaier, Die Lehre vom Beweise, S. 324 ff., besonders S. 332 ff.
[766] Karitzky, Geschichte der ZVR, S. 50 m.w.N.
[767] Baierisches Strafgesetzbuch Art. 260 nro. 4; Preussische Criminal Ordnung § 357; Mittermaier, Die Lehre vom Beweise, S. 333.

hat, das Zeugnis zu verweigern, der aber dennoch das Zeugnis ablegt, darf erwartet werden, „dass ihm die Pflicht Wahrheit zu sagen heiliger ist, als das Interesse des Verwandten. Dennoch kann das Zeugnis naher Verwandter nur als ein verdächtiges betrachtet werden, ... ".[768]

Das erste deutsche Gesetz, das der Konfliktsituation der Angehörigen des Beschuldigten bedingungslos und ohne Einschränkung Rechnung trägt, ist das Baierische Strafgesetzbuch von 1813. Blutsverwandte in auf und absteigender Linie, leibliche Geschwister, Ehegatten und im nächsten Grade Verschwägerte sind von „der Verbindlichkeit zum Zeugnis in peinlichen Sachen" befreit.[769] Durch eine Erweiterung mit einem Gesetz vom 14.1.1814 wird vorgeschrieben, dass die Zeugnisverweigerungsberechtigten über ihr Recht belehrt werden sollen, und dass dieses Vorgehen im Protokoll notiert werden soll.[770]

Eine Konfliktsituation des angehörigen Zeugen sah der Gesetzgeber jedoch nur insoweit, dass sich der Zeuge bei seiner Aussage gegen anerkannte Gebote der Familientreue vergeht, somit ein Naturgesetz verletzt und so die öffentliche Ordnung stört. Eine derartige Pflichtenkollision durfte der Staat nicht zulassen. Die Konfliktsituation aber, in die ein Zeuge geraten konnte, der gezwungen wurde, eine ihn selbst belastende Aussage zu machen, lag noch außerhalb des Blickfeldes des Gesetzgebers. Eine Befreiung von der Aussagepflicht für einen derartigen Fall findet sich auch nicht in dem Baierischen Strafgesetzbuch.[771]

Einen Rückschlag erhält das uneingeschränkte Zeugnisverweigerungsrecht für Angehörige des Baierischen Strafgesetzbuches von 1813 bereits ein Jahr später, als die befreiten Verwandten und Verschwägerten im informatischen Verhör auch gegen ihren Willen vernommen werden konnten. Damit wurde die uneingeschränkte bayrische Regel wieder den Regeln der anderen deutschen Länder angeglichen. Der Grund war der deutliche Gegensatz der Regelung zu den Prinzipien des Inquisitionsprozesses, die ein Verfolgen jeder Spur verlangte.[772]

Es war die Strafprozessordnung des Thüringischen Staats von 1850, die als erste ein Zeugnisverweigerungsrecht für Verlobte anerkannte, das dann Eingang in die Strafprozessordnung des Deutschen Reiches 1877 fand. Für die Anerkennung eines Weigerungsrechts für Verlobte sah der Gesetzgeber kein besonderes Hindernis, „weil Verlobten bei den zwischen ihnen bestehenden nahen Verhältnissen das Recht der Zeugnisablehnung nicht füglich entzogen werden kann und eine mißbräuchliche Berufung auf ein bestehendes Verlöbnis nur in seltenen Fällen vorkommen wird".[773]

---

[768] Mittermaier, Die Lehre vom Beweise, S. 333.
[769] Art. 204 Nr. 1 i.V.m. Art. 79; Hahn, Die gesamten Materialien, S. 99 f.
[770] Karitzky, Geschichte der ZVR, S. 48.
[771] Karitzky, Geschichte der ZVR, S. 49 Fn 10.
[772] Karitzky, Geschichte der ZVR, S. 54.
[773] Hahn, Die gesamten Materialien, S. 41.

In der Literatur rückten Bedenken wegen der Konfliktsituation, in die der Angehörige bei einer Vernehmung geraten kann, immer mehr in den Vordergrund. Die Verletzung des Vertrauensverhältnises zwischen Eltern und Kindern, Ehegatten und nahen Blutsverwandten, wurde als Störung der sittlichen Ordnung angesehen, die für den Staat ernstere Folgen haben kann als der Verlust eines Beweismittels und der Freispruch eines Schuldigen. Auch wird betont, dass der Staat gegen das Naturrecht handele, wenn er seinen Bürgern Pflichten auferlegt, die diese nur unter Verletzung fundamentaler Verpflichtungen erfüllen können.[774] Da man dem Richter möglichst alle Beweismittel zugänglich machen wollte, erschien der uneingeschränkte Zeugenausschluss, aus Rücksicht auf die öffentliche Ordnung,[775] nicht als erstrebenswert. Im Schrifttum[776] erhielt die Auffassung, dass man es dem Zeugen freistellen sollte, ob er eine Aussage gegen seinen Verwandten machen will oder nicht, immer mehr Zustimmung. So ist der Zeuge nicht in eine unentrinnbare Konfliktsituation gedrängt, jedoch bleibt ihm die Möglichkeit, eine Aussage zugunsten seines Angehörigen zu machen. Dann aber, wenn er freiwillig das Zeugnis ablegt, soll gelten, dass er „auch schuldig ist, den Eid zu leisten und die Wahrheit ohne Rückhalt zu sagen. Eine Befreiung von der Zeugenpflicht rechtfertigt sich jedoch nur bei den nächsten Verwandten, die in einem innigen Verhältnisse mit dem Angeklagten stehen und wo daher der Zwang zum Zeugnisse wirklich die Verletzung der zarten von der Natur geknüpften Bande enthalten würde.“ *Mittermaier*[777] will „Ascendenten und Descendenten“, Geschwistern und Geschwisterkindern, den im ersten Grade Verschwägerten und Ehegatten ein solches Weigerungsrecht zugestehen. Letztlich betont er, dass es sich nie rechtfertigen lasse, wenn das Gesetz aus dem Grunde, dass die Wahrheit auf andere Art nicht entdeckt werden könnte, eine Ausnahme macht, „weil es immer höchst willkürlich sein würde, zu bestimmen, ob ein solcher Ausnahmsfall vorhanden ist, und weil auch in jedem Ausnahmsfall die nämlichen Gründe entscheiden, die gegen das Zeugniss der Verwandten sprechen.“ Eine Ausnahmeregelung zugunsten der Wahrheitsfindung wird somit abgelehnt.[778]

In der Literatur gab es auch Stimmen, die in den Aussagen von Verwandten gegeneinander schwere Angriffe auf die sittliche Ordnung sahen, und deshalb den unbedingten Ausschluss von Eltern und Kindern vom Zeugnis gegeneinander verlangten.[779] Diese Aussagen wurden als nicht glaubwürdig angesehen.

In dieser Zeit gab es somit die Regelung des gesetzlichen Zeugenausschlusses und die gesetzliche Garantie des Zeugnisverweigerungsrechts, die bis zur Einführung der gesetzlichen Beweisführung und der Abschaffung der gesetzlichen Beweistheorie als geeignete Mittel empfunden wurden, dem Anspruch des Einzelnen auf Respektierung

---

[774] Mittermaier, Die Lehre vom Beweise, S. 309; Karitzky, Geschichte der ZVR, S. 51 m.w.N.
[775] Mittermaier, Die Lehre vom Beweise, S. 310.
[776] Mittermaier, Die Lehre vom Beweise, S. 309 ff.; Karitzky, Geschichte der ZVR, S. 52 m.w.N.
[777] Mittermaier, Die Lehre vom Beweise, S. 310.
[778] Karitzky, Geschichte der ZVR, S. 51 m.w.N.
[779] Karitzky, Geschichte der ZVR, S. 52 m.w.N.

seiner Konfliktlage wie der staatlichen Pflicht zur Wahrheitsermittlung gerecht zu werden.[780]

Bei dieser Eingruppierung der Angehörigen als untaugliche oder verdächtige Zeugen und der gesetzlichen Beweistheorie blieb es in den meisten deutschen Ländern bis zur Einführung der Reichsstrafprozessordnung im Jahre 1877. In Preußen blieb die Einordnung der Verwandten des Angeklagten in Kategorien, ohne das ihnen das Recht dazu zustand, sich einem informatischen Verhör zu unterziehen, auch nach Abschaffung der gesetzlichen Beweistheorie bestehen. Obwohl auch im Jahr 1849 die gesetzliche Beweistheorie in Preußen aufgegeben wurde,[781] blieb die Einordnung der Verwandten des Angeklagten in Kategorien bis zum Inkrafttreten der StPO im Jahr 1877 erhalten.[782]

D. Die Strafprozessordnung

Mit der Entstehung der RStPO im Rahmen der „großen ReichsJustizgesetze“[783] wurde ein einheitliches Prozessrecht für das Reichsgebiet geschaffen. Das Gesetz hielt an der freien Beweiswürdigung fest (§ 260 RStPO), wobei Beweismittelausschlüsse gegenüber dem vorher bestehenden Recht stark zurückgedrängt wurden.[784] Der Schwerpunkt des Beweisverfahrens war die von dem Mündlichkeitsprinzip und Öffentlichkeitsprinzip geprägte Hauptverhandlung, in der Beweismittel unmittelbar von dem erkennenden Richter erhoben wurden. Die Aufnahme des Beweises erfolgte durch den Vorsitzenden.

Die RStPO gewährte in § 51[785] dem Verlobten des Beschuldigten und dem Ehegatten des Beschuldigten, auch wenn die Ehe nicht mehr bestand, ein Zeugnisverweigerungsrecht. Ebenso wurde denjenigen ein solches Recht erteilt, die mit dem Beschuldigten in gerader Linie verwandt, verschwägert oder durch Adoption verbunden, oder in der Seitenlinie bis zum dritten Grad verwandt oder bis zum zweiten Grade verschwägert waren, auch wenn die Ehe, durch welche die Schwägerschaft begründet war, nicht mehr bestand. Das gemeine und reformierte Strafprozessrecht waren die geschichtlichen Vorbilder dieser Regelung.[786] Die Schöpfer der Regelung zogen es vor, den Kreis der Berechtigten absichtlich weit zu ziehen, da sie es für richtiger erachteten; „lieber auf ein Beweismittel zu verzichten, als einen nahen Angehörigen des Beschuldigten der Versuchung auszusetzen, zugunsten des letzteren einen Meineid zu leisten“[787].

---

780 Karitzky, Geschichte der ZVR, S. 53.

781 Durch § 22 der Verordnung vom 3. Januar 1849; Karitzky, Geschichte der ZVR, S. 55 Fn 4.

782 Karitzky, Geschichte der ZVR, S. 55 f.

783 Weitere waren das Gerichtsverfassungsgesetz, die Zivilprozeßordnung und die Konkursordnung.

784 Ziegler, Zweckmäßigkeitstendenzen, S. 23.

785 Das Zeugnisverweigerungsrecht für Angehörige war in den Beratungen der Justizkommission des Reichstages, des Bundesrates und des Plenums des Reichstages anerkannt und bedürfte dort keiner Diskussion mehr; so Karitzky, Geschichte der ZVR, S. 69.

786 Ziegler, Zweckmäßigkeitstendenzen, S. 27; Karitzky, Geschichte der ZVR, S. 66.

787 Hahn, Die gesamten Materialien, S. 106.

Karitzky[788] ist der Auffassung, dass der Gedanke an die geringe Glaubwürdigkeit dieser Zeugen und ihr Hang zur unwahren Aussage die Vorstellung der Verfasser dieser Regelung bestimmt habe, ebenso wie die Rücksichtnahme auf die Zwangslage, in die der einzelne Zeuge bei einer Aufforderung, gegen seinen Angehörigen auszusagen, geraten konnte.

Die Regelung der meisten deutschen Strafprozessordnungen, dem Zeugen ein Recht zur Aussageverweigerung zu gewähren, wenn er dazu gezwungen wäre, seine eigene Unehre oder die seiner Angehörigen zu bekennen, wurde in die Motive nicht aufgenommen und ein gleich lautender Antrag in der Kommissionsberatung abgelehnt.[789]

Das Strafverfahren der RStPO blieb bis zum Ende des Kaiserreichs im Wesentlichen unverändert,[790] obwohl sie als das schlechteste der Reichsjustizgesetze bezeichnet wurde.[791] Mit der Bekanntmachung der Texte des GVG und der StPO auf Grund der Verordnung über Gerichtsverfassung und Strafrechtspflege vom 4.1.1924[792] wurde § 51 zu § 52.

Nahezu ein halbes Jahrhundert blieb die Regelung unverändert, obwohl Kritik an ihr nicht ausblieb. Mit dem Ersten Gesetz zur Reform des Strafverfahrensrechts vom 9. Dezember 1974,[793] wurde der Kritik teilweise entgegengekommen, indem gesetzlich geregelt wurde, wie im Einzelnen zu verfahren ist, wenn der Zeuge die zum Verständnis des Zeugnisverweigerungsrechts erforderliche Reife nicht besitzt.[794] Diese sollten die Aufklärung besonders schwerwiegender Sittlichkeitsdelikte und Kindesmisshandlungen wirksam verbessern und verhindern, dass bereits verurteilte Täter erneut straffällig würden. Dabei wurde ein schon von Rechtsprechung und Literatur ausgearbeiteter Grundsatz zu diesem Problem übernommen. Ein neuer Absatz 2 wurde in § 52 eingefügt, der klarstellte, dass es bei einem Zeugnisverweigerungsrecht zunächst darauf ankomme, ob das Kind selbst aussagebereit sei. Sei dies der Fall, so habe der gesetzliche Vertreter über die Ausübung des Rechts zu entscheiden. Auch wurde geregelt wie zu verfahren ist, wenn der gesetzliche Vertreter oder sein Ehegatte selbst Beschuldigter ist. Zu dieser Streitfrage war sich die Literatur nur darin einig, dass der Beschuldigte selbst als gesetzlicher Vertreter ausgeschlossen ist; strittig war jedoch, wer an seine Stelle tritt. Für diese Fälle bestimmte das Gesetz, dass, wenn die gesetzliche Vertretung beiden Eltern zusteht, auch der nichtbeschuldigte Elternteil von der Zustimmung ausgeschlossen ist. Der dann nach § 1909 BGB zu bestellende Pfleger kann die Entscheidung frei von eigenen persönlichen Rücksichten treffen.[795]

---

788 Karitzky, Geschichte der ZVR, S. 68.
789 Hahn, Die gesamten Materialien, S. 588 ff.; Karitzky, Geschichte der ZVR, S. 70 f.
790 Vgl. einer Übersicht von Kern, Strafverfahrensrecht, S. 308.
791 So Kern, Strafverfahrensrecht, S. 308.
792 RGBl. I 1924 S. 15.
793 BGBl. I 1974 S. 3393 (3533).
794 Begr. BT-Drucksache 7/551 S. 59.
795 Begr. BT-Drucksache 7/551 S. 50 f.; 59 f.

Ein neuer Absatz 3 entsprach dem alten Absatz 2, erweiterte jedoch die Belehrungspflicht insoweit, als er den in der Rechtsprechung entwickelten Grundsatz übernahm, dass auch der zur Entscheidung über die Zustimmung befugte Vertreter über das Zeugnisverweigerungsrecht zu belehren sei.[796]

Mit dem Adoptionsgesetz[797] vom 2.7.1976 wurde die Annahme als Kind neu geregelt um es aus seiner alten Familie zu lösen und ihm eine rechtlich abgesicherte Stellung in der neuen Familie zu geben. Deshalb wurde die Regel so gestaltet, dass es genügt, dass das durch Geburt oder Annahme als Kind begründete Verwandtschaftsverhältnis oder die Schwägerschaft, die darauf gründet, besteht oder vor einer Annahme, vor der Auflösung einer Ehe oder vor der Aufhebung eines Annahmeverhältnisses bestanden hat. Somit erhielt § 52 I Nr. 3 die Neufassung „verwandt oder verschwägert ... ist oder war." Ein angenommenes Kind sollte die rechtliche Stellung eines ehelichen Kindes bekommen und deshalb sollte es nicht anders behandelt werden als ein leiblicher Verwandter. Persönliche Bindungen gehen mit der Auflösung der Ehe oder der Auflösung des alten Verwandtschaftsverhältnisses durch eine Annahme als Kind nicht unter. Deshalb sollte das Zeugnisverweigerungsrecht fortbestehen, auch wenn das Verwandtschaftsverhältnis zu den leiblichen Verwandten erloschen ist. Sollte ein Annahmeverhältnis wieder aufgelöst werden, so könnten sich schon tatsächliche Bindungen zu den Adoptivverwandten entwickelt haben. Sie sollten in gleicher Weise fortwirken, wie in den Fällen der Auflösung der Ehe oder der Auflösung des Verwandtschaftsverhältnisses zu den leiblichen Verwandten.[798]

Absatz 2 S. 1 des Zeugnisverweigerungsrechts für Angehörige wurde durch das Betreuungsgesetz vom 12. September 1990[799] an die durch das Betreuungsgesetz neu in die Gesetzessprache aufgenommenen Begriffe angepasst. Dem Entwurf entsprechend, wurden Begriffe wie „Geisteskrankheit" und „Geistesschwäche" als überholt und von den Betroffenen verständlicherweise als diskriminierend empfunden.[800] Nachdrücklich ist erwähnt das Körperbehinderte ausgenommen sind.[801]

Somit haben lediglich zwei zivilrechtliche Gesetzesänderungen sich mittelbar über den Begriff der Verwandtschaft auf die Zeugnisverweigerungsberechtigten ausgewirkt: die anerkannte Verwandtschaft des Vaters und seines unehelichen Kindes und die Gleichstellung des adoptierten Kindes mit der rechtlichen Stellung eines ehelichen Kindes.[802] Die einzige Gesetzesänderung in 122 Jahren hat § 52 durch das Lebenspartnerschaftsgesetz vom 16. Februar 2001 erfahren. Der Paragraph wurde um den Artikel 2a. ergänzt, der besagt, dass der Lebenspartner des Beschuldigten, auch wenn die Lebens-

---

[796] Begr. BT-Drucksache 7/551 S. 60.
[797] Gesetz über die Annahme als Kind und zur Änderung anderer Vorschriften; BGBl. I 1976 S. 1749 (1757).
[798] Begrü. BT-Drucksache 7/3061 S. 62.
[799] BGBl. I 1990 S. 2002 (2019 f.).
[800] BT-Drucksache 11/4528 S. 52.
[801] BT-Drucksache 11/4528 S. 191.
[802] Ausführlicher in: Rengier, Zeugnisverweigerungsrechte, S. 112 m.w.N.

partnerschaft nicht mehr besteht, zur Verweigerung des Zeugnisses berechtigt ist. Im Folgenden wird näher auf diese sehr umstrittene Reform des § 52 eingegangen.

Der Entwurf des Gesetzes[803] sah die Einführung eines neuen Rechtsinstituts der eingetragenen Lebenspartnerschaft vor, sowie die Änderung von mehr als 100 Gesetzen, u.a. der StPO. Wegen der sich abzeichnenden Ablehnung durch den Bundesrat im Rechtsausschuß wurde das Gesetz in einen nicht der Zustimmung des Bundesrates bedürftigen Teil und einen zustimmungsbedürftigen Teil aufgespalten, nämlich das Lebenspartnerschaftsgesetz (LPartG) und das Lebenspartnerschaftsergänzungsgesetz (LPartErgG).[804] Das LPartG ist mit seiner Verkündung im Bundesgesetzblatt am 22.2.2001 Gesetz geworden,[805] mit dem LPartErgG, befaßt sich noch der Vermittlungsausschuß. Am 17. Juli 2002 hat das BVerfG entschieden, dass das LPartG mit dem Grundgesetz vereinbar ist.[806]

Nach § 1 LPartG kann eine eingetragene Lebenspartnerschaft dadurch begründet werden, dass zwei Personen gleichen Geschlechts gegenseitig persönlich und bei gleichzeitiger Anwesenheit ihre Erklärung vor der zuständigen Behörde abgeben, miteinander eine Partnerschaft auf Lebenszeit führen zu wollen, wobei sie den Willen zur Verpflichtung zu Fürsorge, Unterstützung gemeinsamer Lebensgestaltung und zur Übernahme von Verantwortung füreinander haben müssen. Zusätzlich muss eine Erklärung über den Vermögensstand gemäß § 6 I LPartG abgegeben werden.

Nach § 11 II LPartG gelten die Verwandten eines Lebenspartners als mit dem anderen Lebenspartner verschwägert. Die Linie und der Grad der Schwägerschaft bestimmen sich nach der Linie und dem Grade der sie vermittelnden Verwandtschaft. Die Schwägerschaft dauert fort, auch wenn die Lebenspartnerschaft, die sie begründet hat, aufgelöst wurde. Mit dieser Vorschrift wird erreicht, dass § 52 I Nr. 3 volle Wirkung entfaltet.

Die Lebenspartnerschaft wird auf Antrag eines oder beider Lebenspartner durch gerichtliches Urteil aufgehoben. Die Aufhebung, die in ihren Voraussetzungen und Folgen weitgehend denen der Scheidung entspricht, setzt, anders als die Scheidung, keinen besonderen Aufhebungsgrund voraus. Das Familiengericht hat die Lebenspartnerschaft aufzuheben, wenn einer der drei dafür vorgesehenen Gründe vorliegt: entweder (1) haben beide Lebenspartner gemeinsam eine persönliche, öffentlich beurkundete Erklärung abgegeben, die Lebenspartnerschaft nicht fortsetzen zu wollen und es sind seitdem zwölf Monate verstrichen; widerruft nur einer der Lebenspartner diese Erklä-

---

[803] BT-Drucksache 14/3751, v. 4.7.2000.

[804] Oftmals sind Gesetzesentwürfe zur Einführung des Rechts auf Eheschließung für Personen gleichen Geschlechts und gesetzliche Regelungen zur Gleichstellung gleichgeschlechtlicher Partnerschaften in die parlamentarische Debatte eingeführt worden, vgl. die Übersicht bei Heun, Stefanie: Gleichgeschlechtliche Ehen in rechtsvergleichender Sicht: unter besonderer Berücksichtigung der Rechtslage in den USA, in Kanada und in Australien. Berlin 1998.

[805] BGBl. I 2001 S. 266.

[806] BVerfG, 1 BvF 1/01 vom 17.7.2002.

rung vor dem Urteil, so wird die Aufhebung nach Ablauf von insgesamt 36 Monaten ausgesprochen; oder (2) sind nach derselben Erklärung durch nur einen Lebenspartner in derselben Form 36 Monate seit Zustellung der Erklärung an den anderen Lebenspartner verstrichen; oder (3) die Fortsetzung der Lebenspartnerschaft würde eine unzumutbare Härte für den Antragsteller darstellen – aus Gründen, welche in der Person des anderen Lebenspartners liegen. Trotz Getrenntlebens sind die Lebenspartner sich in der Zwischenzeit und auch nach der Aufhebung unter bestimmten Umständen gegenseitig weiterhin zum Unterhalt verpflichtet.

In der Materialiensammlung mit Anmerkungen zum Lebenspartnerschaftsgesetz wird unterstellt, dass das Zeugnisverweigerungsrecht des § 52 der besonderen Konfliktlage eines Zeugen Rechnung trägt, der als Angehöriger des Beschuldigten der Zwangslage ausgesetzt sein kann, seinen Angehörigen belasten oder die Unwahrheit sagen zu müssen. Erwartungsgemäß wird unterstellt, dass diese Ratio des § 52 über den dort bislang erfassten Personenkreis naher Angehöriger und des/der Verlobten hinaus auch für Lebenspartner gilt.[807]

In seinem heutigen § 52 I enthält die Strafprozessordnung eine Aufzählung derjenigen Personen, die ein Zeugnisverweigerungsrecht aus persönlichen Gründen besitzen. Diese sind in erster Linie der Verlobte des Beschuldigten, der Ehegatte des Beschuldigten, auch wenn die Ehe nicht mehr besteht, der Lebenspartner des Beschuldigten und schließlich derjenige der mit dem Beschuldigten in gerader Linie verwandt oder verschwägert, in der Seitenlinie bis zum dritten Grad verwandt oder bis zum zweiten Grad verschwägert ist oder war.

§ 10. Reformvorschläge

Schon seit Inkrafttreten der Reichsstrafprozessordnung ist Kritik an der Ausgestaltung der Vorschrift bezüglich der Zeugnisverweigerungsberechtigten geübt worden. Diese Kritik ist des Öfteren darauf hinausgelaufen, dass sie zu eng sei; dass mehr Menschen dieses Recht zugesprochen werden sollte. Dies ist jedoch nicht immer so gewesen, vielmehr haben manche die Vorschrift unverändert beibehalten wollen und in einer Epoche der deutschen Geschichte wurde für eine Einschränkung plädiert.

Auf den nächsten Seiten wird zuerst auf allgemeine Überlegungen zur Umgestaltung des Zeugnisverweigerungsrechts eingegangen. Danach wird gründlicher und ausführlicher auf einzelne Reformvorschläge eingegangen und diese werden fachlich besprochen und beurteilt. Abschließend wird über den aus dem Jahre 1996 stammenden „Alternativ-Entwurf Zeugnisverweigerungsrechte und Beschlagnahmefreiheit“ referiert.

---

[807] Meyer/Mittelstädt, Das Lebenspartnerschaftsgesetz: Materialiensammlung mit Anm., S. 132.

In seinem im Jahre 1905 erschienenen Aufsatz über das Recht der Zeugnisverweigerung meinte *Wach*[808] – der ansonsten der Meinung war, dass der Grund für das Zeugnisverweigerungsrecht das Band der Familie sei – dass im Interesse der Strafrechtspflege eine Erweiterung des Kreises der zeugnisbefreiten Personen nicht richtig wäre. Er gab zu, dass die Bande der Freundschaft, Dankbarkeit und Liebe oder die Lebensgemeinschaft schwere innere Konflikte schaffen können, wie sie gelegentlich innerhalb von Verhältnissen entstehen, die von § 51 RStPO [52 StPO] erfasst werden. Jedoch würde man ins Uferlose geraten, wenn man aus derartig unfassbaren Gründen das Zeugnis nach richterlichem Ermessen verweigern könnte. Zugleich kritisiert er die österreichische Strafprozessordnung, die Pflegeeltern und Pflegekindern, Vormünden und Mündeln ein Weigerungsrecht zugesteht, während sie Verlobte und Schwiegereltern des Beschuldigten auslässt.

In der nationalsozialistischen Zeit wurde eine Einschränkung des Kreises der Zeugnisverweigerungsberechtigten für geboten gehalten, da „eine Hemmung der Verfolgung und Verurteilung des Rechtsbrechers nicht mehr durch übermäßige Rücksichtnahme auf den Einzelnen in Frage kommen durfte.“[809] So sollten als Seitenverwandte nur noch Geschwister zur Zeugnisverweigerung berechtigt sein, während die durch eine Ehe begründete Angehörigeneigenschaft kein Weigerungsrecht hervorrufen sollte, soweit die Ehe geschieden war und sich die Aussage auf nach der Scheidung liegende Vorfälle bezog. Auch ging ein Vorschlag dahin, von einem Weigerungsrecht in Ausnahmefällen abzusehen, in denen besondere Interessen der Allgemeinheit die völlige Aufklärung des Sachverhalts forderten.[810] *Meuthien* befürchtet, dass die Aufstellung entsprechender Vorschriften den Rechtsprechungsorganen die schwer zu kontrollierende Möglichkeit einräumen würde, in vielen Straffällen unter dem Vorwand der „besonderen Staatsinteressen“ eine Zeugenvernehmung der Angehörigen durchzuführen.[811] Er meint, dass sich hieran auch durch die Schaffung entsprechender Schutzvorschriften zugunsten des Zeugen, die etwa in der Anordnung des Ausschlusses der Öffentlichkeit bei solchen Verhandlungen oder in einer Einschränkung des Zwanges zur Verfolgung der vom Zeugen offenbarten Taten bestehen könnten, wenig ändern würde.

In seiner im Jahre 1955 erschienenen Arbeit über das Zeugnisverweigerungsrecht der Angehörigen im Strafprozess verlangte Meuthien, dass Pflegeeltern und Pflegekindern das Weigerungsrecht zugebilligt werden sollte, wobei er natürlich stark von den vielen ungeklärten Familienverhältnissen der Nachkriegszeit beeinflusst war.[812]

---

[808] Von Wach, Das Recht der Zeugnisverweigerung, S. 9 f.
[809] Meuthien, ZVR der Angehörigen, S. 71 m.w.N.
[810] Siehe hierzu die dänische Regelung in Kapitel § 14 C.
[811] Meuthien, ZVR der Angehörigen, S. 71 m.w.N.
[812] Meuthien, ZVR der Angehörigen, S. 75.

Sowohl *Eb. Schmidt*[813] als auch *Jescheck*[814] haben – im Hinblick auf Art. 6 GG – die Frage aufgeworfen, ob die Verzichtsmöglichkeit des Angehörigen beseitigt werden sollte, was ein absolutes Beweisverbot zur Folge hätte. Der Gedanke ist, die Familie somit vollkommen und von vornherein vor allen Belastungen zu schützen, die sich daraus ergeben können, dass ein Angehöriger zur Verurteilung des Beschuldigten (möglicherweise) beigetragen hat. Mit einem derartigen Vernehmungsverbot ist jedoch auch ausgeschlossen, dass ein Angehöriger bezüglich entlastender Tatsachen angehört werden kann. Schon aus diesem Grund wird zu Recht ein absolutes Beweisverbot bezüglich § 52 verneint.[815] Zudem darf aufgeführt werden, ob nicht auch die Tatsache, dass Angehörige durch ein Vernehmungsverbot ihr entlastendes Wissen nicht in die Hauptverhandlung bringen können, zur Belastungen in der Familie führen könnte. Ebenso kann der Angehörige gute Gründe dafür haben, zur Überführung des Beschuldigten beigetragen zu haben.[816]

Eine mögliche Lösung dieses Grundproblems ist, dass ein Angehöriger nur dann zu vernehmen ist, wenn entweder er selbst oder der Beschuldigte seine Vernehmung beantragen. Damit wäre dem Gebot, dass der Staat nicht von sich aus störend in die Familie eingreife, genüge getan.[817] Auch wird die Auffassung vertreten, dass dem Angeklagten das Recht eingeräumt werden muss, über die Aussage oder Nichtaussage des Zeugen zu entscheiden, wenn man den Schutz der Familie des Angeklagten sicherstellen will.[818] Dem ist jedoch zu Recht entgegengehalten worden, dass diese Regelung einen ungestraften Missbrauch der geschützten Mauern in der Familie ermöglichen würde, und dadurch noch intakte Teile der Familiengemeinschaft gefährdet werden könnten.[819] Ebenso ist die Idee zu verwerfen, die Vernehmung des Angehörigen zu verbieten, sofern u.a. der Beschuldigte der Vernehmung widerspricht.

B. Neuere Empfehlungen einzelner Wissenschaftler zum Kreis der zeugnisverweigerungsberechtigten Angehörigen

I. Rengier

Im Jahre 1979 kritisierte Rengier[820] in einer umfassenden wissenschaftlichen Analyse und Darlegung der Zeugnisverweigerungsrechte, dass bestimmten Personengruppen, die im herkömmlichen Verständnis zur Verwandtschaft gehören, kein Zeugnisverweigerungsrecht zusteht. In seiner Bemühung um eine Reform geht er der Frage nach, ob das Enumerationsprinzip des § 52 durch eine Generalklausel abgeschafft, oder

---

813 Eb. Schmidt, JZ 1958, S. 596 (597); so auch Hölscher, Das Auskunftsverweigerungsrecht, S. 176 f.
814 Jescheck, Beweisverbote im Strafprozeß, S. 21.
815 Grünwald, Sitzungsbericht der Verhandlungen der strafrechtlichen Abteilung, S. F 151; Rengier, Zeugnisverweigerungsrechte, S. 111 m.w.N.
816 Grünwald, Sitzungsbericht der Verhandlungen der strafrechtlichen Abteilung, S. F 151.
817 Grünwald, Sitzungsbericht der Verhandlungen der strafrechtlichen Abteilung, S. F 151.
818 Schütz, Die Verletzung des § 55 StPO als Revisionsgrund, S. 71.
819 Rengier, Zeugnisverweigerungsrechte, S. 254.
820 Rengier, Zeugnisverweigerungsrechte, S. 113 ff.

durch eine solche Klausel erweitert werden sollte. Seinen Vorschlag für eine – ersetzende oder ergänzende – Generalklausel formuliert er auf diese Weise:

„Zur Verweigerung des Zeugnisses ist (ferner) berechtigt, wer mit dem Beschuldigten durch ein enges, durch Liebesbeziehung, Lebensgemeinschaft oder Freundschaft begründetes Vertrauensverhältnis verbunden ist."

Danach kritisiert er solch eine generalklauselartige Erweiterung unter allen Aspekten. Sie sei nicht nur höchst unpraktikabel, sondern solche Regelungen seien vor missbräuchlicher Ausnutzung nicht zu schützen. Des Weiteren ist *Rengier* der Meinung, dass ihre praktischen Handhabungsschwierigkeiten zu unvertretbaren Verfahrensverzögerungen führen würden. Aus Gründen der Rechtsklarheit und Rechtssicherheit spricht er sich sodann für das vorhandene Enumerationsprinzip aus, da es ermöglicht, den Kreis der verweigerungsberechtigten Personen rasch und sicher festzustellen. Möglicherweise sieht sich *Rengier* am Ende jedoch dem Enumerationsprinzip ausgesetzt, wenn er feststellt, dass „[d]as Gesetz ... eben nur typische Konfliktsituationen berücksichtigen [kann], andere, im Einzelfall ebenso schutzwürdige Vertrauensverhältnisse entziehen sich einer praktikablen Regelung". Obwohl er sich somit zu dem Enumerationsprinzip bekennt, ist er der Meinung, dass man den abschließenden Katalog des Zeugnisverweigerungsrechts stets daraufhin überprüfen muss, ob er noch gewisser Ergänzungen bedarf. Am Beispiel gegenseitiger Beziehungen zweier Musterfamilien, zeigt er daraufhin, wie sehr die Regelung reformbedürftig ist, und fordert, dass der Kreis der gemäß § 52 verweigerungsberechtigten Angehörigen de lege ferenda um Vettern und Basen, um die Ehegatten zweier Geschwister, um die in der Seitenlinie Verschwägerten dritten Grades sowie um die Pflegeeltern und Pflegekinder erweitert wird. Eine Erweiterung um Vormund und Mündel sieht er als nicht angebracht.

II. Weigend

In seinem Gutachten für den 62. Deutschen Juristentag, ging *Weigend* der Frage nach, ob es sich empfehle, gesetzliche Änderungen vorzunehmen, um Zeugen und andere nicht beschuldigte Personen im Strafprozess besser vor Nachteilen zu bewahren. In seinen Überlegungen zur Reform der Zeugnisverweigerungsrechte der Angehörigen des Beschuldigten,[821] stellte er sich die Frage, ob nicht der Anwendungsbereich des „Zeugnisverweigerungsrechts aus persönlichen Gründen" nach § 52 stärker auf die Fälle zugeschnitten werden sollte, in denen der Zeuge mit dem Beschuldigten tatsächlich in einer engen persönlichen und nicht nur in einer familienrechtlich definierten Beziehung steht.

Treu der Überzeugung, dass dem notstandsähnlichen Grundgedanken auf die Weise besser Rechnung getragen werden könnte, indem dem Zeugen die Aussagepflicht deshalb erlassen wird, weil er bei wahrheitsgemäßer Aussage eine nahe stehende Person

---

[821] Weigend, Gutachten, S. C 67 ff.

belasten müsste, spricht *Weigend* sich somit für eine Einschränkung und eine Erweiterung des Zeugnisverweigerungsrechts aus. Er erachtet, entferntere Verwandte und verschwägerte Personen auszuschließen, um in erster Linie der zu beobachtenden generellen Lockerung des großfamiliären Zusammenhalts entgegenzukommen; zweitens meint er, dass Zeugnisverweigerungsrechte von Verwandten generell ein erhebliches praktisches Hindernis für die Aufklärung von Straftaten darstellen, die innerhalb der Familie begangen werden. Je enger man den Kreis der Angehörigen zieht, desto stärker reduziert man die Zahl der Fälle, in denen auf Opfer und verwandte Zeugen eines innerfamiliären Delikts Druck mit dem Ziel ausgeübt werden kann, von einem Weigerungsrecht Gebrauch zu machen und so die Verurteilung des Beschuldigten zu verhindern.

Gegen diese Interpretation hat *Weigend*[822] Einwendungen erhoben, durch die er einen Anstoß für eine Neugestaltung des Zeugnisverweigerungsrechts geben will, die den Schutzzweck konsequenter verwirklichen soll.

Er meint zum einen, dass das Dilemma des Zeugen – der Konflikt zwischen familiären und prozessrechtlichen Pflichten – schon durch die Möglichkeit in § 55 2. Alt., den Angehörigen belastende Angaben zu verweigern, gelöst werden könnte. Laut dieser Vorschrift kann jeder Zeuge die Auskunft auf solche Fragen verweigern, deren wahrheitsgemäße Beantwortung einem der in § 52 I bezeichneten Angehörigen in die Gefahr bringen würde, wegen einer Straftat oder einer Ordnungswidrigkeit verfolgt zu werden.

Die Vorschrift des § 55 soll dem Zeugen, der oder dessen Angehöriger eine Straftat begangen hat, die seelische Zwangslage ersparen, unter dem Druck der Aussagepflicht die Tat offenbaren zu müssen und sich oder den Angehörigen der Strafverfolgung auszusetzen.[823] Die Vorschrift dient nur dem Schutz des Zeugen und seiner Angehörigen.[824]

Soweit *Weigend* hier für die vollständige Abschaffung des § 52 und die alleinige Beibehaltung des § 55 2. Alt. plädiert, der dann die einzige Möglichkeit darstellen würde, dem Zeugen in Krisensituationen zu erlauben, sein Zeugnis zu verweigern, muss dem entgegengehalten werden, dass der heutige § 52 ein uneingeschränktes Verweigerungsrecht enthält, und dass er somit weit über die jetzige Regel in § 55 hinausreicht. Ausschlaggebend für die Gefahr der Verfolgung ist, ob die Antwort für einen objektiven Betrachter in der Situation des Zeugen zureichende tatsächliche Anhaltspunkte für das Vorliegen einer straf und verfolgbaren Handlung enthalten würde, die den einfachen Tatverdacht im Sinne von § 152 II zu begründen geeignet sind.[825]

---

[822] Weigend, Gutachten, S. C 71.
[823] RGSt 36, 114 (116); BGHSt 9, 34 (36); 11, 213 (216); 17, 245 (247); KK-Senge § 55 Rn 1.
[824] VRS 34, 218; 36, 23; Kleinknecht/Meyer-Goßner § 55 Rn 1; LR-Dahs § 55 Rn 1; KK-Senge § 55 Rn 1.
[825] Geerds, Auskunftsverweigerungsrecht oder Schweigebefugnis?, S. 175 m.w.N.

So reichen bloße, nicht durch konkrete Umstände belegte Vermutungen des Zeugen, dass durch seine Aussage sein Angehöriger wegen einer Straftat verfolgt werde, für ein Auskunftsverweigerungsrecht nach § 55 nicht aus. Ungenügend sind auch nur reine denktheoretische Möglichkeiten.[826] Die persönliche Entscheidung, *warum* das Zeugnis gemäß § 52 verweigert wird, ist hingegen irrelevant.[827]

III. Bialek

Von einem betagten Schutzzweck, jedoch von einer neuwertigen verfassungsrechtlichen Grundlage des Weigerungsrechts geht *Bialek* in ihrer Arbeit aus. Der Staat soll das Gebot eines fairen Verfahrens respektieren (Art. 2 I, Art. 20 III GG, Art. 6 III MRK), wonach kein Zeuge gezwungen werden darf, gegen einen ihm nahe stehenden Angehörigen auszusagen. Sie spricht sich für die Beibehaltung des Enumerationsprinzips aus Gründen der Rechtssicherheit, Praktikabilität und Prozessökonomie und die Begrenzung des Personenkreises auf die legalisierten Personenverhältnisse aus. Als legalisiert sieht sie dabei entsprechend der Bedeutung des Begriffes eine Personenbeziehung an, wenn diese rechtlich anerkannt worden ist und grundsätzlich Rechtsfolgen an sie geknüpft werden.[828] Dies trifft nach ihrer Meinung für sämtliche in § 52 aufgeführten zeugnisverweigerungsberechtigten Personen zu. Somit bietet § 52 einen Schutz, der im Rahmen seiner gesetzlich zwingenden Vermutung sowohl einer funktionstüchtigen Rechtspflege zu Gute kommt als auch den Zeugen, für welche die gesetzliche Vermutung eingreift.

In Bezug auf die nichteheliche Lebensgemeinschaft, meint Bialek, dass ihre Berücksichtigung in zahlreichen Bundesgesetzten, ihre Begriffsbestimmung durch das BVerfG und die sich daran anschließende höchstrichterliche Rechtsprechung belegen, dass es sich bei ihr nicht mehr um eine in der Gesellschaft diskriminierte Einzelerscheinung handelt, sondern um ein Institut, welches auch von rechtlicher Seite als solches anerkannt und für einzelne Rechtsgebiete einer gesetzlichen Regelung zugeführt worden ist. Daraus zieht sie den Schluss, dass insofern von einer legalisierten Personenbeziehung gesprochen werden könn.[829]

Im Endeffekt will *Bialek* einen Ausgleich zwischen strafprozessualer Wahrheitsfindung und dem Gewissenskonflikt des Zeugen, einen Angehörigen nicht belasten zu

---

[826] BGH NJW 1994, 2839 ff.; OLG Koblenz StV 1996, 474 ff. A.a. Gatzweiler, StV 1996, 475 ff.

[827] Auch muss bemerkt werden, dass es sehr strittig ist, ob ein Zeuge bei der jetzigen Ausgestaltung der Normen überhaupt zwischen § 52 und § 55 wählen kann wenn sein Angehöriger der Beschuldigte ist; Befürworter eines Wahlrechts: Schlüchter, Strafprozeßrecht, Rn 494.1; KMR-Paulus § 55 Rn 4; so wohl auch Roxin, Strafverfahrensrecht, § 26 Rn 17. Eine Mehrheit im Schrifttum streitet vielmehr darüber welches Recht den Vorrang genießt. Befürworter eines Vorrangs des § 52: Kleinknecht/Meyer-Goßner § 55 Rn 1; LR-Dahs § 55 Rn 3; Fezer, Strafprozessrecht, 15/33; Geerds, Auskunftsverweigerungsrecht oder Schweigebefugnis?, S. 177 Fn 30; Befürworter eines Vorrangs des § 55: KK-Pelchen § 55 Rn 11; KMR-Paulus § 55 Rn 4.

[828] Bialek, Schutzzweck und Enumerationsprinzip, S. 100 ff., 169 ff.

[829] Bialek, Schutzzweck und Enumerationsprinzip, S. 136 f.

wollen, in dem Sinne vornehmen, dass der Staat auch in dem Bereich, wo es um die Zuerkennung von elementaren strafprozessualen Rechten im Rahmen eines fairen Verfahren geht, Ausnahmen von dem Grundsatz der strafprozessualen Zeugenpflicht zulassen und anerkennen muss, wenn er aus eigenster Überzeugung heraus an bestimmte Personenverhältnisse Rechtsfolgen knüpft, weil er selbst von deren gegenseitiger Fürsorge(pflicht) und Verbundenheit ausgeht.

So ist ihr Vorschlag der, das Weigerungsrecht aus persönlichen Gründen dem Verlobten des Beschuldigten und dem Ehegatten des Beschuldigten, auch wenn die Ehe nicht mehr besteht, zu erteilen.[830] Von der ehemals getroffenen Auswahl in § 52 I Nr. 3 will sie diejenigen, die in der Seitenlinie bis zum dritten Grad verwandt sind oder waren, von dem Recht ausschließen. Pflegeeltern und Pflegekinder, sowie Vormund oder Mündel des Beschuldigten will sie ein Weigerungsrecht erteilen, sowie demjenigen, der mit dem Beschuldigten in einer nichtehelichen Lebensgemeinschaft lebt oder gelebt hat, wenn Kinder aus dieser Beziehung hervorgegangen sind. Schließlich soll denjenigen, die mit einem Elternteil des Beschuldigten in einer nichtehelichen Lebensgemeinschaft leben sowie die Kinder des mit dem Beschuldigten in einer solchen Gemeinschaft lebenden Partners das Zeugnisverweigerungsrecht aus persönlichen Gründen zustehen.

C. Erweiterung des Kreises der zeugnisverweigerungsberechtigten Angehörigen nach dem Alternativ-Entwurf (AE-ZVR)

I. Einleitung

Ein Arbeitskreis deutscher, österreichischer und schweizerischer Strafrechtslehrer brachte im Jahre 1996 den „Alternativ-Entwurf Zeugnisverweigerungsrechte und Beschlagnahmefreiheit" heraus. Ziel des Alternativ-Entwurfes ist die Konzeption eines neuen, modernen Anforderungen genügenden Strafprozessrechts, das die mehr als 100 Jahre alte Strafprozessordnung ablösen und Rechtsstaatlichkeit und Effektivität der Strafverfolgung zu einer dem gesamteuropäischen Standard entsprechenden Synthese bringen soll.[831] Dieses imponierende Vorhaben wollen die Verfasser dadurch erreichen, indem sie die Menschenrechte, die Grundrechte der deutschen Verfassung und die Regelungen der Europäischen Union auf exemplarische Weise in die Strafprozessordnung integrieren und mit diesem durch das Thema des Entwurfs begrenzten Teilstück ein Modell für die künftige Strafprozessreform liefern. Auf diesen Weg treffen sie die Wahl, für die deutsche Strafprozessordnung neuartige prozessdogmatische Institutionen wie relative (nach richterlicher Abwägung im Einzelfall aufhebbaren) Zeugnisverweigerungsrechte und Verwertungsverbote zu entwickeln.[832] Ob dies der einzig angemessene und somit ein unumgänglicher Weg ist, ist nicht eindeutig.

---

[830] Siehe die Zusammenfassung bei Bialek, Schutzzweck und Enumerationsprinzip, S. 173 f.
[831] Baumann, AE-ZVR, S. V.
[832] Baumann, AE-ZVR, S. V.

Die Verfasser wollen mit ihrem Entwurf einen vierfachen Interessenwiderstreit schlichten; die Aussageverweigerungsrechte müssen über die geltende Strafprozessordnung hinaus die Rechte auf Privatsphäre und Familie gewährleisten, die Verteidigungsinteressen des Beschuldigten dürfen nicht verkürzt werden, den Belangen einer wirksamen und rechtsstaatlich gebotenen Strafrechtspflege darf nicht zuwidergelaufen werden, und darüber hinaus darf die Wirkung der „Drittwirkung" von Aussagen – die Geheimhaltungsbelange Dritter – nicht aus dem Auge verloren werden.[833] Der umfangreiche Entwurf ordnet u.a. die überkommenen absoluten Zeugnisverweigerungsrechte nach § 52 neu, wobei wohl an der gängigen Zweckbestimmung – dem Konflikt zwischen Verwandtschaftsliebe und Wahrheitspflicht – festgehalten wird. Mit Blick auf die Persönlichkeitsrechte sowie den gesellschaftlichen Wandel tritt im Hinblick auf veränderte Lebens und Partnerschaftsformen als Berechtigter derjenige hinzu, der mit dem Beschuldigten in ehe oder familienähnlicher oder sonst vergleichbarer enger Lebensgemeinschaft lebt. Mit dem neuen Zeugnisverweigerungsrecht wollen die Verfasser eine „Zweispurigkeit modernen individuellen Grundrechtsschutzes" erreichen, die konsequent in das Beschlagnahmeverbot verlängert wird und dort dann nicht mehr allein auf den Gewahrsam des Zeugen abstellt.[834]

Die Verfasser sehen den Zweck des § 52 AE-ZVR vorerst darin, den Betroffenen als (potentiellen) Beschuldigten vor Selbstbelastung zu schützen. Er gewährt diesen Schutz über absolute Zeugnisverweigerungsrechte der Vertrauenspersonen in familiären Vertrauensbeziehungen zum Betroffenen. Der Schutz wird über Verwertungsverbote nach §§ 97 b, 108 II AE-ZVR verstärkt. Eine zweite Spur individuellen Grundrechtsschutzes garantiert dem Betroffenen als (potentiellen) Zeugen Schutz vor „Selbstveröffentlichung" besonders schutzwürdiger Informationen durch absolute oder relative Zeugnisverweigerungsrechte und Beschlagnahmeverbote. Die beiden Spuren von Vertrauens und Intimitätsschutz vereinigen sich dann, wenn sich die Gegenstände mit besonders schutzwürdigen Informationen (z.B. höchstpersönliche Briefe, Krankenberichte) nicht bei dem Betroffenen, sondern im Gewahrsam einer Vertrauensperson nach § 52 AE-ZVR befinden. Dieses Beschlagnahmeverbot wird schließlich durch ein neuartiges „Umgehungsverbot" ergänzt, für den Fall, dass diese Vertrauensperson selbst einer Straftat verdächtig ist.[835]

Beachtenswert ist, dass die Verfasser der Auffassung sind, dass der Kernbereich der Grundrechte nach Art. 1 I S. 1 i.V.m. Art. 19 II GG das Feld für absolute Zeugnisverweigerungsrechte ist.[836] Ansonsten lautet der Vorschlag des Arbeitskreises für die Ausgestaltung des Zeugnisverweigerungsrechts aus persönlichen Gründen folgendermaßen:

---

833 Baumann, AE-ZVR, S. 24.
834 Baumann, AE-ZVR, S. 28 f.
835 Baumann, AE-ZVR, S. 29.
836 Baumann, AE-ZVR, S. 30.

(1) Zur Verweigerung des Zeugnisses sind berechtigt
1. der Verlobte des Beschuldigten;
2. der Ehegatte des Beschuldigten, auch wenn die Ehe nicht mehr besteht;
3. wer mit dem Beschuldigten in gerader Linie oder in der Seitenlinie bis zum dritten Grad verwandt oder bis zum zweiten Grad verschwägert ist oder wer mit ihm in gerader Linie verschwägert ist oder war;
4. wer mit dem Beschuldigten in ehe oder familienähnlicher oder sonst vergleichbarer enger Lebensgemeinschaft lebt.
(2) Der geschiedene oder dauernd getrennt lebende Ehegatte des Beschuldigten darf das Zeugnis nicht verweigern, wenn der Beschuldigte seine Vernehmung beantragt.
(3) wie § 52 II
(4) wie § 52 III

Im Folgenden wird näher auf einzelnen neuartigen Vorschläge des Arbeitskreises eingegangen.

II. Verkleinerung des Kreises hinsichtlich Verschwägerter Angehöriger – § 52 I Nr. 3 AE-ZVR

Die Verfasser wollen den weiten Kreis der Zeugnisverweigerungsberechtigten gegenüber der jetzigen Ausgestaltung so verkürzen, dass die Verschwägerten des Beschuldigten nach der Beendigung der Ehe kein Zeugnisverweigerungsrecht mehr haben. Nur diejenigen, die mit dem Beschuldigten geradlinig verschwägert waren, sollen das Recht weiterhin besitzen. *Welp*[837] spricht sich gegen diese Einschränkung aus, da es seiner Meinung nach hier nicht primär um die Nähebeziehung geht, die den Zeugen mit diesem Personenkreis verbindet, sondern um den Schutz der ehelichen Beziehung, durch die die Schwägerschaft begründet worden ist. Die verschwägerten Personen sind die Angehörigen des Ehegatten, zu denen dieser in einer schutzwürdigen Nähebeziehung steht. *Welp* meint, dass eine Aussage des Ehepartners immer auch in diese Verbindung eingreife und damit zugleich zu einer Belastung der ehelichen Beziehung werden kann. Ein Zeuge, von dem eine Aussage im Verfahren gegen eine verschwägerte Person verlangt wird, steht daher in einem Konflikt der sich auch aus der Beziehung zu seinem Ehepartner ergibt oder ergeben kann. Daher will er die Grade der Verwandtschaft und Schwägerschaft, die zur Zeugnisverweigerung berechtigten, in beiden Fällen gleich bestimmen.

III. Missbrauch des Zeugnisverweigerungsrechts – § 52 II AE-ZVR

Die Entwurfsverfasser sind der Meinung, dass die einschränkungslose Befugnis des geschiedenen und dauernd getrennt lebenden Ehegatten sein Zeugnis zu verweigern, der Interessenlage nicht gerecht wird. Sie sind zwar der Meinung, dass die Nähe der Beziehung auch nach der Scheidung oder Trennung schutzbedürftig ist; sie befürchten jedoch, dass sich Konstellationen ergeben können, in denen das Zerwürfnis sich dahin-

[837] Welp, Zeugnisverweigerungsrechte und Beschlagnahmeverbote, S. 627.

gehend auswirkt, dass der Ehegatte nach der Scheidung oder Trennung aus bösem Willen entlastende Informationen absichtlich zurückhält, um dem Beschuldigten zu schaden. Ohne diese Überlegung sodann näher auszuführen, meinen die Entwurfsverfasser, dass vieles dafür spreche, dass die Gefahr eines Missbrauchs des Zeugnisverweigerungsrechts nach einer Scheidung oder Trennung größer sei als vorher. Auf diese Überlegung ist ihr Vorschlag in § 52 II AE-ZVR zurückzuführen, der dem Beschuldigten die Möglichkeit eröffnet, den geschiedenen oder getrennt lebenden Ehegatten auf Antrag aussagepflichtig zu machen.[838]

IV. Die Begriffsbestimmungen in § 52 I Nr. 4 AE-ZVR

Die Verfasser des Reformprojekts gehen einen anderen Weg als die Verfasser der hier zuvor genannten Reformvorschläge, indem sie Menschen, die mit dem Beschuldigten in ehe oder familienähnlicher oder sonst vergleichbarer enger Lebensgemeinschaft leben, ein Weigerungsrecht erteilen wollen. Die Verfasser wollen die Reformtendenzen, die auf anderen Rechtsgebieten stattgefunden haben, in das Strafverfahren aufnehmen.[839] Sie sind der Auffassung, dass die Interessen und Konfliktlage der Partner einer engen Lebensgemeinschaft unter dem Gesichtspunkt des Persönlichkeitsschutzes derjenigen von Ehepartnern vergleichbar ist. Das Bedürfnis für die Gewährleistung eines privaten Schutzbereiches stellt sich in ähnlicher Weise wie bei der Ehe. Darüber hinaus meinen sie, dass die Einbeziehung der engen Lebensgemeinschaft auch die ehrlichere Lösung darstelle, da sie den Beteiligten die Zumutung erspart, auf die Konstruktion eines Verlöbnisses zurückgreifen zu müssen, obwohl solche partnerschaftlichen Beziehungen vielfach gerade nicht darauf angelegt sind, in eine Ehe einzumünden.[840]

Welchen Formen von partnerschaftlichen Bindungen die Verfasser des Entwurfs ein Zeugnisverweigerungsrecht erteilen wollen, versuchen sie mit einigen Begriffsbestimmungen zu konkretisieren. Die Verfasser wollen mit ihrer Ausweitung des § 52 auf derselben gedanklichen Linie wie die Erstreckung der personellen Reichweite des entschuldigenden Notstandes gemäß § 35 StGB auf „nahestehende Personen" liegen.[841] Von diesem Begriff machen die Verfasser jedoch nicht Gebrauch. Es soll derjenige zur Verweigerung des Zeugnisses berechtigt sein, der mit dem Beschuldigten in ehe oder familienähnlicher oder sonst vergleichbar enger Lebensgemeinschaft lebt. Mit der „eheähnlichen", „familienähnlichen" bzw. „engen" Lebensgemeinschaft, mei-

[838] Näher Baumann, AE-ZVR, S. 39 f.

[839] So auch Welp, Zeugnisverweigerungsrechte und Beschlagnahmeverbote, S. 629.

[840] Andererseits erübrigt sich das Zeugnisverweigerungsrecht des Verlobten dadurch nicht, da Verlobte nicht notwendigerweise zusammenleben; Baumann, AE-ZVR, S. 37 f.

[841] Baumann, AE-ZVR, S. 38. Nach § 35 StGB handelt derjenige ohne Schuld, der in einer gegenwärtigen, nicht anders abwendbaren Gefahr für Leben, Leib oder Freiheit eine rechtswidrige Tat begeht, um die Gefahr von sich, einem Angehörigen oder einer anderen ihm nahestehenden Person abzuwenden. Unter dem Begriff einer nahe stehenden Person versteht das Gesetz eine mit dem Täter in Hausgemeinschaft lebende oder ihm in ähnlicher Weise wie ein Angehöriger persönlich verbundene Person; Lackner/Kühl § 35 Rn 4 m.w.N.

nen die Verfasser, dass klarere Konturen aufgezeigt werden, die den Begriff der „Lebensgemeinschaft“ straffen sollen.

Mit dem Entwurf wollen die Verfasser erreichen, dass die partnerschaftlichen Beziehungen und die Eltern/KindBeziehung zusammengeführt werden und die Regelung zugleich für solche Formen enger Lebensgemeinschaften geöffnet werden, die sich nicht ohne weiteres dem einen oder dem anderen Modell zuschlagen lassen. Sie wollen der Verschiedenartigkeit der in Betracht kommenden Beziehungen Rechnung tragen, gleichzeitig auch der Notwendigkeit, sich gegenüber reinen Interessengemeinschaften ohne persönliche Bindungen von entsprechender Intensität abzugrenzen. Leitbildfunktion hat der Vergleich mit der Ehe oder der Familie als normativer und gedanklicher Realität. Diese verleiht damit auch der Ausweitung auf andere Formen enger Lebensgemeinschaft einengende Konturen.[842]

Mit der unterschiedlichen Begriffsverwendung wollen die Verfasser wohl auf das umfassende, intime, gemeinschaftliche Miteinandersein abstellen; die „Verantwortung füreinander“; die innere persönliche Bindung der Partner.[843] Die Verfasser meinen, dass mit dem Begriff der engen Lebensgemeinschaft an ein verbreitetes Vorverständnis bezüglich bestimmter Formen von Partnerschaft und Bindung angeknüpft sei. Er weise die klareren Konturen auf, womit dem Interesse der Verfahrenssicherheit Rechnung getragen werde. Die Verfasser sind von Vorbehalten, die sich daraus ergeben, dass der Begriff zu unbestimmt und zu „revisionsanfällig“ sei, nicht überzeugt.[844]

§ 11. Zusammenfassung

Zweck des kurzen historischen Ausschnitts war zu zeigen, welche Bedeutung dem Zeugenbeweis und dem Angehörigen als Zeugen im Laufe der Geschichte in einem Strafverfahren zugekommen ist.

Als der Zeugenbeweis langsam zugelassen wurde, bemerkte man schnell das Problem bezüglich derjenigen Zeugen, die dem Beschuldigten nahe standen. Unter Einfluss der römischen Rechtsgelehrten fanden Regeln über die Einteilung der Zeugen in taugliche und untaugliche ihren Platz im germanischen Recht, wobei die Verwandten des Angeklagten zu den untauglichen zählten, weil sie als völlig unzuverlässig galten. Sie ganz auszuschließen war jedoch mit den Prinzipien des Inquisitionsprozesses nicht in Einklang zu bringen. Es war mit der Abschaffung der gesetzlichen Beweistheorie und (der Erteilung) der freien Beweiswürdigung des Gerichts unvereinbar, einen Zeugen im Vorhinein auszuschließen. Alle Beweismittel sollten dem Gericht zugänglich sein und nur der freien Beweiswürdigung unterstehen. Um doch dem subjektiven Rechten derjenigen Zeugen nachzukommen, die dem Beschuldigten nahe stehen, wurden sie mit Zeugnisverweigerungsrechten ausgestattet.

---

[842] Baumann, AE-ZVR, S. 39.
[843] So auch Welp, Zeugnisverweigerungsrechte und Beschlagnahmeverbote, S. 633.
[844] Baumann, AE-ZVR, S. 38.

Die Wurzeln der heutigen Ausgestaltung der Regelung bezüglich des Weigerungsrechts für Angehörige liegen somit in der freien Beweiswürdigung des Gerichts und den subjektiven Rechten der Bürger.

In der heutigen Ausgestaltung der Vorschrift sind pedantisch die Menschen aufgezählt, die berechtigt sind, ihr Zeugnis zu verweigern: der/die Verlobte, der Ehegatte und der geschiedene Ehegatte, der Lebenspartner, Eltern, Kinder, Großeltern, Enkel, Urgroßeltern, Urenkel usw., voll und halbgebürtige Geschwister in der Seitenlinie, Nichten, Neffen, Onkel, Tante, Schwager, Schwägerin bei Geschwistern des Ehegatten, das uneheliche Kind, das Adoptivkind, als minderjähriges voll, als erwachsenes nur gegenüber den Adoptierenden, nicht aber gegenüber deren Verwandten.

In Reformvorschlägen ist für die Beibehaltung des Enumerationsprinzips aus Gründen der Rechtssicherheit und Rechtsklarheit, Praktikabilität und Prozeßökonomie plädiert worden. Immer wieder wird das Enumerationsprinzip als einzige Lösung der Ausgestaltung der Vorschrift gesehen, da es ermöglicht, den Kreis der verweigerungsberechtigten Personen rasch und sicher festzustellen. Nach Auffassung von Kritikern müssen Beziehungen typisiert und in operable Rechtsbegriffe umgesetzt werden, damit sie dem Beweis zugänglich werden, obwohl auch von einer Begrenzung des Personenkreises auf die Legalisierung von Personenverhältnissen gesprochen wird.

Die anscheinend unüberwindbaren Schwierigkeiten, die sich aus einem starren Katalogprinzip ergeben, haben die Verfasser des AE-ZVR dazu bewegt, einen anderer Weg zu gehen.

Nach ihrem Vorschlag ist derjenige zur Verweigerung des Zeugnisses berechtigt, der mit dem Beschuldigten in „ehe oder familienähnlicher oder sonst vergleichbar enger Lebensgemeinschaft“ lebt. Ähnlichkeit und Vergleichbarkeit mit den familienrechtlich etablierten Verbindungen wird als Voraussetzung einer prozessual schutzwürdigen nichtkonventionalen Lebensgemeinschaft postuliert.

Diese Auffassung der Entwurfsverfasser gibt Anreiz, sich mit Rechtssystemen anderer Staaten auseinander zu setzen, nämlich dort, wo persönliche Beziehungen des Beschuldigten zu Menschen, die ihm nahe stehen, auf die eine oder andere Art, anders als in der deutschen Vorschrift, zu berücksichtigen versucht werden.

Im Folgenden wird sich die Arbeit mit Regelungen bezüglich des Zeignisverweigerungsrechts in den Rechtssystemen der nordischen Staaten Island, Dänemark, Schweden und Norwegen[845] auseinandersetzen und ergründen, ob und gegebenenfalls wie sie diese Problematik zu bewältigen versuchen. In § 50 II des isländischen Strafverfahrensgesetzes,[846] § 171 I des dänischen Verfahrensgesetzes,[847] § 122 des norwegischen

[845] Wie das Zeugnisverweigerungsrecht in Finnland geregelt ist, wird in dieser Arbeit leider keine Berücksichtigung finden können.
[846] 50. gr. laga um meðferð opinberra mála nr. 19 frá 26. mars 1991.

Strafverfahrensgesetzes[848] und 36. Kap § 3 des schwedischen Strafverfahrensgesetzes[849] finden sich Regeln über die Möglichkeit des Richters, bzw. des jeweiligen Vernehmenden, den nahestehenden Zeugen von seiner Zeugnispflicht zu entbinden.

[847] § 171 I Retsplejeloven Nr. 905 vom 10. November 1992.
[848] § 122 Lov 22. mai 1981 nr. 25 om rettergansmåten i straffesaker.
[849] Kap. 36 § 3 i Lag (1998:65) om Rättegångsbalken.

Vierter Teil

Ausgestaltung des Zeugnisverweigerungsrechts in den nordischen Strafverfahrensgesetzen

§ 12. Grundlegende Regeln und Prinzipien im nordischen Strafverfahren[850]

Die nordischen Staaten bilden kein einheitliches Rechtssystem. Sie nehmen als eigenständige Staaten im Verhältnis zueinander ihre eigene legislative Souveränität wahr. Dennoch sind die Rechtssysteme eng miteinander verflochten. Obwohl die Strafverfahrensgesetze grundsätzlich einen Katalog der Zeugnisverweigerungsberechtigten enthalten, sind diese in den einzelnen Staaten doch sehr unterschiedlich ausgestaltet.

Als einzige Regelung enthält das dänische Verfahrensgesetz keinen Katalog, sondern spricht diejenigen, die als »Nahestehende« des Beschuldigten verstanden werden, ein Zeugnisverweigerungsrecht zu. Unter bestimmten Voraussetzungen kann das Weigerungsrecht jedoch relativiert werden. Die isländischen und schwedischen Strafverfahrensgesetze enthalten einen Katalog zeugnisverweigerungsberechtigter Angehöriger, räumen jedoch den Gerichten die Befugnis ein, zusätzlich eine vergleichbare Beziehung zum Beschuldigten festzustellen und über die Berechtigung zur Verweigerung des Zeugnisses nach individueller Beurteilung zu entscheiden. Das norwegische Strafverfahrensgesetz hält grundsätzlich am Katalogprinzip fest, wobei derjenige der mit dem Beschuldigten in einer nichtehelichen Gemeinschaft lebt auch vom Weigerungsrecht umfasst ist. Zusätzlich kann das Gericht den Verlobten des Beschuldigten, seine Pflegeeltern, sein Pflegekind oder Pflegeschwester von der Zeugenpflicht befreien. Diese Auffassungen der nordischen Strafverfahrensgesetze sind nicht neu, sondern existieren teilweise schon seit Jahrzehnten.

Wie aus den oben ausgeführten Regelungen zu entnehmen ist, sind die isländischen und schwedischen Strafprozessordnungen in Bezug auf die Ausgestaltung des Zeugnisverweigerungsrechts einander gleichend, wobei die isländische Regelung jedoch eine ausführlichere Regelung darüber enthält, unter welchen Voraussetzungen das Gericht eine vergleichbare Beziehung zum Beschuldigten feststellen kann. In Island und Schweden wird grundsätzlich auf einem Katalog aufgebaut, wobei in der schwedischen Regelung geschrieben steht, dass diejenigen, die „auf eine ähnliche Weise dem Beschuldigten nahe stehen" von der Zeugenpflicht befreit sind. In Island steht hingegen geschrieben, dass der Richter andere, die dem Beschuldigten nahestehen, von ihrer Zeugnispflicht entbinden kann, wenn ihm ihre Beziehung als intim scheint, z.B. Pflegeeltern und Pflegekinder, Zusammenwohnende, Verlobte des Beschuldigten. Diese Arbeit wird auf der Grundlage des isländischen, dänischen, swedischen und norwegischen Rechts einen Eindruck hinsichtlich Tradition, Denk-

---

[850] Für das dänische Recht siehe z.B. Smith, Straffeproces, S. 13-25; für norwegisches Recht siehe Andenæs, Norsk Straffeprosess, S. 3, 36, 125-127, 252, 164-165, 318-320; für schwedisches Recht siehe Lindblom, Procedure, S. 105 ff., 133-139; Bylund, Domstoler och rättegång, S. 829-838.

weise und Strukturen der Regel vermitteln. Anschließend wird untersucht, welche Merkmale einer Berechtigung zur Zeugnisverweigerung zugrundegelegt werden, wenn der Zeuge nicht zu den Menschen gehört, die in einem Katalog aufgezählt sind.

Als erstes werden in aller Kürze der Grundgedanke und die Grundprinzipien im nordischen Strafverfahren vorgestellt, wobei auf diese später bei der Vorstellung der einzelnen Strafverfahrensgesetze näher eingegangen wird. Dies ist notwendig, um aufzuzeigen, wie die rechtliche Umgebung, in der die „offen" gestalteten Zeugnisverweigerungsrechte bestehen können, gestaltet ist.

Zweck der Strafverfahrensgesetze ist zu untersuchen und gegebenenfalls aufzuklären, inwieweit Strafvorschriften überschritten worden sind und möglich zu machen, dass ein Urteil gefällt wird. Aus dem Grundsatz der materiellen Wahrheit wird gefolgert, dass unschuldige Menschen nicht bestraft werden dürfen und gleichzeitig, dass Schuldige bestraft werden müssen.

Die Strafverfolgungsbehörden sind an Wahrheit und Gerechtigkeit gebunden; dabei ist ihre Aufgabe sowohl belastende als auch entlastende Umstände zu ermitteln. Das Gericht ist hingegen verpflichtet initiativ zu werden, wenn es der Meinung ist, dass ein Sachverhalt nicht genügend aufgeklärt wurde. Gegenüber den Strafverfolgungsbehörden steht der Beschuldigte nicht gleich; deswegen ist er mit Rechten ausgestattet worden, die ihn in seiner Verteidigung gegenüber den Behörden möglichst gleich stellen sollen. Er hat demgemäß immer ein Recht auf einen Verteidiger und er ist nicht verpflichtet zu der Aufklärung der ihm vorgeworfenen Tat beizutragen. Hier muss genannt werden, dass es Aufgabe der Staatsanwaltschaft ist, die Schuld des Beschuldigten nachzuweisen, wobei der Grundsatz in dubio pro reo eingehalten werden muss. Die Staatsanwaltschaft ist grundsätzlich zur Anklage verpflichtet, wenn sie nach den Ermittlungen der Meinung ist, dass es für eine Verurteilung genügend Anhaltspunkte gibt oder eine Verurteilung wahrscheinlich ist. Das Legalitätsprinzip wird jedoch in vielen Fällen durchbrochen. In Dänemark, Norwegen und Island ist der Staatsanwaltschaft genehmigt, auch wenn sie grundsätlich zur Anklage verpflichtet ist, von der Anklage abzusehen wenn bestimmte Voraussetzungen erfüllt sind.

Grundsätze der nordischen Strafverfahrensgesetze sind weiter sowohl die Grundsätze der Mündlichkeit und Öffentlichkeit, als auch der Grundsatz der formellen wie materiellen Unmittelbarkeit, der Beschleunigung sowie der Grundsatz der freien Beweiswürdigung.

Gemäß der nordischen Rechtsordnung nehmen die Gerichte jegliche Tatsachen und Beweismittel, die ihnen vorgetragen werden, und die für die Entscheidung von Bedeutung sind, zur Kenntnis. Aus den Grundsätzen der freien Beweiswürdigung und des freien Rechts zur Beweiserhebung wird gefolgert, dass die Prozesssubjekte die Beweise führen dürfen, die sie wünschen. Die größere oder geringere Zuverlässigkeit der

Beweise zu beurteilen, ist dagegen Sache des Gerichts.[851] Eine bindende Rechtsfolge dafür, dass die Beweismittel auf eine nicht im Gesetz vorgesehene Weise ermittelt worden sind, gibt es nicht. Dies bedeutet jedoch nicht, dass dieser Umstand nicht im weiteren Verfahren fortwirkt. Dies gilt sowohl für sachliche Beweismittel als auch für Aussagen vom Beschuldigten und Zeugen. Eine Einschränkung auf lediglich rechtmäßig gewonnene Beweise wird nicht getroffen. Im Interesse der Wahrheitsfindung wird von Seiten des Gerichts kein Beweismittel als von vornherein ungeeignet zurückgewiesen. Ein rechtswidrig erlangtes Beweismittel führt nicht automatisch zum Beweisverwertungsverbot. Gesetzliche Beweisverwertungsverbote sind dem nordischen Recht fremd. Hier gilt allenfalls der Verhältnismäßigkeitsgrundsatz. Durch einen Zufallsfund der Mordwaffe bei einer Durchsuchung, die nicht gesetzmäßig angeordnet worden ist, wird eine Verwertung vor Gericht nicht ausgeschlossen. Der Gegenstand wird auf jeden Fall vor das Gericht gebracht, bei dem dann eine Gesamtwürdigung stattfindet, in der die Ernstlichkeit der Gesetzüberschreitung der Polizei und die Ernstlichkeit des Verbrechens und der zu erwartenden Strafe gegenübergestellt werden.

In den fünf nordischen Staaten wurden Mitte der siebziger Jahre auf Anweisung des Nordischen Rates, übereinstimmende Gesetze über eine „nordische Zeugnispflicht“ erlassen.[852] In Island trat das Gesetz jedoch erst am 1. Juli 1998 in Kraft. Demnach können die allgemeinen Gerichte in Island Personen, die das achtzehnte Lebensjahr erreicht haben und ihren Wohnsitz in Dänemark, Finnland, Norwegen oder Schweden haben, oder sich in diesen Staaten aufhalten, als Zeugen laden.

Die Anordnung der Ladung trifft das zuständige Gericht, das die Vernehmung durchführen will. Hierfür gelten strenge Voraussetzungen. Nur wenn der Fall von überaus großer Bedeutung ist und angenommen werden kann, dass die Zeugenaussage von überaus großer Wichtigkeit für den Ausgang des Verfahrens ist, ist solch eine Zeugenladung vorzunehmen. Diese Regelung ist eine nähere Ausgestaltung des Grundsatzes der Unmittelbarkeit. Handelt es sich um ein Strafverfahren, kann das Gericht den Zeugen und denjenigen, der Opfer der Straftat ist, dazu auffordern, beweiserhebliche Gegenstände, über welche die Person verfügt, mitzubringen. Wenn der Zeuge, ohne sich zu entschuldigen, nicht vor Gericht erscheint oder sich nicht rechtzeitig entschuldigt, kann das Gericht ihm eine Geldstrafe und die Pflicht, die Kosten zu erstatten, die sein Nichterscheinen verursacht hat, auferlegen. Eine zwangsweise Vorführung ist nur gestattet, wenn der Zeuge sich schon in dem nordischen Staat aufhält, in dem er vor Gericht geladen worden ist.

---

[851] Andenæs, Beweisverbote im Strafprozess nordischer Länder, S. 3.
[852] Siehe hierzu Alþingistíðindi 1975 A, þingskjal 480, S. 1505 ff.

§ 13. Das Zeugnisverweigerungsrecht im isländischen Strafverfahren

A. Einleitung

In der Rechtsordnung die in den ersten Jahrhunderten in Island geltung hatte und in dem Gesetzbuch Grágás[853] niedergeschrieben ist, bestand kein Unterschied zwischen Zivil und Strafverfahren. Da keine Verwaltung existierte musste jeder sein Recht selber durchsetzen. Eine Verwaltung setzte sich erst durch nachdem die katholische Kirche sich organisiert hatte. Falls Priester beschuldigt wurden gegen das Gesetz verstossen zu haben, hatten Bischhöfe das Recht zu entscheiden ob gegen sie ermittelt wurde.[854] Indem die katholische Kirche immer mehr Strafsachen für sich beanspruchte, beeinflusste das Inquisitionsverfahren auch das weltliche Strafverfahren immer mehr.[855] Nachdem Isländer dem König von Norwegen anheim gefallen waren und Jónsbók[856] als Gesetzesbuch gültig geworden war, nahmen Männer des Königs Kraft ihrer Position immer mehr von der Leitung und Urteilsfindung zu sich. Weiterhin bestand kein Unterschied zwischen Zivil und Strafverfahren. Das Verfahrensrecht, das von diesem Zeitpunkt bis ins Mittelalter in Island galt, kann als Anklageprozess eingestuft werden. Jónsbók diente als Grundlage des Verfahrens bis mit einem Königsbrief aus dem Jahre 1732 verkündet wurde, dass auf Island das Gesetz vom König Kristjan V. von 15. April 1687, „Processens Måde og Formalitet", Geltung haben sollte.[857] Noch immer wurde nicht zwischen Zivil und Strafverfahren unterschieden. In der Praxis fand jedoch ein Unterschied statt, der letztlich durch eine Verordnung vom 3. Juni 1796 bestätigt wurde.[858] Die einmal eingeschlagene Gesetzgebung und Verfahren[859] im Bereich des Strafverfahrens brachte im 19. Jahrhundert mehrere Verordnungen, die das bis ins Jahre 1951 geltende Inquisitionsverfahren zu optimieren versuchte. Erst ab diesem Zeitpunkt kann das Verfahren als ein Anklageprozess eingeordnet werden.

In der ersten Hälfte des 19. Jahrhunderts war die Polizei Richtern untergeordnet. Der Richter leitete das Verfahren ein, sammelte das Beweismaterial, vernahm den Beschuldigten, leitete die Verhandlung und sprach das Urteil. Der Justizminister war oberster Inhaber der öffentlichen Klage; grundsätzlich hatten aber die Richter das Anklagerecht. In der ersten Instanz wurde kein Staatsanwalt gestellt. Die Beweisführung wurde vor dem Richter im Ermittlungsverfahren hinter geschlossenen Türen geführt. Die Öffentlichkeit wurde von der Hauptverhandlung ausgeschlossen. Als Objekt der

---

[853] So wird das Buch genannt, das die Gesetze enthält, die in den ersten Jahrhunderten in Island Geltung hatten. Es wird vermutet, dass die Insel im Jahre 874 von norwegischen Wikingern endeckt und besiedelt wurde; Karlsson/Sveinsson/Árnason: Grágás, S. ix ff.
[854] Arnórsson, Meðferð opinberra mála, S. 2.
[855] Tómasson, Meginreglur opinbers réttarfars, S. 4.
[856] Jónsbók ist ein Gesetzesbuch aus dem Jahre 1281. Für 400 Jahre war es das geltende Gesetzesbuch in Island. Bis zum heutigen Tag sind immer noch einige Paragraphen geltendes Recht, vgl. Þorsteinsson/Líndal: Lögfesting konungsvalds, S. 46.
[857] Arnórsson, Meðferð opinberra mála, S. 2 ff; Tómasson, Meginreglur opinbers réttarfars, S. 4.
[858] Arnórsson, Meðferð opinberra mála, S. 5; Tómasson, Meginreglur opinbers réttarfars, S. 4.
[859] Tómasson, Meginreglur opinbers réttarfars, S. 4.

Untersuchung musste der Angeklagte jede Frage des Gerichts beantworten; weigerte er sich, konnte er dazu durch Auferlegung einer Ordnungshaft nur mit Wasser und Brot erpresst werden. Es galt der Grundsatz der freien Beweiswürdigung.[860]

Mit Gesetz Nr. 27 von 1951 wurde Abschied vom inquisitorischen Verfahren genommen und eine wesentliche Umgestaltung vorgenommen.[861] Zum ersten Mal wurde auch ein Zeugnisverweigerungsrecht für Angehörige des Beschuldigten eingeführt. Das isländische Strafverfahren hat jedoch auch in den letzten fünfzig Jahren einen tiefgreifenden Wandel erfahren, wobei besonders ins Auge fällt, dass erst mit Gesetz Nr. 19 von 1991 endgültig zwischen Strafverfolgung und Urteilstätigkeit des Richters unterschieden wurde. Erst von diesem Zeitpunkt kann man von einem „reinen" Anklageprozess reden. Dieses Gesetz ist auch heute das geltende isländische Strafverfahrensgesetz.

Im heutigen Strafverfahrensgesetz wird prägnant zwischen der Ermittlung einer Straftat und dem Verfahren vor dem Gericht unterschieden. Die Ermittlung einer Straftat ist in den Händen der Polizei, die hierarchisch der Staatsanwaltschaft unterstellt ist. Das Gericht hält sich den Ermittlungen fern; es kann jedoch in den Fällen eingeschaltet werden, wenn die Polizei und Staatsanwaltschaft freiheitsbeschränkende Grundrechtseingriffe vornimmt. In gleicher Weise kann der Beschuldigte oder sein Verteidiger das Gericht einschalten, wenn sie die Zwangsmaßnahme als rechtswidrig ansehen. Ansonsten wird ein Richter nur eingeschaltet, wenn ihm der Fall förmlich vorgelegt wird. Das isländische Strafverfahren unterliegt dem Anklagegrundsatz. Grundsätzlich ist das Gericht an die Anklage thematisch gebunden; die Untersuchung und Entscheidung erstreckt sich nur auf die in der Klage bezeichnete Tat und auf die durch die Klage beschuldigten Personen. An jegliche Anforderungen und Verlangen ist das Gericht jedoch nicht gebunden.[862] Ein Zwischenverfahren findet nicht statt, sondern es wird mit Erhebung der Anklage sofort in die Hauptverhandlung übergegangen. Das Gericht leitet die Verhandlung. Obwohl es grundsätzlich Aufgabe der Prozessbeteiligten ist, be und entlastende Tatsachen dem Gericht vorzubringen, ist auch das Gericht zur Aufklärung der Tat verpflichtet. Im isländische Strafverfahren unterliegen die Staatsanwaltschaft und das Gericht dem Grundsatz der Erforschung der materiellen Wahrheit (§§ 31, 128 III, 131).[863] Der Beschuldigte hat auch grundsätzlich das Recht auf Anwesenheit bei der Beweisaufnahme – der Vernehmung von Zeugen – nachdem die Anklage erhoben worden ist (§§ 129 IV, 122, 124125, 127128). Dieses Recht steht ihm jedoch während der Ermittlung nicht zu (§§ 42 III, 74 a II, vgl. Gesetz Nr. 36/1999).[864]

Die Gerichtsbarkeit weist Art. 2 der isländischen Verfassung Nr. 33 vom 17. Juni 1944 den Gerichten zu. Die Gerichtsbarkeit in Island ist in lediglich zwei Instanzen aufgeteilt. Die erste Instanz ist zuständig für alle Gerichtszweige (§ 1 Gesetz über die

[860] Tómasson, Meginreglur opinbers réttarfars, S. 4 ff.
[861] Tómasson, Meginreglur opinbers réttarfars, S. 5.
[862] Tómasson, Meginreglur opinbers réttarfars, S. 5 ff.
[863] Tómasson, Meginreglur opinbers réttarfars, S. 6.
[864] Siehe hierzu näher bei Tómasson, Úlfljótur 2000 357 (367).

Gerichte, Nr. 15 von 25. März 1998); ausgenommen ist lediglich die Arbeitsgerichtsbarkeit und Landsdómur, ein Oberster Staatsgerichtshof, der Ministeranklagen zu behandeln hat. Die Spruchkörper sind grundsätzlich mit einem Berufsrichter ausgestattet. Dieser kann jedoch zwei weitere Richter bestellen; diese können entweder Berufsrichter oder Laien sein, die für den vorliegenden Fall besonders sachkundig sind. Eine besondere Verwaltungsgerichtsbarkeit besteht nicht. Die Rechtmäßigkeit des Verwaltungshandelns kann durch die allgemeine Gerichtsbarkeit überprüft werden. Vor dem obersten Gerichtshof, der sowohl Tatsachen als auch Rechtsinstanz ist, können grundsätzlich alle Beschlüsse und Entscheidungen der Erstinstanzgerichte überprüft werden (XVIII. Kapitel). Hiervon sind im isländischen Strafverfahrensgesetz einige Entscheidungen ausgenommen (§ 142). Eine Beschwerde verhemmt grundsätzlich den weiteren Gang eines laufenden Verfahrens; nur wenn der Richter annimmt, dass die Entscheidung des obersten Gerichtshofs nicht abgewartet werden kann, darf weiterverhandelt werden (§ 143 II). Wenn in der ersten Instanz eine Zwangsmaßnahme angeordnet worden ist, verhindert eine Beschwerde nicht deren Durchführung (§ 143 I). Island ist in acht Bezirke aufgeteilt, auf die achtunddreißig Richter verteilt sind.

B. Die Ausgestaltung des Zeugnisverweigerungsrechts

Die Einführung eines Weigerungsrechts für Angehörige im Jahre 1951 wurde in dem Gesetzesentwurf[865] damit begründet, dass es unmenschlich ist, Angehörige des Beschuldigten zum Zeugnis zu zwingen. Nach Ansicht der Verfasser des Gesetzesentwurfes hatte der Zeuge in dieser Situation zwei Möglichkeiten: zur Verurteilung seines angeklagten Angehörigen beizutragen oder sich der Falschaussage schuldig zu machen. Die Verfasser empfanden es als zu weitgehend, Interessen des Einzelnen für Interessen der Öffentlichkeit zu opfern. Deswegen wurde eine Neuregelung vorgeschlagen:

§ 92 [wurde § 89 im Gesetz]
Jeder unterliegt der Pflicht, vor Gericht zu erscheinen und dort seiner Zeugnispflicht nachzukommen. Diejenigen, die hier genannt werden, können jedoch ihr Zeugnis verweigern:
1. der Ehegatte des Beschuldigten, solange die Ehe gesetzmäßig nicht geschieden worden ist;
2. der Verlobte des Beschuldigten; jedoch nicht über Tatsachen die vor ihrer Verlobung geschahen;
3. wer mit dem Beschuldigten in gerader Linie verwandt ist;
4. Adoptierende des Beschuldigten und von ihm adoptierte; unter derselben Bedingung wie in Nr. 2;
5. Schwiegereltern des Beschuldigten und Schwiegerkind, seine Geschwister und ihre Ehegatten.[866]

---

[865] Alþingistíðindi 1948 A, þingskjal 12, S. 76.

[866] § 89 des isländischen Strafverfahrensgesetzes lautete: Öllum er skylt að koma fyrir dóm í opinberu máli og bera þar vitni. Skorast geta þó þeir, sem hér segir, undan vitnisburði: 1. Maki sökunauts, meðan hjúskap þeirra er ekki slitið að lögum. 2. Unnusti eða unnusta sökunauts, enda varði vitnisburður ekki atvik, sem gerðust, áður en þau heitbundust. 3. Skyldmenni sökunauts að feðgatali eða niðja. 4.

§ 93 [wurde § 90 im Gesetz]
Der Richter kann Pflegeeltern des Beschuldigten oder Pflegekinder von der Zeugnispflicht befreien, wenn ihm ihre Beziehung als sehr intim erscheint.
Dasselbe gilt für die Aussage des Verlobten über einen Sachverhalt, der sich vor der Verlobung ereignete.[867]

Gemäß § 96 sollte der Richter die Adressaten über ihr Recht belehren.

In den nächsten vierzig Jahren wurde das Strafverfahrensgesetz mehrmals ergänzt und verändert und zwei Mal in einer neuen Fassung bekannt gemacht. Die Vorschriften über die Zeugnisverweigerung Angehöriger wurden jedoch erst im Jahre 1991 wieder novelliert.

In der heutigen Ausgestaltung des Strafverfahrensgesetzes ist das Recht des angehörigen Zeugen, seine Aussage zu verweigern, in § 50 im VIII. Kapitel platziert, das die Überschrift „Zeugen, Gutachten und Augenschein" trägt. § 50 des isländischen Strafverfahrensgesetzes lautet folgendermaßen:

1. Die Pflicht zur Aussage können verweigern:
a. der Ehegatte des Beschuldigte solange die Ehe gesetzmäßig nicht geschieden worden ist,
b. wer mit dem Beschuldigten in gerader Linie verwandt ist, seine Geschwister, und diejenigen, die ihn auf diese Weise durch Adoption verbunden sind,
c. Stiefeltern und Stiefkinder des Beschuldigten,
d. Schwiegereltern und Schwiegerkinder.
2. Der Richter kann andere, die dem Beschuldigten nahestehen, von ihrer Zeugnispflicht entbinden, wenn ihm ihre Beziehung als intim scheint, z.B. Pflegeeltern und Pflegekinder, Zusammenwohnende, Verlobte des Beschuldigten.[868]

In § 56 ist Richtern und anderen, die Zeugen vernehmen, vorgeschrieben, dass sie diese über ihr Recht belehren sollen.[869] In Urteilen isländischer Gerichte wird nicht immer erläutert, ob der Zeuge belehrt wurde. In dieser Arbeit wird jedoch davon ausgegangen, dass dies immer der Fall gewesen ist. Die isländische Vorschrift über die-

Kjörforeldri sökunauts eða kjörbarn undir samsvarandi skilorði sem í 2. tölul. segir. 5. Tengdaforeldri sökunauts og tengdabarn, systkin hans og jafnmægðir honum.

[867] § 90 des isländischen Strafverfahrensgesetzes lautete: Dómari getur leyst fósturforeldri sökunauts eða fósturbarn undan vitnaskyldu, ef honum virðist samband þeirra mjög náið. Sama gildir um vitnisburð unnusta eða unnustu, að því er varðar atvik, er gerðust, áður en þau heitbundust.

[868] § 50 des isländischen Strafverfahrensgesetzes lautet: 1. Undan vitnaskyldu geta skorast: a. maki sakbornings meðan hjúskap þeirra er ekki slitið að lögum, b. skyldmenni sakbornings að feðgatali og niðja, systkin hans, svo og þeir sem þannig tengjast honum vegna ættleiðingar, c. Stjúpforeldri sakbornings og stjúpbarn, d. tengdaforeldri sakbornings og tengdabarn. 2. Dómari getur leyst aðra, sem nákomnir eru sakborningi, undan vitnaskyldu ef honum virðist samband þeirra mjög náið, svo sem ef um er að ræða fósturforeldri eða fósturbarn, sambúðarfólk, unnusta eða unnustu.

[869] § 56 des isländischen Strafverfahrensgesetzes lautet: Dómari og aðrir þeir sem yfirheyra vitni skulu leiðbeina þeim sem kvaddir eru til vitnisburðar um þau atriði sem í 49.-55. gr. getur.

jenigen, denen ein Zeugnisverweigerungsrecht zusteht, unterscheidet sich schon in der pedantischen Aufzählung von der der deutschen. Im nächsten Kapitel wird untersucht, welche Menschen berechtigt sind, aufgrund § 50 ihr Zeugnis zu verweigern.

C. Personen denen das Zeugnisverweigerungsrecht zusteht

I. Personen denen das Weigerungsrecht kraft § 50 I zusteht

Dem Ehegatten des Beschuldigten steht das Weigerungsrecht zu, solange die Ehe nicht geschieden ist. In Island kann man auf vielen Wegen eine Ehe eingehen, die alle die gleiche Gültigkeit besitzen. Gemäß § 16 Ehegesetz Nr. 31 von 14. April 1993[870] kann die Eheschließung in erster Linie durch Pfarrer der evangelischen Lutherschen Kirche durchgeführt werden.[871] Auch können Priester und andere Oberhäupter von weiteren registrierten Glaubensgemeinschaften, die eine Genehmigung des Justiz und Kirchenministeriums erhalten haben, Ehen schließen. Drittens kann die Ehe vor einem Standesbeamten geschlossen werden.

Obwohl dem geschiedenen Ehegatten gemäß § 50 I kein Weigerungsrecht zusteht, können meines Erachtens der Richter und andere, die Zeugen vernehmen, ihn aufgrund § 50 II von der Zeugnispflicht entbinden. Wie oben aus der älteren Fassung aus dem Jahre 1951 zu entnehmen ist, stand dem geschiedenen Ehegatten kein Weigerungsrecht zu und er konnte nicht von der Zeugnispflicht entbunden werden. Nur im Fall von Pflegeeltern, Pflegekindern und Verlobten über das, was sich vor der Verlobung ereignete, konnte der Richter von der Zeugnispflicht befreien. Aus diesem Grunde ist es beachtenswert, wie mit dem Weigerungsrecht der Ehegatten vor der Novellierung umgegangen worden ist. In einem Urteil des Höchsten Gerichts aus dem Jahre 1987 wurde ein Mann der Urkundenfälschung in seiner Tätigkeit im öffentlichen Dienst beschuldigt und es wurde u.a. seine ehemalige Ehefrau als Zeugin vernommen.[872] Das untere Gericht hebt hervor, dass die Zeugin belehrt wurde. Danach wird die Aussage der Zeugin erläutert. Das Höchste Gericht erhebt keinen Einwand zu dieser Auslegung des Gesetzes. Aus dem Urteil ist der Grund dieser Auslegung nicht zu entnehmen, z.B. dass die Scheidung nicht vollkommen durchgezogen worden war und die geschiedenen Ehegattin aus dem Grund belehrt wurde. Diese Stellungsnahme des Gerichts ist ohnegleichen und meines Erachtens hat das Gericht das Zeugnisverweigerungsrecht in diesem Fall fehlerhaft ausgelegt.

---

[870] Isländisch: Hjúskaparlög, nr. 31 frá 14. apríl 1993.

[871] Gemäß Art. 62 der isländischen Verfassung hat die evangelisch Luthersche Kirche den Status einer »Nationalkirche« inne, die der Staat stützen und hüten soll, obwohl gemäß Art. 63 und Art. 64 der isländischen Verfassung freilich Religionsfreiheit auf Island herrscht. Wer Pfarrer ist, ist gemäß Gesetz Nr. 78 vom 26. Mai 1997 zu bestimmen. Vorschriften bezüglich der Eingehung einer Ehe sind in §§ 16-26 des Ehegesetzes Nr. 31 von 14. April 1993 enthalten.

[872] Hrd. 1987, 274.

Im Jahre 1996 wurde das Gesetz über die bestätigte Partnerschaft Nr. 87 von 12. Juni erlassen, das am 27. Juni 1996 in Kraft trat.[873] Gemäß § 1 können zwei Individuen gleichen Geschlechts eine bestätigte Partnerschaft eingehen.[874] Rechtswirkungen der Partnerschaft sind nahezu die selben wie die der Ehe. Gemäß § 5 des Gesetzes haben Vorschriften, die sich auf Ehen und Ehegatten in anderen Gesetzen beziehen, die selbe Wirkung gegenüber Partnern in einer bestätigten Partnerschaft und der Partnerschaft selber. Ausgenommen ist nach § 6 lediglich die Adoption und die künstliche Befruchtung der Partner einer bestätigten Partnerschaft. Gemäß § 7 endet eine bestätigte Partnerschaft mit dem Tod eines der Partner, Aufhebung und der Scheidung einer bestätigten Partnerschaft. Daraus ergibt sich, dass Partner einer bestätigten Partnerschaft Ehegatten im Sinne des Strafverfahrensgesetzes sind, und dass ihnen das Zeugnisverweigerungsrecht nach § 50 I a. zusteht.[875] Die restlichen Angehörigen die in § 50 I aufgezählt sind, ergeben keine Schwierigkeiten für die Auslegung.

II. Personen, denen das Weigerungsrecht kraft § 50 II zusteht

Die etwas verwirrende Formulierung in § 50 II besagt, dass der Richter diejenigen, die dem Beschuldigten nahe stehen, von ihrer Zeugnispflicht entbinden kann, wenn ihm ihre Beziehung als intim erscheint, z.B. Pflegeeltern und Pflegekinder, Zusammenwohnende und Verlobte des Beschuldigten. Der Absatz ist nicht so zu verstehen, dass der Personenkreis lediglich auf legalisierte Personenverhältnisse beschränkt ist. Hier ist von besonderer Bedeutung, dass das isländische Wort »sambúðarfólk« benutzt wird, das wörtlich übersetzt bedeutet »Menschendiezusammenleben« und nicht etwa »nichteheliche Lebensgemeinschaft« o.ä. Dies wird sich in der Regel wohl in den meisten Fällen auf nichteheliche Lebensgemeinschaften und gleichgeschlechtliche Lebensgemeinschaften erstrecken, die ihre Partnerschaft noch nicht bestätigt haben (wollen). Ausgeschlossen ist auch nicht, dass dieser Terminus jegliche anderen Lebensgemeinschaften umfassen könnte, in denen Menschen sich zusammengeschlossen haben, ob sie nun als legalisiert gelten können oder nicht.

In einem Handbuch zum Strafprozessgesetz, das vom isländischen Justizministerium im Jahre 1992 anlässlich der Verfahrensreform herausgegeben wurde, hebt *Ólafsdóttir* hervor, dass sie diejenigen umfassen solle, die eine so persönliche Beziehung zum Angeklagten haben oder mit ihm gemeinsame Interessen haben, dass es als nicht angemessen bezeichnet werden kann, sie als Zeugen zu vernehmen, da der Ausgang des

---

[873] Isländisch: Lög um staðfesta samvist, nr. 87 frá 12. júní 1996. Zuvor hatten als erster Staat auf der Welt Dänemark, später Norwegen und Schweden diese Rechtsinstitute erschaffen. Dänemark mit »lov om registreret partnerskab« Nr. 372 von 7. Juni 1989, Norwegen mit »lov om registrert partnerskap« Nr. 40 von 30. April 1993 und Schweden mit »lag om registrerat partnerskap«, das am 1. Januar 1995 in Kraft trat. Zu den nordischen Gesetzen siehe OlsenRing/Ring, Kritische Justiz 1999, 366.

[874] Ich werde hier das Wort »bestätigt« verwenden, dass eine Übersetzung des isländischen Wortes »staðfest« ist. Es weist darauf hin, dass das Paar seine Partnerschaft bestätigt, und sie dabei auch natürlich registrieren lässt.

[875] Gemäß § 62 IV des Gesetzes über Einkommen und Vermögen Nr. 90 von 7. Mai 2003 sind Individuen, die in einer bestätigten Partnerschaft leben, wie Ehegatten zu besteuern.

Verfahrens für ihre Interessen von großer Bedeutung sein kann.[876] Diese Personen haben kein Recht ihr Zeugnis zu verweigern, sondern der Richter kann sie von ihrer Pflicht entbinden. Es wird zusätzlich darauf hingewiesen, dass ihre Aussagen immer im Licht ihrer Verbindung mit dem Beschuldigten verwertet werden sollen, wenn sie aussagen. Die Aufzählung in § 50 II ist nicht abschließend.

Die Rechtsprechung hat sich nie dazu geäußert, welche Kriterien vorliegen und beachtet werden müssen, damit ein Menschen gemäß § 50 II berechtigt ist sein Zeugnis zu verweigern. Alle Urteile des höchsten Gerichts bezüglich § 50 II beziehen sich auf Partner einer nichtehelichen Lebensgemeinschaft und in den Fällen, in denen ein Partner einer nichtehelichen Lebensgemeinschaft ein Zeugnisverweigerungsrecht erteilt wurde, wird einfach ausgeführt, dass die Person in einer nichtehelichen Lebensgemeinschaft mit dem Beschuldigten lebe, und dass sie im Hinblick darauf von ihrem Weigerungsrecht Gebrauch mache. Im Folgenden werden Urteile des Höchstens Gerichts, in denen § 50 II diskutiert worden ist, erläutert.

In einem Fall, in welchem dem Beschuldigten Betrug vorgeworfen wurde,[877] sagte die nichteheliche Lebenspartnerin des Beschuldigten vor der Polizei aus. Aus dem Urteil ist nicht zu entnehmen, ob sie belehrt wurde. Vor dem Gericht wurde sie belehrt und nahm dann ihr Zeugnisverweigerungsrecht wahr. Ihre Aussage vor der Polizei wird in das Urteil des unteren Gerichts aufgenommen. Zu dieser Vorgehensweise verlor der Oberste Gerichtshof in der Revision kein Wort.

In einem anderen Fall wurde ein Taxifahrer beschuldigt, den Versuch unternommen zu haben eine Flasche starken Alkohols zu verkaufen, ohne dafür eine Genehmigung zu haben, wobei in Island der Staat das Monopol hierfür innehat.[878] Folgender Sachverhalt lag zugrunde: Der Beschuldigte T war mit seiner nichtehelichen Lebensgefährten in seinem Taxi unterwegs. Er nahm einen Fahrgast auf und fuhr mit ihm zu sich nach Hause, wo er eine Flasche mit starkem Alkohol holte und sie in das Taxi brachte. Als die beobachtenden Polizeibeamten ihr Auto an die Seite des Taxis heranfuhren, sahen sie, dass T die Flasche in den Schoß seiner Freundin legte. In der Hauptverhandlung wurde die nichteheliche Lebensgefährtin über ihr Zeugnisverweigerungsrecht belehrt, die daraufhin ihr Recht wahrnahm. Ihr wurde von dem Gericht vorgehalten, dass sie bei den Polizeiermittlungen ausgesagt habe, dass der Fahrgast den T darum gebeten hätte, ihm eine Flasche zu besorgen, und dass der Beschuldigte T die Flasche aus ihrem Haus geholt hätte. Daraufhin sagte sie, dass sie sich nicht zu dieser Aussage äußern wolle. Drei Polizeibeamte und der Fahrgast sagten als Zeugen gleichlautend aus, wie die Freundin zuvor bei der polizeilichen Vernehmung. T wurde darauf hin zu einer Geldstrafe verurteilt und die Flasche Alkohol wurde vom Staat beschlagnahmt. Der Verurteilte ging in die Revision. In dieser verlor das Oberste Gericht kein Wort über diesen Vorgang vor dem unteren Gericht. Es empfand es jedoch nicht als bewiesen,

---

[876] Ólafsdóttir, Handbuch, S. 125.
[877] Hrd. 1987, 1410 (1421).
[878] Hrd. 1978, 469.

dass T die Flasche hätte verkaufen wollen und verurteilte T zu einer Strafe, weil die Flasche nicht mit einem Siegel versehen war, das angab, dass die Flasche in einem der offiziellen Verkaufsstellen des Staates eingekauft wurde, und T die Flasche in seinem Besitz hatte.

In einem weiteren Fall wurden drei Männer beschuldigt, eine große Menge Haschisch ins Land eingeführt zu haben.[879] Während der Ermittlungen und im Hauptverfahren wurden mehrere Angehörige der Beschuldigten vernommen. Eine Frau, die angab eine nichteheliche Lebensgemeinschaft mit einem der Beschuldigten zu führen, wurde vor dem unteren Gericht in Reykjavík zweimal vernommen. Aus dem Urteil ist nicht zu entnehmen, ob sie bei der ersten Vernehmung über ihr Zeugnisverweigerungsrecht belehrt wurde; jedenfalls sagte sie aus. Bei der zweiten Vernehmung verweigerte sie das Zeugnis unter Berufung auf ihre Beziehung zu dem Beschuldigten. Das Gericht nahm das hin, ohne jedoch auf die in Betracht kommenden Paragraphen zu verweisen oder auf die Merkmale einzugehen, die eine nichteheliche Lebensgemeinschaft ausmachen. In dem Urteil wird allerdings ihre vorherige Aussage aufgenommen.

Wie aus diesen Urteilen zu entnehmen ist und in der Ausführung zu den grundlegenden Regeln und Prinzipien im nordischen Strafverfahren aufgeführt worden ist, hat sich eine Beweisverbotslehre in Island nicht durchgesetzt. So darf der Schluss gezogen werden, dass, wenn der Belehrung nachgekommen wird und der Zeuge aussagt, in einer späteren Vernehmung jedoch von seinem Weigerungsrecht Gebrauch macht, die früheren Vernehmungsprotokolle dennoch in die Hauptverhandlung einfließen und die Vernehmungsbeamten vernommen werden können.

Aus der oben ausgeführten Rechtsprechung kann nicht viel zu der Frage entnommen werden, wann dem Zeugen ein Weigerungsrecht zuzusprechen ist, wenn er nicht zu den Menschen gehört, die in dem Katalog aufgezählt sind. Aus dem zuvor genannten Handbuch des Justizministeriums können jedoch eventuell einige Merkmale gewonnen werden. Wie oben schon hervorgehoben worden ist, ist dort aufgeführt, dass der Absatz diejenigen umfassen solle, die eine so persönliche Beziehung zum Angeklagten haben oder mit ihm gemeinsame Interessen haben, dass es als nicht angemessen bezeichnet werden kann, sie als Zeuge zu vernehmen, da der Ausgang des Verfahrens für ihre Interessen von einer großen Bedeutung sein kann. Der Absatz fordert dass die Beziehung zwischen dem Zeugen und dem Beschuldigten so intim, so persönlich ist, oder dass der Zeuge und der Beschuldigte solche gemeinsamen Interessen haben, dass der Ausgang des Verfahrens für Ihre gemeinsamen Interessen von einer grossen Bedeutung sein kann.

Wann ist eine Beziehung so intim, so persönlich oder von solchen gemeinsamen Interessen geprägt, dass der Ausgang des Verfahrens für die Interessen des Zeugen und Beschuldigten von einer grossen Bedeutung sein kann? Wie aus dem Kapitel über die Beziehungsmuster des Einzelnen zu entnehmen ist, ist dies nur in Beziehungen zu

[879] Hrd. 1988, 1713 (1724).

erwarten, in denen der Mensch erwarten kann, dass er ungeschützt eigene Probleme artikulieren kann, sich dem anderen gegenüber als unfertig darstellen kann, aus der eigenen angesonnenen gesellschaftlichen Rolle heraustreten kann, eigene Niederlagen mit dem anderen besprechen und in solchen Gesprächen Unterstützung von dem anderen erwarten kann. In diesen Beziehungen ist eine Stabilität vorhanden, die von wechselseitigem Vertrauen, Reziprozität und einer gewissen Dauer gekennzeichnet ist. Aus dem Kapitel über die Beziehungsmuster des Einzelnen ist auch herausgearbeitet worden, dass der Mensch sich in dieser Hinsicht niemandem – ausgenommen den eigenen Kindern – näher zu fühlen scheint als dem Beziehungspartner.

Aus diesem kann die Schlussfolgerung gezogen werden, dass der Zeuge zur Weigerung des Zeugnisses berechtigt ist, der eine stabile Beziehung zu dem Beschuldigten hat, die durch wechselseitiges Vertrauen, Reziprozität und einer gewissen Dauer gekennzeichnet ist.

§ 14. Das Zeugnisverweigerungsrecht im dänischen Strafverfahren

A. Einleitung

In Dänemark existiert kein eigenständiges Gesetz, welches das Verfahren, worüber sich das materielle Strafrecht verwirklichen kann, regelt. Vielmehr existiert ein Verfahrensgesetz (Retsplejelov), das sowohl Vorschriften des Strafverfahrens, des Zivilverfahrens als auch des Vollstreckungsverfahrens enthält. Demgemäß findet die dänische Vorschrift, die das Zeugnisverweigerungsrecht regelt, sowohl im Zivil als auch im Strafverfahren Anwendung.[880] Gemäß dänischer Gerichtsbarkeit werden Strafsachen vor 82 Stadtgerichten (byretter), zwei Landesgerichten, dem Østre Landsrett (Östlichen Landesgericht) und dem Vestre Landsret (Westlichen Landesgericht) und dem Højesteret (Höchsten Gericht) verhandelt. Das Östliche Landesgericht umfasst Kopenhagen und die Inseln, das Westliche hingegen Jylland. Der überwiegende Teil der Strafsachen wird von einem der Stadtgerichte verhandelt. Die Landesgerichte fungieren überwiegend als Berufungsgerichte, aber auch als erste Instanz für Strafsachen, in denen objektiv eine Mindeststrafe von vier Jahren droht. Das Höchste Gericht fungiert nur als Revisionsgericht (sanktions og formalitetssporgsmål).

Die dänische Rechtsordnung regelt die Zeugnisverweigerungsregeln grundverschieden vom isländischen oder deutschen Recht. § 168 schreibt die allgemeine Aussagepflicht vor. Das Zeugnisverweigerungsrecht ist hingegen in § 171 I festgeschrieben. Dort heißt es: Ein Nahestehender des Beschuldigten ist nicht verpflichtet als Zeuge auszusagen.[881] § 171 III relativiert diese Vorschrift, indem sie bestimmt, dass das Gericht dem „nahestehenden" Zeugen auferlegen kann, sein Zeugnis abzulegen, also dass

[880] Smith, Straffeproces, S. 13.
[881] En parts nærmeste har ikke pligt til at afgive forklaring som vidne.

diese Personen doch zur Aussage verpflichtet werden können.[882] Dafür müssen zwei Bedingungen erfüllt sein: (1) Es muss davon ausgegangen werden können, dass die Zeugenaussage eine überragende Bedeutung für den Ausgang des Verfahrens haben kann, und (2) dass die Beschaffenheit der Sache und deren Bedeutung für den Betroffenen oder die Öffentlichkeit dies rechtfertigt.[883] § 173 I bestimmt, dass das Gericht den Zeugen über sein Recht belehrt, wenn die Umstände es nötig machen. § 753 bestimmt, dass bei einer polizeilichen Vernehmung einer Person, die nicht der Beschuldigte ist, § 173 I Anwendung findet. Die Vorschrift über den Aussagenotstand des angehörigen Zeugen findet sich in § 159 II des dänischen Strafgesetzbuches.

Andenæs meint zu Recht, dass Unwahres des Öfteren von Familienmitgliedern und Freunden des Beschuldigten in das Strafverfahren hereingebracht wird, die diesen beschützen wollen.[884] Die Motivation kann jedoch auch Abneigung sein oder der Wunsch, sich selber oder Menschen, die einem nahe stehen, nicht in einem ungünstigen Licht darzustellen. Zu beurteilen, ob ein Zeuge lügt, ist oft so schwierig, wie den objektiven Wahrheitsgehalt einer gutgläubigen Zeugenaussage zu beurteilen.

Als Teil des Unmittelbarkeitsprinzips muss eine Zeugenaussage vor dem jeweiligen Gericht gehört werden, wenn gewünscht wird, dass sie von diesem Gericht wahrgenommen wird, vgl. §§ 174 S. 1, 896.[885] Wie in Island hat in Dänemark das Gericht gemäß § 173 I und die Polizei im Ermittlungsverfahren gemäß § 753 den „nahestehenden" Zeugen über sein Weigerungsrecht zu belehren. Die Belehrungsvorschrift für die Polizei wurde erst im Jahre 1978 in das Verfahrensgesetz eingeführt. Vor Inkrafttreten dieser Vorschrift war die Rechtspraxis grundsätzlich die, dass Polizeibeamte über den Inhalt der Vernehmung vor Gericht vernommen wurden, einerlei ob der „nahestehende" Zeuge über sein Zeugnisverweigerungsrecht belehrt worden war oder nicht.[886] Hiervon gab es jedoch Ausnahmen, vgl. Ugeskrift for Restvæsen 1976, 600 VLK, die auf wachsende Kritik in der Wissenschaft zurückzuführen waren.[887] In Ugeskrift for

[882] I de i stk. 1 og stk. 2, nr. 2 og 3, nævnte tilfælde kan retten dog pålægge vidnet at afgive forklaring, når forklaringen anses for at være af afgørende betydning for sagens udfald, og sagens beskaffenhed og dens betydning for vedkommende part eller samfundet findes at berettige hertil.

[883] In der nationalsozialistischen Zeitepoche ging in Dänemark ein Vorschlag dahin, von einem Weigerungsrecht in Ausnahmefällen abzusehen, in denen besondere Interessen der Allgemeinheit die völlige Aufklärung des Sachverhalts forderten. Hier darf auf die Kritik von Meuthien zum Vorschlag einer Einschränkung der Zeugnisverweigerungsberechtigten im deutschen Recht hingwiesen werden, siehe § 10 A.

[884] Andenæs, Norsk Straffeprosess, S. 178.

[885] § 896 lautet in dänisch so: Ved afgørelsen af, om noget er bevist eller ikke, tages alene hensyn til de beviser, som er fremført under domsforhandlingen. Bedømmelsen af bevisernes vægt er ikke bundet ved lovregler. (Deutsch: Bei der Entscheidung, ob irgend etwas als bewiesen angesehen werden kann oder nicht, wird nur auf die Beweise Rücksicht genommen, die unter der Gerichtsverhandlung vorgelegt werden. Die Entscheidung über Gewicht einzelner Beweise ist nicht durch Gesetz gebunden.) § 174 Satz 1 lautet: Vidneforklaring afgives for den ret, ved hvilken sagen behandles. (Deutsch: Die Zeugenaussage wird vor dem Gericht abgegeben, welches den Fall behandelt.)

[886] Ugeskrift for Restvæsen 1968, 152 VLK.

[887] Zu der Kritik siehe Rørdam, Juristen 1975, S. 3756.

Restvæsen 1976, 600 VLK wies das Westliche Landesgericht das Begehren der Staatsanwaltschaft zurück, der Ehefrau, dessen Ehemann beschuldigt wurde, gegen die Verkehrsordnung verstoßen zu haben, die Pflicht auferlegen ihr Zeugnis abzulegen. Das Gericht wies auch das Begehren der Staatsanwaltschaft zurück, die Vernehmungsbeamten, die die Ehefrau früher vernommen hatten, zu hören, da die Ehefrau bei dieser Vernehmung nicht bezüglich ihres Zeugnisverweigerungsrecht belehrt worden war. Das Gericht begründete sein Urteil mit Hinweis darauf, dass der Grund für das Zeugnisverweigerungsrecht auch bei der Verhehmung bei der Polizei Geltung habe.

Das im dänischen Recht fundamentale Unmittelbarkeitsprinzip wurde vor diesem Urteil des Westlichen Landesgerichts durch § 877 III S. 1 durchbrochen. Es bestimmt, dass Dokumente und Akten, die Erklärungen oder Zeugenaussagen beinhalten, als Beweismittel benutzt werden können, wenn das Gericht es ausnahmsweise billigt.[888] Ausgehend von der Frage, ob und dann unter welchen Voraussetzungen Beweissurrogate – wie Vernehmungsprotokolle und/oder Zeugenaussagen von Polizeibeamten, ob sie nun auf eine rechtmäßige Weise erhoben worden sind oder nicht – in der Hauptverhandlung von Seiten des Gerichts verwertet werden können, hat sich die dänische rechtswissenschaftliche Literatur auch mit dem „nahestehenden“ Zeugen befasst. Hier wird vorab darauf eingegangen, was die dänische Rechtsordnung unter dem Begriff „nahestehende“ versteht. Daraufhin wird erläutert, wie das Recht der Zeugnisverweigerung in dem Gefüge dänischer Rechtsprechung gehandhabt wird und wie es mit den anderen Vorschriften harmoniert. Hier kann man schon von einer gefestigten Praxis der übergeordneten Rechtsprechung sprechen, die hier nun kurz wiedergegeben werden soll. Bei der Erläuterung der dänischen Rechtsprechung zu der Frage, welche Personen zu den „nahestehenden“ zu zählen sind, muss im Auge behalten werden, dass das Gericht zwar entgegenkommend sein und Personen zu den „nahestehenden“ zählen kann, sie jedoch zugleich verpflichten kann, vor Gericht auszusagen. Ferner kann es auf Beweissurrogate zurückgreifen.

Bei dieser Analyse kommt schnell zum Vorschein, welchen Zweck das Zeugnisverweigerungsrecht hat. Obwohl Rechtsprechung und Literatur dem Zeugnisverweigerungsrecht grundsätzlich die gleichen Zweckbestimmungen wie im deutschen Recht beimessen, ist ihr jeweiliger Wert ein anderer. Das Individualinteresse des Zeugen – das eher von der Rechtsprechung befürwortet wird – hat sich in der Literatur nicht in gleicher Weise durchsetzen können wie das öffentliche Interesse an einer sachgerechten Aufklärung.

B. Begriff des »nahestehenden« in § 171 I

Es besteht schon eine umfangreiche Rechtsprechung dazu, welche Personen zu den »nahestehenden« zu zählen sind und welche nicht. Hier werden einige ausgewählte

---

[888] § 877 III S 1 lautet in dänisch so: Uden for de nævnte tilfælde kan dokumenter og aktstykker, som indeholder erklæringer eller vidnesbyrd, kun benyttes som bevismidler, når retten undtagelsesvis hertil giver tilladelse.

Entscheidungen, die stets in dänischen Lehrbüchern und dem Kommentar für das Verfahrensgesetz aufgelistet werden, wiedergegeben.

Bezüglich Partnern einer nichtehelichen Lebensgemeinschaft werden hier zwei Urteile zitiert. In Ugeskrift for Restvæsen 1979, 1098 ØLK war der Sachverhalt folgendermaßen: ein Mann und eine Frau lebten seit anderthalb Jahren in einer nichtehelichen Lebensgemeinschaft zusammen. Sie zogen auseinander als die Frau den Mann dafür anzeigte, sie bestohlen zu haben. Während den Ermittlungen sagte sie aus. Vor Gericht wollte sie nun von ihrem Zeugnisverweigerungsrecht Gebrauch machen, da sie wieder zusammengekommen waren und die Frau, ein paar Tage vor der Hauptverhandlung wieder bei dem Mann eingezogen war. Das Gericht zählte sie zu den „nahe stehenden", verpflichtete sie jedoch gemäß § 171 III, auszusagen. In Ugeskrift for Restvæsen 1983, 182 VLK wurde der nichtehelichen Lebenspartnerin, die ihren Partner wegen Körperverletzung angezeigt hatte, das Zeugnisverweigerungsrecht vor Gericht erteilt. Wie lange sie zusammen gelebt hatten, wird nicht erläutert.

In Ugeskrift for Restvæsen 1975, 254 VLK wurde einem Mädchen, das zur Tatzeit mit dem Beschuldigten in einer nichtehelichen Lebensgemeinschaft lebte, ein Zeugnisverweigerungsrecht nicht erteilt, da die Beziehung nur drei Monate dauerte und als das Verfahren eingeleitet wurde schon seit neun Monaten beendet war. In Ugeskrift for Restvæsen 1980, 424 VLK wurde einer Frau, die für sieben Jahre mit dem Beschuldigten zusammengelebt hatte und davon drei Monate mit ihm verheiratet gewesen war, das Zeugnisverweigerungsrecht gemäß § 171 I nicht erteilt, da sie zwei Monate vor dem Beginn des Verfahrens von ihm weggezogen war. Die Zwecke der Zeugnisverweigerungsrechte fand das Gericht hier nicht anwendbar. Aus diesen Urteilen kann die Schlussfolgerung gezogen werden, dass das Weigerungsrecht den Partnern einer beendeten nichtehelichen Lebensgemeinschaft nicht zusteht. *Gammeltoft-Hansen* zieht aus Ugeskrift for Restvæsen 1975, 254 VLK die Schlussfolgerung, dass wenn eine Beziehung nicht mehr besteht, der Grund für das Weigerungsrecht nicht mehr bestehe.[889] Dass ein gemeinsames Kind zu einem anderen Ergebnis führen könnte, kann man nur annehmen. Dass das Zeugnisverweigerungsrecht ehemaligen Ehepartnern zusteht, um vorhandene gemeinsame Kinder zu schützen, wird nirgends in der dänischen Literatur erörtert.

Aus einem Fall aus dem Jahre 1972[890] geht hervor, dass auch diejenigen, die mit dem Beschuldigten verlobt sind das Weigerungsrecht zusteht, auch wenn sie nicht eine Wohngemeinschaft führen. In diesem Fall wurden die Frau und der Mann angeklagt, vor Gericht falsch ausgesagt zu haben. Der Mann wurde zu einer Strafe verurteilt, weil er betrunken gefahren war. Dazu hatte die Frau ausgesagt, dass der Mann die Strecke nicht mit dem Auto zurückgelegt hatte, sondern zu Fuß. Vor ihrer Vernehmung in dem Fall wurde die Frau jedoch nicht über ihr mögliches Zeugnisverweigerungsrecht belehrt. Wegen der damals abgegebenen falschen Aussage wurde sie nun angeklagt. Der

---

[889] Gammeltoft-Hansen, Strafferetspleje II, S. 105.
[890] Advokaten 1972, 294.

Mann und die Frau waren beide von ihren Partnern geschieden, hatten schon seit längerer Zeit ein Verhältnis und waren seit dem Tag, an dem der Mann betrunken das Auto fuhr, miteinander verlobt. Die Frau hatte fünf Kinder aus ihrer früheren Ehe und der Mann zwei Kinder. Sie lebten jedoch aus ökonomischen Gründen nicht zusammen. Der Mann übernachtete vielmehr ab und zu bei der Frau. Sie sagten beide, dass sie schon geheiratet hätten, wären die Voraussetzungen andere. Das Gericht, das über die falsch abgegebene Erklärung von der Frau verhandelte, erläuterte, dass die Frau von § 171 I umfasst wäre und in dem früheren Fall nicht hätte aussagen müssen.

Eine nicht über ein sexuelles Verhältnis hinaus gehende Beziehung ist kein Grund für ein Zeugnisverweigerungsrecht, vgl. Ugeskrift for Restvæsen 1974, 1061 ØLK. In diesem Fall kannte die Zeugin den Beschuldigten schon seit einem Jahr und in dieser Zeit hatte sie ein paar Mal mit ihm sexuellen Kontakt gehabt. Sie hatte jedoch einen anderen festen Freund. Das Gericht erteilte ihr nicht das Recht, ihr Zeugnis zu verweigern.

Nach der Rechtsprechung in Ugeskrift for Restvæsen 1981, 742 ØLK steht Ehepartnern, die sich im Scheidungsprozess befinden das Zeugnisverweigerungsrecht zu. In diesem Fall wurde die Frau, die ihren Mann verlassen hatte und sich von ihm scheiden lassen wollte, das Weigerungsrecht erteilt, weil die Scheidung noch nicht vollendet war. Die Frau zeigte ihren Mann vor dem Zeitpunkt, als der erste Schritt der Scheidung vollzogen wurde, wegen der Tat an.

Die in (fast) jedem deutschem Reformvorschlag geforderte Erweiterung des Weigerungsrechts auf Pflegeeltern und kinder, wird in Dänemark durch den Begriff „nahestehend" geschaffen. In Ugeskrift for Restvæsen 1968, 152 VLK wurde der Pflegemutter des Beschuldigten das Zeugnisverweigerungsrecht erteilt. Der Beschuldigte war zur Zeit des Verfahrens 32 Jahre alt, lebte jedoch seit seinem 12. Lebensjahr bei der Pflegemutter. Ob diese Beziehungen jedoch von dem Weigerungsrecht umfasst sind, kann von Fall zu Fall unterschiedlich ausfallen. Hier wird – wie die Literatur hervorgehoben hat – so weit wie möglich untersucht, ob zwischen den Personen solch eine Bindung vorhanden ist, wie sie gewöhnlich zwischen Personen besteht, die zusammen ihr Leben führen. Hier kann auf ein Urteil in Fm 1974, 166 VLK verwiesen werden, in dem einem Cousin des Beschuldigten das Weigerungsrecht nach einer Gesamtwürdigung der Umstände erteilt wurde. Es wurde aufgeklärt, dass die zwei Männer für einige Jahre bei ihren Großeltern zusammengelebt hatten. Dies lag 78 Jahre zurück. In der Zeit, die seitdem vergangen war, hatten sie regelmäßig Kontakt und es bestand „offensichtlich" eine Verbundenheit zwischen ihnen. Nach Ermessen des Gerichts wurde dem Cousin das Zeugnisverweigerungsrecht erteilt, obschon von vornherein eindeutig war, dass ein Cousin anstandslos nicht zu den „nahestehenden" Personen gehört. Somit kann von einer Privilegierung gewisser Zeugen, sich der Vernehmung entziehen zu können, nicht gesprochen werden, da es im Ermessen jedes inquisitio liegt sie zu umgehen, sobald ein besonders starkes Interesse an der Aufdeckung eines Falles besteht.

Auch darf hier auf Ugeskrift for Restvæsen 1978, 64 ØLK verwiesen werden, in dem der Schwiegertochter der Beschuldigten, die als Aushilfe in dem Bordell der Schwiegermutter gearbeitet hatte, das Zeugnisverweigerungsrecht erteilt wurde.

Andersen/Werlauff sind der Auffassung, dass ein „Nahestehender" des Beschuldigten auf jeden Fall der Ehegatte und derjenige ist, der mit dem Beschuldigten zusammenlebt: die Kinder, Eltern und Geschwister und unter Umständen auch andere Verwandte.[891]

Gammeltoft-Hansen vertritt die These, dass in der Praxis Ehegatten immer von dem Begriff umfasst sind. Dabei spielt keine Rolle wie die Ehe entstanden ist. Auch meint *Gammeltoft-Hansen,* dass Kinder und Eltern des Beschuldigten immer zu den zeugnisverweigerungsberechtigten Personen gehören. Ob weitere Personen, die mit dem Beschuldigten in verwandtschaftlicher oder sonstiger Beziehung stehen, von dem Weigerungsrecht Gebrauch machen können, hängt von einer Würdigung der bestehenden Beziehung ab.[892]

Als nächstes wird hier die Frage aufgeworfen, wie § 171 III in diese Rechtspraxis einzubetten ist. Die Regel räumt dem Gericht die Befugnis ein, dem zeugnisverweigerungsberechtigten Angehörigen, der von seinem Recht Gebrauch macht, eine Zeugnispflicht aufzuerlegen. Dies zu untersuchen ist von einer besonderen Bedeutung, denn bei dieser Beurteilung kommt immer zum Vorschein, was der Zweck des Zeugnisverweigerungsrechts von Angehörigen ist.

C. Die Zeugnispflicht von „nahestehenden" Zeugen gemäß § 171 III

Wenn angenommen wird, dass es sich bei dem Zeugen um einen „nahestehenden" Zeugen im Sinne von § 171 I handelt, dem das Recht zusteht, sein Zeugnis zu verweigern und er von diesem Recht Gebrauch macht, wird zwischen zwei Fallgruppen unterschieden.[893] Die erste Gruppe umfasst in erster Linie die Zeugen, die über ihr Zeugnisverweigerungsrecht belehrt wurden und während den Ermittlungen ausgesagt haben. Zweitens sind die Zeugen umfasst, die selber die strafbare Handlung angezeigt haben.[894] Drittens werden Zeugen umfasst, die als Beschuldigte vernommen worden sind oder wenn sonst Umstände vorgelegen haben, die dem Zeugen die Möglichkeit

---

[891] Andersen/Werlauff, Dansk retspleje, S. 92.

[892] Gammeltoft-Hansen, Strafferetspleje II, S. 105.

[893] Bukh, Modafhøring af vidner, S. 102 ff. m.w.N.; Rørdam, Juristen 1984, S. 149-152.

[894] In der Literatur wird wegen dieser Untergruppe auf Ugeskrift for Restvæsen 1084, 319 VLK verwiesen, in dem ein Nachbar den Mann wegen Körperverletzung an seiner Frau anzeigte. Daraufhin wurde die Frau aufgefordert sich bei der Polizei zu melden, wenn sie der Anzeige gegen ihren Mann nachkommen wollte. Dies tat sie vier Tage später. Während den Ermittlungen wurde sie nicht über ihr Zeugnisverweigerungsrecht belehrt. In der HV wurde sie belehrt und wollte daraufhin ihr Zeugnis verweigern. Das Gericht erachtete die Nichtbelehrung unter den Ermittlungen ohne Bedeutung, da die Frau der Aufforderung nachgekommen war. Ihr wurde das Zeugnisverweigerungsrecht erteilt und das Gericht sah kein Grund dazu ihr die Zeugnispflicht nach § 171 III aufzuerlegen. Die Vernehmungsbeamten, die die Frau während der Ermittlung vernommen hatten, wurden vom Gericht vernommen.

gegeben haben, sich darüber im Klaren zu sein, dass seine Aussage schädlich für den Angehörigen Beschuldigten sein würde. In der zweiten Fallgruppe hat die Belehrung nicht in einer dem Zeugen verständlichen Weise stattgefunden oder der Zeuge ist sich nicht darüber im Klaren gewesen, dass seine Aussage schädlich für den Beschuldigten war.

In der ersten Fallgruppe – z.B. in den Fällen, in denen der Zeuge vor seiner Vernehmung belehrt worden ist und er ausgesagt hat, in der Hauptverhandlung jedoch von seinem Zeugnisverweigerungsrecht Gebrauch gemacht hat – wird wiederum zwischen den Situationen unterschieden, in denen dem Zeugen die Zeugnispflicht gemäß § 171 III auferlegt werden kann einerseits und jenen, in denen die Zeugnispflicht nicht auferlegt werden kann andererseits. Ob die Voraussetzungen für die Auferlegung der Pflicht zu wahrheitsgemäßer Aussage gegeben sind, beurteilt das Gericht nach der Beschaffenheit des Falles und der Bedeutung, welche die Aussage für den Ausgang des Verfahrens hat. In den Fällen, in denen die Aussage unentbehrlich für den Ausgang des Verfahrens ist, kann das Gericht dem Zeugen auferlegen, sein Zeugnis abzulegen.[895] Wenn das Gericht infolge dieses Ermessens zu dem Ergebnis kommt, dass dem Zeugen diese Pflicht auferlegt werden kann und der Zeuge dieser Pflicht nicht nachkommt, kann auf die Vernehmungsprotokolle zurückgegriffen werden und der Vernehmungsbeamte, der den Zeugen vernommen hat, kann von dem Gericht vernommen werden. Von dieser Ausnahmeregelung wird besonders dann Gebrauch gemacht, wenn eine Person, durch deren Anzeige ein Ermittlungsverfahren eingeleitet worden ist, nicht mehr gegen den Beschuldigten aussagen will, weil er es nicht mehr wagt.[896] Wenn der Zeuge seiner Pflicht jedoch nicht nachkommen will, wird – infolge einer in dieser Situation gebotenen Zurückhaltung gegenüber der Anwendung von Zwangsmaßnahmen – voraussichtlich[897] auf die Beweissurrogate zurückgegriffen.[898] *Andersen /Werlauff* äußern jedoch Bedenken hiergegen, da diese Vorgehensweise möglicherweise gegen Art. 6 III d) EMK verstoßen könnte.[899] Sie sind der Auffassung, dass es in gleicher Weise nicht zugelassen werden sollte, dass die frühere Vernehmungsperson über den Inhalt der Aussage vernommen werden sollte. *Andersen/Werlauff* argumentieren, dass das Zeugnisverweigerungsrecht auch in dieser Weise nicht umgangen werden sollte, wenn sich das Gericht nicht der Ausnahmeregelungen in § 171 III bedienen kann.

Wenn das Gericht nach seinem Ermessen zu dem Ergebnis kommt, dass dem Zeugen eine Aussagepflicht nach § 171 III nicht auferlegt werden kann, bedeutet das jedoch noch nicht, dass das Gericht auf Beweissurrogate verzichtet. Aus den Urteilen zu diesem Problem hat *Bukh* das Prinzip herauslesen wollen, dass es von der abstrakten Straf-

---

[895] Bukh, Modafhøring af vidner, S. 103.
[896] Andersen/Werlauff, Dansk retspleje, S. 93.
[897] So zurückhaltend ist Bukh, Modafhøring af vidner, S. 103.
[898] Bukh, Modafhøring af vidner, S. 104, mit Verweis auf Ugeskrift for Restvæsen 1979, 1098 ØLK.
[899] Andersen/Werlauff, Dansk retspleje, S. 93.

androhung der jeweiligen Vorschrift abhängt.[900] Je höher die abstrakte Strafandrohung und je größer das öffentliche Interesse, desto wahrscheinlicher wird auf Beweissurrogate zurückgegriffen.[901] Erweist sich die Strafandrohung als niedrig, greift das Gericht – aufgrund des Zwecks der Zeugnisverweigerungsrechte – nicht auf Beweissurrogate zurück.[902]

Wenn die Belehrung des Zeugen nicht stattgefunden hat – sei es, dass sie überhaupt nicht stattgefunden hat oder nicht in einer dem Zeugen verständlichen Weise – wird, wie in der ersten Fallgruppe, zwischen den Situationen unterschieden, in denen dem Zeugen die Zeugnispflicht gemäß § 171 III auferlegt werden kann und denen, in denen die Zeugnispflichtt nicht auferlegt werden kann. Wenn das Gericht meint, dass dem Zeugen die Zeugnispflicht auferlegt werden kann, und der Zeuge diesem Verlangen des Gerichts nachkommt, meint *Bukh*, dass ein behutsamer Rückgriff auf die Beweissurrogate stattfinden darf. Wenn der Zeuge seiner auferlegten Pflicht jedoch nicht nachkommt, erweist sich die Gerichtspraxis als sehr zurückhaltend in der Auferlegung von Zwangsmaßnahmen; vielmehr wird auf Beweissurrogate zurückgegriffen. Wenn in diesen Fällen somit § 171 III hätte angewandt werden können, darf auf Beweissurrogate zurückgegriffen werden. Zur Begründung dieser Überzeugung weist *Bukh* auf ein Urteil des Westlichen Landesgerichts hin.[903] Diesem Urteil lag folgender Sachverhalt zugrunde:

Ein Ehemann wurde beschuldigt seine Ehefrau getötet zu haben. Er bekräftigte seine Unschuld und sagte aus, dass der Schuss ein Unglücksfall war. Die Ehefrau wurde am Tag des Tathandlung vor ihrem Ableben in dem Krankenhaus verhört. Die Vernehmung fand in türkischer Sprache mit Hilfe eines Dolmetschers statt. Die Ehefrau erklärte, dass ihr Mann sie angeschossen habe. Dass es sich um einen Unglücksfall gehandelt habe, konnte der Vernehmung nicht entnommen werden. Nach ihrem Tod war das Westliche Landesgericht der Meinung, dass das Vernehmungsprotokoll in das Hauptverfahren aufgenommen werden konnte, wenn der Zeuge – wie in diesem Fall – in der Zwischenzeit verstorben war. Das Gericht führte aber weiter aus, dass die Vernehmungsbeamten einen Fehler begangen hätten, da sie die Ehefrau nicht belehrt hätten. Dieser Lapsus stand einer Einführung der Vernehmungsprotokolle in das Verfahren jedoch nicht entgegen, da das Gericht der Meinung war, dass die Ehefrau ohne jeglichen Zweifel gemäß § 171 III vor dem Gericht hätte aussagen müssen.

---

[900] Bukh, Modafhøring af vidner, S. 105. Andersen/Werlauff meinen, dass bei leichter Körperverletzung der Zeuge nicht von seinem Recht entbunden wird; bei schwereren Straftaten, z.B. einer Vergewaltigung, wird jedoch von dieser Ausnahmeregelung Gebrauch gemacht und dem Zeugen das Recht auf Verweigerung abgesprochen; Andersen/Werlauff, Dansk retspleje, S. 93.

[901] Bukh weist in diesen Zusammenhang auf Fm 1994, 29 und Ugeskrift for Restvæsen 1996, 355 ÖLK, in denen auf Beweissurrogate zurückgegriffen wurde. In dem letzten Urteil reichte der Strafrahmen für die strafbare Handlung bis zu vier, bzw. drei Jahren; Bukh, Modafhøring af vidner, S. 105.

[902] Siehe hierzu die Urteilsbegründung in Ugeskrift for Restvæsen 1996, 704 VLK; Bukh, Modafhøring af vidner, S. 104.

[903] Ugeskrift for Restvæsen 1993, 512 VLK; Bukh, Modafhøring af vidner, S. 106.

Infolge dieser übergeordneten Rechtsprechung kann in den Fällen einer unterlassener Belehrung auf Beweissurrogate zurückgegriffen werden, einerlei ob die Zeugnispflicht gemäß § 171 III auferlegt werden kann oder nicht. Wird dem Zeugen die Zeugnispflicht nach § 171 III auferlegt, er dieser jedoch nicht nachkommt, wird allgemein bezweifelt, dass der Verwertung der Beweissurrogate die Durchführung der zuvor auferlegten Zwangsmaßnahmen vorhergehen muss. Allgemein sollte die Durchführung von Zwangsmaßnahmen vermieden werden.

Wenn das Gericht nach seinem Ermessen nun zu dem Ergebnis kommt, dass eine Aussagepflicht dem Zeugen nicht auferlegt werden kann, ist das Zurückgreifen auf Beweissurrogate ausgeschlossen. Dazu wird hier ein Urteil des Höchsten Gerichts aufgeführt.[904] Der Sachverhalt war folgender:

Ein Vater wurde wegen sexuellen Missbrauchs an seiner Tochter beschuldigt. Als sie von der Polizei vernommen wurde, wurde sie nicht über ihr Zeugnisverweigerungsrecht belehrt. Vor Gericht machte sie von ihrem Recht Gebrauch. Das Gericht fand es nicht zwingend, sie gemäß § 171 III zur Aussage zu verpflichten. Da die Tochter nicht belehrt wurde, wies das Höchste Gericht das Ersuchen der Staatsanwaltschaft ab, den vernehmenden Polizisten zu vernehmen. Der Vater wurde daraufhin freigesprochen.[905]

D. Auffassungen in der Rechtswissenschaftlichen Literatur

Die übergeordnete Rechtsprechung hat den Rückgriff auf Beweissurrogate in zwei Fällen untersagt. In erster Linie sind die Fälle zu nennen, in denen der Zeuge über sein Weigerungsrecht belehrt worden ist. Zweitens sind es die Fälle, in denen er selber die strafbare Handlung angezeigt und im Ermittlungsverfahren ausgesagt hat, in der Hauptverhandlung jedoch von seinem Recht Gebrauch macht. In diesen Fällen ist das Gericht der Auffassung, dass dem Zeugen die Zeugnispflicht gemäß § 171 III nicht auferlegt wird, da die abstrakte Strafandrohung niedrig ist. Diese Neigung der Rechtsprechung ist in der Literatur auf Ablehnung gestoßen. Zwei Urteile des Westlichen Landesgerichts, Ugeskrift for Restvæsen 1983, 182 VLK und Ugeskrift for Restvæsen 1996, 704 VLK und die Kritik der Literatur, der sie ausgesetzt sind, gewähren einen guten Einblick in die Diskussion, auf welchen Gründen die Zeugnisverweigerungsrechte in der dänischen Rechtsordnung ruhen. Als erstes wird auf Ugeskrift for Restvæsen 1983, 182 VLK eingegangen, dem folgender Sachverhalt zugrunde lag:

In Ugeskrift for Restvæsen 1983, 182 VLK war T u.a. wegen Körperverletzung an K, seiner nichtehelichen Lebenspartnerin, beschuldigt worden. K, die im Ermittlungsstadium nicht belehrt worden war, die Klage jedoch eingebracht hatte, machte im Hauptverfahren von ihrem Zeugnisverweigerungsrecht Gebrauch. Unter Hinweis auf §

---

[904] Ugeskrift for Restvæsen 1986, 500 HKK.

[905] Bukh weist in diesem Zusammenhang auch auf Ugeskrift for Restvæsen 1987, 60 ÖLK in dem S, die nichteheliche Lebensgefährtin des Beschuldigten, nicht auferlegt wurde ihr Zeugnis abzulegen und auch wurden die Vernehmungsbeamten die sie vernommen hatten nicht gehört, da sie S vor der Vernehmung nicht belehrt hatten; Bukh, Modafhøring af vidner, S. 106.

171 III beantragte die Staatsanwaltschaft, dass K, wegen der Ernsthaftigkeit der strafbaren Tat, die Aussagepflicht auferlegt werden sollte. Der Antrag wurde abgewiesen. Die Vernehmungsbeamten, die K unmittelbar nach ihrer Klage vernommen hatten, wurden jedoch als Zeugen gehört. Diese Entscheidung ging in die Revision. Das Westliche Landesgericht sah die Bedingungen für § 171 III nicht gegeben und mit Hinweis auf den Zweck des Zeugnisverweigerungsrechts wurde die Vernehmung der Beamten als Zeugen auch untersagt.

Agersnap bemängelte, dass in dieser Situation der Grund für das Zeugnisverweigerungsrecht – der Loyalitätskonflikt – nicht die Stärke hat, um geltend gemacht zu werden.[906] Er legt großen Wert darauf, dass die Anklage – die von K eingereicht wurde – eine abgeschlossene Tatsache ist, welche die Staatsanwaltschaft dann weiter bearbeiten kann. Was *Agersnap* auch beklagt, ist, dass solch eine Rechtsprechung demjenigen, der die Tat angezeigt hat, in vielen Situationen die Herrschaft darüber gibt, ob und wie das Verfahren weitergeführt wird, da Augenzeugen in diesen Familienstreitigkeiten oft nicht vorhanden sind. Zudem meint er, dass eine gerichtliche Vernehmung der Vernehmungsbeamten der Polizei über das Aussehen des Opfers und vielleicht seines geistigen Zustands oder psychischen Wohlbefindens nicht auf diese Weise aus dem Verfahren ausgeschlossen werden kann. *Skov-Madsen* wies darauf hin, dass der Beschuldigte durch Ausübung von Zwang gegenüber der Klägerin, Einfluss auf das Verfahren haben könnte.[907]

Rørdam griff die Kritik von *Agersnap* auf und beanstandete, dass die Auffassung des Gerichts nicht haltbar sei, wenn der Zeuge selber derjenige gewesen sei, der die Klage eingereicht habe.[908] Er meint, dass keine Verbindung zwischen der Entscheidung, dem Zeugen die Aussagepflicht in § 171 III nicht aufzulegen und dem Nichtgebrauch von mittelbaren Beweismitteln bestehe. Vielmehr meinte er, dass das Gericht auf den Vernehmungsbeamten zurückgreifen könnte, ohne Rücksicht darauf in welchem Zustand die Klägerin dem Polizeibeamten die Information mitgeteilt hat. Keine Rolle spiele ob sie mit dem Polizeibeamten in einem aufgeregten und hysterischen Zustand, kurz nach dem Geschehen, gesprochen habe, oder später, als sie sich beruhigt und die ganze Situation überdacht habe. Er gibt jedoch zu bedenken, ob es in dem Fall, wenn die Ernsthaftigkeit der strafbaren Handlung nicht hoch ist, auf die Informationen dieses Zeugen ankommen soll, wie das Verfahren ausgeht. Er meint, dass dies dazu führen kann, dass man den Vernehmungsbeamten nicht hört, auch wenn dieser Weg förmlich offen ist.

Mit der zweiten hier zu behandelnden Entscheidung[909] hat sich *Garde* auseinandergesetzt.[910] Der Sachverhalt war folgender:

---

[906] Agersnap, Ugeskrift for Restvæsen 1983 B, 180 (182).
[907] Skov-Madsen, Ugeskrift for Restvæsen 1983 B, 339 (340).
[908] Rørdam, Juristen 1984, 149 (150).
[909] Ugeskrift for Restvæsen 1996, 704 VLK.
[910] Garde, Juristen 1997, 41-49.

G, die in einer living-apart-together-Beziehung mit T lebte, klagte ihn wegen Körperverletzung an. Gegen T wurde Anklage erhoben. Vor dem Stadtgericht machte G von ihrem Zeugnisverweigerungsrecht Gebrauch. Die Staatsanwaltschaft forderte daraufhin, dass G gemäß § 171 III die Zeugnispflicht auferlegt werden sollte, hilfsweise, dass der Polizeibeamte, der G während den Ermittlungen vernommen hatte, als Zeuge gehört werden sollte. Das Stadtgericht kam nur der zweiten Forderung nach. Diese Entscheidung ging in die Revision zum Landesgericht. Dieses meinte, dass obwohl keine formellen strafprozessualen Aspekte vorhanden waren, die der Zeugnispflicht entgegenstehen, die Zwecke der Zeugnisverweigerungsrechte zu dem Ergebnis führen, dass sie nicht auferlegt wird. Auch kann die Vernehmung des Polizeibeamten nur in schwereren Strafsachen akzeptiert werden, in denen sie eine wesentliche Bedeutung für die Öffentlichkeit hat, was in dieser Sache nicht der Fall ist.

Garde erscheint es merkwürdig, wenn ein Gericht die Staatsanwaltschaft daran hindert, Vernehmungsprotokolle vor das Gericht zu bringen oder eine Vernehmung vorzunehmen, nur weil der Zeuge nun von seinem Weigerungsrecht Gebrauch macht.[911] *Garde* bezweifelt in seiner Kritik nicht, dass es Situationen geben kann, in denen es unerlässlich ist ein Beweismittel von der Beweiswürdigung auszuschließen.[912] Er warnt jedoch davor, dass ein Gericht – in einem Fall, in dem Gewalt angewendet wird – die Ernsthaftigkeit des Falles und dessen Bedeutung für alle Öffentlichkeit aus den Augen verliert, weil ein Zeuge nicht kooperativ ist. Weiter führt *Garde* aus, dass, obwohl er es gutheiße, dass das Gericht unter Hinweis auf die Interessen der Öffentlichkeit einen Antrag der Staatsanwaltschaft zurückweisen könne, er trotzdem nicht einsehen könne, dass ausgerechnet in Fällen, in denen Ehefrauen Gewalt von Seiten ihrer Ehemänner angetan wird, letztere eine Vorzugsbehandlung genießen sollen. Auch kann er sich nicht wie schon *Agersnap* und *Skov-Madsen* zu ihrer Zeit damit zufrieden geben, dass demjenigen, der Anzeige erstattet, die Alleinherrschaft bezüglich des weiteren Fortgangs des Verfahrens gegeben wird. Auch sei es unbefriedigend, dem Beschuldigten die Möglichkeit zu eröffnen, Zwang auf das Opfer auszuüben, mit der Folge, dass das Opfer die Anzeige zurücknehme oder von seinem Zeugnisverweigerungsrecht Gebrauch mache. Gerade in diesen Fällen sei dieses Risiko aus naheliegenden Gründen hoch.

Die Untersagung der mittelbaren Beweisführung kann seiner Meinung nach auch noch zu weiteren Schwierigkeiten führen. Der Staatsanwaltschaft könne es nicht verboten sein, die Polizeibeamten über das zu vernehmen, was sie selbst an dem Opfer bemerkt haben; und dazu gehöre auch die Tatsache, dass die Anzeige erstattet wurde. Auch wenn das Opfer sich gegenüber anderen Menschen – z.B. einem Nachbarn – offenbare, bestehe kein Zweifel, dass er als Zeuge gehört werden könne. Keine Rolle spiele in dem Fall, wie sich das Opfer nun verhalte.

[911] Garde, Juristen 1997, 41 (45).
[912] Hier weist er auf Ugeskrift for Restvæsen 1982, 1027 H, in der – nach einem »plea bargain« – die Zeugenaussage unbrauchbar wurde, nachdem bekannt wurde, welche Interessen der Zeuge hatte, eine bestimmte Aussage zu machen; Garde, Juristen 1997, 41 (45).

Schließlich betont *Garde*, welchen Schwierigkeiten man bei der Beurteilung, wann das öffentliche Interesse es verlangt, dass das Verfahren durchgeführt wird und wann nicht, ausgesetzt ist. Das Problem wiegt besonders schwer, da die Praxis des Westlichen Landesgerichts die zu sein scheint, dass es sich nicht an den Vorschriften des Strafgesetzbuches bezüglich der abstakten Strafandrohung orientiert, sondern in jedem Fall ein Ermessen ausübt.

Garde behandelt auch zwei der Argumente, die gegen die mittelbare Beweisführung – die Zeugenaussage eines Polizeibeamtens – angeführt worden sind.[913] Diese Argumente, so *Garde*, berühren direkt Interessen des Beschuldigten. Die erste ist der Zeuge vom Hörensagen. *Garde* vertritt die These, dass es offensichtlich sei, dass dieser Beweis nicht annährend so gut sei wie die unmittelbare Beweisführung. Doch meint er, dass die spontane Anzeige unter normalen Gesichtspunkten glaubhafter sei als eine fertiggestellte entlastende Aussage von Seiten des Opfers, das nun dem Beschuldigten verziehen und den Wunsch habe, ihm zu helfen. Dieser mittelbaren Beweisführung ist seiner Meinung nach mit einer vorsichtigen Beweiswürdigung entgegenzutreten.[914]

Nach dieser Aufzeichnung der dänischen Rechtsordnung, die bezüglich der Beschaffenheit der Zeugnisverweigerungsrechte in solch einem Umfang grundverschieden von der deutschen ist, wird die Frage nach dem Zweck dieses Rechts nach dänischer Auffassung bedeutsam.

E. Der Zweck der Zeugnisverweigerungsrechte nach dänischer Rechtsauffassung

Den Grund für das Zeugnisverweigerungsrecht führt *Gomard* auf den Wunsch zurück, den Zeugen davor zu schonen, dass er mit einer wahrheitsgemäßen Aussage seinen „Nahestehenden“ schadet. Obwohl die Regel grundsätzlich nur diejenigen umfasst die zur Zeit der Vernehmung „Nahestehende“ des Beschuldigten sind, meint *Gomard*, dass Ausnahmen hiervon durchaus möglich seien; als Beispiel nennt er den geschiedenen Ehegatten.[915]

Gammeltoft-Hansen will aus Ugeskrift for Restvæsen 1975, 254 VLK den Grundsatz herauslesen können, dass man den Zeugen vor dem Loyalitätskonflikt bewahren wolle, der zwischen der Verbundenheit des Zeugen mit dem Beschuldigten und der Wahrheitspflicht aufkommen könne. Wenn die Verbundenheit im Zeitpunkt der Aussage nicht mehr bestehe – so wie die nichteheliche Lebensgemeinschaft in dem Urteil nicht mehr bestand –, falle der Grund der Regelung weg.[916] Er weist jedoch auch auf

---

[913] Garde, Juristen 1997, 41 (47 f.).

[914] Garde führt auch aus, dass Art. 6 I und Art. 6 III d) MRK seiner Überzeugung nicht entgegenstehen; Garde, Juristen 1997, 41 (48 f.).

[915] Gomard meint, dass der Zweck im Zivilprozess der ist, den Zeugen oder seinen Nahestehenden vor einem Schaden zu bewahren und zu vermeiden das Zeugen einer Konfliktlage unterworfen werden. Je nach den Umständen des Einzelfalles können Verlobte und nichteheliche Lebenspartner »nahestehende« sein; Gomard, Civilprocessen, S. 451; Schmidt, Civilproces, S. 130.

[916] Gammeltoft-Hansen, Strafferetspleje II, S. 105.

Ugeskrift for Restvæsen 1981, 742 ÖLK hin, in dem die Frau ihren Mann verlassen hatte und sich von ihm scheiden lassen wollte. Ihr wurde das Weigerungsrecht erteilt, weil die Scheidung noch nicht vollendet worden war. Aus dem Urteil kann nicht entnommen werden, ob das Ehepaar Kinder hatte.

Dass der Zweck des Weigerungsrechts der ist, den Zeugen vor dem Loyalitätskonflikt zu bewahren, kann auch aus anderen Entscheidungen entnommen werden. Wie oben schon ausgeführt worden ist, wurde in Ugeskrift for Restvæsen 1996, 704 VLK der Freundin des Beschuldigten, T – mit dem sie in einer, wie oben beschriebenen, living-apart-together-Beziehung lebte und die ihn wegen Körperverletzung angezeigt hatte – das Weigerungsrecht erteilt. Als G, die Freundin, als Zeugin vor Gericht gerufen wurde, sagte sie aus, dass sie schon seit vier Jahren mit T in einer living-apart-together-Beziehung lebe. Sie beschrieb ihre Beziehung so, dass sie jeweils bei dem anderen übernachteten. Nach dem Vorfall – welcher der Grund der Gerichtsverhandlung war – beendeten sie ihre Beziehung, nahmen sie jedoch nach ein oder zwei Wochen wieder auf. Sie führten diese Beziehung immer noch, wobei sie mit ein paar Tagen Pause immer wieder zusammenkamen. Das Gericht erteilte ihr darauf hin ein Zeugnisverweigerungsrecht, von dem sie Gebrauch machte.

Nach Auffassung des Gerichts gleicht die Tatsache, dass der Zeuge im Ermittlungsverfahren belehrt wurde, den Fällen, in denen der Zeuge selber die strafbare Handlung anzeigt. In Ugeskrift for Restvæsen 1983, 182 VLK, in dem die Frau mit dem Mann, den sie wegen Körperverletzung angezeigt hatte, in einer nichtehelichen Lebensgemeinschaft lebte, war dies der Fall. Dort sah das Gericht die Bedingungen für § 171 III als nicht gegeben an und mit Hinweis auf den Zweck des Zeugnisverweigerungsrechts wurde die Vernehmung der Beamten als Zeugen auch untersagt.

Wenn der Zeuge im Ermittlungsstadium über sein Zeugnisverweigerungsrecht belehrt worden ist, er dennoch aussagt, von seinem Recht vor Gericht jedoch Gebrauch macht, scheint die Rechtspraxis der übergeordneten Rechtsprechung die zu sein, dass in weniger groben Fällen, d.h. wenn die Höchststrafe nicht hoch ist, dem Zeugen die Zeugnispflicht gemäß § 171 III nicht auferlegt wird oder auf Beweissurrogate zurückgegriffen wird. Dies wird in Ugeskrift for Restvæsen 1996, 704 VLK mit dem Konflikt zwischen Wahrheitspflicht und Verwandtenliebe begründet. Wenn die Umstände so sind, wie sie hier beschrieben worden sind, können nichteheliche Lebensgemeinschaften und selbst solche Beziehungen wie living-apart-together-Beziehungen von dem Terminus „nahestehend“ umfasst werden.[917]

Wenn die nichteheliche Lebenspartnerin oder die Partnerin einer living-apart-together Beziehung aussagen, dass sie in einer solchen Beziehung mit dem Beschuldigten leben, scheinen sich die Gerichte arglos mit dieser Behauptung zufrieden zu geben. In den wenigen Urteilen, die zum diesem Thema gefällt worden sind, wird den Zeugen nie abverlangt, ihre Behauptung glaubhaft zu machen.

---

[917] Ugeskrift for Restvæsen 1996, 704 VLK.

Nach Ansicht *Gardes* ist der Beschuldigte nicht Schutzobjekt des Zeugnisverweigerungsrechts.[918] Er kann das Recht nicht selbständig geltend machen und auch kann er es nicht verhindern, dass der Zeuge von dem Zeugnisverweigerungsrecht Gebrauch macht. *Garde* erläutert, dass der Kardinalzweck der Zeugnisverweigerung die Vermeidung des Gewissenskonfliktes zwischen Wahrheitspflicht und Familienloyalität und der daraus folgenden Belastung für den Zeugen sei, der es vorziehe eine belastende und wahrheitsgemäße Aussage zu liefern, bzw. der Unwahrheitsvermutung ausgesetzt zu sein, die einer entlastenden Aussage anhafte.[919]

Der dänische Richter und Wissenschaftler *Garde* meint, dass die formelle Regel über das Zeugnisverweigerungsrecht für „Nahestehende" nur die durch eine Zwangsmaßnahme erhobene Aussage umfasst, und nicht die mittelbare Beweisführung, der eine rechtsmäßige Belehrung voranging. Zudem meint er, dass das nicht selten von Verteidigern vorgebrachte Argument, dass die Vernehmung von Vernehmungsbeamten eine Umgehung der Zeugnisverweigerungsrechte und einen fast rechtswidrigen Beweis darstelle, als unhaltbar zurückzuweisen sei. Die Zwecke der Zeugnisverweigerungsrechte sollen ein auf rechtsmäßige Weise erhobenen Beweis nicht ausschließen können. Vielmehr sei die freie Beweiswürdigung der richtige Sitz dieser Beurteilung, wenn die Zwecke der Zeugnisverweigerungsrechte dies erfordern würden.[920]

Der Wunsch eine Vertrauensbeziehung zwischen nahestehenden Personen zu schützen, kann ebenso ein Zweck des Zeugnisverweigerungsrechts sein.[921] Der letztgenannte Zweck verliert in den Fällen jedoch völlig an Bedeutung, in denen der Zeuge Augenzeuge der Tat oder das Opfer ist. Die Vernehmung eines Vernehmungsbeamten schwächt oder beseitigt die Unwahrheitsvermutung; natürlich kann nicht ausgeschlossen werden, dass eine unter Wut oder Eifersüchtigkeit abgegebene belastende Aussage ebenfalls nur einen dubiosen Wahrheitswert haben kann. Das aber ist nach *Gardes* Ansicht Sache der Beweiswürdigung. Hingegen vertritt er die These, dass die Belastung des angehörigen Zeugen, der eine belastende Aussage abgegeben hat, die ausschlaggebend für die Verurteilung des Beschuldigten war, dieselbe ist, auf welchem Weg auch immer seine Aussage dem Gericht vorgebracht wird. Er ist daher der Ansicht, dass es naheliegend ist, zu überdenken, ob es dem Zeugen überlassen sein soll, ob er nun keine Aussage machen will und auch, ob seine frühere Aussage verwertet werden dürfe.

Garde argumentiert weiter, dass auch die Öffentlichkeit selbständige Interessen an einem richtigen Ausgang der Sache habe. Sie wolle eine Verurteilung oder Freispruch gemäß der materiellen Wahrheit. In den Situationen, in denen der Zeuge von seinem Zeugnisverweigerungsrecht Gebrauch machen will, schwächt, nach *Gardes* Meinung, die Unwahrheitsvermutung die Möglichkeit eines Gewinns einer Aussage von einem

---

918 Garde, Juristen 1997, 41 (43).
919 Garde, Juristen 1997, 41 (43).
920 Garde, Juristen 1997, 41 (43).
921 Garde, Juristen 1997, 41 (43) m.w.N.

„Nahestehenden“ des Beschuldigten so sehr, dass die Achtung der Rechtsordnung nicht geschwächt wird, wenn der Zeuge von dem Zeugnisverweigerungsrecht Gebrauch machen will. Ganz im Gegenteil: Er als Richter habe die Erfahrung gemacht, dass die erste Vernehmung des Zeugen während den Ermittlungen oft einen größeren Wahrheitsgehalt habe als die spätere Zeugenaussage vor Gericht, sodass die Interessen der Rechtsordnung andere seien als die Wünsche des Zeugen.

Weitere Zwecke der Zeugnisverweigerung sind nach *Gardes* Meinung „allgemeine Anständigkeitsprinzipien“. Es sei belastend und sogar unwürdig dem Zeugen eine Aussage abzuzwingen, wo die Wahlmöglichkeiten für den Zeugen nur die Zwangsmittel, die Strafbarkeit für eine falsche Aussage und ein zerstörtes Beziehungsverhältnis umfassen. Dieser Zweck sei auch der Grund für § 171 III. *Garde* ist der Auffassung, dass dieser Zweck als belanglos wegfalle, wenn das Gericht diese Informationen von einem Vernehmungsbeamten erlange. Diese Beweisführung wäre somit nur wegen der Belastung des Zeugen zu untersagen. Er führt aus, dass, wenn der Zeuge seine Aussage in Kenntnis der Tatsache, eine belastende Aussage abzugeben gemacht oder die Tat angezeigt hat, der Schutzzweck der Vermeidung einer Härte für den Zeugen gegenüber den Bedürfnissen der Rechtsordnung nach einer allumfassenden Aufklärung zu schwach sei.[922]

Zum Schluss wird Ugeskrift for Restvæsen 1996, 600 hervorgehoben. In diesem Fall war der Sachverhalt folgender: Das Opfer G und der Beschuldigte T waren fest befreundet. G, die den T wegen Vergewaltigung angezeigt hatte, wurde das Zeugnisverweigerungsrecht erteilt, von welchem sie vor dem Gericht Gebrauch machte. G und T hatten keinen festen Wohnsitz. Wegen der Bedeutung für den Ausgang des Verfahrens, der Beschaffenheit des Falles und dessen Bedeutung für die in Frage kommende Person und die Öffentlichkeit wurde G gemäß § 171 III auferlegt, auszusagen.

§ 15. Das Zeugnisverweigerungsrecht im schwedischen Strafverfahren

A. Einleitung

Das schwedische Strafverfahrensgesetz ist in mehrere Kapitel untergeteilt. Das 36. Kapitel enthält Vorschriften über die Zeugen. Die allgemeine Zeugnispflicht ist in § 1 des 36. Kapitels festgeschrieben. Hervorgehoben werden kann, dass wenn der Zeuge unter fünfzehn Jahren ist, das Gericht zu prüfen hat, ob der Zeuge vernommen werden soll, vgl. § 4. Der Zeuge ist verpflichtet vor Gericht zu erscheinen, einen Eid abzulegen und wahrheitsgemäß auszusagen. Gemäß § 10 II ist der angehörige Zeuge über sein Weigerungsrecht zu belehren. Verweigert der Zeuge auszusagen, kann Geldstrafe und Haft bis zu drei Monaten angeordnet werden, jedoch nicht über die Zeit der Beendigung des Verfahrens in dem Rechtszug hinaus. Ein inhaftierter Zeuge soll dem Gericht mindestens alle zwei Wochen einmal vorgeführt werden.

---

[922] Garde, Juristen 1997, 41 (44).

Die schwedische Gerichtsbarkeit ist wie folgt aufgebaut.[923] Der Rättegångsbalken („Prozeßvorgehensgebilde") enthält Zivilprozess wie auch Strafprozessvorschriften. Diese Tradition besteht schon seit dem Mittelalter. Das tingsrätt ist die unterste Stufe, die brottmål (Strafsachen) wie auch tvistemål (Zivilsachen) behandelt. In der Regel ist das tingsrätt auch die erste Instanz, die je nach Umfang und Schwere der zu verhandelten Sache unterschiedlich mit Laienrichtern und Berufsrichtern ausgestattet ist. Auf den nächsten Stufen stehen die sechs hovrätter. Sie agieren als Berufungsgerichte, wo auch Laienrichter vorhanden sind. Das hovrätt fungiert als erste Instanz wenn Richter, die im tingsrätt amtieren, für amtliches Verschulden angeklagt werden. Schließlich gibt es den Högsta domstolen (Höchstes Gericht) das als Revisions und Berufungsgericht fungiert. In Schweden existieren auch viele Spezialgerichte die ausgewählte Sachen behandeln, wie z.B. die Wirtschaftsgerichtsbarkeit, die Streitigkeiten wegen Allgemeiner Geschäftsbedingungen, sowie Wettbewerbsstreitigkeiten behandeln.

In § 3 des 36. Kapitels heißt es:

Derjenige, der mit dem Beschuldigten verheiratet ist oder war, in gerader Linie verwandt oder verschwägert ist, sein Geschwister oder so verschwägert ist, dass der eine mit des anderen Geschwister verheiratet ist oder war, oder auf eine ähnliche Weise dem Beschuldigten nahe steht, ist nicht verpflichtet als Zeuge auszusagen.

Steht jemand mit dem Vertreter des Beschuldigten in solch einer Beziehung, wie sie nun beschrieben worden ist, hat er kein Recht sein Zeugnis zu verweigern.[924]

In der Literatur wird die Auffassung vertreten, aus der Zeugnisverweigerung dürfe kein Nachteil für den Beschuldigten gezogen werden.[925]

Der Grund für das Weigerungsrecht nach schwedischer Auffassung ist grundsätzlich derselbe wie in anderen Ländern, in denen Angehörige des Beschuldigten von der Zeugnispflicht befreit sind. *Lundqvist* nennt in erster Linie den Konflikt zwischen Verwandtenliebe und Wahrheitspflicht. Nach schwedischer Rechtsauffassung ist dieser Konflikt schwerer je schwerer die begangene Tat gewesen ist.[926] Die Zeugenaussage soll einen geringeren Wert haben, wenn Nahestehende ihr Zeugnis nicht vereidigen. Auch wird behauptet, dass eine Ausdehnung des Umfangs die Zusammengehörigkeit der Familie schützt. Wenn ein närstående (Nahestehender) sein Zeugnis abgibt, wird er nicht vereidigt (36:13).

---

[923] Bylund, Domstoler och rättegång, S. 823 ff.; Lindblom, Procedure, S. 105 ff.

[924] Den som med part är eller varit gift eller är i rätt upp eller nedstigande släktskap eller svågerlag eller är syskon eller är i det svågerlag, att den ene är eller varit gift med den andres syskon, eller som på liknande sätt är parten närstående, vare ej skyldig att avlägga vittnesmål. Står någon till parts ställföreträdare i sådant förhållande, som nu sagts, äge han ej på grund därav undandraga sig att vittna.

[925] Lundqvist, Bevisförbud, S. 313 m.w.N.

[926] Lundqvist, Bevisförbud, S. 313.

B. Die Frage, wann eine nichteheliche Lebensgemeinschaft im Sinne von 36:3 vorliegt

Einige Urteile sind im schwedischen Recht gefallen, die erkennen lassen, wann eine nichteheliche Lebensgemeinschaft entstanden ist. In all diesen Urteilen ging es um die Frage, ob die nichteheliche Lebensgefährtin des Beschuldigten – die gerne aussagen wollte – vereidigt werden sollte.

In SvJT 1973, 19 wurde ein Mann u.a. wegen Trunkenheit am Steuer beschuldigt. In dem Fall ging es darum, ob die nichteheliche Lebensgefährtin des Beschuldigten den Eid gemäß § 13 II ablegen sollte. Der Mann und die Frau stimmten darin überein, dass sie seit drei Jahren zusammenwohnten, dass sie nicht vorhatten, die Ehe einzugehen und dass sie kein gemeinsames Kind hatten. Das zuständige Gericht sagte, dass ihre Beziehung den Grad an Stabilität habe, dass die Frau, die aussagen wollte, ein Nahestehender war und dass sie ihr Zeugnis nicht zu beeidigen hätte.

In SvJT 1975, 14 hatten der Beschuldigte und die Zeugin vor dreieinhalb Monaten eine nichteheliche Lebensgemeinschaft aufgenommen. Das zuständige Gericht sagte auch hier, dass ihre Beziehung den Grad an Stabilität habe, dass die Frau ihr Zeugnis nicht zu beeidigen hätte.

In SvJT 1975, 67 wohnten der Beschuldigte und die Zeugin nicht mehr zusammen. In der Hauptverhandlung, die am 29. September 1975 stattfand, sagte die Zeugin, dass sie mit dem Beschuldigten 19681971 zusammengewohnt hatte, dass sie zu dieser Zeit verlobt waren und dass sie zwei Kinder hatten. Der Beschuldigte traf die Kinder nun ab und zu jeden Monat. Die Zeugin wollte aussagen. Das zuständige Gericht vertrat in diesem Fall ebenfalls den Standpunkt, dass die Zeugin eine Nahestehende war und dass sie ihr Zeugnis nicht zu beeiden hätte.

Wie aus diesen Urteilen hervorgeht, wird immer danach gefragt, ob die Beziehung die nötige Stabilität aufweisen kann, so dass man den jeweiligen Zeugen das Weigerungsrecht erteilen kann. Zu dieser Frage wird wie sonst – lediglich auf konkrete Anhaltspunkte zurückgegriffen.

§ 16. Das Zeugnisverweigerungsrecht im norwegischen Strafverfahren

A. Einleitung

Die norwegische Rechtsordnung ähnelt in Bezug auf die Ausgestaltung der Weigerungsrechte der isländischen. Im Gegensatz zu der dänischen Rechtsordnung enthält sie keine Vorschrift, die dem Gericht das Recht erteilt, dem zeugnisverweigerungsberechtigten Nahestehenden eine Zeugnispflicht aufzuerlegen.

Die norwegische Gerichtsbarkeit ist wie folgt aufgebaut.[927] Die allgemeinen Gerichte auf der untersten Stufe, die sowohl Zivil als auch Strafsachen behandeln, heißen auf norwegisch herredsrett (Landgemeindegericht) auf dem Lande und byrett (Stadtgericht) in den Städten. In Strafsachen treten diese Gerichte oft in einer anderen Funktion und unter einem anderen Namen auf, nämlich forhørsretten (Vernehmungsgerichte). So wird das Gericht z.B. in den Fällen genannt, wenn der Beschuldigte – unter bestimmten Voraussetzungen – ein Geständnis abgelegt hat. Auf der nächsten Stufe ist das lagmannsrett (Kennermannsgericht). Das Gericht agiert als Berufungsgericht für Straftaten, die vor dem herredsrett oder byrett verhandelt wurden. Darüber hinaus behandelt es Beschlüsse des herredsrett und byrett, gegen die Beschwerde eingelegt wurde. Die letzte Instanz stellt Høyesterett (Höchstes Gericht) dar. Es wird in seiner Funktion als Høyesteretts kjæremålsutvalg („Höchstes-Gericht-in-Beschwerde-Funktion") als ein eigenständiges Gericht betrachtet. In dieser Funktion ist es in erster Linie als oberste Instanz für Beschwerden zuständig. Zweitens müssen alle Berufungen zum „eigentlichen" Høyesterett erst von diesem Gericht angenommen werden, das dann entscheidet, ob die Berufung von dem „eigentlichen" Høyesterett behandelt wird. In bestimmten Fällen kann das Gericht unter Aufhebung des Urteils in der Sache selbst erkennen oder das Urteil an die untere Instanz zurückweisen. Drittens muss dieses Gericht es billigen, dass kleinere Fälle vor den lagmannsrett gebracht werden. Vor dem Høyesteretts kjæremålsutvalg findet keine mündliche Verhandlung statt, denn es handelt sich um schriftliche Verfahren. Das eigentliche Høyesterett behandelt Berufungen gegen die herreds und byretts Urteile und Urteile des lagmannsrett.

Die Zeugnisverweigerungsrechte der norwegischen Rechtsordnung gleichen den isländischen sehr. Die Ausnahme, die den Angehörigen zur Verweigerung des Zeugnisses berechtigt, steht in § 122 des norwegischen Strafverfahrensgesetzes. Dort heißt es:

1. Der Ehegatte des Beschuldigten, wer mit dem Beschuldigten in gerader Linie verwandt ist, seine Geschwister und gleichartig Verwandte, sind zur Verweigerung des Zeugnisses berechtigt. Als verwandt gilt auch der Ehegatte des Verwandten.
2. Das, was für Ehegatten gilt, gilt auch für Geschiedene und Personen, die zusammen in einer eheähnlichen Lebensgemeinschaft leben.
3. Das Gericht kann den Verlobten des Beschuldigten, seine Pflegeeltern, sein Pflegekind oder Pflegegeschwister von der Zeugnispflicht befreien.[928]

Im norwegischen Strafverfahrensgesetz steht geschrieben, dass der Zeuge vor einer Vernehmung auf eine ihm verständliche Weise über sein Weigerungsrecht belehrt werden muss. Dies gilt sowohl für die gerichtliche Vernehmung wie auch, wenn der Zeuge von der Staatsanwaltschaft oder Polizei vernommen wird (§§ 127 I, 235). Die Zeugnispflicht besteht jedoch lediglich gegenüber dem Gericht. Keiner ist verpflichtet

[927] Andenæs, Norsk Straffeprosess, S. 100 ff.
[928] Siktedes ektefelle, slektninger i rett opp eller nedstigende linje, søsken og like nær besvogrede er fritatt for vitneplikt. Som besvogret anses også den besvogredes ektefelle. Det som er bestemt om ektefeller, gjelder også fraskilte, samt personer som lever sammen i et ekteskapsliknende forhold. Retten kan frita siktedes forlovede, fosterforeldre, fosterbarn eller fostersøsken for vitneplikten.

eine Aussage vor der Polizei zu machen (§ 230 I).[929] Der Zeuge kann jederzeit eine angefangene Aussage beenden und sich weigern, diese fortzusetzen (§ 127 III). Solange er jedoch aussagt, ist er verpflichtet die Wahrheit zu sagen (§§ 163, 166 des norwegischen Strafgesetzbuches). Der besondere Strafmilderungsgrund für Zeugen in Konfliktlagen befindet sich in § 167 II des norwegischen Strafgesetzbuches.

Für den Gebrauch ihres Weigerungsrechts brauchen die Beteiligten keinen Grund anzugeben.[930] *Andenæs* meint, dass in einem Verfahren gegen mehrere Beschuldigte, der Angehörige das Zeugnis in vollem Umfang verweigern kann, also nicht nur, wenn die Fragen seinen Angehörigen betreffen.[931] Ein Verfahren kann mehrere rechtlich unabhängige Straffälle betreffen, in denen eindeutig ist, dass der angehörige Beschuldigte nicht beteiligt war. *Andenæs* räumt ein, dass ein so umfassendes Weigerungsrecht ein wenig überspitzt erscheinen kann, aber hier beugt er sich dem überkommenen norwegischen Verständnis der Regelung. Eine andere Auffassung vertreten *Bjerke* und *Keiserud*, die es auf den überkommenen Grund der Vorschrift ankommen lassen wollen. Wenn die Aussage nicht den angehörigen Beschuldigten betrifft, steht dem Zeugen kein Weigerungsrecht zu.[932] Entscheidend ist nicht, welche Informationen der Zeuge zurückhalten will oder wie er zu diesen gekommen ist.[933]

Der Grund der Vorschrift ergibt sich aus demselben Grund wie in allen anderen nordischen Rechtsordnungen auch, mit denen wir uns in dieser Arbeit auseinandersetzen: den Zeugen davor zu bewahren, dass er in die Situation kommt, zwischen Wahrheitspflicht und Verwandtenliebe wählen zu müssen.[934]

B. Die Ausübung von § 122

Die Verwandtschaft in § 122 I erstreckt sich sowohl auf eheliche wie nichteheliche Verwandtschaften. Die Verwandtschaft des Ehegatten in gerader Linie ist von dem Recht umfasst, das Zeugnis zu verweigern. Geschwister des Ehegatten umfasst dieses Recht ebenfalls. Das zwischen dem Ehegatten und dem Ehegatten eines Blutsverwandten bestehende Verhältnis begründet – anders als im deutschem Recht – nach § 122 I S. 2 eine Schwägerschaft, die zum Verweigern des Zeugnisses berechtigt.[935]

Nach § 122 II besteht das Weigerungsrecht zwischen den Ehegatten nach ihrer Scheidung fort. Dies gilt unabhängig davon, zu welchem Zeitpunkt die Handlung, zu welcher der Zeuge vernommen werden soll, stattfand; etwa noch während der Ehe oder

[929] Eine Ausnahme besteht nur für Beamte im öffentlichen Dienst; Andenæs, Norsk Straffeprosess, S. 178.
[930] Bjerke/Keiserud, Straffeprosessloven, S. 380.
[931] Andenæs, Norsk Straffeprosess, S. 200 m.w.N.
[932] Sie meinen dass § 123 des norwegischen Strafverfahrensgesetzes der dem deutschen § 55 StPO gleicht, gleichwohl beachtet werden muss; Bjerke/Keiserud, Straffeprosessloven, S. 380.
[933] Bjerke/Keiserud, Straffeprosessloven, S. 380.
[934] Andenæs, Norsk Straffeprosess, S. 201; Bjerke/Keiserud, Straffeprosessloven, S. 380.
[935] Bjerke/Keiserud, Straffeprosessloven, S. 381.

erst nach der Scheidung.[936] Dann erstreckt sich das Recht jedoch lediglich auf die geschiedenen Ehegatten selber und nicht auf die weiteren Angehörigen des früheren Ehegatten. Wenn die Ehe jedoch durch den Tod des einen Ehegatten nicht mehr besteht, steht dem Zurückgelassenen das Recht gegenüber seinen Verschwägerten weiterhin zu.[937]

Die Erweiterung der Vorschrift auf Personen, die zusammen eine eheähnliche Lebensgemeinschaft führen, wurde im Jahre 1981 neu eingeführt. Laut *Andenæs* war es die zunehmende Zahl dieser Lebensgemeinschaften, die dies rechtfertigte. Die Gesetzesbegründung weist darauf hin, dass es schwierig sein kann, Anweisungen zu geben, wann die Voraussetzungen solch einer Gemeinschaft vorliegen. Aus diesem Grund muss es von Fall zu Fall individuell bestimmt werden. Die Begründung betont, dass allgemein gefordert werden muss, dass die Beziehung für eine gewisse Zeitperiode relativ stabil gewesen sein muss, so dass der Zeuge sich auf sie berufen kann.[938] *Bjerke* und *Keiserud* meinen, dass ein Zusammenwohnen für einige Monate den Voraussetzungen nicht genügt.[939]

Wenn der Beschuldigte und der Zeuge in einer registrierten Partnerschaft leben, steht dem Zeugen das Weigerungsrecht zu.[940] Eine eheähnliche Gemeinschaft ist eine Gemeinschaft zwischen einem Mann und einer Frau.[941] Aus der Begründung der Gesetzeserweiterung folgert *Andenæs*, dass unter Umständen gleichgeschlechtliche Lebensgemeinschaften der eheähnlichen Gemeinschaft gleichgestellt werden können.[942] Zu dieser Frage hat die Rechtsprechung jedoch nie Stellung genommen.

Die eheähnliche Gemeinschaft muss zu dem Zeitpunkt noch bestehen, zu dem von dem Weigerungsrecht Gebrauch gemacht werden soll. Durch die Gesetzeserweiterung im Jahre 1981 wurde auch eingeführt, dass das Weigerungsrecht weiter besteht, wenn die Ehe geschieden worden ist. Während *Andenæs* der Meinung ist, dass eine gescheiterte eheähnliche Gemeinschaft nicht zur Weigerung berechtigt, sind *Bjerke* und *Keiserud* der Auffassung, dass auch Personen einer gescheiterten eheähnlichen Gemeinschaft von dem Weigerungsrecht Gebrauch machen können.[943] *Bjerke* und *Keiserud* folgen hier einem Urteil des Höchsten Gerichts. Sie sind darüber hinaus der Meinung, dass § 122 I in vollem Umfang gilt, wenn geklärt ist, dass eine eheähnliche Lebensgemeinschaft vorliegt. In dem Urteil war der Sachverhalt folgendermaßen:

---

936 Bjerke/Keiserud, Straffeprosessloven, S. 381.
937 Bjerke/Keiserud, Straffeprosessloven, S. 381; Andenæs, Norsk Straffeprosess, S. 201 m.w.N.
938 Andenæs, Norsk Straffeprosess, S. 201 mit Verweis auf die Begründung.
939 Bjerke/Keiserud, Straffeprosessloven, S. 381.
940 § 3 Gesetz über registrierte Partnerschaften, Nr. 40 von 30. April 1993; Bjerke/Keiserud, Straffeprosessloven, S. 381.
941 Andenæs, Norsk Straffeprosess, S. 201.
942 Zustimmend: Bjerke/Keiserud, Straffeprosessloven, S. 381.
943 Andenæs, Norsk Straffeprosess, S. 201; Bjerke/Keiserud, Straffeprosessloven, S. 381.

In Rt 1996, 222 wurde der Beschuldigte vom lagmannsrett wegen Körperverletzung zu einer Strafe verurteilt. Die frühere nichteheliche Lebensgefährtin des Beschuldigten, welche die Anzeige gegen den Beschuldigten zurückgenommen hatte, wurde vom lagmannsretten als Zeugin vernommen, ohne dass sie bezüglich des Weigerungsrechts belehrt worden war. Vor dem Höchsten Gericht fand die Forderung des Beschuldigten Gehör. Das Gericht sagte, dass die Vorschrift selber nicht eindeutig ist, und dass aus den Vorarbeiten für das Gesetz hervorgeht, dass dieses Problem nicht angesprochen wurde. Das Höchste Gericht berücksichtigte nun jedoch die Vorarbeiten zu einem neuen Strafgesetzbuch, in dem auf dieses Problem eingegangen wird. Dort wird vorgeschlagen, dass der Begriff »nahestehende« auch den ehemaligen nichtehelichen Lebenspartner umfassen soll. Nach Meinung des Gerichts soll die Vorschrift in § 122 II auch auf diese Weise ausgelegt werden. Somit war es ein Fehler, dass die Zeugin nicht vom lagmannsrett über ihr Weigerungsrecht belehrt wurde.

Hier muss auch auf Rt 1994, 1405 eingegangen werden. In diesem Fall wurde der Beschuldigte vom byretten wegen einer falschen Aussage, die er in einem Verfahren gegen den Bruder seiner nichtehelichen Lebenspartnerin (B) abgab, zu einer Strafe verurteilt. Seine Revision hatte Erfolg. Während der Ermittlungen gegen B und vor dem Gericht hatte er erklärt, dass er eine Tüte mit Haschisch zur Aufbewahrung von B entgegengenommen hatte. Vor dem lagmannsretten behauptete er hingegen, dass dies alles nicht der Wahrheit entsprach. Für diese Äußerung wurde er später vor dem byretten zu einer Strafe wegen falscher Aussage verurteilt. Der Beschuldigte lebte schon mehrere Jahre mit der Schwester von B zusammen, mit der er auch ein Kind hatte. In dem Fall ging es um die Reichweite des Begriffs »Nahestehenden« in § 167 des norwegischen Strafgesetzbuches, der den Aussagenotstand beschreibt. Das Höchste Gericht meinte, dass man § 122 so verstehen sollte, dass er auch die Verwandten des nichtehelichen Lebenspartners umfasst, so dass ihnen auch das Weigerungsrecht zustehen solle. Auch gingen sie darauf ein, dass dies in den Vorarbeiten zu dem neuen Strafgesetzbuch aufgenommen wurde. Somit war es auch hier ein Fehler, dass der Beschuldigte nicht über sein Weigerungsrecht belehrt wurde.

Ein adoptiertes Kind erlangt die rechtliche Stellung eines ehelichen Kindes des oder der Adoptierenden. Ein adoptiertes Kind gehört somit – wie im deutschen Recht – zu den Verwandten.[944] Unbedeutend ist, ob die Begründung der Annahme vor oder nach der strafbaren Handlung stattfand. Weiter meinen *Bjerke* und *Keiserud*, dass ein durch ein früheres Verwandtschaftsverhältnis begründetes Zeugnisverweigerungsrecht bestehen bleibt. Die Aufhebung der Adoption hat auf das einmal begründete Weigerungsrecht keine Auswirkung.[945]

[944] Siehe § 13 des Adoptionsgesetzes Nr. 8 von 28. Februar 1986. Zunächst war es ausdrücklich in § 122 II des norwegischen Strafverfahrensgesetzes aufgelistet, aber infolge des Inkrafttretens des Adoptionsgesetzes aufgehoben; Bjerke/Keiserud, Straffeprosessloven, S. 382.
[945] Bjerke/Keiserud, Straffeprosessloven, S. 382.

Aus der Gleichstellung der eheähnlichen Gemeinschaft mit der Ehe in § 122 II folgert *Andenæs*, dass es auch Konsequenzen dafür haben kann, welche Personen als verlobt angesehen werden.[946] So meint er, dass das Übereinkommen langfristig zusammenzuziehen, dem Übereinkommen einer Eheschließung gleichgestellt werden kann. Dem stimmen *Bjerke* und *Keiserud* jedoch nicht zu.

Gemäß § 122 III kann das Gericht einige Personen von der Zeugnispflicht befreien. Zu diesen zählt auch der Verlobte des Beschuldigten. Die Verlobung muss nicht vor der strafbaren Handlung stattgefunden haben.[947] Aus dem Vorgang, das zwei Personen zusammenziehen, kann nicht automatisch gefolgert werden, dass sie nun miteinander verlobt sind,[948] sondern es muss eine individuelle Würdigung aller Umstände stattfinden.

Bjerke und *Keiserud* verweisen zu dem, was man unter dem Begriff „Verlobte" verstehen kann, auch auf die Begriffsbestimmung des norwegischen Strafgesetzbuches. An dieser Stelle kann der Fall Rt 1987, 624 aufgeführt werden, in dem eine Frau wegen Gefangenenbefreiung bestraft wurde, Das Gericht ging beiläufig darauf ein, dass eine dreiwöchige Beziehung nicht unter eine Verlobung im Sinne § 5 des norwegischen Strafgesetzbuches subsumiert werden könne. *Bjerke* und *Keiserud* meinen jedoch, dass das Zusammenwohnen für eine gewisse Zeitperiode unter die eheähnliche Lebensgemeinschaft subsumiert werden könne.[949]

Dazu, welche Personen als verlobt angesehen werden, hat die Rechtsprechung schon früh in einigen Urteilen Stellung genommen. In einem Urteil aus dem Jahre 1904[950] wollte ein Dienstmädchen des Beschuldigten nicht aussagen, weil sie und der Beschuldigte verlobt waren. Der Beschuldigte war jedoch noch verheiratet, obwohl seine Ehefrau ihn schon seit zwei Jahren verlassen hatte. Er wollte das Dienstmädchen jedoch sofort heiraten, nachdem er sich von seiner Ehefrau hatte scheiden lassen. Zu diesem Zeitpunkt hatte er jedoch noch nichts unternommen, um eine Scheidung voranzutreiben, da er – nach seinen Angaben – noch mit seiner Frau über finanzielle Angelegenheiten verhandelte. Dem Dienstmädchen wurde das Weigerungsrecht nicht zugesprochen.

In Rt 1987, 1318 wurde ein Mann zu einer Strafe verurteilt, da er für schuldig befunden wurde, die elfjährige Tochter seiner nichtehelichen Lebenspartnerin geschlagen zu haben. Die nichteheliche Lebensgemeinschaft wurde am Jahreswechsel 1985/86 aufgenommen und die Tochter zog im Juli 1986 zu ihrer Mutter und deren Partner. Die Schläge fanden im September 1986 statt. Die Lebenspartnerin sagte während der Ermittlung vor der Polizei aus, wobei sie über ihr Weigerungsrecht belehrt wurde. Sie machte von diesem Recht in der Hauptverhandlung Gebrauch. Dort wurde dann ihre

[946] Andenæs, Norsk Straffeprosess, S. 203.
[947] Bjerke/Keiserud, Straffeprosessloven, S. 382.
[948] Bjerke/Keiserud, Straffeprosessloven, S. 382.
[949] Bjerke/Keiserud, Straffeprosessloven, S. 382.
[950] Rt 1904, 96.

polizeiliche Aussage verlesen, die dann zur Verurteilung des Mannes führte. Nach § 296 II kann die Aussage eines Zeugen in der Hauptverhandlung verlesen werden, wenn der Zeuge dann nicht aussagen will. Das Gesetz sagt nicht ausdrücklich, dass dies auch möglich ist, wenn der Zeuge seine Aussage verweigern kann. Das Gericht wies jedoch auf Rt 1954, 573 und 858 hin, woraus deutlich wird, dass das Weigerungsrecht dem nicht entgegenstand, wenn der Zeuge vor der Vernehmung durch die Polizei belehrt wurde, wie es auch hier der Fall war. Von besonderem Interesse ist jedoch an dieser Stelle, dass der Rest der Strafe, die vom byrett auf 21 Tage festgesetzt wurde, und von der er schon 9 Tage in Haft gesessen hatte, auf Bewährung ausgesetzt wurde. Die Richter nahmen hier zur Kenntnis, dass die nichteheliche Lebensgemeinschaft weiterhin aufrechterhalten wurde, und dass das Opfer weiterhin bei der Familie wohnte.

In Rt 1988, 663 wurde ein Mann vom herredsrett für schuldig befunden, eine Schachbeschädigung begangen zu haben, indem er mit einem Gewehr auf das Auto seines Vaters geschossen hatte. Der Vater zeigte seinen Sohn an, wurde von der Polizei vernommen und vor der Vernehmung über sein Weigerungsrecht in Kenntnis gesetzt. Einen Tag vor der Hauptverhandlung nahm der Vater die Anzeige zurück. Er erschien nicht vor dem Gericht; seine Zeugenaussage wurde daraufhin verlesen. Das Höchste Gericht sah nichts falsches an dieser Vorgehensweise des herredsrett und wies auf die Rechtspraxis hin, dass Zeugenaussagen verlesen werden können, wenn die Zeugen vor ihrer Vernehmung über ihr Weigerungsrecht belehrt worden sind. Auch hier ist von Interesse, dass das Gericht auf die Umstände einging und sie berücksichtigte. So führte das Gericht aus, dass es sich hier um einen Familienkonflikt handele; dass die Anzeige mit der Begründung zurückgenommen wurde, dass Vater und Sohn nun ein gutes Verhältnis zueinander hätten und der Sohn den Schaden an dem Wagen bezahlt hätte. Die Strafe des Jungen wurde vom Gericht deswegen auf Bewährung ausgesetzt.

Aus diesen Urteilen darf somit die Schlussfolgerung gezogen werden, dass bei Familienangelegenheiten die Strafe – wenn der Anwendungsbereich der Strafaussetzung dies legitimiert – auf Bewährung festgesetzt oder jedenfalls gemildert wird, wenn der Zeuge – dessen Aussage für den Ausgang des Verfahrens von großer Bedeutung ist – in der Hauptverhandlung von seinem Weigerungsrecht Gebrauch macht und Umstände darauf hindeuten, dass die Familienangehörigen sich wieder verziehen haben.

In einem Urteil aus dem Jahre 1985, hatte das Gericht zu untersuchen ob ein Mann und eine Frau verlobt waren oder in einer nichtehelichen Lebensgemeinschaft lebten. Wie in anderen Urteilen auch, griff das Gericht auf konkrete Anhaltspunkte zurück.

In Rt 1985, 375 wurden A und B zu drei Jahren und acht Monaten, bzw. drei Jahren und sechs Monaten Gefängnisstrafe wegen bewaffneten Überfalls verurteilt. Die Revision der B bezog sich darauf, dass Vernehmungsprotokolle der Ehefrau des A in der Hauptverhandlung vorgetragen wurden, da diese von ihrem Weigerungsrecht Gebrauch machte. Das lagmannsrettGericht ging davon aus, dass die Frau des A verpflichtet war, in dem Verfahren gegen B auszusagen, während sie gegenüber B jedoch ein Weigerungsrecht hatte. Das Gericht musste somit bei jeder Frage würdigen, ob Frau A sie zu beantworten hätte. Als Frau A in der Hauptverhandlung von ihrem Weigerungsrecht Gebrauch machte, beantrage die Staatsanwaltschaft, dass die Vernehmungsprotokolle, die während der Ermittlungen entstanden waren, und auch eine Erklärung, die sie in einem anderen Fall abgegeben hatte, die jedoch in Verbindung mit dieser Sache stand, zu verlesen. Die Verteidiger waren mit dieser Vorlesung nicht einverstanden, da Frau A, zu dieser Zeit nicht bezüglich ihres Weigerungsrechts belehrt wurde. Die Frau A und der Beschuldigte A heirateten erst im März 1984, nachdem Frau A vernommen wurde und diese Erklärung abgab. Sie lebten schon in einem Zeitraum von vor Weihnachten 1982 bis zum 27. Februar 1983, als A verurteilt wurde, zusammen. Von der Verteidigung wurde vorgetragen, dass sie zu dieser Zeit verlobt waren oder ihre Beziehung zumindest einer Verlobung gleichgestellt werden müsste, sodass Frau A über ihr Weigerungsrecht hätte belehrt werden müssen. Auch wurde darauf hingewiesen, dass aus dem Vernehmungsprotokoll hervorging, dass Frau A und A zu dieser Zeit eine gute Beziehung hatten, und dass sie diese fortsetzen wollten. Das Gericht ging nun gründlich darauf ein, ob A und Frau A, in der Zeit als Frau A vernommen wurde und ihre Erklärung abgab, als verlobt angesehen werden konnten.

Der Beschuldigte A zog kurz vor Weihnachten 1982 zu seiner späteren Ehefrau A, so dass sie nur zwei Monate zusammengelebt hatten, als A den Raubüberfall beging, für welchen er und B sich nun vor Gericht zu verantworten hatten. Sie zogen zusammen, ohne sich näher zu kennen. Zu dieser Zeit saß er im Gefängnis, hatte jedoch kurzen Urlaub bekommen. Von diesem meldete er sich nicht zurück, sondern wurde später in Gøteborg gefasst. Sie heirateten im März 1984, gingen jedoch im August desselben Jahres auseinander. Das Gericht konnte aus diesem Vorgang nicht schließen, dass sie schon im Februar 1983 als verlobt angesehen werden konnten oder ihre Beziehung einem Verlobtsein gleichgestellt werden konnte. Dass sie sich zu dieser Zeit einig waren, die Ehe einzugehen, ließ sich aus dem Sachverhalt nicht ableiten. Weil nicht darauf geschlossen werden konnte, dass sie sich einig waren, die Ehe einzugehen, untersuchte das Gericht, ob sie zu dieser Zeit eine nichteheliche Lebensgemeinschaft führten, die einer Verlobung hätte gleichgestellt werden können. Daruaf wollte sich das Gericht jedoch nicht festlegen, da einer solchen zugrunde gelegt wird, dass die Beziehung für eine gewisse Zeitperiode relativ stabil gewesen sein muss, sodass der Zeuge sich auf sie berufen kann. Daraus ist zu schließen, dass Frau A zur Zeit ihrer Vernehmung oder als sie die Erklärung abgab, nicht auf ihr Weigerungsrecht hätte aufmerksam gemacht werden müssen.

Die Rechtsauffassung zum Gebrauch von Beweissurrogaten besagt seit einem Urteil aus dem Jahre 1954,[951] dass Zeugenaussagen, die Angehörige des Beschuldigten während der Ermittlung abgegeben haben, verwertbar sind, wenn der Zeuge vor der Vernehmung über sein Weigerungsrecht belehrt wurde, jedoch in der Hauptverhandlung

[951] Norsk Retstidende 1954, 573.

von seinem Recht Gebrauch macht. Zu neueren Urteilen kann hier auf Rt 1987, 1318 und Rt 1988, 663 verwiesen werden.[952]

§ 17. Merkmale einer Berechtigung zur Zeugnisverweigerung

In einem abschließenden Kapitel wird untersucht, welche Merkmale einer Berechtigung zur Zeugnisverweigerung zugrundegelegt werden, wenn der Zeuge nicht zu den Menschen gehört, die in einem Katalog aufgezählt sind.

Den Urteilen des Höchsten Gerichts in Island zu diesem Thema kann nicht viel entnommen werden. Wie schon erwähnt worden ist, gründet das isländische Strafverfahrensgesetz die Verweigerung des Zeugnisses von Angehörigen auf einem Katalog, räumt jedoch den Gerichten die Befugnis ein, zusätzlich eine vergleichbare Beziehung zum Beschuldigten festzustellen und über die Berechtigung zur Verweigerung des Zeugnisses nach individueller Beurteilung zu entscheiden. Die übergeordnete Rechtsprechung hat sich nie dazu geäußert, welche Kriterien vorliegen und beachtet werden müssen, so dass Partnern einer privaten sozialen Beziehungsform ein Zeugnisverweigerungsrecht erteilt wird. In den Fällen, in denen dem nichtehelichen Lebenspartner ein Zeugnisverweigerungsrecht erteilt wurde, wird einfach gesagt, dass die Person z.B. in einer nichtehelichen Lebensgemeinschaft mit dem Beschuldigten lebt, und dass sie daraufhin von ihrem Weigerungsrecht Gebrauch macht.

Aus der Bestimmung, welche besagt, dass der Absatz diejenigen umfassen soll, die eine so persönliche Beziehung zum Angeklagten haben oder mit ihm gemeinsame Interessen haben, dass es als nicht zutreffend bezeichnet werden kann, sie als Zeuge zu vernehmen, da der Ausgang des Verfahrens für ihre Interessen von einer großen Bedeutung sein kann, kann gefolgert werden, dass der Zeuge zur Weigerung des Zeugnisses berechtigt ist, der eine stabile Beziehung zu dem Beschuldigten hat, die durch wechselseitiges Vertrauen, Reziprozität und eine gewisse Dauer gekennzeichnet ist.

In Dänemark, wo das dänische Verfahrensgesetz keinen Katalog enthält, sondern lediglich eine Berechtigung derjenigen, die als »nahestehende« des Beschuldigten eingestuft werden, ihr Zeugnis zu verweigern, besteht schon eine umfangreiche Rechtsprechung zu dem, welche Personen zu diesen »Nahestehenden« gehören. Aus dieser Rechtsprechung hat die Literatur gefolgert, dass der Ehegatte, derjenige der mit dem Beschuldigten zusammenlebt, Kinder und Elter eindeutig zu diesen Personen zu zählen sind. Der Begriff »derjenige, der mit dem Beschuldigten zusammenlebt« kann sowohl Partner einer nichtehelichen Lebensgemeinschaft wie auch Verlobte umfassen.[953] *Andersen/Werlauff*[954] wollen Geschwister und unter Umständen auch andere Ver-

---

[952] Bjerke/Keiserud, Straffeprosessloven, S. 383; Andenæs, Norsk Straffeprosess, S. 203. Andenæs ist der Meinung, dass diese Rechtspraxis möglicherweise die MRK verletzen kann; so auch: Bjerke/Keiserud, Straffeprosessloven, S. 382.

[953] Ugeskrift for Restvæsen 1979, 1098 ØLK; Ugeskrift for Restvæsen 1983, 182 VLK; Advokaten 1972, 294.

[954] Andersen/Werlauff, Dansk retspleje, S. 92.

wandte zu den »Nahestehenden« einstufen, *Gammeltoft-Hansen*[955] will hingegen weitere Menschen nur zu den »Nahestehenden« nach einer Würdigung der bestehenden Beziehung zählen.

Aus der dänischen Rechtsprechung und Meinungen in der Literatur ist die Folgerung zu ziehen, dass der Ehegatte, sowie derjenige der mit dem Beschuldigten zusammenlebt, Kinder und Eltern zu den Weigerungsberechtigen zu zählen sind, andere Menschen jedoch nur nach einer „Würdigung der bestehenden Beziehung" oder „unter Umständen". Aus diesen Auffassungen kann somit der Schluss gezogen werden, dass die Beziehung anderer Menschen zu dem Beschuldigten Merkmale aufzeigen muss, wie sie in einer Beziehung zwischen Ehegatten oder zwischen Eltern und Kindern zu finden sind. Somit ist die Schlussfolgerung zu ziehen, dass der Zeuge eine stabile Beziehung zu dem Beschuldigten innehaben muss, die durch wechselseitigem Vertrauen, Reziprozität und einer gewissen Dauer gekennzeichnet ist, wie sie typischerweise zwischen Ehegatten und Kindern und ihren Eltern zu finden ist, um als »Nahestehender« des Beschuldigten eingestuft zu werden. Aus dem Grund berechtigt die dänische Rechtsprechung Parntern einer nicht über ein sexuelles Verhältnis begründete Beziehung kein Zeugnisverweigerungsrecht.[956] Ebenso ist in der dänischen Literatur die Meinung vorhanden, dass der Grund für das Weigerungsrecht nicht mehr besteht, wenn sich die Beziehung aufgelöst hat.[957] Das Urteil, aus welchem sich dies ergibt, bezieht sich auf die nichteheliche Lebensgemeinschaft. Ob diese Auffassung sich auch auf andere Menschen bezieht, die mit dem Beschuldigten eine private soziale Beziehungsform gelebt haben, ist nicht auszuschließen.

Die schwedische Vorschrift, die das Zeugnisverweigerungsrecht aus persönlichen Gründen umschreibt, bestimmt, dass derjenige, der mit dem Beschuldigten verheiratet ist oder war, in gerader Linie verwandt oder verschwägert ist, sein Bruder oder seine Schwester ist oder so verschwägert, dass der eine mit des anderen Bruder oder Schwester verheiratet ist oder war, oder auf eine ähnliche Weise dem Beschuldigten nahesteht, nicht verpflichtet ist, als Zeuge auszusagen. Auch hier wird somit auf eine Gemeinsamkeit von Merkmalen, womit die Ehe, die Verwandtschaft und Geschwister versehen sind, gesetzt. Die obergerichtliche Rechtsprechung in Schweden prüft anhand von Merkmalen, ob die Beziehung den Grad an Stabilität hat, so dass der Zeuge als »Nahestehender« des Beschuldigten im Sinne der Vorschrift eingestuft werden kann.[958]

Das norwegische Strafverfahrensgesetz hält i.d.R. an das Katalogprinzip fest, gewährleistet denjenigen, die mit dem Beschuldigten in einer nichtehelichen Gemeinschaft leben jedoch auch ein Weigerungsrecht. Die Vorschrift sagt, dass der Ehegatte des Beschuldigten, weiter derjenige, der mit dem Beschuldigten in gerader Linie verwandt

[955] Gammeltoft-Hansen, Strafferetspleje II, S. 105.
[956] Ugeskrift for Restvæsen 1974, 1961 ØLK.
[957] Gammeltoft-Hansen, Strafferetspleje II, S. 105.
[958] Siehe § 15.

ist, seine Geschwister und gleichartig Verwandte, zur Verweigerung des Zeugnisses berechtigt sind. Als verwandt gilt auch der Ehegatte des Verwandten. Ebenso steht geschrieben, dass für Geschiedene und Personen die zusammen in einer eheähnlichen Lebensgemeinschaft leben dasselbe gilt, das auch für Ehegatten gilt. Das Gericht kann den Verlobten des Beschuldigten, seine Pflegeeltern, sein Pflegekind oder Pflegegeschwister von der Zeugnispflicht befreien.

Wie aus der Gesetzgebungsbegründung für die Einführung der Erweitung der Vorschrift auf Personen, die zusammen eine eheähnlichen Gemeinschaft führen, entnommen werden kann, wird darauf hingewiesen, dass es schwierig sein kann, Anweisungen zu geben, wann die Voraussetzungen solch einer Gemeinschaft vorliegen.[959] Aus diesem Grund muss es von Fall zu Fall individuell bestimmt werden. Wie erwähnt worden ist, betont die Begründung, dass allgemein gefordert werden muss, dass die Beziehung für eine gewisse Zeitperiode relativ stabil gewesen sein muss, so dass der Zeuge sich auf sie berufen kann.

Aus dieser Zusammenfassung zu der Frage, wann einem Zeugen ein Weigerungsrecht zuzusprechen ist, wenn er nicht zu den Menschen gehört, die in einem Katalog aufgezählt sind, ist somit zu entnehmen, dass immer danach gefragt wird, ob die Beziehung die Stabilität aufweisen kann, die ein Weigerungsrecht rechtfertigt. Zu der Beantwortung dieser Frage wird lediglich auf konkrete Anhaltspunkte zurückgegriffen.

[959] Andenæs, Norsk Straffeprosess, S. 201 mit Verweis auf die Begründung.

Fünfter Teil

Lösungsansatz

§ 18. Empfehlung für eine Neugestaltung des Zeugnisverweigerungsrechts aus persönlichen Gründen

A. Einleitung

In dieser Arbeit ist herausgearbeitet worden, dass der Grund für das Zeugnisverweigerungsrecht aus persönlichen Gründen der Schutz der Entschließungsfreiheit des Zeugen ist.[960] Das Recht ist eine Ausgestaltung seiner Freiheit, sich so darzustellen wie er es will und verantworten möchte. Das Weigerungsrecht dient dem Schutz der Freiheit jedes Menschen, selbst zu entscheiden, wie er seine menschlichen Beziehungen zu Angehörigen, auch in einer problematischen Konfliktsituation, gestalten will. Das Zeugnisverweigerungsrecht schützt jene Sphäre des Einzelnen, in der er seine intimen, vertrauten und erotischen Empfindungen, Ansichten und Gefühle zu anderen Menschen gestaltet. Die verfassungsrechtliche Grundlage des Weigerungsrechts ist auf zwei Wegen im allgemeinen Persönlichkeitsrecht zu finden. Einmal durch die vom allgemeinen Persönlichkeitsrecht geschützte Selbstentfaltung des Menschen und zum zweiten durch das Recht auf informationelle Selbstbestimmung.

In dieser Arbeit ist auch herausgearbeitet worden, dass trotz all den Beziehungsvarianten, die der Mensch durchlebt, er sich niemandem – ausgenommen den eigenen Kindern als Ausdruck und Fortsetzung dieses emotionalen Bandes – näher zu fühlen scheint, als der Beziehungspartnerin oder dem Beziehungspartner. In diesen Beziehungen kann der Einzelne erwarten, dass er ungeschützt eigene Probleme artikulieren, sich dem anderen gegenüber als unfertig darstellen, aus der eigenen, angesonnenen gesellschaftlichen Rolle heraustreten, eigene Niederlagen mit dem anderen besprechen und in solchen Gesprächen Unterstützung von dem anderen erhalten kann. In diesen Beziehungen ist eine Stabilität vorhanden, die von wechselseitigem Vertrauen, Reziprozität und einer gewissen Dauer gekennzeichnet ist.

Empfindungen gegenüber den Menschen, mit denen man sich sein Leben teilt, dem Partner, den Kindern und der Familie, sind für jeden Menschen ein unerlässlicher Vorgang auf dem nie endenden Weg zur Identitätsfindung. Der Einzelne muss die Möglichkeit haben, seine Empfindungen, Gefühle, Ansichten oder Eindrücke von Erlebnissen mit den Menschen, die mit ihm am engsten verbunden sind, zu besprechen und zu verarbeiten. Wird einem Menschen auferlegt auszusagen, wenn er gegenüber dem Beschuldigten solche Empfindungen hat, ist er einer unerträglichen Konfliktlage ausgesetzt, die den unantastbaren Kernbereich des Art. 2 I i.V.m. Art. 1 I GG verletzt.

---

[960] Siehe § 5.

In diesem Sinne ist die Vorschrift auch heute so ausgestaltet, dass die Menschen, gegenüber denen der Zeuge berechtigt ist, sein Zeugnis zu verweigern, diejenigen sind, die eine Famlie mit dem Zeugen bilden.

In dieser Arbeit ist darauf hingewiesen worden, dass die Beziehungsvarianten, die der Mensch in seinem Leben durchlebt, von großer Vielfalt sind,[961] und dass ein jeder Mensch, wenn überhaupt, nur in einem Teil seines Lebens Beziehungen pflegt, die durch die heutige Ausgestaltung des Weigerungsrechts umfasst sind, obwohl manifeste Merkmale, die Ehe und Famlie ausmachen, auch in diesen anderen Privatheitsformen ausgelebt werden.[962] Alle Menschen sind vor dem Gesetz gleich. Aus diesem Grund kann es nicht als gerechtfertigt und als zulässige Differenzierung angesehen werden, dass Menschen, die z.B. in einer nichtehelichen Lebensgemeinschaft leben, nicht zur Verweigerung des Zeugnisses aus persönlichen Gründen berechtigt sind. In den Fällen, in denen der Zeuge und Beschuldigte in einer Privatheitsform lebt, die sich durch ein Einstehen füreinander nicht von der typischen Ehe unterscheidet, den Partnern jedoch kein Zeugnisverweigerungsrecht zusteht, kann dies dazu führen, dass die verfassungsrechtlich geschützte Sphäre ausgehöhlt wird. Der Raum, in dem der Zeuge sich entscheidet, wie er seine menschliche Beziehung zu seinem Partner gestalten will, wird durch das Fehlen des Weigerungsrechts zerrüttet.

Das durch das Grundgesetz geschützte allgemeine Persönlichkeitsrecht fordert, dass das Strafverfahrensgesetz Regelungen enthält, die Menschen, die intime und vertraute Empfindungen zu dem Beschuldigten haben, zur Verweigerung des Zeugnisses berechtigen. Wie aus dieser Arbeit zu entnehmen ist, sind die in Betracht kommenden Beziehungen sehr unterschiedlich. In den oben erwähnten Reformvorschlägen zu der Ausgestaltung der Vorschrift, haben die meisten Kritiker sich für die Beibehaltung des Enumerationsprinzips aus Gründen der Rechtssicherheit und Rechtsklarheit, Praktikabilität und Prozessökonomie ausgesprochen.[963] Sie sehen das Enumerationsprinzip als einzige Lösung, da es ermöglicht, den Kreis der verweigerungsberechtigten Personen rasch und sicher festzustellen. *Rengier* kommt zu der kläglichen Feststellung, dass das Gesetz eben nur typische Konfliktsituationen berücksichtigen kann und die anderen, im Einzelfall ebenso schutzwürdigen Vertrauensverhältnisse sich einer praktikablen Regelung entziehen.[964] Nach einhelliger Auffassung müssen Beziehungen typisiert und in operable Rechtsbegriffe umgesetzt werden, damit sie dem Beweis zugänglich werden.

Wie zuvor erwähnt worden ist,[965] hat ein Arbeitskreis deutscher, österreichischer und schweizerischer Strafrechtslehrer einen Entwurf erarbeitet, der denjenigen zur Ver-

---

961 Siehe § 8 E.
962 Siehe § 7.
963 Siehe § 11.
964 Siehe § 10 B I. Auch wird von einer Begrenzung des Personenkreises auf die Legalisierung von Personenverhältnissen gesprochen, vgl. § 10 B III. Meines Erachtens kann dieser Lösungsvorschlag jedoch nicht überzeugen, denn er stellt keine praktikable Lösung dar.
965 Siehe § 10 C.

weigerung des Zeugnisses berechtigt, der mit dem Beschuldigten in „ehe oder familienähnlicher oder sonst vergleichbar enger Lebensgemeinschaft“ lebt. Das Problem, nichtkonventionelle Lebensformen zu typisieren und sie so abzugrenzen, dass sie in Rechtsbegriffe umgesetzt werden können, bewältigt der Entwurf damit, dass er Ähnlichkeit und Vergleichbarkeit mit den familienrechtlich etablierten Verbindungen als Voraussetzung einer prozessual schutzwürdigen Lebensgemeinschaft postuliert.

Meines Erachtens wird dieser Entwurf dem Schutzgut des Weigerungsrechts nicht gerecht. Die Menschen, zu denen der Zeuge schützenswerte Empfindungen innehat, sind typischerweise diejenigen, die eine Familie mit dem Zeugen bilden. Es sind typischerweise diejenigen, mit denen der Zeuge intime und vertraute Empfindungen innehat. Dies ist jedoch nicht immer der Fall, z.B. in Fällen, in denen die Ehe nicht die Funktion einer umfassenden Lebenshilfe aufweist, d.h. keine „Verantwortungsgemeinschaft“ ist, was z.B. bei der Scheinehe der Fall ist. Den Ehegatten des Beschuldigten, bestimmte Verwandte und Verschwägerte und den Verlobten des Beschuldigten ohne jegliche Einschränkung ein Weigerungsrecht zu erteilen, wie es der Entwurf der Strafrechtslehrer vorsieht, ist meines Erachtens somit nicht geeignet das Schutzgut des Zeugnisverweigerungsrechts zu erfassen.

Auch kann darauf hingewiesen werden, dass das Verständnis der Überlegungen der Verfasser zu dem was als „familienähnlich“ einzuordnen ist, schwer fällt. Wie in dieser Arbeit auch festgestellt worden ist, ist die »Familie« nicht ein unveränderlicher, anthropologisch bedingter Grundsachverhalt menschlichen Zusammenlebens, sondern ein Spiegelbild der gesellschaftlichen und wirtschaftlichen Verhältnisse einer jeden Epoche.[966] Sie ist grundlegend geprägt durch den historischen und gesellschaftlichen Zusammenhang, in dem Familie existiert. Eine Form der Familie ist die Lebensform Ehe mit Kindern. Zu Recht sagt auch *Welp*, dass der Begriff der Familienähnlichkeit ohne Substanz ist.[967]

B. Der Lösungsvorschlag

I. Einleitung

In dem Lösungsvorschlag, den diese Arbeit zu der rechtspolitischen Diskussion über die Fortgestaltung des Zeugnisverweigerungsrechts aus persönlichen Gründen beiträgt, wird ein anderer Weg als in dem AE-ZVR gegangen, und nicht auf Ähnlichkeit und Vergleichbarkeit mit familienrechtlich etablierten Verbindungen gesetzt. Wie zuvor in dieser Arbeit aufgezeigt worden ist,[968] existiert schon seit Jahrzehnten eine Vorschrift in jedem der nordischen Strafverfahrensgesetze die "ebenso schutzwürdige Vertrauensverhältnisse" umfasst und nicht nur "typische Konfliktsituationen" berücksich-

[966] Siehe § 6.
[967] Welp, Zeugnisverweigerungsrechte und Beschlagnahmeverbote, S. 629.
[968] Vierter Teil.

tigt. Obwohl einzelne Ausgestaltungen in den Rechtssystemen unterschiedlich sind, verfolgen sie alle dasselbe Ziel, nämlich dem Zeugen auch dann ein Weigerungsrecht zuzusprechen, wenn sich nach einer individuelle Würdigung aller Umstände ergibt, dass der Zeuge zu dem Beschuldigten eine intime persönliche Beziehung und enge emotionale Bindung hat. In den nordischen Rechtsvorschriften wird somit nicht nur auf Begriffe im Rechtssinne verwiesen, wie es die deutsche Vorschrift in ihrer heutigen Ausgestaltung tut.

In der vorgeschlagenen Lösung wird, wie in den nordischen Vorschriften, auf die inhaltliche Bestimmung familienrechtlicher Verbindungen gesetzt, d.h. es wird auf das abgestellt, was etablierte familienrechtliche Verbindungen ausmacht; intime, vertraute und erotische Empfindungen des Zeugen gegenüber dem Beschuldigten. Nur diese Ausgestaltung des Zeugnisverweigerungsrechts kann meines Erachtens den Anforderungen des Grundgesetzes nachkommen.

Wie in dieser Arbeit ausgearbeitet worden ist, fand eine Ausbreitung von Lebensformen jenseits der traditionellen Familie statt und wird in der Zukunft weiter stattfinden, wobei ein Kernbestand von Formen und Verläufen der privaten Lebensführung, in dem Menschen ähnlich dem traditionellen Muster Familie leben, erhalten bleiben wird.[969] Diese Ausbreitung wird jedoch nicht von einer fortschreitenden Auflösung von Standards und Normalitäten begleitet werden. Familiensoziologen meinen, dass es hier keine oder nur sehr wenige Brüche im Prozess der Familienentwicklung geben wird.[970] Partnerschafts und Elternschaftsbiographie bleiben hier eng und dauerhaft miteinander verknüpft, und Ehe und Haushaltsgemeinschaft gehören dabei ebenso selbstverständlich zum Lebensentwurf wie Elternschaft. Daneben werden sich explizit auf dauerhafte Kinderlosigkeit ausgerichtete Formen der privaten Lebensführung etablieren. Eine dieser Formen wird die kinderlose, stabile Zweierbeziehung mit oder ohne Eheschließung sein. Standards werden sich weiterhin wandeln, vermutlich rascher als in der Vergangenheit, aber nicht verschwinden. Anstelle des einstigen Normalfalls Ehe und Elternschaft wird nach Auffassung von Familiensoziologen eine Palette von einigen Standardmustern treten, die sich grundsätzlich nur danach unterscheiden, welche Rolle Partnerschaft, Elternschaft und Trennungsereignisse einnehmen.

In dieser Arbeit wurde bereits gezeigt, dass Privatheitsformen immer seltener mit Langzeitperspektive eingegangen werden, sondern zunehmend gekoppelt sind an die Dauer einer bestimmten Lebensphase. Lebensphasen gehen damit zunehmend einher mit typischen Privatheitsformen. Mit der Herausbildung moderner Muster des Lebensverlaufs bilden sich typische Abfolgen von Privatheitsformen, die häufig als Übergangsphasen konzipiert sind und subjektiv selten als gezielte und dauerhafte Alternative zu konventionellen Formen gelebt werden. Diese Abfolgen sind unter anderem dadurch charakterisiert, dass heute mehr Privatheitsformen aneinandergereiht sind, die vor, nach oder anstelle der vormals dominierenden Kernfamilie platziert sind. Es ha-

[969] Siehe § 6.
[970] Zum folgenden: Schneider/Rosenkranz/Limmer, Nichtkonventionelle Lebensformen, S. 206 f.

ben sich mehrere Muster von Lebensformen ausdifferenziert, wobei ein Kernbestand von Formen und Verläufen der privaten Lebensführung, in dem Menschen ähnlich dem traditionellen Muster Familie leben, erhalten geblieben ist. Verbreitung haben auch einige Lebensformen gefunden, die im Sinne bewusster Alternative zur traditionellen Lebensführung gelebt werden. Hier sind z.B. zu nennen die gewollt kinderlose Ehe, das gewollte und auf Dauer angelegte partnerlose Alleinleben, das Zusammenleben gleichgeschlechtlicher Partner mit und ohne Kinder und die living-apart-together-Beziehungen. All diese Privatheitsformen sind Phasen der Familienentwicklung, die im Allgemeinen durch relative Stabilität gekennzeichnet sind.[971] Verbreitet besteht somit das Bemühen aller Menschen in eine möglichst stabile Lebensform einzutreten,[972] da der Mensch ein emotionales Band sucht, eine Nähe, eine stabile Neigung und Kontakt zu anderen Menschen, und ein grundlegendes Bedürfnis nach Geborgenheit, Kontakt und Liebe hat, das er nicht nur, aber besonders in Stress und Belastungssituationen, insbesondere im Zusammenhang mit negativen Emotionen wie Angst, Furcht und Kummer nötig hat.

Wie in dieser Arbeit herausgearbeitet worden ist, dienen auf Familienmitglieder oder andere Vertraute bezoge Äußerungen im engsten Familienkreis dazu, dem eigenen Empfinden ungehemmt Ausdruck zu geben oder einem Unmut befreiend Luft zu machen. Ferner dienen sie dazu Familienmitgliedern in einer Persönlichkeitskrise oder Existenzbedrohung Hilfe zu bieten oder Erleichterung zu verschaffen und so zur seelischen Stabilisierung oder gesellschaftlichen Integrationsfähigkeit beizutragen. Der zur Identitätsfindung führende Prozess findet statt sowohl bei dem Einzelnen in seiner persönlichen Sphäre, in die er sich zurückziehen kann, als auch in Kommunikation mit Menschen, die mit ihm aufs Engste verbunden sind,[973] da die Kommunikation mit anderen Menschen ein Mittel zu inneren Daseinsbewältigung und Selbststabilisierung ist.[974] Vom Bundesverfassungsgericht ist die seelische Stabilisierung auch erwachsener Familienmitglieder durch die Familie, ihre Bedeutung in Krisensituationen der Persönlichkeit, ihre Funktion der Gewährleistung eines von öffentlicher Kontrolle freien Raumes für eine entlastende Selbstdarstellung und ihr darin begründeter Beitrag zur sozialen Integration anerkannt und als Schutzzweck von Art. 6 I GG festgestellt worden.[975] Die Familie ist der Schauplatz, der den erwachsenen Familienmitgliedern den Raum für Ermutigung und Zuspruch bietet, und die Fähigkeit zu verantwortlichem Leben in der Gemeinschaft festigt.[976]

Aus diesem Grunde beruht der Lösungsvorschlag darauf, dass das Kriterium der Stabilität im Hinblick auf Kontinuität, Intensität, gegenseitiger Unterstützungsbereitschaft und dem Einstehen füreinander, als das unterscheidende Merkmal dafür herangezogen werden kann, wann eine Beziehung als schützenwert gewürdigt werden

---

971 Schneider/Rosenkranz/Limmer, Nichtkonventionelle Lebensformen, S. 206.
972 Siehe § 6 D.
973 Siehe § 5 D II 1 c).
974 Siehe § 5 D III.
975 BVerfGE 57, 170 (178).
976 BVerfGE 57, 170 (178); 80, 81 (91).

kann und zur Verweigerung des Zeugnisses berechtigt. Das Kriterium der Stabilität bietet ein Merkmal, welches ermöglicht, negativ alle diejenigen Formen von Beziehungen auszuschließen, die nicht den durch dieses Merkmal gestellten Anforderungen genügen. Wie auch in der Untersuchung zu der Frage, wann in den nordischen Verfahrensgesetzen dem Zeugen ein Weigerungsrecht zuzusprechen ist, wenn er nicht zu den Menschen gehört, die in einem Katalog aufgezählt sind, herausgearbeitet worden ist, wird immer danach gefragt, ob die Beziehung die Stabilität aufweisen kann, die für die Erteilung eines Weigerungsrechts nötig ist.[977] Zu dieser Frage wird, wie auch sonst, lediglich auf konkrete Anhaltspunkte zurückgegriffen.

Der Lösungsvorschlag beruht auf dem Grundgedanken, dass davon abgesehen wird, ohne jegliche Einschränkung an das äußere Merkmal bestimmter familiärer Beziehungen anzuknüpfen. Die Vorschrift wird so gestaltet, dass auf den Inbegriff des Grundes des Zeugnisverweigerungsrechts abgestellt wird. Sie ist auf der isländischen – und zu ihrer Ergänzung der norwegischen und dänischen – Regelung aufgebaut, wobei sie in einigen Punkten jedoch von ihr abweicht. Die isländische Regelung gründet die Verweigerung des Zeugnisses von Angehörigen grundsätzlich auf einen Katalog, räumt jedoch den Gerichten die Befugnis ein, zusätzlich eine vergleichbare Beziehung zum Beschuldigten (z.B. die nichteheliche Lebensgemeinschaft) festzustellen und über die Berechtigung zur Verweigerung des Zeugnisses nach individueller Beurteilung zu entscheiden. Was die Enumeration betrifft, sind die isländische und die deutsche Regelungen in ihren heutigen Ausgestaltungen nicht übereinstimmend. In der deutschen Regelung sind der Ehegatte und Personen, die in § 52 I Nr. 3 aufgezählt sind, auch wenn die Ehe nicht mehr besteht, zur Verweigerung des Zeugnisses berechtigt. In der isländischen Regelung hingegen, steht ausdrücklich, dass der Ehegatte nur zur Verweigerung des Zeugnisses berechtigt ist, solange die Ehe gesetzmäßig nicht geschieden worden ist. Gemäß isländischem Recht kann der geschiedene Ehegatte eventuell sein Zeugnis aufgrund § 50 II des isländischen Strafverfahrensgesetzes verweigern. In der isländischen Regelung werden auch explizit diejenigen Personen aufgezählt, die mit dem Beschuldigten durch Adoption in gerader Linie verwandt sind oder durch Adoption Geschwister mit dem Beschuldigten sind. Nach deutschem Recht behalten die als Kind durch Adoption Angenommenen trotz der Auflösung des Verwandtschaftsverhältnisses das Weigerungsrecht zugunsten ihrer bisherigen Verwandten. Für ihre Kinder gilt dies allerdings nur, wenn sie schon zur Zeit der Adoption geboren waren. Gegenüber den Annehmenden und deren Verwandten haben die als Minderjährige angenommenen Kinder das Zeugnisverweigerungsrecht wie eheliche Kinder auch nach Auflösung des Adoptionsverhältnisses. Volljährig Adoptierte haben dieses Recht nur gegenüber den Adoptierenden, nicht aber gegenüber deren Verwandten.[978]

Immanent ist allen Verfahrensordnungen, dass sie Personen, die zu dem Beschuldigten in einem bestimmten familienrechtlichen Verhältnis stehen, z.B. Ehegatten, ausnahmslos berechtigen, ihr Zeugnis zu verweigern. Meines Erachtens muss eine Umgestaltung

---

977 Siehe § 17.

978 Kleinknecht/Meyer-Goßner § 52 Rn 8.

des Zeugnisverweigerungsrechts jene Formen des Zusammenlebens erfassen, in denen die manifesten Merkmale, die grundsätzlich die traditionelle Ehe und Familie kennzeichnen, gelebt werden. Somit soll die Ehe zwar grundsätzlich, jedoch nicht in allen Fällen ein Zeugnisverweigerungsrecht begründen. Dies ist damit zu begründen, dass Lebenssachverhalte, welche Gründe des Zeugnisverweigerungsrechts für Angehörige bilden, zwar grundsätzlich in der Ehe vorzufinden sind, jedoch eben nicht ausnahmslos, wie in dieser Arbeit herausgearbeitet worden ist.[979] Die Neuregelung könnte dann so gestaltet werden:

§ 52 [Zeugnisverweigerungsrecht aus persönlichen Gründen]
(1) Zur Verweigerung des Zeugnisses sind berechtigt:
1. Der Ehegatte des Beschuldigten, auch wenn die Ehe nicht mehr besteht,
2. der Lebenspartner des Beschuldigten, auch wenn die Lebenspartnerschaft nicht mehr besteht,
3. der Verlobte des Beschuldigten,
4. wer mit dem Beschuldigten in gerader Linie verwandt oder verschwägert, in der Seitenlinie verwandt ist oder war,
wenn die Beziehung zu dem Beschuldigten, wegen der Dauerhaftigkeit der Beziehung, der gegenseitigen Unterstützungsbereitschaft und dem Einstehen füreinander die Stabilität aufweist, die als besonders schützenwert erscheint.
(2) Weitere Personen können von der Zeugnispflicht entbunden werden, wenn ihre Beziehung zu dem Beschuldigten, wegen der Dauerhaftigkeit der Beziehung, der gegenseitigen Unterstützungsbereitschaft und dem Einstehen füreinander die Stabilität aufweist, die als besonders schützenwert erscheint.[980]

Das Zeugnisverweigerungsrecht schützt jene Sphäre des Einzelnen, in der er seine intimen, vertrauten und sexuellen Empfindungen, Ansichten und Gefühle zu anderen Menschen gestaltet. Grundgedanke dieser Vorschrift ist es, dass diejenigen zur Verweigerung des Zeugnisses berechtigt sind, die mit dem Beschuldigten eine Beziehung innehaben, die durch Stabilität im Hinblick auf Kontinuität, Intensität, gegenseitiger Unterstützungsbereitschaft und dem Einstehen füreinander gekennzeichnet ist. Dies hat seinen Grund darin, dass die Kommunikation mit Menschen, mit denen man aufs engste Verbunden ist, ein unerlässlicher Vorgang auf dem nie endenden Weg zur Identitätsfindung ist. Der Prozess der Identitätsfindung macht wiederum den Kernbereich des allgemeinen Persönlichkeitsrechts aus. In dieser Arbeit ist herausgearbeitet worden,[981] dass die Art und Weise der privaten Lebensführung einer Person, d.h., wie sie sich zu einer anderen in Bezug setzt, durch die intime, vertraute und sexuelle Bezugnahme auf andere Menschen und enge emotionale Bindungen gekennzeichnet ist und in privaten sozialen Beziehungsformen stattfindet. Bei allen Menschen besteht verbreitet das Bemühen, in einer möglichst stabilen privaten sozialen Beziehungsform

[979] Siehe § 7 D.
[980] Der zweite Absatz in der heutigen Fassung wird dann der dritte Absatz und der dritte Absatz in der heutigen Fassung der vierte Absatz.
[981] Siehe § 7 D.

ihr Leben zu führen, seien diese als konventionell oder nichtkonventionell zu bezeichnen. Auch nichtkonventionelle Beziehungen, die viele Menschen zwischen 20 und 35 Jahren eher eingehen als konventionelle, bieten eine gewisse Stabilität, Sicherheit und Orientierung.

Der erste Absatz stellt auf Zweierpartnerschaften und die Eltern-Kind-Beziehung ab, denn – wie in dieser Arbeit herausgearbeitet worden ist[982] – findet der zur Identitätsfindung führende Prozess zwischen den Menschen statt, die auf das Engste verbunden sind.[983] Zu dieser Gruppe zählen die Kinder des Beschuldigten, die Eltern, Großeltern, Enkel, Urenkel u.s.w., der Partner, gleich, ob der Zeuge nun Ehegatte des Beschuldigten ist oder mit ihm eine Lebenspartnerschaft eingegangen ist, sowie dessen Kinder und Eltern in gerader Linie. Auch sind Geschwister des Beschuldigten und der Verlobte zur Verweigerung des Zeugnisses berechtigt. In den ersten drei Nummern des ersten Absatzes werden die Menschen, die mit dem Beschuldigten eine private soziale Beziehungsform eingegangen sind, berechtigt, ihr Zeugnis zu verweigern. In Nummer vier sind die Personen der eigenen Abstammung und der Abstammung des Partners sowie die Geschwister aufgeführt.

In dem ersten Absatz kann daher auf gängige Rechtsbegriffe wie Ehe, Verlobung, Lebenspartnerschaft, Verwandtschaft und Schwägerschaft zurückgegriffen werden. Damit wird auf Normen des materiellen Familienrechts verwiesen, die durch Anpassung an Grundwerte der Verfassung entstanden sind. Diese sind ausfüllungsfähige Rechtsbegriffe, denn es ist möglich, sie durch die vollständige Angabe der sie kennzeichnenden Merkmale zu definieren.[984] Es bedarf eines rechtlichen Tatbestands als Ausgangspunkt von Rechtswirkungen, denn ein soziologischer Tatbestand allein vermag keine Rechtswirkungen auszulösen. Diese Personen bilden eine Familie mit dem Beschuldigten, d.h. den zur seelischen Stabilisierung notwendigen Schbereich, dem Bedeutung in Krisensituationen der Persönlichkeit zukommt, und der einen von öffentlicher Kontrolle freien Raum für eine ungestörte Selbstdarstellung bietet.[985] Aus dieser Arbeit ist jedoch hervorgegangen, dass die Rechtsinstitute der Ehe, Verlobung und Lebenspartnerschaft in Ausnahmefällen tatsächlich nicht die Merkmale widerspiegeln, welche idealerweise den Grund für das Zeugnisverweigerungsrecht ausmachen und konstitutiv gerade als zentrale Elemente von Ehe und Familie gesehen werden. Ein Element, dass diese Partnerschaftsformen gemeinsam haben, ist das Merkmal der Verantwortung. Nach dem Eheschließungsrechtsgesetz tragen die Ehegatten füreinander Verantwortung.[986] Eine Lebenspartnerschaft wird nur dann begründet, wenn die Partner Verantwortung füreinander tragen wollen.[987] Ein Verlöbnis benötigt den freien und ernstlichen Willen beider Verlobter, die Ehe einzugehen,[988] d.h. Verant-

---

982 Siehe § 7 D.

983 Siehe § 5 D II 1 c).

984 Zum Begriff im Rechtssinne siehe Larenz, Methodenlehre, S. 207 und 211.

985 BVerfGE 57, 170 (178); 80, 81 (91).

986 §§ 1353 I S. 2, 1314 II Nr. 5 BGB.

987 § 2 S. 2 Gesetz über die Eingetragene Lebenspartnerschaft, vom 16. Februar 2001, BGBl. I 2001 S. 266.

988 RG 35, 49 (52).

wortung füreinander zu tragen. Aus diesem Erfordernis muss gefolgert werden, dass die Menschen dieser unterschiedlichen privaten sozialen Beziehungsformen nur im Grundsatz dazu berechtigt sein können, ihr Zeugnis zu verweigern. Dies muss immer dann gelten, wenn die Beziehung zu dem Beschuldigten wegen dessen Dauerhaftigkeit, der gegenseitigen Unterstützungsbereitschaft und dem Einstehen füreinander als besonders schützenwert erscheint. Wie auch aus dieser Arbeit hervorgegangen ist,[989] sind Beziehungen mit den Menschen der eigenen Abstammung und der Abstammung des Partners sowie Beziehungen zwischen Geschwistern vereinzelt nicht durch das Merkmal Stabilität im Hinblick auf Kontinuität, der Intensität, der gegenseitigen Unterstützungsbereitschaft und dem Einstehen füreinander gekennzeichnet. Somit sind diese Personen nur in den Fällen zur Verweigerung des Zeugnisses berechtig, wenn ihre Beziehung zu dem Beschuldigten wegen der Dauerhaftigkeit der Beziehung, der gegenseitigen Unterstützungsbereitschaft und dem Einstehen füreinander diejenige Stabilität aufweist, die als besonders schützenwert erscheint.

In dieser Arbeit wird vorgeschlagen, einen zweiten Abschnitt so zu formulieren, dass weitere Personen von der Zeugnispflicht entbunden werden können, obwohl die private soziale Beziehungsform, die sie mit dem Beschuldigten verbindet, praktisch nicht greifbar ist. Dabei kann nicht in gleicher Weise auf Normen des materiellen Familienrechts verwiesen werden, die durch Anpassung an Grundwerte der Verfassung entstanden sind, wie die im ersten Absatz genannten Rechtsbegriffe. Hier werden alle weiteren sozialen Erscheinungsformen erfasst, die durch Bezugnahme aufeinander gekennzeichnet sind. Voraussetzung für die Befreiung eines Zeugen von der Zeugnispflicht nach dem zweiten Absatz ist, dass seine Beziehung zu dem Beschuldigten dauerhaft und von gegenseitiger Unterstützungsbereitschaft und dem Einstehen füreinander geprägt ist und deshalb als besonders schützenwert erscheint. Meines Erachtens ist dies eine Lösung, die den verfassungsrechtlichen Anforderungen ausreichend nachkommt.

Der Grundgedanke in der vorgeschlagenen Lösung ist der, dass Personen, die eine private soziale und dauerhafte Beziehungsform mit dem Beschuldigten haben, welche durch eine gegenseitige Unterstützungsbereitschaft und einem Einstehen füreinander gekennzeichnet ist, berechtigt sein sollen, ihr Zeugnis zu verweigern. Ob die private soziale Beziehungsform einen Begriff im Rechtssinne und somit einen fassbaren Rechtsbegriff darstellt oder nicht, soll für die Berechtigung zur Zeugnisverweigerung keinen Unterschied machen.

In der vorgeschlagenen Lösung kommt es somit auf die innere Willensrichtung des Zeugen gegenüber dem Beschuldigten an. In § 56 heißt es, dass die Tatsache, auf die der Zeuge die Verweigerung des Zeugnisses stützt, auf Verlangen Glaubhaft zu machen ist. Dabei genügt die eidliche Versicherung des Zeugen. Es fragt sich allerdings, ob der Lösungsvorschlag nicht schon deswegen scheitert, weil der Vernehmungsbeamte keine Mittel hat, um herauszufinden, ob der Zeuge eine stabile private soziale

[989] Siehe § 7 D.

Beziehungsform mit dem Beschuldigten innehat, die durch eine gegenseitige Unterstützungsbereitschaft und einem Einstehen füreinander gekennzeichnet ist. Auf diese Frage und weitere im Zusammenhang mit der Glaubhaftmachung wird kurz im nächsten Kapitel eingegangen. Meines Erachtens muss man jedoch zuerst untersuchen, ob der Lösungsvorschlag schon deswegen gescheitert ist, weil das nordische Vorbild schon im Ausgangspunkt als untauglich eingestuft werden muss.

Wie oben schon angesprochen wurde, hat sich in den nordischen Staaten kein grundsätzliches Verbot der Protokollverlesung nach Zeugnisverweigerung durchgesetzt. In diesen Ländern ist der Strafprozess auf die Grundsätze der freien Beweiswürdigung und des freien Rechtes zur Beweiserhebung aufgebaut. Die Grundregel besagt, dass Prozesssubjekte zwar die gewünschten Beweise führen dürfen, dagegen ist es aber die Sache des Gerichts, deren Beweiswert zu beurteilen.[990] Entsprechend dieser Rechtspraxis, können frühere Vernehmungsprotokolle nach Zeugnisverweigerung grundsätzlich in die Hauptverhandlung eingeführt werden und Vernehmungsbeamte vernommen werden. Wegen dieser elementar unterschiedlichen Auffassungen im nordischen und deutschen System (letzteres sieht ein Verbot der Protokollverlesung nach Zeugnisverweigerung vor), muss erörtert werden, ob dadurch verhindert wird, dass generalisierte Lösungen in die deutsche Strafprozessordnung einen Eingang finden können.

Als erstes muss festgestellt werden, dass grundsätzlich den nordischen Gerichten das Recht zur Verwertung und Verlesung bei späterer Weigerung ohne Rücksicht darauf zusteht, ob das Zeugnisverweigerungsrecht sich aus einem abschließenden Katalog ergibt oder ob das Gericht nach einer Würdigung persönlicher Beziehungen ein Zeugnisverweigerungsrecht erteilt hat. Diese Auffassung kann dazu führen, dass in der Hauptverhandlung einem angehörigen Zeugen die Berechtigung zur Verweigerung des Zeugnisses nach individueller Beurteilung zugesprochen wird, sein früheres Zeugnis jedoch in das Verfahren durch Protokollverlesung eingeführt wird. Diese Auffassung im nordischen Rechtssystem besagt jedoch nichts darüber, ob einem Menschen ein Zeugnisverweigerungsrecht zustehen soll oder nicht, oder welche Kriterien gegebenfalls das Gericht dazu bewegen, dem Angehörigen ein Zeugnisverweigerungsrecht zu erteilen. Dieser Unterschied zwischen den Systemen verhindert somit nicht, dass Vernehmungspersonen die Befugnis eingeräumt wird, über die Berechtigung zur Verweigerung des Zeugnisses nach individueller Beurteilung zu entscheiden.

II. Glaubhaftmachung

1. Einführung

Gegenstand der Glaubhaftmachung sind die zur Zeugnisverweigerung berechtigenden nicht offenkundigen Tatsachen,[991] also diejenigen Tatsachen, auf die der Zeuge die

---

[990] Andenæs, Beweisverbote im Strafprozess nordischer Länder, S. 3.
[991] BGH 28, 240 (258); Kleinknecht/Meyer-Goßner § 56 Rn 2.

Verweigerung des Zeugnisses stützt. Die Frage, ob es auf die Überzeugung des Richters ankommt oder ob lediglich ein objektiv zu bestimmender Maßstab für die Erbringung des Beweises relevant ist, stellt sich nicht, denn § 56 bestimmt, dass die eidliche Versicherung des Zeugen genügt. Diese ist zwar geboten, aber auch ausreichend.[992] Das Beweismaß der Glaubhaftmachung ist ein anderes als das des Vollbeweises. Beweisen heißt, dem Richter vom Vorliegen einer Tatsache zu überzeugen, während Glaubhaftmachung lediglich verlangt, dass ein nach den Umständen hinreichendes Maß an Wahrscheinlichkeit plausibel gemacht ist.[993] Das Beweismaß ist somit als reduziert gegenüber dem Beweismaß beim Vollbeweis zu verstehen.

Wenn man der Frage nachgeht, warum die Tatsache, auf die der Zeuge die Verweigerung des Zeugnisses stützt, nur (auf Verlangen) Glaubhaft zu machen ist, und dazu die eidliche Versicherung des Zeugen ausreichen soll, sollte man sich erst mit anderen gesetzlichen Anwendungsfällen der Glaubhaftmachung auseinandersetzen. Diese, wie z.B. §§ 26 II, 45 II, haben gemeinsam, dass die aufgrund der Glaubhaftmachung getroffene Entscheidung typischerweise nur eine vorläufige Entscheidung hinsichtlich des streitigen Rechts darstellt. Den Grund für die geringen Anforderungen an die Glaubhaftmachung kann somit die Tatsache sein, dass mit der Glaubhaftmachung des Verweigerungsgrundes keine endgültige Entscheidung über das streitige Recht getroffen wird. Dies ist jedoch nicht in allen Fällen der Fall. Wenn z.B. eine Prostituierte als einzige Zeugin gegen ihren Zuhälter im Ermittlungsverfahren vernommen wird, und sie dann gegen den wegen Zuhälterei beschuldigten Mann aussagt, jedoch in der Hauptverhandlung ihre Zeugnisverweigerung darauf stützt, dass sie seit längerer Zeit mit ihm verlobt sei, könnte der Beschuldigte wegen Mangels an Beweisen freigesprochen werden. Somit kann, wenn das Gericht diese Erklärung der Zeugin von vornherein aufgrund der bereits feststehenden Tatsachen nicht für widerlegt halten kann, die Glaubhaftmachung des Weigerungsgrundes bereits eine endgültige Entscheidung über das streitige Recht bewirken.

Der andere Grund dafür, warum die Tatsache, auf die der Zeuge die Verweigerung des Zeugnisses stützt, "nur" Glaubhaft gemacht werden muss, könnte sein, dass die Tatsachen, die Glaubhaft gemacht werden sollen, sich auf menschliche Empfindungen beziehen. Besondere Bedeutung kommt § 56 im heutigem Recht bei § 52 I Nr. 1 zu, wenn der Zeuge behauptet, dass er mit dem Beschuldigten verlobt sei. In anderen Fällen sind die Tatsachen, auf denen die Annahme gründet, einigermaßen leicht feststellbar. Eindeutig ist jedoch, dass man nicht "beweisen" kann, miteinander verlobt zu sein. Diese Tatsache könnte der andere Grund dafür sein, dass die Tatsache, auf die der Zeuge die Verweigerung des Zeugnisses stützt, nur Glaubhaft zu machen ist, und diese durch die eidliche Versicherung des Zeugen als Glaubhaft erachtet werden soll.

Zu dem formellen Verfahren muss erwähnt werden, dass die Belehrung des Zeugen über sein Zeugnisverweigerungsrecht nach § 52 aktenkundig zu machen ist. Gehört der

[992] BGH NJW 1972, 1334.
[993] Roxin, Strafverfahrensrecht, § 24 Rn 1.

Zeuge zu dem Personenkreis, der eine Beziehung zu den Beschuldigten innehat und fällt er unter einen Begriff im Rechtssinne, steht ihm grundsätzlich ein Zeugnisverweigerungsrecht zu. Zum Zweifeln wird es allgemein keinen Anlass geben, denn die Beziehungen sind leicht zu ergründen und zu einer Glaubhaftmachung wird es nicht kommen. Hat der Vernehmungsbeamte Zweifel an der Beziehung des Zeugen zum Beschuldigten und glaubt beispielsweise, dass es sich um eine Scheinehe handelt, muss er konkrete Anhaltspunkte heranziehen, um herauszufinden, ob hier der Zweck des Weigerungsrechts in der konkreten Situation nicht greift.

Meines Erachtens sind diese konkreten Anhaltspunkte bei der Ehe, Verlobung und weiteren Formen des Zusammenlebens, auf die im zweiten Absatz Bezug genommen wird, unterschiedlich, so dass der Vernehmungsbeamte offenbar Zweifel haben kann. In dem Kapitel über die Stellungnahme zur Ausgestaltung der Lösungsvorschrift dieser Arbeit wird die Lösungsvorschrift näher behandelt und dabei auch auf die konkreten Anhaltspunkte eingegangen, die auf einzelne Formen des Zusammenlebens anwendbar sind. Im Folgenden wird jedoch erst auf eine Neugestaltung des Eheschließungsrechtsgesetzes eingegangen, da dies einiges zu der Lösung des Problems beitragen kann, wann ein Zeuge eine stabile, private soziale Beziehungsform mit dem Beschuldigten innehat, welche durch eine gegenseitige Unterstützungsbereitschaft und einem Einstehen füreinander gekennzeichnet ist.

2. Die Verantwortung der Ehegatten füreinander nach dem Eheschließungsrechtsgesetzes

Mit dem am 1. Juli 1998 in Kraft getretenen Eheschließungsrechtsgesetz wurde in § 1353 I S. 2 BGB ein Halbsatz eingefügt, wonach die Ehegatten füreinander Verantwortung tragen.[994] Das Gesetz hat auch einen neuen § 1314 II Nr. 5 BGB begründet, nachdem diejenigen, die übereinstimmend keine Verpflichtung nach § 1353 I S. 2 BGB begründen wollen, eine jederzeit aufhebbare Ehe schließen. Dabei ist die Aufhebung nicht in die Disposition der Partner gestellt, sondern die zuständige Behörde kann und muss sie künftig bewirken. Das Gesetz geht nun auch insofern einen Schritt weiter, als dass die Willensfehler nicht länger nur Aufhebungsgrund sind, sondern schon im Vorfeld einen Hinderungsgrund für potentiell aufhebbare Ehen begründen. Der Standesbeamte wird für berechtigt und verpflichtet erklärt, seine Mitwirkung an einer aufhebbaren Ehe zu versagen.[995] Der neue § 1314 II Nr. 5 BGB wurde geschaffen, um Ehen mit ausländischen Partnern ausschließen zu können, die nur die Einreise nach oder den Aufenthalt in Deutschland ermöglichen oder die Abschiebung verhindern sollen. Gleichwohl wurde aber der Wortlaut nicht auf die Beseitigung reiner Aufenthaltsehen beschränkt.[996] *Brudermüller* zweifelt daran, dass die Vorschrift trotz ihrer allgemeinen Fassung als Generalklausel fungieren soll. Gemäß dem erkennbaren

[994] Zu diesem neuen Halbsatz, siehe Wagenitz, Wider der Verantwortung im Eherecht, S. 379 ff.
[995] Palandt/Brudermüller § 1314 Rn 14 und § 1315 Rn 14; Wagenitz, Wider der Verantwortung im Eherecht, S. 386.
[996] Palandt/Brudermüller § 1314 Rn 14.

Ziel, nur rechtsmissbräuchlich geschlossene Ehen zu missbilligen, erscheint für ihn eine enge Interpretation angezeigt.[997] Er meint, dass eine Eheschließung nur aus steuerrechtlichen Gründen oder nur wegen des Namens darunter fallen kann; bei einer reinen Versorgungsehe ist dies für ihn zweifelhaft und er meint, dass eine Eheschließung auf dem Sterbebett nicht darunter fallen dürfte. Hier stellt sich die Frage, ob eine Eheschließung mit dem Ziel, ein handfestes Zeugnisverweigerungsrecht zu bekommen, ein Grund für die Aufhebung der Ehe sein kann. Behält man den Grund für das Zeugnisverweigerungsrecht im Auge, kann die Antwort von einem Fall zum nächsten unterschiedlich ausfallen. Ausgeschlossen ist es somit nicht.

Von größerer Bedeutung ist diese neue Regelung jedoch deswegen, weil mit ihr Standesbeamten nicht nur das Recht, sondern die Verpflichtung auferlegt wird, ihre Mitwirkung an einer Eheschließung zu verweigern, wenn offenkundig ist, dass die Ehe aufhebbar ist, weil beide Ehegatten sich bei der Eheschließung darüber einig sind, dass sie keine Verantwortung füreinander tragen wollen. Hat der Beamte Zweifel, darf er jedoch keine Hausbesuche vornehmen oder Fragen zur Intimsphäre stellen. Er muss sich hierbei auf konkrete Anhaltspunkte beschränken,[998] wie z.B. Fehlen einer Sprache, in der sich beide Partner verständigen können, Alkohol oder Drogenabhängigkeit des deutschen Partners, weit auseinander liegende Aufenthaltsorte, Zusammenleben des einen Partners mit einem anderen Partner, sich widersprechende Angaben über Personalien oder Umstände des Kennenlernens, fehlende Kontakte vor dem Standesamtstermin, Zahlung eines Geldbetrages für die Eingehung der Ehe, eine, frühere Scheinehe eines der Verlobten und kürzlich vorausgegangene Anmeldung einer Eheschließung mit einem anderen Partner. Bei dieser Untersuchung ist das Gesamtbild entscheidend. Dabei darf der Beamte nur Kenntnisse verwenden, die „offenkundig“ sind. Bleiben nach Durchführung der Ermittlungen Zweifel, bleibt es bei der Vermutung, dass die Partner eine Verantwortungsgemeinschaft begründen wollen. In diesem Fall darf der Beamte die Eheschließung nicht verweigern. Bei bleibenden Zweifeln – insbesondere an der Ernsthaftigkeit der beabsichtigten Eheschließung – kann der Standesbeamte im Vorlageverfahren, das der Erleichterung und Beschleunigung des Prüfungsverfahrens des Standesbeamten dient, die Entscheidung des Amtsgerichts herbeiführen.[999] Dabei hängt die Zulässigkeit des Verfahrens nicht vom Grad des eventuellen Zweifels des Beamten ab. Mit dieser Regelung wird dem Standesbeamten somit die Pflicht auferlegt, wenn er nach Würdigung konkreter Anhaltspunkte der Meinung ist, dass die Ehegatten keine Verantwortungsgemeinschaft eingehen wollen, seine Mitwirkung an der Eheschließung zu verweigern.

Von Bedeutung bleibt dabei der Unterschied zwischen der Befugnis des Standesbeamten, zu prüfen, ob die Voraussetzungen für die Eingehung der Ehe vorhanden sind, um einer Scheinehe entgegenzuwirken, und der Ermittlung der materiellen Wahrheit im Strafverfahren mit all ihren Prinzipien und Maximen. Es kann jedoch der Weg, den

[997] Palandt/Brudermüller § 1314 Rn 14 m.w.N.
[998] Siehe hierzu Palandt/Brudermüller § 1310 Rn 8 m.w.N.
[999] Palandt/Brudermüller § 1310 Rn 8 m.w.N. auch zur gegenteiligen Ansicht.

der Standesbeamte gehen muss, eventuell auf die jeweilige Vernehmungsperson übertragen werden. Dabei kann auch diese keine Fragen zur Intimsphäre stellen. Wenn man jedoch als primären Gesichtspunkt betrachtet, was der Grund des Weigerungsrechts ist, nämlich zum einen der Schutz der Entschließungsfreiheit des Zeugen und zum zweiten, dass der Mensch nur zu ganz wenigen anderen Menschen eine schutzwürdige Beziehung unterhält, erscheint eine Entscheidung, ob dem Zeugen das Weigerungsrecht zustehen soll oder nicht, anhand einer Gesamtschau möglich. Der Vernehmungsbeamte kann anhand konkreter Anhaltspunkte herausfinden, zu welchen Personen der Zeuge schutzwürdige Beziehungen unterhält, so dass seine Entschließungsfreiheit gewahrt werden muss und ein Weigerungsrecht zu gewähren ist.

In all diesen Fällen ist das Gesamtbild entscheidend, wobei sich der Vernehmungsbeamte auf dieselben konkreten Anhaltspunkte stützen kann, wie sie auch der Standesbeamten bei seiner Ermittlung verwenden kann. Häufig kann das Gericht die Unterstellung einer schutzwürdigen Beziehung schon aus den bereits feststehenden Tatsachen von vornherein widerlegen oder für wahr erachten. Wenn dies jedoch nicht der Fall ist und das Gericht aus den Tatsachen keine Klarheit über die (Un) Richtigkeit dieser Unterstellung gewinnen kann, sind die tatsächlichen Grundlagen glaubhaft zu machen. In diesen Fällen ist die eidliche Versicherung geboten, aber auch genügend.[1000] Stellt der Beamte fest, dass die Ehe die Funktion einer umfassenden „Lebenshilfe" nicht innehat, wird dem Zeugen auferlegt, auszusagen. Der Zeuge kann sich nun entscheiden, ob er aussagen will oder nicht, wobei auf letzteres mit dem in § 70 normierten Zwangsmittel reagiert wird. Nach Gewährung des rechtlichen Gehörs kann durch den Richter die Haft – nach dem Hinweis auf die Grundlosigkeit der Weigerung und deren Folge – festgesetzt werden, deren Vollstreckung durch die Staatsanwaltschaft erfolgt. Die Staatsanwaltschaft kann im Ermittlungsverfahren Ordnungsgelder verhängen. Gegen die Verhängung kann gemäß § 161a III eine gerichtliche Entscheidung beantragt werden. Wenn das zuständige Gericht[1001] bei seiner Überprüfung nun zu dem Schluss kommt, dass der Zeuge zu dem Beschuldigten solch eine intime Beziehung hat, dass ihm das Weigerungsrecht zustehen soll, wird ihm dieses Recht erteilt. Andernfalls wird die Entscheidung bestätigt.

Wenn der Zeuge in dieser Situation nun aussagt und in der späteren Revision der Beschuldigte rügt, dass dem Zeugen zu Unrecht kein Weigerungsrecht zugestanden worden ist, kann das dazu führen, dass dies als Verfahrensfehler anzusehen und das Urteil aufzuheben ist. Es ist offensichtlich, dass dieses Ergebnis jedoch ein Ausnahmefall sein wird. Wenn solch eine Situation auftritt, muss sie jedenfalls der Rechtssicherheit wegen hingenommen werden. In Anbetracht dessen, dass mit der Regelung einem verfassungsrechtlichen Gebot nachgekommen wird, und im Hinblick auf die Greifbarkeit des wahren Zwecks des Weigerungsrechts, bin ich überzeugt, dass Rechtspre-

[1000] BGH NJW 1972, 1334.
[1001] Zum zuständigen Gericht siehe Kleinknecht/Meyer-Goßner § 161a Rn 19 m.w.N.

chung und Literatur sehr schnell eine Einigung erzielen, wie die Regelung ausgelegt werden soll.[1002]

Meines Erachtens stellt es kein unüberwindbares Problem dar, herauszufinden, ob zwischen dem Zeugen und dem Beschuldigten eine Beziehung besteht, und ob diese die notwendige Stabilität im Hinblick auf Kontinuität, Intensität, gegenseitige Unterstützungsbereitschaft und das Einstehen füreinander aufweist. Der Gesetzgeber hat meines Erachtens mit der Neuregelung des Eheschließungsrechtsgesetzes ein Vorbild geschaffen, das zur Lösung des Problems beitragen kann. Im Nachfolgenden werden die einzelnen Rechtsbegriffe „Ehegatte", „Lebenspartner", „Verlobte", „Verwandte" und „verschwägert" besprochen und gezeigt, welche konkreten Anhaltspunkte herangezogen werden können um herauszufinden, ob die jeweilige Beziehung, die wegen der Dauerhaftigkeit der Beziehung, der gegenseitigen Unterstützungsbereitschaft und des Einstehens füreinander die Stabilität aufweist, die als besonders schützenwert erscheint und den Menschen zur Verweigerung des Zeugnisses berechtigt.

III. Stellungnahme zur Ausgestaltung der Lösungsvorschrift

1. Der Ehegatte des Beschuldigten

a) Einleitung

Voraussetzung dafür, dass der Ehegatte nach heutiger Auffassung das Zeugnisverweigerungsrecht für sich in Anspruch nehmen kann, ist, dass im Zeitpunkt der Vernehmung[1003] eine im Inland wirksam geschlossene oder eine im Ausland geschlossene, nach dem Recht der Bundesrepublik als gültig anzuerkennende Ehe besteht, oder dass sie früher bestanden hat. Mit der Anknüpfung an den Tatbestand der Ehe verweist die Strafprozessordnung auf Normen des materiellen Familienrechts, die durch Anpassung an Grundwerte der Verfassung entstanden sind.

[1002] Obwohl der nichtangehörige Mitbeschuldigte nicht zum Verwandtschaftskreis des verweigerungsberechtigten Zeugen gehört, schließt dieser Umstand nicht aus, dass sich die Regelung unmittelbar auf ihn auswirkt. Zu Recht wirkt sich die Unterlassung der Belehrung gemäß § 52 III S. 1 so aus, dass auch Mitangeklagte sie rügen können, zu deren Ungunsten die Aussage verwertet worden ist, wenn der Zeuge ausgesagt hat und das Urteil darauf beruht; Kleinknecht/Meyer-Goßner § 52 Rn 34 m.w.N.; Dahs/Langkeit, StV 1992, 492 (493). Wie kann diesem ein Rügerecht zugesprochen werden, wenn sich die Regel nur als ein Reflex für ihn auswirkt? Bei einer Aufhebung eines Urteils durch das Revisionsgericht zugunsten eines Angeklagten erstreckt die Aufhebung sich auch auf Mitangeklagte, obwohl sie keine Revision eingelegt haben. Voraussetzung ist, dass der Mitangeklagte durch dasselbe Urteil verurteilt worden ist, es sich um dieselbe Tat im prozessualen Sinn gehandelt hat und die Revision wegen sachlichrechtlicher Fehler erfolgreich war oder eine von Amts wegen zu beachtende Verfahrensvoraussetzung fehlte, die auch für den Mitangeklagten von Bedeutung war (BGHSt 10, 137 (141).). Bei einem dieselbe Tat betreffenden strafrechtlichen Vorwurf gegen mehrere Mitbeschuldigte ist das Zeugnisverweigerungsrecht unteilbar, da der Zeuge nur einheitlich aussagen kann, so dass sich sein Zeugnisverweigerungsrecht nur einheitlich auswirken kann; So auch Beulke, Strafprozeßrecht, Rn 192.

[1003] Nicht schon bei Begehung der Tat; Kleinknecht/Meyer-Goßner § 52 Rn 5; LR-Dahs § 52 Rn 9.

Nach dem Vorschlag ist der Ehegatte des Beschuldigten grundsätzlich zur Verweigerung des Zeugnisses berechtigt. Wie oben bereits hervorgehoben worden ist, ist die Vorschrift so gestaltet, dass auf den Inbegriff des Grundes des Zeugnisverweigerungsrechts abgestellt wird. Für die Neuregelung ist das Zurückgreifen auf formalisierte familienrechtliche Verhältnisse nicht ausschlaggebend. Entscheidend ist, ob die Menschen eine Beziehung aufweisen, welche die Merkmale aufweist, die dem Schutz der Entschließungsfreiheit des Zeugen als Zweck des Zeugnisverweigerungsrechts nachkommen. Grundsätzlich erfüllt eine Ehe diese Merkmale. Es handelt sich dabei um zwei Partner, die ihr Leben teilen und dabei eine Verantwortungs und Einstehensgemeinschaft bilden. Ihre Beziehung hat die Funktion einer umfassenden „Lebenshilfe" inne. Nach der Neuregelung berechtigt die Ehe grundsätzlich den Ehegatten, sein Zeugnis zu verweigern. Ein verfassungsrechtlich geschütztes Zeugnisverweigerungsrecht begründet die Ehe hingegen nicht. Besitzen die Ehegatten nicht das, was den Inbegriff des Zeugnisverweigerungsrechts ausmacht, steht Ihnen dementsprechend auch kein Zeugnisverweigerungsrecht zu.

Ehen, die im Ausland geschlossen worden sind, sind grundsätzlich auch von § 52 umfasst. Die im Ausland geschlossene Ehe muss nach deutschem Recht als gültig anzuerkennen sein. Wann dies der Fall ist, regelt grundsätzlich Art. 11 i.V.m. Art. 13 EGBGB. Die materiellen Voraussetzungen einer jeden Heirat regelt Art. 13 I EGBGB. Demnach entscheidet das Personalstatut eines jeden Verlobten. Die allgemeinen Formvorschriften hingegen regelt Art. 11 EGBGB. Demnach ist die Ehe formgültig geschlossen, wenn das Eheschließungsstatut (kumulativ die Heimatrechte beider Verlobten (Art. 13 I EGBG)) oder das Recht am Ort der Eheschließung die gewählte Form vorsieht.[1004] *Kegel*[1005] meint, dass, ob eine Ehe im Sinne von Art. 13 I EGBGB geschlossen ist, bei manchen Gebilden ausländischen Rechts zweifelhaft sein kann und anhand der Wirkungen und Lösungsmöglichkeiten zu prüfen sei.[1006] Für die im Ausland geschlossene und nach deutschem Recht als gültig anerkannte Ehe gilt dasselbe wie für die in Deutschland formgültig geschlossene Ehe. Nach dem Lösungsvorschlag steht dem Ehegatten ein Zeugnisverweigerungsrecht nur dann zu, wenn die Beziehung zu dem Beschuldigten, wegen der Dauerhaftigkeit der Beziehung, der gegenseitigen Unterstützungsbereitschaft und des Einstehens füreinander die Stabilität aufweist, die als besonders schützenwert erscheint.

Wie zuvor hervorgehoben worden ist, hat das BverfG die „hinkende Ehen", d.h. die Ehe eines Deutschen mit einem ausländischen Partner, die nach ausländischem Recht als gültig geschlossen, nach deutschem Recht jedoch als ungültig angesehen wird,

[1004] Firsching/von Hoffmann, Internationales Privatrecht, § 8 Rn 6.
[1005] Kegel, Internationales Privatrecht, S. 687.
[1006] So meint die h.M., dass die sogenannte Handschuhehe, (d.h. eine Ehe die eingegangen wird ohne selbst zu der Trauung zu erscheinen), durch Boten, die nur die Form betrifft, gültig ist, wenn sie nach den Personalstatuten der Verlobten oder nach Ortsrecht erlaubt ist. Die Handschuhehe durch Stellvertreter betrifft auch die sachlichen Voraussetzungen der Ehe. Beide Arten der Handschuhehe verstoßen nicht gegen die deutsche ordre public (Art. 6 I EGBGB); Kegel, Internationales Privatrecht, S. 687.

grundsätzlich in den Schutzbereich des Art. 6 I GG einbezogen.[1007] Das Gericht hat auf die in § 1310 BGB vorgesehene Mitwirkung eines Standesbeamten als Voraussetzung für eine wirksame Eheschließung verzichtet und vorweg lediglich die Willensübereinstimmung der Verlobten, miteinander die Ehe eingehen zu wollen, hervorgehoben. Partner einer „hinkenden Ehe" sind nicht gemäß § 52 I Nr. 2 berechtigt ihr Zeugnis zu verweigern, sondern es wird auf § 52 II des Lösungsvorschlags verwiesen.[1008]

Die meisten Menschen gehen eine Ehe ein, um eine Lebensgemeinschaft zu gründen, oder eine bereits gegründete (nichteheliche) Lebensgemeinschaft weiterzuführen. Mit der Entscheidung des Gesetzgebers, Ehegatten ein Zeugnisverweigerungsrecht gegeneinander zu erteilen, wird ihnen erleichtert, ihr eheliches Zusammenleben so zu führen und zu gestalten, wie sie es wünschen. Wie Art. 6 I GG schützt § 52 somit die Ehe und garantiert zugleich eine Sphäre privater Lebensgestaltung.

Hier drängt sich nun die Frage auf, wie glaubhaft gemacht werden kann, dass der Zeuge solch eine Beziehung zu dem Beschuldigten hat, dass ihm mit der Auferlegung der Zeugnispflicht sein Recht genommen würde, seine Beziehung zu ihm so zu gestalten, wie es ihm nach dem durch Art. 2 I i.V.m. Art. 1 I GG begründeten Recht auf Entschließungsfreiheit zusteht; d.h. auf welche konkreten Anhaltspunkte zurückgegriffen werden kann, um festzustellen, wann einem Ehegatten das Recht nicht zustehen sollte. Meines Erachtens besteht keine Schwierigkeit darin, festzustellen, ob zwischen dem Beschuldigten und dem Zeugen eine so geartete Beziehung besteht, dass sie ein Weigerungsrecht begründen kann. Jedenfalls gestaltet es sich nicht so schwierig, wie manche befürchten würden. Hier muss besonders auf die oben schon erwähnte Neuregelung des Eheschließungsrechtsgesetzes[1009] hingewiesen werden, denn mit ihr wurde vor wenigen Jahren ein ähnliches Problem aufgegriffen und bewältigt. Dieses Problem wird näher in Kapitel b) behandelt.

Wie der Lösungsvorschlag auf Ehen mit einem Abschlussmangel und auf die Nichtehe einwirkt, wird in Kapitel c) besprochen. Fehlerhaft zustande gekommene Ehen können sich Aufhebungsgründen ausgesetzt sehen. Wie der Lösungsvorschlag auf diese Situationen einwirkt, wird in Kapitel d) besprochen. In Kapitel e) wird die Sachlage des geschiedenen Ehegattens beschrieben und in Kapitel f) wird schließlich untersucht, ob der Lösungsvorschlag gegen Art. 6 I GG verstößt.

b) Der nicht zur Verweigerung des Zeugnisses berechtigte Ehegatte

Dem Ehegatten, der nach dem Lösungsvorschlag nicht zur Verweigerung des Zeugnisses berechtigt ist, fehlt es nicht an dem Willen, in einer wirksamen Ehe zu leben. Ihm fehlt es vielmehr an der tatsächlichen Absicht, eine gelebte Gemeinschaft mit seinem Partner zu leben, eine auf eheliche „Verantwortungsgemeinschaft" zielende

[1007] Siehe § 5 F II 2.
[1008] Siehe § 18 B III 5.
[1009] Gesetz zur Neuordnung des Eheschließungsrechts vom 4.5.1998, BGBl. I 1998 S. 833.

Ehe zu führen. Der nicht zur Verweigerung des Zeugnisses berechtigte Ehegatte will zwar die Ehe „äußerlich" als Vertrag, nicht jedoch dessen „Inhalt" – intime persönliche Beziehungen und enge emotionale Bindungen –, den das Recht zwingend vorgibt und der in dieser Arbeit als zentrales, konstitutives Element von Ehe und Familie hervorgehoben worden ist.[1010] Der tatsächliche Wille des „Ehegatten" läuft steht somit entgegen jeden Grundes für das Zeugnisverweigerungsrecht, das jemals in Rechtsprechung und Literatur erwähnt worden ist.

Durch die Neuregelung wird es dem Gericht möglich sein, solch einem Missbrauch entgegenzuwirken, da Ehegatten nur in den Fällen berechtigt sind, das Zeugnis zu verweigern, in denen die Beziehung zu dem Beschuldigten, wegen der Dauerhaftigkeit der Beziehung, der gegenseitigen Unterstützungsbereitschaft und des Einstehens füreinander die Stabilität aufweist, die als besonders schützenswert erscheint. Nach der hier vertretenen Ansicht ist es Sache der begünstigenden Norm – in diesem Falle § 52 – und nicht des Eheschließungsrechts, dem Ehepaar ungerechtfertigte Vorzüge zu versagen. Es ist somit nicht richtig, schlicht darauf abzustellen, ob eine Ehe formgültig geschlossen worden ist oder nicht. Um zu ermitteln, ob der Ehegatte zur Verweigerung des Zeugnisses berechtigt ist oder nicht, dürfen objektive Kriterien herangezogen werden, wobei beachtet werden muss, dass diese durchaus nicht von einer Ehe gefordert werden. Die Kriterien, die herangezogen werden können, um zu beurteilen, ob es sich um eine auf eheliche „Verantwortungsgemeinschaft" zielende Ehe handelt oder nicht, also ob der Ehegatte zur Verweigerung des Zeugnisses berechtigt ist oder nicht, sind z.B. gemeinsames Wohnen und Wirtschaften, eine bereits gemeinsam erfahrene Vergangenheit, Verschiedensprachigkeit und kulturelle Unterschiede. Als weiteres Kriterium kommt z.B. in Betracht, ob der Ehegatte in einer nichtehelichen Lebensgemeinschaft oder Lebenspartnerschaft mit einem anderen Menschen lebt.

c) Abschlussmangel und Nichtehen

Ehen können einen Abschlussmangel aufweisen. Abschlussmängel wirken jedoch nicht unmittelbar vernichtend, sondern sie wirken ebenso wie Aufhebungsgründe auf den Bestand der Ehe erst durch ein Gestaltungsurteil ein, d.h. erst mit der Rechtskraft eines gerichtlichen Urteils nach einem Verfahren, das der Prüfung ihres Vorliegens dient (§§ 1313 ff. BGB). In diesem Kapitel wird kurz darauf eingegangen, wie der Lösungsvorschlag in dieser Situation zu handhaben ist.

Von dem Abschlussmangel einer Ehe muss die Situation differenziert werden, dass der Tatbestand des Eheschlusses nicht gesetzt wurde, die Mindestvoraussetzungen einer Ehe nach § 1310 I, II BGB nicht erfüllt sind, d.h. die Ehe ist nicht vor dem Standesbeamten geschlossen, dessen Mitwirkung wurde erzwungen, die Partner haben nicht

---

[1010] Wagenitz, Wider der Verantwortung im Eherecht, in: FS für Rolland, S. 379 (387 und 390). Ein Blick auf das Scheidungsrecht lässt erkennen, welche zentrale Bedeutung die Lebensgemeinschaft nach den Vorstellungen des Gesetzgebers für die Ehe hat; geben die Ehegatten die Lebensgemeinschaft auf, dann kann die Ehe geschieden werden (§ 1565 ff. BGB), weil sie dann nicht mehr schutzwürdig ist.

übereinstimmend erklärt, dass sie einander heiraten wollen oder gleichgeschlechtliche Partner sind die Ehe eingegangen. In diesen Fällen fehlt dem Handeln jede Wirkung im Eherecht, und es liegt eine Nichtehe vor, die keiner Vernichtung mehr bedarf.[1011] Grundsätzlich haben Partner einer Nichtehe auch kein Weigerungsrecht aus § 52. Nach § 1310 III BGB kann jedoch eine Ehe, die in der BRD nicht vor einem Standesbeamten geschlossen worden ist, nachträglich geheilt werden. Solch eine Heilung umfasst sowohl die hinkende Ehe[1012] als auch die Ehe, die sowohl nach deutschem als auch nach ausländischem Recht eine Nichtehe darstellt.[1013] So kann eine Nichtehe unter den dort genannten engen Voraussetzungen ausnahmsweise nicht nur als wirksam behandelt werden, sondern die Verbindung erlangt den Status einer Ehe.[1014]

Voraussetzung hierfür ist erstens, dass Mann und Frau erklärt haben, die Ehe miteinander eingehen zu wollen; dabei muss die Erklärung vor einer Stelle abgegeben worden sein, die nach kirchlichem oder ausländischem Recht für Trauungen zuständig ist, ohne dass es auf die Zuständigkeit im Einzelfall ankommt.[1015] Hinzukommen muss die Amtshandlung des Standesbeamten im Zusammenhang mit den Heiratserklärungen (§ 1310 III Nr. 13 BGB). Drittens müssen die Partner seit der Amtshandlung des Standesbeamten für zehn Jahre oder bis zum Tode eines der Partner miteinander gelebt haben.

Sollte solch eine Heilung einer nicht vor einem Standesbeamten geschlossenen Ehe stattgefunden haben, besitzen die Ehegatten nach Ablauf der Zehnjahresfrist folgerichtig auch ein Weigerungsrecht. Wie oben schon hervorgehoben worden ist, gilt dies sowohl für die so genannten hinkenden Ehen als auch diejenigen, die sowohl nach deutschem als auch nach ausländischem Recht Nichtehen sind, da § 1310 III BGB auch eine Heilung solcher Ehen vorsieht. Die Heilung hat rückwirkende Kraft. Nun stellt sich die Frage, ob den Ehegatten nach Amtshandlung des Standesbeamten, jedoch vor Ablauf der Zehnjahresfrist, ein Weigerungsrecht aufgrund § 52 I Nr. 1 des Lösungsvorschlags zusteht. Hier muss jedoch hervorgehoben werden, dass das BGB mit Bezug auf den Tod des einen Partners unterscheidet, ob die Partner weniger als fünf Jahre oder schon mehr als fünf Jahre wie Ehegatten miteinander gelebt haben. Die Heilung einer Ehe, in der der eine Partner vor Abschluss einer Fünfjahresfrist stirbt, tritt nämlich nicht ein. Die menschliche Nähe, die die geschiedene Ehe geschaffen hat, kann sehr wohl fortbestehen. Dies ist um so mehr anzunehmen, wenn Kinder die Frucht einer geplanten Entscheidung und einer auf Liebe basierenden Beziehung waren.

Meines Erachtens muss bei dieser Frage auf die besonderen Umstände des Weigerungsrechts abgestellt werden und – wie sich aus der Beschaffenheit der Situation ergibt – nicht auf die Dauer des Zusammenlebens der Partner als Ehegatten. Hat die urkundliche Handlung des Standesbeamten stattgefunden, muss nach einer, hier vertrete-

[1011] Gernhuber/CoesterWaltjen, FamR § 12 II 7; Schellhammer, FamR Fn 14.
[1012] Mehr dazu unten.
[1013] Brudermüller/Pallandt, § 1310 Rn 10.
[1014] So Barth/Wagenitz, FamRZ 1996, 833 (843).
[1015] Palandt/Brudermüller § 1310 Rn 11.

ne Auffassung, aus dem wohl tragenden Prinzip des § 1310 III BGB, des Vertrauensschutzes,[1016] – und den engen Anforderungen, die im Zusammenhang mit der statusrechtlichen und umfassend wirkenden Heilung – gefolgert werden, dass die Gerichte nicht daran gehindert sind, einzelne eigentlich der Ehe vorbehaltene Rechtsfolgen schon dann zuzubilligen, wenn die Voraussetzung für eine statusrechtliche Heilung noch nicht vorliegen. Dies beschädigt die Einheit der Rechtsordnung ebenso wenig wie der umgekehrte Fall, wenn den Ehegatten einer zum Schein geschlossenen Ehe das Zeugnisverweigerungsrecht verweigert wird. Im selben Sinne wird hier auch die Meinung vertreten, dass der zurückbleibende Partner ein Weigerungsrecht gegenüber seiner Schwägerschaft hat, wenn ein Partner binnen der Zehnjahresfrist stirbt. Wie zuvor erwähnt worden ist,[1017] rückt die nach § 1310 III BGB geheilte Ehe aus dem Status der Nichtehe in die Form einer gültigen, und zwar von dem Zeitpunkt ab, in dem der Standesbeamte handelte. Solch eine geheilte Ehe steht somit unter Schutz von Art. 6 I GG. Auch die „Ehe“, die die zehnjährige Frist noch nicht erreicht hat, sollte unter Schutz des Art. 6 I GG stehen.

d) Aufhebungsgründe

Aufhebungsgründe bei fehlerhaft zustande gekommenen Ehen sind neben der fehlenden Ehefähigkeit und Geschäftsunfähigkeit, die mangelnde Form der Eheschließung, Abschluss der Ehe im Zustand der Bewusstlosigkeit oder der vorübergehenden Störung der Geistesfähigkeit sowie Willensmängel und Verstoß gegen die trennenden Eheverbote der Doppelehe und der Ehe unter nahen Verwandten und Verschwägerten. Im Fall einer fehlerhaft zustande gekommenen Ehe, die für nichtig erklärt werden kann, ist die Ehe bis zur Rechtskraft des Urteils jedoch voll wirksam. Unter den Gesichtspunkten der heutigen Ausgestaltung der Vorschrift über das Zeugnisverweigerungsrecht, der Auffassung der Literatur zu der Frage bezüglich des Fortbestehens des Weigerungsrecht nach der Nichtigerklärung[1018] und der übergeordneten Rechtsprechung,[1019] könnte interpretiert werden, dass in der Zeit zwischen der Schließung einer fehlerhaft zustandegekommenen Ehe und der Rechtskraft des Aufhebungsurteils den Ehegatten ein Zeugnisverweigerungsrecht zusteht.

Mit der Neuregelung der Lösungsvorschrift könnte dieser Ansicht jedoch Bedenken entgegenstehen. Hier sollte unter Umständen auf den Willen des Paares abgestellt werden, ob sie gemeinsam die Ehe fortführen wollen. Es sollte sodann § 1315 BGB Berücksichtigung finden, der detaillierte Regelungen enthält, unter welchen Voraussetzungen eine fehlerhaft zustandegekommene, jedoch wirksame, Ehe geheilt werden kann und damit ihre Aufhebung ausgeschlossen ist. Ein Zeugnisverweigerungsrecht sollte dem Ehepaar jedenfalls in den Fällen zustehen, wenn die den Mangel begründ-

---

[1016] So Barth/Wagenitz, FamRZ 1996, 833 (843 f.), obwohl unter diesen Voraussetzungen die Heilung auch eintritt, wenn die vermeintlich Ehegatten wissen, dass ihre „Ehe“ eine Nichtehe ist; Palandt/Brudermüller § 1310 Rn 14.
[1017] Siehe § 5 F II 2.
[1018] Kleinknecht/Meyer-Goßner § 52 Rn 5.
[1019] BGHSt 9, 37.

ende Vorschrift dem Schutz der freien Willensentschließung dient und der betroffene Ehegatte im Zustand voller Entscheidungsfreiheit zu erkennen gibt, dass er den Mangel als nicht bedeutsam erachtet und die Ehe fortsetzen will. Hat der eine Partner den anderen in die Ehe hineingetäuscht oder – im schlimmsten Fall – in die Ehe hineingedroht, und läuft schon ein Verfahren zur Aufhebung der Ehe auf Antrag des getäuschten oder bedrohten Partners, sollte die Ausübung des Zeugnisverweigerungsrechts verwehrt werden.

Da Ehegatten auch ein Weigerungsrecht zusteht, wenn einmal eine Ehe zwischen ihnen bestanden hat, stellt sich die Frage, ob aufgehobene, fehlerhaft zustande gekommene Ehen als »nicht mehr bestehende Ehen« im Sinne von § 52 I Nr. 3 eingeordnet werden können. Dies sollte davon abhängen, ob die Aufhebung nur für die Zukunft (ex nunc) wirkt, oder ob die Ehe nach Aufhebung als von Anfang an unwirksam (ex tunc) anzusehen ist. Diese Frage hat der Gesetzgeber ausdrücklich offen gelassen.[1020] Der BGH[1021] hat sich schon einmal zu dieser Frage äußern müssen und in dem konkreten Fall den Grundsatz erstellt, dass eine Ehe für die Anwendung der StPO nicht jede rechtliche Bedeutung verliert, obwohl sie für nichtig erklärt worden ist und damit von Anfang an als nicht bestehend zu behandeln ist.

In dem Urteil heißt es, dass Voraussetzung für den Begriff des Ehegatten lediglich die verfahrensrechtlich gültige Schließung der Ehe ist. Aus welchem Grund die Ehe nicht mehr besteht, muss nach dem der Bestimmung zugrunde liegenden gesetzgeberischen Gedanken bedeutungslos sein. Hiernach sollen Personen, deren Unvoreingenommenheit wegen ihrer nahen persönlichen Beziehungen zu dem Angeklagten nicht gegeben erscheint, und die eine Aussage in einen Widerstreit zwischen der Wahrheitspflicht und ihrer Bindung gegenüber einem Verwandten oder Verschwägerten bringt, nicht zu einer Aussage gezwungen und vor der Gefahr einer falschen eidlichen oder uneidlichen Aussage bewahrt werden. Die dem Zeugnisverweigerungsrecht zugrunde liegenden nahen persönlichen Bindungen und ihre Folgen werden durch die Auflösung und auch durch eine Nichtigkeitserklärung der einmal verfahrensrechtlich gültig geschlossenen Ehe nicht beseitigt.[1022]

Dem Gedanken, dass jede Aufhebung einer Ehe keine Wirkung auf die Ausübung des Weigerungsrechts hat, kann jedoch nicht gefolgt werden; sei sie lediglich durch eine mangelnde Form der Eheschließung bedingt, dadurch dass die Ehe im Zustand der Bewusstlosigkeit oder der vorübergehenden Störung der Geistesfähigkeit abgeschlossen wurde, oder weil Willensmängel, arglistige Täuschung oder Drohung vorlagen, oder gegen die trennenden Eheverbote der Doppelehe und der Ehe unter nahen Verwandten

[1020] BT-Drucksache 13/9416, S. 28.
[1021] BGHSt 9, 37 (38).
[1022] Diese Rechtsprechung haben auch die Kommentare zur StPO aufgenommen; Kleinknecht/Meyer-Goßner § 52 Rn 5; LR-Dahs § 52 Rn 9, jeweils m.w.N.

und Verschwägerten verstoßen wurde.[1023] Mit Blick auf die einzelnen Aufhebungsgründe wird in dieser Arbeit dafür plädiert, dass auch hier auf den Willen der beiden Ehegatten abgestellt werden sollte.

Ist die Ehe aufgehoben worden, weil ein Ehegatte sich bei der Eheschließung im Zustand der Bewusstlosigkeit oder vorübergehender Störung der Geistestätigkeit befand; ein Ehegatte bei der Eheschließung nicht gewusst hat, dass es sich um eine Eheschließung handelte; er zur Eingehung der Ehe durch arglistige Täuschung über solche Umstände bestimmt worden ist, die ihn bei Kenntnis der Sachlage und bei richtiger Würdigung des Wesens der Ehe von der Eingehung der Ehe abgehalten hätten (egal ob die Täuschung von dem anderen Ehegatten stammt oder von einem Dritten); ein Ehegatte zur Eingehung der Ehe widerrechtlich durch Drohung bestimmt worden ist, und schließlich; beide Ehegatten sich bei der Eheschließung darüber einig waren, dass sie keine Verpflichtung zu einer ehelichen Lebensgemeinschaft begründen wollten, sollte ihnen das Weigerungsrecht nicht zustehen.[1024]

e) Der geschiedene Ehegatte

In dieser Arbeit über die sozialen Beziehungen ist festgestellt worden,[1025] dass Scheidungen zu einer Lösung vom Ehepartner führen, aber die Beziehungen zu den eigenen Kindern und der Herkunftsfamilie bestehen bleiben.

Das durch die Scheidung und Lösung vom Ehepartner entstandene Kommunikations und Interaktionsdefizit wird bei den Geschiedenen durch Freunde kompensiert. In Fällen der Scheidung stellen sich die sozialen Beziehungen zu den eigenen Geschwistern, Eltern, Kindern und Enkeln als stabil dar. Beziehungen, in denen der Einzelne intime und persönliche Gespräche führt, in welchen und durch welche jene Sphäre entsteht, in der sich Intimität entwickeln kann und der Einzelne seine intimen, vertrauten und erotischen Empfindungen zu anderen Menschen gestaltet, sind private soziale Beziehungsformen. Die durch Art. 2 I i.V.m. Art. 1 I GG geschützte Beziehung ist diejenige, die schon eine gewisse Zeit besteht, in der die Partner gegenseitige Unterstützungsbereitschaft finden, und in denen die Partner füreinander einstehen. Dies ist bei Geschiedenen grundsätzlich nicht (mehr) der Fall. Aus diesem Grund wird auch in dieser Arbeit dafür plädiert, dass der geschiedene Ehegatte und die in gerader Linie und in der Seitenlinie Verwandten und Verschwägerten nicht in den Katalog aufgenommen werden, sondern unter Umständen nur ein Zeugnisverweigerungsrecht erteilt werden soll, wenn ihre Beziehung zu dem Beschuldigten, wegen der Dauerhaftigkeit ihrer Beziehung, der gegenseitigen Unterstützungsbereitschaft und dem Einstehen füreinander als besonders schützenwert erscheint. So soll der Umstand, dass das frühere Ehepaar gemeinsame Kinder hat, grundsätzlich keinen Einfluss darauf haben,

---

[1023] Da die Folgen der Aufhebung sich gemäß § 1318 I BGB nach der Scheidung richten, spricht sich die familienrechtliche Literatur für eine Wirkung für die Zukunft aus, soweit es § 1318 IIIV BGB ausdrücklich anordnet.

[1024] So die Aufhebungsgründe in § 1314 II BGB.

[1025] Siehe § 7 B.

ob dem früheren Ehegatten das Weigerungsrecht zusteht oder nicht. Der Umstand, dass gemeinsame Kinder vorhanden sind, kann jedoch ein Indiz dafür sein, dass sie trotz ihrer Scheidung mit gegenseitiger Unterstützungsbereitschaft handeln und füreinander einstehen.

f) Art. 6 I GG

Nun kann man sich auch die Frage stellen, ob durch die vorgeschlagene Regelung Art. 6 I GG, der Ehe und Familie unter den besonderen Schutz der staatlichen Ordnung stellt, in irgend einer Weise verletzt wird. Dogmatisch ist die Schutzpflicht zweistufig aufgebaut: durch ein Privilierungsgebot und ein Diskriminierungsverbot.[1026] Das zweite hindert den Gesetzgeber daran, die ungleichen und daher der gesetzgeberischen Differenzierung an sich zugänglichen Sachverhalte des ehelichen und nichtehelichen, des familiären oder nichtfamiliären Zusammenlebens zum Anlass einer Benachteiligung von Ehe oder Familie zu nehmen. Ehe und Familie müssen geachtet und dürfen nicht geächtet werden.[1027] Aus der institutionellen Seite der Schutzpflicht folgt für den Staat die Verpflichtung, Grundstrukturen des überkommenen Ehebildes gegen schleichende Auszehrung zu bewahren.[1028] Es besteht auch kein verfassungsrechtliches Gebot, gegenüber der Ehe alle anderen Formen partnerschaftlicher Existenz unterschiedslos zu behandeln.[1029] Als Beispiel für eine Beeinträchtigung könnte hier Folgendes in Betracht kommen: da Ehegatten nicht durchgängig sondern nur grundsätzlich ein Weigerungsrecht zusteht, könnte die Möglichkeit der Nichterteilung dazu führen, dass die Vorschrift gegen Art. 6 I GG verstößt. Die Verfassung schützt aber die Ehe um ihrer Funktionen willen. Ihr liegt das Bild einer „verweltlichen", „bürgerlichrechtlichen" Ehe zugrunde.[1030] Verfehlt eine Ehe diesen Zweck, genießt sie auch keinen verfassungsrechtlichen Schutz, was man am Beispiel der Scheinehe beobachten kann.[1031] Etwas Anderes kann auch nicht in Bezug auf das Weigerungsrecht für die Ehe gelten.

Hier muss besonders hervorgehoben werden, was das BVerwG[1032] zu der Scheinehe ausgeführt hat, d.h. der Ehe, die ausschließlich dem Zweck dient, dem ausländischen Partner eine Einreise in die Bundesrepublik Deutschland zu ermöglichen oder seine Abschiebung aus der Bundesrepublik zu verhindern.[1033] Nach heutiger Auffassung

---

[1026] BVerfGE 6, 55 (76); 55, 114 (126).

[1027] So zu Recht Merten, Eheliche und nichteheliche Lebensgemeinschaften, S. 620. Art. 6 I GG enthält gegenüber dem allgemeinen Gleichheitssatz des Art. 3 I GG einen besonderen Gleichheitssatz, der es dem Staat verbietet, „Ehe und Familie gegenüber anderen Lebens und Erziehungsgemeinschaften schlechter zu stellen."; BVerfG vom 10.11.1998, NJW 1999, 557; Merten, Eheliche und nichteheliche Lebensgemeinschaften, S. 620.

[1028] Robbers, in: Mangoldt/Klein/Starck Art. 6 Rn 10.

[1029] Robbers, in: Mangoldt/Klein/Starck Art. 6 Rn 50.

[1030] BVerfGE 31, 58 (82 f.); 53, 224 (245); Robbers, in: Mangoldt/Klein/Starck Art. 6 Rn 31.

[1031] Robbers, in: v. Mangoldt/Klein/Starck Art. 6 Rn 118 m.w.N.

[1032] BVerwGE 65, 174 (179 f.).

[1033] Der Begriff der Scheinehe wurde nicht immer einheitlich bestimmt. Früher wurden auch die Fälle, in denen die Partner geheiratet haben, um einen adeligen Namen, eine Witwenrente, um Steuervorteile

spielt es keine Rolle für die Berechtigung zur Zeugnisverweigerung, ob die Ehe zum Schein geschlossen worden ist. Hier ist das entscheidende Argument der Rechtsprechung und Literatur, dass § 52 I Nr. 2 in der heutigen Fassung lediglich eine formell gültige Ehe voraussetzt.[1034]

Das BVerwG ist der Auffassung, dass, mit Rücksicht auf Art. 6 I GG, nach dem Ehe und Familie unter besonderen Schutz der staatlichen Ordnung stehen, ausländische Ehegatten Deutscher einen weitreichenden aufenthaltsrechtlichen Schutz genießen. Das Schutzgebot gebietet, dass die nachteiligen Auswirkungen ausländerbehördlicher Maßnahmen auf die Erhaltung von Ehe und Familie unter angemessener Wahrung der Belange der Allgemeinheit im Rahmen des Möglichen und Zumutbaren zu beschränken sind. Ein Zwang für den deutschen Ehegatten, sein Heimatland aufzugeben oder die Trennung der ehelichen Gemeinschaft hinzunehmen, soll möglichst vermieden werden, weil er grundsätzlich geeignet ist, die Ehe zu erschüttern oder zu gefährden. Die Erlaubnis darf daher nur versagt werden, wenn so gewichtige öffentliche Interessen gegen den Aufenthalt des Ausländers sprechen, dass sie die bei der Versagung der Erlaubnis zu erwartende Gefahr für den Bestand von Ehe und Familie eindeutig überwiegen.

Somit ist für die sich aus Art. 6 I GG ergebenden aufenthaltsrechtlichen Folgen nicht die bloße Tatsache des Verheiratetseins, sondern der erwähnte Schutzzweck des Grundrechts entscheidend. Die Eheleute beabsichtigen keine eheliche Gemeinschaft, sondern sind lediglich formell die Ehe eingegangen, um dem Ausländer zu einem aus anderen Gründen angestrebten, ihm jedoch verwehrten Aufenthalt zu verhelfen. In diesem Fall trifft der genannte Schutzzweck von Art. 6 I GG nicht zu. Der anerkannte besondere aufenthaltsrechtliche Schutz könnte nicht die Führung der Ehe im Bundesgebiet ermöglichen und dadurch eine Gefahr für den Bestand der Ehe abwenden, weil die Eheleute gar nicht in ehelicher Gemeinschaft leben wollen, die Trennung vielmehr ihrem Willen entspricht. Die Scheinehe ist verfassungsrechtlich verständlicherweise somit nicht durch Art. 6 I GG geschützt.[1035, 1036]

---

oder um bessere Aussichten auf Zuweisung einer Wohnung oder auf Strafaussetzung zu erlangen, also die verschiedenen Erscheinungsformen der „Ehe“, bei denen die Beteiligten aus unterschiedlichen Gründen keine eheliche Gemeinschaft begründen wollen oder können von dem Begriff erfasst; so Pawlowski, FamRZ 1991, 501. Überwiegend wird damit nun eine Ehe bezeichnet, die ausschließlich dem Zweck dient, dem ausländischen Partner eine Einreise in die Bundesrepublik Deutschland zu ermöglichen oder seine Abschiebung aus der Bundesrepublik zu verhindern. So auch in dieser Arbeit.

[1034] BayObLG, Beschl. v. 22.9.1989 – R Reg. 4 St 200/89, in: NStZ 1990, 187 (188) mit Verweis auf BGHSt 9, 37; Kleinknecht/Meyer-Goßner § 52 Rn 5; LR-Dahs § 52 Rn 9.

[1035] BVerwGE 65, 174 (180); BVerfGE 76, 1 ff.; E. M. v. Münch, in: von Münch/Kunig, GG I, Art. 6 Rn 14; Robbers, in: v. Mangoldt/Klein/Starck Art. 6 Rn 118 m.w.N. A.M. Jarass/Pieroth Art. 6 Rn 2; Pieroth/Schlink, Grundrechte, S. 156.

[1036] Die Sachlage ist in diesen Fällen gewiss äußerst schwierig. Einerseits gewährleistet das Grundrecht aus Art. 6 I GG die individuelle Eheschließungsfreiheit; sie bedeutet die freie Wahl des Partners und die Freiheit der Entscheidung zur Eheschließung (BVerfGE 29, 166 (175); 31, 58 (67); Robbers, in: v. Mangoldt/Klein/Starck Art. 6 Rn 51 m.w.N.). Eheverbote sind nur in äußerst engen Grenzen zulässig; mit der Eheschließungsfreiheit sind rechtliche Regelungen unvereinbar, die den Zugang zur

Das tragende Element in dieser Entscheidung ist, dass die Eheleute der zum Schein geschlossenen Ehe gar nicht in ehelicher Gemeinschaft leben wollen. Aus diesem Grund ist die Scheinehe nicht durch Art. 6 I GG geschützt. Dasselbe gilt für den Ehegatten, der nicht zur Verweigerung des Zeugnisses berechtigt sein soll; ihm fehlt es an der tatsächlichen Absicht, eine gelebte Gemeinschaft mit seinem Partner zu leben, d.h. mit ihm eine auf eheliche „Verantwortungsgemeinschaft“ zielende Ehe einzugehen. Somit verstößt der Lösungsvorschlag nicht gegen Art. 6 I GG. In den Fällen, in denen sich herausstellt, dass es sich um eine Ehe handelt, die nicht auf eine eheliche „Verantwortungsgemeinschaft“ zielt, wird die Ehe aus den hier oben genannten Gründen unter verzerrten Voraussetzungen zu einem Zweck benutzt, der nicht in den Schutzbereich des Art. 6 I GG fällt und deswegen in diesem Bereich auch nicht geschützt ist.

Die Ehe, die einen verfassungsrechtlichen Schutz genießt, ist also identisch mit der Ehe des Partners, dem ein Weigerungsrecht im Sinne des Lösungsvorschlages zusteht. Auch wird nicht die durch Art. 6 I GG geschützte Bereitschaft zur Eheschließung in irgendeiner Weise beeinträchtigt.

2) Der Lebenspartner des Beschuldigten

a) Einleitung

Bis heute gilt in Deutschland, dass nur Personen unterschiedlichen Geschlechts eine Ehe schließen können. Gleichgeschlechtlichen Paaren ist das Recht, miteinander eine Ehe einzugehen, verwehrt,[1037] obwohl sie seit einigen Jahren – zumindest in einzelnen evangelischen Landeskirchen – in Deutschland den kirchlichen Segen finden.[1038] Bis zur deutschen Wiedervereinigung wurden homosexuelle Handlungen von Männern im

---

Ehe auf bestimmte Personengruppen beschränken oder zwischen bestimmten Personengruppen verbieten (Robbers, in: v. Mangoldt/Klein/Starck Art. 6 Rn 51.). Auf der anderen Seite will man den zunehmend häufigen Versuchen von Ausländern, durch eine Scheinehe mit einem deutschen Partner eine Aufenthaltserlaubnis in Deutschland zu erhalten oder einer drohenden Abschiebung zu entgehen, einen Riegel vorschieben. Nunmehr begründet auch eine Ehe, die zum Schein geschlossen worden ist, eine jederzeit aufhebbare Ehe (§ 1314 II Nr. 5 BGB). Das Gesetz geht noch einen Schritt weiter und besagt, dass die Willensfehler nicht nur Aufhebungsgrund sind, sondern begründen sie schon im Vorfeld einen Hinderungsgrund für potentiell aufhebbare Ehen; der Standesbeamte ist gemäß § 1310 I BGB berechtigt und verpflichtet seine Mitwirkung an der Eheschließung zu verweigern, wenn offenkundig ist, dass beide Ehegatten sich bei der Eheschließung darüber einig sind, dass sie keine eheliche Lebensgemeinschaft nach § 1353 I BGB begründen wollen. Nach § 1315 I Nr. 5 BGB ist die Aufhebung jedoch ausgeschlossen, wenn die Ehegatten planwidrig doch zusammen gelebt haben.

[1037] BVerfG, NJW 1993, 3058.

[1038] Schneider/Rosenkranz/Limmer, Nichtkonventionelle Lebensformen, S. 95 m.w.N. Das europäische Parlament hat in einem Beschluss aus dem Jahr 1994 ausdrücklich von den Mitgliedstaaten der Europäischen Union verlangt, Personen mit gleichgeschlechtlichen Neigungen in Rechts und Verwaltungsvorschriften künftig gegenüber Heterosexuellen nicht mehr ungleich zu behandeln. Die Beschneidung des Rechts auf Elternschaft oder Adoption von Kindern soll auch beseitigt werden. Ferner wird die EUKommission aufgefordert, eine Empfehlung über gleich Rechte für Schwule und Lesben zu erarbeiten; BT-Drucksache 12/7069; Schneider/Rosenkranz/Limmer, Nichtkonventionelle Lebensformen, S. 95; Grziwotz, Nichteheliche Lebensgemeinschaft, § 2 Rn 25.

§ 175 StGB als Straftat fixiert. Weibliche Homosexualität wurde dagegen nicht zur Kenntnis genommen und blieb daher straffrei.[1039]

Homosexuelle Paare müssen sich in Deutschland nun nicht mehr in einem weiten regelungsfreien Raum behaupten. Durch das Lebenspartnerschaftsgesetz ist viel zu der Anerkennung von gleichgeschlechtlichen Paaren beigetragen worden, sowohl beim Paar selbst als auch bei dessen Umwelt.[1040] Das Gesetz ergänzt § 52 um Abs. 1 Nr. 2a, der nun besagt, dass der Lebenspartner des Beschuldigten, auch wenn die Lebenspartnerschaft nicht mehr besteht, zur Verweigerung des Zeugnisses berechtigt ist. Der Lösungsvorschlag berechtigt grundsätzlich denjenigen zur Verweigerung des Zeugnisses, der mit dem Beschuldigten in einer Lebenspartnerschaft lebt.

In dieser Arbeit wird jedoch vorgeschlagen, die Regelung aufzunehmen, den Lebenspartner des Beschuldigten zur Verweigerung des Zeugnisses zu berechtigen, auch wenn die Lebenspartnerschaft nicht mehr besteht. In Anlehnung an die h.M. bezüglich der Ehe, ist die Voraussetzung dafür, dass der Lebenspartner das Zeugnisverweigerungsrecht für sich in Anspruch nehmen kann, dass im Zeitpunkt der Vernehmung die Partner eine Lebenspartnergemeinschaft nach deutschem Recht wirksam eingegangen haben. Mit der Anknüpfung an den Tatbestand der Lebensgemeinschaft wird auf Normen des materiellen Lebenspartnerschaftsgesetzes verwiesen. Es sind jedoch nicht alle, die eine Lebenspartnerschaft eingegangen sind, berechtigt ihr Zeugnis zu verweigern. Weist die Beziehung nicht die Stabilität auf, die wegen der Dauerhaftigkeit der Beziehung, der gegenseitigen Unterstützungsbereitschaft und dem Einstehen füreinander als besonders schützenwert erscheint, steht dem Zeugen kein Recht zu, sein Zeugnis zu verweigern.

Es stellt sich nun die Frage, ob nicht im Ausland eingegangene Lebenspartnerschaften ein Weigerungsrecht begründen können. Als erstes Land hat Dänemark 1989 ein Gesetz über registrierte Partnerschaften erlassen, wonach sie grundsätzlich dieselben Rechtswirkungen wie die Ehe entfaltet. Island, Norwegen, Schweden und inzwischen auch die Niederlande sind diesem Beispiel gefolgt.[1041] Eine im Ausland eingegangene Lebenspartnerschaft muss nach deutschem Recht als gültig anerkannt sein. Die allgemeinen Formvorschriften regelt wohl Art. 11 EGBGB.

Die Aufhebung der Lebenspartnerschaft, die in ihren Voraussetzungen und Folgen weitgehend denen der Scheidung entspricht, setzt jedoch, anders als die Scheidung, keinen besonderen Aufhebungsgrund voraus. Deshalb hat das Familiengericht nicht

---

[1039] Schneider/Rosenkranz/Limmer, Nichtkonventionelle Lebensformen, S. 93 f.

[1040] Vor dem Inkrafttreten des Lebenspartnerschaftsgesetz hatte der BGH, wegen des Fehlens eines allgemeingültigen Leitbildes, das die Annahme rechtfertigen könnte, verneint, dass die Verhältnisse in einer gleichgeschlechtlichen Verbindung nach der Natur des Zusammenlebens die gegenseitige Versorgung der Partner, eine verfestigte soziale Verbindung zwischen gleichgeschlechtlichen Partnern gewährleisteten; BGH NJW 1995, 655 (656).

[1041] OlsenRing/Ring, Kritische Justiz 1999, 371 ff.; Lenz, Soziologie der Zweierbeziehung, S. 46; Schneider/Rosenkranz/Limmer, Nichtkonventionelle Lebensformen, S. 94.

etwa zu prüfen, ob die Lebenspartnerschaft gescheitert ist. Für die Aufhebung kommt es – anders als bei der Scheidung – nicht darauf an, dass die Lebenspartner eine bestimmte Zeit getrennt gelebt haben. Entscheidend ist vielmehr, dass mindestens einer von ihnen erklärt hat, die Lebenspartnerschaft nicht fortsetzen zu wollen. Erst nach dieser Erklärung, die persönlich abgegeben und öffentlich beurkundet sein muss und nicht unter einer Bedingung oder Zeitbestimmung abgegeben sein darf, beginnt der Lauf der Wartezeit. Die Lebenspartner können ihre Erklärung im Regelfall noch widerrufen.

Was oben zu „hinkenden Ehen" gesagt worden ist, kann grundsätzlich auch auf Lebenspartnerschaften angewandt werden. So sind Partner einer Lebenspartnerschaft, die nach ausländischem Recht gültig geschlossenen worden ist, nach deutschem Recht jedoch ungültigen Lebenspartnerschaft eines Deutschen mit einem ausländischen Partner, nicht berechtigt gemäß § 52 I Nr. 2 des Lösungsvorschlages ihr Zeugnis zu verweigern, sondern werden auf § 52 II des Lösungsvorschlages verwiesen.

b) Der nicht zur Verweigerung des Zeugnisses berechtigte Lebenspartner

Die Bereitschaft zur Begründung einer Verantwortungsgemeinschaft ist eine Wirksamkeitsvoraussetzung zur Begründung einer Lebenspartnerschaft. Wenn beide oder ein Partner zwar eine Lebenspartnerschaft eingegangen sind, die Lebenspartnerschaft „äußerlich" als Vertrag wollen, nicht jedoch dessen „Inhalt", handelt es sich insoweit um eine Lebenspartnerschaft, die den Partner nicht zur Verweigerung des Zeugnisses berechtigt. Was oben schon zu diesem Thema bezüglich der Ehe gesagt worden ist, ist auch auf die Lebenspartnerschaft anwendbar. Mit der Neuregelung wird es somit möglich sein, dem Partner einer Lebenspartnerschaft den Gebrauch des Zeugnisverweigerungsrechts zu untersagen, da der tatsächliche Wille des Partners der „Lebenspartnerschaft" nicht darauf abzielt, eine gelebte„Verantwortungsgemeinschaft" einzugehen. Hier taucht nun die Frage auf, ob die gleichen objektiven Kriterien wie bei der Ehe herangezogen werden können, um zu ermitteln, ob eine „Lebenspartnerschaft" vorliegt oder nicht.

In neuen Studien, in denen die in gleichgeschlechtlichen Lebengemeinschaften Lebenden gefragt wurden, ob sie in einer rechtsverbindlichen Partnerschaft leben wollen, äußerten mehr als die Hälfte den Wunsch, dies zu tun. Aus diesen Studien ist gefolgert worden, dass gleichgeschlechtliche Paare sich nicht wesentlich in ihrer Erwartung an die Partnerschaft, deren Dauerhaftigkeit, ihre gegenseitige Unterstützungsbereitschaft und an das Einstehen füreinander von verschiedengeschlechtlichen Paaren unterscheiden.[1042] In dieser Arbeit besprochene soziologische Untersuchungen haben jedoch gezeigt, dass gleichgeschlechtliche Paare einen ganz anderen Charakter aufzuzeigen scheinen als verschiedengeschlechtliche Paare. Aus dem Grund muss gefolgert werden, dass bei der Beurteilung, ob eine gleichgeschlechtliche Beziehung eine schützenwerte Stabilität aufweist, nicht die gleichen Kriterien angewandt werden können wie

[1042] Siehe § 8 C.

bei Ehegatten. Homosexuelle Männer leben relativ häufig Beziehungen, die sexuelle Kontakte außerhalb der Partnerschaft nicht ausschließen. Die Exklusivitätsnorm wird bei gleichgeschlechtlich männlichen Paaren weniger strikt gehandhabt, was nicht darauf hindeutet, dass die Exklusivitätsnorm als ein Maßstab der Treue empfunden wird, sondern es gilt emotionale Verlässlichkeit als Maßstab der Treue. Bei einer Mehrheit von homosexuellen Männern wird von zwei gleichzeitig vorhandenen Objektbeziehungsmodalitäten gesprochen. Wie Studien gezeigt haben, gibt es einerseits das flüchtige, relativ zufällige Sexualobjekt, das vor allem dazu geeignet sein muss, rasche sexuelle Befriedigung zu verschaffen, und andererseits gibt es das hoch spezifische und einzigartige Objekt »fester Freund«, an das sich dauerhafte sexuelle und zärtliche Interessen heften.[1043]

Gleichgeschlechtlich orientierte Frauen leben wiederum in anderen Lebensformen, denn 54%, bzw. 58% der homosexuellen Frauen leben in einer festen Partnerschaft. Gleichgeschlechtlich orientierte Frauen wohnen somit häufiger mit ihrer Partnerin zusammen als gleichgeschlechtlich orientierte Männer und ledige heterosexuelle Frauen mit ihren Partnern. Wie in dieser Arbeit schon angesprochen worden ist, sind familiäre Lebensformen unter homosexuellen Frauen relativ häufig. Es wird geschätzt, dass jede dritte homosexuelle Frau ein oder mehrere Kinder hat. Die Kinder stammen meist aus einer vorangegangenen heterosexuellen Partnerschaft. Im Unterschied zu homosexuellen Männern leben gleichgeschlechtlich orientierte Frauen zumeist in einer monogamen Beziehung, wobei ein zentrales Merkmal gleichgeschlechtlich weiblicher Partnerschaften ein hohes Ausmaß partnerschaftlicher Nähe und Verbundenheit ist.

Wegen all dieser Unterschiede dürfen nicht die gleichen Kriterien wie bei Ehegatten oder sonst irgendwelchen anderen Beziehungspartnern angewandt werden. So kann eventuell eine Lebenspartnerschaft nicht schon deshalb als beendet angesehen werden, weil ein oder sogar beide Partner einer Lebenspartnerschaft sich eventuell sexuelle Befriedigungen außerhalb der Beziehung suchen, obwohl solch ein Verhalten eventuell auf die Zerrüttung einer verschiedengeschlechtlichen Beziehung hindeuten würde.

c) Die Nichtigkeit von Lebenspartnerschaften, Abschlussmängel und Aufhebungsgründe

Wie in § 1 I LPartG festgeschrieben ist, müssen die Partner gegenseitig persönlich und bei gleichzeitiger Anwesenheit erklären, miteinander eine Partnerschaft auf Lebenszeit führen zu wollen. Die Begründung einer Lebenspartnerschaft entspricht somit weitgehend der der Eheschließung. Das Lebenspartnerschaftsgesetz enthält keine gesonderten Regelungen für Willensmängel und Nichtigkeitsgründe wie bei der Ehe. Somit gelten die allgemeinen Regeln über Willenserklärungen, insbesondere deren Wirksamkeit und Anfechtungsmöglichkeit. Die Systematik der Mangelfolgen aus § 1310 BGB wurde somit nicht übernommen und es dürfte daher grundsätzlich § 125 I BGB anzu-

[1043] Siehe § 8 C.

wenden sein.[1044] Dies soll zur Folge haben, dass eine wirksam angefochtene Erklärung der Begründung der Lebenspartnerschaft diese rückwirkend vernichtet.[1045] Hier muss nun gefragt werden, ob dem Partner in der Zeit zwischen der Gründung der Lebenspartnerschaft und ihrer Vernichtung ein Zeugnisverweigerungsrecht zustehen kann. Hier muss jeder Fall im Hinblick auf den tatsächlichen Grund des Zeugnisverweigerungsrechts einzeln behandelt werden.

In der Materialiensammlung zu dem Lebenspartnerschaftsgesetz wird ausgeführt, dass, wenn bei der Begründung der Lebenspartnerschaft ein Mangel vorgelegen hat (insbesondere einer der in Abs. 2 aufgeführten), die Lebenspartnerschaft unwirksam ist. Eine Unterscheidung zwischen einer NichtLebenspartnerschaft und einer aufhebbaren Lebenspartnerschaft ist daher wenig hilfreich.[1046] Weiter wird in der Materialiensammlung ausgeführt, dass der Gesetzgeber den besonderen Schutz vor Mängeln, den die §§ 1313 ff. BGB für die Ehe bilden, für die Lebenspartnerschaft nicht eingeführt hat. Der relevante Unterschied zwischen den verschiedenen Nichtigkeitsformen zeigt sich darin, ob die Lebenspartnerschaft von Anfang an gar nicht zu Stande gekommen ist oder ob sie mit Rückwirkung wieder entfallen ist. Auch eine Heilung der Unwirksamkeit ist ausgeschlossen.

Gemäß § 1 LPartG steht die Unwirksamkeit der Lebenspartnerschaft in den Fällen fest, in denen einer der Lebenspartner minderjährig oder verheiratet ist, oder bereits mit einer anderen Person eine Lebenspartnerschaft führt. Ebenso ist die Lebenspartnerschaft unwirksam, wenn die Lebenspartner in gerader Linie miteinander verwandt sind oder vollbürtige und halbbürtige Geschwister sind. Auch ist die Lebenspartnerschaft unwirksam wenn die Lebenspartner bei der Begründung der Lebenspartnerschaft darüber einig sind, keine gemeinsame Lebensgestaltung gemäß § 2 LPartG begründen zu wollen. In den Erläuterungen zu § 1 LPartG steht geschrieben, dass, falls die Lebenspartnerschaft trotz Fehlen einer der Voraussetzungen in das Lebenspartnerschaftsbuch eingetragen wird, die Lebenspartnerschaft nicht wirksam begründet worden ist. Die fehlende Wirksamkeit wird durch die Eintragung der Lebenspartnerschaft in das Lebenspartnerschaftsbuch nicht geheilt. Sollte das Fehlen einer Voraussetzung erst nachträglich entdeckt werden, muss die Lebenspartnerschaft nach allgemeinen Regeln rückabgewickelt werden.[1047] Eine unwirksame Lebenspartnerschaft berechtigt nicht dazu, das Zeugnis zu verweigern, auch wenn sie in das Lebenspartnerschaftsbuch eingetragen worden ist. Hier kann eventuell jedoch der Partner zur Verweigerung des Zeugnisses nach § 52 II des Lösungsvorschlags berechtigt sein. Dieses Problem wird in § 17 B III 5 näher behandelt.

[1044] Schwab, FamRZ 2001, 385 (388).
[1045] Meyer/Mittelstädt, Das Lebenspartnerschaftsgesetz: Materialiensammlung mit Anm., S. 35.
[1046] Meyer/Mittelstädt, Das Lebenspartnerschaftsgesetz: Materialiensammlung mit Anm., S. 34.
[1047] Meyer/Mittelstädt, Das Lebenspartnerschaftsgesetz: Materialiensammlung mit Anm., S. 35.

3) Der Verlobte des Beschuldigten

Nach heutigem Recht ist der Verlobte des Beschuldigten zur Verweigerung des Zeugnisses berechtigt. Durch die Neuregelung soll die Regelung aufgenommen werden, dem Verlobten des Beschuldigten ein Zeugnisverweigerungsrecht zu erteilen, wenn wegen der Dauerhaftigkeit der Beziehung, der gegenseitigen Unterstützungsbereitschaft und des Einstehens füreinander die Beziehung der Verlobten die Stabilität aufweist, die als besonders schützenwert erscheint. Im Folgenden wird untersucht, was diese Änderung bewirkt. Erst wird jedoch darauf eingegangen, welche Bedeutung dem Begriff der Verlobung zukommt.

a) Der strafrechtliche Verlöbnisbegriff nach Auffassung der Gerichte

Das Verlöbnis ist ein, nicht notwendig öffentliches, gegenseitiges und von beiden Seiten ernst gemeinstes Eheversprechen.[1048] Das Reichsgericht hat schon früh zu dem strafrechtlichen Verlöbnisbegriff Stellung genommen, und erklärt, dass ein Verlöbnis nur dann als bestehend anzuerkennen ist, wenn es nicht gegen das Gesetz oder die guten Sitten verstoße.[1049] Auf Grund des sittlichen Elements liegt ein Verlöbnis nur dann vor, wenn ein solches auf einer sittlich einwandfreien Basis ruht. Es benötigt somit den freien und ernstlichen Willen beider Verlobter. Das tatsächliche Vorliegen dieses ernstlichen Willens entscheidet, nicht der Inhalt der abgegebenen Willenserklärung.[1050] Er ist somit nicht – wie andere verwandtschaftliche Beziehungen die gemäß dem heutigen § 52 ein Zeugnisverweigerungsrecht begründen – registermäßig nachweisbar. Folglich ist unbestreitbar, dass mit der Einbeziehung der Verlobten in den Katalog des § 52, nicht allein auf registrierte nachweisbare Beziehungen zwischen Personen abgestellt worden ist. Anders als das Zivilrecht würdigt das Strafrecht das Verlöbnis des Minderjährigen ohne Einwilligung des gesetzlichen Vertreters. Umgekehrt bejaht das Zivilrecht das Verlöbnis des Heiratsschwindlers, das Strafrecht hingegen nicht.

Worauf das Reichsgericht hinauswollte, als es ausführte, was ein mit Blick auf das sittliche Element ernstliches gegenseitiges Eheversprechen ist, führte es in einem Urteil aus dem Jahre 1893 aus. Im Tenor hiess es, dass das LG Tilsit die Bedeutung dieser Worte verkannt habe, als dies ausführte, „dass die strafrechtliche Berücksichtigung des Eheverlöbnisses ausschließlich von dem thatsächlichen Bestehen eines ernstlichen Verlöbnisverhältnisses habe abhängig gemacht werden sollen.“ Die Umstände waren die, dass die Angeklagte beschuldigt wurde, von ihrem nichtehelichen Lebenspartner Geld gestohlen zu haben. Der nichteheliche Lebenspartner war mit einer anderen Frau verheiratet. Sie lebten jedoch getrennt und im Scheidungsprozess. Der nichteheliche Lebenspartner und die Angeklagte lebten schon für längere Zeit zusammen und sie war von ihm schwanger. Er hatte ihr das Versprechen gegeben sie zu heiraten, sobald er von seiner jetzigen Ehefrau geschieden sein würde, welches sie angenommen und

---

[1048] BGH NJW 1972, 1334; Kleinknecht/Meyer-Goßner § 52 Rn 4 m.w.N.
[1049] RG 35, 49 (52).
[1050] RG 35, 49 (52).

erwidert hatte. Der Tatrichter wollte dem nichtehelichen Lebenspartner das Weigerungsrecht erteilen, da er ein ernstliches Verlöbnisverhältnis als tatsächlich bestehend ansah. Das Gericht sagte, dass es sich hier um eine rechtsirrtümliche Deutung der Umstände handele und erteilte dem nichtehelichen Lebenspartner das Weigerungsrecht nicht. Es sagte, dass diese Umstände für die Annahme verwertet werden könnten, dass sie den Plan künftiger Eheschließung ernstlich verfolgten, sie stellen aber die Unsittlichkeit des Abkommens in ein noch helleres Licht.

An der Sittlichkeit der Umstände hält der BGH immer noch fest, obwohl einige Strafrechtler eine gewisse Auflockerung erkannt haben wollen, wenn sich zwei Partner ein Eheversprechen geben, wobei sich der eine Partner noch in einer bestehenden Ehe befindet, aber beide sich einig sind, nach Auflösung der gescheiterten Ehe einander zu heiraten.[1051] In einem Beschluss des BGH von 17.5.1983 führte der erste Senat aus, das er an der Rechtsprechung festhalte, wonach grundsätzlich ein Verlöbnis im Sinne von § 52 I Nr. 1 StPO dann nicht besteht, wenn einer der Partner verheiratet ist.[1052] Weiter hiess es:„Ob von diesem Grundsatz bei Vorliegen besonderer Umstände Ausnahmen in Frage kommen, bedarf in diesem Urteil keiner Entscheidung, weil solche besonderen Umstände nicht aufgezeigt sind.“ Folgender Sachverhalt lag zugrunde:

Das LG Regensburg hat der als Zeugin geladenen und erschienenen Frau F als Verlobte des Angeklagten ein Zeugnisverweigerungsrecht zugebilligt und die Entscheidung wie folgt begründet: „Ein ernsthaftes Eheversprechen ist glaubhaft gemacht. Die noch bestehende Ehe des Angeklagten steht dem in Anbetracht der schon längeren Trennung der Eheleute Z und des Scheidungsverfahrens nicht entgegen.“ Frau F verweigerte daraufhin das Zeugnis. Aus dem angefochtenen Urteil ergibt sich, dass der seit 1978 verheiratete Angeklagte am 7.7.1981 eine längere Freiheitsstrafe verbüßt hatte, seither von seiner Ehefrau (und der am 17.8.1978 geborenen Tochter) getrennt lebte und zur Zeit des Urteils das Scheidungsverfahren betrieb. Nach Scheidung der Ehe beabsichtigt er, Frau F zu heiraten. In der Hauptverhandlung bezeichnete sich Frau F als mit dem Angeklagten verlobt. Im Juli 1981 hätten sie sich ein festes und ernsthaftes Eheversprechen gegeben und seit Oktober 1981 lebten sie zusammen. Der Angeklagte bestätigte, dass er Frau F ein Eheversprechen gegeben habe.

Derzeit folgt der BGH der Auffassung, dass ein „Verlöbnis“ bei noch bestehender Ehe grundsätzlich unwirksam ist, mit dem Vorbehalt von Ausnahmen. Nachdem das Gericht festgestellt hat, dass eine noch bestehende Ehe dem Verlöbnis entgegensteht und „besondere Umstände“ – welche dies nun sein mögen – nicht vorhanden sind, muss es darauf vertrauen, dass das Verlöbnis vorliegt. Dazu ist in der Regel ein gegenseitiges[1053] und ernst gemeintes Eheversprechen ausreichend. Bezweifelt das Gericht dennoch das Bestehen des Verlöbnisses, muss es die Glaubhaftmachung verlangen.[1054]

[1051] Pelchen, Verlöbnis, S. 289 f. m.w.N.
[1052] NStZ 1983, 564.
[1053] BGH NStZ 1986, 84.
[1054] BGH NJW 1972, 1334.

Glaubhaftmachung bedeutet, dass die behauptete Verlobung so weit bewiesen werden muss, dass das Gericht sie für wahrscheinlich hält und dass es in die Lage versetzt wird, ohne verzögernde weitere Ermittlungen zu entscheiden.[1055] Versucht der Zeuge die Glaubhaftmachung durch andere Mittel als durch den Eid, so hat das Gericht über den Wert derselben nach seinem freien Ermessen zu befinden. Mit dem Eid dagegen muss es sich begnügen.[1056]

Welche die „besonderen Umstände" sein könnten, führt der BGH eventuell in seinem Beschluss von 17.5.1983 aus. Das Gericht rügt, dass bestimmte Tatsachen dem Gericht nicht mitgeteilt wurden, nämlich worauf der Angeklagte sein Scheidungsbegehren stütze, wie sich seine Ehefrau zu dem Scheidungsbegehren verhielt und in welchem Stadium das Scheidungsverfahren sich befand. Weiter führte das Gericht aus, dass die dem Senat bekannten Tatsachen jedenfalls den Schluss auf ein rechtswirksames Verlöbnis nicht zulassen würden.

Wie weit der BGH bei seinem Festhalten an der „Unsittlichkeit" gegangen ist, zeigt ein unveröffentlichtes Urteil aus dem Jahre 1985.[1057] Der zugrunde liegende Sachverhalt war der, dass am ersten Tag der Hauptverhandlung, am 13. Februar 1985, die mit dem Angeklagten zusammenlebende Frau K als Zeugin vernommen werden sollte. Sie erklärte, den Angeklagten heiraten zu wollen, und bezeichnete sich als seine Verlobte. Als solche über ihr Zeugnisverweigerungsrecht belehrt, verweigerte sie die Aussage. Frau K wurde am 30. Januar 1985 von ihrem Ehemann in erster Instanz geschieden, wobei das Urteil zur Zeit der Vernehmung noch nicht rechtskräftig war. Der BGH war der Auffassung, Frau K habe, da noch verheiratet, ein wirksames Verlöbnis nicht eingehen können. Es sei daher rechtsfehlerhaft gewesen, von ihrer Vernehmung abzusehen. Ein Verlöbnis könne grundsätzlich nicht bestehen, wenn einer der Partner verheiratet sei. Ob bei Vorliegen besonderer Umstände, insbesondere dann, wenn ein Scheidungsurteil erster Instanz vorliegt – obwohl noch nicht rechtskräftig – Ausnahmen in Frage kommen, und ob eine solche Ausnahme hier vorliegt, lässt der Senat unentschieden. Selbst wenn das LG zu Unrecht ein Zeugnisverweigerungsrecht zugebilligt hätte, würde das Urteil hierauf jedenfalls nicht beruhen.

Demnach scheint eine Verlobung nur in Frage zu kommen, nachdem die formelle Rechtskraft der Entscheidung eintritt. Damit ist aber der Ehegatte „frei" und kein sittliches Element kann mehr einer Verlobung im Wege stehen. In dem letztgenannten Urteil lebten die Zeugin und der Angeklagte zusammen und bezeichneten sich als Verlobte. Die Zeugin war von ihrem Mann geschieden; es fehlte nur das rechtskräftige Urteil. Das Urteil des BGH deutet darauf hin, dass nach Überzeugung des Gerichts keine „besonderen Umstände" vorlagen oder eine „Auflockerung" stattgefunden hat. Damit

---

[1055] BGH 21, 334 (347 ff.).
[1056] BGH NJW 1972, 1334.
[1057] BGH 1 StR 264/85.

bleibt es dabei, dass solange eine Ehe nicht rechtskräftig geschieden ist, eine Verlobung nicht möglich ist.[1058]

Zu der Frage, wie die Auffassung der Gerichte zu verstehen ist, muss als erstes expliziert werden, dass das Reichsgericht am Anfang natürlich vor der Frage stand, wie der Begriff „Verlöbnis" zu handhaben sei. Es ist anzunehmen, dass sich das Gericht der Problematik bewusst war, dass dieser Begriff keine rechtlich greifbaren Konturen aufweist. Konsequenterweise versuchte das Gericht daher selber diese Konturen zu schaffen. Das Gericht war meines Erachtens darum bemüht, zu verhindern, dass der Begriff auf eine Einzelfallabwägung hinauslaufen würde. Das Abstellen auf ein „sittliches Element" der Verlobung kann als eine „Einengung" oder „Konzentrierung" auf die Fälle gesehen werden, die in Betracht kommen, wenn einem Zeugen das Weigerungsrecht nicht erteilt wird. Mit dieser Überlegung wird viel erreicht, wobei jedoch gesagt werden muss, dass dem Zweck des Weigerungsrechts nicht nachgekommen worden ist. Dem konventionellen Zweck des Weigerungsrechts – der Lösung der Konfliktsituation zwischen Wahrheitspflicht und Verwandtenliebe – wird mit dieser Einstellung der Rechtsprechung nicht nachgekommen, was sich deutlich aus den oben ausgeführten Urteilen der Gerichte ergibt. Auch dem in dieser Arbeit herausgearbeiteten Zweck des Weigerungsrechts – dem Schutz der Entschließungsfreiheit des Zeugen – kommt sie nicht in angebrachter Weise nach.

b) Der zur Verweigerung des Zeugnisses berechtigte Verlobte

Um den verfassungsrechtlich gebotenen Anforderungen nachzukommen, wird in dieser Arbeit darauf Wert gelegt, dass dem Zeugen, der sich auf ein Verlöbnis beruft, nur nach einer Würdigung konkreter Anhaltspunkte das Weigerungsrecht erteilt wird. Das einer der „Verlobten" verheiratet ist, ist natürlich Indiz dessen, dass dem Zeugen ein Weigerungsrecht nicht erteilt wird. Ergibt sich jedoch aus den Umständen, dass – obwohl die Zeugin verheiratet ist – die Zeugin mit dem Beschuldigten zusammenlebt oder – wie in dem unveröffentlichten Urteil von 1985[1059] – die Zeugin und der Beschuldigte nicht nur zusammenleben, sondern die Zeugin von ihrem Ehemann in erster Instanz geschieden ist, obwohl das Urteil noch nicht rechtskräftig ist, müssen Argumente von einer essenziellen Bedeutung vorliegen, der Zeugin nicht ein Weigerungsrecht zu erteilen.

Zur Beantwortung der Frage, ob einem Verlobten auch das Recht zusteht, sein Zeugnis zu verweigern, muss der tatsächliche Wille des Partners erforscht werden, und untersucht werden, ob der Partner darauf abzielt, eine auf eheliche „Verantwortungsgemeinschaft" zielende Lebenspartnerschaft mit seinem Partner zu leben.[1060] Kriterien denen hier Bedeutung zukommen, sind die gleichen wie bei der Ehe, d.h. gemeinsames

---

[1058] So auch schon Kleinknecht/Meyer-Goßner § 52 Rn 4 m.w.N. Ein noch bestehendes anderweitiges Verlöbnis steht auch einem Verlöbnis entgegen; Kleinknecht/Meyer-Goßner § 52 Rn 4.

[1059] BGH 1 StR 264/85.

[1060] Auf den Unterschied zwischen der Verlobung und der nichtehelichen Lebensgemeinschaft wird in § 18 B III 5) b) eingegangen.

Wohnen und Wirtschaften, eine bereits gemeinsam erfahrene Vergangenheit, Verschiedensprachigkeit und kulturelle Unterschiede.

Bekannt in der Literatur ist die Problematik der Beziehung zwischen Prostituierten und ihren Zuhältern. Nachdem eine Prostituierte gegen ihren Zuhälter während einer polizeilichen Vernehmung ausgesagt hat, erscheint sie vor Gericht mit einem blauen Auge und behauptet nun, dass sie und ihr Zuhälter mittlerweile verlobt sind und bald heiraten wollen. Daraufhin macht sie von ihrem Weigerungsrecht Gebrauch. Mit dem Vorschlag könnte auch diesem Missbrauch begegnet werden, denn die Behauptung der Zeugin könnte schon aus den bereits feststehenden Tatsachen von vornherein widerlegt oder für wahr gehalten werden.

Wie schon hervorgehoben worden ist, ist das Verlöbnis ein nicht notwendig öffentliches, gegenseitiges und von beiden Seiten ernst gemeinstes Eheversprechen.[1061] Es wäre eventuell folgerichtig, aus dieser Grundsatzentscheidung die Schlußfolgerung zu ziehen, dass sich nur verschiedengeschlechtliche Paare verloben können, da nur diese eine Ehe eingehen können. Darauf wird nun kurz eingegangen.

c) Der Begriff der Verlobung und gleichgeschlechtliche Paare

Es ist kein mit der Verlobung vergleichbares Rechtsinstitut für gleichgeschlechtliche Paare geschaffen worden. Es stellt sich nun die Frage, ob mit der Schaffung eines eigenen familienrechtliches Instituts – der eingetragene Lebenspartnerschaft – und der hier schon angesprochenen Ergänzung von § 52, der Begriff der Verlobung in § 52 nun so anzuwenden ist, dass er auch diejenigen Menschen umfasst, die sich ein gegenseitiges und von beiden Seiten ernst gemeintes Versprechen gegeben haben, eine Lebenspartnerschaft auf Lebenszeit begründen zu wollen. Wie das Reichsgericht früh erklärt hat, ist der Begriff des Verlöbnisses ein auf strafrechtlichem Gebiet autonomer Begriff, da es kaum möglich ist, das wahre Wesen des Verlöbnisses mit den Mitteln des zivilrechtlichen Denkens – insbesondere den Voraussetzungen des zivilrechtlich gültigen Verlöbnisvertrags – sinnvoll zu erfassen.[1062] Der Begriff ist angesichts teleologischer Gründe vom Reichsgericht von dem privatrechtlichen Begriff losgelöst worden[1063] und soll unabhängig gemäß den eigenartigen Aufgaben des Strafrechts selbständig beurteilt werden[1064] und somit „im Anschluß an den allgemeinen Sprachgebrauch des Lebens und die natürliche Auffassung des Volkes“ bestimmt werden.[1065] Das Reichsgericht und später der BGH haben das entscheidende Kriterium des strafrechtlichen – sowohl des materiellen wie auch des formellen – Verlöbnisbegriffs im „sittlichen Element das

---

[1061] BGH NJW 1972, 1334; Kleinknecht/Meyer-Goßner § 52 Rn 4 m.w.N.

[1062] So schon RG 38, 242 (243); Bruns, Die Befreiung des Strafrechts vom Zivilistischen Denken, S. 182.

[1063] RG 10, 117 (118 f.); Bruns, Die Befreiung des Strafrechts vom Zivilistischen Denken, S. 183.

[1064] RG 38, 242 (243).

[1065] So Bruns, Die Befreiung des Strafrechts vom Zivilistischen Denken, S. 184. So auch RGSt 35, 49 (51); LR-Dahs § 52 Rn 5; KK-Pelchen § 52 Rn 10; Pelchen, Verlöbnis, S. 288 f., jeweils m.w.N.

dem Verlöbnis innewohnt“ gesehen.[1066] Ein Verlöbnis ist somit nur dann als bestehend anzuerkennen, wenn es nicht gegen das Gesetz oder die guten Sitten verstößt.

Nach dem Inkrafttreten des Lebenspartnerschaftsesetzes kann eine Verlobung gleichgeschlechtlicher Paare nicht mehr gegen das Gesetz verstoßen. Hinsichtlich des sittlichen Elements, kann nach Auffassung des Reichsgerichts eine Verlobung nur dann vorliegen, wenn sie auf einer sittlich einwandfreien Basis ruht. Dies erfordert den freien und ernstlichen Willen beider Verlobter, wobei das tatsächliche Vorliegen dieses ernstlichen Willens entscheidet, nicht der Inhalt der abgegebenen Willenserklärung. Der Grund, Verlobten ein Zeugnisverweigerungsrecht zu erteilen, ist, dass der auf die eheliche Bindung gerichtete Wille bei Verlobten vorhanden ist.

Art. 3 I GG, der u.a. allgemein die Rechtsanwendungsgleichheit verlangt, verbietet die grundlose Ungleichbehandlung und verlangt rechtfertigende Gründe für Ungleichbehandlungen. Art. 6 I GG komm kein Gewicht zu, weil er lediglich (u.a.) die Schlechterstellung von Ehe und Familie gegnüber anderen Lebens und Erziehungsgemeinschaften verbietet,[1067] das Rechtsinstitut der Verlobung jedoch nicht angesprochen wird. Legt man Art. 3 I GG zugrunde, ist festzustellen, dass nur die Ungleichbehandlung von “wesentlich Gleichem” verfassungsrechtlicher Rechtfertigung bedarf. § 52 gewährt sowohl dem Ehegatten als auch dem Lebenspartner des Beschuldigten das Zeugnisverweigerungsrecht. Das Recht, das Zeugnis zu verweigern ist auch dem Verlobten erteilt. Wesentliche Gleichheit bedeutet, dass Personen, Personengruppen oder Situationen vergleichbar sind. Ob Vergleichbarkeit vorliegt hängt davon ab, ob ein gemeinsamer Oberbegriff existiert, unter den die rechtlich verschieden behandelten verschiedenen Personen, Personengruppen oder Situationen fallen. Dieser Oberbegriff ist in dieser Situation z.B. die rechtlich anerkannte Lebensgemeinschaft oder gesetzlich geregelte Zweierbeziehungen. § 52 gewährt einem Mann und einer Frau, die ein gegenseitiges und von beiden Seiten ernst gemeintes Eheversprechen abgegeben haben, gegenseitig das Zeugnisverweigerungsrecht. Zwei Männer oder Frauen, die ein gegenseitiges und von beiden Seiten ernst gemeintes Versprechen abgegeben haben, die Lebenspartnerschaft einzugehen, steht das Zeugnisverweigerungsrecht jedoch nicht zu.

Dem Mann, der einer Frau das Eheversprechen gegeben hat, das Zeugnisverweigerungsrecht zu erteilen, einem Mann der einem anderen Mann das Versprechen gegeben hat, mit ihm eine Lebenspartnerschaft einzugehen das Zeugnisverweigerungsrecht jedoch nicht zu erteilen, kann nur als eine Ungleichbehandlung größerer Intensität betrachtet werden.

Bedenkt man, dass der Grund für das Zeugnisverweigerungsrecht der ist, die Entschließungsfreiheit des angehörigen Zeugen zu schützen, kann die rechtlich unter-

---

[1066] RGSt 35, 49 (51 f.); BGHSt 3, 215 (216); 29, 54 (57). Im Zivilrecht hat das Verlöbnis hingegen die Bedeutung eines Aktes, der die künftige Eheschließung mit allen ihren vom Zivilrecht festgestellten Folgen für das Rechtsleben der Ehegatten unter sich und im Verhältnis zu anderen Personen anzubahnen; RG 35, 49 (51 f.).

[1067] BVerfGE 67, 186 (196).

schiedliche Behandlung zweier vergleichbarer Personengruppen nur als eine Ungleichbehandlung beschrieben werden, welche die Betroffenen mit größerer Intensität beeinträchtigt. Der Grund für die Ungleichbehandlung kann meines Erachtens keinen legitimen Zweck verfolgen.

Wie oben schon hervorgehoben worden ist, verfolgt der BGH heute die Auffassung, dass ein sittlich ernstes Verlöbnis im Sinne von § 52 dann nicht vorliegt, wenn zur Zeit des Eheversprechens die formelle Rechtskraft der Ehescheidung eines der Verlobten noch nicht vorliegt.[1068] Dies müsste auf gleichgeschlichtliche Paare gleich anwendbar sein, so dass ein Verlöbnis gleichgeschlichtlicher Paare nicht vorliegt, wenn der eine oder gar beide Verlobte (noch) in einer Lebenspartnerschaft mit anderen Menschen gebunden sind, und diese noch nicht durch ein gerichtliches Urteil gemäß § 15 LPartG aufgehoben und rechtskräftig geworden ist. Auch kann man sich den Fall vorstellen, dass ein Mensch in einer heterosexuellen Beziehung gelebt hat und verheiratet gewesen ist, sich nun jedoch seiner sexuellen Orientierung bewusst wird und eine Lebenspartnerschaft mit einem gleichgeschlechtlichen Menschen eingehen will. In diesen Fällen muss die formelle Rechtskraft einer Scheidung eingetreten sein bevor er sich als Verlobter eines gleichgeschlechtlichen Menschen im Sinn von § 52 bezeichnen kann.

Obwohl in dem vorangegangenen Kapitel herausgearbeitet worden ist, dass die Rechtsstellung gleichgeschlechtlicher Paare in Bezug auf das Zeugnisverweigerungsrecht deutlich an Konturen gewonnen hat, ist jedoch eindeutig, dass den verfassungsrechtlich gebotenen Anforderungen nur wenig nachgekommen worden ist. Wie zuvor lebt ein beachtlicher Teil gleichgeschlechtlicher Menschen zusammen, ohne jedoch in Erwägung zu ziehen, eine Lebenspartnerschaft im Sinne des LPartG eingehen zu wollen. Diese Menschen haben wie zuvor kein Zeugnisverweigerungsrecht in Bezug auf einander oder die Angehörigen des Partners. Es wird ihnen aufgedrängt, wenn sie ihr Zeugnis verweigern wollen, erklären zu müssen, dass sie miteinander verlobt sind, obwohl das nicht der Fall ist. Somit werden sie in die selbe Situation hineingedrängt wie heterosexuelle Paare. Durch § 52 in seiner derzeitigen Fassung können heterosexuelle Paare auf die Konstruktion eines Verlöbnisses zurückgreifen, obwohl solche partnerschaftlichen Beziehungen oft gerade nicht darauf angelegt sind, in eine Ehe einzumünden.[1069] Genauso wird mit dieser neuen Konstruktion des § 52 gleichgeschlechtlichen Paaren aufgedrängt, zu erklären, dass sie miteinander verlobt seien.

Es ist meines Erachtens noch nie der Vorschlag gemacht worden, das Verlöbnis aus der Vorschrift zu entfernen, obwohl die Gefahr eines Missbrauchs der Vorschrift offenkundig ist. Der Grund hierfür liegt meines Erachtens in dem überkommenen Verständnis einer Verlobung. Menschen die sich verloben haben die Absicht, sich zu heiraten, eine lebenslange Verbindung einzugehen, und die in der Ehe angelegte umfassende Lebenshilfe einzugehen.

[1068] BGH 1 StR 264/85.

[1069] Baumann, AE-ZVR, S. 37.

Es ist somit ein Ergebnis dieser Untersuchung, dass gleichgeschlechtliche Menschen berechtigt sein können, zu erklären, dass sie miteinander verlobt sind und so zur Verweigerung des Zeugnisses nach § 52 berechtigt sind. Eine andere Frage, die auch untersucht werden muss, ist, ob gleichgeschlechtliche Menschen nicht über die Neuregelung in § 52 II berechtigt sein können, ihr Zeugnis zu verweigern. Diese Untersuchung wird in § 17 III 5 b erfolgen.

4) Verwandte in gerader Linie, Verschwägerte und Verwandte in der Seitenlinie

Wie in dieser Arbeit schon aufgezeigt worden ist,[1070] werden neben dem Partner, die eigenen Kinder – wenn solche vorhanden sind –am häufigsten als Interaktions und Kommunikationspartner gewählt. Auch im Bereich der Gefühle und der persönlichen Gespräche sind es diese Personen, die für den Einzelnen die wesentlichste Rolle spielen. Demgemäß steht ihnen grundsätzlich das Weigerungsrecht zu, wobei auch bei ihnen – wie bei den oben genannten Personen – berücksichtigt werden muss, ob die Beziehung die Merkmale aufweist, die dem Sinn und Zweck des Weigerungsrechts entspricht.

Das Schwiegereltern und kindern das Weigerungsrecht erteilt werden muss, ist in der Diskussion oft darauf zurückgeführt worden, dass ansonsten die Ehe gefährdet würde.[1071] Dem kann mit Hinblick auf den angenommenen Zweck des Weigerungsrechts nicht gefolgt werden. Ihnen wird das Weigerungsrecht wegen ihrer Entschließungsfreiheit erteilt. Schwiegereltern des Beschuldigten haben eine sehr nahe, intime Beziehung zu ihrem Kind, dem Ehegatten des Beschuldigten. Wenn ihnen nun auferlegt werden würde, vor Gericht auszusagen, würde ihnen (womöglich) der Vorteil geraubt, ihre Beziehung zu ihrem Kind so zu gestalten wie es ihnen nach ihrem durch Art. 2 I i.V.m. Art. 1 I GG begründeten Recht zusteht. Wegen der Eltern-Kind-Beziehung zwischen der Ehegattin und ihren Eltern und der Ehegattin und ihren Kindern, steht ihnen das Weigerungsrecht zu. Es sind somit nicht nur die Beziehungen zwischen z.B. den verheirateten Menschen zu beachten. Vielmehr muss der wahre Grund des Weigerungsrechts immer im Auge behalten werden.

Wie in der heutigen Ausgestaltung sind auch in der Neuregelung diejenigen, die mit dem Beschuldigen in der Seitenlinie verwandt sind, grundsätzlich berechtigt ihr Zeugnis zu verweigern. Wie aus dem Kapitel zu dem Beziehungsmuster des Einzelnen hervorgeht, müssen soziale Beziehungen des Einzelnen im Familienverband nicht notwendigerweise zerreißen, wenn die Ehe aufgrund von Scheidung oder Tod eines Ehegatten endet. In diesen Fällen erweisen sich die sozialen Beziehungen u.a. zu den eigenen Geschwistern als stabil. Dies ist besonders bei der Gruppe der Ledigen festzustellen, da sie ihre sozialen Beziehungen hauptsächlich um die Geschwister organisieren.

[1070] Siehe § 7 B.
[1071] Wie z.B. Welp, Zeugnisverweigerungsrechte und Beschlagnahmeverbote, S. 627 und 632.

5) Berechtigung nach Individueller Beurteilung

a) Einleitung

In dem zweiten Absatz des Lösungsvorschlag wird angeordnet, dass weitere Personen von der Zeugnispflicht entbunden werden können, wenn ihre Beziehung zu dem Beschuldigten, wegen der Dauerhaftigkeit der Beziehung, der gegenseitigen Unterstützungsbereitschaft und dem Einstehen füreinander die Stabilität aufweist, die als besonders schützenwert erscheint. Durch den zweiten Absatz wird ein Partner einer privaten sozialen Beziehungsform, die nicht als Begriff zu fassen ist, sondern allenfalls als Typus, berechtigt, sein Zeugnis zu verweigern, wenn dem Partner mit der Auferlegung der Zeugnispflicht das Recht genommen wird, seine Beziehung zu seinem Partner – dem Beschuldigten – so zu gestalten, wie es ihm aufgrund des in Art. 2 I i.V.m. Art. 1 I GG begründeten Recht auf Entschließungsfreiheit zusteht.

Hier muss der Unterschied zwischen dem ersten und zweiten Absatz hervorgehoben werden. Im ersten Absatz wird dem Partner einer Lebensgemeinschaft – die als vorgegebener Rechtsbegriff zu fassen ist und auf Normen des materiellen Familienrechts verweist, die durch Anpassung an Grundwerte der Verfassung entstanden sind – berechtigt sein Zeugnis zu verweigern, wenn die Beziehung zu dem Beschuldigten, wegen der Dauerhaftigkeit der Beziehung, der gegenseitigen Unterstützungsbereitschaft und dem Einstehen füreinander die Stabilität aufweist, die als besonders schützenwert erscheint. In diesem Absatz wird somit erst untersucht, ob eine Ehe, bzw. Verlobung im Rechtssinne zwischen dem Zeugen und dem Beschuldigten vorliegt, und dann untersucht ob die Lebensgemeinschaft durch ihre Dauer, die gegenseitige Unterstützungsbereitschaft und durch das Einstehen füreinander die Stabilität aufweist, die als besonders schützenwert erscheint. In dem zweiten Absatz werden Menschen berechtigt ihr Zeugnis zu verweigern, wenn die soziale Erscheinungsform, die sie mit dem Beschuldigten innehaben, wegen der Dauerhaftigkeit der Beziehung, der gegenseitigen Unterstützungsbereitschaft und des Einstehen füreinander die Stabilität aufweist, die als besonders schützenwert erscheint. In dem zweiten Absatz wird somit nicht erst herausgefunden, ob eine bestimmte Form von Beziehung vorhanden ist und daraufhin untersucht, ob die aufgezählten Merkmale in dieser Beziehung vorhanden sind. Die soziale Erscheinungsform muss somit nicht als eine solche definiert werden, z.B. muss nicht darauf eingegangen werden, ob eine nichteheliche Lebensgemeinschaft vorliegt, sondern es muss lediglich untersucht werden, ob die Merkmale in dieser bestimmten undefinierten (undefinierbaren) Beziehung vorhanden sind. Der zweite Absatz umfasst die sozialen Erscheinungsformen die in unserer Gesellschaft vorzufinden sind, jedoch nicht als vorgegebene Rechtsbegriffe etabliert sind, wie die im ersten Absatz und auf Normen des materiellen Familienrechts verweisen, die durch Anpassung an Grundwerte der Verfassung entstanden sind. Die besonders schützenswerte Stabilität, welche die Beziehung aufweisen muss, so dass der Zeuge berechtigt ist, sein Zeugnis zu verweigern, muss so ausgeprägt sein, das ansonsten dem Zeugen, mit der Auferlegung der Zeugnispflicht, sein Recht genommen wird, seine Beziehung zu dem Beschuldigten so zu gestalten, wie es ihm durch sein in Art. 2 I i.V.m. Art. 1 I GG begründetes Recht auf Entschließungsfreiheit zusteht.

Obwohl die Auffassung, nach welcher bezüglich der Berechtigung zur Zeugnisverweigerung auf die „Verantwortung füreinander", das umfassende intime gemeinschaftliche Miteinandersein und, die innere, persönliche Bindung der Partner, abzustellen ist, nicht neu ist, ist diese Formulierung der Lösungsvorschrift anders als in vorherigen Lösungsvorschlägen. Der „Alternativ-Entwurf Zeugnisverweigerungsrechte und Beschlagnahmefreiheit" aus dem Jahre 1996, berechtigt u.a. denjenigen zur Verweigerung des Zeugnisses, der mit dem Beschuldigten in „ehe oder familienähnlicher oder sonst vergleichbar enger Lebensgemeinschaft" lebt. Der Begriff „vergleichbar enge Lebensgemeinschaft" bezieht sich im Vergleich nicht auf Ehe und Familie oder die ihnen ähnlichen Beziehungen selbst, sondern auf die Intensität der Verbundenheit, die unter Ehepartnern und Familienmitgliedern besteht.

Als erstes muss expliziert werden, dass – anders als in dem AE-ZVR – nicht auf Ähnlichkeit und Vergleichbarkeit mit Normen des materiellen Familienrechts verwiesen wird, die durch Anpassung an Grundwerte der Verfassung entstanden sind, sondern es wird auf das verwiesen, was diese familienrechtlichen Verbindungen ausmacht. Die Regelung führt auf, welche Anzeichen vorliegen müssen, damit ein Zeugnisverweigerungsrecht wahrscheinlich ist, so dass eine Belehrung durch den Richter erfolgen muss. Sie schreibt vor, dass eine Belehrung zu erteilen ist, wenn dem Richter wahrscheinlich gemacht worden ist, dass die Beziehung zu dem Beschuldigten, wegen der Dauerhaftigkeit der Beziehung, der gegenseitigen Unterstützungsbereitschaft und des Einstehen füreinander als besonders schützenwert erscheint. In der Vorschrift wird darauf verwiesen, dass nur ein Mensch der eine stabile Beziehung zu dem Beschuldigten hat, berechtigt ist, sein Zeugnis zu verweigern. Eine Beziehung ist stabil, wenn sie für eine gewisse Dauer bestanden hat, der Mensch Unterstützungsbereitschaft bei seinem Partner findet und die Partner füreinander einstehen.

In einer für diese Arbeit aufschlussreichen, umfangreichen Untersuchung und intensiven Kritik hält *Welp* den Begriff „vergleichbar enge Lebensgemeinschaft" in dem Alternativ-Entwurf für beunruhigend.[1072] Zu Recht meint *Welp,* dass die Intensität der Verbundenheit, die unter Ehepartnern und Familienmitgliedern besteht, beliebig variabel sei. Er kritisiert ferner, dass diese einer Typisierung unzugänglich sei. Nach seiner Auffassung bildet den Kern der vorgeschlagenen Regulierung im Grunde lediglich die emotionale oder soziale Nähe zu anderen Menschen. Er bezweifelt, dass unter derart unbestimmten Prämissen die verlangte Abwägung von persönlichen Geheimhaltungs und prozessualen Aufklärungsinteressen überhaupt in einer nachvollziehbaren Weise getroffen werden könne. Auch hebt er hervor, dass der Begriff der Lebensgemeinschaft als Merkmal einer handlungsleitenden prozessualen Norm dienen solle, deren Funktion darin bestehe, dem Richter eine korrekte Belehrung des Zeugen und diesem die Wahrnehmung seiner Rechte zu ermöglichen. Bei welchen Anzeichen eine

[1072] Welp, Zeugnisverweigerungsrechte und Beschlagnahmeverbote, S. 632 f.

Belehrung zu erteilen wäre, meint *Welp*, sei schwer abzuschätzen. Er argumentiert weiter, dass einem Zeugen, der sich auf eine solche Beziehung berufe, überdies ein outing von intimen Umständen abverlangt werden müsste.[1073]

Welp pointiert, dass hiermit verglichen die personenstandsrechtlichen Voraussetzungen des geltenden Rechts von geradezu überragender Praktikabilität sind. Er geht sogar so weit, zu bezweifeln, ob das Strafverfahrensrecht überhaupt ein geeignetes Versuchsfeld für die Einführung einer handlungsleitenden Norm sein kann, die nicht an eine vorgegebene Formalisierung von Partnerschaften anknüpfen kann. Er erläutert,[1074] dass seine Bedenken gegen den Vorschlag sich vermindern würden, wenn die prozessuale Privilegierung solchen sexualbezogenen Beziehungen zwischen Personen verschiedenen oder gleichen Geschlechts vorbehalten bliebe, die auf Dauer angelegt und durch die erwiesene Beständigkeit der gemeinsamen Lebensführung verfestigt seien.[1075]

Welp lehnt es somit ab, dass emotionale oder soziale Nähe zu anderen Menschen als Merkmal einer handlungsleitenden Norm tauglich ist, wie die Lösungsvorschrift vorschreibt. Dies wird im Folgenden näher zu behandeln sein.

In dem Kapitel über die Beziehungsmuster des Einzelnen,[1076] ist in dieser Arbeit untersucht worden, in welchen zwischenmenschlichen Beziehungen intime, vertraute und erotische Empfindungen gelebt werden, in welchen Beziehungen der Einzelne intime und persönliche Gespräche führt, in welchen und durch welche Beziehungen jene Sphäre entsteht, in der sich Intimität entwickeln kann und der Einzelne seine intimen, vertrauten und erotischen Empfindungen zu anderen Menschen gestaltet. Das Ergebnis dieser Untersuchung ist, dass – die Eltern-Kind Beziehung ausgenommen – dies nur private soziale Beziehungsformen sind, die auch Grundlage jeder Lebensform sind. Nur in diesen Beziehungen existiert der „innere Tatbestand", der den Grund für das Zeugnisverweigerungsrecht ausmacht. Eine private soziale Beziehungsform ist die Art und Weise, in der sich eine Person im Prozess der privaten Lebensführung zu einer anderen in Bezug setzt und die durch intime, vertraute und erotische Bezugnahme auf andere Menschen gekennzeichnet ist. Es ist die Beziehungsform, in der man weiss, dass man in Notfällen Zuwendung findet und in der man sich persönlich und vertraut unterhalten kann. Ob sich Intimität in und durch Beziehungen entwickeln kann, hängt davon ab, inwieweit es dem Einzelnen gelingt, in seinem privaten Bereich Beziehungen mit anderen Menschen aufzubauen, die als befriedigend erlebt werden und, aus Sicht des Einzelnen, verlässlich und auf eine gewisse Dauer hin angelegt sind. Ob der

---

[1073] Vor solch einem will der Entwurf den Zeugen gerade schützen, vgl. § 55 I Nr. 3 und II Nr. 2 AE-ZVR; Welp, Zeugnisverweigerungsrechte und Beschlagnahmeverbote, S. 633.
[1074] Welp, Zeugnisverweigerungsrechte und Beschlagnahmeverbote, S. 633.
[1075] Er will auch Pflegeeltern und Pflegekinder den Verwandten und die Verwandten des Partners den Verschwägerten gleichstellen, um dem berechtigten Reformanliegen jedenfalls zum Teil zu genügen; Welp, Zeugnisverweigerungsrechte und Beschlagnahmeverbote, S. 633.
[1076] Siehe § 7.

Zeuge solch eine Beziehung zu dem Beschuldigten hat, soll dem Richter wahrscheinlich gemacht werden.

Als ein Ergebnis dieser Arbeit bleibt mithin festzuhalten, dass Beziehungen, die durch Dauerhaftigkeit, gegenseitige Unterstützungsbereitschaft und ein Einstehen füreinander als stabil und somit als besonders schützenwert gekennzeichnet sind – ausgenommen Beziehungen zu den eigenen Kindern – private soziale Beziehungsformen sind, denn trotz all den Beziehungsvarianten die der Mensch durchlebt, scheint er sich niemandem – ausgenommen den eigenen Kindern als Ausdruck und Fortsetzung dieses emotionalen Bandes – näher zu fühlen als der Beziehungspartnerin oder dem Beziehungspartner.

Weiter kann festgestallt werden, dass Merkmale, wie das der gegenseitigen Unterstützungsbereitschaft und des Einstehens füreinander, als Merkmale einer handlungsleitenden Norm dienen können, wenn man sich die in dieser Arbeit aufgeführten soziologischen Untersuchungen über die Beziehungsmuster des Einzelnen vor Augen hält.

In dem ersten Absatz der Lösungsvorschrift werden – wie in der heutigen Vorschrift – Partner von Beziehungen die als operable Begriffe im Rechtssinne zu fassen sind berechtigt, ihr Zeugnis zu verweigern. Diese sind Begriffe im rechtlichen Sinne, denn es ist möglich, sie durch die vollständige Angabe der sie kennzeichnenden Merkmale zu definieren. In dieser Arbeit ist auch herausgearbeitet worden, dass die manifesten Merkmale, die diese operablen Begriffe im Rechtssinne, auch in anderen Privatheitsformen als den rechtlich vorgegebenen ausgelebt werden.[1077] Der zweite Absatz der Lösungsvorschrift ist aus diesem Grund in erster Linie so auszulegen, dass nur Menschen, die in privaten sozialen Beziehungsformen leben, die nicht als Begriff zu fassen sind, sondern allenfalls als Typus, berechtigt sind, ihr Zeugnis zu verweigern. Wegen der engen und exklusiven Bedeutung, die der Eltern-Kind Beziehungen in der eigenen subjektiven Wahrnehmung eines jeden zukommt, die für sie dann auch ein Leben lang verbindlich Familie bedeuten,[1078] ist der zweite Absatz auch so auszulegen, dass er die Eltern-Kinder Beziehungen umfasst, die sich aus den privaten sozialen Beziehungsformen ergeben.

Was erforscht werden muss, ist somit nur die Lebensform und Lebensführung des Zeugen, denn wie in dieser Arbeit herausgearbeitet worden ist, werden Beziehungsnetze, die Menschen im Lebenslauf entwickeln, nicht beliebig aufgebaut, sondern sie folgen einer ganz systematischen Variation im Lebenslauf. Der zweite Absatz umfasst die sozialen Erscheinungsformen, die in unserer Gesellschaft vorzufinden sind, jedoch nicht als vorgegebene Rechtsbegriffe wie diejenigen, die im ersten Absatz aufgezählt und etabliert sind. Diese sozialen Erscheinungsformen sind z.B. gleichgeschlechtliche

[1077] Siehe § 6.
[1078] Siehe § 7 B.

Menschen, die nicht eine Lebenspartnerschaft eingegangen sind,[1079] alte Freunde, die im Lebensabend zusammenziehen, sich gegenseitig unterstützen und füreinander einstehen, Lebenspartner einer unwirksamen Lebenspartnerschaft, und gleichgeschlechtliche Menschen, die wie ein Ehepaar zusammenleben, nicht jedoch ihre Lebenspartnerschaft haben eintragen lassen. In erster Linie handelt es sich hier jedoch um die nichteheliche Lebensgemeinschaft. Anhand des Typus „nichteheliche Lebensgemeinschaft" wird in dem nächsten Kapitel darauf eingegangen, wie deren Merkmale zu erfassen sind.

Vorerst wird jedoch kurz der § 52 II des Lösungsvorschlages genauer dargestellt. Ist der Zeuge ein Teil von etwas, das man als Familie bezeichnen kann, d.h. hat er einen Ehegatten, Kinder, Eltern, Geschwister und Schwiegereltern, hat er grundsätzlich gegenüber diesen Menschen ein Weigerungsrecht. Eine Würdigung muss der Vernehmungsbeamte jedoch vornehmen, wenn Zweifel bei ihm auftauchen, z.B. dass die Ehe keine „Verantwortungsgemeinschaft" ist, d.h. dass die Ehe keine Funktion einer umfassenden Lebenshilfe aufweist, was z.B. bei der Scheinehe der Fall ist. Es ist somit lediglich in absoluten Ausnahmefällen anzunehmen, dass einem Menschen ein Weigerungsrecht gegenüber seinem Ehegatten nicht zusteht. Kein Zweifel kann an der Berechtigung des Zeugen bestehen im Verfahren gegen seine Kinder das Zeugnis zu verweigern. Hier darf jedoch erörtert werden, ob dem Kind, das seit seiner Geburt seinen Vater nie gesehen hat und somit keine Erinnerung an ihn hat, ein Weigerungsrecht zustehen sollte. Nach der jetzigen Regel steht dem Kind dieses Recht zu. Auch nach der hier vertretenen Auffassung für den Grund des Weigerungsrechts kann nichts anderes gesagt werden, da die Intimität zwischen Eltern und Kindern keine andere übertrifft. Wenn ein Kind als Zeuge in einem Strafverfahren gegen seinen Vater aussagen soll, in dem sie sich zum ersten Mal begegnen, wird dieser Umstand für das Kind automatisch zum Teil seiner Identitätsfindung. Diese wird aber genau durch das Weigerungsrecht geschützt.

Einem „glücklich verheirateten" Familienvater kann grundsätzlich kein Weigerungsrecht gegenüber seinem Freundeskreis, Arbeitskollegen oder ähnlichen Personen erteilt werden. Diese sind nicht die Menschen, zu denen er in der Regel solche starken emotionalen Empfindungen und Gefühlsbewegungen hat, die seine Entschließungsfreiheit beeinträchtigen würden. Wegen des Grundes des Weigerungsrechts müsste dies jedoch in Ausnahmefällen möglich sein. Hier kann als Beispiel ein verheirateter Mann dienen, dessen Eltern gestorben sind, der keine Geschwister hat und dessen Ehe kinderlos geblieben ist, oder dessen Kinder sehr klein sind. Dieses Ehepaar bekämpft

[1079] Von besonderem Interesse ist, dass, falls für homosexuelle Männer und Frauen die Möglichkeit bestünde, durch eine amtliche Registrierung die Beziehung zu legalisieren, nur etwa 3% der Schwulen und Lesben diese Möglichkeit ergreifen würden; so die Schätzung von Schneider/Rosenkranz/Limmer, mit Bezug auf die dänische Amtsstatistik für das Jahr 1996; so Schneider/Rosenkranz/Limmer, Nichtkonventionelle Lebensformen, S. 100 ff. m.w.N. Es ist somit eindeutig, das ein beachtlicher Teil der Menschen, die in gleichgeschlechtlichen Lebensgemeinschaften leben, nicht eine eingetragene Lebenspartnerschaft eingehen werden. Das Lebenspartnerschaftsgesetz bringt eine befriedigende Lösung für diejenigen, die eine Lebenspartnerschaft eingehen, aber eben nur für diese.

sich schon seit langer Zeit in einem schwierigen Scheidungsprozess und der Mann ist schon seit Monaten aus dem gemeinsamen Haus ausgezogen und zu seinem Freund gezogen, mit dem er seit seiner Kindheit eine innige Beziehung gehabt hat, und der in dem Ehestreit seine Bezugsperson geworden ist. Müsste sich dieser Freund vor Gericht wegen einer Straftat verantworten, müsste in Betracht gezogen werden, ob dem Ehemann nicht ein Weigerungsrecht aufgrund dieser Umstände zugebilligt werden sollte.

Im nächsten Beispiel ist der Zeuge unverheiratet, hat keine Kinder, lebt nicht in einer nichtehelichen Lebensgemeinschaft und hat sonst keine Freundschaft, die er als eine Beziehung bezeichnet. Wenn nun Freunde oder fernere Verwandte von diesem „allein stehenden" Zeugen ihre Handlungen vor Gericht verantworten müssen, muss die Möglichkeit offen gehalten werden, dass dies womöglich die Menschen sind, mit denen der Zeuge solch eine intime Beziehung hat, dass ihm ein Weigerungsrecht zugestanden werden sollte. Wenn der Zeuge keine engeren Familienangehörigen hat, zu denen er intime Beziehungen hat, können entferntere Verwandte oder Freunde leicht zu diesen Bezugspersonen für den Zeugen werden. Dieser Möglichkeit muss der Vernehmungsbeamte nachgehen, und beim Vorliegen konkreter Anhaltspunkte eventuell dem entfernteren Verwandten ein Weigerungsrecht zubilligen. Wiederum muss betont werden, dass derartige Konstellationen absolute Ausnahmefälle sind. Zu der Frage, wie man ermitteln kann, ob der Zeuge solch eine Beziehung zu dem „Freund" hat, wird hier weiterhin behauptet, dass dies nicht so ein großes Problem ist, wie in der Literatur oft behauptet wird. Herauszufinden, ob der Zeuge eine Familie hat – d.h. verheiratet ist, Kinder oder lebende Eltern oder sonstige Bezugspersonen wie einen nichtehelichen Lebensgefährten hat – ist nicht schwer herauszufinden. Ist eine Familie vorhanden, steht ihm auch kein Weigerungsrecht gegenüber seinem „Freund" zu. Erst wenn keine Angehörigen vorhanden sind, kommt in Erwägung, ihm ein Weigerungsrecht zu erteilen. Dann muss auf konkrete Anhaltspunkte zurückgegriffen werden, wie z.B. das Zusammenwohnen.

Nach dem vorgeschlagenen Denkmodell wird es weiterhin möglich sein, Menschen, die in solchen Verhältnissen stehen – etwa Menschen, die in der Seitenlinie im dritten Grad verwandt sind oder im zweiten Grad verschwägert waren – ein Zeugnisverweigerungsrecht zu erteilen. Es muss immer von der persönlichen Situation des Zeugen und dem Zweck des Weigerungsrechts ausgegangen werden. Hat der Zeuge, der mit dem Beschuldigten früher einmal im zweiten Grad verschwägert war, keine weiteren Angehörigen, die ihm als Bezugspersonen zur Verfügung stehen, kommt es in Erwägung, ihm ein Zeugnisverweigerungsrecht zu erteilen. In den meisten Fällen werden diese Verwandtschafts und Schwagergrade für die Berechtigung zur Zeugnisverweigerung jedoch ohne Bedeutung sein. Dass der Zeuge und der Beschuldigte z.B. in der Seitenlinie im dritten Grad verwandt sind, ist ohne weiteres nicht ausreichend. Vielmehr muss aufgezeigt werden, dass sie solch eine intime Beziehung zueinander haben – oder gehabt haben – dass diese das Weigerungsrecht aus seinem genannten Grund rechtfertigen kann. Sofern sie lediglich im genannten Grad verwandt oder verschwägert sind und sich zweimal im Jahr bei Beerdigungen und Hochzeiten in der Familie begegnen, reicht das grundsätzlich nicht aus.

Als Beispiel kann auch genannt werden, dass eine verletzte Zeugin, die vom Pflegevater oder der Pflegemutter oder dem Freund oder der Freundin ihrer Mutter oder ihres Vaters sexuell missbraucht worden ist, nach der heutigen Regelung das Recht zur Zeugnisverweigerung nicht hat. Dies benachteiligt Pflegekinder und zwingt Mädchen und junge Frauen zu einer Aussage, wenn ohne ihre Einwilligung Anzeige gegen den Täter oder die Täterin erstattet worden ist und sie kein Strafverfahren gewollt haben. Auch ist es möglich, dass sich eine Betroffene kurzfristig zu einer Anzeige entschlossen oder diese unter Druck erstattet hat und sich nun den Belastungen mehrerer Vernehmungen nicht mehr entziehen kann.[1080] Nach dem Lösungsvorschlag kann die Zeugin in diesen Fällen berechtigt sein, ihr Zeugnis zu verweigern. Ist die Beziehung der Zeugin zu dem Beschuldigten derart gelagert, dass sie nach den genannten Merkmalen eine Stabilität aufweist, die als besonders schützenwert erscheint, kann der Richter ihr genehmigen, ihr Zeugnis zu verweigern.

Ehegatten einer „hinkenden" Ehe, d.h. die nach ausländischem Recht gültig geschlossene, nach deutschem Recht jedoch ungültige Ehe eines Deutschen mit einem ausländischen Partner, können nach dem zweiten Absatz des Lösungsvorschlages berechtigt sein ihr Zeugnis zu verweigern. Was hier zur „hinkenden" Ehen gesagt worden ist, kann grundsätzlich auch auf Lebenspartnerschaften angewandt werden. So muss bei einer nach ausländischem Recht gültig geschlossenen, nach deutschem Recht jedoch ungültigen Lebenspartnerschaft eines Deutschen mit einem ausländischen Partner, auf die Willensübereinstimmung der Partner, miteinander die Lebenspartnerschaft eingehen zu wollen, abgestellt werden. Der Partner einer „hinkenden" Lebenspartnerschaft kann somit zur Verweigerung des Zeugnisses berechtigt sein, wenn die zusätzlichen Voraussetzungen für die Beziehung zu dem Beschuldigten gegeben sind. Auch können Partner einer Mehrehe, die nach ausländischem Recht eingegangen wurde, nach den oben genannten Kriterien berechtigt sein, ihr Zeugnis zu verweigern. Zu betonen ist auch, dass gemäß dem Lösungsvorschlag sonstigen Verwandten des jeweiligen Partners einer engen Lebensbeziehung, etwa dessen Eltern, ein Weigerungsrecht zuzusprechen ist. Es muss als inkonsequent eingestuft werden, die Partner als isolierte Personen zu behandeln und ihre verwandtschaftlichen Beziehungen zu vernachlässigen.

Im Folgenden wird untersucht, wie einer Person, die behauptet, dass sie mit dem Beschuldigten in einer nichtehelichen Lebensgemeinschaft lebt, das Recht zugestanden werden kann, ihr Zeugnis aufgrund § 52 II des Lösungsvorschlags zu verweigern.

[1080] Um diese Benachteiligung aufzuheben, fordert die Literatur, dass das Zeugnisverweigerungsrecht aus persönlichen Gründen so erweitert wird, dass es eine rechtliche Gleichstellung der Betroffenen unabhängig von deren Lebensumständen gewährleistet; vgl. Fastie, Zeuginnen der Anklage, S. 148 f.

b) Die nichteheliche Lebensgemeinschaft und die Berechtigung zur Zeugnisverweigerung nach individueller Beurteilung

Seit jeher existieren zwei Formen der sexuellen Partnerschaft nebeneinander, wenn auch nicht gleichberechtigt und in gleicher Verbreitung, die Ehe und die nichteheliche Lebensgemeinschaft. Mitte des 20. Jahrhunderts erreichte die Ehe eine nahezu monopolartige Stellung unter den Beziehungsformen.[1081] Ab Mitte der sechziger Jahre begann, zunächst ausgelöst durch „linke" Kritik an dem „bürgerlichen" Modell der Kernfamilie und durch die „sexuelle Revolution", die Monopolstellung der Ehe zu bröckeln. Darauf folgend begannen sich alternative Privatheitsformen zu verbreiten.[1082] In diesem Kapitel muss vorerst erläutert werden, dass in der Literatur diskutiert wurde, durch den Begriff des Verlöbnisses nichtehelichen Lebensgemeinschaften ein Weigerungsrecht zu erteilen, da Familiensoziologen argumentierten, dass es sich wegen der Ähnlichkeit der sozialen Beziehungen der jeweiligen Paare bei den nichtehelichen Lebensgemeinschaften um keine eigenständige Lebensform handele, sondern um eine moderne Variante des traditionellen Verlöbnisses.[1083]

Richtig ist wohl, dass das Verlöbnis und die nichteheliche Lebensgemeinschaften darin übereinstimmen, dass beide (noch) keine Ehe sind. Wie aus dieser Arbeit jedoch hervorgeht, ist die nichteheliche Lebensgemeinschaft nicht lediglich als eine neue Form der Verlobung oder als ProbeEhe aufzufassen. Eine nichteheliche Lebensgemeinschaft wird mit einem Partner gegründet, mit dem man auf Dauer zusammenleben will. Nur ein Teil der nichtehelichen Lebensgemeinschaften wird mit dem festen Vorsatz geschlossen, dass in absehbarer Zeit geheiratet werden soll, oder um auszuprobieren, ob man im Beziehungsalltag auch zusammen passt. In der Mehrzahl der Fälle dürfte es sich dagegen um eine neue Form des informellen Zusammenlebens handeln, die gewählt wird, ohne dass die Frage einer möglichen Eheschließung im Raum steht. Sie wird Teil einer neuen Normalität.[1084] Dies schließt jedoch nicht aus, dass sich das zusammenlebende Paar zu einem späteren Zeitpunkt dennoch entschließt, zu heiraten. Die Idee, durch den Begriff des Verlöbnisses nichtehelichen Lebensgemeinschaften ein Weigerungsrecht zu erteilen, ist jedoch überwiegend abgelehnt worden, da Grundlage der sich aus dem Verlöbnis ergebenden Rechtspflichten nicht der soziologische Tatbestand des Zusammenlebens, sondern das wechselseitige Eheversprechen ist.[1085] Verlöbnis bedeutet „Vorstufe zur Ehe" und Ehebereitschaft, was bei Partnern einer nichtehelichen Lebensgemeinschaft nicht zutrifft, oder erst dann, wenn der Entschluss zur Eheschließung gefasst ist.[1086] Wenn sich ein Mann und eine Frau verloben, haben

---

[1081] Eickelpasch, Familie in der Gesellschaft, S. 310; Köster, Moderne Privatheitsformen, S. 23.

[1082] Köster, Moderne Privatheitsformen, S. 23.

[1083] Schneider/Rosenkranz/Limmer, Nichtkonventionelle Lebensformen, S. 67 m.w.N. Nach Erlendsdóttirs Meinung scheint die nichteheliche Lebensgemeinschaft auch stellvertretend für die Verlobung in Island zu sein; Erlendsdóttir, Óvígð sambúð, S. 22.

[1084] Schneider/Rosenkranz/Limmer, Nichtkonventionelle Lebensformen, S. 17 und 90; Lenz, Soziologie der Zweierbeziehung, S. 17 f.

[1085] Grziwotz, Nichteheliche Lebensgemeinschaft, § 5 Rn 10.

[1086] So auch schon Hohloch, Familienrecht, S. 576.

sie sich gegenseitig ein ernst gemeintes Versprechen gegeben, die Ehe miteinander einzugehen. Sie wollen den Rest ihres Lebens zusammen führen. Wenn ein Mann und eine Frau zusammenziehen und eine nichtehelichen Lebensgemeinschaft innehaben, ist ein Versprechen die Ehe einzugehen nicht gegeben worden, und demnach ist ihre Beziehung auch rechtlich auf eine andere Weise zu betrachten. Eine Verlobung beruht auf einem ernstlichen und gegenseitigen Eheversprechen – die nichteheliche Lebensgemeinschaft nicht.

Die vorliegenden Studien deuten darauf hin, dass es sich bei den nichtehelichen Lebensgemeinschaften in den allermeisten Fällen um ein „Durchgangsstadium" von relativ begrenzter Dauer handelt. Dafür werden zwei Gründe genannt:[1087] die im Vergleich zur Ehe weitaus höhere Trennungsrate[1088] und die Tatsache, dass nichteheliche Lebensgemeinschaften eben häufig in eine Ehe münden. Dennoch ist festzustellen, dass es sich bei nichtehelichen Lebensgemeinschaften häufig nicht um kurze Episoden handelt, sondern um durchaus längere Phasen mit eigenständigem Charakter. Immerhin etwa jede fünfte nichteheliche Lebensgemeinschaft besteht länger als fünf Jahre. Nur für eine Minderheit, etwa 10%, scheint diese Lebensform eine dauerhafte Alternative zur Ehe zu sein, die sich zunächst auf das großstädtische Akademiker und Alternativmilieu beschränkt.[1089] Unerlässlich erscheint es, zu beachten, dass nichteheliche Lebensgemeinschaften ein heterogenes Gebilde darstellen, das unterschiedliche Typen zusammenfasst, die von einer Vorstufe bis zur Alternative zur Ehe reichen können.[1090]

Allen nichtehelichen Lebensgemeinschaften fehlen eine gültige Form und eine rechtliche Verbindlichkeit, wie sie bisher nur durch eine Eheschließung und neuerdings durch Schließung einer Lebenspartnerschaft erreichbar ist. Alle nichtehelichen Partnerschaften sind lediglich faktische Gemeinschaften, die formlos und ohne rechtliche Verpflichtung eingegangen werden und bei denen im Einzelfall nicht zu ermitteln ist, ob eine lebenslängliche oder zumindest für eine relevante Dauer („Lebensabschnittsgemeinschaft") erstrebte Bindung beabsichtigt ist. *Die* nichteheliche Lebensgemeinschaft gibt es nicht, ebenso wenig wie es *die* Ehe oder *die* Familie gibt, wie Unter-

[1087] Schneider/Rosenkranz/Limmer, Nichtkonventionelle Lebensformen, S. 83 m.w.N.; Grziwotz, Nichteheliche Lebensgemeinschaft, § 2 Rn 11 m.w.N.; Lenz, Soziologie der Zweierbeziehung, S. 17 f. mit Verweis auf Studien von Vaskovics und Peuckert.

[1088] Soziologische Untersuchungen deuten darauf hin, dass, obwohl man beim Standesamt war, die Wahrscheinlichkeit mittlerweile hoch ist, dass sich der Ehegatte dennoch nur als ein/e Lebensabschnittspartner/in erweisen wird. Inzwischen wird davon ausgegangen, dass in der alten BRD fast jede dritte Ehe vor dem Scheidungsgericht endet. Von dem Eheschließungsjahr 1950 wurde nur jede zehnte Ehe geschieden; Lenz, Soziologie der Zweierbeziehung, S. 22 m.w.N. Auch wenn die nichtehelichen Lebensgemeinschaften weniger Stabilität als Ehen zeigen, scheinen jedoch die Motive dafür, eine Beziehung aufzulösen, unabhängig von der Formalisierung denselben Kriterien zu folgen; Rupp, Nichteheliche oder eheähnliche Gemeinschaften?, S. 48 f.

[1089] Lenz, Soziologie der Zweierbeziehung, S. 18; Schneider/Rosenkranz/Limmer, Nichtkonventionelle Lebensformen, S. 88 f., jeweils m.w.N.

[1090] Lenz, Soziologie der Zweierbeziehung, S. 18.

suchungen in dieser Arbeit ergeben haben.[1091] Gemäß der Lösungsvorschrift soll auch nicht erst herausgefunden werden, ob eine nichteheliche Lebensgemeinschaft vorhanden ist, so dass z.B. bei einer Trennung Ansprüche bestehen können, sondern es muss aufgeklärt werden, ob die aufgezählten Merkmale in dieser Beziehung vorhanden sind. Die soziale Erscheinungsform muss somit nicht als eine solche definiert werden. So ist denkbar, dass Partner einer Beziehung, bei der Ansprüche bei einer Trennung bestehen können, nicht dazu berechtigt sind, das Zeugnis zu verweigern.

Für das Vorliegen einer Beziehung gemäß § 52 II des Lösungsvorschlages, die den Partner zur Zeugnisverweigerung berechtigt, muss lediglich gegeben sein, dass die Beziehung für eine gewisse Dauer bestanden hat und von gegenseitiger Unterstützungsbereitschaft sowie eines Einstehens füreinander gekennzeichnet ist. Wenn die Beziehung diese Merkmale erfüllt, ist sie besonders schützenwert und berechtigt somit den Zeugen, sein Zeugnis zu verweigern. Nichteheliche Lebensgemeinschaften sind in unserer Gesellschaft sehr verbreitet und es herrscht ein allgemeines Verständnis, was sie sind. Es scheint die Regel zu sein, dass man erst mit jemandem zusammenzieht oder getrennt in zwei Haushalten lebt und aus alltagspragmatischer und emotionaler Sicht sowie unter Aspekten der Verbindlichkeit die Partnerschaft „prüft". Erst dann wird, nachdem die Partnerschaft für „tauglich" befunden wurde, gegebenenfalls geheiratet. Das Zusammenleben ohne Trauschein und ohne Kinder ist langsam zum „Normalfall" geworden und nicht mehr das Heiraten, ohne vorher mit dem jeweiligen Partner in einer Partnerschaft zusammengelebt zu haben. Immerhin haben mehr als 80% der verheirateten Paare in einer nichtehelichen Lebensgemeinschaft gelebt, bevor die Ehe eingegangen wurde.

[1091] § 6 D. Wenn man sich z.B. mit der nichtehelichen Lebensgemeinschaft beschäftigt, ist in der Literatur zum einen die Meinung vorhanden, dass es eine treffende Definition der nichtehelichen Lebensgemeinschaft nicht gebe. *Bosch* meint, dass es keine justiziablen Kriterien gibt, eine nichteheliche Lebensgemeinschaft zu beurteilen, und dass es oft unmöglich sei, das Vorliegen eine „eheähnlichen" Lebensgemeinschaft festzustellen; Bosch, FamRZ 1991, 1 (4). *Grziwotz* vermag angesichts der ausgesprochen heterogenen Erscheinung der nichtehelichen Lebensgemeinschaften nur eine Gemeinsamkeit festzustellen, nämlich die fehlende Verheiratung. Er ist der Meinung, dass Dauerhaftigkeit, Exklusivität und Solidarität beide Tatbestände kennzeichnen. Was in dem einem Fall fehlt, ist der Trauschein. Der Unterschied zwischen der legalen Ehe und der nichtehelichen Lebensgemeinschaft ist kein grundsätzlicher mehr, sondern lediglich ein gradueller. Der formale Akt der Eheschließung wird aus dieser Sicht von der konstituierenden Form zur bloßen Formalie; Grziwotz, Nichteheliche Lebensgemeinschaft, § 1 Rn 44. *Schwab* erachtet die Tatbestände der nichtehelichen Lebensgemeinschaft als „diffus"; Schwab, Konkurs der Familie, S. 38 f., und *Rüthers* meint, dass das allgemein für das Vorliegen einer nichtehelichen Lebensgemeinschaft für erforderlich erachtete Element der Dauer sei letzlich gar nicht zu bestimmen. Selbst wenn man sich auf einen bestimmten Zeitraum festlege, sei bereits der Nachweis dieser Zeitspanne kaum zu bewältigen; Rüthers, NJW 1992, 879 (880). Andere meinen, dass die Definition des BVerfG der „eheähnlichen Gemeinschaft" für die nichteheliche Lebensgemeinschaft insgesamt und damit auch für ihre zivil und familienrechtliche Bedeutung zugrunde zu legen ist. Sie meinen, dass es den Gerichten in den letzten dreißig Jahren gelungen ist, den Begriff wie den rechtlich relevanten Tatbestandskern einer nichtehelichen Lebensgemeinschaft so einzugrenzen, dass nicht (mehr) jede Beziehung zweier Personen, die über einen gelegentlichen Kontakt hinausgeht, darunter subsumiert werden kann; Rauscher, Familienrecht, S. 283.

In den meisten Fällen ist der Grund der Eingehung einer nichtehelichen Lebensgemeinschaft somit der, dass junge Menschen ihr Glück auf diese Weise versuchen wollen, ehe eine Ehe eingegangen wird. Ob konkrete Anhaltspunkte für das Vorliegen einer nichtehelichen oder gleichgeschlechtlichen Lebensgemeinschaft im Sinne des Weigerungsrechts vorhanden sind, muss immer unter Berücksichtigung der Situation des Zeugen beurteilt werden. Haben der Zeuge und der mit ihm nichtverwandte Beschuldigte den gleichen Wohnsitz, obwohl sie nicht verheiratet sind und sonst auch eine Familie - wie Eltern und Geschwister - haben, oder haben sie z.B. gemeinsame Kinder, deutet dies darauf hin, dass sie eine nichteheliche – bzw. gleichgeschlechtliche – Lebensbeziehung innehaben. Es ist jedoch allgemeine Auffassung der Rechtsprechung und Literatur, dass Lebensgefährten nicht als Wohn oder Wirtschaftsgemeinschaft auftreten müssen.[1092] Hier darf hervorgehoben werden, dass der Entschluss, mit anderen in Gemeinschaft zu leben, als Teil des allgemeinen Persönlichkeitsrechts den Schutz der Grundrechte aus Art. 1 I S. 1 i.V.m. Art. 2 II S. 1 GG genießt, solange er nicht die Schranken überschreitet, die die Verfassung selbst der Ausübung der allgemeinen Freiheitsrechte setzt.[1093] Hier muss – und darf – nicht nach einer „Nähe“ der Partner geforscht werden, sondern hier wird unterstellt, dass es genügt, auf die konkreten Anhaltspunkte einzugehen und sich so ein klares Bild machen zu können, wie Zeuge und Beschuldigter miteinander verstrickt sind. Die Nachforschung der konkreten Anhaltspunkte darf sich jedoch nicht zu einer Vernehmung zur Sache entwickeln. Wie schon hervorgehoben worden ist,[1094] muss bei dem Zeugnisverweigerungsrecht lediglich die Angehörigeneigenschaft glaubhaft gemacht werden.[1095] Glaubhaftmachung bedeutet, dass die Tatsachen so weit bewiesen werden müssen, dass sie für wahrscheinlich gehalten werden und dass der jeweilige Vernehmungsbeamte in die Lage versetzt wird, ohne verzögernde weitere Ermittlungen zu entscheiden.[1096] Wenn die Frage, ob der Zeuge mit dem Beschuldigten verwandt ist, Gegenstand der Vernehmung zur Sache ist, darf der Zeuge, der sich auf sein Zeugnisverweigerungsrecht beruft, jedoch nicht veranlasst werden, das Verwandtschaftsverhältnis näher glaubhaft zu machen.[1097]

Die obergerichtliche Rechtsprechung hat sich schon damit befassen müssen, was sie unter dem Terminus der nichtehelichen Lebensgemeinschaft versteht. Nach Rechtsprechung und rechtswissenschaftlicher Literatur sind für das Vorliegen einer nichtehelichen Lebensgemeinschaft drei Kriterien maßgeblich: eine gewisse Dauer des Zusammenlebens, eine umfassende Lebensgemeinschaft, bestehend aus einer Wohn, Wirtschafts und Geschlechtsgemeinschaft, und schließlich eine „unverbindliche gewisse Eheähnlichkeit“.[1098] Der Begriff „eheähnliche Lebensgemeinschaft“ ist als „eine Lebensgemeinschaft zwischen einem Mann und einer Frau” definiert worden, “die auf

---

[1092] BVerfGE 15, 306 (312 f.); 52, 11 (12 f.); 70, 278 (280).
[1093] BGH NJW 1985, 130.
[1094] Siehe § 4 C II 3.
[1095] LR-Dahs § 56 Rn 4; KK-Senge § 56 Rn 3; Kleinknecht/Meyer-Goßner § 56 Rn 2.
[1096] Kleinknecht/Meyer-Goßner § 56 Rn 2 m.w.N.
[1097] RG HRR 1928, Nr. 494; LR-Dahs § 56 Rn 4; KK-Senge § 56 Rn 4.
[1098] Grziwotz, Nichteheliche Lebensgemeinschaft, § 3 Rn 15 m.w.N.

Dauer angelegt ist, daneben keine weitere Lebensgemeinschaft gleicher Art zulässt und sich durch innere Bindungen auszeichnet, die ein gegenseitiges Einstehen der Partner füreinander begründen, also über die Beziehung in einer reinen Haushalts und Wirtschaftsgemeinschaft hinausgehen."[1099] In diesen Entscheidungen ging es jeweils um die Frage der Bedürftigkeit eines Sozialhilfe oder Arbeitslosenhilfeempfängers und die Möglichkeit der Anrechnung der Einkünfte des Partners. Die Gerichte mussten deshalb lediglich der Frage nachgehen, ob die Lebensgemeinschaften in diesen Fällen eine der Ehe vergleichbare Wirtschaftsgemeinschaft bildeten oder nicht. Unter dem Begriff der Wirtschaftsgemeinschaft wird die gemeinsame Erledigung der gemeinsam betreffenden wirtschaftlichen Fragen des Zusammenlebens verstanden.[1100] Die nichteheliche Lebensgemeinschaft wird von der Rechtsprechung in diesen Fällen somit vor allem durch wirtschaftliche Kriterien umschrieben. In der Rechtsprechung wird jedoch hervorgehoben, dass Intimbeziehungen, die jedoch – zumindest in diesen Beschlüssen – nicht gesondert erforscht zu werden brauchen, ein gewichtiges Indiz für eine nichteheliche Lebensgemeinschaft sein können.[1101]

Für die Annahme einer „eheähnlichen Gemeinschaft" hat das Bundesverwaltungsgericht das Bestehen einer Wohn und Wirtschaftsgemeinschaft zwischen einem Mann und einer Frau als maßgebend herangezogen.[1102] Weiter sagt das Gericht, dass es nicht entscheidend ist, „ob innere Bindung oder Verpflichtungen zur Unterhaltsgewährung oder zur gemeinsamen Lebensführung bestehen, auch nicht, ob die beiden Partner durch geschlechtliche Beziehung miteinander verbunden sind, sondern allein der Umstand, dass wie in einer echten Ehe „aus einem Topf" gewirtschaftet wird." *Striewe* hat schon darauf hingewiesen, dass die geforderte Wirtschaftsgemeinschaft in einer gemeinsamen oder arbeitsteiligen, nicht auf einer Entgeltvereinbarung beruhenden, gegenseitig vorteilhaften Arbeitsleistung, der gemeinsamen Schaffung von Spar und Vermögensanlagen oder dem Erwerb von Immobilien, eines Kraftfahrzeuges oder einer Wohnungseinrichtung bestehen kann.[1103] Weiter erklärt *Striewe*, dass wohl auch – soweit steuerrechtlich zulässig – die gemeinsame Erstellung einer Einkommensteuererklärung maßgeblich sein kann. Es ist von Interesse, dass das Bundesverwaltungsgericht in der oben erwähnten Entscheidung die Worte „wie in einer echten Ehe" benutzt, als Ehepaare immer „aus einem Topf" wirtschafteten. Dies ist wohl nicht der Fall. Die Gemeinschaft muss nicht alle drei Merkmale aufweisen, d.h. eine Wohn, Wirtschafts und Geschlechtsgemeinschaft sein. Diese Merkmale dienen lediglich der Abgrenzung von bloßen Wohngemeinschaften und Freundschaften. Durch die Eheähnlichkeit, welche die nichteheliche Lebensgemeinschaft aufzeigen muss, sind gleichgeschlechtliche Paare und Verbindungen von mehreren Personen ausgeschlossen, auch wenn

---

[1099] BVerfG NJW 1993, 643 (645); FamRZ 1993, 164 (168).

[1100] BVerwG FamRZ 1995, 1352.

[1101] BVerfGE 52, 11 (15); 87, 234 (255); Starck, in: v. Mangoldt/Klein/Starck Art. 3 I Rn 178.

[1102] BVerwGE 15, 306 (312 f.).

[1103] Striewe, Ausländisches und internationales Privatrecht der nichtehelichen Lebensgemeinschaft, S. 34 f.

zwischen ihnen eine ehegleiche ökonomische Solidarität oder eine Verantwortungs und Einstehungsgemeinschaft besteht.[1104]

Aus einer Untersuchung junger nichtehelicher Lebensgemeinschaften geht hervor, dass die Mehrheit das Kriterium der Verpflichtung zur gegenseitigen sozialen und ökonomischen Unterstützung nicht oder nur bedingt erfüllt.[1105] Als Anhaltspunkt hierzu dient, dass die Paare oft nicht zusammen wirtschaften, denn ein Teil behält die ökonomische Selbständigkeit der Partner aufrecht. *Vaskovics*[1106] ist somit zuzustimmen, dass nur ein Teil der nichtehelichen Lebensgemeinschaften diese Kriterien tatsächlich erfüllt. Allerdings ist hier nach der Entwicklungsphase und der Intention der Lebensgemeinschaften zu differenzieren. Gerade zu Beginn wird eher auf Eigenständigkeit geachtet. Im Laufe der Paarbeziehung wächst der Grad an Gemeinschaftlichkeit, und es lässt sich eine Annäherung an eheliche Beziehungsmuster feststellen. Die Gemeinschaftlichkeit bei Anschaffungen und Geldangelegenheiten steigt, allerdings besonders im Zusammenhang mit der Konkretisierung von Heirats und Familiengründungsplänen. Nimmt man die Bereitschaft, eine wirtschaftliche Einheit zu bilden, als Indikator für die schützenwerte Stabilität im Sinne von § 52 II des Lösungsvorschlages, so entsprechen vorzugsweise diejenigen Paare zunehmend dem Kriterium, die letztlich auch eine Ehe schließen. Gerade diejenigen, die nicht heiraten (wollen), tendieren weniger zu dieser Gemeinschaftlichkeit, sondern begeben sich oft gerade deshalb nicht in den „Schutz der Institution", um ihre Unabhängigkeit und Gestaltungsfreiräume beizubehalten. Fast die Hälfte der langzeitigen nichtehelichen Lebensgemeinschaften möchte demnach auch keine dauerhafte finanzielle Verpflichtung für den Partner übernehmen. Überwiegend wollen die Partner dem jeweils anderen zwar kurzfristig aushelfen und sich um ihn kümmern, letztendlich soll jeder jedoch finanziell eigenständig bleiben. Für diejenigen, die sehr bewusst keine Ehe eingehen, kann daher nur zum Teil davon ausgegangen werden, dass sie in Bezug auf Verbindlichkeit und Verantwortlichkeit dennoch eheähnliche Verhältnisse aufbauen. Hinzu kommt, dass weniger als ein Viertel der nichtehelichen Lebensgemeinschaften vertragliche Regelungen im Falle einer Trennung trifft; bei ihnen dominiert die Neigung zur Regelungsfreiheit.[1107]

Somit ist der Schluss zu ziehen, dass bei der Beurteilung, ob die Beziehung den Partner berechtigt, Zeugnis zu verweigern, nicht in allen Fällen auf das Merkmal Wirtschaftsgemeinschaft abgestellt werden kann, wenn der Zeuge unterstellt, dass er mit dem Beschuldigten in einer nichtehelichen Lebensgemeinschaft lebt.

Widmet man sich z.B. dem Merkmal der Dauerhaftigkeit der Beziehung, so soll sie kurzfristige Bekanntschaften aus dem Anwendungsbereich ausschließen, wobei es jedoch nicht auf die tatsächliche Dauer der Partnerschaft ankommen kann. Ausreichend ist, dass die Partner ein längeres Zusammenleben beabsichtigen. Die Zeitangaben,

---

[1104] Grziwotz, Nichteheliche Lebensgemeinschaft, § 3 Rn 13 ff. m.w.N.

[1105] Was nicht heißt, dass sie damit durch eine „Spaß- und Ausstehensgemeinschaft" ersetzt wird; so Rupp, Nichteheliche oder eheähnliche Gemeinschaften?, S. 39.

[1106] Vaskovics, Nichteheliche Lebensgemeinschaften, S. 21.

[1107] Rupp, Nichteheliche oder eheähnliche Gemeinschaften?, S. 39 f.

wann ein vorübergehendes Zusammenleben zu einem von unbestimmter Dauer wird, schwanken zwischen einem Vierteljahr und fünf Jahren.[1108]

Die Festsetzung einer starren Zeitspanne erscheint angesichts der in dieser Arbeit aufgeführten soziologischen Untersuchungen über Dauer und Bestand nichtehelicher Lebensgemeinschaften als zweifelhaft.[1109] Ein Nachweis kann nicht durch die Mindestdauer des Zusammenlebens und Wohnens erbracht werden. Erwartungsgemäß kann man mit einer (willkürlich) gewählt erscheinenden Zeitspanne ein vielschichtiges menschliches Verhalten fassbar und für die Gerichtspraxis bewertbar machen. Wie schon *Striewe* gezeigt hat,[1110] entlastet ein solches Verfahren den zur Entscheidung berufenen Richter, von Amts wegen alle Tatsachen und Umstände zu erforschen, die für oder gegen das Vorliegen einer nichtehelichen Lebensgemeinschaft sprechen. Die richterliche Entscheidung wird dadurch erleichtert und für den Zeugen besser verständlich. Zudem wird den Partnern die unangenehme Last abgenommen, die persönlichen Verhältnisse des nichtehelichen Zusammenlebens dem Gericht bis in alle Einzelheiten offen zu legen. Es ist jedoch eindeutig, das die Postulierung einer bestimmten Mindestdauer des Zusammenlebens im Einzelfall zu unbilligen Ergebnissen führen wird. Deshalb wird in der vorgeschlagenen Lösung auf den gemeinsamen ernsthaften Willen der Partner im Zeitpunkt der Begründung ihrer Beziehung abgestellt, d.h. die „Anlage auf Dauer“. So ist auch scharf zwischen solchen Partnerschaftsbeziehungen und vorübergehenden Verbindungen zu unterscheiden, die vornehmlich auf sexuelle Beziehungen beschränkt sind, wenn diese auch einige Zeit währen.

Schwierigkeiten können sich schon deswegen ergeben, weil es keinen Akt gibt, der das Entstehen für Dritte feststellbar macht und so den Beginn der Beziehung präzisiert. Hier können äußere Anzeichen, wie das Zusammenziehen und das Wirtschaften aus einer gemeinsamen Kasse, als Anhaltspunkte genommen werden. Weitere Kriterien denen Indizwirkung zukommt sind z.B. die öffentliche Anerkennung der partnerschaftlichen Beziehung durch die Umwelt, also regelmäßig die Kenntnis von der Partnerschaft in der Nachbarschaft, die Existenz gemeinsamer Kinder und die gemeinsame Erstellung einer Einkommensteuererklärung. Darüber hinaus kann auf Aussagen von Personen, die mit dem Paar bekannt sind, abgestellt werden. Urkundsrechtliche Tatsachen darüber, dass zwei Menschen denselben Wohnsitz haben, kann ein Anzeichen für die Entstehung einer nichtehelichen Lebensgemeinschaft sein.

[1108] Zur Ausschließung von gleichgeschlechtlichen Paaren und Lebensgemeinschaften von mehr als zwei Personen; BVerfGE 87, 234 (264); kritisch hierzu Grziwotz, Nichteheliche Lebensgemeinschaft, § 3 Rn 17 m.w.N. In seiner Kritik zu dem AE-ZVR meint Welp, dass der Begriff der eheähnlichen Gemeinschaft die deutlichsten Konturen besitze, und dass es mit der Zielsetzung des Entwurfs vereinbar wäre, wenn jene durch die Gemeinschaftlichkeit des Wohnens und diese durch eine Mindestdauer des Zusammenlebens indiziert würden; Welp, Zeugnisverweigerungsrechte und Beschlagnahmeverbote, S. 629 f.

[1109] So auch schon Striewe, Ausländisches und internationales Privatrecht der nichtehelichen Lebensgemeinschaft, S. 31.

[1110] Striewe, Ausländisches und internationales Privatrecht der nichtehelichen Lebensgemeinschaft, S. 31.

Obwohl diese Ereignisse hilfreich sein können, kann es oft schwer sein, genau festzulegen, wann eine nichteheliche Lebensgemeinschaft entstanden ist, besonders wenn einer der Partner deren Entstehung widerspricht. Dieselbe Uneinigkeit kann über die Beendigung gelten. Obwohl in der obergerichtlichen Rechtspraxis auf Lebensgemeinschaften abgestellt wird, die "keine weitere Lebensgemeinschaft gleicher Art zulässt", kommen auch Lebensgemeinschaften in Betracht, in denen der eine Partner oder sogar beide (noch) verheiratet sind.

Bei der Beurteilung, ob es sich bei der nichtehelichen Lebensgemeinschaft um eine Beziehung handelt, die zwar nicht durch familienrechtliche Verhältnisse indiziert ist, aber dennoch in § 52 aufgenommen werden kann, handelt es sich gewiss um eine Herausforderung für die Rechtsprechung und die Rechtswissenschaft überhaupt. Die Herausforderung aber einfach von vornherein abzulehnen, ist sicherlich keine Lösung. Vielmehr muss man sich dieser Herausforderung stellen, um den Anforderungen der Verfassung gerecht zu werden.

C. Schlussfolgerung

Das Ziel dieser rechtsvergleichenden Arbeit ist es, einen Beitrag zur rechtspolitischen Diskussion über die Fortgestaltung des Anwendungsbereichs des Zeugnisverweigerungsrechts zu leisten. Die erste vorgenommene Aufgabe war es, den Grund für das Zeugnisverweigerungsrecht aus persönlichen Gründen zu erforschen. Das Ergebnis ist, dass das Zeugnisverweigerungsrecht die Freiheit des Einzelnen schützt, selbst zu entscheiden, wie er seine menschlichen Beziehungen zu seinen Angehörigen gestalten will. Es schützt jene Sphäre des Einzelnen, in der er seine intimen, vertrauten und erotischen Empfindungen zu anderen Menschen gestaltet. Das Weigerungsrecht ist ein höchstpersönliches Recht des Zeugen. Es wird ihm gewährleistet, um seinen Prozess zur Identitätsfindung nicht zu beeinträchtigen, der für die Persönlichkeitsentfaltung unerlässlich ist, und den er als Konzept jeder Selbstdarstellung zugrunde legt. Das Weigerungsrecht besteht, um den Betroffenen zu ermöglichen, sich ihren nächsten Angehörigen anzuvertrauen und mit ihnen vertraulich zu kommunizieren, des Weiteren um bei ihnen Ermutigung und Zuspruch (nicht nur, aber auch) in Krisensituationen zu finden, und schließlich, um ihre Fähigkeit zu verantwortlichem Leben in der Gemeinschaft zu festigen. Das Weigerungsrecht schützt jedoch nicht wechselseitige Empfindungen. Es schützt die Entschließungsfreiheit eines jeweiligen Menschen, selbst zu entscheiden, wie er seine menschlichen Beziehungen zu Angehörigen gestalten will. Voraussetzung dessen, dass das Verweigerungsrecht die Entschließungsfreiheit des Zeugen schützt, ist somit nicht, dass der Beschuldigte dieselben Empfindungen gegenüber dem Zeugen hat, wie der Zeugen sie gegenüber dem Beschuldigten aufweist. Die verfassungsrechtliche Grundlage des Weigerungsrechts ist auf, zwei Wegen, im allgemeinen Persönlichkeitsrechts zu finden. Einmal durch die vom allgemeinen Persönlichkeitsrecht geschützte Selbstentfaltung des Menschen und zum zweiten durch das Recht auf informationelle Selbstbestimmung. Auch ist festgestellt worden, dass für einige bestimmte Beziehungen, zusätzlich zu Art. 2 I i.V.m. Art. 1 I GG, Art. 6 I GG als Grundlage für das Weigerungsrecht herangezogen werden kann.

In der Familie entsteht typischerweise der Raum, in dem persönliche und intime Beziehungen erwachsen und gedeihen. Diese Beziehungen basieren auf gegenseitigem Vertrauen, in das der Staat nur einzudringen befugt ist, sofern das Weigerungsrecht nicht in Anspruch genommen wird. Das zwischenmenschliche Vertrauen würde durch die Einführung einer erzwungenen Zeugenaussage eines Angehörigen in einem Strafverfahren zerrüttet werden. Auch könnten erzwungene belastende Aussagen von Angehörigen, die in ein Strafverfahren eingeführt werden, bei einer Verurteilung – aber auch bei einem Freispruch – zu intensiven Auseinandersetzungen zwischen den Familienmitgliedern führen, sodass sie am Ende auseinandergehen.[1111]

Wie aus dem zweiten Teil dieser Arbeit zu entnehmen ist, wissen wir sehr viel über das Beziehungsmuster des Einzelnen und über nichtkonventionelle Lebensformen. Wir wissen, wie sehr manifeste Merkmale, die Ehe und Familie ausmachen, nun auch mehr und mehr in anderen Privatheitsformen ausgelebt werden (können) und Funktionen, welche die Ehe und Familie innehatten haben, an Bedeutung verloren haben.[1112] So ist ein ganz selbstverständlicher Bestandteil der Erwartungen bezüglich einer Privatheitsform – die Heterosexualität der Intimbeziehungen – nicht mehr vorhanden; das Institut Ehe ist aus mehreren Gründen deinstitutionalisiert worden;[1113] das Postulat der lebenslangen Dauer der Ehe ist aufgeweicht worden; die ausschließlich eheliche Legitimation von Sexualität ist abhanden gekommen. Zudem hat die Kernfamilie an Funktionalität eingebüßt; sie erfüllt ihre im Großen und Ganzen unveränderten Aufgaben nach wie vor, aber es geht in vielen Bereichen auch ohne sie.[1114] Eine Untersuchung konventioneller und nichtkonventioneller Lebensformen hat gezeigt, dass die Beziehungen, die im heutigen § 52 aufgezählt sind, nicht von solch einem exklusiven Grad von Intimität gekennzeichnet sind, dass es nicht als legitim erscheinen würde, die Vorschrift zu erweitern.

Es ist ein Ergebnis dieser Arbeit, dass der Mensch, in unterschiedlichen Lebensabschnitten, eine Vielzahl verschiedener Partnerschaftsformen durchleben kann. Nicht in allen diesen privaten sozialen Beziehungsformen steht es dem Menschen zu, sein Zeugnis gegenüber demjenigen, zu dem er eine intime Bindung hat, zu verweigern, obwohl die Privatheitsformen im Grunde immer insofern gleich sind, dass sie durch Stabilität gekennzeichnet sind.

[1111] Rengier, Zeugnisverweigerungsrechte, S. 8.

[1112] Siehe § 6.

[1113] Gründe hierfür sind u.a.: durch größere Bildungs und Erwerbsbeteiligung von Frauen; die »klassische« Rollenverteilung der Eheleute wird von Frauen weniger akzeptiert; Sexualität außerhalb der Ehe ist nicht mehr illegitim; rechtliche Gleichstellung ehelicher und nichtehelicher Kinder; so Peuckert, Familienformen im sozialen Wandel, S. 46 f.; Köster, Moderne Privatheitsformen, S. 25 ff.

[1114] In dem Wochenblatt Time von September 2001 wurde die Änderung in der Familienstruktur in Europa unter der Überschrift „Europe's Families in flux" besprochen, und beschrieben, wie Parlamente langsam das Familienrecht an die veränderte Gesellschaft anpassen; Time, Vol. 158 No. 12, von 12. September 2001, S. 54-62.

In dieser Arbeit ist herausgearbeitet worden, dass der Mensch trotz der Vielfalt der Bindungen, die er durchlebt, sich niemandem – ausgenommen den eigenen Kindern als Ausdruck und Fortsetzung dieses emotionalen Bandes – näher zu fühlen scheint, als der Beziehungspartnerin oder dem Beziehungspartner. Keine andere Beziehung gibt dem Menschen die Möglichkeit, seine Empfindungen, Gefühle und Eindrücke von Erlebnissen zu besprechen und zu verarbeiten. Dies ist für jeden ein unerlässlicher Vorgang auf dem nie endenden Weg zur Identitätsfindung. Wird einem Menschen, der solch eine Beziehung zu dem Beschuldigten hat, nicht das Weigerungsrecht erteilt, ist der Kernbereich des Persönlichkeitsrechts verletzt.

Wie in dieser Arbeit herausgearbeitet worden ist, hat ein gewaltiger Strukturwandel in der privaten Lebensführung stattgefunden. Es muss somit als unentbehrlich betrachtet werden, das enumerative System des § 52 aufzubrechen. In einer Auseinandersetzung mit den vorhandenen Vorschlägen für die Erweiterung des Zeugnisverweigerungsrechts, haben sich die meisten Kritiker für die Beibehaltung des Enumerationsprinzips aus Gründen der Rechtssicherheit und Rechtsklarheit, Praktikabilität und Prozessökonomie ausgesprochen, sodass nur leicht feststellbare Beziehungen wie die Ehe und neuerdings die Lebenspartnerschaft, und sich daraus ergebende Verwandtschaften und Schwägerschaften, zu einer Ausnahme von der Zeugnispflicht führen sollen.[1115] Kritiker sehen somit das Enumerationsprinzip als einzige Lösung, da es ermöglicht, den Kreis der verweigerungsberechtigten Personen rasch und sicher festzustellen. In dem AE-ZVR wird der Vorschlag gemacht, auch demjenigen ein Zeugnisverweigerungsrecht zu erteilen, der mit dem Beschuldigten in ehe oder familienähnlicher oder sonst vergleichbarer enger Lebensgemeinschaft lebt.

Wie aufgezeigt worden ist, dient das Zeugnisverweigerungsrecht dem Schutz der Freiheit eines jeden Menschen, selbst zu entscheiden, wie er seine menschlichen Beziehungen zu Angehörigen gestalten will. Um diesen verfassungsrechtlichen Anforderungen nachzukommen, kann nicht stur auf vorgegebene Rechtsbegriffe, wie den der Ehe oder Lebenspartnerschaft, zurückgegriffen werden, so wie die konventionellen Vorschläge es tun. Ebenso wenig könnte auf den Begriff der nichtehelichen Lebensgemeinschaft zurückgegriffen werden, wenn dieser operabel greifbar wäre und in gleicher Weise wie der Begriff der Ehe auf Normen des materiellen Familienrechts verwiese, und durch Anpassung an Grundwerte der Verfassung entstanden wäre.

[1115] Bemerkenswert ist, dass Mittermaier schon in seinem im Jahre 1834 erschienenen Buch über die „Lehre vom Beweise“, argumentierte, dass es sich nie rechtfertigen lässt, „wenn das Gesetz aus dem Grunde, dass die Wahrheit auf andere Art nicht entdeckt werden könnte, eine Ausnahme macht, weil es immer höchst willkürlich sein würde, zu bestimmen, ob ein solcher Ausnahmsfall vorhanden ist, und weil auch in jedem Ausnahmsfall die nämlichen Gründe entscheiden, die gegen das Zeugniss der Verwandten sprechen.“ Mittermaier war somit der Meinung, dass ein Katalog mit den Personen denen ein Weigerungsrecht zusteht existieren müsste, denn solch ein Katalog stelle eine vorbehaltslose Ausnahme von der Zeugnispflicht dar. Er war weiterhin der Meinung, dass keinem Menschen dieses Recht zugestanden werde, wenn die Gerichte die Befugnis hätten, nach individueller Beurteilung zu entscheiden.

Meines Erachtens wird der AE-ZVR dem Schutzgut des Weigerungsrecht auch nicht gerecht, denn die Menschen, zu denen der Zeuge schützenswerte Empfindungen innehat, sind typischerweise diejenigen, die eine Familie mit dem Zeugen bilden; typischerweise diejenigen, mit denen der Zeuge intime und vertraute Empfindungen innehat. Dies ist jedoch nicht immer der Fall, z.B. in den Fällen, wenn die Ehe keine Funktion einer umfassenden Lebenshilfe aufweist, d.h. keine „Verantwortungsgemeinschaft“ darstellt, was z.B. bei der Scheinehe der Fall ist. Es gibt mit anderen Worten keinen Mindestinhalt der Ehe.

Meines Erachtens muss die Vorschrift eine Umgestaltung dahingehend erfahren, dass den verfassungsrechtlich gebotenen Anforderungen und dem Strukturwandel in der privaten Lebensführung nachgekommen wird. Die vorhandenen Lösungsalternativen können dies nicht bewältigen. Es muss somit nach anderen Alternativen geforscht werden.

Wenn man auf anscheinend unüberwindbare Probleme stößt, ist es meines Erachtens ein gelungener Schritt, seinen Horizont zu erweitern, indem man sich mit anderen homogenen Rechtsordnungen beschäftigt, in denen sich die Wissenschaft sehr wahrscheinlich in der einen oder anderen Form mit den gleichen oder ähnlichen Problemen befasst hat. Die vier nordischen Rechtsordnungen, die in dieser Arbeit angesprochen worden sind, sind grundsätzlich auf denselben Grundgedanken wie die deutsche aufgebaut, was dazu führt, dass Normen dieser Rechtsordnungen einiges zur Diskussion in Deutschland beitragen können. Vielleicht wird man auch nach einer Würdigung nordischer Auffassungen die eigenen „Probleme“ aus einer anderen Perspektive betrachten. Damit ist schon viel geleistet.

Um dem Grund des Zeugnisverweigerungsrechts wahrlich gerecht zu werden, muss meines Erachtens die Strafprozessordnung eine Regelung enthalten, die der jeweiligen Vernehmungsperson und dem Gericht die Befugnis erteilt, Personen von der Zeugnispflicht zu entbinden, wenn ihre Beziehung zu dem Beschuldigten, wegen der Dauerhaftigkeit ihrer Beziehung, der gegenseitigen Unterstützungsbereitschaft und des Einstehens füreinander als besonders schützenwert erscheint.

Dem materiellen oder formellen deutschen Strafrecht sind ausfüllungsbedürftige Begriffe wie das der “nahestehenden Person” nicht fremd, vgl. §§ 35, 241 StGB. Diese können somit einen Eingang in § 52 finden. Ein neuer § 52 könnte dann so formuliert werden: „Zur Verweigerung des Zeugnisses sind Personen die dem Beschuldigten nahe stehen berechtigt, wenn die Beziehung zu dem Beschuldigten, wegen der Dauerhaftigkeit der Beziehung, der gegenseitigen Unterstützungsbereitschaft und des Einstehens füreinander die Stabilität aufweist, die als besonders schützenwert erscheint.“ Mit guten Gründen könnte argumentiert werden, dass dies wahrlich die einzige Regelung ist, die den verfassungsrechtlichen Anforderungen nachkommen kann.

In dem Kapitel über die Entwicklung des Zeugnisverweigerungsrechts für Angehörige des Beschuldigten ist jedoch festgestellt worden, dass der in dieser Arbeit ausgearbeitete Vorschlag in den vorhandenen Regulationsmechanismen haltbar ist. Nicht haltbar ist jedoch, die deutsche Vorschrift so zu gestalten, dass lediglich „Nahestehenden“ ein Weigerungsrecht erteilt wird, wie in § 171 I des dänischen Verfahrensgesetzes. Der Grund hierfür ist in erster Linie der, dass seitdem das erste deutsche Gesetz in Kraft trat, das der Konfliktsituation der Angehörigen des Beschuldigten bedingungslos und ohne Einschränkung Rechnung trug, diejenigen, denen das Recht zusteht, ihr Zeugnis zu verweigern, genau aufgezählt sind. Das Zeugnisverweigerungsrecht ist seitdem nur Menschen zugestanden worden, die in einer derartigen Beziehung zu dem Beschuldigten stehen, die durch Begriffe im Rechtssinne klassifiziert werden kann.

Diese Grundannahme wird auch in dieser Arbeit grundsätzlich akzeptiert. Um den verfassungsrechtlich gebotenen Anforderungen und dem Strukturwandel in der privaten Lebensführung nachzukommen, wird in einem ersten Abschnitt der Partner einer sozialen Erscheinungsform, die einen Begriff im Rechtssinne bildet, berechtigt, das Zeugnis zu verweigern. Von einem Begriff im rechtlichen Sinne kann nur gesprochen werden, wenn es möglich ist, ihn durch die vollständige Angabe der ihn kennzeichnenden Merkmale zu definieren.[1116] Diesen Menschen steht das Zeugnisverweigerungsrecht jedoch lediglich in den Fällen zu, in denen die Beziehung zu dem Beschuldigten, wegen der Dauerhaftigkeit der Beziehung, der gegenseitigen Unterstützungsbereitschaft und des Einstehens füreinander als besonders schützenwert erscheint. In einem zweiten Absatz wird all den Menschen ein Weigerungsrecht erteilt, die in sozialen Erscheinungsformen leben, die durch Bezugnahme aufeinander gekennzeichnet sind, jedoch nicht einen Begriff im Rechtssinne bilden. Voraussetzung ist, dass die Beziehung zu dem Beschuldigten wegen der Dauerhaftigkeit der Beziehung, der gegenseitigen Unterstützungsbereitschaft und des Einstehens füreinander als besonders schützenwert erscheint.

Die Gesetzgebung ist den Weg gegangen, gleichgeschlechtlichen Menschen ein Weigerungsrecht zu erteilen, wenn sie eine Lebenspartnerschaft im Sinne des Lebenspartnerschaftsgesetzes eingegangen sind.[1117] In den Materialiensammlungen wird unterstellt, dass die Ratio des § 52, welcher der besonderen Konfliktlage eines Zeugen Rechnung trägt, der als Angehöriger des Beschuldigten der Zwangslage ausgesetzt sein kann, seinen Angehörigen belasten oder die Unwahrheit sagen zu müssen, über den dort bislang erfassten Personenkreis naher Angehöriger und des/der Verlobten hinaus auch für Lebenspartner gilt.[1118] Mit der Erweiterung des § 52 auf Lebenspartnerschaften, bestätigte der Gesetzgeber in erster Linie deutlich, dass manifeste Merkmale, die Ehe und Familie ausgemacht haben, auch in anderen privaten sozialen Beziehungsformen ausgelebt werden können.

[1116] Larenz, Methodenlehre, S. 207 und 211.
[1117] BGBl. I 2001 S. 266 ff.
[1118] Meyer/Mittelstädt, Das Lebenspartnerschaftsgesetz: Materialiensammlung mit Anm., S. 132.

Meines Erachtens ist dieser Weg der Gesetzgebung ein Schritt in die richtige Richtung, stellt immer noch keine ausreichende Lösung dar. Natürlich ist es unentbehrlich, dass für die Lebensgemeinschaft von Personen gleichen Geschlechts eine rechtliche Grundlage geschaffen wird. Ihnen jedoch ein Zeugnisverweigerungsrecht lediglich in den Fällen zu erteilen, wenn sie ihre Lebenspartnerschaft gemäß LPartG eingetragen haben lassen, ist meines Erachtens nicht ausreichend. Alle Menschen haben ein verfassungsrechtlich garantiertes Recht darauf, ihr Zeugnis gegenüber den Menschen zu verweigern, denen sie so Nahe stehen, dass – wenn sie dazu gezwungen wären, gegen sie vor Gericht auszusagen – dieses ihren Prozess zur Identitätsfindung dermaßen beeinträchtigen würde, dass es den Intimbereich ihrer Person betreffen würde, was mit Blick auf Art. 2 I i.V.m. Art. 1 I GG nicht hinnehmbar ist.

D. Schlusswort

Oftmals findet man in der rechtswissenschaftlichen Literatur die Aussage, dass im Bereich der zwischenmenschlichen Beziehungen die juristische Regelbarkeit an ihre Grenzen stößt.

Dies ist besonders zu beobachten, wenn man sich mit dem Zeugnisverweigerungsrecht aus persönlichen Gründen im Strafverfahren beschäftigt. Wie auch das BVerfG aufgezeigt hat, stellen Zeugnisverweigerungsrechte Ausnahmen von der Pflicht zur umfassenden Aufklärung der materiellen Wahrheit dar und bergen demzufolge die Gefahr in sich, dass die Gerichte ihre Entscheidungen auf mangelhafter Tatsachengrundlage treffen. Jede Ausdehnung des strafprozessualen Zeugnisverweigerungsrechts auf neue Personengruppen schränkt die Beweismöglichkeiten der Strafverfolgungsbehörden zur Erhärtung oder Widerlegung des Verdachts strafbarer Handlungen ein und beeinträchtigt deshalb möglicherweise die Findung einer materiell richtigen und gerechten Entscheidung.[1119]

Es könnte daher Kritik an dem Lösungsvorschlag dieser Arbeit insofern aufkommen, als dass durch ihn eine solche Ausdehnung des Weigerungsrechtes auf weitere private soziale Beziehungsformen erfolgen wird, dass dies mit Blick auf Rechtssicherheit und Rechtsklarheit, Praktikabilität und Prozessökonomie nicht hinnehmbar ist.

Hier muss jedoch auch darauf hingewiesen werden, dass für das BVerfG Ehe und Familie „Keimzelle jeder menschlichen Gemeinschaft" sind, „deren Bedeutung mit keiner anderen menschlichen Verbindung verglichen werden kann".[1120] Ein jeder Mensch benötigt Beziehungen zu andere Menschen, zu denen er Vertrauen hat, die durch wechselseitiges Vertrauen, Reziprozität und einer gewissen Dauer gekennzeichnet sind, so dass er seine Empfindungen, Gefühle, Ansichten oder Eindrücke von Erlebnissen mit diesen Menschen besprechen und verarbeiten kann. Dies ist für jeden ein unerlässlicher Vorgang auf dem nie endenden Weg zur Identitätsfindung.

[1119] BVerfGE 33, 367 (383).
[1120] BVerfGE 6, 55 (71); 24, 119 (149).

Bei näherer Betrachtung des Lösungsvorschlags, handelt es sich nicht um solch eine Umgestaltung und Ausdehnung des Zeugnisverweigerungsrechts wie manche befürchten würden. Der Lösungsvorschlag bewältigt in erster Linie eine längst überfällige Revision des Zeugnisverweigerungsrechts für Angehörige, indem Menschen in anderen privaten sozialen Beziehungsformen als denen, die als Rechtsbegriff zu fassen sind, berechtigt werden, ihr Zeugnis zu verweigern. Durch den Hinweis darauf, dass lediglich Menschen das Weigerungsrecht zusteht, deren Beziehung zu dem Beschuldigten, wegen der Dauerhaftigkeit der Beziehung, der gegenseitigen Unterstützungsbereitschaft und des Einstehens füreinander die Stabilität aufweist, die als besonders schützenwert erscheint, wird das Zeugnisverweigerungsrechts auch in gewisser Weise eingegrenzt.

Es ist ein Ergebnis dieser Arbeit, dass das Zeugnisverweigerungsrecht nicht ohne jegliche Einschränkung an das äußere Merkmal bestimmter familiärer Beziehungen anknüpfen kann, sondern dass an die manifesten Merkmale, die familiäre Beziehungen ausmachen, angeknüpft werden muss.

Generelle kulturelle Standards setzen die Leitlinien, welche Privatheitsformen prinzipiell gesellschaftlich legitimiert werden. In unserer Gesellschaft sind es vor allem äußere Strukturmerkmale wie Familienstand, Elternschaft, Haushaltskontext und Verwandtschaftsverhältnisse, die ausschlaggebend für die generellen kulturellen Standards sind.[1121] Dem Gericht muss die Möglichkeit gegeben werden, einzelfallbezogen und fachgerecht das Weigerungsrecht den Menschen zu erteilen, auf die der Normzweck zugeschnitten ist. Das heißt, dass das Gericht die Möglichkeit und Gelegenheit haben muss, in bestimmten Ausnahmesituationen sachgerecht zu handeln und somit im Ausnahmefall dem Ehegatten das Weigerungsrecht nicht zu erteilen, jedoch in anderen Ausnahmefällen Menschen die z.B. in einer living-apart-together-Beziehung leben, das Weigerungsrecht zu erteilen.

Das Weigerungsrecht schützt die Entschließungsfreiheit des Zeugen. Es schützt seine Freiheit, wie er seine Beziehung zu den Menschen gestalten will, die ihm so nahe stehen, das ein Eingriff in die Beziehung zu ihnen seinen Prozess der Identitätsfindung so beeinträchtigen würde, dass der Intimbereich seiner Persönlichkeit betroffen wäre. Obgleich jeder von uns so geartete Beziehungen zu bestimmten Personen besitzt, stellen diese Menschen einen exklusiven, vor allem aber kleinen Personenkreis für den Einzelnen dar. Jeder hat vielleicht zwei oder drei, höchstens vier oder fünf Menschen, zu denen er so eine Beziehung hat, welche das Gesetz mit der Erteilung des Weigerungsrechts schützen will. Es sind diese Beziehungen, die respektiert werden, wenn einer Person das Weigerungsrecht zugesprochen werden soll. Meines Erachtens können aus diesem Grund Vorbehalte, die sich daraus ergeben, dass der Begriff der Stabilität zu unbestimmt und zu „revisionsanfällig“ sei, nicht überzeugen.

[1121] Schneider/Rosenkranz/Limmer, Nichtkonventionelle Lebensformen, S. 9 f.

Der entscheidende Aspekt für die jeweilige Vernehmungsperson ist, herauszufinden, ob für den Zeugen der Beschuldigte solch eine Person ist. Aus dem Kapitel über die Bedeutung anderer Menschen für einen jeden geht hervor, dass dies im Grunde nur ein Scheinproblem ist, und jeweils aus der Situation des Zeugen erkennbar ist, ob ihm das Recht zustehen soll. Es kommt somit auf die Situation des jeweiligen Menschen an, der als Zeuge vernommen werden soll und geht aus einer Würdigung konkreter Anhaltspunkte hervor.

Ist der Zeuge Mitglied einer Familie, hat er also einen Ehegatten, Kinder, Eltern oder Geschwister, hat er in der Regel gegenüber diesen Menschen ein Weigerungsrecht. Dies ist ein privilegierungsbedürftiger Lebenskreis, wie aus der Untersuchung zu dem Wandel von Lebensformen und Lebensführung hervorgegangen ist. Ausnahmen hiervon können sich jedoch aus besonderen Umständen ergeben, z.B. wenn die Beziehung zu dem Ehegatten nicht auf die in der Ehe überkommene „Lebenshilfe" ausgerichtet ist, sondern es sich um eine Scheinehe handelt. Ist dies der Fall, steht dem Zeugen auch kein Recht zu, sein Zeugnis zu verweigern. Die Beziehungen die in § 52 I des Vorschlages aufgelistet sind geben die Richtschnur an, in welchen Beziehungen einem Zeugen das Recht zustehen kann, sein Zeugnis zu verweigern. Diese setzt damit auch der Ausweitung auf andere Formen enger Lebensgemeinschaft Grenzen. Der Absatz weist klare Konturen auf, womit dem Interesse der Verfahrenssicherheit Rechnung getragen wird.

Wenn jedoch Zweifel hinsichtlich des Eheschließungsvorgangs aufkommen, kann in Ausnahmefällen eine Nachforschung angebracht sein um herauszufinden, zu welchem Zweck die Ehe eingegangen worden ist, z.B. ob es sich lediglich um eine Scheinehe handelt. Ebenso muss eventuell nachgeforscht werden, ob die nichteheliche Lebensbeziehung lediglich wegen des Strafverfahrens aufgenommen worden ist.

Hier muss hervorgehoben werden, dass das Weigerungsrecht nicht wechselseitige Empfindungen schützt. Der BGH hat schon früh dazu Stellung genommen, dass das Weigerungsrecht nach § 52 auf Beziehungen des Zeugen zu dem Angeklagten beruht.[1122] Es schützt die Entschließungsfreiheit eines jeweiligen Menschen, selbst zu entscheiden, wie er seine menschlichen Beziehungen zu Angehörigen gestalten will. Voraussetzung dessen, dass das Weigerungsrecht die Entschließungsfreiheit des Zeugen schützt, ist somit nicht, dass der Beschuldigte dieselben Empfindungen gegenüber dem Zeugen hat wie der Zeuge gegenüber dem Beschuldigten aufweist. Die Empfindungen können von unterschiedlicher Intensität sein. Ist der Zeuge ein Ehegatte, darf angenommen werden, dass die Empfindungen zwischen den Ehegatten von gegenseitiger Intensität sind. Ist die Zeugin z.B. die unverheiratete und allein lebende Schwester des Mannes und ihr Bruder ist der einzige Familienangehörige, den sie hat, kann er für sie von viel größerer Bedeutung sein, als sie für ihn, da er ja seine Frau und eventuell Kinder hat.

[1122] BGHSt 1, 39 (49).

Aus der Untersuchung der nordischen Verfahrensgesetze zu der Frage, wann dem Zeugen ein Weigerungsrecht zuzusprechen ist, wenn er in einer Beziehung lebt, die nicht durch Rechtsbegriffe defininiert ist, ist herausgearbeitet worden, dass immer danach gefragt wird, ob die Beziehung eine derartige Stabilität aufweist, dass ihm ein Weigerungsrecht erteilt werden kann.[1123] Stabilität weisen Beziehungen auf, die durch Dauerhaftigkeit, Unterstützungsbereitschaft und Einstehen füreinander gekennzeichnet sind. Wenn diese Merkmale vorliegen, ist die Beziehung besonders schützenswert im Sinne der oben genannten Vorschrift und der Zeuge ist somit berechtigt sein Zeugnis zu verweigern. Es ist jedoch von Mensch zu Mensch unterschiedlich, welche Personen er in jedem seiner Lebensabschnitte als seine Familie betrachtet; Menschen, mit denen er solch eine Nähe innehat, welche für die durch seine Würde implizierte Möglichkeit und Notwendigkeit zur Identitätsfindung und Persönlichkeitsformung und seine Freiheit zur Persönlichkeitsentfaltung unerlässlich sind.[1124] Für einen Zeugen, der mit dem Beschuldigten in einer privaten sozialen Beziehungsfom lebt, die jedoch keinen Begriff im Rechtssinne bildet, kann der Beschuldigte ein derartiger Mensch sein, so dass die Freiheit, die das Weigerungsrecht schützt, eingeschränkt werden würde, wenn dem Partner das Zeugnisverweigerungsrecht nicht zustünde. Stünde dem Zeugen das Recht nicht zu, würde die Freiheit, die durch das Weigerungsrecht geschützt wird, eingeschränkt werden.

Hier haben sich die Begriffe in § 52 im Sinne einer objektiv teleologischen Auslegung entsprechend am Normzweck und Normzusammenhang zu orientieren. Ein Beispiel für eine sachgerechte Erteilung des Weigerungsrechts bei Menschen, die in einer living-apart-together-Beziehung leben, ist z.B. wenn sie für eine Zeit zusammengelebt haben, jedoch berufsbedingt nun in zwei Städten leben, obwohl sie sich weiterhin als ein Paar betrachten und die Absicht haben, wenn die Gelegenheit kommt, ihre vorherige nichteheliche Lebensgemeinschaft wieder aufzunehmen. Auch kann es nicht als sachgerecht betrachtet werden, Ehegatten, welche die Ehe nur zur Abwendung des Aufenthaltsverbots eingegangen sind, ein Weigerungsrecht zu erteilen.

Grundsätzlich hat ein Mensch auch ein Zeugnisverweigerungsrecht, wenn der Zeuge solch eine Beziehung zu dem Beschuldigten innehat, wie sie in § 52 I des Lösungsvorschlages aufgelistet sind. Gegenüber Menschen, die nicht in § 52 I des Lösungsvorschlages aufgelistet sind, hat dieser Zeuge in der Regel kein Zeugnisverweigerungsrecht, da die Menschen zu denen er solch eine Beziehung innehat, die für seine Persönlichkeitsentwicklung unerlässlich sind, dort aufgelistet sind.

Es müssen Umstände von überaus großer Bedeutung vorliegen, damit diesen Menschen ein Weigerungsrecht gegenüber anderen Menschen erteilt werden kann. Diese Möglichkeit muss jedoch aus verfassungsrechtlichen Gründen vorhanden sein, z.B. wenn der Zeuge sich in einem Scheidungsverfahren von seinem Ehegatten befindet

[1123] Siehe § 17.
[1124] Die prozessuale Verwertung von Beweisen die unter Verstoß gegen Art. 1 I GG erhoben worden sind, kann menschenwürdeverletzend sein; Höfling, in: Sachs GG Art. 1 Rn 34 m.w.N.

und mit dem Beschuldigten in einer nichtehelichen Lebensgemeinschaft lebt. Das Zeugnisverweigerungsrecht hat er somit auch gegenüber diesem. Ist der Zeuge nun kein Mitglied in dem, was man als Familie bezeichnen kann, d.h., dass er nicht verheiratet ist, nicht in einer nichtehelichen Lebensgemeinschaft lebt, keine Eltern, Geschwister, nichtehelichen oder gleichgeschlechtlichen Lebenspartner, Verlobte oder Kinder hat, muss der Vernehmungsbeamte durch konkrete Anhaltspunkte herausfinden, ob ihm dann wohlmöglich ein Weigerungsrecht gegenüber anderen Personen zustehen kann. In dem Kapitel über die Würdigung persönlicher Beziehungen hat sich gezeigt, dass diese Menschen auf Beziehungen zu entfernt Verwandten oder gar Freunden zurückgreifen, um persönliche Gespräche zu führen und zu diesen persönliche enge Gefühle haben. Es muss somit die Möglichkeit für diese Menschen bestehen, ihr Zeugnis in einem Strafverfahren gegenüber diesen als ihren Interaktionspartnern zu verweigern.

Hinsichtlich der Frage, ob ein Freundschaftsverhältnis zur Zeugnisverweigerung berechtigen kann, muss hier beachtet werden, wie sich Freundschaftsverhältnisse z.B. von nichtehelichen Lebensgemeinschaften unterscheiden, die schon in ihrer Eigenschaft voraussetzen, dass es nicht an emotionaler Verbundenheit oder der Bereitschaft an einer wechselseitigen Unterstützung fehlt. Eine Freundschaft erlaubt viel stärker, Distanz zu wahren, als eine Zweierbeziehung.[1125] Hier ist aber zu bedenken, dass nach heutiger Ausgestaltung des § 52, auch Personen das Weigerungsrecht zusteht, die sicherlich nicht immer solch ein Verhältnis zu dem Beschuldigten haben, in dem es nicht an emotionaler Verbundenheit und Vertrautheit fehlt. Den Zweck des Weigerungsrechts respektierend, muss es – in absoluten Extremfällen – möglich sein, sogar dem Freund des Beschuldigten ein Weigerungsrecht zu erteilen.

Die Gegenwart in der westlichen Gesellschaft ist dadurch gekennzeichnet, dass der Raum zulässiger Variationen groß, das Ausmaß sozialer Kontrolle und sozialer Sanktionsmöglichkeiten gering und der Institutionalisierungsgrad sozialer Standards vergleichsweise niedrig ist.[1126] Die vorgeschlagene Regelung berechtigt Menschen, ihr Zeugnis zu verweigern, wenn sie in einer privaten sozialen Beziehungsform leben und ihre Beziehung zu dem Beschuldigten, wegen der Dauerhaftigkeit der Beziehung, der gegenseitigen Unterstützungsbereitschaft und des Einstehens füreinander die Stabilität aufweist, die als besonders schützenwert erscheint. Die Regelung ist somit rechtspolitisch legitim, da sie schrankenlos zur Weigerung berechtigt, unabhängig von einer rechtlichen Bindung der Beziehung. Der Staat soll auch nicht bestimmen, wie Menschen ihr Leben zusammen verbringen sollen.

Die vorgenommene Aufgabe dieser Arbeit war es, mit Blick auf die Ausgestaltung der Vorschrift der Zeugnisverweigerungsberechtigten in den nordischen Staaten, den Kreis der Zeugnisverweigerungsberechtigten vor dem Hintergrund des sozialen Wandels, neu auszutarieren. Herausgearbeitet worden sind die Aufgabe, der Nutzen und der

---

[1125] Lenz, Soziologie der Zweierbeziehung, S. 47 m.w.N.
[1126] Schneider/Rosenkranz/Limmer, Nichtkonventionelle Lebensformen, S. 9 f.

Zweck des Weigerungsrechts als Teil des Systems im Rahmen des Ganzen. Anhand einer Konkretisierung des Weigerungsrechts nach Maßgabe der Verfassung und aus den praktischen Notwendigkeiten im Strafverfahren, einer funktionalen Betrachtung, hat sich gezeigt, dass das Weigerungsrecht einer Umgestaltung bedarf und wie diese aussehen kann.

Agersnap, Gunnar: Anmeldelse, in: Ugeskrift for Restvæsen 1983, S. 180-183.

Amelung, Knut: Informationsbeherrschungsrechte im Strafprozeß. Dogmatische Grundlagen individualrechtlicher Beweisverbote. Berlin 1990.

Andenæs, Johs.: Norsk straffeprosess. Band I. Oslo 1994.

– Beweisverbote im Strafprozess nordischer Länder. Gutachten für den 46. Deutschen Juristentag. Band 1 Teil 3 A. Essen 1966, S. 132.

Andersen, Jens Anker/*Werlauff*, Erik: Dansk retspleje i hovedtræk. København 1993.

Arnórsson, Einar: Meðferð opinberra mála. Reykjavík 1919.

Auhagen, Ann Elisabeth: Ein gutes Miteinander: Freundschaften unter Erwachsenen. Vortrag im Rahmen der Vortragsreihe „Berliner Wissenschaftlerinnen stellen sich vor" der Zentraleinrichtung zur Förderung von Frauenstudien und Frauenforschung an der Freien Universität Berlin. Berlin 1993.

Baier, Helmut: Strafprozessuale Zeugnisverweigerungsrechte außerhalb der Strafprozeßordnung als Ergänzung der §§ 52 ff. StPO. Frankfurt a.M. 1996.

– Verfassungsunmittelbare Zeugnisverweigerungsrechte bestimmter Berufsgruppen als Gebot des Persönlichkeitsschutzes?, in: JR 1999, 495-500.

Barth, Thomas/*Wagenitz*, Thomas: Zur Neuordnung des Eheschließungsrechts, in: FamRZ 1996, 833-844.

Baumann, Jürgen u.a.: Alternativ-Entwurf Zeugnisverweigerungsrechte und Beschlagnahmefreiheit (AE-ZVR). Entwurf eines Arbeitskreises deutscher, österreichischer und schweizerischer Strafrechtslehrer. München 1996.

Bedford, Victoria Hilkevitch: Geschwisterbeziehungen im Erwachsenenalter, in: Zwischenmenschliche Beziehungen. Auhagen, Ann Elisabeth/von Salisch, Maria [Hrsg.]. S. 119141. Göttingen 1993.

Beling, Ernst: Die Beweisverbote als Grenzen der Wahrheitserforschung im Strafprozess. 2. Aufl. Darmstadt 1968.

Bemmann, Günter: Zur Anwendbarkeit des § 157 StGB, in: Festschrift für Hellmuth Mayer. S. 485-494. Berlin 1965.

Benda, Ernst: Privatsphäre und „Persönlichkeitsprofil". Ein Beitrag zur Datenschutzdiskussion, in: Festschrift für Geiger, S. 23-44, Tübingen 1974.

Bennecke, Hans/*Beling*, Ernst: Lehrbuch des deutschen ReichsStrafprozessrechts. Bresslau 1900.

Bergmann, Matthias: Die Milderung der Strafe nach § 49 Abs. 2 StGB. Heidelberg 1988.

Bertram, Hans: Die Sicherheit privater Beziehungen, in: Das Individuum und seine Familie. Lebensformen, Familienbeziehungen und Lebensereignisse im Erwachsenenalter. S. 91-123. Bertram, Hans [Hrsg.]. Opladen 1995.

Beulke, Werner: Strafprozeßrecht. 4. Aufl. Heidelberg 2000.

Bialek, Anna: Das strafprozessuale Zeugnisverweigerungsrecht aus persönlichen Gründen unter besonderer Berücksichtigung von Schutzzweck und Enumerationsprinzip: Begrenzung und Ausdehnung des durch § 52 Absatz 1 StPO in seiner geltenden Fassung geschützten Personenkreises. Frankfurt a/M, u.a. 2000.

Bierhoff, Hans Werner: Liebe, in: Attraktion und Liebe. Formen und Grundlagen partnerschaftlicher Beziehungen. S. 197-234. Amelang, Manfred/Ahrens, Hans Joachim/Bierhoff, Hans Werner [Hrsg.]. Göttingen 1991.

Bjerke, Hans Kristian/*Keiserud*, Erik: Straffeprosessloven Lov 22. mai 1981 nr. 25 om rettergangsmåten i straffesaker med senere endringer. Band I. Otba 1996.

Bohne, Gotthold: Zur Psychologie der Richterlichen Überzeugungsbildung. Köln 1948.

Bonner Kommentar zum Grundgesetz. Dolzer, Rudolf (Gesamthrsg.)/Vogel. Klaus (Mithrsg. für Abschnitt X). Losebl., 1950 ff. Zitiert: Bearbeiter-BK Artikel und Randnummer.

Bosch, Friedrich Wilhelm: Bundesverfassungsgericht und nichteheliche Lebensgemeinschaft. Gleichbehandlung von Ehe und nichtehelichem Zusammenleben? Bemerkungen zum Beschluss vom 3.4.1990, in: FamRZ 1991, 18.

Bosch, Nikolaus: Aspekte des nemo-tenetur-Prinzips aus verfassungsrechtlicher und strafprozessualer Sicht. Ein Beitrag zur funktionsorientierten Auslegung des Grundsatzes "nemo tenetur seipsum accusare". Berlin 1998.

Brugger, Winfried: Liberalismus, Pluralismus, Kommunitarismus. Studien zur Legitimation des Grundgesetzes. Baden-Baden 1999.

Bruns, HansJürgen: Die Befreiung des Strafrechts vom Zivilistischen Denken. Berlin 1938.

Buba/*Vaskovics*, Benachteiligung gleichgeschlechtlich orientierter Personen und Paare, Studie im Auftrag des Bundesministeriums der Justiz, 2000.

Bukh, Marianne Holdgaard: Modafhøring af vidner. Menneskeretlige krav til straffeprocessen. Kopenhagen 1998.

Busch, R.: Anmerkung zu BayObLG, Urteil v. 6.5.1953 RevReg. 1 St 48/53, in: JZ 1953, 703-704.

Busse, Detlef/*Volbert*, Renate: Was belastet Kinder im Strafverfahren?, in: Sexualstraftaten und Gewaltdelinquenz. Verlauf Behandlung – Opferschutz. S. 211-223. Kröber, Hans-Ludwig/Dahle, Klaus-Peter [Hrsg.]. Heidelberg 1998.

Butenuth, Heiko: Absolute oder relative Wirkung von strafprozessualen Zeugnisverweigerungsrechten und Beschlagnahmeverbote. Münster, Hamburg, London 1999.

Bylund, Torleif: Domstoler och rättegång, in: Norstedts juridiska handbol. 15. Aufl. Claes Sandgren [Red.]. Stockholm 1994.

Dahs, Hans/*Langkeit*, Jochen: Demontage des Zeugnisverweigerungsrechts?, in: StV 1992, 492-496.

Dalakouras, Theoharis: Beweisverbote bezüglich der Achtung der Intimsphäre unter besonderer Berücksichtigung der Grundrechtsproblematik sowie des griechischen Rechts. Köln 1986.

Dannecker, Martin: Homosexuelle Männer und AIDS. Eine sexualwissenschaftliche Studie zu Sexualverhalten und Lebensstil. Bad Bergzabern 1990.

Das Bonner Grundgesetz. v. Mangoldt, Hermann/Klein, Friedrich/Starck, Christian. 2. und 4. Aufl. Band 1, 2. Aufl. 1966. Band 1, 4. Aufl. 1999. Berlin, Frankfurt am Main. Zitiert: v. Mangoldt/Klein/Starck Artikel und Randnummer.

Dencker, Friedrich: Verwertungsverbote im Strafprozeß. Köln, Berlin, Bonn, München 1977.

– Zur Zulässigkeit staatlich gesteuerter Deliktsbeteiligung, in: FS für Hanns Dünnebier. Berlin, New York 1982, S. 447-464.

– Anm. zu BGH Urteil v. 10.8.1994, in: StV 1995, 232-236.

Dölling, Dieter: Sexueller Mißbrauch von Kindern. Entwicklung der Gesetzgebung und Aufgaben der Kriminologie, in: Sexueller Mißbrauch von Kindern: Täter und Opfer. Hrsg. von Rudolf Egg. Wiesbaden 1999.

Dörr, Dieter: Faires Verfahren. Kehl am Rhein, Straßburg, Engel 1984.

Eickelpasch, Rolf: Familie in der Gesellschaft. Gestalt – Standort – Funktion. Ebel, Heinrich/Eickelpasch, Rolf/Kühne, Eckehard. Vorstand der Arbeitsgemeinschaft katholischsozialer Bildungswerke in der Bundesrepublik Deutschland [hrsg.]. Schriftenreihe der Bundeszentrale für politische Bildung. Bonn 1983.

Eggen, Gleichgeschlechtliche Lebensgemeinschaften, 2. Teil, in: BadenWürttemberg in Wort und Zahl 12/2001.

Eisenberg, Ulrich: Beweisrecht der StPO. Spezialkommentar. 3 Aufl. München 1999.

Erlendsdóttir, Guðrún: Óvígð sambúð. Samanburður á reglum um hjúskap og óvígða sambúð. Reykjavík 1988.

Eser, Albin: Der Schutz vor Selbstbezichtigung im deutschen Strafprozeßrecht, in: Deutsche strafrechtliche Landesreferate zum IX. Internationalen Kongreß für Rechtsvergleichung, Teheran 1974, Beiheft zur Zeitschrift für die gesamte Strafrechtswissenschaft, BerlinNew York 1974, S. 136-171.

Evers, HansUlrich: Privatsphäre und Ämter für Verfassungsschutz. Berlin 1960.

Fastie, Friesa: Zeuginnen der Anklage: die Situation sexuell mißbrauchter Mädchen und junger Frauen vor Gericht. Berlin 1994.

Fels, Siegfried: Der privilegierende Einfluß der Angehörigeneigenschaft auf die Beurteilung und Verfolgung von Straftaten und die Fassung des Angehörigeneigenschaft im StGB. Ort [keine Angaben] 1974.

Fezer, Gerhard: Strafprozessrecht. 2. Aufl. München 1995.

Firsching, Karl/*von Hoffmann*, Bernd: Internationales Privatrecht einschließlich der Grundzüge des Internationalen Zivilverfahrensrechts. 5. Aufl. München 1997.

Friauf, Karl Heinrich: Verfassungsgarantie und sozialer Wandel das Beispiel von Ehe und Familie, in: NJW 1986, S. 2529-2602.

Gammeltoft-Hansen, Hans: Strafferetspleje II. Kopenhagen 1989.

Garde, Peter: De hensyn, der ligger bag vidnefritagelsesreglerne. Bemærkninger i anledning af to landsretskendelser, in: Juristen Nr. 1, 1997, S. 41-49.

Geerds, Friedrich: Auskunftsverweigerungsrecht oder Schweigebefugnis? Zur Problematik der §§ 55, 56 StPO, in: Festschrift für Ulrich Stock, S. 171-196.

Geppert, Klaus: Anmerkung zum BGH Beschluß v. 9.7.1987 - 4 StR 223/87 (BGHSt 34, 397), in: JR 1988, S. 471-475.

– Zum »fair-trial-Prinzip« nach Art. 6 Abs. 1 S. 1 der Europäischen Menschenrechtskonvention, in: JURA 1992, S. 597-604.

Gernhuber, Joachim: Lehrbuch des Familienrechts. Von Joachim Gernhuber und Dagmar Coester-Woltjen. 4. Aufl. München 1994.

Geyer, August: Lehrbuch des gemeinen deutschen Strafprozeßrechts. Leipzig 1880.

Glaser, Julius: Beiträge zur Lehre vom Beweis im Strafprozeß. Leipzig 1883.

Gmür, Rudolf: Grundriß der deutschen Rechtsgeschichte. 7. Aufl. Neuwied, Kriftel, Berlin 1996.

Gollwitzer, Walter: Anmerkung zu Urteil des BGH v. 29.10.1991 - 1 StR 334/90 (BGHSt 38, 96), in: JR 1993, S. 215-217.

Gomard, Bernhard: Civilprocessen. 3. Aufl. Kopenhagen 1990.

Gossrau, Eberhard: Unterlassen der Zeugenbelehrung als Revisionsgrund, in: MDR 1958, S. 468-470.

Gössel, Karl Heinz: Verfassungsrechtliche Verwertungsverbote im Strafverfahren, in: JZ 1984, S. 361-364.

Granderath, Reinhard: Schutz des Tatopfers im Strafverfahren, MDR 1983, S. 797-801.

Großkommentar zur Strafprozeßordnung. Löwe, Edwald/Rosenberg, Werner. Rieß, Peter [Hrsg.]. Band 1, Einleitung, §§ 171. 25. Auflage. Berlin, New York 1999. Zitiert: LR-Bearbeiter, Paragraph und Randnummer.

Grundgesetz. Kommentar, herausgegeben von Horst Dreier. Band 1. Tübingen 1996. Zitiert: (Bearbeiter), in: H. Dreier (Hrsg.), GG-Kommentar, Bd. 1, Artikel und Randnummer.

Grundgesetz. Maunz, Theodor/Dürig, Günter [Hrsg.]. Loseblatt-Kommentar. München 1958 ff. Zitiert: Bearbeiter, in: Maunz/Dürig GG Paragraph und Randnummer.

Grundgesetz. Sachs, Michael (Hrsg.) München 1996. Zitiert: (Bearbeiter), in: Sachs GG Artikel und Randnummer.

Grünwald, Gerald: Beweisverbote und Verwertungsverbote im Strafverfahren, in: JZ 1966, S. 489-501.

– Sitzungsbericht der Verhandlungen der strafrechtlichen Abteilung am 28. und 29. September 1966 über das Thema Beweisverbote im Strafprozeß. Teil F, S. 151-152. Essen 1966.

– Das Beweisrecht der Strafprozeßordnung. Baden-Baden 1993.

Grziwotz, Herbert: Nichteheliche Lebensgemeinschaft. 3. Aufl. München 1999.

Gusy, Christoph, Der Grundrechtsschutz von Ehe und Familie, in: JA 1986, S. 183-189.

Günther, Hans-Ludwig: Die Schweigebefugnis des Tatverdächtigen im Straf und Bußgeldverfahren aus verfassungsrechtlicher Sicht, in: GA 1978, S. 193-206.

Hahn, Carl: Die gesamten Materialien zur Strafprozeßordnung und dem Einführungsgesetz zu derselben vom 1. Februar 1877. 2. Auflage. Berlin 1885.

Hanack, Ernst-Walter: Maßstäbe und Grenzen richterlicher Überzeugungsbildung im Strafprozeß OLG Celle, NJW 1976, 2030, in: JuS 1977, S. 727-732.

– Anmerkung zu Urteil des BayOBLG v. 8.11.1987 - RReg. 3 St 267/78, in: JR 1980, 434-436.

Handbuch des Staatsrechts der Bundesrepublik Deutschland. Band 1. Isensee, Josef/ Kirchhof, Paul [Hrsg.] Heidelberg 1993 ff. Zitiert: E. Schmidt-Aßmann, in: Handbuch des Staatsrechts, Band 1, 1987.

Hassemer, Winfried: Die »Funktionstüchtigkeit der Strafrechtspflege« ein neuer Rechtsbegriff?, in: StV 1982, S. 275-280.

Hauser, Robert: Der Zeugenbeweis im Strafprozeß mit Berücksichtigung des Zivilprozesses. Zürich 1974.

Herdegen, Gerhard: Bemerkungen zur Lehre von den Beweisverboten, in: Wahrheitsfindung und ihre Schranken, Schriftenreihe der Arbeitsgemeinschaft Strafrecht des Deutschen Anwalts Verein, Bd. 6, Essen 1989, S. 103-121.

Heusel, W: Anmerkung zum Beschluß des OLG Düsseldorf v. 27.8.1990 - 2 Ss 267/ 9054/90 III, in: JR 1991, S. 520-523.

Hofmann, Michael: Beweisverbote im Strafprozeß Beweiserhebungsverbote und Beweisverwertungsverbote, in: JuS 1992, S. 587-594.

Hohloch, Gerhard: Familienrecht. Stuttgart, München, Hannover, Berlin, Weimar, Dresden, Boorberg 2002.

Höfelmann, Elke: Das Grundrecht auf informationelle Selbstbestimmung anhand der Ausgestaltung des Datenschutzrechts und der Grundrechtsnormen der Landesverfassungen. Frankfurt am Main 1997.

Hölscher, Laurids: Das Auskunftsverweigerungsrecht § 55 StPO. [Erscheinungsort keine Angabe] 1972.

Jarass, Hans D.: Das allgemeine Persönlichkeitsrecht im Grundgesetz, in: NJW 1989, S. 857-862.

Jarass, Hans D./*Pieroth*, Bodo: Grundgesetz für die Bundesrepublik Deutschland: Kommentar. 5. Aufl. München 1999.

Jescheck, Hans-Heinrich: Beweisverbote im Strafprozeß. Rechtsvergleichendes Generalgutachten für den 46. Deutschen Juristentag. Teil 3 B, S. 17 ff. München, Berlin 1966.

Karitzky, Barbara: Die Geschichte der Zeugnisverweigerungsrechte. Ihre Entwicklung aus den Zeugen-Ausschlüssen und Privilegien des älteren Rechts. Düsseldorf 1959.

Karlsruher Kommentar zur Strafprozeßordnung. 4. Aufl. München 1999. Zitiert: KK (Bearbeiter), Artikel und Randnummer.

Karlsson, Gunnar/*Sveinsson*, Kristján/*Árnason*, Mörður: Grágás. Lagasafn íslenska þjóðveldisins. Reykjavík 1997.

Keller, Rainer: Rechtliche Grenzen der Provokation von Straftaten. Berlin 1989.

Kern, Eduard: Strafverfahrensrecht, 8. Aufl. München und Berlin 1967.

Kingreen, Thorsten: Die verfassungsrechtliche Stellung der nichtehelichen Lebensgemeinschaft im Spannungsfeld zwischen Freiheits und Gleichheitsrechten. Berlin 1995.

Kleffmann, Gunnar: Ehe und andere Lebensgemeinschaften nach Landes und Bundesverfassungsrecht: Art. 26 Abs. 2 Brandenburgische Landesverfassung im Verhältnis zu Art. 6 Abs. 1 Grundgesetz. Frankfurt am Main 2000.

Klementowski, Marian Lech: Die Entstehung der Grundsätze der strafrechtlichen Verantwortlichkeit und der öffentlichen Strafe im deutschen Reich bis zum 14. Jahrhundert, in: Zeitschrift der Savigny-Stiftung für Rechtsgeschichte. Germanistische Abteilung. 113. Band. R. Knütel u.a. (Hrsg.). Wien, Köln, Weimar 1996. S. 217-246.

Klöhn, Wolfhard: Der Schutz der Intimsphäre im Strafprozeß. Göttingen 1984.

Klug, Ulrich: Beweisverbote im Strafprozeß, Referat zum 46. Deutschen Juristentag, in: Verhandlungen des 46. Deutschen Juristentages, Band II, Teil F. München, Berlin 1967, S. F 30-F 61.

Koch, Elisabeth: Der Zeugenbeweis in der deutschen Strafprozeßrechtsreform des 19. Jahrhunderts, in: Subjektivierung des justiziellen Beweisverfahrens. Herausgegeben von André Gouron u.a., Frankfurt a.M. 1994, S. 245-263.

Kommentar zum Grundgesetz für die Bundesrepublik Deutschland (Reihe Alternativ-Kommentare, Gesamtherausgeber Rudolf Wassermann) 2. Aufl. Neuwied 1989. Zitiert: (Bearbeiter), in: AK-GG Artikel und Randnummer.

Kommentar zur Strafprozeßordnung. *Kleinknecht*, Theodor/*Müller*, Hermann/ *Reitberger*, [keine Angabe] (Begr.). Loseblattausgabe, Stand: Oktober 1999. Neuwied, Kriftel, Berlin 1993. Zitiert: KMR-(Bearbeiter), Paragraph und Randnummer.

Koriath, Heinz: Über Beweisverbote im Strafprozeß. Frankfurt am Main 1994.

Köhler, Bernd: Freundschaft, in: Attraktion und Liebe. Formen und Grundlagen partnerschaftlicher Beziehungen. S. 235-266. Amelang, Manfred/Ahrens, Hans-Joachim/Bierhoff, Hans Werner [Hrsg.]. Göttingen 1991.

Köster, Josef: Moderne Privatheitsformen im Kontext neuer Sozialstrukturen. Aachen 1998.

Krause, Horst: Historischer Wandel der Familienformen, in: Familie in besonderen Lebenssituationen – gestern und heute. Koolmann, Günther/Schusser, Gerhard [Hrsg.]. Hamburg 1996. Kongreß Internationales Jahr der Familie Osnabrück 14.10.-16.10.1994.

Krauß, Detlef: Das Prinzip der materiellen Wahrheit im Strafprozeß, in: Festschrift für Friedrich Schaffstein. Göttingen 1975, S. 411-431.

– Der Schutz der Intimsphäre im Strafprozeß, in: Festschrift für Wilhelm Gallas zum 70. Geburtstag. Berlin und New York 1973, S. 365-389.

Kretschmer, Joachim: Das strafprozessuale Verbot der reformatio in peius und die Maßregeln der Besserung und Sicherung. Berlin 1999.

Kröpil, Karl: Die Bedeutung der strafprozessualen Verfahrensziele für den Mißbrauch strafprozessualer Befugnisse, in: JZ 1998, S. 135-136.

Kunig, Philip: Der Grundsatz informationeller Selbstbestimmung, in: JURA 1993, S. 595-604.

– Das Rechtsstaatsprinzip: Überlegungen zu seiner Bedeutung für das Verfassungsrecht der Bundesrepublik Deutschland. Tübingen 1986.

Kurzkommentar Palandt. Bürgerliches Gesetzbuch. München 1997. Zitiert: Palandt/ (Bearbeiter) Paragraph und Randnummer.

Kühl, Jörn: Zur "Rasterfahndung" und "vorbeugenden Verbrechensbekämpfung", in: 10. Strafverteidigertag, Schriftenreihe der Strafverteidigervereinigungen. Bremen 1987.

Kühl, Kristian: Freie Beweiswürdigung des Schweigens des Angeklagten und der Untersuchungsverweigerung eines angehörigen Zeugen – BGHSt 32, 140, in: JuS 1986, S. 115-122.

Kühne, Hans-Heiner: Strafprozessuale Beweisverbote und Art. 1 I Grundgesetz. Saarbrücken 1969.

– Zeugnisverweigerungsrecht im Strafprozeß – neue Wege für die Anwendung von Grundrechten? BverfG 33, 367, in: JuS 1973, S. 685-689.

Laber, Birgit: Die Verwertbarkeit von Tagebuchaufzeichnungen im Strafverfahren. Frankfurt am Main 1995.

Lampe, Ernst-Joachim: Die Durchbrechung der materiellen Rechtskraft bei Strafurteilen, in: GA 1968, S. 33-49.

Larenz, Karl: Methodenlehre der Rechtswissenschaft. 4. Auflage. Berlin, Heidelberg, New York 1979.

Laslett, Peter: Die europäische Familie der Gegenwart, in: Historische Familienforschung: Ergebnisse und Kontroversen; Michael Mitterauer zum 60. Geburtstag. S. 39-56. Josef Ehmer [Hrsg.] Frankfurt am Main, New York 1997.

Lauterbach, Wolfgang: Familie und private Lebensformen oder: Geht der Gesellschaft die Familie aus?, in: Deutschland im Wandel. Sozialstrukturelle Analysen. S. 239-254. Glatzer, Wolfgang/Ostner, Ilona [Hrsg.]. Opladen 1999.

Lecheler, Helmut: Verfassungsgarantie und sozialer Wandel, in: DVBl. 1986, S. 905-911.

Lenz, Karl: Soziologie der Zweierbeziehung: Eine Einführung. Opladen 1998.

Lindblom, Henrik: Procedure, in: An Introduction to Swedisch Law. 2. Aufl. Strömholm, Stig [Hrsg.]. Stockholm 1988.

Líndal, Sigurður: Um þekkingu Íslendinga á rómverskum og kanónískum rétti frá 12. öld til miðrar 16. aldar, in: Festschrift für Úlfljót. S. 241-273. Reykjavík 1997.

Lorenz, Frank Lucien: „Operative Informationserhebung" in Strafverfahren, „Unverfügbares" und Grundrechtsschutz durch „institutionelle Kontrolle", in: JZ 1992, S. 1000-1011.

Marquardt, Claudia/*Lossen*, Jutta: Sexuell missbrauchte Kinder in Gerichtsverfahren. Juristische Möglichkeiten zum Schutz sexuell missbrauchter Kinder in Gerichtsverfahren. Münster 1999.

Matthias-Bleck, Heike: Der Entscheidungsprozeß bis zur Eheschließung, in: Zeitschrift für Frauenforschung (ZfF), 14. Jahrg. 1996, Heft 4, S. 56-69.

Maunz, Theodor/*Zippelius*, Reinhold: Deutsches Staatsrecht. Ein Studienbuch. München 1998.

Maurach, Reinhart/*Schroeder*, Friedrich-Christian/*Maiwald*, Manfred: Strafrecht Besonderer Teil, Teilband 2: Straftaten gegen Gemeinschaftswerte. Heidelberg 1999.

Maurer, Hartmut: Staatsrecht. Grundlagen, Verfassungsorgane, Staatsfunktionen. München 1999.

Merten, Detlef: Eheliche und nichteheliche Lebensgemeinschaften unter dem Grundgesetz, in: Freiheit und Eigentum. Festschrift für Walter Leisner. Berlin 1999, S. 615-632.

Meyer, Thomas/*Mittelstädt*, Andrea: Das Lebenspartnerschaftsgesetz: Materialiensammlung mit Anmerkungen. Köln 2001.

Meuthien, Klaus: Das Zeugnisverweigerungsrecht der Angehörigen im Strafprozeß. Hamburg 1955.

Michaelis, Gustav Eduard: Zum Zeugnisverweigerungsrecht im Strafverfahren. Einige Gedanken zu neueren Entscheidungen, in: NJW 1969, S. 730-731.

Mitteis, Heinrich: Deutsche Rechtsgeschichte. 17. Aufl. München 1985.

Mittermaier, C.J.A.: Die Lehre vom Beweise im deutschen Strafprozesse nach der Fortbildung durch Gerichtsgebrauch und deutsche Gesetzbücher in Vergleichung mit den Ansichten des englischen und französischen Strafverfahrens. Darmstadt 1834.

Mommsen, Th.: Römisches Strafrecht. Leipzig 1899.

Muskat, Eugen: Das Zeugnis vom Hörensagen im Deutschen Strafprozesse, in: GA 36 (1888) S. 281-303.

Mückenberger, Ulrich: Datenschutz als Verfassungsgebot. Das Volkzählungsurteil des Bundesverfassungsgerichtes, in: KJ 1984, S. 124.

Nave-Herz, Rosemarie: Bedeutungswandel von Ehe und Familie, in: Familie: Zerfall oder neues Selbstverständnis? S. 18-27. Schulze, HansJoachim/Mayer, Tilman [Hrsg.]. Würzburg 1987.

– Die Hochzeit: ihre heutige Sinnzuschreibung seitens der Eheschließenden; eine empirisch-soziologische Studie. Würzburg 1997.

Nickl, Rolf: Das Schweigen des Beschuldigten und seine Bedeutung für die Beweiswürdigung. München 1978.

Niese, Werner: Die Rechtsprechung des Bundesgerichtshofs in Strafsachen, in: JZ 1953, S. 219-224.

Nothelfer, Martin: Die Freiheit vom Selbstbezichtigungszwang. Heidelberg 1989.

OlsenRing, Line/*Ring*, Gerhard: Die registrierte (Lebens) Partnerschaft im Recht der skandinavischen Staaten, in: KJ 1999, S. 366-379.

– Einführung in das Skandinavische Recht. München 1999.

Ólafsdóttir, Svala: Handbuch über das Strafprozeßrecht. Herausgegeben von dem Justiz- und Kirchenministerium. Reykjavík 1992.

Pawlowski, Hans-Martin: Überlegungen zur sogenannten Scheinehe, in: FamRZ 1991, 501-507.

Pelchen, Georg: Verlöbnis und nichteheliche Lebensgemeinschaft als Zeugnisverweigerungsgründe im Strafprozeß, in: Festschrift für Gerd Pfeiffer, S. 287-295.

Petry, Horst: Beweisverbote im Strafprozeß. Darmstadt 1971.

Peuckert, Rüdiger: Familienformen im sozialen Wandel. 2. Aufl. Opladen 1996.

Pieroth, Bodo/*Schlink*, Bernhard: Grundrechte Staatsrecht II. 15. Aufl. Heidelberg 1999.

Plagemann, Dirk: Anmerkung zum BGH Beschluß v. 9.7.1987 - 4 StR 223/87 (BGHSt 34, 397), in: NStZ 1987, S. 570-571.

Ranft, Otfried: Strafprozeßrecht, 2. Aufl. Stuttgart, München, Hannover, Berlin, Weimar, Dresden 1995.

Rauscher, Thomas: Familienrecht. Heidelberg 2001.

Rengier, Rudolf: Die Zeugnisverweigerungsrechte im geltenden und künftigen Strafverfahrensrecht – Grundlagen, Reformfragen und Stellung im System der Beweisverbote und im Revisionsrecht. Freiburg 1977.

– Anmerkung zu Urteil des OLG Celle v. 16.2.1982 - 1 Ss 605/81, in: JR 1982, S. 474-479.

Riepl, Frank: Informationelle Selbstbestimmung im Strafverfahren. Tübingen 1998.

Rogall, Klaus: Über die Folgen der rechtswidrigen Beschaffung des Zeugenbeweises im Strafprozeß, JZ 1996, S. 944-955.

– Der Beschuldigte als Beweismittel gegen sich selbst. Ein Beitrag zur Geltung des Satzes „Nemo tenetur se ipsum prodere“ im Strafprozeß. Berlin 1977.

– Rezension, in: StV 1996, S. 63-68.

Roxin, Claus: Strafverfahrensrecht, 25. Aufl. München 1998.

– Strafrecht Allgemeiner Teil, Band I, Grundlagen – Der Aufbau der Verbrechenslehre. 3. Aufl. München 1997.

Rupp, Marina: Nichteheliche oder eheähnliche Gemeinschaften?, in: Zeitschrift für Frauenforschung, 14. Jahrg. 1996, Heft 4, S. 36-55.

Rüping, Hinrich: Grundriß der Strafrechtsgeschichte. 2. Aufl. München 1991.

– Zur Mitwirkungspflicht des Beschuldigten und Angeklagten, in: JR 1974, S. 135-140.

Rüthers, Bernd: Die Verbindlichkeit des Unverbindlichen, in: NJW 1992, S. 879-880.

Rørdam, Peter: Om benyttelse af ulovligt tilvejebragte bevismidler i straffesager, Spørgsmålet drøftes specielt med henblik på de i retsplejelovens § 877 nævnte bevismidler, in: Juristen 1975, S. 37-56.

– Mere om vidnefritagelsesreglerne i straffesager, in: Juristen 1984, S. 149-152.

Sax, Walter: Über die Zufälligkeit der prozessualen Verwertung privater Tagebuchaufzeichnungen als Beweismittel, in: JZ 1965, S. 16.

Schlehofer, Horst: Die Menschenwürdegarantie des Grundgesetzes - abslute oder relative Begrenzung staatlicher Strafgewalt? in: GA, 1999 S. 357-364.

Schlemmer, Elisabeth: „Living apart together", eine partnerschaftliche Lebensform von Singles?, in: Das Individuum und seine Familie. Lebensformen, Familienbeziehungen und Lebensereignisse im Erwachsenenalter. S. 363-397. Bertram, Hans [Hrsg.]. Opladen 1995.

– Partnerschaftliche und familiale Konstellationen junger Erwachsener, in: Zeitschrift für Frauenforschung, 14. Jahrg. 1996, Heft 4, S. 25-35.

Schlüchter, Ellen: Strafprozeßrecht. 3. Aufl. Thüngersheim, Frankfurt am Main 1999.

Schlüter, Wilfried: Familienrecht. 9. Auflage. Heidelberg 2001.

Schmid, Viola: Die Familie in Artikel 6 des Grundgesetzes. Berlin 1989.

Schmidt, Andrea: Grundsätze der freien richterlichen Beweiswürdigung im Strafprozeßrecht. Frankfurt am Main 1994.

Schmidt, Eberhard: Die Verletzung der Belehrungspflicht gemäß § 55 II StPO als Revisionsgrund, in: JZ 1958, S. 596-601.

– Einführung in die Geschichte der deutschen Strafrechtspflege. 3. Aufl. Göttingen 1965.

– Sinn und Tragweite des Hinweises auf die Aussagefreiheit des Beschuldigten, in: NJW 1968, S. 1209-1219.

– Lehrkommentar zur Strafprozeßordnung und zum Gerichtsverfassungsgesetz. Nachträge und Ergänzungen zu Teil II (Strafprozeßordnung). Nachtragsband 1. Göttingen 1967.

Schmidt, Eva: Civilproces: grundlæggende regler og principper. Kopenhagen 2000.

Schmitt, Petra: Die Berücksichtigung der Zeugnisverweigerungsrechte nach §§ 52, 53 StPO bei den auf Beweisgewinnung gerichteten Zwangsmaßnahmen. Bonn 1992.

Schmidt, Rolf: Die strafprozessuale Verwertbarkeit von Tagebuchaufzeichnungen, in: JURA 1993, S. 591-595.

Schneider, Hartmut: Grund und Grenzen des strafrechtlichen Selbstbegünstigungsprinzips. Berlin 1991.

– Die strafprozessuale Beweiswürdigung des Schweigens von Beschuldigten und angehörigen Zeugen, in: JURA 1990, S. 572-582.

Schneider, Norbert F.: Nichtkonventionelle Lebensformen – Zwischen Individualisierung und Institutionalisierung, in: Zeitschrift für Frauenforschung, 14. Jahrg. 1996, Heft 4, S. 12-24.

Schneider, Norbert F./*Rosenkranz*, Doris/*Limmer*, Ruth: Nichtkonventionelle Lebensformen. Entstehung, Entwicklung, Konsequenzen. Opladen 1998.

Scholz, Rupert: Das Grundrecht der freien Entfaltung der Persönlichkeit in der Rechtsprechung der Bundesverfassungsgerichts, in: AÖR 100 (1975) S. 265-290.

Schopp, Heinrich: Nichteheliche Gemeinschaft und Moral, in: MDR 1990 S. 99-102.

Schöneborn, Christian: Die Beweisverbotsproblematik der §§ 52 II, 55 II StPO im Lichte des § 68 Satz 2 StPO, in: MDR 1974, S. 457-458.

Schünemann, Bernd: Wetterzeichen einer untergehenden Strafprozeßkultur? Wider die falsche Prophetie des Absprachenlysiums, in: StV 1993, S. 657-663.

– Grundlage der Revision im Strafprozeß (1. Teil), in: JA 1982, S. 71-77.

Schütz, Hans: Die Verletzung des § 55 StPO als Revisionsgrund (an Hand des Beschlusses des Großen Senats für Strafsachen des BGH vom 21.1.1958). Erlangen 1960.

Schwab, Dieter: Konkurs der Familie?, in: Familienrecht im Umbruch. Schriftenreihe der Juristischen Studiengesellschaft Regensburg e.V. München 1993, S. 7-40.

– Eingetragene Lebenspartnerschaft – Ein Überblick, in: FamRZ 2001, S. 385-398.

Singly, François de: Die Familie der Moderne. Eine soziologische Einführung. Konstanz 1994.

Skov-Madsen, J.O.: Anmelderens påberåbelse af rpl. § 171, stk. 1, under domsforhandlingen, in: Ugeskrift for Restvæsen 1983 B, S. 339-340.

Smith, Eva: Straffeproces. Grundlæggende regler og principper. 4. udgave. 1. oplag. København 1999.

Stern, Klaus: Das Staatsrecht der Bundesrepublik Deutschland. Band III/1 – Allgemeine Lehren der Grundrechte. München 1988. Zitiert: Stern, Allgemeine Lehren der Grundrechte, Paragraph und Randnummer.

Sternberg-Lieben, Detlev: Die „Hörfalle" - Eine Falle für die rechtsstaatliche Strafverfolgung? Gedanken zu BGHSt 39, 335, in: JURA 1995, S. 299-310.

Strafgesetzbuch mit Erläuterungen. Lackner, Karl/Kühl, Kristian. 23. Aufl. München 1999. Zitiert: Lackner/Kühl Paragraph und Randnummer.

Strafprozeßordnung, 43. Aufl. München 1997. Kleinknecht, Theodor/Meyer, Karlheinz/Meyer-Goßner, Lutz. Zitiert: Kleinknecht/Meyer/Meyer-Goßner Paragraph und Randnummer.

Striewe, Peter: Ausländisches und internationales Privatrecht der nichtehelichen Lebensgemeinschaft. Berlin, Bonn, München 1986.

Systematischer Kommentar zur Strafprozeßordnung und zum Gerichtsverfassungsgesetz /von Hans-Joachim Rudolphi. Frankfurt am Main 1986 ff. Losebl. Ausg. 20. Erg. Lfg (Oktober 1999). Zitiert: Bearbeiter-SKStPO Paragraph und Randnummer.

Tettinger, Peter J.: Fairneß und Waffengleichheit. Rechtsstaatliche Direktiven für Prozeß und Verwaltungsverfahren. München 1984.

Tómasson, Eiríkur: Yfirlit yfir þvingunarráðstafanir í þágu meðferðar opinberra mála, in: Úlfljótur – afmælisrit, 1. tbl. 1997, S. 105-123. Reykjavík 1997.

– Réttlát málsmeðferð fyrir dómi. Íslensk lög og lagaframkvæmd í ljósi 1. og 3. mgr. 6. gr. Mannréttindasáttmála Evrópu. Reykjavík 1999.

– Meginreglur opinbers réttarfars. Handrit til kennslu við lagadeild Háskóla Íslands. Reykjavík 1999.

– Réttur sakaðs manns til þess að leiða vitni og spyrja þau. Íslensk lög og lagaframkvæmd í ljósi d-liðar 3. mgr., sbr. 1. mgr. 6. gr. Mannréttindasáttmála Evrópu, in: Úlfljótur 2000, S. 357-392.

Vaskovics, Laszlo A./*Rupp*, Marina/*Hofmann*, Barbara: Lebensverläufe in der Moderne 1 – Nichteheliche Lebensgemeinschaften. Eine soziologische Längsschnittstudie. Opladen 1997.

Verrel, Torsten: Nemo tenetur - Rekonstruktion eines Verfahrensgrundsatzes - 1. Teil, in: NStZ 1997, S. 361-365.

Vogelgesang, Klaus: Grundrecht auf informationelles Selbstbestimmungsrecht? Baden-Baden 1987.

Voit, Betina: "Heilung durch Statuenwechsel" im internationalen Eheschließungsrecht. Berlin 1997.

Volk, Klaus: Diverse Wahrheiten, in: Festschrift für Hannskarl Sieger. S. 411-419. Albin Eser u.a. [Hrsg]. Köln 1995.

Wach, Adolf von: Das Recht der Zeugnisverweigerung, in: Der Gerichtssaal 66 (1905) S. 127.

Wagenitz, Thomas: Wider der Verantwortungslosigkeit im Eherecht, in: Festschrift für Walter Rolland. S. 379-393. Uwe Diederichsen [Hrsg.]. Köln 1999.

Weber, Hellmuth: Die Ausübung des Zeugnisverweigerungsrechts im Strafprozeß durch einen Stellvertreter, in: MDR 1962, 169-171.

Weigend, Thomas: Empfehlen sich gesetzliche Änderungen, um Zeugen und andere nicht beschuldigte Personen im Strafprozeßrecht besser vor Nachteilen zu bewahren? Gutachten C für den 62. Deutschen Juristentag. München 1998. Herausgegeben von der ständigen Deputation des Deutschen Juristentages. Band I, Teil c.

Weitzel, Jürgen: Strafe und Strafverfahren in der Merowingerzeit, in: Zeitschrift der Savigny-Stiftung für Rechtsgeschichte. Germanistische Abteilung. 111. Band. R. Knütel u.a. (Hrsg.). Wien, Köln, Weimar 1994. S. 66-147.

Welp, Jürgen: Zeugnisverweigerungsrechte und Beschlagnahmeverbote. Anmerkungen zum Alternativ-Entwurf „Zeugnisverweigerungsrechte und Beschlagnahmefreiheit“ (AE-ZVR), in: FS für Günter Bemmann, S. 626-651. Baden-Baden 1997.

Wesel, Uwe: Frühformen des Rechts in vorstaatlichen Gesellschaften. Frankfurt am Main 1985.

– Geschichte des Rechts: Von den Frühformen bis zum Vertrag von Maastricht. München 1997.

Wessels, Johannes/*Hettinger*, Michael: Strafrecht, Besonderer Teil/1. Straftaten gegen Persönlichkeits und Gemeinschaftswerte. 22. Aufl. Heidelberg 1999.

Weßlau, Edda: Vorfeldermittlungen. Probleme der Legalisierung "vorbeugender Verbrechensbekämpfung" aus strafprozeßrechtlicher Sicht. Berlin 1989.

Widmaier, Gunter: Dokumentation zu: BGH Urteil vom 29.10.1991 – 1 StR 334/90 (BGHSt 38, 96), in: NStZ 1992, S. 196-201.

Willms, Günther: Zur Verfassungsgarantie richterlicher Wahrheitsfindung, in: Festschrift für Eduard Dreher zum 70. Geburtstag. Hans-Heinrich Jescheck [Hrsg.] Berlin [u.a.] 1977, S. 137-144.

Ziegler, Wolfgang: Zweckmäßigkeitstendenzen in der höchstrichterlichen Auslegung des Beweisrechts im Strafverfahren. Tübingen 1969.

Zielinski, Diethart: Strafantrag Strafantragsrecht. Zur Frage der Funktion des Strafantrages und seinen Wirksamkeitsvoraussetzungen, in: Gedächtnisschrift für Hilde Kaufmann. S. 875-890. Berlin, New York 1986.

Zottmann, Richard: Das Zeugnisverweigerungsrecht in den deutschen Verfahrensgesetzen. Ein Beitrag zur Vereinheitlichung des Verfahrensrechts. Nürnberg 1960.

Þorsteinsson, Björn/*Líndal*, Sigurður: Lögfesting konungsvalds, in: Saga Íslands III (Die Geschichte Islands III). Reykjavík 1978, S. 19-108.